제2판

통합민사법

김 홍 엽

박영사

Consolidated Civil Law

-From Civil Substantive & Procedural Law Aspect-

Second Edition

by

HONG-YUP KIM

Professor of Law, Sungkyunkwan University

Seoul, Korea

Parkyoung Publishing&Company

2019

제2판

통합민사법

김홍엽

박영사

Consolidated Civil Law

—From Civil Substantive & Procedural Law Aspect—

Second Edition

by

HONG-YUP KIM

Professor of Law, Sungkyunkwan University

Seoul, Korea

Parkyoung Publishing&Company

2019

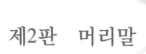

제2판 머리말

초판 발행에 이어 2년 여 만에 개정판을 내게 되었다. 민사실체법과 민사절차법을 아우르는 방대한 내용을 통합(integration)의 취지에 맞게 짜임새 있게 서술한다는 것이 어려운 작업이 될 것임을 애당초부터 능히 예상하였다. 초판을 낸 후 가능한 한 분량은 제한하되 내적으로 보다 응축된, 보다 완결적인 개정판의 발간을 계획하여 왔다. 민사실체법과 민사절차법 가운데 이론과 실제에서 정말 중요하게 다루어지는 논점들을 파악하고, 이런 논점들을 연계하여 통합적으로 서술하는 작업은 벅찬 일일 수밖에 없었다. 실무에서, 그리고 로스쿨에서 요긴하게 보는 책으로 자리매김해 가는 보람으로 이러한 작업이 가능하였다.

이번 개정판에는 그동안의 중요한 민사관련 법령의 개정 등을 반영하고, 새로 나온 판례들과 연구결과를 초판의 체계 내에 자연스럽게 어우러지도록 균형감 있게 서술하였다. 분쟁의 형태와 성격에 따라 전체적이고 포괄적인 관점에서 거시적으로 접근하면서도, 미시적으로 개별적 논점에 대하여 보다 치밀하게 들여다보기 위하여 노력하였다. 저자로서는 이 책이 통합민사법의 취지에 맞게 민사법을 통합적으로 사고하는 데 좋은 징검다리 역할을 할 수 있기를 바랄 따름이다.

통합민사법이라는 생소할 수 있는 새로운 영역의 법서를 출간하기를 주저하지 않고 저자에게 힘을 실어준 ㈜박영사 안종만 회장님을 비롯한 관계자 분들에게 감사드린다. 거의 매년 개정판이 발간되는 저자의 민사소송법 책과 민사집행법 책과 더불어 통합민사법 책까지 계속 갈무리할 수 있도록 배려해주시는 데 대한 저자로서의 보답은 좋은 책에 대한 집념이다. 늘 많은 격려를 아끼지 않으시는 조성호 이사님과 혼신의 힘을 다해 편집을 맡아주신 김선민 부장님께 다시금 감사드린다.

　실무와 연구 등 끝없는 일의 연속에서 휴식이 가능한 것은 결국 가족 덕분이다. 가족에 대한 감사가 일상적이 되었지만 그 깊이만큼은 새롭다. 더욱 알찬 책이 될 수 있도록 마음을 다진다.

2019. 6.
저　자 씀

머 리 말

민사실체법과 민사절차법은 별개의 독립한 법체계를 가지는 법 분야이나, 같은 민사법의 영역에서 서로 밀접하게 관련되어 있다. 민사실체법과 민사절차법을 정확히 알기 위해서는 서로의 법에 대한 기본적 이해가 필요하다. 이론적으로나 실무적으로 두 법 분야는 괴리(乖離)되지 않고, 통합적으로 작용한다.

저자는 민사절차법의 전공자이나, 민사실체법에 관해서도 강의와 논문 발표를 통하여 민사절차법과 민사실체법을 상호 포섭하는 연구를 시도하여 왔다. 이에 우선적으로 두 법체계를 아우르는 얼개를 개발하고, 이에 해당하는 내용들을 조화롭게 서술하는 저술에 이르게 되었다.

처음으로 시도하는 방법론에 입각한 저술이므로 체계화에 많은 어려움을 겪지 않을 수 없었다. 저자가 로스쿨의 민사법사례연구 강의에서 시도하고 있는, 민법 체계(민법총칙, 물권법, 계약법, 부당이득·불법행위법)를 전제로 주요 논점들을 추리고 이에 관하여 민법 및 민사소송법상 논의를 교호적(交互的)으로 심화·발전시켜 나가는 방식을 택하였다. 두 기본법의 고유한 성격을 십분 살리되 두 기본법의 만남의 장(場)을 조화롭게 열어나갈 수 있도록 서술내용을 안분(按分)하였다.

장황하거나 산만하지 아니하고, 짜임새 있되 깊이 있고 균형 잡힌 내용이 되어야 한다는 생각으로 저술에 임하였다. 취급할 양이 엄청나지만 이론적으로 뿐만 아니라 실무적으로도 중요한 내용 위주로 다이어트한 몸매를 가진 책이 되도록 노력하였다. 앞으로 통합민사법에 관한 방법론적 성찰(省察)을 통하여 보다 알찬 내용으로 발전시켜 나길 것을 나심하고 있다.

　이 책은 저자가 저술한 민사소송법(제1판~제6판), 민사집행법(제1판~제3판)에 이은 세 번째의 책에 해당한다. 방학과 주말도 없이 연구실에서 보낸 나날들이 또 다른 하나의 결실로 이어지게 되어 감회가 깊다. 저술을 함에 있어서 독자의 모습을 한시라도 잊지 않았다. 이 책을 보는 분들에게 도움이 되는 책이 되길 바랄 따름이다.

　차분하게 연구에 몰두할 수 있게 도와준 가족에게 감사한 마음을 전한다. 그동안 법조인과 학자로서의 생애를 아름답고 자랑스럽게 지켜갈 수 있도록 늘 격려하고 성원한 가족이 있기에 실무와 이론의 경계를 넘나들며 오늘에 이르게 되었다.

　출판사로서는 다소 생소할 수 있는 통합민사법이라는 책의 발간에 선뜻 응해주시고, 관여하신 ㈜박영사 관계자 분들에게 깊은 감사의 말씀을 올린다. 저자에게 늘 각별한 관심과 애정을 보여주시는 안종만 회장님, 저자의 책들의 산증인이신 조성호 이사님, 치밀한 편집으로 좋은 책이 되도록 정성을 쏟아주신 편집부 김선민 부장님 등을 비롯한 많은 분들에 대하여 진심어린 고마움의 마음을 전한다.

　이 책은 독자에게 안기지만 저자의 품을 떠난 것은 아니다. 좋은 책에 대한 책임은 저자의 몫이다. 독자에게 더욱 가까이 다가가는 좋은 책을 만들어갈 각오를 다시금 경건히 다져본다.

2017. 2.
성균관대학교 법학관 연구실에서
저　　자 씀

차 례

제 3 장 권리의 변동

제4장 소멸시효

제 2 편   물권법 관련 논점

제 1 장   물권법 총론

제 2 장　기본물권

제 3 장 용익물권

제 4 장 담보물권

제3편 채권법 총론 관련 논점

제1장 채권·채무관계 일반

제 2 장   책임재산의 보전

제 3 장 다수당사자의 채권관계

제 4 장　채권관계 당사자의 교체

제 4 편   채권법 각론 관련 논점

제 1 장   계약총론

PART 01

민법총칙 관련 논점

제1장   총   론

제 1 절   법원(法源)

Ⅰ. 법원의 실체법상 문제

1. 관 습 법

(1) 의   의

관습법(민 1조)이란 사회의 거듭된 관행으로 생성된 사회생활규범이 사회의 법적 확신과 인식에 의하여 법적 규범으로 승인·강행되기에 이른 것을 말한다. **판례**는, 타인 소유의 토지에 분묘를 설치한 경우에 20년간 평온·공연하게 분묘의 기지를 점유하면 지상권과 유사한 관습상의 물권(관습법의 하나로 인정되는 물권)인 **분묘기지**권을 시효로 취득한다고 보고 있다. 다만 **장사 등에 관한 법률** 시행일인 2001. 1. 13. 이전에 설치된 분묘이어야 한다(대판(전) 2017. 1. 19. 2013다17292).

(2) 효   력

관습법은 법령에 저촉되지 아니하는 한 법령과 같은 효력이 있다. 이러한 관습법은 헌법을 최상위 규범으로 하는 전체 법질서에 반하지 아니하는 것으로서 정당성과 합리성이 있어야 한다. 관습법은 법원으로서의 **보충적 효력**이 인정된다. 상사관습법은 상법에 대해서는 보충적 효력이 있으나, 민법에 대해서는 변경적인 효력이 있다.

2. 사실인 관습

사실인 관습(민 106조)은 사회의 관행에 의하여 발생한 사회생활규범인 점에서는 관습법과 같으나, 사회의 법적 확신이나 인식에 의하여 법적 규범으로서 승인될 정도에 이르지 않은 것을 말한다. 사실인 관습은 법령과 같은 효력이 없으며, 단순한 관행으로 법률행위의 당사자의 **의사를 보충**함에 그친다(즉 사실인 관습은 일반적으로 사적자치가 인정되는 분야에서 법률행위의 **해석기준**이나 **의사 보충적 효력**을 갖는다. 대판 1983. 6. 14. 80다3231).

3. 외 국 법

외국적 요소가 있는 법률관계에 관하여 적용될 준거법(국제사법 1조)으로서의 외국법은 사실이 아니라 법이다.

Ⅱ. 법원의 소송법상 문제

1. 관 습 법

1) 관습법은 법령과 같은 효력을 가지므로, 당사자의 주장·증명을 기다림이 없이 법원이 직권으로 이를 확정하여야 한다(직권조사사항).

2) 직권으로 관습법의 존재와 내용을 판단하기 위한 사실자료(판단자료)의 수집에 있어서 법원은 원칙적으로 직권증거조사를 할 수 있다(**직권탐지형**). 다만 관습은 그 존부 자체도 명확하지 않을 뿐만 아니라 그 관습이 사회의 법적 확신이나 법적 인식에 의하여 법적 규범으로까지 승인된 것인지 또는 그에 이르지 않은 것인지를 구별하는 것은 더욱 어려운 일이므로 법원이 이를 알 수 없을 경우 결국은 당사자가 이를 증명할 필요가 있다(대판 1983. 6. 14. 80다3231).

2. 사실인 관습

사실인 관습은 그 존재를 당사자가 주장·증명하여야 한다. 사실인 관습은 당사자가 주장하여야 법원이 이를 판단하며, 그 판단자료의 수집에서도 당사자가 제출한 증거에 의하여야 한다(변론주의형).

3. 외국법의 적용

(1) 외국법과 직권조사사항

법원은 외국법을 직권으로 조사하여 그 내용을 확정하여야 한다(국제사법 5조). 따라서 외국법은 **직권조사사항**이다. 따라서 외국법의 적용에 관한 당사자의 주장이 없어도 법원이 이에 관하여 판단을 한다.

(2) 외국법의 증명

1) 외국법은 **증명의 대상**이 된다. 다만 민사소송법이 정한 증거방법에 대하여, 민사소송법이 정한 증거조사절차에 따라 증거조사를 하여야 하는 엄격한 증명을 요하지 아니하고, **자유로운 증명**으로도 가능하다.

그 조사방법에 관해서는 법원이 합리적이라고 판단하는 방법에 의하여 조사하면 충분하고, 반드시 감정인의 감정이나 전문가의 증언 또는 국내의 공무소, 학교 등에 감정에 촉탁하거나 사실조회를 하는 등의 방법으로만 할 필요는 없다(대판 1990. 4. 10. 89다카20252).

2) 외국적 요소가 있는 법률관계에서의 준거법은 재판상 자백의 대상이 되지 아니한다(대판 2016. 3. 24. 2013다81514).

(3) 외국법의 내용이 증명되지 아니한 경우 법원의 조치

외국법의 조사에 의해서도 외국법의 존재가 증명되지 아니한 경우 조리에 의하되 외국법에 가장 유사한 법률이 조리에 부합한다고 본다. 즉 외국법에 관하여 심리하거나 직권으로 조사하여도 그 내용의 확인이 불가능한 경우 법원으로서는 법원에 관한 민사상의 대원칙에 따라 **외국관습법**에 의해야 하며, 외국관습법도 그 내용의 확인이 불가능하면 **조리**에 의하여 재판할 수밖에 없다. 그런데 이러한 조리의 내용은 가능하면 원래 적용되어야 할 외국법에 의한 해결과 가장 가까운 해결방법을 취하기 위해서 그 외국법의 전체계적인 질서에 의해 보충·유추되어야 한다. 이러한 의미에서 그 외국법과 가장 유사하다고 생각되는 법이 조리의 내용으로 유추될 수 있다(대판 2000. 6. 9. 98다35037, 2003. 1. 10. 2000다70064).

제2절 신 의 칙

I. 신의칙의 실체법상 문제

1. 신 의 칙

(1) 신의칙의 의의

1) 권리의 행사와 의무의 이행은 신의에 좇아 성실히 하여야 한다(민 2조 1항). 신의칙은 법질서 전체를 지배하는 지도적 원리이다. 즉 권리의 행사와 의무의 이행은 신의에 따라 성실히 하여야 한다는 신의칙은 계약법뿐 아니라 모든 법률관계를 규제·지배하는 법의 일반원칙이다. 따라서 형식적으로는 권리행사라 하여도 그것이 권리의 사회성과 적법성의 관념에 비추어 도저히 허용될 수 없을 정도의 것이라면 그 권리의 행사는 부인되어야 한다.

2) 이러한 신의칙의 적용에서 **일반조항으로의 도피**를 각별히 경계하여야 한다. 신의칙이라는 일반적인 원칙을 적용하여 법이 두고 있는 구체적인 제도의 운용을 배제하는 것은 법해석에서 또 하나의 대원칙인 법적 안정성을 해할 위험이 있다. 따라서 신의칙의 적용에는 신중을 기하여 **예외적**으로 인정하여야 하며, 신의칙에 반하고 권리남용에 해당한다고 하려면 이를 적용하여야 할 특별한 사정이 인정되어야 한다.

(2) 신의칙 위반의 요건

1) 민법상 신의성실의 원칙은 법률관계의 당사자가 상대방의 이익을 배려하여, 형평에 어긋나거나 신뢰를 저버리는 내용 또는 방법으로 권리를 행사하거나 의무를 이행해서는 아니 된다는 추상적 규범이다.

따라서 신의성실의 원칙에 위배된다는 이유로 상대방의 권리행사를 부정하거나 자신의 의무이행을 거절하기 위해서는 상대방이 자신에게 그와 같은 신의를 공여하였다거나 객관적으로 보아 자신이 그러한 **신의**를 가지는 것이 정당한 상태에 있어야 하고, 이러한 자신의 신의에 반하여 상대방이 권리를 행사하거나 자신에게 의무의 이행을 강제하는 것이 **정의관념**에 비추어 용인될 수 없는 정도의 상태에 이르러야 한다(대판 2013. 5. 9. 2012다81401, 2016. 3. 24. 2015다246346).

2) 강행법규를 위반한 사람이 스스로 그 약정의 무효를 주장하는 것이 신의칙에 위배되는 것은 아니다. 만약 신의칙에 위배되는 권리행사라는 이유로 그 주장을 배척한다면, 이는 오히려 강행법규에 의하여 배제하려는 결과를 실현시키는 셈이 되어 입법취지를 완전히 몰각하게 되기 때문이다(대판 2018. 4. 26. 2017다288757 등).

(3) 신의칙 위반의 효과

1) 신의칙에 위반한 법률행위는 **무효**이다. 당사자가 이를 추인하여도 추인의 효력이 없다. 따라서 당사자가 그 무효임을 알고 추인하여도 새로운 법률행위를 한 효과마저 생길 수 없다.

2) 변호사의 소송위임사무에 관한 약정보수액이 부당하게 과다하여 신의칙이나 형평의 관념에 반한다고 볼 만한 특별한 사정이 있다면 예외적으로 변호사의 보수청구가 적당하다고 인정되는 범위 내로 제한된다. 이러한 보수청구의 제한은 어디까지나 **계약자유의 원칙**에 대한 예외를 인정하는 것이므로 법원은 그에 관한 합리적 근거를 명확히 밝혀야 한다(대판(전) 2018. 5. 17. 2016다35833).

2. 권리남용

(1) 권리남용의 요건

1) 권리남용이 성립하기 위해서는 ① 권리자의 권리행사가 오직 상대방에게 고통을 주고 손해를 입히려는데 있을 뿐 이를 행사하는 사람에게는 아무런 이익이 없고(**주관적 요건**), ② 그러한 권리행사가 사회질서에 위반된다고 볼 수 있어야 한다(**객관적 요건**).

2) 이 두 가지 요건을 갖추어야 한다. 따라서 이러한 요건을 충족하지 아니하는 한 비록 그 권리의 행사에 의하여 권리행사자가 얻는 이익보다 상대방이 입을 손해가 현저히 크다고 하여도 그러한 사정만으로 이를 권리남용이라 할 수 없다. 다만 권리의 행사가 상대방에게 고통이나 손해를 주기 위한 것이라는 주관적 요건은 권리자의 정당한 이익을 결여한 것으로 보여지는 객관적 사정에 의하여 추인될 수 있다(대판 2012. 6. 14. 2012다20819, 2017. 7. 11. 2017다5310 등).

3) 어느 권리행사가 권리남용에 해당하는지 여부는 개별적이고 구체적인

사안에 따라 판단되어야 한다.

(2) 권리남용의 형태

소유권의 행사, 소멸시효의 항변, 상계권의 행사, 동시이행의 항변 등에서 권리남용이 문제가 된다. 각 해당 부분에서 살펴본다.

Ⅱ. 신의칙의 소송법상 문제

1. 소송법상 신의칙 위반·권리남용

(1) 의   의

1) **민사소송법 1조 2항**은 소송상 당사자와 소송관계인에 적용되는 신의칙에 관하여 민법 2조와는 별도로 규정을 두고 있다. **소송법상 신의칙** 위반에는 **① 소송상태의 부당형성, ② 선행행위에 모순되는 거동, ③ 소권의 실효, ④ 소권의 남용** 등이 있다.

2) 실체법상 신의칙이 적용되는 경우인지, 소송법상 신의칙이 적용되는 경우인지가 문제가 된다. 예컨대 소권의 실효가 인정되는지 여부에 관하여 소권은 독립하여 실효하는 것이 아니며, 소권의 불행사로 문제가 되는 것은 실체법상의 청구권의 불행사이므로 실체법상 실효에 관한 문제이며 소송법상 실효의 문제가 아니라고 보는 견해가 있다.

그러나 **항소권의 실효**(판결정본의 송달이 무효가 되어 항소기간이 진행되지 아니한 경우에 적용될 수 있다. 대판 1996. 7. 30. 94다51840, 2006. 12. 27. 2004다63408)와 같이 소송절차상 권리에 관한 신의칙 적용의 문제가 당연히 있을 뿐만 아니라 청구를 소로써 하는 경우에도, 특히 확인소송이나 형성소송(소로써만 허용되는 형성청구)의 경우에는 달리 실체법상 확인청구나 형성청구를 예상할 수 없으므로, 민사소송법상 신의칙이 적용된다고 보는 것이 타당하다. 민사소송법상 신의칙의 규정을 별도로 두고 있는 마당에 신의칙의 적용영역을 협소하게 볼 근거가 없으므로 구태여 민법상 신의칙을 적용할 이유가 없다고 본다.

(2) 관할선택권의 남용과 신의칙

민사소송이 한쪽 당사자가 다른 청구에 관하여 관할만을 발생시킬 목적으로 본래 제소할 의사 없는 청구를 병합한 것이 명백한 경우에는 **관할선택권의 남용으로** 신의칙에 위배되어 허용될 수 없다(**소송상태의 부당형성**). 따라서 그와

같은 경우에는 **관련재판적**에 관한 민사소송법 25조 2항의 규정을 적용해서는
아니 된다(대결 2011. 9. 29. 2011마62).

(3) 중복소송과 신의칙

1) 소송계속 중 동일한 사건에 대하여 다시 소를 제기하는 경우 중복소송
(민소 259조)에 해당한다. 또한 소의 종류가 다르거나 소송물이 다르더라도 매
우 제한된 일정한 경우에 한하여 판결의 모순·저촉의 방지 및 소송경제의 도
모라는 중복소송금지의 원칙의 취지에 따라 동일한 사건에 준(準)하여 민사소
송법상 **중복소송금지규정의 유추적용**을 인정하고 있다.

2) 이에 대하여, **판례**는 이러한 경우에도 중복소송금지 규정의 유추적용에
의하여 문제의 해결을 꾀하지 아니한다. 판례는, 엄격한 의미에서 동일한 사건
이 아니라면 중복소송에는 해당하지 않지만, 일정한 경우 **소권의 남용** 이론을
적용하여 문제를 해결하고 있다. 예컨대 사실심 법원에 계속 중인 사건에서 청
구취지의 변경이나 확장을 할 수 있음에도 별소를 청구하는 경우에는 소권의
남용으로 보고 있다(대판 1996. 3. 8. 95다46319).

(4) 기판력과 신의칙

1) 전소와 후소 사이에 소송물이 달라 후소의 제기가 기판력에 저촉되지
않지만 같은 쟁점에 대한 되풀이 소송을 막기 위하여 신의칙을 적용하는 경우
가 있다. 즉 이에 대해서는 선행행위와 모순되는 거동금지의 원칙, 소권의 남
용의 원칙 등을 적용할 수 있다.

판례도, 매수인인 원고가 매매계약의 무효 또는 해제를 주장하면서 그 매
매대금의 반환을 구하는 소를 제기하여 승소확정판결을 받았음에도 이중의 이
득을 얻으려는 목적으로 매매계약의 유효함을 주장하여 그 이행을 구하는 후
소를 제기하는 등 특별한 사정이 있는 때에는 원고의 후소 제기가 신의칙에 반
하는 것으로 허용될 수 없다고 보고 있다(대판 2005. 12. 23. 2004다55698).

2) 이러한 경우 **쟁점효이론**을 적용함으로써 그 해결을 꾀할 수 있다는 견
해가 있다. 쟁점효이론은 확정판결의 판결이유에서의 판단에 제도적 효력으로
서 구속력을 인정하는 이론이다. 그러나 쟁점효이론에서 말하는 쟁점의 의미
등이 불명확할 뿐만 아니라, 민사소송법상 **중간확인의 소**(민소 264조)를 두고 있
는 점 등을 고려하면 쟁점효이론은 채용하기 어렵다고 본다.

3) 이에 대하여 전소 확정판결의 **증명효**를 이용하여 이를 해결하는 것이

가장 무난하다(이러한 이론을 **증명효이론**이라 한다). 전소 확정판결의 판단이 후소의 판단에 대하여 갖는 사실상 증명적 효과를 **증명효**라고 한다. 이러한 증명효이론에 따르면 전후 두 개의 민사소송이 당사자는 같고 분쟁의 기초된 사실도 같으나 다만 소송물이 달라 기판력에 저촉되지 아니하는 경우 전소 확정판결에서 인정된 사실에 반하는 사실의 인정은 특별한 사정이 없는 한 할 수 없다(대판 2007. 8. 23. 2005다72386,72393, 2009. 3. 26. 2008다48964,48971).

다만 증명효가 인정된다고 하더라도, 후소에서 제출된 다른 증거내용에 비추어 확정된 전소 판결의 사실인정을 그대로 채용하기 어려운 경우에는 **합리적 이유**를 설시하여 이를 배척할 수 있다. 이와 같은 법리는 '주의의무위반'과 같은 **불확정개념**이 당사자가 주장하는 법률효과발생에 관한 요건사실에 해당할 때, 관련 민사사건의 확정판결에 이를 인정할 증거가 없거나 부족하다는 이유로 당사자의 주장을 받아들이지 않았음에도 이와 달리 후소 법원에서 위와 같은 요건사실을 인정하는 경우에도 마찬가지이다(대판 2018. 8. 30. 2016다46338).

(5) 확정판결의 집행과 신의칙

확정판결에 의한 권리라고 하더라도 확정판결의 내용이 실체적 권리관계에 배치되어 그 판결에 기한 강제집행이 **권리남용**에 해당하는 경우에는 그 권리의 행사가 허용되지 아니한다. 이 경우 집행채무자는 청구이의의 소(민집 44조)에 의하여 그 집행력을 배제할 수 있다. 확정판결에 의한 강제집행이 권리남용에 해당된다고 하기 위해서는 그 확정판결에 기한 집행이 현저히 부당하여 상대방으로 하여금 그 집행을 수인(受忍)하도록 하는 것이 **정의에 반함이 명백**하여 사회생활상 용인할 수 없다고 인정되는 경우이어야 한다. 이에 관한 **주장·증명책임**은 확정판결에 기한 집행이 권리남용이라고 주장하며 그 집행의 불허를 구하는 (**청구이의의 소의**) 원고에게 있다(대판 2014. 5. 29. 2013다82043).

2. 신의칙 위반·권리남용과 직권조사사항

(1) 신의칙과 직권조사사항

1) 신의칙 위반·권리남용 여부는 **직권조사사항**이다. 실체법상 신의칙 위반·권리남용이든, 소송법상 신의칙 위반·권리남용이든 모두 직권조사사항이다. 소송상 신의칙 위반·권리남용은 소극적 소송요건이다(즉 신의칙 위반·권리

남용은 소송장애사유이다).

　　2) 신의칙 위반·권리남용은 직권조사사항으로 당사자의 주장이 없어도 직권으로 판단한다(**조사의 개시**). 직권조사사항의 경우 주장책임이 적용되지 아니한다. 따라서 당사자가 신의칙 위반·권리남용의 주장을 하더라도 이를 주장책임이 적용되는 공격방어방법으로 볼 수 없다. 다만 실무상 이러한 주장이 있는 경우 이를 독립한 공격방어방법으로 취급하여 판단하고 있다. 판단자료의 수집은 원칙적으로 직권으로 증거조사에 의한다(**직권탐지형**).

　(2) 신의칙 위반과 재판상 자백

　신의칙 위반·권리남용 자체는 **직권조사사항**으로 재판상 자백(민소 288조)이 성립하지 아니한다(따라서 이에 관하여 당사자가 이를 인정한다고 하더라도 법원을 구속하지 아니한다). 뿐만 아니라 신의칙 위반·권리남용에 해당하는 요건사실의 **구체적인 해당사실**에 대해서도 재판상 자백이 성립하지 아니한다. 신의칙 위반의 판단자료인 사실자료의 수집에는 직권탐지주의가 적용되기 때문이다.

　3. 신의칙 위반·권리남용과 법원의 판단

　(1) 실체법상 신의칙 위반의 경우

　실체법상 신의칙 위반·권리남용에 해당하는 청구의 경우에는 실체법상 **청구가 이유가 없다**는 이유로 **청구기각판결**을 한다.

　(2) 소송법상 신의칙 위반의 경우

　1) 소송상 신의칙 위반·권리남용(소권의 남용, 소송상 권능의 남용)에 해당하는 청구에는 **소송요건의 흠**으로 **부적법하다**고 보아 **소각하판결**을 한다.

　2) ① 소송절차 외의 다른 보다 편리한 절차가 있음에도 불구하고 소송절차를 이용하는 경우, ② 동일한 소송절차에서 구제방법이 있음에도 불구하고 다른 소송절차를 이용하는 경우, ③ 동일한 소송절차 내에서 동일한 구제수단을 계속 부당하게 이용하는 경우 등은 모두 소권의 남용에 해당한다.

제 2 장　　권리의 주체

제 1 절　총　　론

Ⅰ. 권리주체 일반의 실체법상 문제

1. 태아의 권리능력

1) 민법은 태아의 경우 예외적으로 일정한 권리에 관하여 이미 출생한 것으로 보고 있다. 불법행위에 기한 손해배상청구권(민 762조), 재산상속순위(민 1000조 3항), 대습상속(민 1001조), 유증(민 1064조) 등의 경우이다. 판례는 **정지조건설**(대판 1976. 9. 14. 76다1365)을, 다수설은 **해제조건설**을 취하고 있다.

2) 민법은 태아를 위한 법정대리인제도를 두고 있지 아니하다. 해제조건설의 입장에서는 태아에게 출생자의 법정대리인제도를 유추하되 권리관계가 확정된 것은 아니므로 태아의 법정대리인의 권한은 권리를 보존·관리하는 것에 한정된다고 본다.

2. 법인 아닌 사단·재단

(1) 법인 아닌 사단

1) 법인 아닌 사단이란 사단의 실체를 갖추고 있으나 법인등기를 하지 아니한 단체를 말한다. 법인 아닌 사단의 재산은 사원의 총유에 속한다(민 275조). 소유권 이외의 재산권은 사원의 준총유로 된다(민 278조).

2) 법인 아닌 사단은 뒤에서 보는 바와 같이 소송상 당사자능력이 인정된다. 종중(일반적으로 **고유한 의미의 종중**을 말하나, 종중 유사의 **법인 아닌 사단**도 있

다), 공동주택의 입주자대표회의, 집합건물의 관리단, 개신교회 등은 법인 아닌 사단으로 본다. 사찰의 경우 **전통사찰**(전통사찰은 전통사찰의 보존 및 관리에 관한 법률이 적용되는 사찰이다)이 아닌 **일반사찰**은 법인 아닌 사단으로 본다(개인사찰은 불교목적의 시설에 불과하여 개인재산이다).

(2) 법인 아닌 재단

법인 아닌 재단이란 재단으로서의 목적재산과 조직은 갖추고 있으나 법인 등기를 하지 아니한 단체를 말한다. 법인 아닌 재단의 재산에 관하여 민법은 달리 규정을 두고 있지 아니하나, 판례(대판 1991. 6. 14. 91다9336) 및 다수설은 독립한 권리주체로서 법인 아닌 재단에 귀속된다고 본다. 육영회, 유치원, 전통사찰 등은 법인 아닌 재단으로 본다.

Ⅱ. 권리주체 일반의 소송법상 문제

1. 태아와 당사자능력

민사소송상 당사자능력은 민사소송법에 특별한 규정이 없으면 민법, 그 밖의 법률에 따른다(민소 51조). 따라서 태아의 당사자능력의 문제는 태아의 권리능력의 문제와 일치한다.

2. 사망한 사람을 당사자로 하는 소송

(1) 제소 당시 또는 소송계속 전에 당사자가 사망한 경우

(a) 의   의

1) 제소 당시 원고가 사망한 경우에는 원고 명의의 제소는 부적법하므로 소를 각하하여야 한다(대판 1990. 10. 26. 90다카21695).

2) 원고가 될 사람이 소송대리인에게 소송위임을 한 다음 소제기 전에 사망하였는데 소송대리인이 본인의 사망사실을 모르고 그를 원고로 표시하여 소를 제기하였다면 이러한 소제기는 적법하다. 당사자가 사망하더라도 소송대리인의 소송대리권은 소멸하지 아니하기 때문이다(민소 95조 1호). 이 경우 **시효중단·기간준수의 효력** 등 소제기의 효력은 상속인들에게 귀속한다. 다만 사망한 사람의 상속인들은 추후 **소송절차를 수계**하여야 한다(민소 233조 1항, 238조가 유추적용된다고 본다. 대판 2016. 4. 29. 2014다210449).

3) 제소 후 소장부본이 피고에게 송달되어 소송계속이 되기 전에 **원고가 사망한 경우**에는 소송계속 중에 사망한 것과 같이 본다. 그러나 소송계속 전에 **피고가 사망한 경우**에는 제소 당시 피고가 이미 사망한 것과 같이 본다(대판 2015. 1. 29. 2014다34041).

4) 이미 사망한 사람을 당사자로 하는 소송은 소송상 **대립당사자주의**에 반한다(뒤에서 보는 바와 같이 당사자표시정정의 필요에 의하여 상속인이 당사자로 확정되는데 불과하며, 상속인을 당사자로 하는 당사자표시정정이 이루어지지 않는 한 여전히 대립당사자주의에 반하는 소송이 된다). 이를 간과한 판결은 **당연무효**이다. 따라서 그 효력이 상속인에게 미치지 아니한다. 이 경우 판결정본이 상속인에게 송달되는 등으로 형식적으로 판결이 확정된 것 같은 외형이 생겼다고 하더라도 사망한 사람을 상대로 한 판결이 상속인에게 유효하게 되는 것은 아니다.

이러한 당연무효의 판결에 대하여 사망한 사람의 상속인에 의한 상소, 또는 사망한 사람을 상대로 한 상소는 허용되지 아니한다. 따라서 이러한 **상소**는 **부적법**하다.

다만 **등기·등록에 관한 소송**에서 이러한 판결에 의하여 **등기·등록이라는 외관**이 형성된 경우에는 그 **외관의 제거**를 위하여 **상소**를 허용한다.

5) 한편 상속인들이 사망한 피상속인의 명의로 실질적으로 소송에 관여한 경우에는 **신의칙상** 그 판결의 효력이 인정되고, 이에 대하여 상속인들의 항소도 인정된다(항소심에서 상속인들 명의로 당사자표시정정이 허용된다).

(b) 당사자표시정정

1) 원고가 소제기 당시 ① 피고가 이미 사망한 사실을 모르고 사망한 사람을 소장에 피고로 표시하여 소를 제기하거나, ② 또는 피고가 이미 사망한 사실을 알면서도 상속인을 제대로 확인할 수 없어 사망한 사람을 소장에 그대로 표시하여 소를 제기한 경우(대판 2011. 3. 10. 2010다99040)에는 **당사자표시정정**이 허용된다(이 경우 실질적 피고는 당사자능력이 없어 소송당사자 될 수 없는 사망한 사람이 아니라 처음부터 사망한 사람의 상속인이고 다만 그 표시에 잘못이 있는 것에 지나지 않는다고 인정된다면 사망한 사람의 상속인으로 피고의 표시를 정정할 수 있다).

2) 당사자의 확정은 소장의 당사자표시뿐만 아니라, 청구의 목적, 청구 원인의 기재 등 소장 전체의 취지에 의하여 한다(**실질적 표시설**).

피고가 제소 당시 이미 사망한 경우에는 실질적 표시설에 의하면 상속인들이 당사자가 된다. 따라서 **상속인들**로 당사자표시정정을 한다. 상속인들이 당사자로 확정된다는 것은 상속인들 명의로 당사자표시정정을 할 수 있다는 의미이며, 당사자표시정정 없이 해당 소송에서 상속인들이 당사자가 된다는 의미는 아니다. 즉 이 경우 상속인들 앞으로 당사자표시정정이 이루어지지 아니하는 한 소송당사자가 존재하지 아니하여 **대립당사자주의**에 반하게 된다.

3) 여기서 실질적인 피고로 해석되는 사망자의 상속인이란 실제로 상속을 하는 사람을 가리킨다. 상속을 포기한 사람은 상속 개시시부터 상속인이 아니었던 것과 같은 지위에 놓이게 되므로 **제1순위 상속인**이라도 상속을 포기한 경우에는 이에 해당하지 아니하며, **후순위 상속인**이라도 선순위 상속인의 상속포기 등으로 실제로 상속인이 되는 경우에는 이에 해당한다(대결 2006. 7. 4. 2005마 425, 2014. 10. 2. 2014마1248).

4) 상속인들 앞으로 당사자표시정정은 원칙적으로 **제1심**에 한한다. 항소심에서 당사자표시정정을 허용할 경우 상속인들의 **심급의 이익**을 해하기 때문이다(이 점에서 **단순한 당사자표시상 착오**의 경우 소송의 모든 단계, 즉 항소심 또는 상고심에서도 당사자표시정정이 가능한 것과 **대비**된다. 이러한 경우는 상소심에서 당사자표시정정을 한다고 하여 당사자의 심급의 이익을 박탈한다고 볼 수 없기 때문이다).

다만 ① 상속인들이 제1심에서 사망한 피상속인의 명의로 **실질적으로 소송에 관여**하거나, ② **상속인들이 이에 동의**를 한 경우에는 **항소심**에서도 당사자표시정정을 할 수 있다. 그러나 법률심인 상고심에서는 상속인들 앞으로의 당사자표시정정이 어떠한 경우에도 허용되지 아니한다(대판 2012. 6. 14. 2010다 105310).

5) 이러한 당사자표시정정이 이루어지지 아니한 채 앞서와 같이 법원이 당사자의 사망을 간과하여 판결을 한 경우에는 그 판결은 **당연무효**이다. 즉 **판결의 효력**은 상속인들에게 미치지 아니한다. 상속인이 당사자로 확정되었지만 대립당사자주의 원칙상 상속인 앞으로 당사자표시정정이 이루어지지 아니하는 한 판결은 당연무효이다.

⑵ 소송계속 중에 당사자가 사망한 경우

소송계속 중에 당사자가 사망한 경우 이는 **소송절차의 중단사유**가 된다(민소 233조 1항). **소송대리인**이 있는 경우에는 소송절차가 중단되지 아니한다(민소 238조).

(a) 변론종결 후 판결정본 송달 전에 사망한 경우

변론종결 후에도 법원은 판결을 선고할 수 있다(판결의 선고는 소송절차가 중단된 중에도 할 수 있다. 민소 247조 1항). 소송대리인이 있는 경우에는 소송대리인에게 판결정본을 송달하고, 소송대리인이 없는 경우에는 상속인이 소송수계신청을 하여 판결정본을 송달받아야 한다(법원은 명시적 수계허가결정을 할 필요가 없다. 상속인에 의한 소송수행을 허용하는 것 자체가 묵시적 수계허가결정을 한 셈이 된다). 그때부터 상소기간이 진행한다.

(b) 판결정본 송달 이후에 사망한 경우

소송대리인이 있는 경우에도 상소제기의 특별한 권한 수여가 없는 한 판결정본의 송달로 대리권이 소멸한다(심급대리의 원칙). 따라서 소송절차가 중단된다. 상속인이 수계신청을 하여야 한다(민소 233조 1항). 소송절차의 중단해소 시기는 ① **상속인**에 대해서는 수계신청을 한 때이며, ② **상대방**에 대해서는 수계신청을 상대방에 **통지**(민소 242조)한 때이다. 법원은 수계신청에 따라 명시적 수계허가결정을 하여 이를 상속인에게 송달하여야 한다(이를 수계사실의 통지라 한다. **수계신청의 통지**와 **수계사실의 통지**를 혼동해서는 아니 된다). 그때부터 전체의 상소기간이 진행된다(민소 247조 2항).

(c) 사망한 사람을 송달받을 사람으로 하는 송달의 효력

사망한 사람을 **송달받을 사람**으로 한 **송달**은 **무효**이다. 공시송달로 이루어진 경우도 마찬가지이다. 법인 또는 법인 아닌 사단의 대표자를 송달받을 사람으로 한 송달에서 그 대표자가 사망한 경우에는 무효이다. 다만 사망한 사람을 송달받을 사람으로 한 송달에서 상속인이 ① 송달한 소송서류를 실제 수령하고, ② 이에 대하여 이의가 없는 경우에 한하여 **상속인**에 대한 송달로서 유효하다.

Ⅲ. 법인 등의 실체법상 문제

1. 법인 아닌 사단의 경우 사단법인에 관한 규정의 유추적용 여부

법인 아닌 사단의 경우 사단법인에 관한 민법 규정 가운데 법인격을 선세구 하는 것을 제외하고 민법 규정이 유추적용된다. 예컨대 민법 62조에 의하면 정관 또는 총회의 결의로 금지하지 아니한 사항에 관하여 다른 사람으로 하여

금 특정한 행위를 대리하게 할 수 있는데, 위 규정은 법인 아닌 사단에 유추적
용된다. 따라서 법인 아닌 사단의 여러 업무처리를 포괄적으로 위임하는 것은
민법 62조에 위반하는 것으로 허용되지 아니하며, 이 경우 법인 아닌 사단에
대해서는 그 효력이 미치지 아니한다(대판 1996. 9. 6. 94다18522).

2. 재단법인의 설립에서 출연재산의 귀속시기

출연자와 재단법인 사이에서 **출연재산의 귀속시기**는 **법인이 성립한 때**이다.
이는 출연자와 법인의 관계를 상대적으로 결정하는 기준에 불과하며, 제3자에
대한 관계에 있어서 출연행위는 법률행위이므로 출연재산의 재단법인에의 귀
속은 부동산의 권리에 관한 것인 경우 민법 186조에 따라 등기를 필요로 한다.

3. 재단법인의 기본재산의 변경

1) 재단법인의 기본재산의 변경은 **정관의 기재사항의 변경**에 해당하므로,
주무관청의 허가를 받아야 한다(민 32조, 40조 4호, 42조 2항, 43조, 453조 3항·1항).
기본재산의 변경에는 기본재산의 **처분행위**뿐만 아니라 기본재산으로 **편입하는
행위**도 포함된다.

2) 재단법인의 명의로 소유권이전등기가 경료된 부동산이 재단법인의 기
본재산에 편입되었다고 인정하기 위해서는 그 편입에 관한 주무관청의 허가가
있었음이 먼저 증명되어야 한다(대판 1982. 9. 28. 82다카499).

4. 법인의 불법행위능력

1) 법인은 이사, 그 밖의 대표자가 그 직무에 관하여 다른 사람에게 가한
손해를 배상할 책임이 있다(민 35조 1항). 다만 대표자의 행위가 법인의 목적범
위를 넘어서는 경우에는 민법 35조 2항이 적용되며(그 사항의 의결에 찬성하거나
그 의결을 집행한 사원, 이사 및 그 밖의 대표자가 연대하여 배상하여야 한다), 민법 35
조 1항이 적용되는 것이 아니다.

한편 민법 35조는 법인 자체의 불법행위에 관하여 적용된다. 즉 대표자의
행위는 법인 또는 법인 아닌 사단의 행위에 해당하여 민법 756조의 사용자책
임은 성립하지 아니한다.

2) 법인 아닌 사단의 대표자가 직무에 관하여 다른 사람에게 손해를 가한

경우 민법 35조 1항의 규정이 유추적용되므로, 그 사단은 그 손해를 배상할 책임이 있다. 법인 아닌 사단의 대표자의 행위가 대표자 개인의 사리를 도모하기 위한 것이었거나 또는 법률의 규정에 위배된 것이었다 하더라도 외형상 객관적으로 직무에 관한 행위라고 인정할 수 있는 것이라면 민법 35조 1항의 직무에 관한 행위에 해당한다. 다만 그 경우에도 대표자의 행위가 직무에 관한 행위에 해당하지 아니함을 피해자 자신이 알았거나 또는 중대한 과실로 알지 못한 때에는 법인 아닌 사단에게 손해배상책임을 물을 수 없다. 이러한 **중대한 과실**은 거의 고의에 가까울 정도의 주의를 결여하고, 공평의 관점에서 상대방을 구태여 보호할 필요가 없다고 봄이 상당하다고 인정되는 상태를 말한다(대판 2004. 3. 26. 2003다34045, 2008. 1. 18. 2005다34711).

5. 법인의 대표자가 법인에 대하여 불법행위를 한 경우와 불법행위로 인한 손해배상청구권의 단기소멸시효 기산점 및 판단방법

1) 불법행위로 인한 손해배상청구권의 단기소멸시효의 기산점은 '손해 및 가해자를 안 날'부터 진행되며(민 766조 1항), **법인**의 경우에 손해 및 가해자를 안 날은 통상 대표자가 이를 안 날을 뜻한다. 그러나 **법인의 대표자**가 법인에 대하여 **불법행위**를 한 경우에는, 법인과 그 대표자의 이익은 상반되므로 법인의 대표자가 그로 인한 손해배상청구권을 행사하리라고 기대하기 어려울 뿐만 아니라 일반적으로 그 대표권도 부인된다고 할 것이어서 법인의 대표자가 그 손해 및 가해자를 아는 것만으로는 부족하다.

2) 따라서 이러한 경우에는 적어도 **법인의 이익**을 **정당하게 보전할 권한**을 가진 다른 대표자, 임원 또는 사원이나 직원 등이 손해배상청구권을 행사할 수 있을 정도로 이를 안 때에 비로소 단기소멸시효가 진행한다. 만약 다른 대표자나 임원 등이 법인의 대표자와 **공동불법행위**를 한 경우에는 그 다른 대표자나 임원 등을 배제하고 단기소멸시효의 기산점을 판단하여야 한다(대판 2012. 7. 12. 2012다20475, 2015. 1. 15. 2013다50435 등).

3) 이는 법인의 대표자의 불법행위로 인한 법인의 그 대표자에 대한 손해배상청구권을 피보전권리로 하여 법인이 채권자취소권을 행사하는 경우 제척기간의 기산점인 **'취소원인을 안 날'**을 판단할 때에도 마찬가지이다(대판 2015. 1. 15. 2013다50435).

6. 상법상 표현대표이사의 행위와 회사의 책임

상법 395조의 표현대표자의 행위에 대하여 회사가 책임을 지는 것은 회사의 표현대표자의 명칭 사용을 명시적으로나 묵시적으로 승인한 경우에 한한다. 따라서 회사의 명칭 사용승인 없이 임의로 명칭을 참칭하는 사람의 행위에 대해서는 비록 그 명칭 사용을 알지 못하고, 제지하지 못한 점에 있어서 회사에게 과실이 있다고 하더라도 회사로 하여금 선의의 제3자에 대하여 책임을 지게 할 수 없다.

Ⅳ. 법인 등에 관한 소송법상 문제

1. 법인 등에 관한 분쟁과 원고적격

법인 등에 관한 분쟁에서 본안소송은 반드시 법인 내부의 사람만이 원고적격을 가지는 것이 아니라, 제3자라고 하더라도 법률상 이해관계 있는 경우에는 원고적격을 가진다.

2. 법인 등에 관한 분쟁과 피고적격 등

1) 법인 등에 관한 분쟁에서 **본안소송**은 반드시 **법인 등**을 상대로 하여야 한다(법인 등에 판결의 효력을 미치게 하기 위해서이다). 다만 대표자 등에 대한 **직무집행정지가처분 등**(임시의 지위를 정하기 위한 가처분, 민집 300조 2항)의 경우에는 **해당 대표자 등**을 상대로 하여야 한다.

2) 이사가 법인을 상대로, 법인이 이사를 상대로 제기하는 경우 실체법상 피고적격에 관한 특별한 규정을 두고 있는 경우에는 이에 따르며, 실체법상 피고적격에 관한 특별한 규정을 두고 있지 아니한 경우에는 **민법** 64조에 의한 **특별대리인**에 의하여 소송을 수행하여야 한다. 다만 **민사소송법**(2016. 2. 3. 개정, 2017. 2. 4. 시행) 64조·62조에 따라 소송절차가 지연됨으로써 손해를 볼 염려가 있다는 것을 소명하여 **수소법원**에 **특별대리인**의 선임을 신청할 수 있다.

3. 재단법인의 기본재산의 처분과 주무관청의 허가를 조건으로 한 장래의 이행의 소

예컨대 재단법인이 명의신탁을 받은 부동산에 대하여 주무관청의 허가를 얻어 그 부동산이 재단법인의 정관에서 정한 기본재산에 편입되어 정관 기재사항의 일부가 된 경우라고 하더라도, 그 부동산을 기본재산에서 제외하는 정관변경에 관하여 주무관청의 허가를 받으면 명의신탁자는 그 부동산을 반환받을 수 있다. 명의신탁자가 명의신탁을 해지한 경우에 명의수탁자인 재단법인으로서는 명의신탁 부동산의 반환에 관하여 주무관청의 허가를 신청할 의무를 부담한다.

명의수탁자가 이러한 의무를 이행하지 않는 경우에는 명의신탁자로서는 명의수탁자를 상대로 민법 389조 2항에 의하여 **허가신청의 의사표시를 갈음하는 재판**을 청구하고(민 389조 2항 전단. 이 경우 원칙적으로 의사의 진술을 명한 판결이 확정된 때에 그 판결로 의사의 진술이 있는 것으로 본다. 민집 263조 1항), 이와 **병합**하여 **주무관청의 처분허가를 조건으로** 하는 소유권이전등기절차 이행청구소송을 제기할 수 있다(대판 2012. 8. 30. 2010다52072).

4. 재단법인의 기본재산에 대한 강제집행과 주무관청의 허가

재단법인의 기본재산에 대한 강제집행의 경우에도 주무관청의 허가를 얻어야 한다. 이 경우 주무관청의 허가를 반드시 사전에 얻어야 하는 것은 아니다(이러한 허가는 경매개시요건이 아니다). 집행법원으로서는 그 허가를 얻어 제출할 것을 **특별매각조건**으로 경매절차를 진행하고, **매각허가결정시**까지 이를 제출하지 못하면 매각불허가결정을 하여야 한다(대결 2018. 7. 20. 2017마1565 등).

V. 법인 등 단체의 대표자의 실체법상 문제

1. 대표권의 제한을 초과한 행위의 효력

(1) 민법상 법인의 경우

민법상 법인의 경우에는 민법 60조에 따라, 이사의 대표권에 대한 제한은 등기하지 아니하면 제3자에게 대항할 수 없다. 이 경우 거래상대방의 선의·악의를 묻지 아니한다.

⑵ 법인 아닌 사단의 경우

1) 법인 아닌 사단은 등기할 수 없으므로, 민법 60조를 준용할 수 없다.

2) 법인 아닌 사단의 대표자가 정관에서 사원총회의 결의를 거치도록 규정한 대외적 거래행위에 관하여 이를 거치지 아니한 경우라도, 이와 같은 사원총회의 결의사항은 법인 아닌 사단의 내부적 의사결정에 불과하다. 따라서 그 거래상대방이 그와 같은 대표권제한사실을 알았거나 알 수 있었을 경우가 아니라면 그 거래행위는 유효하다. 이 경우 거래상대방이 대표권제한 및 그 위반사실을 알았거나 알지 못한 데 과실이 있다는 사정은 거래의 무효를 주장하는 **법인 아닌 사단** 측이 **주장·증명**하여야 한다.

3) **판례**는 법인 아닌 사단이 다른 사람들 사이의 금전채무를 보증하는 행위가 총유물 그 자체의 관리·처분이 따르지 아니하는 **단순한 채무부담행위**에 불과하여 이를 총유물의 관리·처분행위라고 보지 아니한다.

따라서 예컨대 법인 아닌 사단인 재건축조합의 조합장이 채무보증계약을 체결하면서 조합규약에서 정한 조합임원회의 결의를 거치지 아니하였다거나 조합원총회의 결의를 거치지 아니하였다고 하더라도 그것만으로 바로 그 보증계약이 무효가 되는 것은 아니다. 다만 이와 같은 경우에 조합임원회의 결의 등을 거치도록 한 조합규약은 조합장의 대표권을 제한하는 규정에 해당하므로, 거래상대방이 그와 같은 대표권제한 및 그 위반사실을 알았거나 과실로 이를 알지 못한 때에는 그 거래행위가 무효가 된다(대판(전) 2007. 4. 19. 2004다 60072,60089).

⑶ 회사의 경우

1) **회사의 대표자**는 회사의 영업에 관하여 재판상 또는 재판 외의 모든 행위를 할 권한이 있다(주식회사의 경우 상 389조 3항, 209조 1항). 회사의 대표자의 권한에 대한 제한은 선의의 제3자에게 대항하지 못한다(주식회사의 경우 상 389조 3항, 209조 2항).

2) 일반적으로 주식회사의 대표이사는 회사의 권리능력의 범위 내에서 재판상 또는 재판 외의 일체의 행위를 할 수 있고, 이러한 대표권 그 자체는 성질상으로는 제한될 수 없는 것이지만 **대외적인 업무 집행**에 관한 결정 권한으로서의 **대표권**은 법률의 규정에 의하여 제한될 뿐만 아니라 회사의 정관, 이사

회의 결의 등의 내부적 절차 또는 내규 등에 의하여 내부적으로 제한될 수 있다(대판 2008. 5. 15. 2007다23807).

그러나 주식회사의 대표이사가 이사회의 결의를 거쳐야 할 대외적 거래행위에 관하여 이를 거치지 아니한 경우라도, 이와 같은 이사회 결의사항은 회사의 **내부적 의사결정**에 불과하다. 따라서 거래상대방이 그와 같은 이사회 결의가 없었음을 알았거나 알 수 있었을 경우가 아니라면 그 거래행위는 유효하며, 이 경우 거래상대방이 이사회의 결의가 없었음을 알았거나 알 수 있었음은 이를 주장하는 **회사 측이** 주장·증명하여야 한다(대판 2008. 5. 15. 2007다23807, 2014. 8. 20. 2014다206563 등).

2. 대표권을 남용한 법률행위의 효력

1) 대표권의 범위 내에서 자신 또는 제3자의 이익을 위하여 한 법률행위(대표권의 남용)의 효력을 판단하기 위해서는 **민법 107조 1항 단서가 유추적용**된다.

따라서 주식회사의 대표이사가 대표권의 범위 내에서 한 행위는 설사 대표이사가 회사의 영리목적과 관계없이 자기 또는 제3자의 이익을 도모할 목적으로 그 권한을 남용한 것이라 할지라도 일단 회사의 행위로서 유효하고, 다만 그 행위의 상대방이 대표이사의 진의를 알았거나 알 수 있었을 때에는 회사에 대하여 무효가 된다.

2) 다만 이 경우 신의칙에 반하여 무효가 된다고 본 판례도 있다. 즉 상대방이 회사 대표이사의 대표권 남용의 사정을 알았던 경우에는 그로 인하여 취득한 권리를 회사에 대하여 주장하는 것이 신의칙에 반하므로 회사는 상대방의 악의를 증명하여 그 행위의 효과를 부인할 수 있다고 함이 상당하다고 본 판결도 있다(대판 1987. 10. 13. 86다카1522, 2016. 8. 24. 2016다222453).

3. 법인 등과 실체법상 특별대리인제도

1) 법인과 이사의 이익이 상반하는 사항에 관하여 이사는 대표권이 없다. 이 경우에는 민법 63조의 규정에 의하여 **특별대리인을** 선임하여야 한다(민 64조). 법인 아닌 사단에서도 민법의 법인에 관한 규정 중 법인격을 전제로 하는 조항을 제외한 나머지 조항이 원칙적으로 유추적용되므로, 이 경우에도 앞서

의 논의가 그대로 적용된다.

2) 민법상 특별대리인이 선임되지 아니한 때에는 민법상 특별대리인이 아니라 민사소송법 64조 · 62조에 따른 특별대리인을 선임할 수 있는지 문제가 되나, 소송절차가 지연됨으로써 손해를 받을 염려가 있다는 것을 소명하면 민법상 특별대리인의 선임을 신청할 필요 없이 곧바로 민사소송법상 특별대리인의 선임을 신청할 수 있다.

4. 구이사의 이사로서의 업무수행권 및 임시이사 · 일시이사

(1) 민법상 법인 등의 경우

1) 민법상 법인과 그 기관인 이사의 관계는 위임자와 수임자의 법률관계와 같은 것으로서 이사의 임기가 만료하면 일단 그 위임관계는 종료되는 것이 원칙이다. 그러나 그 후임이사 선임시까지 이사가 존재하지 않는다면 기관에 의하여 행위를 할 수밖에 없는 법인으로서는 당장 정상적인 활동을 중단하지 않을 수 없는 상태에 처하게 되고, 이는 민법 691조에 규정된 급박한 사정이 있는 때와 같이 볼 수 있다. 따라서 임기만료되거나 사임한 이사라고 할지라도 그 임무를 수행함이 부적당하다고 인정할 만한 특별한 사정이 없는 한 그 급박한 사정을 해소하기 위하여 필요한 범위 내에서 신임이사가 선임될 때까지 이사의 직무를 계속 수행할 수 있고, 이러한 법리는 법인 아닌 사단에서도 마찬가지이다(대판 2003. 7. 8. 2002다74817, 2007. 6. 15. 2007다6307 등).

임기만료가 되거나 사임한 구이사는 후임이사가 선임될 때까지 종전의 직무를 수행할 수 있는 경우에는 그 직무수행의 일환으로 다른 이사를 해임하거나 후임이사를 선임한 이사회결의의 흠을 주장하여 그 무효확인을 구할 법률상 이익이 있다. 그러나 만약 임기만료되거나 사임한 구이사로 하여금 법인의 업무를 수행케 함이 부적당하다고 인정될 만한 특별한 사정이 있다면 이러한 구이사가 제기한 이사회결의무효확인의 소는 확인의 이익이 없어 부적법하다고 보아야 한다(대판 2005. 3. 25. 2004다65336, 2012. 8. 23. 2011다19997).

2) 민법상 법인의 경우 이사가 없거나 결원(缺員)이 있는 경우에 이로 인하여 손해가 생길 염려가 있는 때에는 법원은 이해관계인이나 검사의 청구에 의하여 **임시이사**를 선임하여야 한다(민 63조. 민법 63조는 **법인 아닌 사단이나 재단**에도 유추적용될 수 있다).

민법 63조에 의하여 법원이 선임한 임시이사는 원칙적으로 **정식이사와 동일한 권한**을 가진다(다만 **학교법인 등**과 같이, 다른 재단법인에 비하여 자주성이 보장되어야 할 특수성이 있고 사립학교법 등 관련 법률에서도 이를 특별히 보장하고 있는 경우에는 임시이사의 권한이 **통상적인 업무**에 관한 사항에 한정된다고 보아야 하는 경우가 있을 뿐이다. 대판(전) 2007. 5. 17. 2006다19054, 대판 2013. 6. 13. 2012다40332 등).

(2) 회사의 경우

1) 회사의 경우 **법률** 또는 **정관**에 정한 **이사의 원수(員數)**를 **결**(缺)한 경우(상법상 주식회사의 경우 **이사**에 대해서는 **3인** 이상의 원수 제한이 있으나(상 383조 1항 본문), **대표이사**에 대해서는 원수 제한이 없다. 따라서 **정관**에서 1인 또는 **수인**을 대표이사로 정할 수 있다)에 임기만료 또는 사임으로 인하여 **퇴임한 이사**는 새로 선임된 이사가 취임할 때까지 이사의 권리·의무가 있다(상 386조 1항).

2) 이러한 경우에 필요하다고 인정할 때(임기만료 또는 사임으로 인하여 **퇴임한 이사**로 하여금 이사로서의 권리 또는 의무를 가지게 하는 것이 **불가능**하거나 **부적당**한 경우, 대결 2000. 11. 17. 2000마5632)에는 법원은 이사, 감사, 그 밖의 이해관계인의 청구에 의하여 **일시이사**의 직무를 행할 사람을 선임할 수 있다(상 386조 2항).

따라서 이와 별도로 상법 386조 1항에 정한 바에 따라 이사의 권리·의무를 행하고 있는 퇴임이사를 상대로 해임사유의 존재나 임기만료·사임 등을 이유로 그 직무의 정지를 구하는 가처분신청은 허용되지 아니한다(대결 2009. 10. 29. 2009마1311).

3) 주식회사의 **감사**가 주식회사의 **대표자**가 되는 **이사와 회사 사이의 소송**(상 394조 1항)에서 감사의 경우(상법상 주식회사의 감사에 대해서는 원수 제한이 없다. 따라서 정관에서 1인 또는 수인을 감사로 정할 수 있다)도 앞서 설명한 바와 같다(상법 415조는 상법 389조를 준용하고 있다).

5. 직무대행자선임가처분이 있는 경우

1) 주식회사 이사의 직무집행을 정지하고 직무대행자를 선임하는 가처분(**직무집행정지가처분·직무대행자선임가처분**)은 성질상 당사자 사이뿐만 아니라 제3자에 대한 관계에서도 효력이 미친다. 따라서 가처분에 반하여 이루어진 행위는 제3자에 대한 관계에서 무효이므로 가처분에 의하여 선임된 이사직무대행자의 권한은 법원의 취소결정이 있기까지 유효하게 존속한다(대판 1991. 12. 24.

91다4355, 2014. 3. 27. 2013다39551 등).

　　법원의 직무집행정지가처분결정에 의해 회사를 대표할 권한이 정지된 대표이사가 그 정지기간 중에 체결한 계약은 절대적으로 무효이고, 그 후 가처분신청의 취하에 의하여 가처분집행이 취소되었다 하더라도 집행의 효력은 장래를 향하여 소멸할 뿐 소급적으로 소멸하는 것이 아니다. 따라서 이러한 가처분신청이 취하되었다 하여 무효인 계약이 유효하게 되지는 않는다(대판 2008. 5. 29. 2008다4537).

　　2) 등기할 사항인 직무집행정지 및 직무대행자선임가처분은 상법 37조 1항에 의하여 이를 **등기하지 아니하면** 위 가처분으로 **선의**의 제3자에게 대항하지 못하지만 **악의**의 제3자에게는 대항할 수 있다(대판 2014. 3. 27. 2013다39551).

Ⅵ. 법인 등 단체의 대표자의 소송법상 문제

1. 법인 등 대표자의 소송상 지위

　　1) 법인 등 대표자는 대표기관이나 **법정대리인**의 지위에 준한다(민소 64조).

　　2) **법인 등에 대한 송달**은 법정대리인에 준하는 그 대표자 또는 관리인에게 한다(민소 179조·64조). 따라서 소송당사자인 법인 등에의 소장부본, 기일통지서 및 판결정본 등의 송달은 그 **대표자**에게 송달하여야 한다. 이 경우 그 대표자의 주소·거소·영업소 또는 사무소 외에도 **법인 등**의 **영업소나 사무소**에서도 할 수 있다(민소 183조 1항 단서, 64조). 한편 그 대표자를 법인 등의 영업소나 사무소에서 만나지 못하는 경우에는 그 **사무원 등**에게 송달(보충송달)할 수 있다(민소 186조 1항).

　　3) 법인 등 대표자에 대해서는 **당사자신문**의 방법으로 증거조사를 한다(민소 372조 본문, 64조).

2. 소송법상 특별대리인제도

　　1) 법인 등의 대표자가 없거나 대표자가 대표권을 행사할 수 없는 경우(**법인 등이 피고가 되는 경우**)에 법인 등을 상대로 소송행위를 하고자 하는 사람은 소송절차가 지연됨으로써 손해를 볼 염려가 있다는 것을 **소명**하여 수소법원에 특별대리인을 선임하여 주도록 신청할 수 있다(민소 64조, 62조 1항). 예컨대 통

상의 절차에 의한 대표자가 선임되기를 기다려서는 소멸시효가 완성될 염려가 있다든지, 집행보전을 위한 가압류·가처분 등의 기회를 상실할 염려가 있는 등의 경우이다.

한편 법인 등이 소송행위를 하는 데 필요한 경우(**법인 등이 원고가 되는 경우**) **이해관계인 등**은 소송절차가 지연됨으로써 손해를 볼 염려가 있다는 것을 소명하여 수소법원에 특별대리인을 선임하여 주도록 신청할 수 있다(민소 64조, 62조 1항).

2) 앞서 본 바와 같이 주식회사의 경우 정관에 정한 대표이사의 원수(員數)를 결한 경우 대표이사가 임기만료 또는 사임으로 인해 퇴임하여 공석 중이더라도 후임 대표이사가 적법하게 선출될 때까지는 종전 대표이사가 대표권을 가지므로(상 389조 2항, 386조 1항) 특별대리인을 선임해야 할 경우에 해당하지 않는다.

3) 대표권자가 대표권을 행사할 수 없는 경우에는 **법률상 장애**(법인과 이사의 이익상반행위, 민 64조) 외에 **사실상 장애**(대표자의 질병, 소재불명, 장기여행 등)도 포함된다(민소 64조, 62조 1항 2호). 대표자의 대표권 행사가 **불성실**하거나 **미숙**하여 소송절차의 진행이 현저하게 방해를 받은 경우에도 특별대리인을 선임할 수 있다(민소 64조, 62조 1항 3호).

4) 민사소송법 64조·62조에 따라 선임된 특별대리인은 법인, 법인 아닌 사단이나 재단의 **대표자와 동일한 권한**을 가져 그 소송수행에 관한 일체의 소송행위를 할 수 있다(대판 2010. 6. 10. 2010다5373).

5) 특별대리인이 선임된 후 소송절차가 진행되던 중에 대표자가 선임되거나 대표권을 행사할 수 있는 경우 등 대표권에 있던 **흠이 보완**된 경우에는 특별대리인에 대한 수소법원의 **해임결정이 있기 전**이라 하더라도 그 대표자는 법인 등을 위하여 유효하게 소송행위를 할 수 있다(대판 2011. 1. 27. 2008다85758). 이 점에서 **직무대행자선임가처분** 후 주주총회결의로 적법한 대표이사가 선임되었다 하더라도 직무대행자선임가처분이 **취소되지 아니하는 한** 직무대행자가 여전히 대표권한을 행사할 수 있는 것(대판 2010. 2. 11. 2009다70395, 2014. 3. 27. 2013다39551 등)과 대비된다.

3. 법인 등 대표자의 대표권의 소멸과 소송중단

(1) 사망 또는 소송능력의 상실의 경우

법인의 대표자 또는 법인 아닌 사단의 대표자 등의 사망 또는 소송능력이 상실된 경우에는 상대방에 대한 통지 없이 대리권이 소멸하므로(이 경우 민사소 송법 64조·63조에 따른 통지를 할 수 없기 때문이다) 그 사실이 발생한 때에 **소송절 차의 중단사유**가 된다. 소송대리인이 있다면 소송절차의 중단의 효과가 생기지 아니한다(민소 238조). 다만 심급대리의 원칙상 그 소송대리인에게 판결정본이 송달되면 그때에 소송절차는 중단된다. 다만 상소제기에 관한 특별한 권한의 수여가 있는 경우에는 상소제기시 그 소송절차가 중단된다.

(2) 그 외의 경우

법인의 대표자 등이 그 외의 사유로 대표권이 소멸한 경우(법인의 대표자가 법원의 결정에 의하여 그 직무집행이 정지된 경우(**직무집행정지가처분**이 있는 경우)도 마찬가지이다)에는 상대방에게 **통지**하여야 효력이 생기므로(민소 63조·64조), 상 대방에게 통지하여야 비로소 소송절차의 중단사유가 발생한다. **소송대리인**이 있는 경우 소송절차의 중단사유가 생기더라도 소송절차는 중단되지 아니한다 (민소 238조). 다만 소송대리인에게 상소제기에 관한 특별한 권한 수여가 없는 한 소송대리인에게 판결정본이 송달되면(심급대리의 원칙상 소송대리권이 소멸하 여) 소송절차가 중단됨은 앞서 본 바와 같다.

4. 진정한 대표자인지 여부와 직권조사사항

1) 소송대리권·대표권은 소송행위의 유효요건이나 소제기 당시 소송대리 권·대표권의 존재는 소송요건으로 직권조사사항이다. 따라서 당사자의 주장 이 없더라도 법원이 이에 관하여 판단해야 한다.

2) 법원이 당사자의 대표권 여부를 판단하기 위한 사실자료의 수집에 있 어서는 변론주의에 의해야 한다(**변론주의형**). 따라서 원칙적으로 당사자가 제출 한 자료로써 판단하여야 한다(**원칙적 직권증거조사**를 하는 직권탐지주의가 적용되지 아니한다). 다만 제출자료에 의하여 의심이 있는 사정이 엿보이면 이에 대하여 직권으로 조사한다(**보충적 직권증거조사**, 민소 292조). **판례**도 이 경우 직권탐지주의 가 적용되지 아니함을 명백히 하고 있다(대판 2008. 4. 10. 2007다28598, 2011. 7. 28.

2010다97044 등).

3) 여기서 직권조사의 대상은 해당 소송에서 법인 등 대표자의 적법한 대표권 유무이고, 해당 소송 이전에 법인 등이 행한 어떠한 법률행위가 법인 등 대표자의 적법한 대표권에 기하여 행해진 것인지 여부는 여전히 당사자가 주장·증명하여야 할 문제이다(대판 2004. 5. 11. 2003다61054).

5. 대표권 없는 사람에 의한 소송임을 간과한 판결과 당사자의 구제 방법 등

1) 판결확정 전에는 상소로써(상고시 절대적 상고이유가 된다. 민소 64조, 424조 1항 4호), 판결확정 후에는 재심의 소로써(민소 64조, 451조 1항 3호) 구제된다.

예컨대 **진정한 대표자 아닌 사람**을 대표자로 표시하여 소송을 제기한 결과 그 앞으로 소장부본이 송달되어 본인인 법인의 답변서 부제출로 인하여 자백간주되거나, 그 앞으로 변론기일통지서가 송달됨으로써 본인인 법인이 변론기일에 불출석하여 자백간주되어 아무런 실질적 소송행위를 하지 못한 채 자백간주판결이 선고되어 확정되었다면 민사소송법 451조 1항 3호 소정의 재심사유에 해당한다(대판 1999. 2. 26. 98다47290).

다만 진정한 대표자가 무효의 소송행위를 **추인**하는 경우에는 절대적 상고이유도 되지 아니하며, 재심사유도 되지 아니한다(민소 64조, 424조 2항, 451조 1항 3호 단서).

2) 무권대리인이 소송을 수행하고 판결정본을 송달받은 경우 당사자가 과실 없이 소송계속사실 및 그 판결정본의 송달사실을 몰랐다면 당사자가 책임질 수 없는 사유로 상소를 하지 못한 것이므로 당사자는 추후보완상소(민소 173조)를 할 수 있다(대판 1996. 5. 31. 94다55774).

6. 원고가 피고 대표자의 권한 없음을 안 경우의 조치

1) 대표권의 흠이 있는 경우 법원은 그 흠결을 보정할 수 없음이 명백한 때가 아닌 한 기간을 정하여 보정을 명할 수 있다(민소 64조, 59조 전단). 이와 같은 대표권의 흠의 보정은 상소심에서도 가능하다.

적법한 대표자가 아닌 사람(전혀 대표자가 될 수 없는 사람이 대표자로 되어 있는 경우) 또는 그로부터 소송을 위임받은 변호사에 의한 소송이 수행된 경우 법원으로서는 원고의 보정에 따라 정당한 대표자에게 다시 소장부본을 송달하여야 한다. 이 경우 새로이 소장부본을 송달함으로써 비로소 소송계속의 효과가 발생한다. 이때에 이르러서야 정당한 대표자가 종전의 소송행위를 추인하는지 여부와는 관계없이 소송관계가 성립한다.

2) 보정된 대표자나 본인인 당사자가 이를 추인할 수 있다. 이러한 추인으로 (흠이 있어 무효가 된) 소송행위는 소급하여 유효하게 된다(민소 64조·60조). 이러한 추인은 상고심에서도 할 수 있다.

추인은 명시적 또는 묵시적으로 할 수 있다. 추인은 특별한 사정이 없는 한 소송행위 전체를 대상으로 추인(**전부추인**, **일괄추인**)을 하여야 한다. 다만 소송의 혼란을 일으킬 우려가 없고, 소송경제적으로 적절한 경우에 한하여 예외적으로 일부추인이 허용된다.

7. 참칭대표자에 관한 소송법상 특수문제

⑴ 참칭대표자의 의미

참칭대표자란 정당한 대표권이 없음에도 대표자임을 신뢰케 하는 외관을 갖추거나 대표자라고 참칭하면서 진정한 대표자의 대표권을 침해하는 사람을 말한다.

⑵ 참칭대표자의 소송행위의 유효 여부

참칭대표자가 한 소송행위는 대표권 없는 사람이 한 것이므로 무효이다.

⑶ 참칭대표자에 대한 송달의 유효 여부

송달은 대표권이 있는 사람에게 하여야 유효하다. 그러나 법원이 참칭대표자에게 적법한 대표권이 있는 것으로 알고 그를 송달받을 사람으로 지정하여 소송서류 등을 송달하고 그 송달받을 사람으로 지정된 참칭대표자가 송달받은 경우에는 그 송달이 무효라고 할 수 없다(대판 1994. 1. 11. 92다47632). 따라서 참칭대표자에 대한 판결정본의 송달로써 항소기간은 진행한다.

⑷ 참칭대표자에 의한 소송행위와 표현대리규정의 유추적용 문제

민법상 표현대리규정은 거래의 안정 및 당사자의 이익조정을 위한 규정이다. 소송행위는 절차적 안정이 중요시되므로 이를 유추적용할 수 없다. 뿐만 아니라, 표현지배인에 관한 상법 14조 1항 단서가 재판상 행위를 제외하고 있으며, 만약 표현대리의 성립을 긍정하는 경우 상대방의 선의·악의에 의하여 법인의 대표권이 좌우되어 절차의 안정을 해하게 된다(나아가 진정한 대표자에 의하여 재판을 받을 법인의 권리가 침해되어서는 아니 된다).

8. 법인 등의 대표자가 필요한 권한의 수여 없이, 또는 권한을 남용하여 재판상 화해 등을 한 경우와 준재심의 소

1) 법인 또는 법인 아닌 사단이 당사자로서 청구의 포기 · 인낙 또는 화해를 하여 이를 변론조서나 변론준비기일조서에 적은 경우에, 그 법인 등의 대표자가 그러한 청구의 포기 · 인낙 또는 화해를 하는 데에 필요한 권한의 수여에 흠이 있는 때(예컨대 주식회사의 대표이사가 주주총회의 특별결의사항에 관하여 그 결의 없이 재판상 화해를 하는 경우이거나, 법인 아닌 사단의 대표자가 총유물의 처분에 관하여 사원총회의 결의 없이 재판상 화해를 하는 경우 등)에는 법인 등은 위 변론조서나 변론준비기일조서에 대하여 준재심의 소를 제기할 수 있다(민소 451조 1항 3호, 64조).

2) 이러한 준재심의 소는 법인 등이 청구를 포기 · 인낙 또는 화해를 한 뒤 준재심의 사유를 안 날부터 30일 이내에 제기하여야 한다(민소 461조 · 220조, 451조 1항 3호, 64조). 이때 '**법인 등이 준재심의 사유를 안 날**'은 특별한 사정이 없는 한 법인 등의 대표자가 그 준재심의 사유를 안 날로서 그때부터 위 준재심기간이 진행되는 것이 원칙이다.

3) 그러나 법인 등의 대표자가 자기 또는 제3자의 이익을 도모할 목적으로 그 권한을 남용하여 **법인 등의 이익에 배치되는** 청구의 포기 · 인낙 또는 화해를 하였고, 또한 상대방 당사자가 위 대표자의 그러한 **진의를 알았거나 알 수 있었을 경우**에는 위 대표자가 그 준재심의 사유를 아는 것만으로는 부족하고, 적어도 **법인 등의 이익을 정당하게 보전할 권한을 가진** 다른 임원 등이 그 준재심의 사유를 안 때에 비로소 위 준재심기간이 진행한다(대판 2016. 10. 13. 2014다12348 등).

제 2 절　행위능력

Ⅰ. 행위능력의 실체법상 문제

1. 미성년자

1) 2011. 3. 7. 개정, 2013. 7. 1. 시행 민법은 종래 성년연령을 만 20세에서 만 19세로 낮추었다(민 4조).

2) 미성년자의 경우 법정대리인이 미성년자에게 영업을 허락한 경우 그 범위에서 법정대리인의 대리권은 소멸한다. 이에 반하여 특정 재산에 대하여 범위를 정하여 처분을 허락한 경우에는 그 법정대리인은 여전히 그 재산에 대하여 대리권을 갖는다.

2. 피성년후견인·피한정후견인

1) 위 개정 민법은 성년후견제도를 도입하였다(민 9조 등).

2) **피성년후견인**의 경우 가정법원이 필요하다고 인정하는 경우에는 취소할 수 없는 법률행위를 정할 수 있으며(민 10조 2항), 일용품의 구입 등 일상생활에 필요하고 그 대가가 과도하지 아니한 법률행위는 성년후견인이 취소할 수 없도록 하고 있다(민 10조 4항).

3) **피한정후견인**의 경우 한정후견의 심판이 있었다는 것만으로 행위능력이 제한되는 것이 아니라, 가정법원이 피한정후견인에 대하여 일정한 법률행위를 하기 위해서 한정후견인의 동의를 받도록 정하는 심판을 하는 경우에 한하여 그 범위 내에서 행위능력이 제한된다(민 13조).

3. 이해상반행위와 실체법상 특별대리인

(1) 이해상반행위

1) 이해상반행위에는, ① 친권자와 미성년자인 자(子) 또는, 수인의 자(子) 사이의 이해상반행위(민 921조 1항), ② 후견감독인이 있지 아니한 경우에서 미성년후견인과 미성년자 사이의 이해상반행위, 또는 성년후견인과 피성년후견인 사이의 이해상반행위(민 949조의3. 후견감독인이 있는 경우 후견인과 피후견인 사

이의 이해상반행위에 관해서는 후견감독인이 피후견인을 대리한다. 민 940조의6 3항) 등이 있다.

　　2) 친권자가 미성년자와 이해상반되는 행위를 특별대리인에 의하지 않고 한 경우에는 특별한 사정이 없는 한 그 행위는 무효이다(대판 2013. 1. 24. 2010두 27189 등).

　　판례는, 친권자인 모가 자기 오빠의 제3자에 대한 채무의 담보로 미성년자 소유의 부동산에 근저당권을 설정한 행위는 법정대리인인 친권자와 그 자 사이에 이해상반되는 행위에 해당하지 않는다고 보나(대판 1991. 11. 26. 91다32466), 친권자인 모가 자신이 연대보증한 채무의 담보로 자신과 자의 공유인 토지 중 자의 공유지분에 관하여 법정대리인의 자격으로 근저당권설정계약을 체결한 행위는 민법 921조 1항 소정의 이해상반행위에 해당한다고 본다(대판 2002. 1. 11. 2001다65960).

　　(2) 실체법상 특별대리인

　　1) 앞서의 이해상반행위의 경우 친권자나 후견인이 법원에 그 자의 특별대리인의 선임을 청구하여야 한다(민 921조 1항, 949조의3, 가소 2조 1항 2호 가목 16).

　　2) 특별대리인 선임의 관할법원은 수소법원이 아니라 **가정법원**이다. 민법 921조에 따라 이미 선임된 특별대리인은 그 후에 제기된 소송절차 등에서 미성년자인 자를 대리할 수 있다.

Ⅱ. 행위능력의 소송법상 문제

　1. 소송무능력자(제한능력자제도)

　　(1) 성년후견제도의 도입에 따른 개정 민법 부칙상 경과조치에 관한 규정

　　1) 2011. 3. 7. 개정, 2013. 7. 1. 시행 **민법**은 종래 **성년연령**을 만 20세에서 만 19세로 낮추고(민 4조), 종전의 한정치산자·금치산자 등과 같은 일률적인 **행위무능력제도**를 대신하여 **행위능력의 범위**를 **개별화**하여 피한정후견인·피성년후견인과 같은 **제한능력자제도(성년후견제도)**를 도입하였다(민 9조 등).

　　2) 민법상 제한능력자에 대하여 **소송능력의 제한을 받는 범위**, 즉 제한능력자가 소송능력이 없이 **소송무능력자로 취급되는 범위**를 어떻게 정할 것인지는 민사소송법의 독자적 입장에서 민사소송법에서 이를 명확히 규정해야 하는데

도, 당시 민법 개정에 따른 민사소송법의 개정이 아울러 이루어지지 않았다.

3) 다만 **개정 민법**은 금치산자 등에 관한 **경과조치**로서 부칙(법률 제10429호 민법 일부개정) 2조에서 개정 민법 시행 당시 이미 금치산 또는 한정치산의 선고를 받은 사람에 대해서는 종전의 규정을 적용하며(1항), 이러한 금치산자 또는 한정치산자에 대하여 개정 민법에 따라 성년후견·한정후견·특정후견이 개시되거나 임의후견감독인이 선임된 경우 또는 개정 민법 시행일부터 5년이 경과한 때에는 그 금치산 또는 한정치산의 선고는 장래를 향하여 그 효력을 잃는다(2항)고 규정하고 있다.

⑵ 2016. 2. 3. 개정(2017. 2. 4. 시행) 민사소송법상 소송능력에 관한 규정의 적용시기

⒜ 개정 민법 시행 후 성년후견·한정후견개시심판을 받은 경우

민법상 성년후견·한정후견제도 등의 도입에 따라 2016. 2. 3. **민사소송법 개정**(2017. 2. 4. **시행**)이 이루어지게 되었다. 따라서 개정 민법에 의해 성년후견·한정후견 등의 심판을 받은 사람에 대해서는 2017. 2. 4.**부터 위 개정 민사소송법**이 적용된다.

⒝ 개정 민법 시행 당시 이미 금치산·한정치산선고를 받은 경우

1) 개정 민법 시행 당시 이미 금치산·한정치산선고를 받은 사람이라도 개정 민법에 따라 성년후견·한정후견이 개시되는 경우에는 금치산·한정치산의 선고는 장래를 향하여 그 효력을 잃게 되어 개정 민법에 의해 성년후견·한정후견의 심판을 받은 사람으로 취급된다.

2) 개정 민법 시행 당시 이미 금치산·한정치산선고를 받은 사람이 개정 민법에 의해 성년후견·한정후견 등의 심판을 받지 아니하고, 개정 민법 시행일부터 5년인 2018. 6. 30.을 **경과한 경우**에는 그때부터(2018. 7. 1.**부터**) 금치산·한정치산의 선고는 장래를 향하여 그 효력을 잃게 되므로, 이러한 사람에 대해서는 2018. 7. 1.부터 위 개정 민사소송법이 적용된다.

2. 제한능력자의 소송능력 유무

⑴ 미성년자의 경우

1) 미성년자는 원칙적으로 소송무능력자이다. 따라서 미성년자는 법정대리인인 친권자나 후견인에 의해서만 소송행위를 할 수 있다(민소 55조 1항 본문).

2) 미성년자라도 혼인한 경우에는 완전한 소송능력을 가진다(민 826조의2). 미성년자가 독립하여 법률행위를 할 수 있는 경우, 즉 법정대리인의 허락을 얻어 특정한 영업에 관한 법률행위를 하는 경우(민 8조)나 미성년자가 근로계약을 체결하거나 임금을 청구하는 경우(근로기준법 67조 1항, 68조) 등에서는 그 범위 내에서 소송능력이 인정된다(민소 55조 단서).

3) 민법상 미성년자는 법정대리인의 동의가 있으면 법률행위를 할 수 있고(민 5조 1항 본문), 법정대리인이 범위를 정하여 처분을 허락한 재산에 대해서는 임의로 처분할 수 있지만(민 6조), 이와 같은 경우라도 소송법상 미성년자의 소송능력은 인정되지 아니한다. 소송행위는 1회적인 법률행위와 달리 연쇄적이고 복잡하여, 이러한 경우에 소송능력을 인정하는 것은 소송절차의 안정을 해할 염려가 있기 때문이다.

(2) 피성년후견인의 경우

1) 피성년후견인은 원칙적으로 소송무능력자이다. 따라서 피성년후견인은 원칙적으로 법정대리인인 성년후견인에 의해서만 소송행위를 할 수 있다(위 개정 민소 55조 1항 본문).

2) 다만 피성년후견인의 경우 가정법원이 필요하다고 인정하는 때에는 취소할 수 없는 법률행위를 정할 수 있는데(민 10조 2항), 이러한 경우에는 그 범위 내에서 소송능력이 인정된다(민소 55조 1항 단서 2호).

3) 피성년후견인의 경우 일용품의 구입 등 일상생활에 필요하고 그 대가가 과도하지 아니한 법률행위는 성년후견인이 취소할 수 없도록 하고 있지만(민 10조 4항), 이러한 경우에는 피성년후견인의 소송능력이 인정된다고 볼 수는 없다.

(3) 피한정후견인의 경우

1) 피한정후견인은 가정법원이 정한 한정후견인의 동의가 필요한 행위(민 13조 1항)에 관한 것이 아닌 한 소송능력이 인정된다(민소 55조 2항 반대해석).

즉 피한정후견인의 경우 한정후견개시의 심판이 있었다는 것만으로 행위능력이 제한되는 것이 아니라, 가정법원이 피한정후견인에 대하여 **일정한 법률행위**를 하기 위하여 한정후견인의 동의를 받도록 정하는 심판을 하는 경우에 한하여 그 범위 내에서 행위능력이 제한되고(민 13조), 이에 따라 소송능력도 제한된다. 위 개정 민사소송법도 피한정후견인이 한정후견인의 동의가 필요한 때에는 **대리권이 있는 한정후견인**에 의해서만 소송행위를 할 수 있도록 하고 있다(민소 55조 2항).

2) 한정후견개시심판에서 한정후견인에게 **특정 영역의 재산관리**에 관한 법정대리권을 부여한 경우에는 그와 관련된 소송대리권도 부여한 것으로 보아야 하며, 나아가 그 심판에서 한정후견인에게 **소송행위 일반**에 관한 법정대리권을 부여한 경우에는 민사소송 전반에 관하여 소송대리권을 부여한 것으로 본다.

(4) 의사능력이 없는 사람의 경우

민사소송법 62조의2는 피성년후견인이 아니지만 의사능력이 없는 사람을 상대로 소송행위를 하거나, 의사능력이 없는 사람이 소송행위를 하는 데 필요한 경우 특별대리인의 선임 등에 관해서는 민사소송법 62조를 준용하도록 하고 있다(이 경우 특정후견인 또는 임의후견인도 특별대리인의 선임을 신청할 수 있다).

3. 대리인이 변론을 제대로 하지 못하는 경우와 법원의 조치

(1) 변론능력

변론능력은 법원에 대하여 유효하게 변론을 하기 위하여 필요한 능력이다. 변론능력이 없는 사람에 대하여 **법원**이 하는 진술금지재판, 변호사선임명령 등과 **재판장**이 하는 발언금지명령은 변론준비기일에서도 그대로 준용된다(민소 286조). 다만 변론준비기일에서는 **재판장 등**(민소 282조 1항)이 진술금지재판 및 변호사선임명령을 한다.

(2) 발언금지명령

1) **재판장**은 변론준비기일 또는 변론기일에서 **소송지휘권**을 행사하기 위하여(재판장이 수소법원의 대표기관으로 소송지휘권을 행사하는 경우 민사소송법 135조 1항에 따라) 소송관계인에 대하여 발언을 허가하거나 그의 명령을 따르지 아니하는 사람의 발언을 금할 수 있다(민소 135조 2항, 286조).

2) 발언금지명령은 해당 기일에 한하여 그 효력이 있다. 발언금지명령에 반하여 발언한 경우 소송법상 효력이 발생하지 아니한다.

(3) 대리인에 대한 진술금지재판 등

1) **법원**이 당사자 또는 대리인에 대하여 **진술금지재판**을 하는 경우 법원은 변론을 계속할 새 기일을 지정한다(민소 144조 1항). 법원은 진술을 금지하는 경우에 필요하다고 인정하면 **변호사선임명령**을 한다(민소 144조 2항).

2) **대리인**에 대한 진술금지재판과 변호사선임명령의 경우에는 **본인**에게 그 취지를 **통지**하여야 한다(민소 144조 3항).

(4) 소각하결정 또는 상소각하결정

소 또는 상소를 제기한 사람이 변호사선임명령을 받고도 새 기일(진술금지재판시 변론을 계속할 새 기일을 정한다)까지 변호사를 선임하지 아니한 때에는 법원의 **결정**으로 소 또는 상소를 각하할 수 있다(민소 144조 4항). 이러한 결정에 대해서는 즉시항고를 할 수 있다(민소 144조 5항).

제 3 장

권리의 변동

제 1 절 법률행위 일반

I. 반사회질서 법률행위와 불공정 법률행위의 실체법상 문제

1. 반사회질서 법률행위

(1) 의   의

민법 103조에 의하여 무효로 되는 반사회질서 법률행위는 ① 법률행위의 목적인 권리·의무의 내용이 선량한 풍속 그 밖의 사회질서에 위반되는 경우, ② 그 내용 자체는 반사회질서적인 것이 아니라고 하여도 법률적으로 이를 강제하거나 법률행위에 반사회질서적인 조건 또는 금전적 대가가 결부됨으로써 반사회질서적 성질을 띠게 되는 경우, ③ 표시되거나 상대방에게 알려진 법률행위의 동기가 반사회질서적인 경우를 포함한다.

(2) 반사회질서 법률행위와 불법원인급여

1) 반사회질서 법률행위에 의하여 이루어진 급부에 대해서는 그 반환을 구하는 청구를 할 수 없다. 법률행위가 민법 103조에 의하여 무효라고 하더라도 물권적 청구권에 기하여도 그 반환을 청구할 수 없다.

2) 그러나 이중매매에서 제2매매계약이 반사회질서 법률행위로 무효가 되는 경우 제1매수인은 매도인을 대위하여 제2매매계약의 무효를 주장하여 매매목적물의 반환을 청구할 수 있다. 한편 점유자의 점유취득시효완성 후 소유자의 소유권 양도에서 이러한 소유권의 양도가 반사회질서로 무효가 되는 경우 점유자는 소유자를 대위하여 양도한 목적물의 반환을 청구할 수 있다.

(3) 반사회질서 법률행위와 형사사건의 성공보수약정

형사사건에서 성공보수약정은 선량한 풍속 그 밖의 사회질서에 위배된다(형사사건에서의 성공보수약정은 수사·재판의 결과를 금전적인 대가와 결부시킴으로써, 기본적 인권의 옹호와 사회정의의 실현을 사명으로 하는 변호사 직무의 공공성을 저해하고, 의뢰인과 일반 국민의 사법제도에 대한 신뢰를 현저히 떨어뜨릴 위험이 있기 때문이다. 대판(전) 2015. 7. 23. 2015다200111).

2. 불공정한 법률행위

(1) 의   의

민법 104조에 규정된 불공정한 법률행위는 **객관적**으로 급부와 반대급부 사이에 현저한 불균형이 존재하고, **주관적**으로 그와 같이 균형을 잃은 거래가 피해 당사자의 궁박, 경솔 또는 무경험을 이용하여 이루어진 경우에 성립하는 것으로서, 약자적 지위에 있는 사람의 궁박, 경솔 또는 무경험을 이용한 폭리행위를 규제하려는 데에 그 목적이 있다(대판 2011. 1. 27. 2010다53457).

(2) 성립요건

1) 민법 104조의 불공정한 법률행위는 ① 피해 당사자가 궁박, 경솔 또는 무경험의 상태에 있고, ② 상대방 당사자가 그와 같은 피해 당사자 측의 사정을 알면서 이를 이용하려는 폭리행위의 의사를 가지고, ③ 객관적으로 급부와 반대급부 사이에 현저한 불균형이 존재하는 법률행위를 한 경우에 성립한다(①만 있고, ② 또는 ③의 요건을 충족하지 아니한 경우 불공정 법률행위는 성립하지 아니한다).

2) 주관적 요건인 **궁박**은 급박한 곤궁(경제적 원인에 기인할 수도 있고, 정신적 또는 심리적 원인에 기인할 수도 있다), 무경험은 거래 일반에 대한 경험부족을 뜻한다.

3) 객관적 요건인 급부와 반대급부의 **현저한 불균형성**은, ① 단순히 시가와의 차액 또는 시가와의 비율로 판단할 수 있는 것이 아니고, 구체적·개별적 사안에서 일반인의 사회통념에 따라 결정하여야 한다. ② 급부와 반대급부 그 자체의 객관적 가치를 기준으로 판단한다. 급부의 상대적 가치, 즉 보다 싼 가격에 제공받을 수 있는 급부를 비싸게 제공받았는지 여부에 의하여 판단할 수 없다.

4) 폭리행위의 **악의**가 존재하여야 한다. 피해 당사자 측의 사정을 알면서

이를 이용하려는 의사, 즉 폭리행위의 악의가 없었다면 불공정한 법률행위는 성립하지 않는다. 이러한 폭리행위의 악의가 추인될 수 있는 경우도 있다(판례는 부동산의 매매가격이 시가의 약 8분의 1 정도로 현저한 차이가 있고, 매도인이 평소 어리석은 사람인 것으로 인정되며, 매수인이 부동산을 매수한 지 약 3개월 후에 매수가격의 4.5배 정도로 전매한 경우, 특별한 합리적인 근거를 찾아볼 수 없는 사정이라면 이는 매도인의 경솔·무경험에 의한 것이며, 매수인이 그 사정을 알고 이를 이용함으로써 이루어진 것으로 추인할 수 있다고 본다. 대판 1977. 12. 13. 70다2179).

　　5) 경매에 의한 재산권 이전에 관해서는 민법 104조가 적용될 여지가 없다.

　(3) 판단 기준

　　1) 불공정한 법률행위인지 여부의 판단은 **법률행위 당시**를 기준으로 한다 (이는 법률행위가 이루어진 시점을 기준으로 약속된 급부와 반대급부 사이의 객관적 가치를 비교 평가하여 판단해야 할 문제이다. 당초의 약정대로 계약이 이행되지 아니할 경우에 발생할 수 있는 문제는 달리 특별한 사정이 없는 한 채무불이행에 따른 효과로서 다루어지는 것이 원칙이다. 대판 2013. 9. 26. 2010다42075).

　　2) 계약 체결 당시를 기준으로 계약 내용에 따른 권리의무관계를 종합적으로 고려한 결과 불공정한 것이 아니라면, 사후에 외부적 환경의 급격한 변화에 따라 계약당사자 일방에게 큰 손실이 발생하고 상대방에게는 그에 상응하는 큰 이익이 발생할 수 있는 구조라고 하여 그 계약이 당연히 불공정한 계약에 해당한다고 말할 수 없다(대판(전) 2013. 9. 26. 2012다13637, 대판 2015. 1. 15. 2014다216072).

　　3) 대리인에 의한 법률행위에서 경솔·무경험은 대리인을 기준으로 정하고, 궁박은 본인을 기준으로 정한다.

　(4) 효　　력

　　불공정한 법률행위는 무효이다(민 104조). 불공정한 법률행위로서 무효인 경우에는 추인에 의하여 무효인 법률행위가 유효로 될 수 없다(대판 1994. 6. 24. 94다10900).

Ⅱ. 반사회질서 법률행위와 불공정한 법률행위의 소송법상 문제

1. 반사회질서 법률행위

(1) 권리장애사실의 항변

1) 신의칙 위반의 법률행위의 경우와 달리 반사회질서 법률행위가 무효가 되기 위해서는 **당사자의 주장**이 있어야 한다. 즉 법률행위는 **권리근거규정**에 따라 권리가 성립되기는 하나 민법 103조에서 정하는 반사회질서에 해당하는 경우에는 법률행위가 무효가 되므로 이러한 **권리장애규정**에 관해서는 당사자의 주장(**권리장애항변**)이 있어야 법원이 그 효력 유무에 대하여 판단한다.

2) 반사회질서 법률행위의 무효를 이를 주장할 이익이 있는 사람은 **누구든지** 무효를 주장할 수 있다. 따라서 반사회질서 법률행위를 원인으로 하여 부동산에 관한 소유권이전등기를 마쳤다 하더라도 그 등기는 원인무효로서 말소될 운명에 있으므로, 등기명의자가 소유권에 기한 물권적 청구권을 행사하는 경우에 그 권리행사의 **상대방**은 위와 같은 법률행위의 무효를 **항변**으로 주장할 수 있다(대판 2016. 3. 24. 2015다11281).

(2) 반사회질서 법률행위가 포함된 청구의 인낙 또는 화해의 효력

청구인낙조서 또는 화해조서(민소 220조)에서 그 인낙조항 또는 화해조항 자체에 반사회질서 법률행위가 포함되는 경우에는 그 청구의 인낙 또는 화해조서는 무효이다. 그러나 원고의 청구원인이 비록 강행법규 등을 위반하여 무효가 되는 경우이라고 하더라도 그 청구의 인낙 또는 화해조서가 무효가 되는 것은 아니다(대판 1969. 3. 25. 68다2024).

2. 불공정한 법률행위

(1) 불공정한 법률행위의 소송상 주장

1) 불공정한 법률행위로서 무효라는 소송상 주장은 **권리장애항변**에 속한다, 따라서 이를 주장하는 사람에게 권리장애사실의 주장책임 및 증명책임이 있다. 즉 법률행위의 무효를 주장하는 사람이 불공정한 법률행위에 해당하는 주관적·객관적 요건을 주장·증명하여야 한다.

2) 불공정한 법률행위의 주장에는 민법 103조 위반의 주장이 포함되었다

고 볼 수 없다. 따라서 법원은 불공정한 법률행위가 성립되지 아니한 경우 민법 103조 위반에 관한 주장 여부에 대하여 석명을 구할 의무가 없다(대판 1997. 3. 25. 96다47951). 한편 불공정한 법률행위로서 무효라는 주장에는 착오에 기한 의사표시로서 취소를 구한다는 취지가 포함되어 있다고 보기 어렵다(대판 1993. 7. 13. 93다19962).

  3) **판례**는 전속적 국제관할합의가 현저하게 불합리하고 불공정하여 무효라고 판단된다면 그런 합의는 공서양속에 반하는 법률행위에 해당하는 점에서도 무효라고 본다(대판 2004. 3. 25. 2001다53349).

  (2) 불공정한 법률행위와 소송상 합의

  1) 소송상 합의는 이에 관하여 법률상 명문의 규정을 두고 있어 이를 **소송행위(소송계약)**로 보는 경우이든(소송행위 가운데 단독적 소송행위의 경우와 달리 **민법규정이 유추적용**된다), 법률상 명문의 규정을 두고 있지 아니하여 이를 사법행위(사법계약)로 보는 경우이든(**민법규정이 적용**된다) 소송상 합의에 무효·취소사유 또는 해제·해지사유가 있으면 소송상 합의가 무효가 되거나 이를 취소 또는 해제·해지할 수 있다.

  2) **부제소합의**(법률상 명문의 규정을 두고 있지 아니하여 **사법계약**으로 본다. 따라서 민법의 규정이 '적용'된다)의 경우 기본약정이 불공정한 법률행위에 해당하여 무효라고 한다면 그 계약으로 인하여 불이익을 입은 당사자로 하여금 이와 같은 불공정성을 소송 등 사법적 구제수단을 통하여 주장하지 못하도록 하는 부제소합의 역시 다른 특별한 사정이 없는 한 무효라고 보아야 한다(대판 2010. 7. 15. 2009다50308, 2011. 4. 28. 2010다106702).

  3) **관할의 합의**(민소 29조. 법률상 명문의 규정을 두고 있어 소송행위인 **소송계약**으로 본다)의 경우 **기본약정**이 무효, 취소 또는 해제·해지가 된다고 하더라도 분쟁의 해결을 위한 관할법원을 정하는 합의관할에 관한 약정의 효력은 그대로 유지된다고 본다.

Ⅲ. 법률행위의 당사자 확정의 실체법상 문제

1. 당사자의 확정방법

  1) 행위자와 상대방의 의사가 **일치한 경우**에는 그 일치한 의사대로 행위자

또는 명의인을 계약당사자로 확정하여야 한다. 한쪽 당사자가 대리인을 통하여 계약을 체결하는 경우에 계약의 상대방이 대리인을 통하여 본인과의 사이에 계약을 체결하려는 데 의사가 일치하였다면 대리인의 대리권 존부 문제와는 무관하게 본인이 그 계약의 당사자이다.

2) 행위자와 상대방의 의사가 **일치하지 아니한 경우**에는 계약의 성질, 내용, 목적, 체결 경위 등 그 계약체결 전후의 구체적인 모든 사정을 토대로 상대방이 합리적인 사람이라면 행위자와 명의자 가운데 누구를 계약당사자로 이해할 것인지에 의하여 당사자를 결정하여야 한다. 이는 그 타인이 허무인인 경우에도 마찬가지이다(대판 2012. 10. 11. 2011다12842. 구체적인 사안에서 매도인이 공동명의로 된 경우 그 가운데 한 사람이 매도인인지, 그렇지 않다면 공동매도인인지 여부에 관해서는, 대판 2011. 2. 10. 2010다83199,83205).

2. 명의신탁에서의 당사자의 확정

당사자확정은 특히 3자간 등기명의신탁(중간생략형 등기명의신탁)관계인지, 계약명의신탁관계인지의 구별에서 매수인의 확정이 중요한 의미를 지닌다. 계약명의신탁인지 여부의 판단에서, 타인을 통하여 부동산을 매수할 때에 매수인 명의를 그 타인 명의로 하기로 하였다면 이와 같은 매수인 명의의 신탁관계는 그들 사이의 내부적인 관계에 불과한 것이므로, 특별한 사정이 없는 한 대외적으로는 그 타인을 매매당사자로 보아야 한다(대판 2007. 9. 7. 2005다48154, 48161 등).

3. 예금계약에서의 당사자의 확정

금융실명제('금융실명거래 및 비밀보장에 관한 법률')하에서는 본인인 예금명의자의 의사에 따라 예금명의자의 실명확인 절차가 이루어지고 예금명의자를 예금주로 하여 예금계약서를 작성하므로, 예금계약의 당사자는 예금명의자로 보아야 한다(만약 **극히 예외적**으로 예금명의자가 아닌 출연자 등을 예금계약의 당사자라고 볼 수 있기 위해서는, 금융기관과 출연자 등과 사이에서 실명확인절차를 거쳐 서면으로 이루어진 예금명의자와의 예금계약 후 명의 예금명의자의 예금반환청구권을 배제하고, 출연자 등과 예금계약을 체결하여 출연자 등에게 예금반환청구권을 귀속시키겠다는 명확한 의사의 합치가 있어야 한다. 대판(전) 2009. 3. 19. 2008다45828, 대판 2013.

9. 26. 2013다2504).

Ⅳ. 법률행위의 당사자 확정의 소송법상 문제

1. 계약당사자의 확정과 의사표시의 해석

1) 계약당사자가 누구인지는 그 계약에 관여한 당사자의 의사표시해석의 문제이다. **의사표시의 해석**은 당사자가 그 표시행위에 부여한 객관적인 의미를 명백하게 확정하는 것이다.

2) 계약당사자 사이에 어떠한 계약 내용을 **처분문서**인 서면으로 작성한 경우에는 그 서면에 사용된 문구에 구애받는 것은 아니지만 어디까지나 당사자의 내심적 의사의 여하에 관계없이 그 서면의 기재 내용에 의하여 당사자가 그 표시행위에 부여한 객관적 의미를 합리적으로 해석하여야 한다. 이 경우 문언의 객관적인 의미가 명확하다면, 특별한 사정이 없는 한 문언대로의 의사표시의 존재와 내용을 인정하여야 한다(대판 2013. 4. 26. 2013다2245 등).

2. 소송상 당사자의 확정

소송상 당사자는 소장에 기재된 표시 및 청구의 내용과 원인사실 등 소장 전체의 취지를 합리적으로 해석하여 확정하여야 한다(**실질적 표시설**). 즉 소송상 당사자가 누구인지의 확정은 소장의 당사자란 기재를 원칙적 기준으로 하되 청구의 취지·원인, 그 밖의 일체의 표시 사항 등을 기준으로 합리적으로 해석·판단하여야 한다.

3. 소송상 당사자표시정정

1) 소송상 당사자가 확정되어 당사자와 소송상 표시된 당사자가 일치하지 아니하면 당사자로 표시된 자와 **동일성**이 인정되는 범위 내에서 이를 정정할 수 있다. 이를 **당사자표시정정**이라고 한다. 이는 종전의 당사자를 교체하고 새로운 제3자를 당사자로 바꾸는 **당사자경정**(피고의 경우에 한한다. 민소 260조)과는 다른 것이므로 당연히 허용된다고 본다.

판례는 당사자표시정정을 넓게 인정하는 경향이 있다(판례는 당사자능력이 없는 경우일 뿐만 아니라, 당사자능력이 있는 경우에도 당사자적격까지 염두에 두고 소송목적 등을 고려하여 당사자표시정정을 인정하고 있다). 판례는 청구의 내용과 원인사실, 해당 소송을 통하여 분쟁을 해결하려는 원고의 소제기 목적 및 원고의 당사자표시정정신청의 경위 등 여러 사정을 종합하여 당사자표시정정의 인정여부를 판단하고 있다.

판례의 이러한 태도는, 판례가 법률상 명문으로 허용하는 임의적 당사자변경 외에는 달리 임의적 당사자변경을 허용하지 않고 있으므로(피고의 경우는 앞서 본 바와 같이 민사소송법 260조에 따라 **피고의 경정**이 가능하나, 이는 제1심에 한한다) 당사자표시정정의 범위를 **합목적적**으로 **조절할 필요성**이 있기 때문이다.

2) 당사자표시정정은 **원칙적**으로 당사자의 동일성이 인정되는 범위에서만 허용된다. 그러나 비록 당사자의 동일성이 인정되지 아니하는 당사자표시정정이지만 **예외적**으로 소송절차의 안정, 소송경제 및 신의칙 등에 비추어 허용되는 경우가 있다.

판례는, 회사의 대표이사이었던 사람의 개인 명의로 제기된 소송에서 그 개인을 회사로 당사자표시를 정정하는 것은 부적법하다고 본다(대판 1998. 1. 23. 96다41496 등). 그러나 만약 제1심법원이 제1차 변론준비기일에서 원고의 부적법한 당사자표시정정신청을 받아들이고 피고도 이에 명시적으로 동의하여 제1심 제1차 변론기일부터 정정된 원고인 회사와 피고 사이에 본안에 관한 변론이 진행된 다음 제1심 및 항소심에서 본안판결이 선고되었다면, 당사자표시정정신청이 부적법하다고 하여 그 후에 진행된 변론과 그에 근거한 판결을 모두 부적법하거나 무효라고 하는 것은 **소송절차의 안정**을 해칠 뿐만 아니라 그 후에 새삼스럽게 이를 문제삼는 것은 **소송경제**나 **신의칙** 등에 비추어 허용될 수 없다고 본다(대판 2008. 6. 12. 2008다11276).

3) 당사자의 동일성이 있는지 여부에 관해서는 석명을 통하여 확정하여야 한다. 이 경우 원고에게 해당 사건의 피고가 누구인지를 분명히 하도록 보완을 명하여 피고를 명확히 확정한 연후에 본안에 대한 심리·판단을 하여야 한다.

소장 표시로 보아 당사자능력이 없어도 소장 전체의 취지를 합리적으로 해석할 때에 당사자능력자로 고칠 수 있는 경우에는 바로 소를 각하할 것이 아니라 **민사소송법** 59조(소송능력 등 흠의 보정)를 유추적용하여 그 표시정정의 형태로 당사자능력자로의 보정을 시켜야 한다(정정할 것을 지정하여 **특정적**으로 보정명령을 발하여야 한다). 따라서 이러한 조치를 취함이 없이 단지 원고에게 막연히 보정명령만을 명한 후 소를 각하하는 것은 위법하다(대판 2013. 8. 22. 2012다 68279 등).

　4) 임의적 당사자변경사항인지 당사자표시정정사항인지를 혼동한 경우 진정한 당사자에 대한 판결은 이루어지지 않은 상태이다. 따라서 진정한 당사자에 대해서는 **재판의 누락**(민소 212조 1항)이 되므로 원심법원에 여전히 그 사건이 계속된다. 진정한 당사자는 기일지정신청을 하여 자신에 대하여 판결을 받을 수 있다.

4. 피고의 경정

⑴ 피고를 잘못 지정한 것이 분명한 경우인지 여부

　1) 피고의 경정(민소 260조 1항 본문)은 ① 청구취지나 청구원인의 기재 내용 자체로 보아 원고가 법률적 평가를 그르치는 등의 이유로 피고의 지정이 잘못된 것이 분명하거나, ② 법인격의 유무에 관하여 착오를 일으킨 것이 분명한 경우에 허용된다.

　2) 원고가 피고를 을로 하여 소송을 제기하였다가 심리 도중에 변론에서 을의 답변이나 을이 제출하는 증거에 따라 이를 번복하여 피고를 병으로 피고의 경정을 구하는 경우 피고가 되어야 할 자가 누구인지는 증거조사를 거쳐 사실을 인정하고, 그 인정 사실에 근거하여 법률판단을 하여야 인정할 수 있는 사항이므로, 이는 피고를 잘못 지정한 것이 분명한 경우에 해당하지 아니한다(대결 1997. 10. 17. 97마1632).

　3) 피고를 잘못 지정한 것이 분명한지 여부에 관하여 **석명**을 요한다. 피고를 잘못 지정하였다면 법원으로서는 당연히 석명권을 행사하여 원고로 하여금 피고를 경정하게 하여 소송을 진행하여야 한다. 이러한 조치를 취하지 아니한 채 피고의 지정이 잘못되었다는 이유로 소를 각하한 것은 위법이다(대판 2004. 7. 8. 2002두7852 등).

⑵ 피고의 경정의 방법 및 효과

　피고의 경정은 **제1심 변론종결시**까지 허용된다(민소 260조 1항 · 2항). 구피고가 본안에 응소한 경우(본안에 관하여, 변론하거나 변론준비기일에 진술한 경우 또는 준비서면을 제출한 경우)에는 **구피고의 동의**를 요한다(민소 260조 1항). **피고경정신청서를 법원에 제출한 때**에 시효중단 · 기간준수의 효력이 발생한다(민소 265조).

제2절 의사표시 일반

I. 의사표시의 실체법상 문제

1. 의사표시 일반

(1) 의사표시의 의의

1) 의사표시란 일정한 법률효과를 발생시키려는 의사를 외부에 표시하는 행위로서, 법률행위의 본질적 구성부분이다. 법률행위 가운데 단독행위는 하나의 의사표시만으로 법률효과가 발생하며, 계약은 청약과 승낙의 의사표시의 합치에 의하여 법률효과가 발생한다. 의사표시는 일정한 법률효과의 발생을 원하는 내심의 의사와 이를 외부에 표시하는 행위로 분해될 수 있다. 의사표시는 명시적 또는 묵시적으로 할 수 있다.

2) 상대방 있는 의사표시는 상대방에 **도달**한 때에 그 효력이 생긴다(도달주의, 민 111조 1항). 여기서 도달이란 사회통념상 상대방이 통지의 내용을 알 수 있는 객관적 상태에 놓여 있는 경우를 가리키는 것으로서, 상대방이 통지를 현실적으로 수령하거나 통지의 내용을 알 것까지는 필요로 하지 아니한다. 상대방이 정당한 사유 없이 통지의 수령을 거절한 경우에는 상대방이 그 통지의 내용을 알 수 있는 객관적 상태에 놓여 있는 때에 의사표시의 효력이 생기는 것으로 보아야 한다(대판 2008. 6. 12. 2008다19973).

3) 의사표시자가 그 통지를 발송한 후 사망하거나 제한능력자가 되어도 의사표시의 효력에 영향을 미치지 아니한다(민 111조 2항). 의사표시의 상대방이 의사표시를 받은 때에 제한능력자인 경우에는 의사표시자는 그 의사표시로써 대항할 수 없다. 다만 그 상대방의 법정대리인이 의사표시가 도달한 사실을 안 뒤에는 그러하지 아니하다(민 112조).

(2) 진의 아닌 의사표시

진의 아닌 의사표시(민 107조)에서의 **진의**란 특정한 내용의 의사표시를 하고자 하는 표의자의 생각을 말하는 것이지 표의자가 진정으로 마음 속에서 바라는 사항을 뜻하는 것은 아니므로 표의자가 의사표시의 내용을 신성으로 마음 속에서 바라지는 아니하였다고 하더라도 당시의 상황에서는 그것이 최선이라고 판단하여 그 의사표시를 하였을 경우에는 이를 내심의 효과의사가 결여된 진의 아닌 의사표시라고 할 수 없다(대판 2000. 4. 25. 99다34475, 2001. 1. 19. 2000다51919 등).

⑶ 통정한 허위의 의사표시

⒜ 의   의

통정한 허위의 의사표시(민 108조)가 성립하기 위해서는 의사표시의 진의와 표시가 일치하지 아니하고 그 불일치에 관하여 상대방과 사이에 합의가 있어야 한다.

⒝ 효   과

1) 상대방과 통정한 허위의 의사표시는 무효이고 누구든지 그 무효를 주장할 수 있는 것이 원칙이다.

2) 허위표시의 당사자와 포괄승계인 이외의 자로서 허위표시에 의하여 외형상 형성된 법률관계를 토대로 실질적으로 새로운 법률상 이해관계를 맺은 **선의의 제3자**에 대해서는 허위표시의 당사자뿐만 아니라 그 누구도 허위표시의 무효로 대항하지 못한다(민 108조 2항).

허위표시를 선의의 제3자에게 대항하지 못하게 한 취지는 이를 기초로 하여 별개의 법률원인에 의하여 고유한 법률상 이익을 갖는 법률관계에 들어간 자를 보호하기 위한 것이다. 이 경우 **제3자의 범위**는 권리관계에 기초하여 형식적으로만 파악할 것이 아니라 **허위표시행위를 기초로** 하여 새로운 법률상 이해관계를 맺었는지 여부에 따라 실질적으로 파악하여야 한다.

3) 이러한 선의의 제3자에 해당하기 위해서는 무과실이어야 하는 것은 아니다(통정허위표시에서의 제3자는 그 선의 여부가 문제이며, 이에 관한 과실 유무를 따질 것이 아니다. 대판 2006. 3. 10. 2002다1321). 민법 108조 2항에 규정된 제3자는 특별한 사정이 없는 한 선의로 추정되고, 제3자가 악의라는 사실에 관한 주장·증명책임은 그 허위표시의 무효를 주장하는 사람에게 있다(대판 2007. 11. 29. 2007다53013 등).

4) 임대차보증금반환채권이 양도된 후 그 양수인의 채권자가 임대차보증금반환채권에 대하여 채권압류 및 추심명령을 받았는데 그 임대차보증금반환채권의 양도계약이 허위표시로서 무효인 경우 채권자는 그로 인해 외형상 형성된 법률관계를 기초로 실질적으로 새로운 법률상 이해관계를 맺은 제3자에

해당한다고 보아야 한다(대판 2014. 4. 10. 2013다59753).

　　5) 파산자가 상대방과 통정한 허위의 의사표시를 통하여 가장채권을 보유하고 있다가 파산이 선고된 경우 그 가장채권도 일단 파산재단에 속하게 되고, 파산선고에 따라 파산자와는 독립한 지위에서 파산채권자 전체의 공동의 이익을 위하여 직무를 행하게 된 **파산관재인**은 그 허위표시에 따라 외형상 형성된 법률관계를 토대로 실질적으로 새로운 법률상 이해관계를 가지게 된 민법 108조 2항의 제3자에 해당한다(대판 2003. 6. 24. 2002다48214 등).

　　이 경우 선의·악의는 파산관재인 개인의 선의·악의를 기준으로 할 수는 없고, 총파산채권자를 기준으로 하여 **파산채권자 모두**가 악의로 되지 않는 한 파산관재인은 선의의 제3자라고 할 수밖에 없다(대판 2006. 11. 10. 2004다10299, 2010. 4. 29. 2009다96083 등).

　　(4) 착오로 인한 의사표시

　　(a) 의　　의

　　1) 착오로 인한 의사표시(민 109조)가 성립하기 위해서는 법률행위를 할 당시에 실제로 없는 사실을 있는 사실로 잘못 깨닫거나 아니면 실제로 있는 사실을 없는 것으로 잘못 생각하듯이 표의자의 인식과 그 대조사실이 어긋나는 경우라야 한다.

　　따라서 표의자가 행위를 할 당시 장래에 있을 어떤 사항의 발생이 미필적임을 알아 그 발생을 예기한 데 지나지 않는 경우는 표의자의 심리상태에 인식과 대조의 불일치가 있다고 할 수 없어 이를 착오로 다룰 수는 없다(대판 2012. 12. 13. 2012다65317, 2013. 11. 28. 2013다202922 등).

　　2) 강학상 **기명날인의 착오**(또는 **서명의 착오**), 즉 어떤 사람이 자신의 의사와 다른 법률효과를 발생시키는 내용의 서면에 그것을 읽지 않거나 올바르게 이해하지 못한 채 기명날인을 하는 이른바 표시상의 착오는 착오에 의한 의사표시에 관한 법리를 적용하여 취소권 행사의 가부를 가려야 한다(대판 2005. 5. 27. 2004다43824 등).

　　3) 화해계약의 의사표시에 착오가 있더라도 이것이 당사자의 자격이나 화해의 목적인 분쟁 이외의 사항에 관한 것이 아니고 분쟁의 내상인 법률관계 지체에 관한 것인 때에는 이를 취소할 수 없다(민 733조. 화해계약이 성립되면 특별한 사정이 없는 한 그 **창설적 효력**에 의하여 종전의 법률관계를 바탕으로 한 권리의무산

계는 소멸되는 것으로서 계약당사자 사이에 종전의 법률관계가 어떠하였는지를 묻지 않고 화해계약에 의하여 새로운 법률관계가 생긴다. 대판 1989. 9. 12. 88다카10050).

(b) 동기의 착오

1) 민법상 동기의 착오의 경우 그 동기는 **표시**되어야 한다. 동기의 착오가 법률행위의 내용의 중요부분의 착오에 해당함을 이유로 표의자가 법률행위를 취소하려면 그 동기를 해당 의사표시의 내용으로 삼을 것을 상대방에게 표시하고 의사표시의 해석상 법률행위의 내용으로 되어 있다고 인정되면 충분하다. 따라서 당사자들 사이에 별도로 그 동기를 의사표시의 내용으로 삼기로 하는 합의까지 이루어질 필요는 없다.

2) 이러한 동기의 착오에서 그 동기가 표시되지 않더라도 ① 동기가 상대방의 부정한 방법에 의하여 유발된 경우, ② 동기가 상대방으로부터 제공된 경우에는 취소할 수 있다.

(c) 효   과

1) 착오로 인한 법률행위의 취소가 인정되려면 착오가 법률행위 내용의 중요부분에 있어야 한다(민 109조 1항). 착오가 법률행위 내용의 **중요부분**에 있다고 하기 위해서는 표의자에 의하여 추구된 목적을 고려하여 합리적으로 판단하여 볼 때 표시와 의사의 불일치가 객관적으로 현저하여야 하고, 보통 일반인이 표의자의 입장에 있었더라면 경제적인 불이익을 입게 되는 결과 등을 가져오게 됨으로써 그와 같은 의사표시를 하지 아니하였으리라고 여겨져야 한다(대판 2006. 12. 7. 2006다41457, 2013. 9. 26. 2013다40353 등).

2) 법률행위 내용의 중요부분에 착오가 있는 때에는 그 의사표시를 취소할 수 있으나 그 착오가 표의자의 **중대한 과실**로 인한 때에는 취소하지 못한다. 여기서 '중대한 과실'이란 표의자의 직업, 행위의 종류, 목적 등에 비추어 보통 요구되는 주의를 현저히 결여한 것을 의미한다.

3) 착오를 이유로 의사표시를 취소하려는 사람은 법률행위의 내용에 착오가 있었다는 사실과 함께 그 착오가 의사표시에 결정적인 영향을 미쳤다는 점, 즉 만일 그 착오가 없었더라면 의사표시를 하지 않았을 것이라는 점을 증명하여야 한다(대판 2017. 11. 14. 2014다21021,21038, 2018. 10. 25. 2016다239345 등).

4) 착오가 **제3자의 기망행위**에 의하여 일어난 것이더라도 이에 관해서는 사기에 의한 의사표시의 법리, 특히 민법 110조 2항의 규정을 적용할 것이 아

니라, 착오에 의한 의사표시의 법리를 적용하여 취소권 행사의 가부(可否)를 가려야 한다(대판 2005. 5. 27. 2004다43824).

　5) 매매계약 내용의 중요부분에 착오가 있는 경우 매수인은 민법 580조 1항, 575조 1항에 의한 매도인의 하자담보책임이 성립하는지와 상관없이 착오를 이유로 그 매매계약을 취소할 수 있다(대판 2018. 9. 13. 2015다78703).

　6) 당사자의 합의로 착오로 인한 의사표시의 취소에 관한 민법 109조 1항의 적용을 **배제**할 수 있다(대판 2014. 11. 27. 2013다49794, 2016. 4. 15. 2013다97694).

　(5) 사기·강박에 의한 의사표시

　(a) 의　　의

　1) 사기에 의한 의사표시(민 110조)란 타인의 기망행위로 말미암아 착오에 빠지게 된 결과 어떠한 의사표시를 하게 되는 경우이므로 거기에는 의사와 표시의 불일치가 있을 수 없고, 단지 의사의 형성과정 즉 의사표시의 동기에 착오가 있는 것에 불과하며, 이 점에서 고유한 의미의 착오에 의한 의사표시와 구분된다.

　2) 강박에 의한 의사표시(민 110조)란 상대방이 불법으로 어떤 해악(害惡)을 고지함으로 말미암아 공포를 느끼고 의사표시를 한 것을 말한다. 여기서 어떤 해악을 고지하는 강박행위가 위법하다고 하기 위해서는 강박행위 당시의 거래관념과 모든 사정에 비추어 해악의 고지로써 추구하는 이익이 정당하지 아니하거나 강박의 수단으로 상대방에게 고지하는 해악의 내용이 법질서에 위배된 경우, 또는 어떤 해악의 고지가 거래관념상 그 해악의 고지로써 추구하는 이익의 달성을 위한 수단으로 부적당한 경우 등에 해당하여야 한다(대판 2000. 3. 23. 99다64049, 2010. 2. 11. 2009다72643).

　반사회질서 법률행위에 해당하지 아니하고 단지 법률행위의 성립과정에 강박이라는 불법적 방법이 사용된 데에 불과한 때에는 반사회질서 법률행위로서 무효라고 할 수는 없다(이 경우 강박에 의한 의사표시의 흠이나 의사의 흠결을 이유로 효력을 논의할 수는 있을 따름이다. 대판 1999. 7. 23. 96다21706, 2002. 12. 27. 2000다47361).

　(b) 효　　과

　1) 사기나 강박에 의한 의사표시는 취소할 수 있다(민 110조 1항). 상대방 있는 의사표시에 관하여 제3자가 사기나 강박을 한 경우에는 상대방이 그 사

실을 알았거나 알 수 있었을 경우에 한하여 그 의사표시를 취소할 수 있다(민 110조 2항). 다만 상대방의 대리인 등 상대방과 동일시할 수 있는 자의 사기와 강박은 여기서 말하는 제3자의 사기·강박에 해당하지 아니한다(대판 1999. 2. 23. 98다60828 등).

제3자의 사기행위나 강박행위로 계약을 체결한 경우 그 계약을 취소하지 않고(그 계약을 그대로 유효하게 하되) 제3자에 대하여 불법행위로 인한 손해배상 청구를 할 수 있다(대판 1998. 3. 10. 97다55829).

2) 강박에 의한 법률행위가 상대방 또는 제3자의 강박에 의하여 **의사결정의 자유**가 완전히 박탈된 상태에서 이루어진 의사표시인 경우에는 이는 단순히 흠이 있는 의사표시로서 취소되는 것에 그치지 않고 **무효**가 된다.

강박에 의한 법률행위가 무효가 되기 위해서는, 강박의 정도가 단순한 불법적 해악의 고지로 상대방으로 하여금 공포를 느끼도록 하는 정도가 아니고, 의사표시자로 하여금 의사결정을 스스로 할 수 있는 여지를 완전히 박탈한 상태에서 의사표시가 이루어져 단지 법률행위의 외형만이 만들어진 것에 불과한 정도이어야 한다(대판 1998. 2. 27. 97다39152, 2003. 5. 13. 2002다73708 등).

3) 사기나 강박에 의한 의사표시의 취소는 선의의 제3자에게 대항하지 못한다(민 110조 3항). 여기서 **제3자**란 사기·강박에 의한 의사표시의 당사자 및 포괄승계인 이외의 사람으로서 사기·강박에 의한 의사표시를 기초로 하여 새로운 법률원인으로써 이해관계를 맺은 사람을 의미한다(대판 1997. 12. 26. 96다44860).

허위표시의 효과에서 본 바와 같이, 파산관재인이 제3자로서의 지위도 가지는 점 등을 고려하면 특별한 사정이 없는 한 **파산관재인**은 사기에 의한 의사표시에 따라 외형상 형성된 법률관계를 토대로 실질적으로 새로운 법률상 이해관계를 가지게 된 민법 110조 3항의 제3자에 해당한다고 보아야 한다. 따라서 파산관재인이 여러 명인 경우 **파산채권자 모두**가 악의로 되지 않는 한 파산관재인은 선의의 제3자라고 할 수밖에 없다(대판 2010. 4. 29. 2009다96083).

2. 의사표시의 확정을 위한 의사표시의 해석

(1) 자연적 해석과 규범적 해석

1) **사년석 해석**이란 표의자의 실제의 의사(내심의 효과의사)를 밝히는 것을

말한다. 이를 '**오표시무해**(誤表示無害)**의 원칙**'이라고 한다. 예컨대 지번의 표시, 전용면적의 표시 등에 적용된다.

판례는, 계약당사자 쌍방이 모두 동일한 물건을 계약의 목적물로 삼았으나 계약서에는 착오로 다른 물건을 목적물로 기재한 경우 계약서에 기재된 물건이 아니라 쌍방 당사자가 의사합치가 있는 물건에 관하여 계약이 성립한 것으로 보아야 하며, 이러한 법리는 계약서를 작성하면서 계약상 지위에 관하여 당사자들의 합치된 의사와 달리 착오로 잘못 기재하였는데 계약당사자들이 오류를 인지하지 못한 채 계약상 지위가 잘못 기재된 계약서에 그대로 기명날인이나 서명을 한 경우에도 동일하게 적용된다고 한다(대판 2018. 7. 26. 2016다242334).

2) **규범적 해석**이란 내심의 효과의사와 표시행위가 일치하지 아니한 경우에 상대방의 시각에서 표시행위에 따른 법률행위의 성립을 인정하는 해석이다. 이를 **추단적 의사**라고도 한다. 추단적 의사는 표시상 효과의사에서 추단하는 것이지, 내심의 효과의사에서 추단하는 것은 아니다.

3) 자연적 해석이나 규범적 해석 모두 당사자의 **실제의 의사**를 확정하는 것을 말한다.

(2) 가정적 의사에 의한 해석

1) **가정적 의사**는 법률행위 당시의 당사자의 실제의 의사를 확정하기 위한 것이 아니라 가상적 의사를 확정하기 위한 것이다(대판 2006. 11. 23. 2005다13288). 법률행위의 내용에 흠이 있는 경우 이를 가정적 의사에 의하여 **보충**하는 해석을 **가정적 의사에 의한 해석**이라고 한다.

2) 법원은 어디까지나 당사자 본인이 계약체결시와 같은 구체적 사정 아래 있다고 상정한 경우에 거래관행을 고려하여 신의칙에 비추어 결단하였을 바를 탐구하여 결정하여야 한다. 따라서 법원은 가정적 의사를 함부로 추단해서는 아니 된다. 계약 당시의 시가와 같은 객관적 지표는 그러한 가정적 의사의 인정을 위한 하나의 참고자료로 삼을 수는 있을지언정 그것이 일응의 기준이 된다고도 쉽사리 말할 수 없다(대판 2010. 7. 15. 2009다50308).

3) **판례**는, 계약당사자 쌍방이 계약의 전제나 기초가 되는 사항에 관하여 같은 내용으로 착오를 하고 이로 인하여 구체적 약정을 하지 아니하였다면, 당시에 그러한 착오가 없을 때에 약정하였을 것으로 보이는 내용으로 당사자의 의사를 보충하여 계약을 해석할 수도 있으나, 여기서 **보충되는 당사자의 의**

사란 당사자의 실제 의사나 주관적 의사가 아니라 계약의 목적, 거래관행, 적용법규, 신의칙 등에 비추어 **객관적으로 추인되는 정당한 이익조정의사**를 말한다고 본다(대판 2006. 11. 23. 2005다13288, 2014. 4. 24. 2013다218620).

II. 착오, 사기 · 강박에 의한 의사표시와 소송법상 문제

1. 변론주의와의 관계

매매계약의 취소원인으로서 강박과 기망을 아울러 주장하였다가 그 후 기망의 주장을 철회하였다 하더라도 다른 특별한 사정이 없는 한 그것만으로 신의칙이나 금반언의 법리에 어긋난다고 볼 수 없다(대판 1994. 9. 9. 94다4417, 1994. 12. 13. 93다49482).

2. 재판상 자백이 착오로 이루어진 경우

(1) 재판상 자백의 의미

재판상 자백(민소 288조)은 상대방의 사실상 주장과 일치하는 법정진술로서, 자신에게 불리한 진술이어야 한다.

(2) 재판상 자백의 대상이 되는 사실

1) 재판상 자백의 대상이 되는 사실은 **주요사실**이어야 한다. 간접사실에 관한 자백은 허용되지 않는다. 추인의 전제사실인 간접사실에 대한 법원의 사실인정권의 배제는 자유심증주의에 반한다.

2) 법률적 효과에 관한 주장은 자백의 대상이 되지 아니한다. 법률적 평가나 법률적 효과에 관한 진술은 권리자백으로서 재판상 자백이 아니다. 다만 **법률적 사실의 진술**이나 **압축진술**(법률상 진술의 형태를 띤 사실상 진술)의 경우에는 그 내용을 이루는 사실에 관해서는 자백이 성립할 수 있다. 선결적 법률관계에 관한 진술 역시 권리자백이나, 그 법률관계를 이루는 사실에 관한 진술로 볼 수 있는 경우가 있다.

(3) 불리한 사실

1) 증명책임 있는 사람이 자신에게 불리하게 진술하는 경우에도 자백이 성립되나 볼 것인지 관하여 논의가 있다.

스스로 불리한 진술을 하는 당사자에게 증명책임이 있는 경우에도(즉 증명 책임이 누구에게 있든) 자백이 성립한다고 보는 견해를 **패소가능성설**이라고 하며, 이에 반하여 증명책임이 상대방에게 있는 경우에만 자백이 성립한다고 보는 견해를 **증명책임설**이라고 한다.

예컨대 양수금청구사건에서 양수인인 원고가 채권양도통지가 없었다고 진술하고 이를 상대방이 원용한 경우에는 재판상 자백이 성립된다. 채권양도 통지는 **청구원인사실**로서 양수인에게 증명책임이 있으므로 양수인이 스스로 불리한 진술을 하고 이를 상대방이 원용한 경우에는 재판상 자백이 성립된다 (선행자백의 형태인 경우). 물론 피고인 채무자가 채권양도통지가 없었다는 진술을 하고 원고가 이를 다투지 아니한 경우에도 재판상 자백이 성립한다(선행자 백의 형태가 아닌 경우).

2) **패소가능성설**에 의하면 증명책임이 자기에게 있는 경우라도 자기에게 불리한 진술을 한 이상 그 진술을 철회할 수 없다. 이를 취소하기 위해서는 자백의 취소요건(민소 288조 단서)을 갖추어야 한다. 이와 달리 **증명책임설**에 의하면 증명책임이 자기에게 있다면 자기에게 불리한 진술을 하더라도 그 진술을 언제든지 철회할 수 있다.

⑷ 선행자백

1) 자백의 형태 가운데 먼저 자신에게 불리한 진술을 하고, 이를 상대방이 **원용**함으로써 자백이 성립하는 경우가 있다. 이 경우 먼저 자신에게 불리한 진술을 하는 것을 **선행진술(자인진술)**이라고 한다. 이러한 선행진술을 상대방이 **원용**함으로써(그 사실에 관하여 당사자 쌍방의 주장이 일치함을 요한다) 자백이 성립하는데 이러한 자백을 **선행자백**이라고 한다(따라서 일단 자기에게 불리한 사실을 진술한 당사자도 그 후 상대방의 원용이 있기 전에는 그 자인한 진술을 철회하고 이와 모순된 진술을 자유로이 할 수 있으며, 이 경우 앞의 자인사실은 소송자료로부터 제거된다. 대판 1986. 7. 22. 85다카944, 2016. 6. 9. 2014다64752).

2) 선행자백으로 자백이 성립한 이상 일반적인 자백의 경우와 같이 임의로 철회하는 것이 허용되지 않는다. 이를 취소하기 위해서는 **자백의 취소요건**을 갖추어야 한다.

(5) 자백의 취소

(a) 명시적 또는 묵시적 취소

1) 자백이 성립된 경우 자백의 취소는 명시적 또는 묵시적으로 할 수 있다.

2) 자백한 사실과 상반되고, 모순된 주장(배치되는 주장)을 하는 경우에는 묵시적으로 자백을 취소하는 주장으로 볼 수 있다.

(b) 자백의 취소요건

1) 자백을 취소하기 위해서는 ① 진실에 어긋나고, ② 착오로 말미암은 것을 증명하여야 한다(민소 288조 단서).

2) **진실에 어긋난다는 증명**에는 그 반대사실을 직접증거에 의하여 증명하는 방법(직접증명), 자백사실이 진실에 어긋남을 추인할 수 있는 간접사실에 의하여 증명하는 방법(**간접증명**)이 있다.

착오로 말미암았다는 증명은 진실에 어긋남이 증명된 경우라면 **변론 전체의 취지**에 의하여 인정할 수 있다(대판 2004. 6. 11. 2004다13533, 2013. 6. 27. 2012다86048). 변론 전체의 취지는 원칙적으로 증거조사의 결과와 함께 하여 증거원인이 되나(민 202조), 이 경우에는 **독립적 증거원인**이 된다.

Ⅲ. 소송행위 일반

1. 소송행위의 종류

(1) 단독행위

소송행위 가운데 단독행위에는 구속적 단독행위와 비구속적 단독행위가 있다. **비구속적 단독행위**는 소송상 철회가 가능하나, **구속적 단독행위**는 철회가 원칙적으로 불가능하다. 단독행위에는 민법 규정이 유추적용되지 아니한다.

(2) 소송계약

1) **소송행위** 가운데 단독행위가 아닌 **소송계약**이 있다. 소송상 합의 가운데 **법률상 명문의 규정이 있는 경우**에는 소송계약의 성질을 지닌다(이에 반하여 소송상 합의 가운데 법률상 명문의 규정이 없는 경우에는 사법계약의 성질을 지닌다). 소송계약의 예로서, 관할의 합의(민소 29조), 불항소합의(민소 390조 1항 단서, 2항. 다만 **불상소합의**에 관하여 법률상 명문의 규정이 없으나 불항소합의에 관하여 법률상 명문의 규정을 두고 있는 것에 비추어 불상소합의도 법률상 명문의 규정이 있는 것과 마찬가지

로 본다) 등이 있다.

2) 소송행위에 속하는 소송계약은 단독행위와 다르게 **민법규정이 유추적용**된다. 따라서 소송계약에 부관을 붙일 수 있으며, 소송계약에 대하여 취소·해제가 가능하다. 소송계약의 존부는 직권조사사항이다.

2. 소송행위의 흠

(1) 소송행위의 흠과 민법규정의 유추적용 여부

소송행위의 흠에 관해서는 원칙적으로 민법규정의 유추적용이 없다. 소송행위 가운데 재판상 화해, 청구의 포기·인낙(민소 220조)의 흠의 경우에는 준재심의 소(민소 461조)로써만 구제된다. 따라서 소송행위의 흠이 문제가 되는 것은 **소취하**나 **상소취하**의 흠이 있는 경우이다.

(2) 소취하 또는 상소취하의 흠과 소송상 구제방법

1) 소취하나 상소취하가 형사상 다른 사람의 행위에 의하여 행해진 경우에는 주의를 요한다. 여기서 **다른 사람**이란 소송 상대방 또는 제3자를 말한다. 형사상 처벌을 받을 다른 사람의 행위에 의하여 이들 사이에서 법원에 대하여 소송행위로서 소취하나 상소취하(단독적 소송행위)가 이루어진 경우이다.

2) 소취하나 상소의 취하가 형사상 처벌을 받을 다른 사람의 행위에 의하여 이루어졌다고 하더라도 **민법규정**(민 109조·110조)이 **유추적용**되지 아니한다. 법원에 대한 소송행위이기 때문에 소송행위자 아닌 형사상 처벌을 받을 다른 사람의 행위로 인하여 이러한 소송행위가 이루어졌다고 하더라도 민법 규정이 유추적용될 여지가 없다.

3) 다만 **민사소송법** 451조 1항 3호, 2항의 규정을 **유추적용**하여 해당 소송절차에서 일정한 경우에 한하여 무효가 될 수 있다. 형사상 처벌을 받을 다른 사람이 **유죄확정판결** 등을 받은 경우이어야 한다.

4) **판례**는, 형사상 처벌을 받을 다른 사람이 유죄확정판결을 받았다고 하여 그 피해자인 소송행위자가 법원에 대하여 한 소송행위 자체가 당연히 무효가 되는 것은 아니며, 그 소송행위라는 **외관에 부합하는 의사**가 존재하지 아니한 경우이어야 한다고 본다. 즉 형사상 처벌받을 다른 사람의 행위로 인하여 소취하나 상소취하를 하는 경우(소취하 등의 의사표시를 하게 된 **직접적인 원인**이 된 경우로서, 소취하 등에 이르게 된 **간접적인 원인**밖에 되지 아니한 경우에는 그러하지

아니하다) 소취하나 상소취하의 **외관에 부합하는 의사의 존재** 없이 소취하나 상소취하의 행위가 이루어진 경우에 한한다고 본다(대판 1984. 5. 29. 82다카963).

판례의 이러한 입장대로라면, 소취하 등 소송행위가 강박에 의하여 행하여진 경우로서 그 억압의 정도로 보아 당연무효라고 볼 수 없는 한, 비록 다른 사람의 강박 등의 행위에 대하여 유죄확정판결 등을 받았지만 이러한 소취하 등이 소취하 등의 의사를 가지고 한 경우라면 무효가 될 수 없다는 결과가 된다. 형사상 처벌을 받을 다른 사람의 행위로 인한 소송행위임에도 무효가 될 수 있는 여지를 부당하게 제한하고 있는 판례의 이러한 태도는 동의하기 어렵다.

5) 한편 **판례** 가운데에는, 원고 소송대리인의 **배임적 대리행위로 항소를 취하**하였는데, 이러한 배임행위에 대하여 유죄확정판결을 받았고, 이러한 배임행위가 소송상대방 또는 그 대리인이 통모하여 가담한 경우와 같이 대리인이 한 소송행위의 결과를 당사자본인에게 귀속시키는 것이 **절차적 정의**에 반하여 도저히 수긍할 수 없다고 볼 정도로 **대리권에 실질적인 흠**이 발생한 경우에는 소송행위(항소취하)의 효력을 인정하지 않고 있는 판결도 있다(이 판결은 항소취하가 외형만 존재할 뿐이고 이에 부합하는 의사 없이 이루어진 경우인지 여부에 대해서는 이를 묻지 아니하였다. 대판 2012. 6. 14. 2010다86112).

3. 소송행위에 관한 법원의 석명권 행사와 법적관점지적의무

(1) 주장과 증명이 불일치하는 경우

1) 당사자가 주장을 하였으나 증명하지 않고 있는 경우에는 법원은 민사소송법 136조 1항에 의하여 **증명을 촉구**한다.

2) 당사자가 주장을 하고 이에 대하여 증명행위를 하였으나 당사자가 충분한 증명이 이루어진 것으로 알고(법률적 인식) 법원이 인식하는 정도의 충분한 증명을 하지 않고 있는 경우(더 이상의 증명을 간과한 경우)에는 민사소송법 136조 4항에 의하여 의견진술의 기회를 주어야 한다(**법적관점지적의무**). 한편 당사자의 주장과 제출된 증거 사이에 모순되거나 불일치한 경우에도 법적관점지적의무가 있다(대판 1994. 9. 30. 94다16700, 2010. 9. 30. 2009다71121).

(2) 민사소송법 136조 1항의 법률상 사항과 같은 조 4항의 법률상 사항이 같은 개념인지 여부

1) 민사소송법 136조 1항은 "재판장은 소송관계를 분명하게 하기 위하여

당사자에게 사실상 또는 법률상 사항에 대하여 질문할 수 있고, 증명을 하도록 촉구할 수 있다"라고 규정하고 있고, 그 4항은 "법원은 당사자가 간과하였음이 분명하다고 인정되는 법률상 사항에 관하여 당사자에게 의견을 진술할 기회를 주어야 한다"라고 규정하고 있다.

2) 민사소송법 136조 1항과 4항의 '법률상 사항'은 법률상 사항 자체의 성질에 달리 차이가 있는 것이 아니다. '사실상 사항'이 아닌 '법률상 사항'에 관하여 민사소송법 136조 1항과 4항은 일반규정과 특별규정의 관계에 있다(즉 법적관점지적의무는 석명의무에 속한다).

(3) 법적관점지적의무가 적용되는 전형적 경우

1) 당사자가 부주의나 법률적 지식의 부족으로 법리를 잘못 이해한 경우 당사자가 전혀 예상하지 못한 법률적 관점에 기한 예상 외의 재판으로 당사자에게 불의의 타격을 가해서는 아니 된다.

2) **판례**도, 당사자가 부주의 또는 오해로 인하여 명백히 간과한 법률상 사항이 있거나 당사자의 주장이 법률적 관점에서 보아 모순이나 불명료한 점이 있는 경우 법원은 적극적으로 석명권을 행사하여 당사자에게 의견진술의 기회를 주어야 하고 만일 이를 게을리한 경우에는 석명 또는 지적의무를 다하지 아니한 것으로서 위법하다고 본다(대판 2013. 5. 9. 2013다7394 등).

4. 소송행위의 해석

일반적으로 소송행위의 해석은 **표시주의**와 **외관주의**에 따른다. 따라서 표시된 내용과 저촉되거나 모순되는 해석을 할 수 없다. 다만 표시된 어구에 지나치게 구애되어 획일적이고 형식적인 해석에만 집착한다면 도리어 당사자의 권리구제를 위한 소송제도의 목적과 소송경제에 반하는 부당한 결과를 초래할 수 있다. 따라서 그 소송행위에 관한 **당사자의 주장 전체**를 고찰하고, 그 소송행위를 하는 **당사자의 의사**를 참작하여 **객관적**이고 **합리적**으로 소송행위를 해석할 필요가 있다(대판 2008. 3. 27. 2007다80183 등).

Ⅳ. 의사표시의 해석과 확정의 소송법상 문제

1. 의사표시의 확정과 해석

(1) 의사표시의 확정

의사표시의 확정은 당사자에 의하여 무엇이 표시되었는지, 그리고 이로써 의도하려는 목적이 무엇인지를 확정하는 것이다. 이는 **사실문제**이다.

(2) 확정된 의사표시에 대한 법률적 의미의 확정

확정된 의사표시를 토대로 그것이 가지는 법률적 의미를 탐구·확정한다. 이는 사실인정과 구별되는 법률적 판단의 영역에 속하는 것으로, **법률문제**이다.

(3) 구별의 필요성(법률문제와 사실문제의 차이점)

의사표시의 확정 및 해석과 관련하여 이를 법률문제로 볼 것인지, 사실문제로 볼 것인지의 여부는, ① 상고이유(또는 심리속행사유)가 되는지 여부, ② 사실해석의 내용과 근거에 대한 주장의 여부, ③ 증명책임이 있는지 여부, ④ 재판상 자백 여부 등에서 차이가 있다.

2. 의사표시가 문서에 의하여 이루어진 경우(처분문서)

(1) 처분문서의 의의

1) **처분문서**란 증명하고자 하는 법률적 행위(처분)가 그 문서 자체에 의하여 이루어진 경우의 문서를 말한다. 예컨대 계약서, 약정서, 차용증서, 해약통지서, 어음·수표 등은 처분문서이다. 이와 달리 작성자가 듣고, 보고, 느끼고, 판단한 바를 기재한 문서를 보고문서라고 한다(예컨대 가족관계증명서, 진단서, 일기 등).

2) 처분문서는 증명하고자 하는 공법상 또는 사법상 행위가 그 문서에 의하여 행하여졌음을 필요로 한다. 따라서 그 문서의 내용이 작성자 자신의 법률행위에 관한 것이라 할지라도 그 법률행위를 외부적 사실로서 보고·기술하고 있거나 그에 관한 의견이나 감상을 기재하고 있는 경우에는 처분문서가 아니라 **보고문서**로 본다(대판 2010. 5. 13. 2010다6222 등).

(2) 처분문서의 형식적 증거력

1) 문서가 신청자가 주장하는 문서작성자의 의사에 기하여 작성된 것인지 여부가 문서의 진정성립의 문제이다. 진정하게 작성된 문서를 **진정성립의 문서**라고 하고, 이를 **형식적 증거력**이 있는 문서라고 한다. 즉 진정성립의 문서이면 원칙적으로 형식적 증거력이 있다.

2) 사문서의 경우 사문서의 진정에 대하여 신청자 측이 그 성립의 진정을 증명하여야 한다(민소 357조). 그러나 그 문서에 있는 본인 또는 대리인의 서명이나 날인 또는 무인이 진정한 것임을 증명한 때에 한하여 진정한 문서로서 추정을 받는다(민소 358조, **제한적 추정력**). 사문서의 진정성립은 **변론 전체의 취지로써** 인정할 수 있다. 변론 전체의 취지가 **독립적 증거원인**이 되는 경우이다.

3) 사문서의 경우 문서에 날인된 작성명의인의 인영이 그의 인장에 의하여 현출된 것이라면 특별한 사정이 없는 한 그 인영의 진정성립, 즉 날인행위가 작성명의인의 의사에 기한 것임이 사실상 추정되고(1단계의 추정), 일단 인영의 진정성립이 추정되면 민사소송법 358조에 의하여 그 문서 전체의 진정성립이 법률의 규정에 의해 추정된다(2단계의 추정).

4) 일반적으로 문서의 일부가 미완성인 상태로 서명날인을 하여 교부한다는 것은 이례에 속하므로 그 문서의 교부 당시 백지상태인 공란 부분이 있었고(**일부백지문서**) 그것이 사후에 보충되었다는 점(**보충문서**)은 작성명의인이 증명하여야 한다.

일단 문서의 내용 중 일부가 **사후 보충**되었다는 사실이 증명이 된 다음에는 그 백지부분이 **정당하게 위임받은 권한**에 의하여 보충되었다는 사실은 그 백지부분의 기재에 따른 효과를 주장하는 당사자가 이를 (**반대사실의 증명**을 통하여 **본증으로**) 증명할 책임이 있다(대판 2013. 8. 22. 2011다100923).

백지문서의 항변도 넓은 의미에서 문서에 대한 변조항변에 속하지만(문서에 대한 변조항변은 문서 가운데 일부 내용이 문서 작성 후 변조되었다고 주장하는 증거항변을 말한다. 문서에 대한 변조항변은 제2단계의 추정을 깨뜨리기 위한 **증거항변**이다), 일반적인 문서의 변조항변과는 달리 백지문서 또는 미완성 부분이 있는 문서라는 사실이 밝혀지는 것만으로 2단계의 추정이 깨뜨려진다(일반적인 문서의 변조항변에서는 문서의 기재 내용이 작성명의인의 의사에 반하여 또는 작성명의인의 의사에 기하지 않고 작성된 사실을 이를 주장하는 사람(작성명의인)이 증명하여야 한다. 대판

1995. 11. 10. 95다4674).

  5) 다만 백지문서 가운데 **백지어음**의 경우에는 당연히 보충권을 예정하고 있으므로 일반적인 백지문서와 달리 보아야 한다. 백지어음의 경우 보충권을 줄 의사로 발행한 것이 아니라는 점, 즉 백지어음이 아니고 **불완전어음**으로서 무효라는 점에 관하여 발행인(작성명의인)에게 증명책임이 있다(대판 1984. 5. 22. 83다카1585, 2001. 4. 24. 2001다6718 등).

  (3) 처분문서의 실질적 증거력

  1) 서증 가운데 처분문서는 그 성립의 진정함이 인정되는 이상 법원은 기재 내용을 부인할만한 **분명하고도 수긍할 수 있는 반증**이 없는 한 그 처분문서에 기재되어 있는 문언대로의 의사표시의 존재와 내용을 인정하여야 한다(대판 2007. 1. 12. 2006다61574, 2010. 5. 27. 2010다6659 등).

  2) 이러한 **특별한 사정**에 관해서는 납득할 만한 설명이 있어야 한다. 처분문서의 기재 내용을 믿지 아니하고 이를 배척함에는 판결서에 합리적인 이유 설시가 필요하다.

  (4) 처분문서의 기재 내용과 다른 약정이 있는 경우

  1) 처분문서라 할지라도 그 기재 내용과 다른 명시적·묵시적 약정이 있는 사실이 인정되는 경우에는 그 기재 내용과 다른 사실을 인정할 수 있다.

  2) 이러한 별개의 약정이 있는지 여부는 당사자별로 개별적으로 판단하여야 한다. 예컨대 주채무에 관한 계약과 연대보증계약은 별개의 법률행위이므로 처분문서의 기재 내용과 다른 명시적·묵시적 약정이 있는지 여부는 주채무자와 연대보증인에 대하여 개별적으로 판단하여야 한다.

  (5) 처분문서의 의사표시의 확정

  1) 계약당사자 사이에 어떤 계약의 내용을 처분문서인 서면으로 작성한 경우 그 서면에 사용된 문구에 구애받는 것은 아니지만 어디까지나 당사자의 내심적 의사의 여하에 관계없이 그 서면의 기재 내용에 의하여 당사자가 그 표시행위에 부여한 **객관적 의미**를 합리적으로 인정하여야 한다.

  2) 문언의 객관적 의미가 명확한 경우 특별한 사정이 없는 한 문언대로의 의사표시의 존재와 내용을 인정하여야 한다(대판 2010. 5. 13. 2009다92487, 2012. 11. 29. 2012다44471). 특히 문언의 객관적 의미와 달리 해석함으로써 당사자 사이의 법률관계에 중대한 영향을 초래하게 되는 경우에는 그 문언의 내용을 더

욱 엄격하게 해석하여야 한다(대판 2014. 6. 12. 2012다92159 등).

V. 소송상 송달

1. 송달의 원칙

1) 송달받을 사람에게 송달할 장소에서 **교부송달**의 방법으로 한다(민소 178조, 183조). 직접 교부하지 아니한 경우 **사리를 분별할 지능**이 있는 **사무원, 피용자, 동거인**(이들을 **수령대행인**이라 한다)에게 송달할 수 있으며(**보충송달**, 민소 186조 1항·2항), 송달받을 사람 내지 서류를 넘겨받을 사람이 정당한 사유 없이 거부하는 경우에는 송달할 장소에 서류를 놓아둘 수 있다(**유치송달**, 민소 196조 3항).

송달은 송달받을 사람의 주소·거소, 영업소 또는 사무소에서 하나, 이러한 장소를 알지 못하거나 그 장소에서 송달할 수 없는 때에는 송달받을 사람이 취업하고 있는 근무장소에서도 송달할 수 있다(민소 183조 2항).

2) 법정대리인이 있는 경우에는 **법정대리인**에게 하여야 한다(민소 179조). 법인 등에 대해서는 **대표자**에게 한다(민소 64조·179조). 법정대리인에게 할 송달은 **본인의 영업소나 사무소**에서도 할 수 있다(민소 183조 1항 단서). 법인 등의 대표자에 대한 송달은 **해당 법인의 영업소나 사무소**에서도 할 수 있다(민소 64조, 183조 1항 단서).

3) **소송대리인**이 있는 경우에는 본인에게 송달하지 아니하고 소송대리인에게 송달함이 원칙이다. 다만 본인에게 송달하였다고 하더라도 위법한 것이 아니어서 유효하다(대결 1970. 6. 5. 70마325).

4) 소송위임에 의한 소송대리인이 여럿인 경우에는 **개별대리의 원칙**이 적용되므로(민소 93조 1항) 소송대리인 **각각 모두**에게 송달하여야 한다. 판결정본의 송달의 경우 상소기간은 소송대리인 가운데 **최초로** 판결정본이 송달된 때로부터 진행한다(대결 2011. 9. 29. 2011마1335).

5) **공동대리(공동대표)**의 경우(공동으로만 대리권·대표권을 행사해야 하는 경우)에는 공동대리인(공동대표자) 가운데 한 사람에게 하면 된다(민소 64조·180조). 그러나 공동대리인이 송달을 받을 대리인 한 사람(**송달영수인**)을 지정하여 신고한 때에는 지정된 대리인에게 송달하여야 한다(민소규칙 49조).

2. 송달의 흠으로서 무효가 되는 경우

송달의 흠으로 송달 자체가 **무효**가 되는 경우로는, ① 송달받을 사람이 아닌 사람에게 하는 송달, ② 수령권자 아닌 사람에게 하는 송달, ③ 송달장소 아닌 곳에서 하는 송달, ④ 보충송달·유치송달을 해보지도 않고 하는 우편송달 등이 있다.

3. 적법한 대표자 아닌 사람에 대한 소송서류의 송달

(1) 대표자 아닌 것이 명백한 경우

1) 법원이 대표자 아닌 사람에게 소송서류를 송달할 때에 법원이 대표자가 아닌 것을 간과한 것이 명백한 경우에는 그 송달은 무효이다.

2) 이 경우 **소장부본의 송달**은 **무효**이므로, 적법한 소송부본의 송달으로 인하여 생기는 **소송계속**이 되지 아니한다. 적법한 대표자 아닌 사람에 의한 또는 그에 대한 일체의 소송행위는 그 효력이 없다(대판 1990. 5. 11. 89다카15199).

(2) 대표자 아닌 것이 명백하지 아니한 경우

대표자 아닌 것이 명백하지 아니한 경우 법원이 비록 대표권이 없는 자를 송달받을 사람으로 지정하였다고 하더라도 송달받을 사람으로 지정된 사람에게 송달된 이상 그 송달은 유효한 송달이다(대판 1994. 1. 11. 92다47632). 예컨대 ① 소장부본의 송달의 경우 그 송달은 유효하므로 답변서제출기간이 진행되며, ② 판결정본의 송달의 경우 그 송달은 유효하고 상소기간이 진행된다.

4. 사망한 사람에 대한 송달

사망한 사람에 대한 소송서류의 송달(송달받을 사람을 사망한 사람으로 한 송달)은 무효이다. 다만 사망한 사람의 상속인이 현실적으로 소송서류를 수령하고 이의를 하지 아니하는 경우에는 그 송달은 **상속인에 대한 송달**로서 유효하다.

5. 성명모용소송과 송달

1) **판례**는, 성명모용소송의 특수성에 따라 피모용자에 대한 송달(송달받을 사람을 피모용자로 한 송달)을 모용자가 받았다고 하더라도 송달은 유효한 것으로 보고 있다.

2) 판결정본의 송달이 유효하여 항소기간이 진행되어 확정된 경우 재심의 소로써 구제될 수 있다(재심사유 가운데 대리권의 흠에 관한 규정(민소 451조 1항 3호) 유추적용). 재심의 소에서의 제기기간은 그 적용이 없다(민소 457조 유추적용). 따라서 언제든지 재심대상판결을 한 재심관할법원인 제1심법원에 재심의 소를 제기할 수 있다(대판 1964. 11. 17. 64다328).

6. 무권대리인에 대한 송달

무권대리인이 소송을 수행하고 판결정본을 송달받은 경우 그 송달은 유효하므로, 형식상 판결은 확정된다. 다만 당사자는 과실 없이 소송계속 사실 및 그 판결정본의 송달 사실을 몰랐던 경우에는 그 당사자의 추후보완상소가 허용된다.

7. 공시송달의 문제

(1) 공시송달명령 · 처분

1) 공시송달은 직권으로 또는 당사자의 신청에 따라 **원칙적으로** 법원사무관 등이 한다(**공시송달처분**, 2014. 12. 30. 개정, 2015. 7. 1. 시행 민소 194조 1항).

2) 재판장은 공시송달사유가 있었음에도 법원사무관 등이 공시송달처분을 하지 아니한 경우 소송의 지연을 피하기 위하여 필요하다고 인정하는 때에는 공시송달을 명할 수 있다(**공시송달명령**, 민소 194조 3항).

3) 재판장은 직권으로 또는 당사자의 신청에 따라 법원사무관 등의 공시송달처분을 취소할 수 있다(민소 194조 3항).

(2) 공시송달의 방법으로 할 수 없는 경우 등

(a) 공시송달 자체를 할 수 없는 경우

조정을 갈음하는 결정(민조 38조 2항 단서), 화해권고결정(민소 225조 2항 단서), 이행권고결정(소심 5조의3 3항 단서), 지급명령(민소 462조 단서) 등의 송달은 공시송달에 의할 수 없다.

(b) 공시송달시 그 적용이 없는 경우

공시송달을 받은 당사자에게는 자백간주(민소 150조 3항 단서), 답변서제출의무(민소 256조 1항 단서), 외국법원의 확정재판 등의 승인(민소 217조 1항 2호) 등의 규정이 적용되지 아니한다.

(3) 공시송달 요건의 흠과 송달의 효력

1) 공시송달의 요건에 흠이 있다고 하더라도 법원사무관 등이 **공시송달처분**을 하여 절차를 취한 경우(이 경우 재판장은 앞서 본 바와 같이 법원사무관 등이 한 공시송달처분을 취소할 수 있으나, 재판장의 **취소명령이 없는 한**)에는 **유효한** 송달이다. 따라서 이러한 공시송달이 무효임을 전제로 한 재송달은 있을 수 없다.

2) 공시송달의 요건에 흠이 있다 하더라도 유효하다고 보는 것은 어디까지나 공시송달의 요건만이 구비되지 아니한 경우에 국한된다. 따라서 **당사자나 법인의 대표자가 사망**하는 등 어떠한 송달방법에 의하더라도 송달 자체가 불가능한 경우에는 그 송달이 공시송달의 방법에 의하여 이루어졌다고 하더라도 송달로서의 효력을 갖게 된다고 볼 수 없다(대판 2007. 12. 14. 2007다52997 등).

(4) 기일불출석에 의한 소취하간주와 공시송달

양쪽 당사자 불출석에 의한 소취하간주의 규정(민소 268조)의 적용에서 공시송달로 기일을 통지한 경우에는 이러한 공시송달이 적법하여야 한다. 즉 공시송달의 경우 그 요건에 흠이 없어야 한다(대판 1977. 1. 11. 76다1658, 1982. 12. 28. 82누486). 공시송달의 요건에 흠이 있는 경우 공시송달은 유효하나, 적법한 송달은 아니기 때문이다(대판 1997. 7. 11. 96무1380).

(5) 판결정본의 송달과 판결의 확정

1) 항소기간의 도과 전에는 항소를 할 수 있다.

2) 항소기간의 도과로 확정되었다 하더라도 당사자가 책임질 수 없는 사유로 항소기간을 지키지 못한 경우에는 그 사유가 없어진 날부터 14일(외국에 있는 경우 30일) 내에 추후보완항소를 할 수 있다(민소 173조 1항). 위 기간은 불변기간이 아니다(따라서 위 기간에 대해서는 소송행위의 추후보완이 허용되지 아니한다).

3) 항소기간이 도과되어 확정된 경우 재심의 소를 제기할 수 있다.

원고가 거짓 주소로 송달되게 하여 공시송달로 진행되었다면 민사소송법 451조 1항 11호를 재심사유로 하는 재심의 소를 제기할 수 있다. 이 경우 재심기간의 정함이 있다(민소 456조). 재심기간은 재심사유를 안 날부터 30일, 확정된 날부터 5년(재심사유가 확정된 날 이후에 생긴 경우에는 그 날부터)이다. 이 경우 30일의 기간은 불변기간이나, 5년은 불변기간이 아니다.

원고가 거짓 주소로 송달되게 하지 아니한 경우 공시송달로 진행되었다면 **대리권의 흠**(민소 451조 1항 3호 가운데 대리권의 흠)을 유추적용하여 재심의 소를 제기할 수 있다. 이 경우 재심기간의 제한을 받지 아니한다(민소 457조).

  (6) 추후보완항소와 재심의 소의 관계

  1) 재심기간의 정함이 있는 **재심의 소**(민소 456조)에서 재심대상판결이 확정된 날부터 5년 기간(민소 456조 3항)이 경과하였다고 하더라도 당사자가 책임질 수 없는 사유로 말미암아 불변기간을 지키지 못한 데 대하여 그러한 사유가 재심기간 후에 생긴 경우에는 **추후보완상소**(민소 173조 1항)를 할 수 있다.

  2) 당사자가 책임질 수 없는 사유가 없어진 날부터 14일(민소 173조 1항)이 경과되어 **추후보완상소**를 할 수 없는 경우에도 재심기간이 지나지 아니하는 한 **재심의 소**를 제기할 수 있다.

제 3 절 법률행위의 대리

I. 법률행위의 대리의 실체법상 문제

1. 현명이 요구되는지 여부

  (1) 상행위가 아닌 경우

  (a) 원   칙

  1) 상행위가 아닌 경우에는 원칙적으로 **현명**(대리관계의 표시)을 하여야 한다(민 114조). 다만 대리관계의 표시는 명시적으로 할 필요가 없고 묵시적으로도 할 수 있다.

  2) 현명하지 아니한 경우에도 여러 사정에 비추어 대리인으로서 행위를 한 것임을 상대방이 알았거나 알 수 있었을 경우에는 민법 115조 단서 규정에 의하여 본인에게 효력이 미친다.

  (b) 채권양도 관련

  1) 채권양도와 관련하여 채권양도통지의 권한을 위임받은 **양수인**이 **양도인을 대리**하여 채권양도통지를 할 때에는 민법 114조 1항 규정에 따라 양도인 본인과 대리인을 표시하여야 한다. 양수인이 서면으로 채권양도통지를 할 때에 대리관계의 표시를 하지 아니한 채 양수인 명의로 된 채권양도통지서를 채무자에게 발송하여 도달되었다 하더라도 원칙적으로 효력이 없다.

2) 다만 양수인이 현명을 하지 아니하고 **양수인 명의**로 채권양도통지를 한 경우 채권양도통지를 둘러싼 여러 사정에 비추어 양수인이 대리인으로서 통지한 것을 상대방이 알거나 알 수 있었을 때에는 **민법 115조 단서 규정**에 의하여 유효하게 된다. 이는 채권의 양수인이 양도인으로부터 채권양도통지의 권한을 위임받아 그에 대한 대리권을 가지고 있음을 전제로 한다(대판 2008. 2. 14. 2007다77569). 채권양도통지서 자체에 양도받은 채권의 내용이 밝혀져 있고, 채무자로서는 양도인에게 채권양도통지 권한을 양수인에게 위임하였는지 여부를 비교적 용이하게 확인할 수 있는 상태인 경우가 그러하다(대판 2004. 2. 13. 2003다43490. 즉 채무자의 입장에서 양도인의 적법한 수권에 기하여 그러한 대리통지가 행하여졌음을 여러 사정에 비추어 커다란 노력 없이도 확인할 수 있는 경우이어야 한다. 대판 2011. 2. 24. 2010다96911).

(2) 상행위인 경우

(a) 원   칙

1) 상행위인 경우에는 현명하지 않아도 된다(상 48조 본문). 상행위의 대리인이 본인을 위한 것임을 표시하지 아니하여도 그 행위는 본인에 대하여 효력이 있다. 그러나 상대방이 본인을 위한 것임을 알지 못한 때에는 대리인에 대해서도 그 이행을 청구할 수 있다(상 48조 단서).

2) 회사의 경우 회사는 상행위를 하지 아니하여도 상인으로 의제된다(상 5조 2항). 상인이 영업을 위하여 하는 행위는 상행위, 즉 **보조적 상행위**로 볼 뿐만 아니라(상 47조 1항), 상인의 행위는 영업을 위하는 것으로 추정한다(상 47조 2항). 결국 상인이라면 상인의 행위는 상행위로 본다.

(b) 상행위인지 여부

1) 회사가 아닌 경우에는 상인인지 여부에 대하여 판단하여야 한다. 상인인지 아닌지는 상법 46조에서 정하는 22개의 경우에 해당하는지 여부에 따른다. 즉 일정한 열거된 행위를 영업으로 하는 행위인지 아닌지에 따른다. 상인이라면 앞서 본 바와 같이 상인의 행위는 상행위로 본다(상 47조).

2) 개인이 회사 설립을 위하여 부동산을 매도한 행위는 장래 성립될 회사가 상인이라는 이유만으로 당연히 그 개인의 상행위가 되어 상법의 규정이 적용되는 것은 아니다(대판 2012. 7. 26. 2011다43594).

3) 어떤 사람이 자기 명의로 상행위를 함으로써 **상인자격을 취득**하고자 준

비행위를 하는 행위는 **보조적 상행위**가 된다. 그러나 어떤 사람이 **다른 상인의 영업을 위한 준비행위**를 하는 것에 불과한 경우라면 그 행위는 그 행위를 한 사람의 보조적 상행위가 될 수 없다.

　예컨대 영업자금의 차입 행위와 같이 행위 자체의 성질로 보아서는 영업의 목적인 상행위를 준비하는 행위라고 할 수 없지만, **행위자의 주관적 의사가 영업을 위한 준비행위**이었고 **상대방**도 행위자의 설명 등에 의하여 그 행위가 영업을 위한 준비행위라는 점을 인식하였던 경우에는 상행위에 관한 상법의 규정이 적용된다(대판 2012. 4. 13. 2011다104246 등). 그러나 이러한 준비행위가 보조적 상행위로서 상법의 적용을 받기 위해서는 그 행위를 하는 자가 **장차 상인자격을 취득하는 것**을 당연한 전제로 하므로, 그 행위자의 어떤 행위가 상인자격을 취득할 주관적 의사 아래 영업을 위한 준비행위로서 이루어진 것이라는 점에 대한 증명이 없다면 이는 그 행위자의 보조적 상행위라고 볼 수 없다(대판 2012. 11. 15. 2012다47388).

　4) 회사가 상법 5조 2항에 의해 상인으로 의제된다고 하더라도 회사의 기관인 대표이사 개인이 상인이 되는 것은 아니다. 대표이사 개인이 회사의 운영자금으로 사용하려고 돈을 빌리거나 투자를 받더라도 그것만으로 상행위에 해당하는 것은 아니다(대판 2012. 7. 26. 2011다43594, 2018. 4. 24. 2017다205127 등).

　(3) 조합대리의 경우

　1) 조합대리의 경우 본인에 해당하는 모든 조합원을 위한 것임을 표시하여야 하나, 반드시 조합원 전원의 성명을 제시할 필요는 없고, 상대방이 알 수 있을 정도로 조합을 표시하는 것으로 충분하다.

　2) 조합대리에서 조합에게 **상행위**가 되는 경우에는 조합을 위한 것임을 표시하지 않더라도 그 법률행위의 효력은 본인인 조합원 전원에게 미친다(상 48조, 대판 2009. 1. 30. 2008다79340).

　2. 법률행위의 대리와 그 효과

　1) 계약이 적법한 대리인에 의하여 체결된 경우에 대리인은 특별한 사정이 없는 한 본인을 위하여 그 계약상 급부를 변제로서 수령할 권한을 가진다.

　2) 대리인이 그 권한에 기하여 계약상 급부를 수령한 경우에 그 법률효과는 계약에서와 마찬가지로 직접 본인에게 귀속되고 대리인에게 돌아가지 아니

한다.

   3) 계약상 채무의 불이행을 이유로 계약이 상대방 당사자에 의하여 유효
하게 해제되었다면 그 해제로 인한 원상회복의무는 대리인이 아니라, 계약의
당사자인 본인이 부담한다. 이는 본인이 대리인으로부터 그 수령한 급부를 현
실적으로 인도받지 못하였다거나, 해제의 원인이 된 계약상 채무의 불이행에
관하여 대리인에게 책임이 있는 사유가 있다고 하여도 다른 특별한 사정이 없
는 한 마찬가지이다(대판 2011. 8. 18. 2011다30871).

Ⅱ. 법률행위의 대리의 소송법상 문제

1. 대리인에 의한 매매계약 체결과 주요사실

   본인에 의한 계약체결의 사실과 **대리인**에 의한 계약체결의 사실은 별개의
주요사실이다. 따라서 법원은 변론에서 대리인에 의한 계약체결의 사실에 관
한 주장이 없으면 그 사실을 인정할 수 없다(**주장책임**).

2. 대리인에 의한 매매계약 체결과 주장방법

   주장책임에서의 주장은 반드시 명시적이어야 하는 것은 아니다. 다음의
세 가지의 경우에는 주장책임을 이행한 것으로 취급한다.

   ⒜ 주장의 포함

   1) 당사자가 주요사실을 명백히 주장하지 않더라도 당사자의 **주장취지**에
비추어 일정한 **주장이 포함**되어 있는 것으로 볼 수 있는 경우에는 당연히 재판
의 기초로 삼을 수 있다.

   2) 예컨대 갑이 처음에는 을의 상속인들인 X1, X2, X3으로부터 매수하였
다고 주장하다가 그 뒤 을의 장남인 X1로부터 매수하였다고 주장한 경우 갑의
주장의 경과에 비추어 볼 때 이러한 주장 속에는 X1을 제외한 나머지 상속인
들인 X2, X3에 관해서는 X1이 그들을 대리하여 매도하였다는 주장이 포함된
것으로 볼 수 있다(대판 1996. 2. 9. 95다27998).

   ⒝ 간접적 주장

   1) 소송에서 당사자가 주요사실을 직접적이고 명시적으로 주장하지 아니

하여도 **증거방법의 제출**(서증의 제출 등)과 **증명취지의 진술**(증거방법과 증명할 사실의 관련성의 진술) 등으로 간접적으로 주장한 것으로 보는 경우가 있다.

2) 예컨대 대리인에 의하여 매매계약을 체결한 것이라고 진술한 흔적이 없다 하더라도 증인신청 및 증명취지의 진술로써 대리행위에 관한 **간접적인 진술**이 있었다고 볼 경우에는 이를 간접적으로 주장한 것으로 본다(대판 1994. 10. 11. 94다24626).

(c) 주장공통의 원칙

1) 당사자가 주요사실을 명백하게 주장하지 아니하여도 소송에서 쌍방 당사자 사이에 제출된 소송자료를 통하여 심리가 됨으로써 그 주장의 존재를 인정하더라도 상대방에게 불의의 타격을 줄 우려가 없는 경우에는 이를 재판의 기초로 삼을 수 있다. 이를 **주장공통의 원칙**이라 한다.

2) 예컨대 을이 X에게 부동산에 관한 매매계약을 체결할 권한을 수여하거나 승낙한 사실이 없다고 주장하고 있는 경우에는 갑이 X의 대리행위에 관한 주장을 한 것을 전제로 하여 을이 X가 무권대리라는 취지의 주장을 하고 있는 것으로 볼 수 있다. 따라서 이러한 소송경과에 의하면 위 매매계약의 체결에서 X가 을을 대리한 사실이 변론에서 주장된 것으로 볼 수 있다(대판 1990. 6. 26. 89다카15359).

Ⅲ. 소송대리인

1. 소송대리권과 소송대리인

1) 소송대리권은 원칙적으로 **소송행위의 유효요건**이다. 그러나 소제기 또는 상소제기에서 소송대리권의 존재는 소제기 또는 상소제기가 유효하기 위한 **소송요건 또는 상소요건**이 된다.

2) **소송대리인은 소송상 대리인** 가운데 **법정대리인**이 아닌 **임의대리인**으로서 (부분적 대리권이 아닌) **포괄적 대리권**을 가진 사람을 말하며, 여기에는 법률상 소송대리인과 소송위임에 의한 소송대리인이 있다. 소송위임에 의한 소송대리인을 **좁은 의미의 소송대리인**이라 한다. 소송위임에 의한 소송대리인은 **비변호사 소송대리**가 예외적으로 허용되는 경우를 제외하고는 반드시 **변호사**이어야 한다(이를 **변호사소송대리원칙**이라 한다).

3) 소송위임에 의한 소송대리인이 가지는 대리권의 범위에는 특별한 권한의 수여를 필요로 하는 사항(민소 90조 2항)을 제외한 소송수행에 필요한 일체의 소송행위를 할 권한뿐만 아니라 소송목적인 채권의 변제를 채무자로부터 수령하는 권한을 비롯하여 위임을 받은 사건에 관한 실체법상 사법(私法)행위를 하는 권한도 포함된다(대판 2015. 10. 29. 2015다32585).

2. 비변호사의 소송대리

(1) 지배인인 경우

1) **법률상 소송대리인**은 법률에 따라 본인을 위해 재판상 행위를 할 수 있는 것으로 인정된 소송대리인이다. 법률상 소송대리인은 재판상 행위를 할 수 있다(민소 87조). 법률상 소송대리인의 법정권한을 제한할 수 없으며, 제한하여도 그 효력이 없다(민소 92조).

2) **지배인**(상 11조 1항)은 법률상 소송대리인이다. 직원이 지배인으로 등기된 사람인 경우에는 지배인등기사항증명서를 제출하여 이를 증명하여야 한다.

3) 지배인으로 등기가 되었다고 하더라도 **가장지배인**(형식상 지배인, 사이비 지배인)이 아니어야 한다. 즉 형식상 지배인등기를 한 경우(즉 상업사용인으로서 영업상 **포괄적 대리권**을 가지지 아니한 경우로서 진정한 지배인이 아닌 경우이다)에는 이는 가장지배인으로 적법한 법률상 소송대리인이 될 수 없다. 지배인에 의한 소송대리의 경우 지배인의 고용관계, 통상적인 업무내용, 업무내용에 소송관여가 차지하는 비중, 해당 사건과 업무관련성 등을 종합적으로 평가하여 가장지배인의 소송대리 여부를 판단하여야 한다.

4) 법원은 지배인 등 **법률상 소송대리인**의 자격 또는 권한을 심사할 수 있고 그 심사에 필요한 때에는 그 소송대리인, 당사자본인 또는 참고인을 심문하거나 관련 자료를 제출하게 할 수 있다(민소규칙 16조 1항). 법원은 심사결과 법률상 소송대리인이 그 자격 또는 권한이 없다고 인정할 때에는 재판상 행위를 금지하고 당사자 본인에게 그 취지를 **통지**하여야 한다(민소규칙 16조 2항).

5) 지배인의 실체를 갖춤이 없이 오직 소송수행만을 전담케 할 목적으로 비변호사를 지배인으로 등기를 한 경우 이러한 **가장지배인**의 소송행위는 절대적으로 무효이므로 추인이 인정되지 않는다.

(2) 지배인이 아닌 경우

(a) 단독사건

1) 단독사건은 **소송목적의 값을 기준으로 하지 아니하는 경우**와 **소송목적의 값을 기준으로 하는 경우**가 있다. 소송목적의 값은 원고가 소로 주장하는 이익(민소 26조 1항) 내지 원고가 소로써 달성하려는 목적이 갖는 경제적 이익을 금전으로 평가한 금액을 말한다.

단독사건 가운데 **소송목적의 값을 기준으로 하지 아니하는 사건**으로는, ① 수표금·약속어음금청구사건, ② 금융기관 등이 원고가 된 대여금·보증금·구상금청구사건, ③ 자동차나 철도차량 등의 운행 및 근로자의 업무상 재해로 인한 손해배상청구사건과 이에 관한 채무부존재확인사건, ④ 재정단독사건(단독판사가 심판할 것으로 합의부(재정결정부)가 결정한 사건) 등이 있다(민사 및 가사소송의 사물관할에 관한 규칙 2조 단서 각호). 이러한 경우에는 비변호사라도 법원의 허가를 받아 소송대리를 할 수 있다(민소 88조 1항·2항, 민소규칙 15조 1항 1호).

단독사건으로서 **소송목적의 값을 기준으로 하는 사건**은 소송목적의 값이 2억 원 이하인 사건이다(민사 및 가사소송의 사물관할에 관한 규칙 2조 본문). 그 가운데 소송목적의 값이 **소제기 당시** 또는 **청구취지의 확장이나 변론의 병합 당시** 1억 원 이하인 사건의 경우에는 비변호사라도 법원의 허가를 받아 소송대리를 할 수 있다(민소 88조 1항·2항, 2016. 9. 6. 개정, 2016. 9. 30. 시행 민소규칙 15조 1항 2호).

2) 법원의 허가를 받기 위해서는 ① 당사자의 배우자 또는 4촌 안의 친족으로서 당사자와의 **생활관계**에 비추어 상당하다고 인정되는 경우, ② 당사자와 고용, 그 밖에 이에 준하는 **계약관계**를 맺고 그 사건에 관한 통상사무를 처리·보조하는 사람으로서 그 사람이 담당하는 사무와 사건의 내용 등에 비추어 상당하다고 인정되는 경우이어야 한다(민소 88조 1항·2항, 민소규칙 15조 2항).

3) 단독사건 가운데 소송목적의 값을 기준으로 하지 아니한 사건, 또는 소송목적의 값을 기준으로 하는 사건으로 소송목적의 값이 1억원 이하인 사건에서, **변호사 아닌 사람에 대하여 소송대리를 허가한 후**, ① 이러한 사건이 청구의 변경으로 민사소송 등 인지법 2조 4항에 해당하게 된 때(재산권에 관한 소로서 그 소송목적의 값을 계산할 수 없는 사건이 되거나, 비재산권을 목적으로 하는 사건이 된 때), 또는 ② 소송목적의 값을 기준으로 하는 단독사건에서 반소, 중간확인

의 소, 독립당사자참가, 청구취지의 확장 등 청구의 변경 또는 변론의 병합 등으로 소송목적의 값이 1억원을 초과하게 된 때에는 법원은 그 **허가를 취소**하고, 당사자본인에게 그 **취지를 통지**하여야 한다(민소 88조 3항, 민소규칙 15조 4항).

 (b) 소송위임의 증명

 1) 소송위임은 서면으로 증명하여야 한다(민소 89조 1항).

 2) 소송대리인의 대리권 존부는 법원의 **직권조사사항**이다. 따라서 그 소송대리권의 위임장이 사문서인 경우 법원이 소송대리권 증명에 관하여 **인증명령**을 할 것인지 여부는 법원의 재량에 속한다(민소 89조 2항). 그러나 상대방이 다투고 있고 또 기록상 그 위임장이 진정하다고 인정할 만한 뚜렷한 증거가 없는 경우에는 법원은 그 대리권의 증명에 관하여 인증명령을 하거나 또는 진정하게 소송대리권을 위임한 것인지 여부를 심리하는 등 대리권의 흠결 여부에 관하여 조사하여야 한다(대판 2009. 10. 29. 2008다37247, 2015. 12. 10. 2012다16063 등).

 3) 소송대리권 수여에 흠이 있는 경우는 추인을 하지 않는 한 민사소송법 424조 1항 4호의 절대적 상고이유 및 같은 법 451조 1항 3호의 재심사유에 해당한다.

 4) 소송대리인으로서 소 또는 상소를 제기한 사람이 법원의 인증명령에도 불구하고 그 대리권을 증명하지 못하는 경우에는 법원은 그 소 또는 상소가 소송대리권 없는 사람에 의하여 제기된 부적법한 것임을 이유로 각하할 수 있다. 이 때 그 소송비용은 그 **소송대리인**이 부담하여야 한다(민소 108조, 107조 2항). 다만 소송대리인이 대리권과 소송행위에 필요한 권한을 받았음을 증명하지 못한 경우라도, 소송대리인이 그 소송위임에 관하여 중대한 과실이 없는 경우에는 그 소송비용은 이와 같은 소 또는 상소의 제기를 **소송대리인에게 위임한 자**에게 부담하도록 하여야 한다(대결 2014. 7. 4. 2014마381, 2016. 6. 17. 2016마371).

 (c) 사물관할의 변동이 있는 경우

 소송목적의 값을 기준으로 하는 단독사건에서 소송목적의 값이 1억 원을 초과하는 경우에는 법원은 허가를 취소한다. 이 경우 법원은 본인에게 통지하여야 한다(민소규칙 15조 4항).

3. 소송위임에 의한 소송대리인의 경우와 심급대리의 원칙

(1) 의   의

1) 소송위임에 의한 소송대리인의 경우 소송대리권은 해당 심급에 한한다. 이를 **심급대리의 원칙**이라 한다.

2) 소송대리권의 종료는 원칙적으로 판결정본이 소송대리인에게 송달된 때이다. 다만 **상소의 제기에 관한 특별한 권한의 수여**가 있는 때에는 **상소의 제기시**(상소장을 원심법원에 제출한 때이다. 민소 397조 1항, 425조) 소송대리권이 소멸된다.

3) 해당 소송이 상급심에서 파기·환송(상고심의 경우) 또는 취소·환송(항소심의 경우)되어 다시 원심법원에 계속하게 된 때에는 환송 전 원심에서의 소송대리인의 **대리권이 부활**한다. 이 경우 환송 후 사건을 위임사무의 범위에서 제외하기로 약정하였다는 등의 특별한 사정이 없는 한 환송 후 원심(항소심 또는 제1심) 사건의 소송사무까지 처리해야만(민 686조 2항) 비로소 **위임사무가 종료**된다(대판 2016. 7. 7. 2014다1447).

(2) 소송절차의 중단과의 관계

소송절차의 중단사유가 발생하였으나 소송대리인이 있어 소송이 중단되지 아니하는 경우에도 원칙적으로(심급대리의 원칙상) 소송대리인에게 판결정본이 송달됨으로써 소송대리권이 소멸되므로 그때 소송절차가 중단된다. 다만 앞서와 같이 상소의 제기에 관한 특별한 권한의 수여가 있는 때에는 상소의 제기시 소송절차가 중단된다.

(3) 인지보정명령과의 관계

소송대리권의 범위는 원칙적으로 해당 심급에 한정되지만, 소송대리인이 **상소제기에 관한 특별한 권한**을 따로 받았다면 특별한 사정이 없는 한 상소장을 제출할 권한과 의무가 있다. 앞서 본 바와 같이 상소제기의 특별한 권한을 수여받은 소송대리인의 경우 상소장 제출시에 소송대리권이 소멸된다고 보아야 하니, 그가 제출한 **상소장과 관련된 업무**는 그대로 유지된다고 본다.

따라서 상소장에 인지를 붙이지 아니한 흠이 있다면 **소송대리인**은 이를 **보정할 수 있고**, 상소장심사권한을 가지는 원심재판장이나 법원사무관 등도 그 **소송대리인**에게 인지의 **보정**을 명할 수 있다(대결 2013. 7. 31. 2013마670).

4. 소송대리권의 흠과 상대방의 재심의 소 허용 여부

1) 법정대리권 등의 흠을 재심사유로 규정한 취지는 원래 그러한 대리권의 흠이 있는 당사자 측을 보호하려는 데에 있으므로, 그 상대방이 이를 재심사유로 삼기 위해서 그러한 사유를 주장함으로써 이익을 받을 수 있는 경우에 한한다.

2) 여기서 **이익을 받을 수 있는 경우**란 위와 같은 대리권의 흠 외의 사유로도 종전의 판결이 종국적으로 상대방의 이익으로 변경될 수 있는 경우를 가리킨다. 즉 대리권의 흠이 있다고 하더라도 달리 재심대상의 확정판결의 결과를 좌우할만한 사유가 없는 이상, 대리권의 흠을 재심사유로 하는 주장만으로는 어떠한 이익을 받을 수 없다(대판 2000. 12. 22. 2000재다513. 한편 **상대방의 대리권의 흠**을 재심사유로 하는 것은 별다른 의미가 없다. 상대방이 대리권의 흠을 추인하는 경우 재심사유가 소멸되기 때문이다. 민소 451조 1항 3호 단서).

Ⅳ. 표현대리의 실체법상 문제

1. 대리관계와 표현대리

1) 민법 126조의 표현대리가 성립하기 위하여 상대방이 대리인에게 그 대리권이 있다고 믿었음을 정당화할 만한 객관적 사정이 있어야 한다(대판 2009. 12. 10. 2009다66068). 이는 대리행위에 대한 대리권이 존재한다고 상대방이 믿은 데 과실이 없음을 말한다(**선의·무과실설**, 통설).

2) 부분적 포괄적 대리권을 가진 상업사용인(상 15조 1항)이 특정된 영업이나 특정된 사항에 속하지 않는 행위를 할 경우 영업주가 책임을 지기 위해서는 민법상 표현대리의 법리에 의하여 그 상업사용인과 거래한 상대방이 그 상업사용인에게 그 권한이 있다고 믿을 만한 정당한 이유가 있어야 한다(대판 1999. 7. 27. 99다12932 등).

2. 표현대리와 정당한 이유의 존재

1) 표현대리 가운데 민법 126조에서 말하는 권한을 넘은 표현대리의 효과를 주장하려면 자칭 대리인이 본인을 위한다는 의사를 명시적 또는 묵시적으

로 표시하거나 대리의사를 가지고 권한 외의 행위를 하는 경우에 상대방이 자칭 대리인에게 대리권이 있다고 믿고 그와 같이 믿는 데 **정당한 이유**가 있을 것을 요건으로 한다.

2) 정당한 이유의 존부는 자칭 대리인의 대리행위가 행해진 때에 존재하는 모든 사정을 객관적으로 관찰하여 판단하여야 한다(대판 2012. 7. 26. 2012다27001, 2013. 4. 26. 2012다99617 등).

3. 대리관계가 아니지만 민법상 표현대리규정이 유추적용될 수 있는 경우

(1) 본인의 성명을 모용한 경우

1) 제3자가 사술(詐術)을 써서 대리행위의 표시를 하지 않고 단지 본인인 소유명의자의 성명을 모용하여 자기가 마치 본인인 것처럼 기망하여 본인 명의로 직접 법률행위를 한 경우에는 특별한 사정이 없는 한, 표현대리는 성립할 수 없다.

2) 다만 특별한 사정이 있는 경우에는 표현대리규정이 유추적용된다. 여기서 **특별한 사정**이란 본인을 모용한 사람에게 본인을 대리할 기본대리권이 있었고, 상대방으로서는 위 모용자가 본인 자신으로서 본인의 권한을 행사하는 것으로 믿은 데 정당한 사유가 있었던 사정을 의미한다(대판 2002. 6. 28. 2001다49814).

(2) 어음상 기명날인의 대행이 권한 없이 이루어진 경우

1) 어음의 경우 기관방식, 서명대리 방식 또는 기명날인의 대행(다른 사람이 본인을 위하여 한다는 대리문구를 어음상에 기재하지 않고 직접 본인 명의로 기명날인을 하여 어음행위를 하는 경우)이 권한 없이 이루어진 경우는 **위조**가 되나, 그 경우에도 제3자가 어음행위를 실제로 한 사람에게 그와 같은 어음행위를 할 수 있는 권한이 있다고 믿을 만한 사유가 있고, 본인에게 책임을 질 만한 사유가 있을 때에는 대리방식에 의한 어음행위의 경우와 마찬가지로 민법상 표현대리 규정을 유추적용하여 본인에게 그 책임을 물을 수 있다(대판 2000. 3. 23. 99다50385 등).

2) 이때 민법상 표현대리 규정을 유추적용할 수 있는 사람은 **어음행위의 직접 상대방**에 한하므로, 어음의 제3취득자는 어음행위의 직접 상대방에게 표

현대리가 인정되는 경우에 이를 **원용**하여 피위조자에 대하여 자신의 어음상 권리를 행사할 수 있다. 한편 어음행위가 일반의 거래관념에 비추어 특히 **이례적**으로 이루어진 경우에는 달리 특별한 사정이 없는 한 그 상대방이 위조자의 권한 유무와 본인의 의사를 조사·확인하지 아니하였다면 그 상대방이 위조자에게 어음행위를 할 권한이 있다고 믿었다고 하더라도 거기에 정당한 사유가 있다고 보기 어렵다(대판 1999. 1. 29. 98다27470).

(3) 강행법규 위반과 표현대리 여부

강행법규를 위반한 경우에는 표현대리 규정이 준용되지 아니한다. 따라서 ① 법인 아닌 사단의 대표자가 대표권한 없이(총유물인 재산의 처분시 민법 276조 1항에 따라 사원총회의 결의를 거쳐야 함에도 이를 거치지 아니한 경우) 행한 **총유재산의 처분행위**에는 민법 126조의 표현대리에 관한 규정이 준용되지 아니하며(대판 2009. 2. 12. 2006다23312), ② 학교법인의 대표자가 권한 없이(학교법인의 재산의 처분시 사립학교법 16조 1항에 따라 이사회의 심의·의결을 거쳐야 함에도 이를 거치지 아니한 경우) 행한 **기본재산 처분행위**에는 표현대리의 규정이 준용되지 아니한다(대판 1983. 12. 27. 83다548).

(4) 민법 126조상 선의·무과실의 주장·증명책임

1) **민법 126조**도 **민법 125조**와 **민법 129조**와 마찬가지로 **선의·무과실**을 요구하고 있다(대판 2009. 5. 28. 2008다56392).

2) 그러나 민법 126조의 선의·무과실의 주장·증명책임은 상대방인 원고에게 있다(대판 1968. 6. 18. 68다694). 민법 126조는 아예 표현대리의 성립을 **권리근거사실**로 규정하고 있다. 따라서 본인의 상대방인 원고가 이를 주장·증명하여야 한다. 이는 **증명책임규정**으로서(실체법설), 증명책임의 분배에 관한 **법률요건분류설**의 입장이다.

3) 이에 반하여 민법 125조와 129조는 권리근거사실에 대한 단서규정이다. 본인이 **권리장애사실**에 대하여 주장·증명책임을 진다.

Ⅴ. 표현대리의 소송법상 문제

1. 유권대리의 주장에 표현대리의 주장이 포함되어 있는지 여부

1) 대리권에 기한 대리의 경우나 표현대리의 경우나 모두 제3자가 행한

대리행위의 효과가 본인에게 귀속된다는 점에서는 차이가 없다. 그러나 **유권대리**에서는 본인이 대리인에게 수여한 대리권의 효력에 의하여 위와 같은 법률효과가 발생하는 반면, **표현대리**에서는 대리권이 없음에도 불구하고 법률이 특히 거래 상대방 보호와 거래안전 유지를 위하여 본래 무효인 무권대리행위의 효과를 본인에게 미치게 한 것이다. 따라서 표현대리가 성립된다고 하여 무권대리의 성질이 유권대리로 전환되는 것은 아니다. 양자의 구성요건 해당사실 즉 주요사실은 서로 다르다.

2) 유권대리에 관한 주장 가운데 무권대리에 속하는 표현대리의 주장이 포함되어 있다고 볼 수 없다(대판(전) 1983. 12. 13. 83다카1489, 대판 1990. 3. 27. 88다카181). 따라서 별도로 표현대리에 관한 주장이 없는 한 법원은 나아가 표현대리의 성립여부를 심리판단할 필요가 없다.

2. 민법상 표현대리의 규정이 소송행위에도 유추적용되는지 여부

1) 원칙적으로 무권대리인의 소송행위에는 소송절차의 안정과 소송행위의 명확성의 요청상 실체법상의 표현대리의 규정이 유추적용되지 아니한다. 예컨대 **집행증서**(민집 56조 4호)가 집행권원으로서 집행력을 가질 수 있도록 하는 집행승낙의 의사표시는 공증인에 대한 소송행위로서, 이러한 소송행위에는 민법상 표현대리의 규정이 유추적용되지 아니한다. 따라서 무권대리인의 촉탁에 의하여 작성된 집행증서는 채권자는 물론 공증인이 대리권이 있는 것으로 믿은 여부나 믿을 만한 정당한 사유의 유무에 관계없이 집행권원으로서의 효력을 부정하여야 한다(대판 2002. 5. 31. 2000다64486 등)

2) 법인의 대표자에 관하여 실체법상의 표현대리의 규정이 유추적용될 것인지 논의가 있다. 그러나 ① 실체법상 표현대리의 규정은 거래의 안전이나 당사자 사이의 이익조정을 위한 규정으로서 소송행위는 절차적 안정이 중요시되므로 이를 적용해서는 아니 되는 점, ② 만약 표현대리의 성립을 긍정하는 경우 상대방의 선의·악의에 의하여 법인의 대표권이 좌우되어 절차의 안정을 해치게 되는 점, ③ 진정한 대표자에 의하여 재판을 받을 법인의 권리가 침해되어서는 아니 되는 점 등에 비추어 표현대리의 규정의 유추적용을 부정함이 타당하다.

VI. 무권대리의 실체법상 문제

1. 무권대리행위의 추인

(1) 추인의 성질

무권대리행위는 그 효력이 불확정 상태에 있다가 **본인의 추인** 유무에 따라 본인에 대한 효력발생 여부가 결정된다. 무권대리행위의 추인은 무권대리행위가 있음을 알고 그 행위의 효과를 자기에게 귀속시키도록 하는 단독행위이다. 이러한 행위는 **무권대리인**이나 **무권대리행위의 상대방**에 대해서도 할 수 있다(민법 132조는 이러한 추인을 상대방에게 하도록 규정하고 있으나, 추인이 사후적 대리권 수여의 성질을 가진다는 이유 등으로 무권대리인에게도 할 수 있다고 본다. 대판 1992. 10. 27. 92다19033). 본인이 이러한 추인을 무권대리인에게 한 경우에는 상대방이 추인의 사실을 알 때까지 상대방에 대하여 추인의 효력을 주장할 수 없다. 상대방은 그때까지 자신의 의사표시를 철회할 수 있다(민 134조).

(2) 추인의 방법

무권대리행위의 추인은 **묵시적**인 방법으로 할 수 있다. 따라서 본인이 그 행위로 처하게 된 법적 지위를 충분히 이해하고 그럼에도 진의에 기하여 그 행위의 결과가 자기에게 귀속된다는 것을 승인한 것으로 볼만한 사정이 있는 경우에는 묵시적으로 추인한 것으로 볼 수 있다(대판 2011. 2. 10. 2010다83199, 83205, 2014. 2. 13. 2012다112299,112305 등).

(3) 상대방의 철회권

무권대리행위의 추인이 있을 때까지 대리권이 없음을 알지 못한 상대방은 본인이나 그 대리인에 대하여 계약을 철회할 수 있다(민 134조). 이러한 상대방의 철회권은 무권대리행위가 본인의 추인 여부에 따라 그 효력이 좌우되어 상대방이 불안정한 지위에 놓이게 됨을 고려하여 대리권이 없었음을 알지 못한 상대방을 보호하기 위하여 상대방에게 부여된 권리로서, 상대방이 유효한 철회를 하면 무권대리행위는 **확정적으로 무효**가 되어 그 후에는 본인이 무권대리행위를 추인할 수 없다. 한편 상대방이 대리인에게 대리권이 없음을 알았다는 점에 대한 **주장·증명책임**은 철회의 효과를 다투는 본인에게 있다(대판 2017. 6. 29. 2017다213838).

2. 무권대리행위의 추인으로 볼 수 있는지 여부

(1) 추인으로 볼 수 있는 경우

1) 본인이 무권대리인의 상대방에게 의무를 이행하겠다는 의사를 적극적으로 표명한 경우에는 특별한 사정이 없으면 무권대리행위를 추인한 것으로 판단하는 데 주요한 고려요소가 된다(대판 2015. 4. 23. 2013다61398).

2) 합의 결렬의 경우에도 일정한 경우 추인으로 볼 수 있다. 예컨대 처가 타인으로부터 금원을 차용하면서 승낙 없이 남편 소유 부동산에 근저당권을 설정한 것을 알게 된 남편이, 처의 채무 변제를 갈음하여 아파트와 토지를 처가 금전을 차용한 사람에게 이전하고 그 토지의 시가에 따라 사후에 정산하기로 합의한 후 그 합의가 결렬되어 이행되지 않았다고 하더라도, 일단 처가 차용한 사채를 책임지기로 한 이상 남편은 처의 근저당권 설정 및 금원 차용의 무권대리행위를 추인한 것으로 본다(대판 1995. 12. 22. 94다45098).

(2) 추인으로 볼 수 없는 경우

1) 당사자가 기일통지서를 공시송달에 의하지 아니한 적법한 송달을 받고도 변론기일에 불출석하여 매매사실에 관하여 자백간주되었다 하여도(민소 150조 3항·1항) 그로써 그 당사자가 소외인이 무권대리로 한 매매를 추인한 것이라고 볼 수 없다(대판 1982. 7. 13. 81다648).

2) 무권대리행위가 범죄가 되는 경우에 대하여 그 사실을 알고도 장기간 형사고소를 하지 아니하였다 하더라도 그 사실만으로는 묵시적 추인이 있었다고 할 수 없다(대판 1998. 2. 10. 97다31113).

3. 무권대리행위의 추인의 소급효

(1) 원   칙

추인이 있으면 계약시로 소급하여 유권대리행위와 동일한 효력이 당사자에게 발생한다(민 133조 본문). 추인시에 새로운 계약이 체결된 것처럼 되는 것이 아니라, 계약시에 소급하여 처음부터 유권대리행위와 동일한 효력이 당사자에게 발생한다.

(2) 예   외

예외로, ① 다른 의사표시가 있는 경우(민 133조 본문의 반대해석), ② 제3자의 권리를 침해하는 경우(민 133조 단서. 무권대리행위 후 추인시까지 본인과 제3자 사이에 행하여진 행위가 추인의 소급효로 무효화되어 제3자가 정당하게 취득한 권리를 잃게 되는 것을 방지하려는 취지이다. 민법 113조 단서는 무권대리인의 상대방이 취득한 권리와 제3자가 취득한 권리가 모두 배타적 효력을 갖춘 경우에만 적용된다)에는 추인의 소급효가 인정되지 아니한다.

(3) 무권대리행위의 추인의 소급효가 유추적용되는 경우

권리자가 **무권리자의 처분**을 추인하면 무권대리에 대해 본인이 추인한 경우와 당사자들 사이의 **이익상황이 유사**하므로, 무권대리인의 추인에 관한 민법 130조·133조 등을 무권리자의 추인에 **유추적용**할 수 있다. 따라서 무권리자의 처분이 계약으로 이루어진 경우에 권리자가 이를 추인하면 원칙적으로 그 계약의 효과가 계약을 체결했을 때에 **소급하여** 권리자에게 귀속된다(대판 2017. 6. 8. 2017다3499).

4. 무권대리인의 상대방에 대한 책임

(1) 원   칙

1) 다른 사람의 대리인으로 계약을 한 사람이 그 대리권을 증명하지 못하고 또 본인의 추인을 얻지 못한 때에는 상대방의 선택에 좇아 계약의 이행 또는 손해배상의 책임이 있다(민 135조 1항).

이러한 무권대리인의 상대방에 대한 책임은 거래의 안전을 보호하기 위하여 특별히 인정된 **법정책임**으로, **무과실책임**이다. 따라서 대리권의 흠결에 관하여 대리인에게 과실 등의 귀책사유가 있어야만 인정되는 것이 아니고, 무권대리행위가 제3자의 기망이나 문서위조 등 위법행위로 야기되었다고 하더라도 그 책임은 부정되지 아니한다(대판 2014. 2. 27. 2013다213038).

2) 무권대리인의 상대방이 계약의 이행을 선택한 경우 무권대리인은 그 계약이 본인에게 효력이 발생하였더라면 본인이 상대방에게 부담하였을 것과 같은 내용의 채무를 이행할 책임이 있다. 무권대리인은 마치 자신이 계약의 당사자가 된 것처럼 계약에서 정한 채무를 이행할 책임을 진다.

이 경우 무권대리인이 계약에서 정한 채무를 이행하지 않으면 상대방에게 채무불이행에 따른 손해를 배상할 책임을 진다. 위 계약에서 채무불이행에 대비하여 **손해배상액의 예정**에 관한 조항을 둔 때에는 특별한 사정이 없는 한 무

권대리인은 그 조항에서 정한 바에 따라 산정한 손해액을 지급해야 한다. 이 경우에도 손해배상액의 예정에 관한 민법 398조가 적용됨은 물론이다(대판 2018. 6. 28. 2018다210775).

3) 상대방이 가지는 계약이행 또는 손해배상청구권의 소멸시효는 그 선택권을 행사할 수 있는 때부터 진행한다(대판 1965. 8. 24. 64다1156). 그 선택권을 행사할 수 있는 때란 대리권의 증명 또는 본인의 추인을 얻지 못한 때를 말한다.

(2) 예   외

1) 상대방이 대리권 없음을 알았거나 알 수 있었을 때(대리권의 부존재에 관하여 악의 또는 과실이 있는 때에는 보호될 수 없다), 또는 대리인으로 계약한 사람이 **제한능력자**일 때에는 무권대리인의 책임을 물을 수 없다(민 135조 2항).

2) 민법 135조 2항의 규정은 무권대리인의 무과실책임 원칙에 관한 규정인 1항의 예외적 규정이다. 따라서 상대방이 대리권 없음을 알았다는 사실 또는 알 수 있었음에도 불구하고 알지 못하였다는 사실에 관한 **증명책임**은 무권대리인 자신에게 있다(대판 1962. 4. 12. 4294민상1021).

Ⅶ. 무권대리의 소송법상 문제

1. 무권대리인의 책임과 예비적 · 선택적 공동소송

1) **예비적 · 선택적 공동소송**이란 동일한 법률관계에 관하여 모든 공동소송인이 서로간의 다툼을 하나의 소송절차로 한꺼번에 모순 없이 해결하는 소송형태이다(민소 70조).

2) 예비적 · 선택적 공동소송인들 사이에는 **법률상 양립불가능**한 관계가 있어야 한다. 법률상 양립불가능한 경우에는 **법률적용상 양립불가능**한 경우와 **사실관계상 양립불가능**한 경우가 있다.

3) 대리인과 거래한 상대방이 본인을 **주위적 피고**로 하여 계약상 이행청구를 하고, 대리인이 대리권을 증명하지 못하고 또 본인의 추인을 얻지 못하는 것(무권대리)으로 판명될 경우를 대비하여 민법 135조 1항에 따라 무권대리인을 **예비적 피고**로 하여 손해배상청구를 할 수 있다. 이 경우 주위적 피고인 본인과 예비적 피고인 무권대리인은 **법률상 양립불가능한 관계**(뒤에서 보는 바와 **법률적용상 양립불가능한 관계로서 법률의 규정에 의한 양립불가능한 관계**)에 있다.

2. 예비적 · 선택적 공동소송에서의 법률상 양립불가능의 의미

⑴ 원   칙

1) 원칙적으로 두 청구들 사이에서 한쪽 청구에 대한 판단이유가 다른 쪽 청구에 대한 판단이유에 영향을 주어 각 청구에 대한 **판단과정이 필연적으로 상호결합되어 있는 관계**를 의미한다.

2) 법률상 양립불가능한 경우에는 **실체법적으로 서로 양립할 수 없는 경우**뿐 아니라 **소송법상으로 서로 양립할 수 없는 경우**를 포함한다.

⑵ 법률적용상 양립불가능한 경우와 사실관계상 양립불가능한 경우

1) 법률적용상 양립불가능한 경우는 **법률의 규정에 의한 양립불가능**한 경우와 **법률평가상 양립불가능**한 경우로 나누어 볼 수 있다. 법률평가상 양립불가능한 경우란 동일한 사실관계에 대한 법률적인 평가를 달리하여 두 청구 가운데 어느 한쪽에 대한 법률효과가 인정되면 다른 쪽에 대한 법률효과가 부정됨으로써 두 청구가 모두 인용될 수 없는 관계에 있는 경우를 말한다.

2) **사실관계상 양립불가능**한 경우란 당사자들 사이의 사실관계 여하에 의하여 또는 청구원인을 구성하는 택일적 사실인정에 의하여 어느 한쪽의 법률효과를 긍정하거나 부정하고 이로써 다른 한쪽의 법률효과를 부정하거나 긍정하는 반대의 결과가 되는 관계에 있는 경우를 말한다(대결 2007. 6. 26. 2007마515, 대판 2008. 7. 10. 2006다57872).

3. 예비적 공동소송에서 청구의 포기 · 인낙, 화해 및 소의 취하, 조정을 갈음하는 결정 또는 화해권고결정 등에 의한 분리확정 여부

1) 민사소송법 70조 소정의 예비적 · 선택적 공동소송에는 같은 법 67조 내지 69조가 준용되어 소송자료의 통일 및 소송진행의 통일이 요구되지만(민소 70조 1항 본문), **청구의 포기 · 인낙, 화해 및 소의 취하**는 공동소송인 각자가 할 수 있다(민소 70조 1항 단서).

2) 청구의 포기 · 인낙, 화해 및 소의 취하로 이러한 행위를 한 소송당사자 사이에서는 해당 청구가 분리확정되게 된다. 다만 법원이 **조정을 갈음하는 결정**(민조 30조)을 하거나 화해권고결정(민소 225조)을 한 데 대하여 공동소송인들 가운데 이의신청을 하지 아니한 소송당사자 사이에서 해당 청구가 분리확정된다

고 볼 것인지가 문제가 된다.

판례는, 조정을 갈음하는 결정에 대하여 일부 공동소송인이 이의하지 않았다면 원칙적으로 그 공동소송인에 대한 관계에서는 조정을 갈음하는 결정이 확정될 수 있다고 본다. 다만 이러한 결정에서 분리 확정을 불허하고 있거나, 그렇지 않더라도 그 결정에서 정한 사항이 공동소송인들에게 공통되는 법률관계를 형성함을 전제로 하여 이해관계를 조절하는 경우 등과 같이 결정 사항의 취지에 비추어 볼 때에 분리 확정을 허용할 경우 형평에 반하고 또한 이해관계가 상반된 공동소송인들 사이에서의 소송진행의 통일을 목적으로 하는 민사소송법 70조 1항 본문의 입법취지에 반하는 결과가 초래되는 경우에는 분리확정이 허용되지 않는다고 보아야 한다는 입장을 취하고 있다. 즉 **원칙적**으로 분리확정을 인정하되, **예외적**으로 분리확정을 불허한다는 입장이다(대판 2008. 7. 10. 2006다57872). 이러한 논리는 **화해권고결정**의 경우에도 마찬가지로 적용된다(대판 2015. 3. 20. 2014다75202).

4. 예비적 공동소송과 상소심의 심판대상

(1) 심판범위의 판단기준

1) 예비적 공동소송에서 주위적 공동소송인과 예비적 공동소송인 중 어느 한 사람이 상소를 제기하면 다른 공동소송인에 관한 청구 부분도 **확정이 차단**되고 **상소심**에 **이심**되어 **심판대상이** 된다.

이러한 경우 상소심의 심판대상은 주위적·예비적 공동소송인들 및 그 상대방 당사자 사이의 결론의 **합일확정의 필요성**을 고려하여 **심판범위**를 판단하여야 한다(대판 2011. 2. 24. 2009다43355, 2015. 3. 20. 2014다75202 등).

2) 일반적으로는 심판대상과 심판범위가 일치하지만 합일확정을 요하는 경우 심판범위는 합일확정의 필요에 의하여 정해진다.

(2) 구체적 경우

(a) 주위적 피고에 대한 청구기각판결, 예비적 피고에 대한 청구인용판결에 대하여 예비적 피고만이 항소한 경우

1) 먼저 원고의 예비적 피고에 대한 청구에 관하여 심리를 하여, 예비적 피고에 대한 청구가 이유 있으면 예비적 피고의 항소를 기각한다.

2) 그러나 예비적 피고에 대한 청구가 이유 없으면 예비적 피고의 항소를

인용하여 1심 판결을 취소하여야 한다(전부 취소하여야 한다. 일부 공동소송인에 대한 원심판결만을 취소하는 것은 아니다). 즉 예비적 공동소송인 가운데 어느 한 사람의 상소가 이유 있어 원심판결을 취소·파기하는 경우에는 **합일확정의 필요**에 의하여 하나의 종국판결을 내려야 하므로 상소가 이유 없는 다른 사람 청구부분도 함께 취소·파기하여야 한다(대판 2011. 11. 11. 2010다32542, 2015. 3. 20. 2014다75202 등). 예비적 피고에 대한 청구에 대해서는 청구기각판결을 한다. 이 경우 주위적 피고에 대한 청구도 심판대상이 되므로, 주위적 피고에 대한 청구를 판단하여 이유 없으면 그대로 청구기각판결을 하고, 이유 있으면 주위적 피고에 대하여 청구인용판결을 한다.

  (b) 주위적 피고에 대한 소를 각하하고, 예비적 피고에 대한 소도 역시 각하한 판결에 대하여 원고만이 항소를 한 경우

1) 원고의 항소는 비록 주위적 피고에 대한 항소이지만, 예비적 피고에 대해서도 항소의 효력이 미친다. 예비적 피고에 대한 청구도 항소심으로 이심된다.

2) 항소심이 주위적 피고에 대한 청구를 인용하는 경우에는 제1심 판결 전부를 취소하고 주위적 피고에 대해서는 청구인용판결을, 예비적 피고에 대해서는 제1심 판결과 같이 소각하판결을 하여야 할 경우에는 제1심 판결과 마찬가지로 그대로 소각하판결을 하여야 한다.

3) 항소심이 원고의 주위적 피고에 대한 항소를 기각하여야 할 경우에는 그대로 원고의 항소를 기각하면 된다.

4) 항소심에서 예비적 피고에 대하여 아무런 판단을 하지 아니한 경우로서, 주위적 피고가 상고하여 주위적 피고에 대한 청구 및 예비적 피고에 대한 청구 모두 상고심으로 이심되는 경우에 상고심이 주위적 피고에 대한 소를 각하하여야 할 경우에는 항소심판결을 **전부 파기**하여, 주위적 피고에 대한 소를 각하한다. 예비적 피고에 대한 소를 여전히 각하하여야 할 경우에는 제1심판결과 마찬가지로 소각하판결을 하여야 한다(한편 대판 2008. 3. 27. 2006두17765는 이 경우 파기자판하여 원고의 항소를 기각한다고 판결하였다).

제 4 절 법률행위의 무효와 취소

I. 법률행위의 무효와 취소의 실체법상 문제

1. 무효인 법률행위

(1) 무효인 법률행위와 추인

1) 무효행위는 추인하여도 그 효력이 생기지 아니한다(민법 139조 본문). 다만 무효행위를 추인한 때에는 **새로운 법률행위**가 성립한다(민법 139조 단서). 무효인 법률행위를 추인에 의하여 새로운 법률행위로 보기 위해서는 당사자가 이러한 법률행위가 무효임을 알고 그 행위에 대하여 추인하여야 한다.

2) 추인은 무권리자나 그 상대방에 대해서 하여야 하며, 명시적 또는 묵시적으로 할 수 있다. 묵시적 추인을 인정하기 위해서는 본인이 그 행위로 처하게 된 법적 지위를 충분히 이해하고 그럼에도 진의에 기하여 그 행위의 결과가 자기에게 귀속된다는 것을 승인한 것으로 볼 수 있는 사정이 있어야 한다. 이에 해당하는지 여부의 판단에서는 관계되는 여러 사정을 종합적으로 검토하여 신중하게 하여야 한다(대판 2009. 9. 24. 2009다37831, 2017. 11. 14. 2014다21021,21038 등).

따라서 당사자가 **이전의 법률행위**가 존재함을 알고 그 유효함을 전제로 하여 이에 근거한 **후속행위**를 하였다고 해서 그것만으로 이전의 법률행위를 묵시적으로 추인하였다고 단정할 수 없고, **묵시적 추인**을 인정하기 위해서는 이전의 법률행위가 무효임을 알거나 적어도 무효임을 의심하면서도 그 행위의 효과를 자기에게 귀속시키도록 하는 의사로 후속행위를 하였음이 인정되어야 한다(대판 2014. 3. 27. 2012다106607).

3) 무효행위의 추인은 무효인 행위를 사후에 유효로 하는 것이 아니라 새로운 의사표시에 의하여 새로운 행위가 되는 것이 되는 것이므로(그때부터 유효하게 된다) 원칙적으로 소급효가 인정되지 아니한다.

4) 법률행위가 **반사회질서 법률행위**(민 103조)이거나 **불공정한 법률행위**(민 104조)인 경우에는 추인하여도 유효하게 되지 아니한다.

5) 무권리자가 다른 사람의 권리를 자기의 이름으로 또는 자기의 권리로 처분한 경우에 이러한 처분행위는 무효이다. 그러나 권리자는 후일 이를 추인

함으로써 그 처분행위를 인정할 수 있다. 이러한 추인에 의하여 소급적으로 유
효하게 된다.

(2) 일부무효법리

(a) 의   의

1) 법률행위의 일부분이 무효인 때 그 전부를 무효로 한다. 그러나 그 무
효부분이 없었더라면 법률행위를 하였을 것이라고 인정될 때에는 나머지 부분
은 무효가 되지 아니한다(민 137조). 민법 137조는 임의규정으로서 사적자치의
원칙이 지배하는 영역에서 적용된다.

2) 법률행위의 **일부**가 강행법규인 효력규정에 위반되어 무효가 되는 경우
그 부분의 무효가 나머지 부분의 유효 · 무효에 영향을 미치는지 여부의 판단
에서는 개별 법령이 일부무효의 효력에 관한 규정을 두고 있는 경우에는 그에
따라야 하고, 그러한 규정이 없다면 원칙적으로 민법 137조가 적용된다.

그러나 해당 효력규정 및 입법취지를 고려하여 볼 때 나머지 부분을 무효
로 한다면 해당 효력규정 및 그 입법취지에 명백히 반하는 결과가 초래되는 경
우에는 나머지 부분까지 무효가 된다고 할 수는 없다(대판 2010. 7. 22. 2010다
23425).

(b) 무효행위의 전환이론

1) 무효인 법률행위가 다른 법률행위의 요건을 구비하고 당사자가 그 무
효를 알았더라면 다른 법률행위를 하는 것을 의욕하였을 것으로 인정될 때에
는 다른 법률행위로서 효력이 있다(민 138조).

무효행위의 전환이란 ① 원래 법률행위가 무효이지만(법률행위의 무효, 원칙
적으로 단독행위에는 해당 없다), ② 동시에 다른 법률행위로서의 요건을 갖춘 때
에는(다른 법률행위의 요건 구비), ③ 당사자가 무효를 알았더라면 다른 법률행위
를 하였을 것이라고 인정되는 한에서(당사자의 가정적 의사에 따른 다른 법률행위
에로의 전환의사) 다른 법률행위로서의 효력을 인정하는 제도이다. 이러한 무효
행위의 전환은 이익상황에 기하여 당사자의 의사를 긍정적으로 수정해석함으
로써 **수정된 가정적 의사**에 기하여 일부무효를 전환하는 특수한 경우이다.

2) 불공정한 법률행위(민 104조)에 해당하여 무효인 경우에도 무효행위의
전환에 관한 민법 138조가 적용된다. 예컨대 매매계약이 약정된 매매대금의 과
다로 말미암아 불공정한 법률행위에 해당하여 무효인 경우에도 무효행위의 전

환에 관한 민법 138조가 적용될 수 있다. 따라서 당사자 쌍방이 위와 같은 무효를 알았더라면 대금을 다른 액으로 정하여 매매계약에 합의하였을 것이라고 예외적으로 인정되는 경우에는, 그 대금액을 내용으로 하는 매매계약이 유효하게 성립한다(대판 2010. 7. 15. 2009다50308).

3) 일부무효로 무효행위의 전환이 되어 원래 계약상 무효가 되는 나머지 부분에 대해서는 부당이득반환청구권을 행사할 수 있다. 한편 불법행위로 인한 손해배상청구권의 행사도 가능하다.

2. 취소할 수 있는 법률행위

(1) 취소권의 권리행사기간

법률행위의 취소권은 형성권으로서 추인할 수 있는 날부터 **3년** 내에, 법률행위를 한 날부터 **10년** 내에 행사하여야 한다(민 146조). 두 기간 중 어느 하나가 먼저 경과하면 취소권을 행사할 수 없다.

추인은 취소의 원인이 종료한 후에 하지 아니하면 효력이 없으므로, **추인할 수 있는 날**이란 취소의 원인이 종료되어 취소권 행사에 관한 장애가 없어져서 취소권자가 취소의 대상인 법률행위를 추인할 수도 있고 취소할 수도 있는 상태가 된 때를 말한다(대판 2008. 9. 11. 2008다27301).

(2) 일부취소 허용 여부

1) 하나의 법률행위의 일부에만 취소사유가 있고, 법률행위가 가분적이거나 그 목적물의 일부가 특정될 수 있다면 나머지 부분이라도 이를 유지하려는 당사자의 가상적 의사의 존재가 인정되는 경우에는 그 일부만의 취소도 가능하다(대판 1998. 2. 10. 97다44737 등).

예컨대 채권자와 연대보증인 사이의 연대보증계약이 주채무자의 기망에 의하여 체결되어 적법하게 취소되었으나, 그 보증책임이 금전채무로서 채무의 성격상 가분적이고 연대보증인에게 보증한도를 일정 금액으로 하는 보증의사가 있었으면, 연대보증인의 연대보증계약의 취소는 그 일정 금액을 초과하는 범위 내에서만 효력이 생긴다(대판 2002. 9. 10. 2002다21509). 그러나 매매계약 체결시 토지의 일정 부분을 매매 대상에서 제외시키는 특약을 한 경우, 이는 매매계약의 대상 토지를 특정하여 그 일정 부분에 대해서는 매매계약이 체결되지 않았음을 분명히 한 것으로써 그 부분에 대한 어떠한 법률행위가 이루어진 것으로도 볼 수 없으므로, 그 특약만을 기망에 의한 법률행위로서 취소할 수는 없다(대판 1999. 3. 26. 98다56607).

2) 각 계약이 **전체적**으로 경제적·사실적으로 **일체**로서 행하여진 것으로 그 하나가 다른 하나의 조건이 되어 어느 하나의 존재 없이는 당사자가 다른 하나를 의욕하지 않았을 것으로 보이는 경우 등에는, 하나의 계약에 대한 기망을 원인으로 한 취소의 의사표시는 법률행위의 일부무효와 마찬가지로 법률행위 일부취소의 법리에 따라 전체 계약에 대한 취소의 효력이 있다.

여러 개의 계약이 체결된 경우에 그 계약 전부가 하나의 계약인 것과 같은 **불가분의 관계**에 있는 것인지는 계약체결의 경위와 목적 및 당사자의 의사 등을 종합적으로 고려하여 판단하여야 한다(대판 2013. 5. 9. 2012다115120).

Ⅱ. 법률행위의 무효와 취소의 소송법상 문제

1. 무효인 법률행위

⑴ 권리장애항변

원고는 권리근거사실, 즉 법률행위로 인하여 권리가 성립하였다는 사실에 대한 주장·증명책임이 있다. 피고는 권리장애사실, 즉 법률행위가 민법 103조·104조 등에 위반하여 무효라는 사실에 대한 주장·증명책임이 있다. 법률행위의 무효의 주장은 권리장애항변이다.

⑵ 무효행위의 전환이론을 소송행위에도 유추적용할 수 있는지 여부

소송행위 가운데 단독적 소송행위, 특히 참가의 소의 요건을 결한 경우 민법상 무효행위의 전환 규정을 유추적용할 것인지가 문제가 된다.

민법 137조는 임의규정으로 사적자치의 원칙이 지배하는 영역에서 작용하며, 단독적 소송행위에는 유추적용될 여지가 없으므로(실체법상으로도 단독행위가 아닌 계약에서 적용), 소송행위 가운데 강행규정이 적용되는 경우에는 소송행위로서 단독적 소송행위에는 유추적용되지 않는다고 보아야 한다.

2. 취소할 수 있는 법률행위

⑴ 권리소멸항변

취소할 수 있는 법률행위에서 취소를 하였다는 항변은 권리소멸사실에 대한 항변으로 이를 주장하는 사람에게 증명책임이 있다.

(2) 취소권의 행사기간(제척기간) 및 직권조사사항

민법 146조(취소권은 추인할 수 있는 날부터 3년 내에 행사하여야 한다)에서 정하고 있는 3년이라는 기간은 일반 시효기간이 아니라 제척기간이다. 제척기간의 도과 여부는 직권조사사항이다. 따라서 이에 관해서는 당사자의 주장에 관계없이 법원이 직권으로 조사하여 판단하여야 한다(대판 1996. 9. 20. 96다25371).

(3) 소장 또는 반소장의 송달로써 하는 취소권의 행사와 취소의 효력 발생

의사표시의 불일치 또는 의사표시의 흠을 원인으로 하는 취소권은 형성권의 일종으로서 그 행사기간(민 146조)은 제척기간이다. 취소권은 재판상이든 재판 외이든 그 기간 내에 행사하면 된다. 취소권자가 취소의 의사표시를 담은 반소장 부본을 원고에게 송달함으로써 취소권을 재판상 행사하는 경우에는 반소장부본이 원고에게 도달한 때에 비로소 취소권 행사의 효력이 발생하여 취소권자와 원고 사이에 취소의 효력이 생긴다. 따라서 취소의 의사표시가 담긴 반소장부본이 제척기간 내에 송달되어야만 취소권자가 제척기간 내에 적법하게 취소권을 행사하였다고 본다(대판 1999. 4. 9. 98다46945, 2008. 9. 11. 2008다27301,27318 등).

(4) 취소사유에 해당하는 행위가 불법행위를 구성하는 경우와 소송물

어떤 법률행위가 사기에 의한 것으로서 취소되는 경우에 그 법률행위가 동시에 불법행위를 구성하는 때에는 취소의 효과로 생기는 부당이득반환청구권과 불법행위로 인한 손해배상청구권은 경합하여 병존하는 것이므로, 채권자는 어느 것이라도 선택하여 행사할 수 있다. 다만 이를 중첩적으로 행사할 수 있는 것은 아니다(대판 1993. 4. 27. 92다56087).

(5) 소송상 취소권의 행사와 소의 취하 등

소송상 취소권을 행사한 경우 그 후 소가 취하 또는 각하되든지, 그 주장이 실기한 공격방어방법으로서 각하된 경우, 또는 수소법원의 조정이 성립된 경우 등에도 실체법상 그 취소의 효력이 인정된다고 본다(병존설 및 신병존설)

(6) 소송행위에 민법상 취소규정을 유추적용할 수 있는지 여부

이에 관해서는 법률행위의 무효에 관한 논의에서 이미 살펴보았다.

(7) 기판력의 시적 범위

기판력의 시적 범위의 **표준시**인 사실심 변론종결시까지 취소할 수 있는

법률행위에 대해서는 취소권을 행사하고 이를 주장하여야 한다. 사실심 변론
종결시까지 이를 주장하지 아니하는 경우 소송상 취소의 주장은 **실권(차단)**이
된다(**실권효·차단효**). 따라서 사실심 변론종결 후 취소하였다고 하여 **청구이의의
소**(민집 44조)를 제기할 수 없다.

제 5 절 법률행위의 부관

Ⅰ. 법률행위의 부관의 실체법상 문제

1. 조건과 기한(불확정기한)

1) **조건**은 법률행위 효력의 발생 또는 소멸을 **장래의 불확실한 사실**의 성부
(成否)에 의존하게 하는 법률행위의 부관이다(조건은 법률행위에서 효과의사와 일
체적인 내용을 이루는 의사표시 그 자체라고 볼 수 있다). 반면 장래의 사실이더라도
그것이 **장래 반드시 실현되는 사실**이면 실현되는 시기가 비록 확정되지 않더라
도 이는 **기한**이다.

2) **판례**는, ① 부관이 붙은 법률행위에서 부관에 표시된 사실이 발생하지
아니하면 채무를 이행하지 아니하여도 된다고 보는 것이 상당한 경우에는 **조
건**으로 보아야 하고, 표시된 사실이 발생한 때에는 물론이고 반대로 발생하지
아니하는 것이 확정된 때에도 그 채무를 이행하여야 한다고 보는 것이 상당한
경우에는 표시된 사실 발생 여부가 확정되는 것을 **불확정기한**으로 정한 것으로
보아야 하며(대판 2009. 11. 12. 2009다42635, 2013. 8. 22. 2013다26128 등), ② 따라서
어떠한 법률행위에 불확정기한이 부관으로 붙여진 경우에는 특별한 사정이 없
는 한 그 법률행위에 따른 채무는 이미 발생하여 있고, 불확정기한은 그 **변제
기나 이행기를 유예**한 것에 불과하다(대판 2014. 10. 15. 2012두22706)고 보고 있다.

3) 판례의 태도가 정당한가? **부관으로서의 불확정기한**과 **이행기로서의 불확
정기한**을 혼동하고 있는 것이 아닌지 의문이다. 시기부(始期附) 법률행위는 시
기가 도래하기 전까지 아직 채권이 발생하지 아니한다. 이에 반하여 채무의 이
행에 기한이 붙은 법률행위는 이미 채권이 발생하였으나 그 이행기가 아직 도
래하지 아니한 것이다. 예컨대 이미 부담하고 있는 채무의 변제에 관하여 일정

한 사실이 (부관으로, 판례 표현) 붙여진 경우에는 특별한 사정이 없는 한 그것은 변제기를 유예한 것이다(대판 2003. 8. 19. 2003다24215 등).

  판례는, 법률행위의 성립에서 부관으로서 불확정기한 외에 성립한 법률행위에 기한 이행기에서도 부관으로서 불확정기한을 인정하고 있는 것으로 이해된다. 이러한 입장에서 **판례**는, **채무의 변제**에 관하여 일정한 사실이 부관으로 붙여진 경우에는 특별한 사정이 없는 한 그 사실이 발생한 때뿐만 아니라 그 사실의 발생이 불가능하게 된 때에도 **이행기한**은 도래한 것으로 본다. 한편 부관으로 정한 사실의 실현이 주로 채무를 변제하는 사람의 성의나 노력에 따라 좌우되고, 채권자가 그 사실의 실현에 영향을 줄 수 없는 경우에는 사실이 발생하는 때는 물론이고, 그 사실의 발생이 불가능한 것으로 확정되지는 않았더라도 **합리적인 기간 내에 그 사실이 발생하지 않는 때에도** 채무의 이행기한은 도래한다고 본다(대판 2018. 4. 24. 2017다205127 등).

2. 조건성취의 방해

  1) 조건의 성취로 인하여 불이익을 받을 당사자가 신의성실에 반하여 조건의 성취를 방해한 때에는 상대방은 그 조건이 성취된 것으로 주장할 수 있다(민법 150조 1항).

  여기서 **당사자**란 해당 조건부 법률행위의 대립한 당사자에게 한정되는 것은 아니나(예컨대 제3자를 위한 계약에서 권리를 취득한 제3자도 포함될 수 있다), 조건의 성취로 직접 불이익을 받게 되는 자에 한한다. **방해행위는** 고의에 의한 경우뿐만 아니라 과실에 의한 경우도 포함하며, 작위뿐만 아니라 부작위도 포함한다.

  2) 예컨대 공사도급계약에서 공사완공하여 준공필증을 제출하는 것을 대금지급의 정지조건으로 한 경우에 도급인이 위 공사에 필요한 시설을 해주지 않은 행위, 또는 공사장 출입을 통제하여 수급인이 나머지 공사를 할 수 없도록 하는 행위 등이 조건성취의 방해에 해당하다.

  판례는, 채무초과 상태에 빠진 채무자가 장래의 채권에 대한 전부명령에 의한 강제집행이 개시된 사실을 알고서 장래의 채권의 조건성취나 기한도래를 방해하는 행위는 전부명령에 의한 채권에 대한 강제집행을 방해한 것이 되는 것으로 본다(대판 2002. 1. 25. 99다53902).

3) 조건성취를 방해한 경우 상대방은 조건이 성취되었다는 주장을 할 수 있다. **의제되는 시점**은 이러한 신의성실에 반하는 행위가 없었더라면 조건이 성취되었으리라고 추산되는 시점이다(대판 1998. 12. 22. 98다42356).

Ⅱ. 법률행위의 부관의 소송법상 문제

1. 기한부 법률행위와 주장·증명책임

1) 법률행위가 **기한부**라는 것은 권리발생을 저지하는 **항변**(권리저지항변)이다. 기한이 **확정기한**으로 정해진 경우에는 피고의 항변 단계에서 종료되고 기한의 도래에 관한 원고의 재항변이 등장할 여지가 없다. 이러한 점에서 확정기한의 경우 피고의 항변은 단순히 기한의 존재에 관한 주장에 그치지 않고, 기한의 존재 및 미도래(해당 소송의 변론종결시까지)에 관한 주장이어야 그 의미가 있게 된다(기한의 도래 여부는 공지의 사실로서 **현저한 사실**(민소 288조 본문)이다). 따라서 원고가 기한의 도래에 관하여 재항변으로 주장·증명하여야 하는 것이 아니다.

2) 이에 반하여 기한이 **불확정기한**인 경우에는 피고는 항변으로 불확정기한의 존재를 주장·증명하면 되고, 원고는 **재항변**으로 그 기한의 도래를 주장·증명하여야 한다.

2. 조건부 법률행위와 주장·증명책임

1) 법률행위가 **정지조건부 법률행위**에 해당한다는 사실은 그 법률행위로 인한 법률효과의 발생을 저지하는 사실로 그 법률효과의 발생을 다투려는 피고에게 주장·증명책임이 있다. 즉 이는 권리발생을 저지하는 **항변**이다(판례도, 어느 법률행위에 어떤 조건이 붙어 있었는지 아닌지는 사실인정의 문제로서 그 조건의 존재를 주장하는 자가 이를 증명하여야 한다고 보고 있다. 대판 2006. 11. 24. 2006다 35766, 2011. 8. 25. 2008다47367). 정지조건의 성취는 권리를 주장하는 사람의 증명책임에 속하는 재항변이다. 이에 대하여 상대방은 권리자가 신의성실에 반하여 조건을 성취시켰으므로 그 조건이 성취하지 아니하였다(민 150조 2항)는 **재재항변**을 할 수 있다.

2) **해제조건부 법률행위**는 그 성립에 의하여 효력이 생기지만, 그 발생한

효력은 해제조건의 성취에 의하여 소멸한다. 따라서 법률행위에 기한 권리를
주장하는 사람은 그 권리의 근거사실로서 법률행위의 성립에 관하여 증명책임
을 부담하는 데 반하여, 해제조건부 법률행위 및 그 해제조건의 성취는 발생한
권리의 소멸사유이므로 그 사실은 **권리소멸사실**로서 권리를 다투는(**권리소멸항
변**을 하는) 사람의 증명책임에 속한다.

제4장 　　　　　소멸시효

제1절　소멸시효의 진행

Ⅰ. 소멸시효의 진행의 실체법상 문제

1. 소멸시효의 기산일

1) 소멸시효의 기산일은 권리를 행사할 수 있는 때이다(민 166조). **법률상 장애가 있는 경우**에는 법률상 장애가 없어진 때를 말한다. 사실상 그 권리의 존재나 권리행사의 가능성을 알지 못하거나, 알지 못한 데에 과실이 없다는 등의 사정은 시효진행에 영향을 미치지 아니한다. 법률상 장애라고 하더라도 권리자의 의사에 의하여 제거될 수 있는 경우에는 그러하지 아니하다.

2) 기한이 있는 채권의 소멸시효는 **이행기가 도래한 때**부터 진행한다. 이행기가 도래한 후 채권자와 채무자가 기한을 유예하기로 합의하는 경우에는 그 유예된 때로 이행기가 변경되어 소멸시효는 **변경된 이행기가 도래한 때**부터 다시 진행한다. 이와 같은 기한유예의 합의는 명시적으로뿐만 아니라 **묵시적**으로도 가능하다. 계약상 채권관계에서 어떠한 경우에 기한유예의 묵시적 합의가 있다고 볼 것인지는 계약체결의 경위와 내용 및 이행경과, 기한유예가 채무자의 이익이나 추정적 의사에 반하는지 여부 등 모든 사정을 종합적으로 고려해서 판단해야 한다(대판 2017. 4. 13. 2016다274904).

3) 부동산에 대한 매매대금채권이 소유권이전등기청구권과 동시이행관계에 있다고 하더라도, 매도인은 매매대금의 지급기일 이후 언제라도 그 대금의 지급을 청구할 수 있으며, 다만 매수인은 매도인으로부터 그 소유권이전등기

에 관한 이행의 제공을 받기까지 그 지급을 거절할 수 있는 것에 지나지 아니하므로, 매매대금채권은 그 지급기일 이후 시효의 진행에 걸린다(대판 1991. 3. 22. 90다9797).

4) 소멸시효의 기산일 당일은 그 기간이 오전 0시부터 시작하는 경우 외에는 소멸시효기간에 산입되지 않는다(민 157조).

2. 소멸시효의 기간

(1) 물품대금채권의 소멸시효기간

1) 물품대금채권의 소멸시효는 단기소멸시효기간인 3년에 해당한다(민법 163조 6호는 생산자 및 상인이 판매한 생산물 및 상품의 대가의 채권은 3년간 행사하지 아니하면 소멸시효가 완성한다고 규정하고 있다. 전기업자가 공급하는 전력의 대가인 전기요금채권은 민법 163조 6호의 '생산자 및 상인이 판매한 생산물 및 상품의 대가'에 해당하므로, 3년간 이를 행사하지 아니하면 소멸시효가 완성된다. 대판 2014. 10. 6. 2013다84940). 물품대금채권이 민법규정에 해당하는 경우에는 상법 64조 본문의 상사시효(5년)가 적용되지 아니한다. 민법이 이보다 단기의 시효의 규정을 두고 있기 때문이다(상 64조 단서).

2) 공급자가 수요자에게 공급한 부품자재가 공급자가 생산한 물건인 경우에는 3년의 소멸시효기간에 해당함은 달리 의문의 여지가 없다. 다만 위 물건이 공급자가 생산한 것이 아니라면 공급자가 상인으로 물건을 판매한 경우에 한하여 3년의 소멸시효기간이 적용된다. 상법 4조에 의하면 자기명의로 상행위를 하는 사람을 상인이라 하며, 상법 46조 1호에 의하면 동산의 매매를 영업으로 하는 상행위(기본적 상행위)로 보고 있다.

(2) 상사채권의 소멸시효기간

상법 64조 소정의 5년의 소멸시효기간이 적용되는 **상사채권**에는 **당사자 양쪽**에 대하여 모두 상행위가 되는 행위로 인한 채권뿐만 아니라 **당사자 한쪽**에 대해서만 상행위에 해당하는 행위로 인한 채권도 포함된다. 그리고 상행위로부터 생긴 채권뿐 아니라 이에 준하는 채권에도 상법 64조가 적용되거나 유추적용된다(대판 2014. 7. 24. 2013다214871 등).

(3) 보증채무와 주채무의 소멸시효기간

보증채무는 주채무와는 별개의 독립한 채무이다. 따라서 보증채무와 주채무의 소멸시효기간은 그 채무의 성질에 따라 각각 **별개로** 정해진다. 그리고 주채무자에 대한 확정판결에 의하여 민법 163조 각호의 단기소멸시효에 해당하는 주채무의 소멸시효기간이 10년으로 연장된 상태에서 그 주채무를 보증한 경우, 특별한 사정이 없는 한 그 보증채무에 대해서는 민법 163조 각 호의 단기소멸시효가 적용될 여지가 없고, 그 성질에 따라 보증인에 대한 채권이 **민사채권**인 경우에는 10년, **상사채권**인 경우에는 5년의 소멸시효기간이 적용된다(대판 2014. 6. 12. 2011다76105).

(4) 단기소멸시효에 걸리는 채무와 그 반대채무

일정한 채권의 소멸시효기간에 관하여 이를 특별히 1년의 단기로 정하는 민법 164조는 그 각 호에서 개별적으로 정하여진 채권의 채권자가 그 채권의 발생원인이 된 계약에 기하여 상대방에 대하여 부담하는 **반대채무**에 대해서는 적용되지 아니한다. 따라서 그 채권의 상대방이 그 계약에 기하여 가지는 반대채권은 원칙으로 돌아가, 다른 특별한 사정이 없는 한 민법 162조 1항에서 정하는 10년의 일반 소멸시효기간의 적용을 받는다(대판 2013. 11. 14. 2013다65178).

3. 소멸시효완성의 주장과 권리남용 여부

1) 특별한 사정이 있는 경우에는 채무자의 소멸시효의 완성을 주장하는 것이 신의성실의 원칙에 반하여 **권리남용**으로서 허용될 수 없다.

2) **특별한 사정**에 해당한다고 볼 수 있는 경우는 다음의 **5가지 경우**를 들 수 있다(그 가운데 하나에 해당하면 된다). ① 채무자가 시효완성 전에 채권자의 권리행사나 시효중단을 불가능 또는 현저히 곤란하게 한 경우, ② 그러한 조치가 불필요하다고 믿게 하는 행동을 한 경우, ③ 객관적으로 채권자가 권리를 행사할 수 없는 사실상 장애사유가 있었던 경우, ④ 일단 시효완성 후에 채무자가 시효를 원용하지 아니할 것 같은 태도를 보여 권리자로 하여금 그와 같이 신뢰하게 한 경우, ⑤ 채권자보호의 필요성이 크고, 같은 조건의 다른 채권자가 채무의 변제를 수령하는 등의 사정이 있어 채무이행의 거절을 인정함이 현저히 부당하거나 불공평하게 되는 경우 등이다(대판 2011. 1. 13. 2010다53419, 2012. 5. 24. 2009다22549 등).

3) 다만 일반적 원칙을 적용하여 법이 두고 있는 구체적인 제도의 운영을 배제하는 것은 법해석의 또 하나의 대원칙인 법적 안정성을 해할 위험이 있으

므로 그 적용에는 신중하여야 한다(대판 2010. 9. 9. 2008다15865, 2011. 10. 13. 2011 다36091 등).

4. 소멸시효완성과 시효이익포기

(1) 시효이익포기의 의의

1) 시효이익을 받을 채무자는 소멸시효가 완성된 후 시효이익을 포기할 수 있고, 이것은 시효의 완성으로 인한 법적인 이익을 받지 않겠다고 하는 의사표시이다.

2) 이러한 시효이익포기의 의사표시가 존재하는지의 판단은 표시된 행위나 의사표시의 내용과 동기 및 경위, 당사자가 의사표시 등에 의하여 달성하려고 하는 목적과 진정한 의도 등을 종합적으로 고찰하여 사회정의와 형평의 이념에 맞도록 논리와 경험의 법칙, 그리고 사회일반의 상식에 따라 객관적이고 합리적으로 이루어져야 한다.

3) 시효이익포기는 적극적이고 일방적인 의사표시로서, 시효이익포기와 같은 상대방 있는 단독행위는 그 의사표시로 인하여 권리에 직접적인 영향을 받는 상대방에게 도달하는 때에 효력이 발생한다(대판 2011. 7. 14. 2011다23200, 2013. 9. 13. 2013다43666,43673).

4) 시효완성 후 시효이익포기가 인정되려면 시효이익을 받는 채무자가 시효완성으로 인한 법적인 이익을 받지 않겠다는 **효과의사**가 필요하다. 따라서 시효완성 후 소멸시효중단의 사유에 해당하는 채무의 승인이 있었다 하더라도 그것만으로는 곧바로 시효이익포기라는 의사표시가 있었다고 단정할 수 없다.

5) 시효이익포기의 의사표시를 할 수 있는 자는 시효완성의 이익을 받을 **당사자** 또는 그 **대리인**에 한정된다. 그 밖의 제3자가 시효이익포기의 의사표시를 하였다 하더라도 이는 시효완성의 이익을 받을 자에 대한 관계에서 아무런 효력이 없다(대판 1998. 2. 27. 97다53366, 2014. 1. 23. 2013다64793).

6) 소멸시효의 이익은 시효기간이 완성하기 전에 미리 포기하지 못한다(민 184조. 물론 시효중단사유로서의 승인에 해당될 수 있음은 별론으로 한다). 소멸시효 자체를 **배제**한다든지, 소멸시효의 완성을 곤란하게 하기 위하여 시효기간을 **연장** 또는 **가중**하는 특약은 무효이다. 이에 반하여 시효기간을 **단축**하거나 **경감** 하는 특약은 유효하다(민 184조 2항).

(2) 시효이익포기로 볼 수 있는 경우

1) 소멸시효완성 후 시효이익포기로 볼 수 있기 위해서는 채무의 존재 및 액수에 대하여 다툼이 없는 경우이어야 한다. 채무에 관하여 그 채무의 존재 및 액수에 대하여 당사자 사이에 인식이 다를 수 있는 경우에는 소멸시효의 이익을 포기하였다고 볼 수 없다.

예컨대 일부변제의 경우에서도, 채무자가 소멸시효완성 후 채무를 일부변제한 때에는 그 액수에 관하여 다툼이 없는 한 그 채무 전체를 묵시적으로 승인한 것으로 보아야 하고, 이 경우 시효완성의 사실을 알고 그 이익을 포기한 것으로 추정된다(대판 2009. 7. 9. 2009다14340 등).

한편 원금채무는 소멸시효가 완성되지 않았으나, 이자채무의 소멸시효가 완성된 상태에서 채무자가 채무를 일부변제한 때에는 액수에 관하여 다툼이 없는 한 원금채무에 관하여 묵시적으로 승인하는 한편 이자채무에 관하여 시효완성의 사실을 알고 그 이익을 포기한 것으로 추정된다(대판 2013. 5. 23. 2013 다12466).

2) 만약 시효이익포기로 볼 수 있는 경우에는 그때부터 새로이 소멸시효가 진행한다(대판 2009. 7. 9. 2009다14340, 2013. 5. 23. 2013다12464).

(3) 시효이익포기의 상대적 효력 및 그 적용범위

소멸시효이익포기는 상대적 효과가 있을 뿐이어서 다른 사람에게는 영향을 미치지 아니함이 원칙이다. 그러나 시효이익포기 당시에는 그 권리의 소멸에 의하여 직접 이익을 받을 수 있는 이해관계를 맺은 적이 없다가 나중에 시효이익을 포기한 사람과의 법률관계를 통하여 비로소 시효이익을 원용할 이해관계를 형성한 사람은 이미 이루어진 시효이익 포기의 효력을 부정할 수 없다.

시효이익포기에 대하여 상대적 효과만을 부여한 이유는 그 포기 당시에 시효이익을 원용할 다수의 이해관계인이 존재하는 경우 그들의 의사와는 무관하게 채무자 등 어느 일방의 포기 의사만으로 시효이익을 원용할 권리를 박탈당하게 되는 부당한 결과의 발생을 막으려는데 있다. 따라서 시효이익을 이미 포기한 사람과의 법률관계를 통하여 비로소 시효이익을 원용할 이해관계를 형성한 사람에게 이미 이루어진 시효이익포기의 효력을 부정할 수 있게 하여 시효완성을 둘러싼 법률관계를 사후에 불안정하게 만들자는 데 있는 것은 아니다(대판 2015. 6. 11. 2015다200227).

Ⅱ. 소멸시효의 진행의 소송법상 문제

1. 소멸시효완성의 주장과 변론주의

1) 주요사실은 법률효과를 발생시키는 실체법상의 구성요건 해당사실을 말한다. 주요사실에 대해서는 **변론주의**가 적용되며, **주장책임**이 인정된다. 주요사실은 당사자가 변론에서 주장하여야 하며, 당사자가 주장하지 아니한 사실을 판결의 기초로 삼을 수 없다.

2) 소멸시효완성으로 권리는 실체법상 절대적으로(당사자의 원용이 없어도 당연히) 소멸한다(대판 1978. 10. 10. 78다910, 1985. 5. 14. 83누655). 그러나 변론주의의 원칙상 소송에서 이를 주장하여야 한다. 소멸시효완성 사실은 주요사실이다. 소멸시효완성의 효과를 주장하는 사람에게 주장책임이 있다.

3) **소멸시효의 기산일**은 소멸시효항변의 법률요건을 구성하는 구체적 사실인 주요사실에 해당한다. 소멸시효의 기산일이 주요사실인 점은 **취득시효의 기산일**이 원칙적으로 간접사실(이해관계 있는 제3자가 있는 경우)인 점과 구별된다. 소멸시효의 기산일은 변론주의하에서 주장책임의 원칙이 적용된다. 법원으로서는 당사자가 주장하는 기산일과 다른 날짜를 기준으로 소멸시효를 계산할 수 없다.

4) 소멸시효기간은 법률적 주장으로 주요사실이 아니다. 이 경우 법률효과에 대해서까지 주장하더라도 이는 법률적 견해의 표명에 불과하므로(단순한 법률상 주장에 불과하다) 법원은 이에 구속되지 아니한다(변론주의의 적용대상이 되지 아니한다). 법원이 직권으로 판단할 수 있다(대판 2013. 2. 15. 2012다68217 등).

2. 소멸시효완성의 소송상 주장방법

1) 채권자가 동일한 목적을 달성하기 위하여 복수의 채권을 가지고 이를 행사하는 경우 각 채권이 발생시기와 발생원인을 달리하는 **별개의 채권**인 이상 **별개의 소송물**이므로, 이에 대하여 채무자가 소멸시효항변을 하는 경우에 그 항변에 대하여 어떠한 채권을 다투는 것인지 특정하여야 한다(그와 같이 특정된 항변에는 특별한 사정이 없는 한 청구원인을 달리하는 채권에 대한 소멸시효완성의 항변까지 포함된 것으로 볼 수 없다).

다만 채권자가 동일한 목적을 달성하기 위하여 복수의 채권을 가지고 있더라도 선택에 따라 어느 하나의 채권만을 행사하는 것이 명백한 경우라면 채무자의 소멸시효완성의 항변은 채권자가 행사하는 **해당 채권**에 대한 항변으로 봄이 타당하다(대판 2013. 2. 15. 2012다68217 등).

　　2) 소멸시효완성의 요건사실을 변론에 현출하면 족하다. 그 요건사실의 존재로 인하여 어떠한 법률효과가 발생하는지에 대해서까지 주장해야만 하는 것은 아니다(대판 2002. 2. 26. 2000다48265 등).

3. 상계항변 후 소멸시효항변의 경우 상계항변에 의하여 수동채권에 대한 소멸시효이익을 포기한 것으로 볼 것인지 여부

소송에서의 상계항변은 일반적으로 소송상 공격방어방법으로 통상 피고의 금전지급의무가 인정되는 경우 자동채권으로 상계를 한다는 **예비적 항변**의 성격을 갖는다. 따라서 상계항변이 먼저 이루어지고 그 후 대여금채권의 소멸을 주장하는 소멸시효항변이 있었던 경우에, 상계항변 당시 채무자인 피고에게 수동채권인 대여금채권의 시효이익을 포기하려는 효과의사가 있었다고 단정할 수 없다. 그리고 항소심 재판이 속심적 구조인 점을 고려하면 제1심에서 공격방어방법으로 상계항변이 먼저 이루어지고 그 후 항소심에서 소멸시효항변이 이루어진 경우에도 마찬가지이다(대판 2013. 2. 28. 2011다21556).

제 2 절   소멸시효의 중단

Ⅰ. 소멸시효중단의 실체법상 문제

1. 소멸시효완성 전 채무승인과 시효중단

(1) 채무승인의 성질

소멸시효중단사유로서의 채무승인(민 168조 3호)은 시효이익을 받는 당사자인 채무자가 소멸시효완성으로 채권을 상실하게 될 자에 대하여 상대방의 권리 또는 자신의 채무가 있음을 알고 있다는 뜻을 표시함으로써 성립하는 이른바 **관념의 통지**로 여기에 어떠한 효과의사가 필요하지 않다. 이는 앞에서 보는 바와 같이 시효완성 후 시효이익포기가 인정되려면 시효이익을 받는 채무자가 시효의 완성으로 인한 법적인 이익을 받지 않겠다는 효과의사가 필요한 것과 대비된다.

(2) 채무승인의 방법

1) 소멸시효중단사유로서의 채무승인은 시효이익을 받는 당사자인 채무자가 소멸시효의 완성으로 채권을 상실하게 될 사람 또는 그 대리인에 대하여 상대방의 권리 또는 자신의 채무가 있음을 알고 있다는 뜻을 표시함으로써 성립하며, 그 표시의 방법은 아무런 형식을 요구하지 아니하고 묵시적이든 명시적이든 묻지 아니한다(대판 2015. 4. 9. 2014다85216, 2018. 4. 24. 2017다205127 등).

2) 채무승인은 시효의 이익을 받는 사람이 상대방의 권리 등의 존재를 인정하는 일방적 행위로서, 그 권리의 원인·내용이나 범위 등에 관한 구체적 사항을 확인하여야 하는 것은 아니며, 채무자가 권리 등의 법적 성질까지 알고 있거나 권리 등의 발생원인을 특정하여야 할 필요는 없다(대판 2012. 10. 25. 2012다45566).

3) 시효완성 전에 채무의 일부를 변제한 경우에는 그 수액에 관하여 다툼이 없는 한 채무승인으로서의 효력이 있어 시효중단의 효과가 발생한다(대판 1996. 1. 23. 95다39854).

채무의 일부를 변제하는 경우에는 채무의 전부에 관하여 시효중단의 효력이 발생한다. 수개의 금전채무가 있는 경우에 채무의 일부변제는 채무의 일부로서 변제한 이상 그 채무의 전부에 관하여 시효중단의 효력을 발생한다. 동일한 당사자 사이에 계속적인 거래관계로 인하여 수개의 금전채무가 있는 경우에 채무자가 전체 채무액을 변제하기에 부족한 금액을 채무의 일부로 변제한 때에는 특별한 사정이 없는 한 기존의 수개의 채무의 전부에 대하여 승인을 하고 변제한 것으로 본다(대판 1980. 5. 13. 78다1790).

한편 채무자가 채권자에게 부동산에 관한 근저당권을 설정하고 그 부동산을 인도하여 준 다음 피담보채권에 대한 이자 또는 지연손해금의 지급을 갈음하여 채권자로 하여금 그 부동산을 사용수익할 수 있도록 한 경우에는, 채권자가 그 부동산을 사용수익하는 동안에는 채무자가 계속하여 이자 또는 지연손해금을 채권자에게 변제하고 있는 것으로 볼 수 있으므로, 피담보채권의 소멸시효가 중단된다고 보아야 한다(대판 2009. 11. 12. 2009다51028, 2014. 5. 16. 2012다

20604).

4) 시효완성 전에 **변제기 유예**를 요청하거나, 변제기 유예의 합의를 한 경우에도 채무승인에 해당한다(회생절차에서 이러한 변제기 유예의 합의가 이루어진 경우에도 마찬가지이다. 대판 2016. 8. 29. 2016다208303).

2. 최고와 소멸시효중단

(1) 최고와 잠정적 소멸시효중단

1) 최고는 6월 내에 완전한 소멸시효중단의 조치(재판상 청구, 압류, 가압류·가처분 등)를 하지 아니하면 시효중단의 효력이 없다(민 174조).

2) 최고를 여러 번 거듭하다가 재판상 청구 등을 한 경우 시효중단의 효력은 최초의 최고시에 발생하는 것이 아니라, 재판상 청구 등을 한 시점을 기준으로 하여 **소급하여 6월 내에 한 최고시**에 발생한다.

(2) 최고와 새로운 소멸시효기간의 진행

최고는 최고로서의 효력이 끝나면 새로이 소멸시효기간이 진행한다(민 178조 1항). 예컨대 채무자가 그 이행의무의 존부 등에 대하여 조사해볼 필요가 있다는 이유로 채권자에 대하여 이행의 유예를 구한 경우에는 채권자가 그 회답을 받을 때까지 최고의 효력이 계속된다. 따라서 민법 174조에 규정된 6월의 기간은 채권자가 채무자로부터 회답을 받은 때부터 기산된다(대판 2010. 5. 27. 2010다9467, 2014. 12. 24. 2012다35620 등).

3. 압류와 소멸시효중단

1) **강제집행이나 담보권실행을 위한 경매**에서 **압류**는 시효중단사유가 된다. 압류에 의한 시효중단의 효력은 **압류가 해제**되거나 **경매절차가 종료될 때까지** 계속되고, 시효가 중단된 때에는 중단까지에 경과한 시효기간은 이를 산입하지 아니하고 중단사유가 종료한 때부터 새로이 시효기간이 진행한다(대판 2015. 11. 26. 2014다45317).

2) 채무자의 제3채무자에 대한 채권의 압류로 인하여 채권자의 채무자에 대한 채권의 시효가 중단된 경우에 그 압류에 의한 집행절차(또는 체납처분절차)가 **채권추심 등**으로 **종료**된 때뿐만 아니라, **피압류채권**이 그 기본계약관계의 해지·실효 또는 소멸시효완성 등으로 인하여 **소멸**함으로써 압류의 대상이 존재

하지 않게 되어 **압류 자체가 실효된 경우**에도 집행절차는 더 이상 진행될 수 없으므로 시효중단사유가 종료한 것으로 보아야 하고, 그때부터 시효가 새로이 진행한다(대판 2017. 4. 28. 2016다239840).

4. 소멸시효중단의 효력의 주관적 범위

시효중단의 효력은 당사자 및 그 승계인 간에 미친다(민 169조). 여기서 **당사자**란 중단행위에 관여한 당사자를 가리키고 시효의 대상인 권리 또는 청구권의 당사자는 아니며, **승계인**이란 시효중단에 관여한 당사자로부터 중단의 효과를 받는 권리 또는 의무를 그 중단 효과 발생 이후에 승계한 사람을 뜻하고, 포괄승계인은 물론 특정승계인도 이에 포함된다(대판 1997. 4. 25. 96다46484, 2015. 5. 28. 2014다81474 등).

5. 가압류와 소멸시효중단

(1) 가압류집행과 소멸시효중단

1) 가압류는 소멸시효중단의 사유이다(민 168조 2호). 정확히 말하면 소멸시효중단의 사유는 **가압류집행**을 말한다. 따라서 가압류의 시효중단의 효력은 가압류의 **집행신청시**에 발생한다. 문제는 가압류의 집행신청시를 어떻게 볼 것인지이다. 이에 대해서는 가압류집행의 목적물에 대하여 개별적으로 파악하여야 한다

부동산에 대한 가압류 및 **채권**에 대한 가압류의 경우에는 가압류법원과 집행기관(집행법원)이 동일하므로 가압류신청에 집행신청도 아울러 포함하고 있어(부동산에 대한 가압류의 집행은 등기부상 가압류의 등기를 말하며, 채권에 대한 가압류의 집행은 제3채무자에 대한 결정의 송달을 말한다), **가압류신청시**에 시효중단의 효력이 발생한다.

이에 반하여 **유체동산**에 대한 가압류의 경우 집행기관이 집행관이어서 가압류법원이 명한 가압류결정의 집행을 위하여 집행관에게 집행위임(집행신청)을 하여야 하므로, **집행관에 대한 집행신청시** 시효중단의 효력이 발생한다.

2) 가입류에 의한 시효중단의 효력은 **집행보전의 효력**이 존속하는 동안 계속된다. 집행보전의 효력이 존속하는 동안은 가압류채권자에 의한 권리행사가 계속되고 있다고 보아야 하기 때문이다(대판 2011. 1. 13. 2010다88019, 2012. 7. 12.

2010다51192 등).

(2) 가압류집행의 취소에 의한 소멸시효중단의 효력의 상실

민법 175조는 가압류가 권리자의 청구에 의하여 취소된 때에는 시효중단의 효력이 없다고 규정하고 있다(여기서 '시효중단의 효력이 없다'란 소멸시효 중단의 효력이 소급적으로 상실된다는 것을 말한다. 대판 2014. 11. 13. 2010다63591 등). 따라서 가압류집행이 취소되었다면, 다른 특별한 사정이 없는 한 가압류에 의한 소멸시효중단의 효력은 소급적으로 소멸한다(대판 2010. 10. 14. 2010다53273). 가압류의 집행 후에 행해진 채권자의 **집행취소의 신청** 또는 **집행해제의 신청**은 실질적으로 **집행신청의 취하**에 해당하고, 이는 특별한 사정이 없는 한 가압류 자체의 신청의 취하라고 본다.

Ⅱ. 소멸시효중단의 소송법상 문제

1. 소멸시효중단이나 소멸시효이익의 포기 및 소멸시효중단의 효력의 상실과 소송상 주장

1) 소멸시효중단이나 소멸시효이익의 포기의 주장시 당사자가 객관적으로 이에 속하는 일정한 사실을 주장하여야 한다. 반드시 명시적으로 하여야 하는 것이 아니며, 이에 해당하는 구체적 사유를 그 취지로 주장하면 족하다.

2) 채권자의 소멸시효중단의 주장은 채무자의 소멸시효항변에 대한 **재항변**의 성질을 가지며, 채무자의 소멸시효중단의 효력의 상실 주장은 채무자의 **재재항변**의 성질을 가진다.

2. 소멸시효중단의 사유로서의 재판상 청구

(1) 재판상 청구의 경우

1) 재판상 청구는 시효중단사유이다(민 168조 1호). 이행의 소, 확인의 소, 형성의 소가 제기된 경우 **시효중단**의 효력이 있다. 재심의 소의 경우도 같다. 행정소송은 원칙적으로 시효중단사유로서 재판상 청구에 해당된다고 볼 수 없으나, 그 **파생권리**에 대한 민사소송의 시효중단사유가 될 수 있다(예컨대 오납힌 조세에 대한 부당이득반환청구권(이에 관한 청구는 민사소송이다)을 실현하기 위한 수단이 되는 과세처분의 취소 또는 무효확인의 소는 비록 행정소송이라고 할지라도 조세환급

을 구하는 부당이득반환청구권의 소멸시효중단사유인 재판상 청구에 해당한다. 대판(전) 1992. 3. 31. 91다32053, 대판 2010. 9. 30. 2010다49540 등).

2) 재판상 청구에 의한 시효중단의 범위와 관련하여, 채권자가 동일한 목적을 달성하기 위하여 **복수의 채권**을 가지고 있는 경우 채권자로서는 그 선택에 따라 권리를 행사할 수 있으나, 그 가운데 어느 하나의 청구를 한 것만으로는 **다른 채권** 그 자체를 행사한 것으로 볼 수는 없으므로 특별한 사정이 없는 한 다른 채권에 대한 소멸시효중단의 효력은 없다(대판 2014. 6. 26. 2013다45716 등).

3) 재판상 청구에 의한 시효중단의 범위와 관련하여 소송물과 반드시 일치하는 것은 아니다. 따라서 시효중단 여부가 문제된 해당 소송물의 권리관계의 **기본적 법률관계, 선결적 법률관계, 파생적 법률관계**에 기한 권리행사도 시효중단의 효력이 있는 재판상 청구로 인정된다.

4) 재판상 청구가 시효중단사유가 되려면 그 청구가 **채권자** 또는 그 **채권을 행사할 권능을 가진 자**에 의하여 이루어져야 한다.

⑵ 재판상 청구에 준하는 경우(응소)

1) 응소가 재판상 청구에 준하기 위해서는 **권리자**가 **의무자**에 대하여 응소하는 경우이어야 한다. 따라서 **물상보증인**이 원고로서 채무부존재확인의 소를 제기한 데 대하여 피고인 근저당권자가 피담보채권 있음을 주장하는 것은 재판상 청구에 준하는 응소로 보지 아니한다(물상보증인은 채무가 있는 것이 아니라 **책임**만 있다. 따라서 의무자가 아니다. 대판 2004. 1. 16. 2003다30890).

2) 응소를 하여 재판에서 받아들여져야 한다. 만약 소가 취하 또는 각하되어 본안에서 그 권리주장에 대하여 판단 없이 소송이 종료된 경우에는 **민법 170조 2항을 유추적용**하여 **그때부터 6월 이내**에 재판상 청구 등 다른 시효중단 조치를 취하면 **응소시에 소급하여** 시효중단의 효력이 있는 것으로 본다(대판 2010. 8. 26. 2008다42416,42423, 2012. 1. 12. 2011다78606).

채무자가 원고가 되어 **두 차례 소**를 제기하여 채권자인 피고가 **응소**하였으나 **소가 모두 각하**된 후 채무자가 다시 **세 번째 소**를 제기하여 채권자가 응소한 경우 **시효중단의 판단기준**은 ① 채권자인 피고의 응소가 **두 번째 응소부터 6월**이 경과하기 전에, ② 그리고 **해당 채권의 소멸시효가 완성되기 전**에 이루어져야 한다. 선행소송에서 이루어진 두 차례의 응소는 앞서 본 바와 같이 민법 168조 1호에 따른 시효중단의 효력이 인정되지 않고, 민법 170조 2항의 유추적용에 따른 재판 외 최고의 효력만 인정되기 때문이다(대판 2019. 3. 14. 2018두56435).

(3) 지급명령신청의 경우

민법 170조 1항에서 규정하고 있는 '재판상의 청구'는 종국판결을 받기 위한 '소의 제기'에 한정되지 않고, 권리자가 이행의 소를 대신하여 재판기관의 공권적인 법률판단을 구하는 **지급명령신청**(민소 464조)도 포함된다.

판례는 지급명령에 대한 이의신청 여부와 관계없이 지급명령신청 자체에 시효중단의 효력을 인정하고 있다(대판 2011. 11. 10. 2011다54686. 따라서 지급명령신청이 각하된 경우라도 6개월 이내 다시 소를 제기한 경우라면 민법 170조 2항에 의하여 시효는 당초 지급명령신청이 있었던 때에 중단되었다고 보아야 한다). 따라서 지급명령에 대하여 이의신청을 한 경우 제1심 소송으로 이행이 되지만 이의신청을 한 때에 시효중단의 효력이 발생하는 것이 아니라, 여전히 지급명령신청한 때에 시효중단의 효력이 발생한다(지급명령에 대하여 적법한 이의신청을 한 경우 지급명령을 신청한 때에 이의신청된 청구목적의 값에 관하여 소가 제기된 것으로 보기 때문이다(민소 472조). 대판 2015. 2. 12. 2014다228440).

3. 약속어음금청구의 소제기와 원인채권인 물품대금채권의 소멸시효 중단

(1) 어음의 교부가 원인채권의 지급을 갈음한 경우

어음의 교부와 원인채권과의 관계에서, 어음의 교부가 원인채권의 **지급을 갈음**한 경우에는 아예 원인채권 자체가 대물변제로 소멸하기 때문에 소멸시효 중단의 문제가 발생할 여지가 없다.

(2) 어음의 교부가 원인채권의 지급을 담보하기 위한 경우와 어음금청구의 소제기의 시효중단의 효력 여부

1) 어음의 교부에서 원인채권의 채무자와 어음채권의 채무자가 동일한 경우에는 **지급을 담보**하기 위한 것으로(지급을 **확보**하기 위한 것으로) 추정한다. 특별한 사정이 없는 한 어음의 채무자와 원인채무의 채무자가 동일한 경우에는 지급을 담보하기 위하여 발행한 것으로 추정한다.

2) 어음의 교부가 원인채권의 지급을 담보하기 위한 경우 원인채권과 어음채권은 별개로서 재권자는 그 **선택에 따라** 권리를 행사할 수 있다. 이 경우 원인채권에 기하여 청구를 한 것만으로는 어음채권 그 자체를 행사한 것으로

볼 수 없어 어음채권의 소멸시효를 중단시키지 못한다.

3) 그러나 채권자가 어음채권에 기하여 청구를 하는 반대의 경우에는 원인채권의 소멸시효를 중단시키는 효력이 있다고 봄이 상당하다. 어음은 경제적으로 동일한 급부를 위하여 원인채권의 지급의 확보하기 위하여 수수된 것으로서 그 어음채권의 행사는 원인채권을 실현하기 위한 것일 뿐만 아니라, 원인채권의 소멸시효는 어음금청구소송에서 채무자의 인적항변사유(어음 77조 1항, 17조)로서 채권자가 어음채권의 소멸시효를 중단하여 두어도 채무자의 인적항변에 따라 그 권리를 실현할 수 없게 되는 불합리한 결과가 발생하게 되기 때문이다.

이러한 법리는 채권자가 어음채권을 피보전권리로 하여 채무자의 재산을 **가압류**함으로써 그 권리를 행사한 경우와 채권자가 어음채권을 청구채권으로 하여 채무자의 재산을 **압류**함으로써 그 권리를 행사한 경우 등에도 마찬가지로 적용된다(대판 1996. 6. 11. 99다16378, 2002. 2. 26. 2000다25484 등). 나아가 이러한 법리는 채권자가 **어음채권**에 관한 **집행력 있는 집행권원의 정본**에 기하여 **배당요구**를 함으로써 그 권리를 행사한 경우(부동산경매절차에서 집행력 있는 집행권원의 정본을 가진 채권자가 하는 배당요구는 민 168조 2호의 **압류**에 준하는 것으로서, 배당요구에 관련된 채권에 관하여 소멸시효를 중단하는 효력이 생긴다)에도 마찬가지로 적용된다(대판 2002. 2. 26. 2000다25484).

4. 만기 기재의 백지어음에 기한 약속어음금청구의 소제기와 소멸시효 중단

1) 만기는 기재되어 있으나 지급을 받을 사람, 발행일 등과 같은 어음요건이 백지인 약속어음(백지어음, 어음 10조, 77조 2항)의 소지인은 그 백지부분을 보충하지 않은 상태에서 시효가 진행함에 대응하여(약속어음의 발행인에 대한 어음상 청구권은 만기의 날부터 3년간 행사하지 아니하면 소멸시효가 완성된다. 어음 77조 1항 8호, 70조 1항, 78조 1항) 발행인을 상대로 어음상 청구권에 대한 시효진행을 중단시킬 수 있는 조치를 취할 수 있다.

2) 이 경우 약속어음의 소지이이 그 백지부분을 보충하지 않은 상태에서 어음금을 청구하는 것은 어음상 청구권에 관하여 권리 위에 잠자는 사람이 아님을 객관적으로 표명한 것이라고 할 수 있고, 이는 완성될 어음에 기한 어음

금청구와 동일한 경제적 급부를 목적으로 하는 실질적으로 동일한 법률관계에 기한 청구로서 어음상 청구권을 실현하기 위한 수단이라고 봄이 상당하므로, 그 청구로써 어음상 청구권에 관한 소멸시효는 중단된다고 본다(대판(전) 2010. 5. 20. 2009다48312).

5. 소송고지와 시효중단 여부

⑴ 법률상 명문으로 시효중단의 효력을 인정하고 있는 경우

어음·수표법상 상환청구권에 관하여 소송고지가 시효중단의 효력이 있음을 명문으로 규정하고 있다(어음 80조, 수표 64조).

⑵ 해석상 시효중단의 효력을 인정하는 경우

1) 일반적으로 소송고지에 시효중단의 효력을 인정하지 않고 있다. 그러나 소송고지에 민법상 최고로서 시효중단의 효력을 인정한다. 즉 요건을 갖춘 소송고지에 피고지자에 대한 채무이행청구의 의사가 표명되어 있는 경우 민법 174조에 정한 시효중단사유로서의 **최고의 효력**이 인정된다.

2) 고지자로서는 소송고지를 통하여 해당 소송결과에 따라 피고지자에 대해 권리를 행사하겠다는 취지의 **의사를 표명**한 것으로 볼 수 있는 경우 해당 소송계속 중인 동안은 최고에 의하여 권리를 행사하고 있는 상태가 지속되는 것으로 본다. 따라서 민법 174조에 규정된 6월의 기간은 **해당 소송이 종료된 때**부터 기산된다(대판 2009. 7. 9. 2009다14340).

3) 소송고지에 의한 최고의 경우에는 민사소송법 265조를 유추적용하여 당사자가 **소송고지서를 법원에 제출한 때**에 **시효중단의 효력**이 발생한다(소송고지에 의한 최고는 보통의 최고와는 달리 법원의 행위를 통하여 이루어지는 것이므로 만일 법원이 소송고지서의 송달사무를 우연한 사정으로 지체하는 바람에 소송고지서의 송달 전에 시효가 완성된다면 고지자가 예상치 못한 불이익을 입게 되기 때문이다. 대판 2015. 5. 14. 2014다16494).

6. 소송탈퇴 후 애당초 소제기에 따른 시효중단 효력의 존속 여부

1) 원고가 소송목적인 권리를 제3자에게 양도한 후 **제3자에 대하여** 인수승계신청을 하여 법원의 인수승계결정이 있는 경우 원고는 피고의 승낙을 받아 **소송탈퇴**를 할 수 있고, 이 경우 원고가 **소송탈퇴**를 하더라도 애당초 소제기로

인한 **시효중단의 효력**은 소멸하지 아니한다. 소송탈퇴는 **소취하**와는 그 성질이 다르며, 탈퇴 후 잔존하는 소송에서 내린 판결은 탈퇴자에 대해서도 그 효력이 미치기 때문이다(민소 82조 3항, 80조 단서).

　　2) 그런데 법원이 그 후 (원고의 소송상 지위를 승계한) 인수승계인의 청구의 당부에 관하여 심리한 결과 **인수승계인의 청구**를 **기각**하거나 소를 **각하**하는 판결을 선고하여 그 판결이 확정되었다면 원고가 제기한 최초의 재판상 청구로 인한 **시효중단의 효력**은 **소멸**한다(민 170조 1항). 이 경우 이러한 인수승계인에 대한 **청구기각판결** 또는 **소각하판결이 확정된 날부터 6월 내**에 탈퇴한 원고가 다시 탈퇴 전과 같은 재판상 청구를 한 때에는, 탈퇴 전에 원고가 제기한 재판상 청구로 인하여 발생한 시효중단의 효력은 그대로 유지한다(민 170조 2항)(대판 2017. 7. 18. 2016다35789).

7. 경매신청의 취하 및 경매절차의 취소와 소멸시효중단의 효력의 소멸여부

　경매신청이 취하된 경우에는 특별한 사정이 없는 한 압류로 인한 소멸시효중단의 효력은 물론, 첫 경매개시결정등기 전에 등기되었고 매각으로 소멸하는 저당권을 가진 채권자의 채권신고로 인한 소멸시효 중단의 효력도 소멸한다.

　　그러나 이와 달리 민사집행법 102조 2항(남을 가망이 없는 경우의 경매취소)에 따라 **경매절차가 취소된 경우**에는 압류로 인한 소멸시효중단의 효력이 소멸하지 않고, 마찬가지로 첫 경매개시결정등기 전에 등기되었고 매각으로 소멸하는 저당권을 가진 채권자의 채권신고로 인한 소멸시효중단의 효력도 소멸하지 않는다(대판 2015. 2. 26. 2014다228778).

PART 02

물권법 관련 논점

제 1 장   물권법 총론

제 1 절   물권의 효력

Ⅰ. 물권의 효력의 실체법상 문제

1. 의 의

물권의 효력은 대내적 효력과 대외적 효력으로 구분할 수 있다. **대내적 효력**은 물건에 대한 직접적 지배력을 의미하며, **대외적 효력**은 배타적 효력으로 여기에는 누구에게나 그 권리를 주장할 수 있는 **우선적 효력**과 누구의 침해로부터 보호된다는 **물권적 청구권**을 행사할 수 있는 효력이 있다.

2. 우선적 효력

1) 물권의 우선적 효력에서 물권 사이에는 등기의 선후에 따른다(이는 채권 사이에는 채권자평등의 원칙에 따라 채권의 성립 시기에 관계없이 순위가 동등하여 자신의 채권액의 비율에 따라 평등하게 안분하여 배당받는 것과 다르다).

2) 물권의 우선적 효력으로 물권은 항상 채권에는 우선한다. 채무자가 파산 또는 강제집행을 당할 때에는 일반채권자에 대하여 우선한다. 다만 **가압류채권자**와 **담보권자** 사이에는 같은 순위로 안분배당을 받는다. 소유자는 파산의 경우에는 **환취권**(채무회생 407조)을 행사할 수 있고, 강제집행의 경우에는 **제3자 이의의 소**(민집 48조)를 제기할 수 있다. 담보권자는 파산의 경우에는 **별제권**(채무회생 411조)을 행사할 수 있고, 강제집행의 경우에는 우선배당을 받을 수 있다.

가) 다만 근로자의 **임금 등 우선특권**(최종 3개월분의 임금채권, 최종 3년간의 퇴

직금채권, 근로기준법 38조 2항 1호, 근로자퇴직급여 보장법 11조 2항), 주택임대차보호법상의 소액보증금의 우선특권(주택임대차보호법 8조·14조), 조세우선특권(당해세, 국세기본법 35조 1항 3호, 지방세기본법 99조 1항 3호) 등은 물권보다 언제나 우선한다.

3. 물권적 청구권

(1) 의   의

1) **물권적 청구권**은 물권의 내용의 실현이 어떤 사정으로 말미암아 방해받고 있거나 방해받을 염려가 있는 경우에 **물권자**가 그 방해자에 대하여 방해의 제거 또는 예방에 필요한 일정한 행위(작위 또는 부작위)를 청구할 수 있는 권리를 말한다. 법상 점유권과 소유권에 규정하고 있고, 소유권에 관한 규정을 다른 물권에 준용하고 있다. 질권에도 물권적 청구권이 인정된다.

2) 물권적 청구권에는 **반환청구권**, **방해예방청구권**, **방해제거청구권**이 있다. 물권적 청구권은 그 기초가 되는 물권과 독립하여 소멸시효에 걸리지 않는다. 예컨대 피담보채무의 소멸을 이유로 하는 양도담보권자에 대한 소유권이전등기청구권은 소멸시효의 대상이 되지 않는다.

(2) 채권적 청구권과의 관계

물권적 청구권과 계약상 청구권은 경합될 수 있다. 예컨대 근저당권이 설정된 후에 그 부동산의 소유권이 제3자에게 이전된 경우에는 **현재의 소유자**가 자신의 **소유권**에 기하여 피담보채무의 소멸을 원인으로 그 근저당권설정등기의 말소를 청구할 수 있음은 물론이지만, 근저당권설정자인 **종전의 소유자**도 근저당권설정계약의 당사자로서 근저당권소멸에 따른 원상회복으로 근저당권자에게 근저당권설정등기의 말소를 구할 수 있는 **계약상 권리**가 있으므로 이러한 계약상 권리에 터잡아 근저당권자에게 피담보채무의 소멸을 이유로 하여 그 근저당권설정등기의 말소를 청구할 수 있다.

(3) 물권적 청구권의 이행불능으로 인한 전보배상청구권이 인정되는지 여부

소유자가 그 후에 소유권을 상실함으로써 이제 등기말소 등을 청구할 수 없게 되었다면, 이들 위와 같은 청구권의 실현이 객관적으로 불능이 되었다고 파악하여 등기말소 등 의무자에 대하여 그 권리의 이행불능을 이유로 민법

390조상의 손해배상청구권을 가진다고 말할 수 없다(대판(전) 2012. 5. 17. 2010다
28604. 대법원은 위 **전원합의체 판결**로, 물권적 청구권인 말소등기청구권의 이행불능으
로 인하여 전보배상청구권이 인정됨을 전제로 한 대판 2008. 8. 21. 2007다17161, 2009. 6.
11. 2008다53638 등을 위 판결의 견해와 저촉되는 한도에서 변경하였다. 위 전원합의체
는, 국가 명의로 소유권보존등기가 경료된 토지의 일부 지분에 관하여 갑 등 명의의 소유
권이전등기가 경료되었는데, 을이 등기말소를 구하는 소를 제기하여 국가는 을에게 원인
무효인 등기의 말소등기절차를 이행할 의무가 있고 갑 등 명의의 소유권이전등기는 등기
부취득시효 완성을 이유로 유효하다는 취지의 판결이 확정되었다. 그후 을이 국가를 상
대로 손해배상을 구한 사안에서 소유권보존등기 말소등기절차 이행의무의 이행불능으로
인한 손해배상책임을 인정한 원심판결에는 법리오해 등 위법이 있다고 보았다).

(4) 물권적 청구권의 행사와 비용부담

물권적 청구권의 행사에서 비용부담은 방해자의 고의·과실에 불문하고
언제나 방해자가 부담한다. 다만 **인용**(忍容)**청구권**으로서 **자력제거권**이 인정되
는 경우에는 수거자가 그 비용을 부담한다(행위청구권설).

4. 혼동

1) 어떠한 물건에 대한 소유권과 다른 물권이 동일한 사람에게 귀속한 경우
그 물권이 제3자의 권리의 목적이 되지 아니하는 한 그 제한물권은 **혼동**에 의하
여 소멸하는 것이 원칙이다(민 191조 1항). 다만 본인 또는 제3자의 이익을 위하
여 그 제한물권을 존속시킬 필요가 있다고 인정되는 경우에는 (민법 191조 1항 단
서의 해석에 의하여) 혼동으로 소멸하지 않는다(대결 2013. 11. 19. 2012마745 등).

예컨대 부동산에 관하여 갑이 선순위근저당권을 취득한 후 X가 후순위근
저당권을 취득하였고, 이어서 을, 병이 위 부동산에 대한 가압류등기를 경료한
다음 X가 위 부동산을 매수하여 소유권을 취득한 경우에, X의 후순위근저당권
이 혼동으로 소멸하게 된다면 을, 병은 이로 인하여 부당한 이득을 얻게 되는
반면 X는 손해를 보게 되는 불합리한 결과가 된다. 따라서 앞서의 법리에 따라
X의 근저당권은 그 이후의 소유권 취득에도 불구하고 혼동으로 소멸하지 아니
한다(대판 1998. 7. 10. 98다18643).

2) 어떠한 물건에 대한 소유권과 제한물권이 동일한 사람에게 귀속한 경
우 제한물권은 소멸하는 것이 원칙이나 그 물건이 제3자의 권리의 목적으로

되어 있고 또한 제3자의 권리가 혼동된 제한물권보다 아래 순위에 있을 때에는 혼동된 제한물권이 소멸하지 아니한다(대판 1999. 4. 13. 98도4022).

3) 부동산에 대한 소유권과 임차권이 동일인에게 귀속하게 되는 경우 임차권은 혼동에 의하여 소멸하는 것이 원칙이다. 다만 그 임차권이 대항요건을 갖추고 있고 또한 그 대항요건을 갖춘 후에 저당권이 설정된 때에는 혼동으로 인한 물권소멸 원칙의 예외규정인 민법 191조 1항 단서를 준용하여 임차권은 소멸하지 않는다(대판 2001. 5. 15. 2000다12693 등).

5. 첨부

1) 첨부로 법률규정에 의한 소유권 취득(민 256조 내지 260조)이 인정된 경우에 손해를 받은 사람은 부당이득에 관한 규정에 의하여 보상을 청구할 수 있다(민 261조). 이러한 보상청구가 인정되기 위해서는 민법 261조 자체의 요건뿐만 아니라, 부당이득의 법리에 따른 판단에 의하여 부당이득의 요건이 모두 충족되었다고 인정되어야 한다.

2) **판례**는, 매도인에게 **소유권이 유보된 자재**가 제3자와 매수인 사이에 이루어진 도급계약의 이행으로 **제3자 소유 건물**의 건축에 사용되어 부합된 경우 보상청구를 거부할 법률상 원인이 있다고 할 수 없지만, 제3자가 도급계약에 의하여 제공된 자재의 소유권이 유보된 사실에 관하여 과실 없이 알지 못한 경우라면 선의취득의 경우와 마찬가지로 제3자가 그 자재의 귀속으로 인한 이익을 보유할 수 있는 법률상 원인이 있다고 봄이 상당하므로, 매도인으로서는 그에 관한 보상청구를 할 수 없다고 본다(대판 2009. 9. 24. 2009다15602, 2018. 3. 15. 2017다282391).

Ⅱ. 물권의 효력의 소송법상 문제

1. 물권적 청구권의 귀속을 둘러싼 분쟁과 독립당사자참가소송

(1) 독립당사자참가의 의의

독립당사자참가는 소송목적의 전부나 일부가 자기의 권리임을 주장하거나, 소송결과에 따라 권리가 침해된다고 주장하는 제3자가 당사자로서 소송에 참가하여 세 당사자 사이에 서로 대립하는 권리 또는 법률관계를 하나의 판결

로써 서로 모순 없이 일시에 해결하려는 것이다(민소 79조).

(2) 권리주장참가

1) 독립당사자참가 가운데 권리주장참가(민소 79조 1항 전단)는 원고의 본소청구와 참가인의 청구가 그 **주장 자체**에서 양립할 수 없는 관계라고 볼 수 있는 경우에 허용될 수 있다.

2) 권리주장참가를 하기 위해서는, 참가인은 우선 참가하려는 소송의 당사자 양쪽(쌍면참가의 경우) 또는 한쪽(편면참가의 경우)을 상대방으로 하여 원고의 본소청구와 양립할 수 없는 청구를 하여야 하고, 그 청구는 일반적인 소송요건으로서 소의 이익을 갖추는 이외에 참가요건으로서 그 **주장 자체**에 의하여 성립할 수 있음을 요한다.

참가인의 권리 또는 법률상 지위가 원고로부터 부인당하거나 또는 그와 저촉되는 주장을 당함으로써 위협을 받거나 방해를 받는 경우에 참가인은 원고를 상대로 자기의 권리 또는 법률관계의 확인(**적극적 확인**)을 구하여야 한다. 원고가 자신의 주장과 양립할 수 없는 제3자에 대한 권리 또는 법률관계를 주장한다고 하여 원고에 대하여 원고의 그 제3자에 대한 권리 또는 법률관계가 부존재한다는 확인(**소극적 확인**)을 구하는 것은 가사 그 확인의 소에서 참가인이 승소판결을 받는다고 하더라도 그로 인하여 원고에 대한 관계에서 자기의 권리가 확정되는 것도 아니고 판결의 효력이 제3자에게 미치는 것도 아니라는 점에서 확인의 이익이 있다고 할 수 없다(대판 2014. 11. 13. 2009다71312. 참가인의 원고에 대한 참가신청은 소의 이익이 없어 부적법하여, 참가신청을 각하한 경우이다).

(3) 사해방지참가

사해방지참가(민소 79조 1항 후단)는 본소의 원고와 피고가 해당 소송을 통하여 **참가인을 해할 의사**를 가지고 있다고 객관적으로 인정되고 그 소송의 결과 참가인의 권리 또는 법률상 지위가 **침해될 우려**가 있다고 인정되는 경우에 허용될 수 있다(사해의사설이 다수설이나, 판례는 사해의사 외에도 권리 또는 법률상 지위의 침해 우려를 별개의 요건으로 들고 있다. 대판 2014. 6. 12. 2012다47548,47555 등).

(4) 독립당사자참가와 불이익변경금지의 원칙

1) 독립당사자참가소송에서 패소하고도 항소 또는 부대항소를 하지 아니한 당사자의 판결부분이 원·피고, 참가인 3자 사이의 합일확정의 요청 때문에 유리한 내용으로 변경될 수 있는 등 불이익변경금지의 원칙(민소 415조)의 적용

이 배제된다.

2) **항소심의 심판대상**은 실제 항소를 제기한 사람의 **항소취지**에 나타난 불복범위에 한정하되, 세 당사자 사이의 결론의 **합일확정의 필요성**을 고려하여 그 심판범위를 판단하여야 한다.

따라서 항소심에서 심리·판단을 거쳐 결론을 내릴 때 세 당사자 사이의 결론의 합일확정을 위하여 필요한 경우에는 그 한도 내에서 항소 또는 부대항소를 제기한 바 없는 당사자에게 결과적으로 제1심판결보다 유리한 내용으로 판결이 변경되는 것도 배제할 수 없다(대판 2007. 10. 26. 2006다86573,86580).

3) 다만 원고승소의 판결에 대하여 참가인만이 상소를 했음에도 상소심에서 원고의 피고에 대한 청구인용부분을 원고에게 불리하게 변경할 수 있는 것은 참가인의 **참가신청**이 **적법**하고 나아가 **합일확정의 요청**상 필요한 경우에 한한다.

따라서 독립당사자참가소송에서 원고의 피고에 대한 청구를 인용하고 참가인의 참가신청을 **부적법**하다고 하여 각하한 제1심판결에 대하여 참가인만이 항소하였는데, 참가인의 항소를 기각하면서 제1심판결 가운데 피고가 항소하지도 않은 본소부분을 취소하고 원고의 피고에 대한 청구를 기각하는 것은 부적법하다(대판 2007. 12. 14. 2007다37776,37783).

2. 물권적 청구권과 기판력(기판력의 주관적 범위)

(1) 당사자와 같이 볼 제3자로서 변론종결 뒤의 승계인

(a) 의   의

1) 확정판결의 기판력은 당사자는 물론 변론종결 뒤의 승계인(무변론판결의 경우에는 판결선고 뒤의 승계인)에 대해서도 효력이 미친다(민소 218조 1항).

2) 변론종결 뒤의 특정승계는 피승계인으로부터 소송물인 실체법상 권리나 의무 자체를 승계한 경우에 국한하지 아니하고, 소송물에 관한 당사자적격을 승계한 경우도 포함한다(통설·판례인 **적격승계설**). ① 변론종결 뒤에 당사자로부터 **소송물**인 실체법상의 권리나 의무를 승계한 사람으로는, 예컨대 소유권확인판결이 난 소유권의 양수인이 있으며, ② 변론종결 뒤에 소송물인 권리나 의무 자체를 승계한 것은 아니나 **소송물에 관한 당사자적격**을 승계한 사람으로는, 예컨대 건물인도청구소송에서 목적물인 건물의 소유권을 양수한 사람이

있다.

(b) 승계의 시기

1) 승계의 시기는 사실심 변론종결 뒤이어야 한다. **제1차 승계**가 변론종결 전에 있었다면 비록 **제2차 승계**가 변론종결 뒤에 있었다 할지라도 제2차 승계 인은 변론종결 뒤의 승계인이 아니다. 매매 등 원인행위가 변론종결 전이라도 등기를 뒤에 갖추었으면 변론종결 뒤의 승계로 보아야 한다. 한편 변론종결 이 전에 경료된 소유권이전등기청구권 보전의 가등기(**순위보전의 가등기**)에 기하여 변론종결 뒤에 소유권이전등기(**본등기**)가 이루어진 경우에는 변론종결 뒤의 승 계인이다(대판 1992. 10. 27. 92다10883).

2) 승계사실은 피승계인이 진술하지 아니하면 변론종결 후의 승계로 추정 한다(민소 218조 2항). 이러한 추정은 **법률상 추정**이다. 승계인이 추후 집행문부 여에 대한 이의신청(민집 34조 2항) 또는 집행문부여에 대한 이의의 소(민집 45 조)에서 변론종결 전의 승계를 증명하여야 한다. 증명책임이 승계인에게 있다.

즉 변론종결 전의 승계임이 밝혀진 경우 당사자가 이러한 승계 있음을 진 술하지 아니하면 변론종결 뒤에 이루어진 것으로 추정한다고 하나, 승계인이 변론종결 전에 이루어진 사실을 증명하면 이러한 추정은 깨뜨려진다.

부동산의 경우에는 등기된 날짜가 등기사항증명서에 명백하므로 달리 문 제가 되지 아니하나, **동산**의 경우에는 인도 시기에 관한 공적인 자료가 없는 한 확인하기 어렵다. 따라서 동산의 경우 당사자가 승계사실을 진술하지 아니 하는 한 변론종결 뒤에 승계한 것으로 추정한다.

(c) 제3자가 실체법상 고유한 항변권을 가지는 경우와 승계인 해당 여부

1) 원고가 승소확정판결을 받은 경우 변론종결 뒤에 권리를 취득한 제3자 가 원고에게 대항할 **실체법상 독자적인 권리**(실체법상 고유한 항변권)를 가지는 때 에도 **민사소송법 218조 1항의 승계인**에 해당하는지 논의가 있다.

예컨대 ① 원고가 매수인으로서 매도인인 피고를 상대로 부동산 매매계약 에 기하여 소유권이전등기청구소송을 제기하여 승소확정판결을 받은 경우 패 소한 피고로부터 위 부동산을 매수하여 소유권이전등기를 마친 사람(부동산소 송에서, 실체법상 원고의 청구권이 채권적 청구권이므로 제3자에게 대항할 수 없는 경우 이다), ② 원고가 매도인으로서 체결한 부동산 매매계약이 통정허위표시라고 주장하면서 피고를 상대로 소유권이전등기의 말소등기청구소송을 제기하여 승

소확정판결을 받은 경우 패소한 피고로부터 선의로 위 부동산을 매수하여 소유권이전등기를 마친 사람(부동산소송에서, 실체법상 원고의 청구권이 물권적 청구권이지만 제3자에게 대항할 수 없는 경우이다. 민 108조 2항. 이러한 허위표시의 경우 외에도 비진의 의사표시(민 107조 2항), 착오로 인한 의사표시(민 109조 2항), 사기·강박에 의한 의사표시(민 110조 3항) 등의 경우도 마찬가지이다), ③ 원고가 소유자로서 피고를 상대로 소유권에 기하여 동산인도청구소송을 제기하여 승소확정판결을 받은 경우 패소한 피고로부터 동산을 선의취득한 사람(동산소송에서, 실체법상 원고의 청구권이 물권적 청구권이지만 제3자에게 대항할 수 없는 경우이다. 민 249조) 등에 있어서 이러한 제3자가 승계인에 해당하는지 문제가 된다.

2) **형식설**은 실체법상 대항할 수 있는 권리를 가진 사람으로 실체법상 보호될 제3자인 경우에도 일단 승계인으로 보아 기판력을 미치도록 하고, 그 후 제3자가 실체법상 대항할 수 있는 고유의 권리를 주장할 수 있도록 하는 견해이다.

이에 대하여, **실질설**은 실체법상 보호될 제3자인지 아닌지를 기준으로 승계인의 범위를 결정하여야 한다는 입장으로, 실체법상 대항할 수 있는 권리를 가진 제3자는 당사자와 동일시할 수 있는 지위에 있다고 할 수 없으므로, 기판력이 확장되는 승계인의 범위에서 제외된다고 보는 견해이다.

3) 실질설 또는 형식설의 어느 입장에 따르든, 실체법상 대항할 수 있는 권리를 가지고 있는 제3자는 최종적으로는 강제집행을 받지 않게 되는 점에서는 차이가 없다.

다만 **형식설**에 의하면 그 제3자를 일단 승계인에 해당한다고 보므로 집행채권자(피승계인의 상대방)는 그 제3자가 표준시 뒤에 승계한 사실을 증명하면 승계집행문(민집 31조)을 부여받을 수 있게 되어, 실체법상 대항할 수 있는 권리를 가진 제3자인 **승계인**이 집행문부여에 대한 이의신청(민집 34조), 또는 집행문부여에 대한 이의의 소(민집 45조)를 제기할 책임이 있게 된다.

이에 대하여, **실질설**에 의하면 그 제3자를 애당초부터 승계인에 해당하지 않는다고 보므로 승계집행문 부여의 단계에서 그 제3자가 실체법상 대항할 수 있는 권리가 있다고 보여지는 경우(즉 집행채권자가 제3자에게 대항할 수 있는 권리를 가지고 있어 제3자가 승계인이 된다는 사실을 증명하지 못하는 경우, 민집 31조 1항)에는 집행채권자가 승계집행문을 부여받을 수 없게 되어, **집행채권자**가 집행문부여거절에 대한 이의신청(민집 34조), 또는 집행문부여의 소(민집 33조)를 제기할 책임이 있게 된다.

구소송물이론을 채택하고 있는 현행법의 태도에 비추어보나, 제3자가 실체법상 대항할 수 있는 권리를 가지고 있음에도 불구하고 앞서 본 바와 같이 제3자에게 소송상 부담을 주는 것은 부당하다는 점에 비추어 보아도, **실질설**이 타당하다. **판례**도 기본적으로 실질설의 입장이다.

(2) 당사자와 같이 볼 제3자로서 청구의 목적물을 소지한 사람

1) 확정판결의 기판력은 당사자를 위해서 청구의 목적물을 소지한 사람 또는 변론종결 뒤(무변론판결의 경우 판결선고 뒤)의 승계인을 위하여 청구의 목적물을 소지한 사람에 대해서도 미친다(민소 218조 1항). 이러한 소지인에는 예컨대 수치인, 창고업자, 관리인, 운송인 등이 포함된다. 점유보조자는 이에 해당하지 아니한다. 간접점유자가 이에 해당한다. 다만 임차인 등 자기의 고유의 이익으로 점유한 사람은 이에 해당하지 아니한다.

2) 청구의 목적물을 소지한 사람에 해당하는 경우 그 청구권이 채권적 청구권인지, 물권적 청구권인지를 묻지 아니한다.

3) 청구의 목적물을 소지한 사람에 해당하는 경우 이러한 점유가 변론종결 전에 이루어졌는지, 그 뒤에 이루어졌는지를 구별하지 아니한다.

제 2 절 부동산 물권변동과 등기

I. 부동산 물권변동과 등기의 실체법상 문제

1. 불법말소등기

1) 등기가 불법하게 말소된 경우 등기가 물권변동의 효력발생요건이자 동시에 그 존속요건으로 보는 입장에서는 권리자는 권리를 잃게 되는 것으로 보게 되나, 등기는 물권변동의 효력발생요건일 뿐 그 존속요건이 아니므로 그 물권의 효력에는 아무런 영향을 미치지 아니한다.

따라서 **등기부취득시효**가 완성된 후에 그 부동산에 관한 점유자 명의의 등기가 말소되거나 적법한 원인 없이 다른 사람 앞으로 소유권이전등기가 경료되었다 하더라도, 그 점유자는 등기부취득시효의 완성에 의하여 취득한 소유

권을 상실하는 것은 아니다. 이 경우 말소등기 자체가 무효가 되어 말소회복등기(부등 59조)를 하면 종전 순위를 보유하게 된다. 말소회복등기가 마쳐지기 전이라도 말소된 등기의 등기명의인은 적법한 권리자로 추정되므로 원인 없이 말소된 등기의 효력을 다투는 쪽에서 그 무효 사유를 주장·증명하여야 한다.

2) **말소회복등기**는 어떤 등기의 전부 또는 일부가 부적법하게 말소된 경우에 그 말소된 등기를 회복함으로써 말소 당시에 소급하여 처음부터 그러한 말소가 없었던 것과 같은 효력을 보유하게 할 목적으로 행하여지는 등기이다.

여기서 부적법하게 말소되었다고 하는 것은 실체적 이유에 기한 것이든 절차적 흠에 기한 것이든 불문하고 말소등기나 그 밖의 처분이 무효인 경우를 의미한다. 따라서 어떤 이유이든 당사자가 자발적으로 말소등기를 한 경우에는 말소회복등기를 할 수 없다.

3) 말소회복등기를 신청하는 경우에 등기상 이해관계 있는 제3자가 있을 때에는 그 제3자의 승낙이 있어야 하므로, 신청서에는 그 **제3자의 승낙서**(부등 59조) 또는 이에 대항할 수 있는 **재판의 등본**을 첨부하여야 한다.

여기서 말하는 **등기상 이해관계 있는 제3자**란 말소회복등기를 함으로써 손해를 입을 우려가 있는 사람으로서 그 손해를 입을 우려가 있다는 것이 기존의 등기기록 기재에 의하여 형식적으로 인정되는 사람이다. 예컨대 가등기가 가등기권리자의 의사에 의하지 아니하고 말소되어 그 말소등기가 원인 무효인 경우에는 등기상 이해관계 있는 제3자는 그의 선의·악의를 묻지 아니하고 가등기권리자의 회복등기절차에 필요한 승낙을 할 의무가 있으므로, 가등기가 부적법하게 말소된 후 가처분등기, 근저당권 설정등기, 소유권이전등기를 마친 제3자는 가등기의 회복등기절차에서 등기상 이해관계 있는 제3자로서 승낙의무가 있다(대판 1997. 9. 30. 95다39526).

2. 중복등기

(1) 의   의

1) 동일한 부동산에 관해서는 하나의 등기용지만이 존재한다(1부동산 1용지주의). 그런데 동일한 부동산에 관하여 절차상의 잘못으로 이중으로 등기가 생해신 성후(중복등기기곡이 있는 껑우) 이느 등기가 효러이 있는 것인지 문제가 된다.

2) 중복등기의 문제는 동일한 부동산에 관한 것이므로, 부동산의 실제와 다소 불합치하는 점이 있다 하더라도 **동일성**을 인정할 수 있는 경우에는 중복등기의 문제가 생기나, 부동산의 표시에서 실물과 너무나 현격한 차이가 있어서 동일한 부동산의 등기라고 볼 수 없는 경우에는 중복등기의 문제가 생기지 아니한다. 후자의 경우에는 부동산의 실제 상황과 합치하는 등기가 효력을 갖는다.

3) **등기관**이 동일한 토지에 관하여 중복하여 마쳐진 등기기록을 발견한 경우에는 **부동산등기규칙**(34조 내지 41조)이 정하는 바에 따라 중복등기기록 중 어느 하나의 등기기록을 **폐쇄**하여야 한다(부등 21조 1항).

⑵ 등기부 표제부의 부동산에 관한 표시가 유효한 것이 되기 위한 요건

어느 등기가 그 표제부에 표시된 부동산에 관한 권리관계를 표시하는 것으로서 유효한 것이 되기 위해서 우선 그 표시가 실제의 부동산과 동일하거나 사회관념상 그 부동산을 표시하는 것이라고 인정될 정도로 유사하여야 하고, 그 동일성이나 유사성 여부는 토지의 경우에는 지번과 지목, 지적에 의하여 판단하여야 한다.

⑶ 중복등기에 관한 판례이론

(a) 판단기준

1) 등기부를 달리하여 등기가 경료된 경우(**중복등기기록**, 먼저 개설된 등기기록인 **선등기기록**과 나중에 개설된 **후등기기록**) 소유권보존등기를 가지고 판단한다. 즉 동일 부동산에 관하여 중복된 소유권보존등기에 근거하여 등기명의인을 달리하는 각 소유권이전등기가 경료된 경우에 등기의 효력은 소유권이전등기의 선후에 의하여 판단할 것이 아니고 각 소유권이전등기의 바탕이 된 소유권보존등기의 선후를 기준으로 판단한다. 여기서 먼저 경료된 소유권보존등기를 **선등기**(선차등기), 뒤에 경료된 소유권보존등기를 **후등기**(후차등기)라고 부른다.

2) 이러한 법리는 뒤에 경료된 소유권보존등기의 명의인이 해당 부동산의 소유권을 원시취득한 경우에도 그대로 적용된다. 따라서 동일 부동산에 관하여 이미 소유권이전등기가 경료되어 있음에도 그 후 중복하여 소유권보존등기를 경료한 사람이 그 부동산을 20년간 소유의 의사로 평온·공연하게 점유하여 점유취득시효가 완성되었더라도, 선등기인 소유권이전등기의 토대가 된 소유권보존등기가 원인무효라고 볼 아무런 주장·증명이 없는 이상 뒤에 경료된

소유권보존등기는 실체적 권리관계에 부합하는지의 여부에 관계없이 무효이므로, 뒤에 된 소유권보존등기의 말소를 구하는 것이 신의칙 위반이나 권리남용에 해당한다고 할 수 없다.

(b) 동일인 명의로 소유권보존등기가 이중으로 경료된 경우

동일인 명의로 소유권보존등기가 이중으로 된 경우에는 언제나 후등기가 무효이다.

(c) 등기명의인을 달리하여 소유권보존등기가 이중으로 경료된 경우

1) 등기명의인을 달리하여 소유권보존등기가 이중으로 된 경우에는 원칙적으로 후등기가 무효이다. 다만 선등기가 원인무효인 때에는 예외적으로 후등기가 유효하다.

2) 따라서 후등기가 매수인이나 원시취득자에 의하여 경료되어 실체관계에 부합하는 등기라도 선등기가 원인무효가 아닌 한 후등기는 무효이다. 선등기의 원인무효를 주장하기 위해서는 선등기가 소유자가 아닌 사람이 보존등기를 경료하였음을 증명하여야 한다.

(4) 등기부가 멸실된 후의 회복등기가 중복된 경우에 관한 판례의 입장

(a) 멸실 전 소유권보존등기가 중복되지 아니한 경우

멸실 전 갑 명의로 소유권보존등기가 경료되어 1→2→3 명의로 이전등기가 경료된 상태에서 등기부가 멸실한 경우 회복등기가 중복되어 2 앞으로 회복등기 및 3 앞으로 회복등기가 된 경우에는 3의 회복등기가 유효하다.

(b) 멸실 전 소유권보존등기가 중복된 경우

멸실 전 갑 명의와 을 명의로 각 소유권보존등기가 중복되어 갑 명의의 보존등기는 그 후 1→2→3 명의로 이전등기가, 을 명의의 보존등기는 그 후 4→5 명의로 이전등기가 각 경료된 상태에서 각 등기부가 멸실되었는데, 회복등기가 중복되어 하나의 등기부상에는 3 명의로, 다른 등기부상에는 5 명의로 각 회복등기가 된 경우는 멸실 전 등기부상 소유권보존등기가 누가 먼저 경료되었는지에 따라 갑 명의의 소유권보존등기가 먼저 경료된 경우에는 3 명의의 등기가 유효하게 되고, 을 명의의 소유권보존등기가 먼저 경료된 경우에는 5 명의의 등기가 유효하게 된다.

(c) 멸실 전 소유권보존등기가 중복등기인지 여부 등이 불분명한 경우

멸실 전 소유권보존등기가 중복등기인지 여부 또는 중복등기이나 소유권

보존등기의 선후가 불분명한 경우에는 앞서의 원칙을 적용할 수 없고, 각 회복등기의 선후에 의하여 결정할 수밖에 없다.

(5) 중복등기와 취득시효 여부

(a) 중복등기와 등기부취득시효 여부

1) 민법 245조 2항의 등기부취득시효의 요건 가운데 '소유자로 등기한 자'는 적법하고 유효한 등기를 마친 사람일 것을 요구하지 않는다. 따라서 무효인 등기를 마친 사람도 무방하다(대판 1994. 2. 8. 93다23367, 2015. 2. 12. 2013다215515).

2) 즉 중복등기기록 중 **폐쇄**되어야 할 **등기기록**상의 보존등기나 이로 인한 이전등기를 근거로 한 **등기부취득시효**는 **부정**된다(대판(전) 1996. 10. 17. 96다12511).

(b) 중복등기와 점유취득시효완성에 의한 실체관계 부합 여부

중복등기에서 (선등기가 원인무효가 아니어서) **후등기가 무효인 경우** 후등기에 기하여 소유권이전등기를 마친 사람이 그 부동산을 20년간 소유의 의사로 평온·공연하게 점유하여 점유취득시효가 완성되었더라도, 후등기나 그에 기하여 이루어진 소유권이전등기가 실체관계에 부합한다는 이유로 유효로 될 수 없다. 따라서 선등기에 기한 소유권을 주장하여 후등기에 근거하여 이루어진 등기의 말소를 구하는 것이 실체적 권리 없는 말소청구에 해당한다고 볼 수 없다(대판 2008. 2. 14. 2007다63690, 2011. 7. 14. 2010다107064 등).

3. 중간생략등기

(1) 의   의

1) 최초의 매도인인 A가 중간취득자인 B에게 매도하고, B가 이를 다시 최종의 매수인 C에게 매도한 경우 A 명의에서 C 명의로 바로 소유권이전등기를 경료하는 것을 **중간생략등기**라고 한다.

이는 물권변동의 과정이 등기부에 제대로 나타나지 아니한 경우로서, 중간취득자가 양도소득세 등을 내지 않을 수 있게 되어 부적법한 것이다. **부동산 등기 특별조치법**은 부동산의 소유권이전을 내용으로 하는 계약을 체결한 자는 일정한 기한 내에 소유권이전등기를 신청하여야 하는데, 그 부동산에 대하여 다시 제3자와 소유권이전을 내용으로 하는 계약 등을 체결하고자 할 때에는 그 제3자와 계약을 체결하기 전에 먼저 체결된 계약에 따라 소유권이전등기를

신청하여야 하도록 하며(2조 2항), 이를 위반한 경우에는 벌칙(3년 이하의 징역 또는 1억 원 이하의 벌금)이 적용된다(8조 1호).

2) 그런데 부동산에 관한 소유권이전등기청구권의 양도가 부동산등기 특별조치법 2조 2항, 8조 1호에 저촉된다 하더라도 당연히 그 사법상 효력이 부정되는 것은 아니다. 즉 위 규정은 효력규정이 아니라 단속규정이라고 본다.

(2) 중간생략등기의 합의

1) **중간생략등기의 합의**란 부동산이 전전 매도된 경우 각 매매계약이 유효하게 성립함을 전제로 그 이행의 편의상 최초매도인으로부터 최종매수인 앞으로 소유권이전등기를 경료하기로 한다는 당사자 사이의 합의를 말한다.

2) 부동산이 전전양도된 경우에 중간생략등기의 합의가 없는 한 그 최종매수인은 최초매도인에 대하여 직접 자기 명의로의 소유권이전등기를 청구할 수는 없다. 부동산의 매매계약이 순차 이루어져 최종매수인이 중간생략등기의 합의를 이유로 최초매도인에게 직접 그 소유권이전등기청구권을 행사하기 위해서는 관계당사자 전원의 의사합치, 즉 중간생략등기에 대한 최초매도인과 중간자의 동의가 있는 외에 최초매도인과 최종매수인 사이에도 그 중간등기생략의 합의가 있었음이 요구된다.

3) 다만 당사자 사이에 적법한 원인행위가 성립되어 일단 중간생략등기가 이루어진 이상 중간생략등기에 관한 합의가 없었다는 이유만으로는 중간생략등기가 무효가 되지 않는다.

4) 중간생략등기의 합의가 있었다 하더라도 이러한 합의는 중간등기를 생략하여도 당사자 사이에 이의가 없으며, 그 등기의 효력에 영향을 미치지 않겠다는 의미가 있을 뿐이지 그러한 합의가 있었다 하여 중간매수인의 소유권이전등기청구권이 소멸된다거나 최초매도인의 그 매수인에 대한 소유권이전등기의무가 소멸하는 것은 아니다.

따라서 최초매도인과 중간매수인, 중간매수인과 최종매수인 사이에 순차로 매매계약이 체결되고 이들 사이에 중간생략등기의 합의가 있은 후에 최초매도인과 중간매수인 간에 매매대금을 인상하는 약정이 체결된 경우, 최초매도인은 인상된 매매대금이 지급되지 않았음을 이유로 최종매수인 명의로의 소유권이전등기의무의 이행을 거절할 수 있다.

5) 최초매도인이 중간생략등기를 거부하고 있는 경우 매수인란이 공란으

로 된 백지의 매도증서와 위임장 및 인감증명서를 교부한 것만으로는 중간생략등기에 관한 합의가 있었다고 볼 수 없다(대판 1991. 4. 23. 91다5761).

6) 관계 당사자 전원의 합의가 없는 경우 최종매수인은 중간취득자를 대위하여 최초매도인에게 중간취득자에게 소유권이전등기를 할 것을 청구할 수 있다. 이 경우 최종매수인은 최초매도인에 대하여 채권(소유권이전등기청구권)양도를 원인으로 자신에게(최종매수인에게) 소유권이전등기절차이행을 청구할 수 없다.

(3) 부동산의 매매로 인한 소유권이전등기청구권의 양도성 및 양도의 대항요건

1) 부동산의 매매로 인한 소유권이전등기청구권은 물권의 이전을 목적으로 하는 매매의 효과로서 매도인이 부담하는 재산권이전의무의 한 내용을 이루는 것이고, 매도인이 물권행위의 성립요건을 갖추도록 의무를 부담하는 경우에 발생하는 채권적 청구권으로 그 이행과정에 신뢰관계가 따른다.

2) 소유권이전등기청구권을 매수인으로부터 양도받은 양수인은 매도인이 그 양도에 대하여 동의하지 않고 있다면 매도인에 대하여 채권양도를 원인으로 하여 소유권이전등기절차의 이행을 청구할 수 없고, 따라서 매매로 인한 소유권이전등기청구권은 특별한 사정이 없는 이상 그 권리의 성질상 양도가 제한되고 그 양도에 채무자의 승낙이나 동의를 요한다.

3) 따라서 통상의 채권양도와 달리 양도인의 채무자에 대한 통지만으로는 채무자에 대한 대항력이 생기지 않으며 반드시 채무자의 동의나 승낙을 받아야 대항력이 생긴다.

4. 무효등기의 유용

(1) 무효등기의 유용의 합의

1) 등기가 실체관계에 부합하지 않은 경우는 무효이나, 새로운 권리관계가 생긴 경우 제3자를 해하지 아니하는 무효의 등기를 유용(流用)할 수 있다. 유용하기로 한 등기는 처음부터 무효인 경우뿐만 아니라, 처음에는 유효하였다가 실질관계의 소멸로 무효로 된 경우도 포함한다.

2) 무효등기를 유용하기 위해서는 유용의 합의가 있어야 한다. 무효등기의 유용에 대한 합의나 추인은 묵시적으로도 이루어질 수 있다. 다만 묵시적 합의

나 추인을 인정하려면 무효등기 사실을 알면서 장기간 이의를 제기하지 아니하고 방치한 것만으로는 부족하고 그 등기가 무효임을 알면서도 유효함을 전제로 기대되는 행위를 하거나 용태를 보이는 등 무효등기를 유용할 의사에서 비롯되어 장기간 방치된 것이라고 볼 수 있는 특별한 사정이 있어야 한다.

3) 무효인 법률행위는 당사자가 무효임을 알고 추인할 경우 새로운 법률행위를 한 것으로 간주할 뿐이고 소급효가 없는 것이므로 무효인 가등기를 유효한 등기로 전용(轉用)키로 한 약정은 그때부터 유효하고 이로써 위 가등기가 소급하여 유효한 등기로 전환될 수 없다(대판 1992. 5. 12. 91다26546).

(2) 등기상 이해관계 있는 제3자가 있는 경우

이러한 무효 등기의 유용은 그 등기를 유용하기로 하는 합의가 이루어지기 전에 등기상 이해관계가 있는 제3자가 생기지 않은 경우에 한하여 허용된다. 예컨대 당사자가 무효로 된 처음의 근저당권설정등기를 유용하기로 합의하고 새로 거래를 계속하는 경우 유용합의 이전에 등기부상 이해관계 있는 제3자가 없는 때에는 그 근저당권설정등기는 유효하다. 근저당권설정등기의 경우 다른 채권자에 의한 유용도 허용된다(이때는 **근저당권이전의 부기등기**를 하여야 한다).

5. 가 등 기

1) 가등기에는 **순위보전의 가등기**(일반가등기)와 **담보가등기**가 있다. 담보가등기의 경우에는 가등기담보 등에 관한 법률이 적용된다.

2) 순위보전의 가등기는 소유권 등 등기할 수 있는 권리의 설정, 이전, 변경 또는 소멸의 청구권을 보전하려는 경우, 또는 그 청구권이 시기부(始期附) 또는 정지조건부일 경우나 그 밖에 장래에 확정될 것인 경우에 한다(부등 88조). 가등기에 의한 본등기를 하는 경우 본등기의 순위는 가등기의 순위에 따른다(부등 91조).

순위보전의 가등기는 그 성질상 본등기의 **순위보전의 효력**만이 있고, 후일 본등기가 경료된 때에 본등기의 순위가 가등기한 때로 소급함으로써 가등기 후 본등기 전에 이루어진 중간처분이 본등기보다 후순위로 되어 실효될 뿐이며, **본등기에 의한 물권변동의 효력**이 가등기한 때에 소급하여 발생하는 것은 아니나(대판 1982. 6. 22. 81다1298).

6. 부기등기

1) **주등기**는 등기부의 표시란의 표시번호란 또는 사항란의 갑구, 을구의 순위번호란에 독립한 번호를 붙여서 행해진 등기인데 반하여, **부기등기**는 독립한 번호 없이 주등기의 번호에 따라 행해지는 등기이다.

2) 부기등기의 순위는 주등기의 순위에 따른다. 다만 같은 주등기에 관한 부기등기 상호간의 순위는 그 등기 순서에 따른다(부등 5조).

3) 근저당권의 양도에 의한 부기등기는 기존의 근저당권설정등기에 의한 권리의 승계를 등기부상 명시하는 것으로, 기존의 주등기인 근저당권설정등기에 종속되어 주등기와 일체를 이룬다.

4) 순위보전의 가등기에서 순위보전의 대상이 되는 물권변동의 청구권은 그 성질상 양도될 수 있는 재산권일 뿐만 아니라 가등기로 인하여 그 권리가 공시되어 결과적으로 공시방법까지 마련된 셈이므로, 이를 양도한 경우에는 양도인과 양수인의 공동신청으로 그 가등기상의 권리의 이전등기를 가등기에 대한 부기등기의 형식으로 경료할 수 있다(대판(전) 1998. 11. 19. 98다24105).

7. 등기청구권

(1) 의   의

1) 등기의무자가 등기신청에 협력하지 아니하는 경우 등기권리자는 등기의무자에 대하여 등기신청에 협력할 것을 청구할 수 있다. 이를 **등기청구권**이라 한다.

2) 부동산등기법상 등기의무자가 등기권리자를 상대로 등기를 인수받아 갈 것을 구할 수 있다. 즉 등기의무자가 등기권리자에게 **등기수취청구권(등기인수청구권)**을 가진다. 등기의무자가 자기 명의로 있어서는 안 될 등기가 자기 명의로 있음으로 인하여 사회생활상 또는 법상 불이익을 입을 우려가 있는 경우에는 소의 방법으로 등기권리자를 상대로 등기를 인수받아 갈 것을 구하고 그 판결을 받아 등기를 강제로 실현할 수 있도록 하기 위해서이다(대판 2001. 2. 9. 2000다60708).

3) 법률행위에 의한 물권변동에서 등기청구권의 발생원인은 채권행위에서 발생하며, 그 성질은 채권적 청구권이다. 즉 부동산의 매매로 인한 소유권이전

등기청구권은 물권의 이전을 목적으로 하는 매매의 효과로서 매도인이 부담하는 재산권이전의무의 한 내용을 이루는 것이고, 매도인이 물권행위의 성립요건을 갖추도록 의무를 부담하는 경우에 발생하는 채권적 청구권이다.

  (2) 구체적 경우

  1) 매수인이 목적 부동산을 인도받아 계속 점유하는 경우에는 그 소유권이전등기청구권의 소멸시효가 진행하지 않는다. 부동산에 관하여 인도·등기 등의 어느 한 쪽만에 대해서라도 권리를 행사하는 사람은 전체적으로 보아 그 부동산에 관하여 권리 위에 잠자는 사람이라고 할 수 없기 때문이다.

  이 경우 부동산의 매수인이 그 부동산을 인도받은 이상 이를 사용·수익하다가 그 부동산에 대한 보다 적극적인 권리 행사의 일환으로 다른 사람에게 그 부동산을 처분하고 그 점유를 승계하여 준 경우에도 그 이전등기청구권의 행사 여부에 관하여 그가 그 부동산을 스스로 계속 사용·수익만 하고 있는 경우와 특별히 다를 바 없으므로 위 두 어느 경우에나 이전등기청구권의 소멸시효는 마찬가지로 진행되지 않는다(대판(전) 1999. 3. 18. 98다32175).

  2) 토지에 대한 취득시효완성으로 인한 **소유권이전등기청구권**도 역시 **채권적 청구권**이다. 따라서 그 토지에 대한 점유가 계속되는 한 시효로 소멸하지 아니하고, 그 후 점유를 상실하였다고 하더라도 이를 시효이익포기로 볼 수 있는 경우가 아닌 한 이미 취득한 소유권이전등기청구권은 바로 소멸되지 아니한다. 취득시효가 완성된 점유자가 점유를 상실한 경우 그 부동산에 대한 점유를 상실한 때부터 10년간 등기청구권을 행사하지 아니하면 소멸시효가 완성한다.

  3) 진정명의회복을 위한 소유권이전등기청구는 이미 자기 앞으로 소유권을 표상하는 등기가 되어 있었거나 법률에 의하여 소유권을 취득한 자가 진정한 등기명의를 회복하기 위한 방법으로 현재의 등기명의인을 상대로 그 등기의 말소를 구하는 것을 갈음하여 허용되는 것으로서 그 법적 성질은 소유권에 기한 방해배제청구권이다. 따라서 진정명의회복을 위한 소유권이전등기청구권을 행사하기 위해서는 그 상대방인 **현재의 등기명의인**에 대하여 진정한 소유자로서 그 소유권을 주장할 수 있어야 한다(대판(전) 2001. 9. 20. 99다37894, 대판 2009. 4. 9. 2006다30921). 현재의 등기명의인이 아닌 자는 피고적격이 없다(대판 2017. 12. 5. 2015다240645).

Ⅱ. 부동산 물권변동과 등기의 소송법상 문제

1. 당사자적격

1) 등기의무자, 즉 등기부상의 형식상 등기에 의하여 권리를 상실하거나 기타 불이익을 받을 자(등기명의인이거나 그 포괄승계인)가 아닌 사람을 상대로 한 등기의 말소절차의 이행을 구하는 소는 **당사자적격**이 없는 사람을 상대로 한 부적법한 소이다. 이 경우 **소각하판결**을 하여야 한다.

2) 등기부상 진실한 소유자의 소유권에 방해가 되는 **불실등기**가 존재하는 경우에 그 등기명의인이 허무인 또는 실체가 없는 단체인 때에 소유자는 그와 같은 허무인 또는 실체가 없는 단체 명의로 실제 등기를 한 사람에 대하여 소유권에 기한 방해배제로서 등기행위자를 표상하는 허무인 또는 실체가 없는 단체 명의의 등기를 말소할 수 있다.

3) 원고가 피고에 대하여 피고 명의로 마쳐진 소유권보존등기의 말소를 구하려면 먼저 원고에게 그 말소를 청구할 수 있는 권원이 있음을 적극적으로 주장·증명하여야 한다. 만일 원고에게 그러한 권원이 있음이 인정되지 아니한다면 설사 피고 명의의 소유권보존등기가 말소되어야 할 무효의 등기라고 하더라도 원고의 청구를 인용할 수 없다(대판 2008. 10. 9. 2008다35128, 2012. 5. 24. 2012다10485).

2. 청구취지

원인무효인 소유권이전등기 명의인을 채무자로 한 가압류의 기입등기(가압류등기)와 그에 근거한 경매개시결정의 기입등기(**경매개시결정등기**)가 경료된 경우 그 부동산의 진정한 소유자는 원인무효인 소유권이전등기의 말소를 위하여 이해관계 있는 제3자인 가압류채권자를 상대로 하여 원인무효등기의 말소에 대한 승낙을 청구할 수 있고, 그 승낙이나 이를 갈음하는 재판이 있으면 등기관은 신청에 따라 원인무효등기를 말소하면서 직권으로 가압류등기와 경매개시결정등기를 말소하여야 한다. 따라서 진정한 소유자가 원인무효인 소유권이전등기의 말소와 함께 가압류등기 등의 말소를 구하는 경우 그 청구의 취지는 소유권이전등기의 말소에 대한 승낙을 구하는 것으로 해석할 여지가 있다.

3. 소의 이익

1) 부동산의 가압류등기는 채권자나 채무자가 직접 등기관에게 이를 신청하여 행할 수는 없고 반드시 법원의 촉탁에 의하여 행하여진다. 이와 같이 당사자가 신청할 수 없는 가압류등기가 법원의 촉탁에 의하여 말소된 경우에는 그 회복등기도 법원의 촉탁에 의하여 행하여져야 한다.

따라서 이 경우 가압류채권자가 말소된 가압류등기의 회복등기절차의 이행을 소구할 이익은 없고, 다만 그 가압류등기가 말소될 당시 그 부동산에 관하여 소유권이전등기를 경료하고 있는 사람은 법원이 그 가압류등기의 회복을 촉탁함에 있어서 등기상 이해관계가 있는 제3자에 해당하므로, 가압류채권자로서는 그 자를 상대로 하여 법원의 촉탁에 의한 그 **가압류등기의 회복절차**에 대한 **승낙청구의 소**를 제기할 수는 있다.

2) 가등기권리자가 가등기에 기한 소유권이전의 본등기를 한 경우에는 등기관은 그 **가등기 후에 한 제3자 명의**의 소유권이전등기를 직권으로 말소할 수 있다. 가등기에 기한 소유권이전의 본등기가 경료됨으로써 등기관이 직권으로 가등기 후에 경료된 제3자의 등기를 말소한 경우 그 후에 가등기에 기한 본등기가 원인무효 등의 사유로 말소된 때에는 결국 그 제3자의 등기는 말소하지 아니할 것을 말소한 결과가 된다. 등기관은 **직권**으로 그 **말소등기의 회복등기**를 하여야 한다. 따라서 그 회복등기를 소구할 이익이 없다.

3) 부동산에 관한 소유권이전등기청구의 소에서 승소확정판결을 받은 당사자(등기권리자)가 단독으로 소유권이전등기를 신청하는 경우 **판결에 기재된 피고가 등기의무자와 동일인**이라면 등기권리자는 등기절차에서 등기의무자의 주소에 관한 자료를 부동산등기규칙 46조 1항에 따른 **첨부정보**로 제공하여 등기신청을 할 수 있으므로, 승소확정판결을 받은 당사자가 이러한 절차를 거치는 대신 기판력이 있는 전소 승소확정판결이 있음에도 불구하고 **피고의 주소가 등기기록상 주소**로 기재된 판결을 받기 위해 전소의 상대방이나 그 포괄승계인을 상대로 동일한 소유권이전등기청구의 소를 제기하는 것은 소의 이익이 없어 부적법하다(대판 2017. 12. 22. 2015다73753).

4. 등기의 추정력

(1) 판례의 기본적 태도

판례는 등기의 추정력에 대하여 법률상 명문의 규정이 없음에도 불구하고 이를 **법률상 추정**으로 보면서 **법률상 권리추정**(진실한 권리관계에 대한 추정)과 **법률상 사실추정**(등기절차·원인에 대한 추정)을 인정하고 있다. 이러한 등기의 추정력은 일반 제3자에 대해서뿐만 아니라 현등기명의인과 **전등기명의인** 사이에서까지 미친다고 본다(대판 2007. 2. 8. 2005다18542, 2011. 11. 10. 2010다75648 등).

(2) 일반적 등기의 경우

1) **판례**는, 현재 등기부상 피고 명의로 소유권이전등기가 마쳐져 있는 이상 그 등기는 적법하게 된 것으로서 진실한 권리상태를 공시하는 것이라고 추정되므로, 그 등기가 위법하게 된 것이라고 주장하는 원고에게 그 추정력을 번복할 만한 **반대사실**을 **증명**할 책임이 있다고 본다(대판 1992. 10. 27. 92다30047 등).

2) 또한 **판례**는, ① 등기부상 소유권이전등기가 경료되어 있는 이상 일응 그 **절차** 및 **원인**이 정당한 것이라는 추정을 받게 되어, 그 절차 및 원인의 부당을 주장하는 당사자에게 이를 증명할 책임이 있는 것이나, 등기절차가 적법하게 진행되지 아니한 것으로 볼만한 의심스러운 사정이 있음이 증명되는 경우에는 그 추정력이 깨어지며(대판 2003. 2. 28. 2002다46256, 2008. 3. 27. 2007다91756 등), ② 부동산등기는 현재의 진실한 권리상태를 공시하면 그에 이른 과정이나 태양을 그대로 반영하지 아니하였어도 유효한 것으로서, 등기명의자가 **전소유자**로부터 부동산을 취득할 때에 등기부상 기재된 등기원인에 의하지 아니하고 다른 원인으로 적법하게 취득하였다고 하면서 등기원인행위의 태양이나 과정을 다소 다르게 주장한다고 하여 이러한 주장만 가지고 그 등기의 추정력이 깨어진다고 할 수 없고(대판 2000. 3. 10. 99다65462, 2005. 9. 29. 2003다40651 등), ③ 전등기명의인의 직접적인 처분행위에 의한 것이 아니라 제3자가 그 처분행위에 개입된 경우 현등기명의인이 그 제3자가 전등기명의인의 대리인이라고 주장하더라도 현등기명의인의 등기가 적법하게 이루어진 것으로 추정되므로 그 등기가 원인무효임을 이유로 말소를 청구하는 전등기명의인으로서는 그 반대사실, 즉 그 제3자에게 전등기명의인을 대리할 권한이 없다든지, 또는 제3자가 전등기명의인의 등기서류를 위조하였다는 등의 무효사실에 대한 증명책임을 진다

고 본다(대판 1992. 4. 24. 91다26379,26386, 1993. 10. 12. 93다18914 등).

(3) 특별조치법에 따른 등기의 경우

다만 판례는, '부동산소유권이전등기 등에 관한 특별조치법' 등 등기에 관한 특별조치법에 의하여 등기가 경료된 경우 그 추정을 깨뜨리는 방법 내지 정도에 있어 이러한 특별조치법에 의한 등기는 특별조치법 소정의 적법한 절차에 따라 마쳐진 것으로서 실체관계에 부합하는 등기로 추정되므로, 이와 같은 추정을 번복하기 위해서는 ① 그 등기의 기초가 된 특별조치법 소정의 **보증서**나 **확인서**가 **위조**되었다거나 **허위로 작성**된 것이라든지, ② 그 밖의 다른 어떤 사유로 인하여 그 등기가 특별조치법에 따라 적법하게 된 것이 아니라는 점을 주장·증명하여야 하므로(대판 1990. 5. 25. 89다카24797), 그 등기말소를 청구하는 사람에게 적극적으로 그 추정을 번복시킬 주장·증명책임이 있지만, 등기의 기초가 되는 보증서나 확인서의 실체적 기재 내용이 진실이 아님을 의심할 만큼 증명이 된 때에는 등기의 추정력은 번복된 것으로 보아야 하고, 이러한 보증서 등의 **허위성의 증명의 정도**가 법관이 확신할 정도가 되어야만 하는 것이 아니라고 본다(대판 1996. 2. 23. 95다50738, 2009. 4. 9. 2006다30921 등).

5. 등기청구권과 소송물의 양도

1) 부동산에 관한 소송의 계속 중 피고가 자신의 소유 명의의 부동산을 제3자에게 처분한 경우에도 앞서 본 바와 같이 원고의 청구가 채권적 청구권인 경우에는 제3자는 승계인에 해당하지 아니하므로(승계인적격이 없으므로) 원고가 제3자에 대하여 **인수승계**(민소 82조)시킬 수도 없으며, 제3자는 **참가승계**(민소 81조)할 수도 없다. 이에 반하여 원고의 청구가 **물권적 청구권**인 경우에는 제3자는 승계인에 해당하므로 참가승계 또는 인수승계가 허용된다.

2) 등기청구권이 **물권적 청구권**인 경우 참가승계 또는 인수승계시 승계인의 또는 승계인에 대한 청구취지를 변경할 것인지가 문제가 된다.

이전적 승계, 즉 교환적 승계의 경우 **원칙적**으로 청구취지의 변경이 따르지 아니한다. 예의요고 ① 소유권방해배제청구권(물권적 청구권)에 기한 소유권등기의 말소등기청구소송의 소송계속 중 피고가 제3자에게 소유권을 이전한 경우에는 제3사는 피고가 가지는 딩시지적혀을 선부승계하였으므로 '말소등기의 **필요상**' 제3자 앞으로의 소유권이전등기의 말소를 구하는 청구취지의 변경이 있을 수 있으며(이 경우 피승계인에 대하여 말소등기청구를 **진정명의회복을 위한 소유권이전등기청구**로 청구취지를 변경하는 경우에는 별도로 제3자에 대한 청구취지의 변경의 필요가 없다), ② 소유권이전의 말소등기청구소송의 소송계속 중 피고가 제3자에게 근저당권을 설정하는 경우 제3자는 피고가 가지는 당사자적격을 '**질적으로 일부승계**'를 하였으므로 근저당등기를 말소하기 위해서는 근저당권자인 제3자에 대한 근저당권말소등기청구를 추가하여야 하며, ③ 공유물분할청구소송의 소송계속 중 공유자 가운데 한 사람이 자신의 공유지분의 일부를 제3자에게 이전한 경우 제3자는 피고가 가지는 당사자적격을 '**양적으로 일부승계**'를 하였으므로 제3자를 인수승계방식(민소 82조)으로 추가하기 위해서는 청구취지 및 청구원인을 추가하여야 한다.

제2장 기본물권

제1절 점유권

I. 점유권의 실체법상 문제

1. 점유의 개념

물건에 대한 점유란 사회관념상 어떤 사람의 사실상 지배에 있다고 보이는 객관적 관계를 말한다. 사실상 지배가 있다고 하기 위해서는 반드시 물건을 물리적·현실적으로 지배하는 것만을 의미하는 것이 아니고, 물건과 사람의 시간적·공간적 관계와 본권 관계, 타인 지배의 배제 가능성 등을 고려하여 사회관념에 따라 합목적적으로 판단하여야 한다(특히 임야에 대한 점유의 이전이나 점유의 계속은 반드시 물리적이고 현실적인 지배를 요한다고 볼 것은 아니며, 관리나 이용의 이전이 있으면 점유의 이전이 있었다고 보아야 한다. 대판 2014. 5. 29. 2014다202622, 2018. 3. 29. 2013다2559,2566 등).

2. 퇴거청구·명도청구와 인도청구의 개념

1) **퇴거**(退去)란 점유의 해제만으로 집행이 종료되고, 점유의 이전까지 나아가지 아니한다. 즉 퇴거는 점유의 이전의 개념을 내포하지 아니한다. 이에 대하여, **명도**(明渡)란 점유자의 물품을 부동산 밖으로 반출한 후 점유를 이전하는 것을 말한다.

2) **인도**(引渡)란 점유의 이전, 즉 물건에 대한 사실상 지배를 이전하는 것을 말한다(민 188조 1항, 192조 1항). 사회관념상 목적물에 대한 사실상 지배인 섬

- 136 -

유가 동일성을 유지하면서 이전되는 것을 말한다(대판 2003. 2. 11. 2000다66454). 인도라고 할 때 좁은 의미로서는 부동산에 대한 직접적 지배를 채무자로부터 이전시키는 것을 말하며, 넓은 의미로서는 채무자가 거주하거나 물건을 놓아 두면서 점유하는 때에 그로 하여금 물건을 제거하고 거주자를 퇴거시켜 채권자에게 점유를 이전하는 명도 포함한다.

3) 민사집행법 258조 1항은 '명도'라는 개념을 따로 인정하지 않고 **인도**의 개념에 포함시키고 있다(그러나 다른 법률에서는 여전히 명도 또는 퇴거 등의 용어를 그대로 사용하고 있다. 형법 140조의2는 '명도 또는 인도', 형법 319조는 '퇴거' 등의 용어를 사용하고 있다).

3. 건물의 소유와 부지의 점유

1) 사회통념상 건물은 그 부지를 떠나서는 존재할 수 없으므로 건물의 부지가 된 토지는 건물의 소유자가 점유한다. 이 경우 건물의 소유자가 현실적으로 건물이나 그 부지를 점거하고 있지 않다 하더라도 건물의 소유를 위하여 그 부지를 점유한다고 보아야 한다.

2) **미등기 건물**을 양수하여 건물에 관한 **사실상 처분권**을 보유하게 됨으로써 건물부지 역시 아울러 점유하고 있다고 볼 수 있는 등의 **특별한 사정**이 없는 한 **건물의 소유명의자가 아닌 사람**은 실제 건물을 점유하고 있다 하더라도 그 부지를 점유하는 사람으로 볼 수 없다(대판 2008. 7. 10. 2006다39157, 2009. 9. 10. 2009다28462 등).

4. 점유자의 회복자에 대한 필요비 및 유익비 상환청구권

(1) 비용상환청구의 상대방

1) 민법 203조 2항에 의한 점유자의 회복자에 대한 유익비상환청구권은 점유자가 계약관계 등 적법하게 점유할 권리를 가지지 않아 소유자의 소유물 반환청구에 응해야 할 의무가 있는 경우에 성립된다. 따라서 점유자가 유익비를 지출할 당시 계약관계 등 적법한 점유의 권원을 가진 경우에 그 지출비용 또는 가액증가액의 상환에 관해서는 그 계약관계를 규율하는 법조항이나 법리 등이 적용된다(대판 2009. 3. 26. 2008다34828, 2014. 3. 27. 2011다101209 등).

2) 유효한 도급계약에 기하여 수급인이 도급인으로부터 제3자 소유 물건

의 점유를 이전받아 이를 수리한 결과 그 물건의 가치가 증가한 경우, 도급인이 그 물건을 간접점유하면서 궁극적으로 자신의 계산으로 비용지출과정을 관리한 것이므로 도급인만이 소유자에 대한 관계에서 민법 203조에 의한 비용상환청구권을 행사할 수 있는 비용지출자이며, 수급인은 그러한 비용지출자에 해당하지 않는다(대판 2002. 8. 23. 99다66564,66571).

(2) 비용상환청구권의 행사

1) 점유자가 점유물을 보존하거나 개량하기 위하여 지출한 필요비나 유익비에 관하여 민법 203조 1항·2항은 '점유자가 점유물을 반환할 때'에 상환을 청구할 수 있도록 규정하고 있으므로, 그 상환청구권은 점유자가 회복자로부터 **점유물의 반환을 청구 받은 때**에 비로소 이를 행사할 수 있는 상태가 되고 **이행기**가 도래한다(대판 1993. 12. 28. 93다30471,30488 등).

2) 물건의 점유자는 소유의 의사로 선의, 평온 및 공연하게 점유한 것으로 추정되고 점유자가 점유물에 대하여 행사하는 권리는 적법하게 보유하는 것으로 추정되므로(민 197조 1항, 200조), 점유물에 대한 필요비 및 유익비 상환청구권을 기초로 하는 **유치권**의 주장을 배척하려면 적어도 그 점유가 **불법행위**로 인하여 개시되었거나 점유자가 필요비 및 유익비를 지출할 당시 이를 **점유할 권원이 없음**을 알았거나 중대한 과실로 알지 못하였다고 인정할 만한 사유에 대한 **상대방 당사자**의 주장·증명이 있어야 한다(대판 2011. 12. 13. 2009다5162).

(3) 비용상환의 범위

민법 203조 2항에서 정한 점유자의 지출금액은 점유자가 **실제 지출한 금액**을 의미한다. 비용을 지출한 것은 명백하나 유익비를 지출한 때부터 오랜 시간이 지나 자료가 없어졌다는 이유로 실제 지출한 금액에 대한 증명이 불가능하여 가치 증가에 드는 비용을 추정하는 방법으로 지출금액을 인정해야 하는 경우 **실제 비용을 지출한 날**을 기준시점으로 하여 가치 증가에 드는 금액을 산정한 다음 그 금액에 대하여 **물가상승률**을 반영하는 등의 방법으로 현가(現價)한 금액을 지출금액으로 인정해야 한다(대판 2018. 3. 27. 2015다3914 등).

Ⅱ. 점유권의 소송법상 문제

1. 점유회복의 소

1) 점유자가 점유의 침탈을 당한 때에는 그 물건의 반환 및 손해의 배상을 청구할 수 있다(민 204조 1항). 점유자가 **점유의 침탈**을 당한 때란 점유자가 그 의사에 의하지 아니하고 사실적 지배를 빼앗긴 경우를 말하고, 점유자에 대한 집행권원 없이 이루어진 위법한 강제집행에 의하여 점유자의 점유를 빼앗은 경우도 점유의 침탈에 해당한다.

2) 민법 204조 1항이 규정하는 **점유물반환청구**는 원고가 목적물을 점유하였다가 피고에 의하여 이를 침탈당하였다는 사실을 주장·증명하면 족하고, 그 목적물에 대한 점유가 본권에 기한 것이라는 점은 주장·증명할 필요가 없다

3) 점유회복의 소에서의 제척기간(침탈을 당한 날부터 1년, 민 204조 3항)은 **제소기간**이다(재판 외에서 권리를 행사하는 것으로 족한 것이 아니라, 반드시 그 기간 내에 소를 제기하여야 하는 기간이다. 대판 2002. 4. 26. 2001다8097,8103).

2. 본권에 기한 항변의 허용 여부

점유권에 기인한 소는 본권에 관한 이유로 재판하지 못한다(민 208조 2항). 따라서 원고의 점유의 소에 대하여 피고는 본권을 **방어방법**으로 내세울 수 없다. 점유권에 기인한 소는 사회의 사실적 지배 상태가 법률에 의하여 있어야 할 상태에 반한 것이라 하더라도 일응 있는 대로의 상태를 보호하려는 데 그 제도의 취지가 있다. 결국 특별한 사정이 없는 한 그 점유가 불법점유라 하더라도 점유권에 기인한 청구는 보호되어야 하며 본권에 관한 이유로 배척할 수 없다(대판 1965. 3. 30. 64다1556).

3. 유익비상환청구권이 인정되나 상환액의 증명이 없는 경우와 법원의 증명촉구의무

유익비상환청구권이 인정된다면 그 **상환액**에 관한 원고의 증명이 없더라도 법원은 이를 이유로 유익비상환청구를 배척할 것이 아니라 석명권(민소 136조 1항)을 행사하여 원고에 대하여 상환액에 관한 증명을 촉구하는 등 상환액

에 관하여 심리판단하여야 한다(**증명촉구의무**).

4. 본권에 기한 반소의 허용 여부

1) 원고의 점유의 소에서 피고가 본권에 기하여 항변을 하는 것은 허용되지 아니한다고 하더라도 피고가 **본권에 기한 반소**를 제기하는 것까지 막는 것이 아니므로 피고는 본권에 기한 반소를 제기할 수 있다. 따라서 점유권에 기한 본소와 소유권에 기한 반소를 모두 인용할 수 있다(대판 1957. 11. 14. 4290민상454,455).

2) 점유의 침탈을 이유로 한 점유물반환청구권을 피보전권리로 하는 점유이전금지가처분신청에 따라 점유이전금지가처분결정을 받은 **채권자**가 채무자를 상대로 제기한 **점유회수의 본소**에 대하여, **채무자**가 본소청구가 인용되어 채권자에게 점유가 회복될 경우를 대비하여 **조건부로 소유권에 기한 인도청구**를 구하는 **반소**를 제기하고, 본소청구와 반소청구가 **모두 인용**되어 확정되었다면, 본소 확정판결에 기한 점유회수의 집행은 무의미한 점유상태의 변경을 반복하는 결과를 초래할 뿐 아무런 실익이 없게 된다. 따라서 그 집행을 보전하기 위한 점유이전금지가처분결정은 이를 더 이상 유지할 필요가 없는 사정변경이 생겼다고 보아야 하므로 이러한 사유로써 **가처분결정에 대한 취소신청**(민집 301조, 288조 1항 1호)을 할 수 있다(대결 2013. 5. 31. 2013마198).

5. 부동산인도청구와 피고적격

1) **불법점유**를 이유로 하여 부동산의 인도를 청구하는 경우 **현실적인 점유자**를 상대로 하여야 한다.

2) **약정**에 의하여 부동산의 인도를 청구하는 경우에는 그 상대방이 **직접점유자**로 제한되지 아니하고 **간접점유자**를 상대로 하는 청구도 허용된다.

다만 다른 사람의 직접점유로 인하여 상대방의 인도의무의 이행이 불가능한 경우에는 그 상대방에 대한 부동산의 인도청구는 허용되지 아니한다. 여기에서 인도의무의 이행불능은 단순히 절대적·물리적으로 불능인 경우가 아니라 사회생활에서의 경험법칙 또는 거래상의 관념에 비추어 볼 때 상대방의 인도의무의 이행의 실현을 기대힐 수 없는 경우를 말한다(대판 2013. 6. 27. 2011다5813, 2014. 12. 11. 2014다50203).

6. 인도청구와 집행보전

인도청구의 집행을 보전하기 위해서는 **다툼의 대상에 관한 가처분**(민집 300조 1항)으로서 점유이전금지가처분을 해 두어야 한다. 이러한 가처분채무자가 점유이전금지가처분에 위반하여 점유를 이전한 경우에도 점유를 이전받은 제3자는 가처분채권자에 대항하지 못한다.

7. 인도청구와 소송상 당사자변경

1) 앞서의 가처분을 하지 아니한 상태에서 인도소송의 계속 중 피고가 제3자에게 점유를 이전한 경우에는 피고가 이를 소송에서 진술하지 아니한 경우에는 변론종결 뒤에 점유를 이전한 것으로 **추정**한다(민소 218조 2항). 이러한 추정은 **법률상 추정**으로 제3자가 점유이전이 변론종결 전에 있었음을 주장·증명함으로써 기판력·집행력을 배제할 수 있다.

2) 인도청구의 소송계속 중에 피고가 제3자에게 점유를 이전한 경우(소송물의 양도의 경우) 이러한 사실을 원고가 아는 경우 제3자에 대하여 **인수승계신청**(민소 82조)을 하여 소송에 인입시킬 수 있으며, 제3자 스스로 **참가승계신청**(민소 81조)을 하여 소송에 참가할 수 있다.

8. 인도청구의 집행권원에 기한 집행

1) 부동산 등 **인도**에는 건물의 점유이전의 의미로 실무상 쓰이는 **명도**도 포함된다. 건물철거와 함께 건물 내 거주하는 사람에게 그 건물로부터 퇴거를 명하는 것도 명도의 한 사례이다. 다만 건물의 점유자가 **철거의무자**인 경우에는 건물철거의무에 건물퇴거의무도 포함되어 있으므로 별도로 퇴거를 명하는 집행권원을 필요로 하지 않는다.

2) 목적물을 제3자가 점유하고 있는 경우에 제3자의 점유가 임차인·전차인 등 **독립적 지위**를 갖고 있다면 이들에 대해서는 집행력이 미치지 않으므로 승계집행문을 받을 수 없다. 이들에 대하여 집행을 하기 위해서는 별도의 **집행권원**이 필요하다. 다만 채무자가 이들에 대하여 **인도청구권**을 갖고 있는 경우에는 그 인도청구권(채권적 또는 물권적 청구권)을 압류하여 채권자에게 넘겨주는 **이부명령**(移付命令)을 할 수 있다(민집 259조, 민집규칙 190조). 이에 반하여 수치

인·운송인·관리인 등 채무자를 위하여 청구의 목적물을 소지한 경우에는 이들에 대해서는 집행력이 미치므로(민소 218조 1항), 승계집행문을 부여받아 이들에 대하여 집행한다.

제 2 절 소 유 권

Ⅰ. 소유권 일반의 실체법상 문제

1. 동산 소유권의 이전과 인도

1) 인도의 방법에는 **현실의 인도**(민 188조 1항), **간이인도**(민 188조 2항), **점유개정**(민 189조), **목적물반환청구권의 양도**(민 190조) 등이 있다.

2) 동산의 선의취득(민 249조)이 인정되기 위해서는 현실의 인도이어야 한다. 점유개정의 방법에 의한 인도로써는 선의취득이 인정되지 아니한다.

2. 부동산소유권의 이전과 등기

1) 민법 187조에서 규정하고 있는 **판결**이란 판결자체에 의하여 부동산물권취득의 형성적 효력이 발생하는 경우를 말한다. 따라서 당사자 사이에 이루어진 어떠한 법률행위를 원인으로 하여 부동산소유권이전등기절차의 이행을 명하는 것과 같은 내용의 판결(대판 1965. 8. 17. 64다1721)이나, 부동산소유권을 확인하는 판결(대결 1969. 10. 8. 69그15)은 이에 포함되지 않는다.

2) 민법 267조는 '공유자가 그 지분을 포기하거나 상속인 없이 사망한 때에는 그 지분은 다른 공유자에게 각 지분의 비율로 귀속한다'고 규정하고 있다. 여기서 공유지분의 포기는 법률행위로서 상대방 있는 단독행위에 해당한다.

따라서 부동산 공유자의 공유지분 포기의 의사표시가 다른 공유자에게 도달하더라도 이로써 곧바로 공유지분 포기에 따른 물권변동의 효력이 발생하는 것은 아니다. 이 경우 다른 공유자는 자신에게 귀속될 공유지분에 관하여 소유권이전등기청구권을 취득하며, 이후 민법 186조에 의하여 등기를 하여야 공유지분 포기에 따른 물권변동의 효력이 발생한다. 그리고 부동산 공유자의 공유지분 포기에 따른 등기는 해당 지분에 관하여 다른 공유자 앞으로 소유권이전등기를 하는 형태가 되어야 한다(대판 2016. 10. 31. 2015다52978).

3) 공유물분할소송에서 **조정**(調停)은 법원의 판단을 갈음하는 것이 아니므로 협의에 의한 공유물분할과 다를 바 없다. 따라서 재판에 의한 공유물분할의 효력이 확정됨에 따라 기존의 공유관계가 폐기되고 새로운 소유관계가 창설되는 것과 같은 **형성적 효력**은 조정에서는 인정될 수 없다(대판(전) 2013. 11. 21. 2011두1917).

Ⅱ. 소유권 일반의 소송법상 문제

1. 소유권의 귀속에 관한 다툼이 있는 경우와 확인의 소

1) **일반적**으로 소유권의 귀속에 관하여 다툼이 있는 경우에 적극적으로 자기 소유권의 확인을 구하지 아니하고 **소극적**으로 **상대방 소유권**의 **부존재확인**을 구하는 것은 그 소유권의 귀속에 관한 분쟁을 근본적으로 해결하는 즉시확정의 방법이 되지 못하므로 확인의 이익이 없다. 그러한 판결만으로 자기의 소유권이 확인되지 아니하여 소유권자로서 (토지의 경우) 지적도의 경계에 대한 정정을 신청할 수도 없으므로 확인의 이익이 없다(대판 2016. 5. 24. 2012다87898).

2) **예외적**으로, ① 원고에게 내세울 소유권이 없고, ② 피고의 소유권이 부인되면 그로써 원고의 법적 지위의 불안이 제거되어 분쟁이 해결될 수 있는 경우에는 피고의 소유권의 소극적 확인을 구할 이익이 있다.

2. 부동산 소유권자가 국가를 상대로 소유권확인청구를 하는 것이 허용되는지 여부

(1) 미등기 토지의 경우

부동산등기법 65조 2호에 비추어 볼 때 미등기 토지에 관하여 소유권보존등기를 하려고 하는 경우 토지대장 또는 임야대장에 의하여 **최초의 소유자로 등록되어 있는 사람임을 증명할 수 없다면**(등록명의자가 없거나 등록명의자가 누구인지 알 수 없는 경우를 말한다. 소유자 표시 중 주소 기재의 일부가 누락된 경우는 등록명의자가 누구인지 알 수 없는 경우에 해당한다. 대판 2019. 5. 16. 2018다242246), 확정판결에 의하여 자기의 소유권을 증명하여 소유권보존등기를 할 수밖에 없나. 한편 이러한 대장소관청인 **국가기관**이 그 소유를 **다투고 있다면** 이와 같은 판결을 얻기 위한 소송을 국가를 상대로 제기할 수 있다.

다만 국가가 해당 토지를 **시효취득**하였다고 주장하는 것은 국가가 취득시효완성을 원인으로 한 소유권이전등기청구권이 있다는 주장에 불과하며, 그 토지에 관한 임야대장상 등록명의자의 소유 자체를 부인하면서 국가의 소유라고 주장하는 것이라고 볼 수 없으므로 별도로 국가를 상대로 소유권확인을 구할 이익이 있다고 할 수 없다(대판 2003. 12. 12. 2002다33601).

(2) 미등기 건물의 경우

1) 미등기 건물에 대해서는 국가를 상대로 한 건물소유권확인소송이 허용되지 아니한다. 건물의 경우 **건축물대장**의 비치·관리업무는 **해당 지방자치단체**의 고유사무로서 국가사무라고 할 수도 없을 뿐만 아니라, 그 소유권에 대하여 국가가 이를 특별히 다투고 있지도 아니한 경우에, 국가는 그 소유권 귀속에 관한 직접적인 분쟁의 당사자가 아니어서 이를 확인해 주어야 할 지위가 있지 아니하다. 또한 그 건물에 관하여 국가를 상대로 한 소유권확인판결을 받는다고 하더라도 그 판결은 부동산등기법 65조 2호에 해당하는 판결이라고 볼 수 없어 이를 근거로 소유권보존등기를 신청할 수도 없으므로, 국가를 상대로 한 건물소유권확인청구는 허용되지 아니한다.

2) 건축물대장의 소유자표시란이 공란이거나 소유자표시에 일부 누락이 있어 대장상의 소유자를 확정할 수 없는 미등기 건물에 관하여, 소유권확인소송을 제기하기 위해서는 건축물대장의 비치·관리업무의 소관청인 **지방자치단체**를 상대로 하여야 한다.

3. 소유권에 기한 말소등기청구소송과 진정명의회복을 위한 소유권이전등기청구소송

(1) 별개의 소송물인지 여부

소유권이전등기의 말소등기청구권과 진정명의회복을 위한 소유권이전등기청구권은 실질적으로 동일한 소송물로 본다. 진정명의회복을 위한 소유권이전등기청구권과 무효등기의 말소등기청구권은 어느 것이나 진정한 소유자의 등기명의를 회복하기 위한 것으로서 실질적으로 그 **목적**이 동일하고, 두 청구권은 모두 소유권에 기한 방해배제청구권으로서 그 **법적 근거**와 **성질**이 동일하다.

따라서 비록 전자는 이전등기, 후자는 말소등기의 형식을 취하고 있다고
하더라도 그 **소송물**은 **실질상 동일**한 것으로 본다(대판(전) 2001. 9. 20. 99다37894.
따라서 소유권이전등기의 말소등기청구소송에서 패소확정판결을 받았다면 그 기판력은
그 후 제기된 진정명의회복을 위한 소유권이전등기청구에도 미친다).

⑵ 두 소송 사이의 청구의 변경과 법적관점지적의무

1) 앞서 본 바와 같이, 진정명의회복을 위한 소유권이전등기청구는 이미
자기 앞으로 소유권을 표상하는 등기가 되어 있었거나 법률에 의하여 소유권
을 취득한 자가 진정한 등기명의를 회복하기 위한 방법으로 현재의 등기명의
인을 상대로 그 등기의 말소를 구하는 것을 갈음하여 허용된다.

따라서 자기 앞으로 소유권을 표상하는 등기가 되어 있지 않고 법률에
의하여 소유권을 취득하지도 않은 자가 소유권자를 대위하여 현재의 등기명의
인을 상대로 그 등기의 말소를 청구할 수 있을 뿐인 경우에는 현재의 등기명의
인을 상대로 진정명의회복을 위한 소유권이전등기청구를 할 수 없다.

2) 갑 종중은 당초 해당 토지를 종중원인 X, Y, 종중원 아닌 Z에게 명의신
탁하여 그 명의로 사정(査定)을 받았다고 주장하면서 사정명의인인 Z를 대위하
여 당시 시행된 부동산소유권 이전등기 등에 관한 특별조치법에 따라 허위의
보증서에 기해 경료된 을 명의의 소유권보존등기의 말소등기절차를 청구하여
제1심에서 승소하였다가, **항소심**에서 **청구를 변경**하여 진정명의회복을 위한 소
유권이전등기절차의 이행을 청구한 사례를 들어보자.

이 경우 갑 종중은 항소심에서 자기 앞으로 소유권을 표상하는 등기가 되
어 있지 않고 법률에 의하여 소유권을 취득하지도 않았다는 종전의 주장을
그대로 유지한 채 진정명의회복을 위한 소유권이전등기절차의 이행을 청구하
는 새로운 청구를 제기함으로써 원고의 주장 자체에 명백한 모순이 있게 되었
다. 이는 갑이 부주의나 법률적 지식의 부족으로 진정명의회복을 위한 소유권
이전등기의 법리를 제대로 이해하지 못하고 있는 데서 비롯된 경우가 일반적이
다. **항소심**에서 **청구**를 **교환적**으로 **변경**한 경우(청구의 교환적 변경은 구청구의 취
하와 신청구의 추가를 결합한 것으로 본다) 민사소송법 267조 2항에 의하여 종전의
소와 동일한 소를 제기할 수 없게 되는 중대한 법적 효과가 따르게 된다. 따라
서 이와 같은 경우 법원으로서는 갑의 청구변경신청에 법률적 모순이 있음을
지적하고 원고에게 의견을 진술할 기회를 부여함으로써 갑으로 하여금 청구와

주장을 **법률적으로 합당하게** 정정할 수 있는 **기회를 부여**하여 분쟁을 실질적으로 해결하도록 하였어야 한다(**법적관점지적의무**, 대판 2003. 1. 10. 2002다41435).

4. 소유권에 기한 방해배제청구권과 소송물

1) 민법 214조의 소유권에 기한 방해배제청구는 현재 계속되고 있는 방해의 원인을 제거하는 것을 내용으로 하여야 하므로, 방해자에 대하여 그 방해행위를 장래를 향하여 무력화할 것을 요구하는 방식으로 행사되어야 한다(대판 2014. 11. 13. 2009다3494).

2) **물권적 청구권**인 소유권이전등기의 말소등기청구권은 원인무효 자체로 인한 것이므로 그 원인무효를 구성하는 당연무효, 취소, 해제 등은 단순한 공격방법에 불과하며 별개 독립한 소송물을 구성하지 아니한다. 따라서 이들 사유의 변경은 단순한 공격방법의 변경에 해당하며, 청구의 변경에 해당하지 아니한다. 이에 반하여 **채권적 청구권**인 소유권이전등기청구권의 경우 등기원인에 따라 별개의 소송물을 구성한다. 즉 매매, 증여, 대물변제의 예약을 각 원인으로 하는 각 소유권이전등기청구권은 별개의 소송물이다. 따라서 이들 소송물 사이의 변경은 청구의 변경에 해당한다.

3) 명의신탁해지를 원인으로 하는 소유권이전등기청구권은 그 청구원인이 명의신탁계약의 해지에 따라 **채권적 청구권**으로 소유권이전등기권인지, 명의신탁해지에 따라 법률상 당연히 명의신탁자에게 귀속한 소유권에 기한 **물권적 청구권**으로 인한 소유권이전등기청구권인지를 구별하여야 하며, 이들 청구권은 별개의 소송물을 구성한다.

Ⅲ. 취득시효의 실체법상 문제

1. 취득시효제도의 의의

1) 부동산에 대한 취득시효 제도의 존재이유는 해당 부동산을 점유하는 상태가 오랫동안 계속된 경우 권리자로서의 외형을 지닌 그 사실상태를 존중하여 이를 진실한 권리관계로 높여 보호함으로써 **법실서의 안정**을 기하고, 상기간 지속된 사실상태는 진실한 권리관계와 일치될 개연성이 높다는 점을 고려하여 권리관계에 관한 분쟁이 생긴 경우 점유자의 **증명곤란**을 구제하려는 데

에 있다.

2) 부동산에 관하여 적법·유효한 등기를 마치고 그 소유권을 취득한 사람이 자기 소유의 부동산을 점유하는 경우 그러한 점유는 취득시효의 기초가 되는 점유라고 할 수 없다(이러한 경우에는 특별한 사정이 없는 한 사실상태를 권리관계로 높여 보호할 필요가 없고, 부동산의 소유명의자는 그 부동산에 대한 소유권을 적법하게 보유하는 것으로 추정되어 소유권에 대한 증명의 곤란을 구제할 필요 역시 없기 때문이다). 다만 그 상태에서 다른 사람 명의로 소유권이전등기가 되는 등으로 소유권의 변동이 있는 때에 비로소 취득시효의 요건인 점유가 개시된다고 볼 수 있을 뿐이다(원고가 자기가 소유하는 부동산에 대하여 소유권 취득 이전부터 존재하던 가압류의 부담에서 벗어나기 위하여 점유취득시효를 주장한 사안에 관하여, 대판 2016. 10. 27. 2016다224596).

2. 점유취득시효와 등기부취득시효

1) 점유취득시효란 20년간 소유의 의사로(자주점유), 평온·공연하게 부동산을 점유한 자는 등기함으로써 그 소유권을 취득하는 것을 말한다(민 245조 1항).

2) 등기부취득시효란 부동산의 소유자로 등기한 자가 10년간 소유의 의사로 평온·공연하게 선의이며(선의점유), 과실 없이(무과실점유) 그 부동산을 점유한 때에는 소유권을 취득하는 것을 말한다(민 245조 2항).

등기부취득시효가 인정되려면 점유의 개시에 과실이 없어야 한다. **무과실**에 대한 **증명책임**은 시효취득을 주장하는 사람에게 있다. 여기서 **무과실**이란 점유자가 자기의 소유라고 믿은 데에 과실이 없음을 말한다(부동산을 매수하는 사람으로서는 매도인에게 그 부동산을 처분할 권한이 있는지 여부를 조사하여야 하므로, 이를 조사하였더라면 매도인에게 처분권한이 없음을 알 수 있었음에도 불구하고 그러한 조사를 하지 않고 매수하였다면 그 부동산의 점유에 대하여 **과실**이 있다고 보아야 한다. 매도인이 등기부상의 소유명의자와 **동일인**인 경우에는 일반적으로는 등기부의 기재가 유효한 것으로 믿고 매수한 사람에게 과실이 있다고 할 수 없다. 그러나 만일 등기부의 기재 또는 다른 사정에 의하여 매도인의 **처분권한**에 대하여 의심할 만한 사정이 있거나, 매도인과 매수인의 관계 등에 비추어 매수인이 매도인에게 처분권한이 있는지 여부를 조사하였더라면 별다른 사정이 없는 한 그 **처분권한이 없음**을 쉽게 알 수 있었을 것으로 보이는 경우에는, 매수인이 매도인 명의로 된 등기를 믿고 매수하였다 하여 그것만으로 과실이 없다고 할 수 없다. 대판 1997. 8. 22. 97다2665, 2017. 12. 13. 2016다248424 등).

3) 등기부취득시효의 요건인 '부동산의 소유자로 등기한 자'에서 말하는 등기는 **적법·유효한 등기**일 필요는 없고 **무효의 등기**라도 관계없다(대판 1998. 1. 20. 96다48527, 2015. 2. 12. 2013다215515 등). 등기부취득시효에서의 선의·무과실은 등기에 관한 것이 아니고, 점유취득에 관한 것이다.

3. 점유와 추정

(1) 추정의 범위 및 증명책임

점유자는 소유의 의사로, 평온, 공연, 선의로 점유한 것으로 추정한다(민 197조 1항). 따라서 점유자가 취득시효를 주장하는 경우 스스로 소유의 의사를 증명할 책임은 없으며, 그 점유자의 점유가 소유의 의사가 없는 점유임을 주장하여 취득시효의 성립을 부정하는 사람에게 그 **증명책임**이 있다(대판 2015. 4. 23. 2013다89358, 2017. 9. 7. 2017다228342 등).

(2) 자주점유와 타주점유의 판단기준 및 증명책임

1) 점유자의 점유가 소유의 의사 있는 자주점유인지 아니면 소유의 의사 없는 타주점유인지 여부는 점유자의 내심의 의사에 의하여 결정되는 것이 아니라 점유취득의 원인이 된 점유권원의 성질이나 점유와 관계가 있는 모든 사정에 의하여 외형적·객관적으로 결정되어야 한다.

점유자가 성질상 소유의 의사가 없는 것으로 보이는 **권원**에 바탕을 두고 점유를 취득한 사실이 증명되었거나, 점유자가 타인의 소유권을 배제하여 자기의 소유물처럼 배타적 지배를 행사하는 **의사**를 가지고 점유하는 것으로 볼 수 없는 **객관적 사정**, 즉 점유자가 진정한 소유자라면 통상 취하지 아니할 태도를 나타내거나 소유자라면 당연히 취했을 것으로 보이는 행동을 취하지 아니한 경우 등 외형적·객관적으로 보아 점유자가 타인의 소유권을 배척하고 점유할 의사를 갖고 있지 아니하였던 것이라고 볼 만한 사정이 증명된 경우에도 소유의 의사가 있는 점유라는 추정은 깨어진다.

따라서 점유자가 점유 개시 당시에 소유권 취득의 원인이 될 수 있는 법률행위 그 밖의 법률요건이 없이 그와 같은 법률요건이 없다는 사실을 잘 알면서 타인 소유의 부동산을 **무단점유**한 것임이 증명된 경우에도 특별한 사정이 없는 한 점유자는 타인의 소유권을 배척하고 점유할 의사를 갖고 있지 않다고 보아야 하므로 이로써 소유의 의사가 있는 점유라는 추정은 깨어진다(대판(전) 2000. 3. 16. 97다37661, 대판 2015. 1. 15. 2012다36081 등).

2) 공유관계에 있는 부동산의 경우에 공유자 중의 1인이 공유지분권에 기초하여 부동산의 전부를 점유하고 있다고 하여도 특별한 사정이 없는 한 **권원의 성질상** 다른 공유자의 지분비율의 범위 내에서는 타주점유이다.

한편 공유등기된 부동산 가운데 구분소유적 공유관계에 있는 경우에는 어느 특정한 부분만을 소유·점유하고 있는 공유자가 매매 등과 같이 종전의 공유지분권과는 별도의 자주점유가 가능한 권원에 의하여 다른 공유자가 소유·점유하는 특정된 부분을 취득하여 점유를 개시하였다고 주장하는 경우에는 타인 소유의 부동산을 매수·점유하였다고 주장하는 경우와 달리 볼 필요가 없다. 따라서 이러한 경우에는 취득 권원이 인정되지 않는다고 하더라도 그 사유만으로 자주점유의 추정이 번복된다거나 점유권원의 성질상 타주점유라고 할 수 없고, 상대방에게 타주점유에 대하여 증명할 책임이 있다(대판 2013. 3. 28. 2012다68750).

(3) 점유취득시효의 경우와 타주점유로의 전환

토지의 점유자가 이전에 소유자를 상대로 그 토지에 관하여 소유권이전등기말소절차의 이행을 구하는 소를 제기하였다가 패소하고 그 판결이 확정되었다 하더라도 그 소송은 점유자가 소유자를 상대로 소유권이전등기의 말소를 구하는 것이므로 그 패소판결의 확정으로 점유자의 소유자에 대한 말소등기청구권이 부정될 뿐, 그로써 점유자가 소유자에 대하여 어떠한 의무를 부담하게 되었다든가 그러한 의무가 확인되었다고 볼 수는 없다. 따라서 점유자가 그 소송에서 패소하고 그 판결이 확정되었다는 사정만으로는 점유자의 자주점유의 추정이 번복되어 타주점유로 전환된다고 할 수 없다.

(4) 등기부취득시효의 경우와 타주점유로의 전환

1) 진정한 소유자가 자신의 소유권을 주장하며 점유자 명의의 소유권이전등기는 원인무효의 등기라고 하면서 점유자를 상대로 토지에 관한 점유자 명의의 소유권이전등기의 말소등기청구소송을 제기하여 그 소송사건이 점유자의 **패소로 확정**되었다면, 그 점유자는 민법 197조 2항의 규정에 의하여 그 소의 제기시부터는 토지에 대한 악의의 점유자로 간주된다.

2) 이러한 경우 토지 점유자가 소유권이전등기 말소등기청구소송의 직접 당

사자가 되어 소송을 수행하였고 결국 그 소송을 통해 대지의 정당한 소유자를 알게 되었으며, 나아가 패소판결의 확정으로 점유자로서는 토지에 관한 점유자 명의의 소유권이전등기에 관하여 정당한 소유자에 대하여 말소등기의무를 부담하게 되었음이 확정되었으므로, 단순한 악의점유의 상태와는 달리 객관적으로 그와 같은 의무를 부담하고 있는 점유자로 변한 것이어서 점유자의 토지에 대한 점유는 패소판결확정 뒤부터는 **타주점유로 전환**되었다고 보아야 한다.

4. 점유의 승계

(1) 점유자의 승계와 점유 주장

점유자의 승계인은 자기의 점유만을 주장하거나 자기의 점유와 전(前)점유자의 점유를 아울러 주장할 수 있다(민 199조 1항).

(2) 점유자의 사망과 점유의 승계

1) **사망**의 경우에도 위 민법 199조 1항이 적용되는지에 관하여 **판례**는 이를 부정하고 있다. 즉 점유의 승계는 인정하되(사실상 지배를 요하지 않고, 점유의 승계를 인정할 필요가 있다), 상속에 의하여 점유권을 취득한 경우에는 상속인이 새로운 권원에 의하여 자기 고유의 점유를 시작하지 않는 한 피상속인의 점유를 떠나 자기만의 점유를 주장할 수 없다.

2) 따라서 자주점유가 되기 위해서는 선대(先代)의 점유가 타주점유인 경우 소유의 의사를 표시하거나 새로운 권원에 의하여 점유를 개시하지 않는 한 자기의 점유만을 주장할 수 없다(대판 1997. 5. 30. 97다2344, 2004. 9. 24. 2004다27273).

5. 점유의 계속

1) 전후 양시(兩時)에 점유한 사실이 있는 때에는 그 점유는 계속한 것으로 추정한다(민 198조). 이는 추정 가운데 **법률상 추정**이다.

따라서 그 사이에 점유의 중단 또는 상실사실은 상대방이 **주장·증명책임**을 지는 항변사유이다. 물론 점유 중단의 주장이 유효한 항변사유가 되는 경우는 청구원인단계에서 원고가 양 시점에서의 점유를 증명하여 그 사이 점유의 계속을 추정받는 경우이나, 원고가 20년 계속 점유사실 자체를 직접 증명한 경우에는 점유중단에 관한 피고의 부인에 불과하다.

2) 취득시효완성 후 점유를 상실하였다고 하더라도 시효이익포기로 볼 수 있는 경우가 아닌 한 바로 소멸하지 않는다. 10년간 이를 행사하지 않을 때 비로소 시효로 소멸한다. 이 경우 취득시효 완성자의 점유를 승계한 현(現)점유자는 전점유자의 소유자에 대한 소유권이전등기청구권을 **대위행사**하여야 한다. 전점유자의 취득시효 완성의 효과를 주장하여 직접 자기에게 소유권이전등기를 청구할 권원은 없다.

3) 시효이익포기사실, 즉 점유자가 시효완성으로 인하여 생긴 법률상의 이익을 받지 않겠다는 의사표시를 한 사실을 직접증명하는 경우는 드물고, 간접사실의 증명을 통하여 포기사실을 추인하는 경우(**간접증명**)가 대부분이다.

6. 취득시효완성 후 등기명의인의 변경과 그 시기에 새로이 시효기간이 진행하는 경우

1) 취득시효완성 후 등기명의가 변경되고 그 뒤에 다시 취득시효가 완성된 때에는 **등기명의 변경시**를 새로운 기산점으로 삼아도 무방하다(대판(전) 1994. 3. 22. 93다46360, 대판 1999. 2. 12. 98다40688 등). 토지에 대한 점유로 인한 취득시효완성 당시 **미등기**로 남아 있던 토지에 관하여 소유권을 가지고 있던 자가 취득시효완성 후에 그 명의로 **소유권보존등기**를 마쳤다 하더라도 소유자의 변경이 있다고 볼 수 없으며, 그러한 등기명의자로부터 상속을 원인으로 소유권이전등기를 마친 자가 있다 하여도 취득시효완성을 주장할 수 있는 시점에서 역산하여 취득시효기간이 경과되면 그에게 취득시효완성을 주장할 수 있다(대판 1998. 4. 14. 97다44089).

2) 이 경우 새로이 2차의 취득시효가 개시되어 그 취득시효기간이 경과하기 전에 등기부상의 소유명의자가 다시 변경된 경우에도 마찬가지이다(대판(전) 2009. 7. 16. 2007다15172,15189, 대판 2009. 9. 10. 2006다609).

7. 취득시효완성 후 소유권의 처분

(1) 원   칙

부동산에 관한 점유취득시효기간이 경과하였다고 하더라도 그 점유자가 자신의 명의로 등기하지 아니하고 있는 사이에 먼서 제3자 명의로 소유권이전등기가 경료하였다면 특별한 사정이 없는 한 그 제3자에 대해서는 시효취득을 주장할 수 없다. 민법 245조 1항에 의하면 부동산에 관한 점유취득시효가 완성되었더라도 소유권취득을 위한 등기청구권이 발생할 뿐 곧바로 소유권취득의 효력이 생기는 것이 아니고 등기를 함으로써(민 186조) 비로소 소유권을 취득한다.

(2) 취득시효완성 후 소유권이전등기가 명의신탁등기 또는 신탁등기 등인 경우

1) 이러한 경우 처분에 해당하지만 이행불능의 경우는 아니다. 취득시효완성 당시의 소유자가 신탁등기를 종료케 하여(위탁자가 수익자가 되는 신탁으로, 위탁자가 신탁이익의 전부를 누리는 자익신탁(自益信託, 신탁법 99조 2항)은 위탁자나 그 상속인이 언제든지 종료시킬 수 있다), 또는 명의신탁을 해지하여 소유권을 회복할 수 있다. 이 경우 취득시효완성의 점유자는 **소유자를 대위하여** 이러한 소유권회복조치를 취할 수 있다.

2) 제3자가 취득시효기간 만료 당시의 등기명의인으로부터 신탁 또는 명의신탁받은 경우라면 종전 등기명의인으로서는 언제든지 이를 해지하고 소유권이전등기를 청구할 수 있고, **점유시효취득자**로서는 종전 등기명의인을 대위하여 이러한 권리를 행사할 수 있으므로, 그러한 제3자가 소유자로서의 권리를 행사하는 경우 점유자로서는 취득시효완성을 이유로 이를 저지할 수 있다(대판 1995. 9. 5. 95다24586).

(3) 취득시효완성 후의 소유자인지 여부

(a) 명의신탁해지로 인한 소유권이전등기의 경우

명의신탁된 부동산에 대하여 점유취득시효가 완성된 후 시효취득자가 그 소유권이전등기를 경료하기 전에 명의신탁이 해지되어 그 등기명의가 명의수탁자로부터 명의신탁자에게로 이전된 경우에는 명의신탁의 취지에 따라 대외적 관계에서는 등기명의자만이 소유권자로 취급되고 시효완성 당시 시효취득자에게 부담할 등기의무도 명의수탁자에게만 있을 뿐이다. 따라서 명의신탁자의 등기취득이 등기의무자의 배임행위에 적극 가담한 반사회적 법률행위에 근거한 등기라든지 또는 그 밖의 다른 이유로 원인무효의 등기인 경우는 별론으로 하고, 그 명의신탁자는 취득시효완성 후에 소유권을 취득한 자에 해당하여 그에 대하여 취득시효완성을 주장할 수 없다.

예컨대 국유이 그 소유의 부동산에 관하여 개인에게 명의신탁하여 그 명의로 사정(査定)을 받은 경우에 그 사정명의인이 부동산의 소유권을 원시적·

창설적으로 취득하는 것이므로, 종중이 그 소유의 부동산을 개인에게 명의신탁하여 사정을 받은 후 그 사정명의인이 소유권보존등기를 하지 아니하고 있다가 제3자의 취득시효가 완성된 후에 종중 명의로 바로 소유권보존등기를 경료하였다면, 대외적인 관계에서는 그때에 비로소 새로이 명의신탁자인 종중에게로 소유권이 이전된 것으로 보아야 한다. 따라서 이 경우 종중은 취득시효완성 후에 소유권을 취득한 자에 해당하여 종중에 대해서는 취득시효를 주장할 수 없다(대판 2001. 10. 26. 2000다8861).

(b) 공동상속인들 중 1인이 다른 상속인들의 상속분을 양수하여 그 상속인 단독명의로 소유권이전등기를 경료한 경우

부동산에 관하여 점유로 인한 취득시효기간이 경과한 후에 원래의 소유자의 지위를 승계한 공동상속인 중의 한 사람이 다른 상속인의 상속분을 양수하였다고 하여 그 상속분을 양수한 상속인이 시효가 완성된 후의 새로운 이해관계인이 아니라고 볼 수는 없다(대판 1993. 9. 28. 93다22883 등).

(c) 순위보전의 가등기의 경우

순위보전의 가등기(일반가등기, 부등 88조)는 그 성질상 본등기의 순위보전의 효력만이 있어(부등 88조·91조) 후일 본등기가 경료된 때에는 본등기의 순위가 가등기한 때로 소급하는 것뿐이다. 따라서 본등기에 의한 물권변동의 효력이 가등기한 때로 소급하여 발생하는 것은 아니다(대판 1992. 9. 25. 92다21258).

(d) 처분금지가처분의 경우

1) 취득시효완성 후 그 등기를 하기 전에 제3자의 **처분금지가처분**이 이루어진 부동산에 관하여 점유자가 취득시효완성을 원인으로 소유권이전등기를 하였는데, 그 후 가처분권리자가 처분금지가처분의 본안소송에서 승소판결을 받고 그 확정판결에 따라 소유권이전등기를 하였다면, 점유자가 취득시효완성 후 등기를 함으로써 소유권을 취득하였다는 이유로 그 등기 전에 처분금지가처분을 한 가처분권리자에게 대항할 수 없다(취득시효완성 당시 진정한 소유자가 가처분권리자가 아닌 경우이다).

2) 그런데 한편 취득시효완성 당시의 소유명의자의 소유권등기가 무효이고 취득시효완성 후 그 등기 전에 이루어진 처분금지가처분의 **가처분권리자**가 취득시효완성 당시 그 부동산의 **진정한 소유자**이며 그 가처분의 피보전권리가 소유권에 기한 말소등기청구권 또는 진정명의회복을 위한 소유권이전등기청구

권인 경우에는 취득시효완성을 원인으로 하여 그 완성 당시의 등기명의인으로부터 시효취득자 앞으로 이루어진 소유권이전등기는 실체관계에 부합하는 유효한 등기라고 보아야 한다(대판 2012. 11. 15. 2010다73475).

8. 취득시효완성 후 소유권의 처분이 반사회질서 법률행위로 무효가 되는 경우

1) 취득시효완성 후 점유자가 그 등기를 하기 전에 제3자가 소유권이전등기를 경료한 경우에는 점유자는 그 제3자에 대해서는 시효취득을 주장할 수 없는 것이 원칙이기는 하지만 이는 어디까지나 그 제3자 명의의 등기가 적법 유효함을 전제로 하는 것이다. 따라서 위 제3자 명의의 등기가 원인무효인 경우에는 점유자는 취득시효완성 당시의 소유자를 **대위하여** 위 제3자 앞으로 경료된 **원인무효인 등기의 말소**를 구함과 아울러 위 소유자에게 **취득시효완성을 원인으로 한 소유권이전등기**를 구할 수 있다고 보아야 한다.

2) 부동산소유자가 취득시효가 완성된 사실을 알고 그 부동산을 제3자에게 처분하여 소유권이전등기를 넘겨줌으로써 취득시효완성을 원인으로 한 소유권이전등기의무가 이행불능에 빠지게 되어 시효취득을 주장하는 자가 손해를 입었다면 불법행위를 구성한다. 이 경우 부동산을 취득한 제3자가 부동산소유자의 이와 같은 불법행위에 적극 가담하였다면 이는 반사회질서 법률행위로서 무효이다(대판 2002. 3. 15. 2001다77352,77369 등).

9. 취득시효완성 후의 소유권의 처분과 취득시효완성한 점유자의 구제방법

(1) 채무불이행으로 인한 손해배상청구권의 성립

1) **판례**는, 시효취득으로 인한 소유권이전등기청구권이 있다고 하더라도 이로 인하여 부동산소유자와 시효취득자 사이에 **계약상 채권·채무관계**가 성립하는 것은 아니므로, 시효취득 당시 소유자에게 채무불이행책임을 물을 수 없다고 본다(대판 1995. 7. 11. 94다4509).

2) 위 판례의 태도가 정당한지 의문이다. **법률상 채권·채무관계**가 성립하는 경우가 있기 때문이다. 민법 390조 규정에서 정하는 채무불이행을 이유로 하는 손해배상청구권은 계약 또는 법률에 기하여 이미 성립하여 있는 채권관

계에서 본래의 채권이 동일성을 유지하면서 그 내용이 확장되거나 변경된 것으로서 발생한다고 보는 판례(대판(전) 2012. 5. 17. 2010다28604)의 입장과도 맞지 아니한다.

(2) 취득시효완성 후의 소유권의 처분과 불법행위로 인한 손해배상청구권의 성립

1) 부동산소유자가 취득시효가 완성된 사실을 알고 그 부동산을 제3자에게 처분하여 소유권이전등기를 넘겨줌으로써 취득시효완성을 원인으로 한 소유권이전등기의무가 이행불능에 빠지게 되어 시효취득을 주장하는 자가 손해를 입었다면 불법행위를 구성한다.

2) 이 경우 소유자의 고의·과실을 요한다. 부동산소유자가 취득시효완성 사실을 알았거나 알 수 있는 경우에는 소유자의 행위로 이행불능이 된다. 소유자가 취득시효완성 사실을 알기 위해서는 시효취득자가 소유자의 행위 이전에 취득시효의 주장이나 그로 인한 등기청구를 하였어야 한다.

3) 시효취득을 주장하는 권리자가 취득시효를 주장하면서 이로 인한 소유권이전등기청구소송을 제기하여 그에 관한 증명까지 마쳤다면 부동산소유자로서는 시효취득사실을 알 수 있다(대판 1993. 2. 9. 92다47892).

등기명의인인 부동산소유자가 그 부동산의 인근에 거주하는 등으로 그 부동산의 점유·사용관계를 잘 알고 있고, 시효취득을 주장하는 권리자가 등기명의인을 상대로 취득시효완성을 원인으로 한 소유권이전등기청구소송을 제기하여 등기명의인이 그 **소장부본을 송달**받은 경우에는 등기명의인이 그 부동산의 취득시효완성 사실을 알았거나 알 수 있었다고 봄이 상당하다(대판 1999. 9. 3. 99다20926).

부동산소유자가 그 부동산을 처분하기 위하여 먼저 그 부동산을 점유하고 있는 사람을 상대로 그 인도를 구하는 소송을 제기하여 이를 진행하고 있던 중에 상대방이 취득시효의 항변을 한다거나 **반소**를 제기하였다는 것만으로 부동산소유자가 상대방의 시효취득완성 사실을 알았다고 할 수 없고, 더욱이 상대방의 시효취득을 원인으로 한 반소청구가 제1심에서 기각된 경우에는 부동산소유자가 상대방의 시효취득을 알았다고 볼 수 없다(대판 1995. 7. 11. 94다4509).

4) 시효취득자가 처분금지가처분 등 조치를 취하지 아니함으로써 그 부동산 소유명의자의 부동산처분이라는 불법행위가 가능하게 되었더라도, 그 불법

행위가 시효취득자가 가처분 등의 권리보전절차를 취하지 아니한 것에 의하여 유발되거나 도발된 것은 아니어서 그와 같은 조치를 취하지 아니한 것이 소유명의자의 불법행위로 인한 손해의 발생에 원인이 되었다고 할 수 없다(시효취득자가 그와 같은 조치를 취하지 아니하였다는 사유를 들어 소유명의자의 불법행위로 인한 손해배상책임을 제한하는 것은 공평의 관념이나 신의칙에 비추어 보아도 타당하지도 아니하다. 대판 1995. 8. 22. 95다10303).

(3) 대상청구 인정 여부

1) 민법은 이행불능의 효과로서 채권자의 전보배상청구권과 계약해제권 외에 별도로 **대상청구권**(代償請求權)을 규정하고 있지 아니하다. 그러나 **해석상** 대상청구권을 부정할 이유는 없다(대판 1992. 5. 12. 92다4581,4598, 2012. 6. 28. 2010다71431).

일반적으로 대상청구권은 특별한 사정이 없는 한 매매목적물의 수용 또는 국유화로 인하여 매도인의 소유권이전등기의무가 이행불능이 되었을 때 매수인이 그 권리를 행사할 수 있다. 즉 소유자의 귀책사유에 의하지 않는 목적물의 멸실이나 토지수용 등과 같이, 소유자의 귀책사유 있는 행위 이외의 사유로 등기청구권이 이행불능이 된 경우이다.

2) 대상청구권이 인정되기 위해서는 급부가 **후발적으로 불능**하게 되어야 하고, 급부를 불능하게 하는 사정의 결과로 채무자가 채권의 목적물에 관하여 **대신하는 이익**을 취득하여야 한다(대판 2003. 11. 14. 2003다35482).

한편 급부의 후발적 이행불능의 경우 '급부를 불능하게 하는 사유'와 채무자가 취득한 '대신하는 이익' 사이에 **상당인과관계**가 존재한다고 할 수 없는 경우 채무자에 대한 대상청구권의 발생이 부정된다.

3) 쌍무계약의 당사자 일방이 상대방의 급부가 이행불능이 된 사정의 결과로 상대방이 취득한 대상에 대하여 급부청구권을 행사할 수 있는 경우가 있다고 하더라도, 그 당사자 일방이 대상청구권을 행사하려면 상대방에 대하여 반대급부를 이행할 의무가 있다. 이 경우 당사자 일방의 반대급부도 그 전부가 이행불능이 되거나 그 일부가 이행불능이 되고 나머지 잔부의 이행만으로는 상대방의 계약목적을 달성할 수 없는 등 **상대방에게 아무런 이익이 되지 않는다고 인정**되는 때에는, 상대방이 당사자 일방의 대상청구를 거부하는 것이 신의칙에 반한다고 볼 만한 특별한 사정이 없는 한, 당사자 일방은 상대방에 대하

여 대상청구권을 행사할 수 없다고 봄이 상당하다(대판 1996. 6. 25. 95다6601).

4) 부동산에 대한 점유취득시효완성을 원인으로 한 등기청구권이 이행불능으로 되었다고 하여 대상청구권을 행사하기 위해서는 그 이행불능 전에 등기명의자에 대하여 취득시효완성을 이유로 그 권리를 주장하였거나 그 취득시효완성을 원인으로 한 등기청구권을 행사하였어야 하고, 그 이행불능 전에 위와 같은 권리의 주장이나 행사에 이르지 않았다면 대상청구권을 행사할 수 없다고 봄이 **공평의 관념**에 부합한다(대판 1996. 12. 10. 94다43825).

5) 등기의무자가 지급받은 금원의 반환을 구하거나, 등기의무자가 취득할 지급청구권의 양도를 구할 수 있다. 이 경우 그 금원이 바로 대상청구권자에게 귀속되는 것은 아니다. 따라서 어떤 사유로 채권자가 직접 자신의 명의로 대상청구의 대상이 되는 보상금을 지급받았다고 하더라도 이로써 채무자에 대한 관계에서 바로 부당이득이 되는 것은 아니다(대판 2002. 2. 8. 99다23901).

10. 취득시효의 중단과 취득시효이익의 포기

1) 재판상 청구(응소의 경우도 포함한다. 다만 소유자가 점유자에게 대하여 응소로써 권리행사를 주장하고 그 주장이 인용되어야 한다), 압류, 가압류 또는 가처분, 승낙(승낙은 취득시효완성 당시의 진정한 소유자에 대해 하여야 그 효력이 발생한다)이 있는 경우 취득시효기간의 진행이 **중단**된다(민 247조 2항, 168조).

2) 취득시효이익의 **포기**는 알고서 하여야 한다. 그러나 취득시효완성 후에 그 사실을 모르고 취득시효의 대상에 관하여 어떠한 권리도 주장하지 않기로 하였다 하더라도 이에 반하여 시효주장을 하는 것은 특별한 사정이 없는 한 신의칙상 허용되지 않는다.

Ⅳ. 취득시효의 소송법상 문제

1. 취득시효완성으로 인한 소유권이전등기청구와 피고적격

(1) 원   칙

1) 원칙적으로 취득시효완성 당시의 소유자를 상대로 소유권이전등기청구를 하여야 한다.

2) 취득시효이익의 포기와 같은 상대방 있는 단독행위는 그 의사표시로

인하여 권리에 직접적인 영향을 받는 상대방에게 도달하는 때에 효력이 발생한다. 취득시효완성으로 인한 권리변동의 당사자는 시효취득자와 취득시효 완성 당시의 진정한 소유자이고, 실체관계와 부합하지 않는 원인무효인 등기의 등기부상 소유명의자는 권리변동의 당사자가 될 수 없다. 따라서 결국 시효이익의 포기는 달리 특별한 사정이 없는 한 시효취득자가 취득시효완성 당시의 **진정한 소유자**에 대하여 하여야 그 효력이 발생하며, 원인무효인 등기의 등기부상 소유명의자에게 그와 같은 의사를 표시하였다고 하여 그 효력이 발생하는 것은 아니다(대판 2011. 7. 14. 2011다23200).

(2) 예 외

1) 예외적으로 시효완성 당시의 소유권보존등기 또는 이전등기가 무효라면 원칙적으로 그 등기명의인은 시효취득을 원인으로 한 소유권이전등기청구의 상대방이 될 수 없다. 이 경우 시효취득자는 **소유자를 대위하여** 위 **무효등기의 말소**를 구하고 다시 위 **소유자를 상대로** 취득시효완성을 이유로 **소유권이전등기**를 구해야 한다(대판 2008. 4. 24. 2008다5073).

2) 다만 취득시효완성 당시 무효인 소유권보존등기의 명의인을 점유취득시효완성을 원인으로 하는 소유권이전등기청구의 상대방으로 인정한 사례도 있다.

판례 가운데, 구 토지조사령(1912. 8. 13. 제령 제2호)에 따라 토지조사부가 작성되었으나 그 토지조사부의 소유자란 부분이 훼손되어 사정명의인(査定名義人)이 누구인지 확인할 수 없게 되었지만 누구에겐가 사정된 것은 분명하고 시효취득자가 사정명의인 또는 그 상속인을 찾을 수 없어 취득시효완성을 원인으로 하는 소유권이전등기에 의하여 소유권을 취득하는 것이 사실상 불가능하게 된 경우, 시효취득자는 취득시효완성 당시 진정한 소유자는 아니지만 소유권보존등기명의를 가지고 있는 자에 대하여 직접 취득시효완성을 원인으로 하는 소유권이전등기를 청구할 수 있다고 한 사례도 있다(대판 2005. 5. 26. 2002다43417).

2. 취득시효완성으로 인한 소유권이전등기청구권을 피보전권리로 한 가처분 후 가처분에 반하는 제3자의 소유권이전등기의 말소등기청구의 소의 이익 유무

취득시효완성 후 제3사 앞으로 경료된 소유권이전등기가 원인무효인 경우

취득시효완성을 원인으로 한 소유권이전등기청구권을 가진 사람은 **취득시효완성 당시의 소유자를 대위하여** 제3자 명의 등기의 말소를 구할 수 있다.

　　한편 취득시효완성을 원인으로 하는 소유권이전등기청구권을 피보전권리로 하는 부동산처분금지가처분등기가 마쳐진 후에 가처분채권자가 **가처분채무자를 상대로** 가처분의 피보전권리에 기한 소유권이전등기를 청구함과 아울러 가처분등기 후 가처분채무자로부터 **소유권이전등기를 넘겨받은 제3자를 상대로** 가처분채무자와 그 제3자 사이의 법률행위가 원인무효라는 사유를 들어 **가처분채무자를 대위하여** 제3자 명의 소유권이전등기의 말소를 청구하는 경우, 가처분채권자가 가처분채무자를 상대로 본안의 승소판결을 받아 확정되면 가처분에 저촉되는 처분행위의 효력을 부정할 수 있다고 하여, 그러한 사정만으로 위와 같은 제3자에 대한 청구가 소의 이익이 없어 부적법하다고 볼 수는 없다. 가처분채권자가 대위행사하는 가처분채무자의 위 제3자에 대한 말소청구권은 가처분 자체의 효력과는 관련이 없을 뿐만 아니라, 가처분은 실체법상 권리관계와 무관하게 그 효력이 상실될 수도 있어, 가처분채권자의 입장에서는 가처분의 효력을 원용하는 외에 별도로 가처분채무자를 대위하여 제3자명의 등기의 말소를 구할 실익도 있기 때문이다(대판 2017. 12. 5. 2017다237339).

3. 취득시효의 기산일과 주요사실 여부

　1) 취득시효기간 중에 **이해관계 있는 제3자가 있는 경우 취득시효의 기산일**은 **간접사실**이다(간접사실은 주요사실의 존재를 경험법칙에 의하여 추인하는 데 쓰이는 사실이다). 즉 취득시효의 기산점은 법률효과의 판단에 관하여 직접 필요한 주요사실이 아니고 간접사실에 불과하므로 법원으로서는 이에 관한 당사자의 주장에 구속되지 아니하고 소송자료에 의하여 점유의 시기를 인정할 수 있다(고정시설).

　　판례도, 부동산의 시효취득에서 점유기간의 산정기준이 되는 점유개시의 시기는 취득시효의 요건사실인 점유기간을 판단하는 데 간접적이고 수단적인 구실을 하는 **간접사실**에 불과하므로, 이에 대한 자백은 법원이나 당사자를 구속하지 않는다고 한다(대판 2007. 2. 8. 2006다28065).

　　2) 그러나 취득시효기간 중에 계속해서 **등기명의자가 동일한 경우**(즉 시효완성 후 등기명의를 취득한 이해관계 있는 제3자가 있지 아니한 경우)에는 기산점을 어

디에 두어도 무방하다. 따라서 시효취득을 주장하는 시점에서 역산(逆算)하여 임의의 시점을 선택할 수 있다(고정시설의 **완화**).

4. 소유자가 취득시효완성 후 소유권을 처분하여 이행불능으로 인한 손해배상청구권과 소송물

1) 이행불능으로 인한 손해배상청구권이 채무불이행으로 인한 손해배상청구권인지, 불법행위로 인한 손해배상청구권인지 불분명할 수 있으므로 이를 명확하게 하기 위하여 석명권을 행사하여야 한다.

2) 선택적으로 병합하는 경우에는 앞서 본 판례의 입장에 의하면 불법행위로 인한 손해배상청구에 대해서 청구인용하여야 한다.

5. 민법 197조와 유사적 추정

점유자는 소유의 의사로 평온, 공연, 선의로 점유한 것으로 추정한다는 민법 197조 1항의 규정을 무전제(無前提)의 추정으로 **유사적 추정** 가운데 **잠정적 진실**에 해당한다고 보는 견해가 있다. 그러나 **판례**는 민법 197조를 여전히 **법률상 추정**으로 보고 있다(대판 1991. 7. 12. 91다6139, 1993. 8. 27. 93다17829). 왜냐하면 '점유자'는 점유자의 '점유'를 그 전제사실로 포함하는 것으로 볼 수 있기 때문이다. 따라서 민법 197조 1항이 추정을 잠정적 진실로 보더라도 이는 강학상 논의에 불과하고, 실제적으로는 법률상 사실추정과 다를 바 없음을 유의하여야 한다.

6. 취득시효와 증명책임

(1) 점유취득시효와 증명책임

점유취득시효의 요건 가운데 소유의 의사, 평온, 공연의 요건은 모두 추정된다(민 197조 1항). 따라서 자주점유임이 추정되므로, 타주점유임은 소유자에게 증명책임이 있다.

(2) 등기부취득시효와 증명책임

등기부취득시효는 소유의 의사, 평온 · 공연 외에도 선의 · 무과실을 그 요건으로 한다. 선의의 요건은 추정되나, 무과실의 요건은 추정되지 아니한다. 따라서 **타주점유**와 **악의점유**에 대해서는 소유자에게 그 증명책임이 있지만, 무

과실에 대해서는 점유자에게 그 증명책임이 있다.

V. 공유등기 관련의 실체법상 문제

1. 공유등기가 공유관계인지, 구분소유적 공유관계인지 여부

⑴ 공유등기

공유로만 등기된 경우 그 실체적 권리관계가 공유관계인지, 구분소유적 공유관계인지를 분명히 하여야 한다.

⑵ 구분소유적 공유의 개념과 그 판단기준

1) 구분소유적 공유의 개념에 관하여 부동산 실권리자명의 등기에 관한 법률 2조 1호 나목에서는 부동산의 위치와 면적을 특정하여 2인 이상이 구분소유하기로 하는 약정을 하고 그 구분소유자의 공유로 등기하는 경우라고 규정하고 있다.

2) 토지의 경우 구분소유적 공유관계는 토지의 위치나 면적으로 특정하여 여러 사람이 구분소유하기로 하는 약정이 있어야만 적법하게 성립할 수 있다.

공유자들 사이에 그 공유물인 토지를 분할하기로 약정하고 그때부터 각자의 소유로 분할된 부분을 특정하여 각자 점유·사용하여 온 경우에도 구분소유적 공유관계가 성립할 수 있다. 다만 이 경우 공유자들 사이에서 특정 부분을 각각의 공유자들에게 배타적으로 귀속시키려는 의사의 합치가 이루어지지 아니하는 한 이러한 관계가 성립할 여지가 없다.

1필지의 토지의 일부에 관한 특정 매매와 그에 대한 등기로써 공유지분이 전등기를 마친 사실이 있으면 통상 각 구분소유 부분에 대한 **상호명의신탁**의 합의가 존재하는 것으로 볼 수 있다. 그러나 그 경우에도 그 토지의 위치와 면적을 특정하여 매수함으로써 이를 구분소유한다고 하는 기본적 사실관계에 관해서는 서로 의사의 합치가 있어야 한다.

3) 1필지의 토지 중 특정 부분에 대한 구분소유적 공유관계를 표상하는 공유지분 위에 근저당권이 설정된 후 구분소유적 공유관계가 해소된 경우에도 그 근저당권은 종전의 구분소유적 공유지분의 비율대로 분할된 토지들 전부의 위에 그대로 존속하며, 근저당권설정자의 단독소유로 분할된 토지에 당연히 집중되는 것은 아니다(대판 2014. 6. 26. 2012다25944).

(3) 구분소유적 공유관계에서 각 공유자가 특정 구분부분을 단독으로 처
    분할 수 있는지 여부

1) **구분소유적 공유관계**에서 각 공유자 상호 간에는 각자의 **특정 구분부분**을 자유롭게 처분함에 서로 동의하고 있다고 볼 수 있으므로, 공유자 각자는 자신의 특정 구분부분을 단독으로 처분하고 이에 해당하는 공유지분등기를 자유로이 이전할 수 있다. 이는 공유지분등기가 내부적으로 공유자 각자의 특정 구분부분을 표상하기 때문이다.

2) 그러나 구분소유하고 있는 특정 구분부분별로 독립한 필지로 분할되는 경우에는 특별한 사정이 없는 한 각자의 특정 구분부분에 해당하는 필지가 아닌 나머지 각 필지에 전사(轉寫)된 공유자 명의의 공유지분등기는 더 이상 해당 공유자의 특정 구분부분에 해당하는 필지를 표상하는 등기라고 볼 수 없고, 각 공유자 상호 간에 상호명의신탁관계만이 존속한다. 따라서 각 공유자는 나머지 각 필지 위에 전사된 자신 명의의 공유지분에 관하여 다른 공유자에 대한 관계에서 그 공유지분을 보관하는 자의 지위에 있다(대판 2014. 12. 24. 2011도 11084).

2. 공유등기의 해소방법

(1) 구분소유적 공유관계의 해소방법

1) 구분소유적 공유관계는 등기명의인 사이에 **상호명의신탁관계**에 있다. 명의신탁해지를 원인으로 한 지분이전등기청구를 하여야 한다. 이 경우 공유물의 분할청구를 하는 것은 허용되지 아니한다.

2) 건물의 경우 집합건물(1동의 건물에 대하여 구분소유권이 성립하는 경우 그 1동의 건물)과 구분건물(1동의 건물 중 구분된 건물부분)로 등기(**구분등기**)가 되어야 한다. 구분등기를 하기 위해서는 건축물대장상 **전환등록절차**를 거쳐야 한다. 그후 상호 간에 자기가 신탁받은 공유지분 전부를 이전하는 방식으로 한다.

구분소유가 성립하기 위하여 1동의 건물 가운데 구분된 건물부분이 구조상·이용상 독립성을 갖추어야 하고, 물리적으로 구획된 건물부분을 각각 구분소유권의 객체로 하려는 구분행위가 존재하여야 한다.

먼저 구분행위가 있고, 그 후 그 구분행위에 상응하는 구분건물이 객관적·물리적으로 완성되면 구분소유가 성립한다. 이 경우 앞서 그 건물이 집합

건축물대장에 등록되거나 구분건물로서 등기부에 등기되지 않더라도 마찬가지이다(대판(전) 2013. 1. 17. 2010다71578).

(2) 공유관계의 해소방법

1) 공유자들 사이에 공유물분할의 합의가 성립된 경우에는 그 합의된 내용대로의 이행청구를 하여야 한다.

2) 공유자들 사이에 공유물분할의 합의가 성립되지 아니한 경우 공유물의 분할을 원하는 공유자는 **공유물분할청구**의 소를 제기하여야 한다.

3. 공유물의 사용·수익·관리에 관한 특약이 공유자의 특별승계인에게 당연히 승계되는지 여부

1) 공유자는 공유물 전부를 지분비율로 사용·수익할 수 있으며(민 263조), 공유물의 관리에 관한 사항은 공유자의 지분의 과반수로써 결정된다(민 265조). **공유물의 사용·수익·관리에 관한 공유자 사이의 특약**은 유효하며 그 특정승계인에 대해서도 승계된다.

2) 다만 그 특약이 지분권자로서의 사용·수익권을 사실상 포기하는 등으로 공유지분권의 본질적 부분을 침해하는 경우에는 특정승계인이 그러한 사실을 알고도 공유지분권을 취득하였다는 등의 특별한 사정이 없다면 특정승계인에게 당연히 승계된다고 볼 수 없다.

위와 같은 특약의 존재 및 그 특약을 알면서 공유지분권을 취득하였다는 등의 특별한 사정이 있는지에 관해서는 구체적인 공유물의 사용·수익·관리의 현황, 이에 이르게 된 경위 및 공유자들의 의사, 현황대로 사용·수익된 기간, 공유지분권의 취득 경위 및 그 과정에서 특약 등의 존재가 드러나 있었거나 이를 쉽게 알 수 있었는지 여부 등 여러 사정을 종합하여 판단하여야 한다(대판 2013. 3. 14. 2011다58701).

4. 공유등기의 부동산의 점유·사용과 부당이득

1) 토지의 공유자는 각자의 지분비율에 따라 토지 전체를 사용·수익할 수 있지만, 그 구체적인 사용·수익방법에 관하여 공유자들 사이에 지분 과반수의 합의가 없는 이상 1인이 특정 부분을 배타적으로 점유·사용할 수 없다. 따라서 공유지 중의 일부가 특정 부분을 배타적으로 점유·사용하고 있다면

그들은 비록 그 특정 부분의 면적이 자신들의 지분비율에 상당하는 면적 범위 내라고 할지라도, 다른 공유자들 중 지분은 있으나 사용·수익은 전혀 하지 않고 있는 사람에 대해서는 그 사람의 지분에 상응하는 부당이득을 하고 있다고 보아야 한다.

2) 여러 사람이 공동으로 법률상 원인 없이 타인의 재산을 사용한 경우의 부당이득반환채무는 특별한 사정이 없는 한 불가분적 이득의 반환으로 **불가분채무**이고, 불가분채무는 각 채무자가 채무 전부를 이행할 의무가 있으며, 1인의 채무이행으로 다른 채무자도 그 의무를 면하게 된다(대판 2001. 12. 11. 2000다13948).

VI. 공유등기 관련의 소송법상 문제

1. 공유관계소송과 공동소송의 형태

(1) 통상공동소송

1) 공유자가 다른 공유자 또는 제3자를 상대로 하는 소송을 공유관계소송에서의 **능동소송**(能動訴訟)이라 한다. 제3자가 공유자들을 상대로 한 소송을 공유관계소송에서의 **수동소송**(受動訴訟)이라 한다.

2) **능동소송**에서 공유물임을 확인하는 소송(예컨대 상속재산확인소송 등)은 필수적 공동소송이나, 그 외의 경우에는 일반적으로 통상공동소송이다. 여기에는 공유자가 보존행위로서, 또는 자신의 지분범위 내에서 인도청구, 소유권등기의 말소등기청구(또는 진정명의회복을 위한 소유권이전등기청구), 손해배상청구 등이 있다.

3) **수동소송**에서, 공유물의 반환과 철거소송은 필수적 공동소송이 아니다. 이는 통상공동소송이다. 각 공유자는 자신의 지분비율의 범위 내에서 반환 또는 철거의무를 부담한다. **판례**는, 그러한 청구는 공유자 각자에 대하여 그 지분의 한도 내에서 인도 또는 철거를 구하는 것으로 보고 있다.

일부 판례 중에는, 공동상속인들의 건물철거의무는 그 성질상 불가분채무로서, 각자 그 지분의 한도 내에서 건물 전체에 대한 철거의무를 진다는 것도 있다(대판 1980. 6. 24. 80다756).

(2) 필수적 공동소송

공유물 전체에 대한 소유권확인청구는 이를 다투는 제3자를 상대로 공유자 모두가 하여야 하며, 공유자 일부만이 그 관계를 대외적으로 주장할 수 없다(대판 1994. 11. 11. 94다35008).

2. 공유자 중 한 사람 명의로 소유권이전등기를 경료한 경우의 구제방법

(1) 실체관계 부합 여부

1) 공유자들(갑, 을, 병) 명의의 공유등기가 경료된 후 그 가운데 공유자 한 사람(병) 명의로 단독으로 한 소유권이전등기는 그 공유등기가 공유이든, 구분소유적 공유이든 다른 공유자들(갑, 을) 지분범위 내에서는 무효이다.

2) 다만 단독명의로 소유권이전등기를 경료한 공유자(병) 지분 범위 내에서는 실체관계에 부합하는 유효한 등기이다. 물론 단독명의(병 명의로)로 소유권이전등기를 경료하는 데에 다른 공유자들(갑, 을)이 사전 동의를 한 경우에는 위 소유권이전등기는 실체관계에 부합하는 유효한 등기이다.

(2) 다른 공유자의 말소등기청구 여부

1) 공유자의 **보존행위**란 공유물의 멸실·훼손을 방지하고 공유물의 현상을 유지하는 사실적·법률적 행위를 말한다. 이러한 공유물의 보존행위를 각 공유자가 단독으로 할 수 있도록 한 취지는 그 보존행위가 긴급을 요하는 경우가 많고 다른 공유자에게도 이익이 되는 것이 보통이기 때문이다(따라서 어느 공유자가 보존권을 행사하는 때에 그 행사의 결과가 다른 공유자의 이해와 충돌될 때에는 그 행사는 보존행위로 될 수 없다. 대판 2008. 12. 11. 2006다83932, 2015. 1. 29. 2014다49425 등).

2) 다른 공유자 가운데 한 사람(갑)은 앞서와 같이 단독명의로 소유권이전등기를 경료한 공유자를 상대로 공유물의 보존행위로서 그 공유물에 관한 원인무효의 **등기 전부**(다른 공유자들(갑, 을) 지분 전부)의 말소등기의 이행을 청구할 수 있고, 공유물에 경료된 원인무효의 등기에 관하여 다른 공유자들(갑, 을)에게 **해당 지분별**로 진정명의회복을 위한 소유권이전등기의 이행을 청구할 수도 있다.

3) 다른 공유자 가운데 한 사람(갑)은 자신의 공유지분이 아닌 나머지 다른 공유자(을)의 공유지분을 침해하는 원인무효의 등기가 이루어졌다는 이유로 공유물에 관한 보존행위로서 그 말소를 구할 수는 없다.

공유자가 다른 공유자의 지분권을 대외적으로 주장하는 것을 공유물의 멸실·훼손을 방지하고 공유물의 현상을 유지하는 사실적·법률적 행위인 공유물의 보존행위에 속한다고 할 수 없으므로, 자신의 소유지분을 침해하는 지분 범위를 초과하는 부분에 대하여 공유물에 관한 보존행위로서 무효라고 주장하면서 그 부분 등기의 말소를 구할 수는 없다.

3. 공유등기와 관련된 건물철거 등

(1) 공유자 중 한 사람(병)이 다른 공유자의 동의 없이 단독으로 소유권이전등기를 경료하여 그 위에 건물을 신축한 행위가 적법한 것인지 여부

(a) 병의 위 특정 부분의 점유가 구분소유적 공유관계에 기한 경우

구분소유적 공유관계에 기한 것인 경우에는 그 특정 토지 부분을 단독으로 처분할 권한이 있다.

구분소유적 공유관계가 인정되기 위해서는 일반의 공유와 같이 취급할 수는 없고, 외부적으로는 공유이나 내부적으로는 구분소유하는 것으로 취급하여야 한다. 그 특정 부분 이외의 부분에 관한 등기는 상호명의신탁을 하고 있는 것으로서, 그 지분권자는 내부관계에서는 특정 부분에 한하여 소유권을 취득하여 이를 배타적으로 사용·수익할 수 있고, 다른 구분소유자의 방해행위에 대해서는 소유권에 근거하여 그 배제를 구할 수 있다(대판 1994. 2. 8. 93다42986).

따라서 병이 위 특정 토지 부분에 건물을 신축하는 행위는 정당하다. 다른 공유자(갑)는 보존행위로서 위 건물의 양수인을 상대로 그 건물의 철거를 구할 수 없으며, 나아가 그 건물의 임차인에 대해서도 그 점유 부분에서 퇴거를 구할 수 없다.

(b) 병의 위 특정 부분의 점유가 공유관계에 기한 경우

1) 공유물의 관리에 관한 사항은 공유자의 지분의 **과반수**로써 결정한다(민 265조). 과반수의 지분을 가진 공유자는 다른 공유자 사이에 미리 공유물의 관리방법에 관한 협의가 없었다 하더라도 공유물의 관리에 관한 사항을 단독으로 결정할 수 있다. 과반수의 지분을 가진 공유자가 그 공유물의 특정 부분을 배타적으로 사용·수익하기로 정하는 것은 공유물의 관리방법으로서 적법하다.

따라서 병이 과반수 지분권자가 아닌 경우에는 위 특정 부분의 점유가 공유물의 관리에 해당하는지 민법 264조의 공유물의 처분·변경에 해당하는지 여부에 관계없이 허용되지 아니한다.

2) 과반수 지분의 공유자가 그 공유물의 특정 부분을 배타적으로 사용·수익하기로 정하는 것은 공유물의 관리방법으로서 적법하다. 과반수 지분의 공유자로부터 사용·수익을 허락받은 점유자에 대하여 소수 지분의 공유자는 그 점유자가 사용·수익하는 건물의 철거나 퇴거 등 점유배제를 청구할 수 없다.

다만 과반수 지분권자라 하더라도 그 사용·수익의 내용이 공유물의 기존의 모습에 본질적 변화를 일으켜 '관리' 아닌 '처분'이나 '변경'의 정도에 이르는 것이어서는 아니 된다.

여기서 **처분**이란 법률상 및 사실상의 처분을 포함하며, '변경'이란 사실상의 물리적 변경을 의미한다. 공유물의 처분·변경의 경우가 아니라면 공유물의 관리에 해당한다. 여기서 **관리**는 민법 264조의 처분·변경에 이르지 않는 것으로서 공유물을 이용·개량하는 행위이다. 공유자 사이에 공유물을 사용·수익할 구체적인 방법을 정하는 것은 공유물의 관리에 관한 사항이다.

예컨대 ① 다수지분권자로 하여 나대지(裸垈地)에 새로이 건물을 건축하는 것은 관리의 범위를 넘는 변경이 된다(대판 2001. 11. 27. 2000다33638,33645). ② 대지상에 견고한 철골조립식 주차장을 설치하는 것도 관리가 아니라 변경에 해당한다(대판 2011. 3. 24. 2010다85133).

3) 구분소유적 공유가 아닌 공유관계인 경우 공유자 가운데 한 사람(갑)은 보존행위로 병이 신축한 건물에 대하여 방해배제를 구할 수 있다.

⑵ 병으로부터 위 건물을 매수한 사람에 대한 건물철거청구의 당부

1) 이 경우 건물의 매수인은 그 명의로 이전등기를 한 경우는 물론이고, 소유권이전등기를 하지 않고 있더라도 철거청구의 상대방이 될 수 있다. 그 건물을 사실상·법률상 처분할 권한이 있기 때문이다.

2) 타인의 토지 위에 건립된 건물이 **미등기**이고, 그 건물로 인하여 그 토지의 소유권이 침해되는 경우 그 건물을 철거할 의무는 그 건물을 **법률상 또는 사실상 처분할 수 있는 지위**에 있는 사람에게 있다.

건물철거는 그 소유권의 종국적 처분에 해당되는 사실행위이므로 원칙적으로는 그 소유자(민법상 원칙적으로는 등기명의자)에게만 그 철거처분권이 있으며, 예외적으로 건물의 전소유자로부터 매수하여 점유하고 있는 등 그 권리의

범위 내에서 그 점유 중인 건물에 대하여 법률상 또는 사실상 처분을 할 수 있는 지위에 있는 자에게도 그 철거처분권이 있다.

매매의 경우에, 법률상·사실상 처분할 수 있는 지위에 있는지 여부의 기준은 ① 현재의 점유자가 건물의 소유자로부터 순차로 매매 등 소유권 취득의 **유효한 원인행위**를 하였고, ② 그 원인행위에 기하여 **점유의 이전**이 행하여졌으며, ③ 건물의 소유자(등기명의인)가 그 **매매대금을 모두 수령**하는 등으로 그 건물을 보유할 현실적인 이해관계가 없는 경우이어야 한다.

(3) 병으로부터 위 건물을 매수한 사람에 대한 건물퇴거청구의 당부

이 경우 건물의 매수인은 앞에서 본 바와 같이 건물의 사실상·법률상 처분을 할 수 있는 지위에 있는 사람으로서 **건물철거의무**가 있다. 건물철거의무가 있는 사람에 대한 **건물퇴거의무**는 없다. **판례**는, 건물이 피고의 소유라면 피고가 위 건물의 소유를 통하여 그 토지를 점유하고 있다고 하더라도 원고로서는 그 건물의 철거와 그 대지의 인도를 청구할 수 있을 뿐, 자기 소유의 건물을 점유하고 있는 피고에 대하여 그 건물에서 퇴거할 것을 청구할 수는 없다고 본다(대판 1999. 7. 9. 98다57457,57464).

(4) 병으로부터 위 건물을 매수한 사람과 임대차계약을 체결하여 임차 중인 사람에 대한 건물퇴거청구의 당부

1) 건물의 임차인은 직접점유자로서 공유자에 대하여 불법점유자이다. **판례**는 이 경우 간접점유자인 건물의 임대인에 대한 청구를 인정하지 아니한다. 직접점유자를 상대로 하여야 한다고 본다. 즉 판례는 대체로 불법점유를 이유로 한 소유물반환청구의 경우에는 불법점유자를 상대로 하여야 한다고 하면서도, 계약의 종료를 이유로 한 반환청구의 경우에는 간접점유자에 대한 청구를 긍정한다.

2) 판례는, 불법점유를 이유로 인도를 청구하려면 현실적으로 그 목적물을 점유하고 있는 사람을 상대로 하여야 하며, 불법점유자라 하여도 그 물건을 다른 사람에게 인도하여 현실적으로 점유를 하고 있지 않은 이상 그 사람을 상대로 한 명도청구를 할 수는 없다고 본다(대판 2000. 4. 7. 99다68768).

3) 건물이 그 존립을 위한 토지사용권을 갖추지 못하여 토지소유사가 선물소유자에 대하여 해당 건물의 철거 및 그 대지의 인도를 청구할 수 있는 경우에라도 건물소유자가 아닌 사람이 건물을 점유하고 있다면 토지소유자는 그

건물 점유를 제거하지 아니하는 한 위의 건물 철거 등을 실행할 수 없다. 따라서 그때 토지소유권은 위와 같은 점유에 의하여 그 원만한 실현을 방해당하고 있다고 볼 것이므로, 토지소유자는 자신의 소유권에 기한 방해배제로서 건물 점유자에 대하여 건물로부터의 퇴출을 청구할 수 있다.

그리고 이는 건물점유자가 건물소유자로부터의 임차인으로서 그 건물임차권이 이른바 대항력을 가진다고 해서 달라지지 아니한다. 건물임차권의 대항력은 기본적으로 건물에 관한 것이고 토지를 목적으로 하는 것이 아니므로 이로써 토지소유권을 제약할 수 없고, 토지에 있는 건물에 대하여 대항력 있는 임차권이 존재한다고 하여도 이를 토지소유자에 대하여 대항할 수 있는 토지사용권이라고 할 수는 없다. 즉 건물에 관한 임차권이 대항력을 갖춘 후에 그 대지의 소유권을 취득한 사람은 민법 622조 1항이나 주택임대차보호법 3조 1항 등에서 그 임차권의 대항을 받는 것으로 정하여진 '제3자'에 해당한다고 할 수 없다(대판 2010. 8. 19. 2010다43801).

4. 공유물분할의 소

(1) 형성의 소

1) 공유물분할의 소는 공유자 사이의 기존의 공유관계를 폐기하고 각자의 단독소유권을 취득하게 하는 형성의 소이다. 공유자 사이의 권리관계를 정하는 창설적 판결을 구하는 것이므로 그 판결 전에는 공유물은 아직 분할되지 않고 따라서 분할물의 급부를 청구할 권리는 발생하지 않으며 분할판결의 확정으로 각자의 취득부분에 대하여 비로소 **단독소유권**이 창설된다(민법 187조에 따라 등기 없이 물권변동의 효력이 발생한다). 따라서 미리 그 부분에 대한 소유권확인의 청구도 할 수 없다(대판 1969. 12. 29. 68다2425).

2) 공유물분할의 소와 병합하여 분할판결이 날 경우에 대비하여 소유권(지분)이전등기를 구하는 청구는 허용되지 않는다. 이러한 소가 허용되지 아니하는 이유는 장래의 이행의 소로써 미리 청구할 필요가 없기 때문이 아니라, 분할판결의 확정에 따라 단독소유권을 취득하며, **단독으로 이전등기신청**을 할 수 있기 때문이다(부등 23조 4항).

3) 공유물분할의 청구를 구하는 공유자는 공유물분할의 소를 본안으로 제기하기에 앞서 장래에 그 판결이 확정됨으로써 취득할 부동산의 전부 또는 특

정 부분에 대한 소유권의 권리를 피보전권리(또는 분할 후 생길 지분이전등기청구권)로 하여 다른 공유자들을 상대로 그들의 공유지분에 관하여 부동산 전부에 대한 **처분금지가처분**을 해둘 수 있다(대결 2002. 9. 27. 2000마6135, 2013. 6. 14. 2013 마396). 가처분의 피보전권리는 가처분 신청 당시 확정적으로 발생한 것이어야 하는 것은 아니고 이미 그 발생의 기초가 존재하는 한 장래에 발생할 권리도 가처분의 피보전권리가 될 수 있기 때문이다.

(2) 형식적 형성의 소

1) 공유물분할의 소에서 법원은 재량에 의하여 합리적 방법으로 분할방법을 선택할 수 있다. **현물분할**과 **경매분할**의 방법이 있다. 현물분할의 방법으로 **전면적 가격배상**과 **부분적 가격배상**도 포함한다. 즉 전면적 가격배상도 상당하다고 인정되고, 공유자들 사이에 실질적 공평을 해하지 않는다고 인정되는 경우에는 허용된다.

2) 공유물분할의 소에서 공유자가 취득하는 토지의 경제적 가치가 지분비율에 상응하도록 하거나 금전으로 경제적 가치의 과부족을 조절하게 하는 방법으로 현물분할하는 것도 허용된다.

3) 청구하는 공유자의 공유관계는 반드시 해소하여야 한다. 청구하는 공유자의 공유지분의 일부에 대해서만 공유관계를 해소하는 것은 허용되지 아니한다. 즉 공유물분할을 청구한 공유자의 지분한도 안에서는 공유물을 현물 또는 경매·분할함으로써 공유관계를 해소하고 단독소유권을 인정하여야 한다. 따라서 그 **분할청구자 지분**의 일부에 대해서만 공유물분할을 명하고 **일부 지분**에 대해서는 이를 분할하지 아니한 채 공유관계를 유지하도록 하는 것은 허용되지 아니한다(대판 2015. 7. 23. 2014다88888).

(3) 필수적 공동소송

공유물분할의 소는 분할을 청구하는 공유자가 원고가 되어 다른 공유자 전부를 공동피고로 하여야 하는 **고유필수적 공동소송**이다. 예컨대 공유물분할의 소의 계속 중 변론종결일 전에 공유자 중 1인인 갑의 **공유지분의 일부가 제3자에게 이전**되었으나 제3자가 변론종결시까지 참가승계(민소 81조)나 인수승계(민소 82조)의 방식으로 소송의 당사자가 되었어야 함에도 그렇지 못한 경우에는 위 소송 전부가 부적법하게 된다(대판 2014. 1. 29. 2013다78556).

5. 경계확정의 소

(1) 경계확정의 소의 법적 성질

1) 경계확정의 소란 **토지경계확정의 소**를 말한다. 건물경계확정의 소는 허용되지 않는다.

2) 토지의 경계는 공적으로 설정·인증된 지번과 지번 사이의 경계선을 말한다. 토지의 경계는 지적공부상의 등록, 즉 **지적도상의 경계**에 의하여 특정된다. 현실의 경계에 의하여 특정되는 것이 아니다(사적인 소유권의 경계선을 가리키는 것이 아니다). 즉 단순히 사적관계에서의 소유권의 한계선과는 그 본질을 달리한다.

3) 이에 반하여 **건물의 경계**는 사회통념상 독립한 건물로 인정되는 건물 사이의 **현실의 경계**에 의하여 특정된다. 즉 건물의 경계는 공적으로 설정·인증된 것이 아니다. 단순히 사적관계에서의 **소유권의 한계선**에 불과하다. 따라서 경계확정의 소에 의할 것이 아니라 **소유권확인소송**에 의하여야 한다. 건물경계확정의 소를 제기하면 부적법하므로 소를 각하하여야 한다.

(2) 경계확정의 소와 소의 이익

1) 토지경계확정의 소는 인접한 토지의 경계선이 사실상 불분명하여 다툼이 있는 경우에 재판에 의하여 그 경계를 확정하여 줄 것을 구하는 소송이다. 따라서 인접한 토지의 경계가 불분명하여 그 소유자들 사이에 다툼이 있다는 것만으로 권리보호의 필요가 인정된다.

2) 지적도에 의하여 **명확한 공법상의 경계가 설정**되어 있는 경우 현실적으로 상대방이 그 경계를 침범하였다는 이유로 그 침범 대지의 인도를 구하는 외에 별도로 그 경계의 확인을 구하는 것은 적법한 토지경계확정의 소가 될 수 없고, 또 소의 이익이 없어 부적법하다(대판 1991. 4. 9. 90다12649).

3) 경계확정의 소에서 당사자 양쪽이 경계에 관하여 합의가 성립되어 당사자의 주장이 일치하게 되었다고 하더라도 경계확정의 소가 소의 이익이 없어 부적법해지는 것이 아니다. 소송 도중에 당사자 양쪽이 경계에 관하여 합의를 도출해 냈다고 하더라도 원고가 그 소를 취하하지 않고 법원의 판결에 의하여 경계를 확정할 의사를 유지하고 있는 한, 법원은 그 합의에 구속되지 아니하고 진실한 경계를 확정해야 하기 때문이다(대판 1996. 4. 23. 95다54761).

(3) 경계확정의 소와 피고적격

경계확정의 소는 분쟁된 경계와 관련되는 **인접 토지의 소유자 전원** 사이에서 합일적으로 확정될 필요가 있다. 따라서 인접 토지의 한쪽 또는 양쪽이 **여러 사람의 공유**에 속하는 경우 경계확정의 소는 관련된 **공유자 전원**이 공동해서만 제소하고 상대방도 **공유자 전원**이 공동으로서만 제소될 것을 요건으로 하는 고유필수적 공동소송이다(대판 2001. 6. 26. 2000다24207).

제 3 절   집합건물

Ⅰ. 집합건물의 실체법상 문제

1. 집합건물의 전유부분과 공용부분

(1) 집합건물의 전유부분

집합건물의 소유 및 관리에 관한 법률('집합건물법')상 **집합건물에서 전유부분**이란 구조상으로나 이용상으로 다른 전유부분과 독립되어 있는 건물부분을 말한다. 그 이용 상황 및 이용 형태에 따라 **구조상의 독립성** 판단의 엄격성에 차이가 있을 수 있으나, 구조상의 독립성은 주로 소유권의 목적이 되는 객체에 대한 물적 지배의 범위를 명확히 할 필요성 때문에 요구된다. 따라서 구조상의 구분에 의하여 구분소유권의 객체 범위를 확정할 수 없는 경우에는 구조상의 독립성이 있다고 할 수 없다.

(2) 집합건물의 공용부분

1) 집합건물의 **공용부분**이란 집합건물에서 수개의 전유부분으로 통하는 복도, 계단 그 밖에 구조상 구분소유자의 전원 또는 그 일부의 공용에 제공되는 건물부분을 말하며, 구분소유권의 목적이 되지 않는다. 건물의 어느 부분이 구분소유자의 전원 또는 일부의 공용에 제공되는지 여부는 소유자들 사이에 특별한 합의가 없는 한 그 건물의 구소에 따른 객관적인 용도에 의하여 결정되어야 한다(대판 2008. 6. 26. 2007다90241 등).

공용부분에는 구분소유자 **전원**의 공유인 경우(전체공용부분)와 구분소유자 **일부**의 공유인 경우(일부공용부분)가 있다.

2) 건물의 안전이나 외관을 유지하기 위하여 필요한 기둥, 지붕, 외벽, 기초공작물 등은 그 구조상 구분소유자의 전원 또는 그 일부의 공용에 제공되는 부분으로서 구분소유권의 목적이 되지 않는다.

3) 집합건물의 공용부분은 취득시효에 의한 소유권취득의 대상이 되지 아니한다. 공용부분에 대하여 취득시효완성을 인정하여 그 부분에 대한 소유권취득을 인정한다면 전유부분과 분리하여 공용부분의 처분을 허용하고 일정 기간의 점유로 인하여 공용부분이 전유부분으로 변경되는 결과가 되어 집합건물법의 취지에 어긋나게 되기 때문이다(대판 2013. 12. 12. 2011다78200,78217).

(3) 집합건물의 전유부분과 공용부분의 판단기준시

1) 집합건물의 어느 부분이 전유부분인지 공용부분인지 여부는 **구분소유가 성립한 시점**을 기준으로 판단하여야 한다. 그 후의 건물의 개조나 이용상황의 변화 등은 전유부분인지 공용부분인지 여부에 영향을 미칠 수 없다.

2) **대판(전) 2013. 1. 17. 2010다71578 이전의 판례**는, 원칙적으로 건물 전체가 완성되어 해당 건물에 관한 건축물대장에 구분건물로 등록된 시점을 기준으로 판단하여야 한다고 보고 있었다.

그러나 **위 전원합의체 판결**은, 구분건물이 물리적으로 완성되기 전에도 건축허가신청이나 분양계약 등을 통하여 장래 신축되는 건물을 구분건물로 하겠다는 **구분의사가 객관적으로 표시**되면 구분행위의 존재를 인정할 수 있고, 이후 1동의 건물 및 그 구분행위에 상응하는 구분건물이 객관적·물리적으로 완성되면 아직 그 건물이 집합건축물대장에 등록되거나 구분건물로서 등기부에 등기되지 않았더라도 그 시점에서 구분소유가 성립한다고 보고 있다.

2. 집합건물상 대지사용권

(1) 대지사용권

1) 집합건물의 **대지사용권**이란 구분소유자가 전유부분을 소유하기 위하여 건물의 대지에 대하여 가지는 권리를 말한다(집합건물 2조 6호). 대지사용권이 **소유권**일 수도 있고, **임차권**일 수도 있다. 즉 대지사용권은 반드시 대지에 대한 소유권과 같은 **물권**에 한정되는 것이 아니고, 등기가 되지 않는 **채권적 토지사용권**도 대지사용권이 될 수 있다.

그러나 대지사용권은 권리로서 **유효하게 존속**하고 있어야 하므로, 사후에 효력을 상실하여 소멸한 토지사용권은 더 이상 전유부분을 위한 대지사용권이 될 수 없다(대판 2017. 12. 5. 2014다227492).

2) 대지사용권의 성립을 위해서는 집합건물의 존재와 구분소유자가 전유부분의 소유를 위하여 해당 대지를 사용할 수 있는 권리를 보유하는 외에는 다른 특별한 요건이 필요하지 아니하다(대판 2009. 6. 23. 2009다26145). 대지사용권이 없는 구분소유자가 사후적으로 사용권을 취득하는 경우에는 그때에 대지사용권이 성립한다(대판 2012. 1. 27. 2011다73090).

3) 집합건물법 20조 1항 및 2항에 의하면 구분소유자의 대지사용권은 그가 가지는 전유부분의 처분에 따르고, 구분소유자는 그가 가지는 전유부분과 분리하여 대지사용권을 처분할 수 없다. 규약이나 공정증서로써 다르게 정하였다는 특별한 사정이 없는 한 대지사용권을 전유부분과 분리하여 처분할 수는 없으며, 이를 위반한 대지사용권의 처분은 무효이다. 이를 위반한 대지사용권의 처분은 법원의 강제경매절차에 의한 것이라 하더라도 무효이다(대판 2009. 6. 23. 2009다26145, 2015. 1. 15. 2012다74175).

4) 한 동의 건물의 구분소유자들은 그 전유부분을 구분소유하면서 공용부분을 공유하므로, 특별한 사정이 없는 한 그 건물의 **대지 전체를 공동으로 점유**한다. **대지사용권의 비율**은 원칙적으로 **전유부분의 면적비율**에 따른다(집합건물 12조 1항, 21조 1항). 따라서 집합건물의 구분소유자들이 대지 전체를 공동점유하여 그에 대한 **점유취득시효**가 완성된 경우에도 구분소유자들은 대지사용권으로 그 전유부분의 면적비율에 따른 대지 지분을 보유한다고 보아야 한다(대판 2017. 1. 25. 2017다72469).

5) 구분소유권이 이미 성립한 집합건물이 증축되어 새로운 전유부분이 생긴 경우에는, **건축자의 대지소유권**은 기존 전유부분을 소유하기 위한 대지사용권으로 이미 성립하여 기존 전유부분과 일체불가분성을 가지게 되었으므로 규약 또는 공정증서로써 달리 정하는 등의 특별한 사정이 없는 한 새로운 전유부분을 위한 대지사용권이 될 수 없다(대판 2017. 5. 31. 2014다236809).

(2) 대 지 권

1) 대지권이란 **전유부분과 일체화된 대지사용권**을 말한다. 구분소유자가 갖는 대지사용권으로서 건물과의 일체불가분성이 부여되어 **분리처분할 수 없는 권리**를 말한다.

2) 집합건물법은 대지사용권을 가진 구분소유자가 일체성을 배제하기 위해서 **규약 또는 공정증서**로써 그러한 취지를 정하도록 규정(20조 2항 단서, 4항, 3조 3항)하고 있을 뿐이다. 따라서 구분소유자가 그러한 규약이나 공정증서를 작성하지 아니한 때에는 대지사용권은 당연히 분리처분이 불가능한 것으로서 대지권이 된다.

3. 구분소유자의 대지지분에 관한 소유권이전등기

⑴ 구 부동산등기법상 방법

1) **종전의 경우**에는 전유부분의 소유권자는 분양자로부터 직접 대지권을 이전받기 위하여 분양자를 상대로 대지권변경등기절차의 이행을 소구하는 등 하여야 하였다(대판 2005. 4. 14. 2004다25338).

2) 그러나 구 부동산등기법 시행규칙 60조의2가 2006. 5. 30.자로 개정되면서 삭제되고, 이에 대체하여 신설된 구 부동산등기법(2006. 5. 10. 법률 제7954호로 개정된 것) 57조의3에서는 **현행 부동산등기법 60조**(대지사용권의 취득)와 같은 규정을 두었다. 따라서 현행 부동산등기법상 대지권변경등기는 허용되지 아니한다. 즉 대지권변경등기절차의 이행을 구할 수 없다.

⑵ 현행 부동산등기법상 방법

1) 전유부분에 관하여 제3자가 전유부분을 매수한 경우(경매절차상 매수인도 마찬가지이다) 매수인은 전유부분과 함께 구분건물을 건축한 사람이 가지는 대지사용권을 취득한다(대판 2008. 9. 11. 2007다45777).

2) 구분건물에 관해서만 소유권이전등기를 마친 경우 그 구분건물의 소유명의자는 대지사용권에 관하여 구분건물을 건축한 사람에게 대지사용권에 관한 이전등기절차이행을 구할 수 있다(부등 60조 1항). 구분건물을 신축한 사람이 대지사용권을 취득하고 있는 경우이거나, 구분건물을 신축하여 양도한 사람이 그 건물의 대지사용권을 나중에 취득하여 이전하기로 약정한 경우도 마찬가지이다(부등 60조 2항). 구분건물의 소유명의인이 앞서의 대지사용권에 관한 이전등기를 신청할 때에는 대지권에 관한 등기와 동시에 신청하여야 한다(부등 60조 3항). 따라서 대지사용권이 소유권인 경우에는 대지에 관한 공유지분에 관하여 소유권이전등기를 경료하여야 한다.

4. 집합건물의 체납관리비 승계 여부

1) **공용부분 이외의 관리비**의 경우는 승계되지 아니한다. 전 구분소유자의 특별승계인에게 전 구분소유자의 체납관리비를 승계하도록 한 관리규약이 있는 경우에도 공용부분의 관리비에 관한 부분만 유효하다(대판(전) 2001. 9. 20. 2001다8677).

2) **공용부분의 관리비**라고 하더라도 그 **연체료**는 특별승계인에게 승계되지 아니한다(대판 2006. 6. 29. 2004다3598,3604).

Ⅱ. 집합건물의 소송법상 문제

1. 아파트 공용부분에 관한 손해배상청구의 법적 성질

1) 집합건물의 공용부분은 구분소유자의 공유에 속한다. 예컨대 아파트 지하실은 구분소유자 전원의 공용에 제공되는 건물 부분으로 그들의 공유에 속할 뿐 따로 구분소유의 목적이 될 수 없다.

2) 아파트 지하실의 불법점유자에 대한 방해배제 및 손해배상청구권은 구분소유자에게 단체적으로 귀속하는 법률관계가 아닌, 공용부분에 대한 공유지분권에 기초한 구분소유자에게 **고유하게 귀속되는 권리관계**이다.

2. 아파트 공용부분에 관한 손해배상청구와 원고적격

1) 이러한 권리관계에 관한 소송은 1차적으로 구분소유자가 각각 또는 전원의 이름으로 할 수 있다(대판 2003. 6. 24. 2003다17774).

2) 나아가 집합건물에 관하여 구분소유관계가 성립하면 동시에 법률상 당연히 건물 및 그 대지와 부속시설의 관리를 위하여 구분소유자 전원을 구성원으로 하는 단체인 **관리단**이 구성되고(집합건물 23조 1항), 관리단결의를 통하여 **관리인**이 선임되면 관리인은 관리단의 대표자로서 사업집행에 관하여 관리단을 대표하므로(집합건물 24조) 재판상 또는 재판 외의 행위를 할 수 있다(집합건물 25조 1항 1호)

3) **입주자대표회의**(동별 세대수에 비례하여 선출되는 동별 대표자를 구성원으로 하는 법인 아닌 사단이다)는 공동주택의 관리에 관한 사항을 결정하여 시행하는

등의 관리권한만을 가질 뿐이므로 입주민(구분소유자)들에게 **단체적으로 귀속되는 권리관계**에 관해서는 입주민들의 공동의 이익을 위하여 소송수행권을 가지나, 입주민들에게 **고유하게 귀속되는 권리관계**에 관해서는 소송수행권을 가지지 아니한다.

4) 관리단 또는 입주자대표회의가 당사자가 되지 아니하는 경우에 진정한 권리자의 권리양도로 당사자가 되는 경우가 있다. 집합건물법 9조에 의한 하자보수를 갈음한 손해배상청구권, 즉 하자담보추급권은 특별한 사정이 없는 한 집합건물의 수분양자 또는 현재의 구분소유자에게 귀속한다.

한편 **관리단**에 권리를 양도하거나(대판 2011. 3. 24. 2009다34405), **입주자대표회의**에 권리를 양도하여(대판 2011. 3. 24. 2009다34405) 관리단이나 입주자대표회의가 당사자가 되어 소송을 수행할 수 있다. 다만 소송계속 중 이러한 권리의 양도가 있는 경우 제척기간(제소기간)의 도과 여부(예컨대 하자담보추급권 행사에 있어서 아파트가 구분소유자들에게 인도된 때부터 10년이 지났는지 여부)에 관해서는 청구변경신청서가 제출된 때(민소 265조)를 기준으로 한다.

5) **판례**는, 구분소유자들로 구성되는 집합건물의 **관리단이 입주자대표회의**에 위임하여 공용부분 변경에 관한 업무를 수행하도록 한 경우 입주자대표회의가 이러한 업무를 수행하는 과정에서 체납된 비용을 추심하기 위하여 구분소유자들을 상대로 직접 자기의 이름으로 소를 제기하는 것은 비록 **임의적 소송담당**에 해당하지만 이를 인정할 **합리적 이유와 필요**가 있다고 보고 있다(대판 2017. 3. 16. 2015다3570).

제 4 절   명의신탁

I. 명의신탁의 실체법상 문제

1. 명의신탁이 허용되는 경우

1) 부동산 실권리자명의 등기에 관한 법률('부동산실명법')은 명의신탁약정과 그에 따른 등기를 원칙적으로 무효로 하되(4조), 부부간의 명의신탁이 **조세포탈, 강제집행의 면탈** 또는 **법령상 제한의 회피**를 목적으로 하지 않는 경우에 이를 허용하는 특례를 인정하고 있다(8조 2호).

따라서 부부간에는 조세 포탈 등의 목적이 없는 한 명의신탁약정과 그에 따른 등기의 효력(4조), 과징금(5조), 이행강제금(6조), 벌칙(7조), 기존 명의신탁의 실명등기의무 위반의 효력(12조)에 관한 부동산실명법 규정이 적용되지 않는다. 한편 조세 포탈 등 목적이 있다는 이유로 그 등기가 무효라는 점은 이를 주장하는 자가 **증명**하여야 한다.

2) **강제집행의 면탈**을 목적으로 한 명의신탁에 해당하려면 민사집행법에 따른 강제집행 또는 가압류·가처분의 **집행을 받을 우려**가 있는 **객관적인 상태**, 즉 채권자가 본안 또는 보전소송을 제기하거나 제기할 태세를 보이고 있는 상태에서 한쪽 배우자가 상대방 배우자에게 부동산을 명의신탁함으로써 채권자가 집행할 재산을 발견하기 곤란하게 할 목적이 있다고 인정되어야 한다. 부부간의 명의신탁 당시에 막연한 장래에 채권자가 집행할 가능성을 염두에 두었다는 것만으로 강제집행 면탈의 목적을 섣불리 인정해서는 아니 된다(대판 2017. 12. 5. 2015다240645).

2. 양자간 등기명의신탁, 3자간 등기명의신탁의 경우 명의신탁약정 및 물권변동의 효력

(1) 양자간 등기명의신탁의 경우

1) 이 경우 명의신탁약정은 무효이므로, 명의신탁자가 소유자이다. 명의신탁자는 해당 부동산의 소유자로서 명의수탁자를 상대로 원인무효를 이유로 소유권이전등기의 말소를 구할 수 있을 뿐 아니라 진정한 등기명의의 회복을 위

한 소유권이전등기절차의 이행을 구할 수 있다.

2) 이 경우 무효인 명의신탁등기 명의자 즉 명의수탁자가 수탁부동산을 처분한 경우 특별한 사정이 없는 한 그 제3취득자는 유효하게 소유권을 취득하게 되고, 이로써 명의신탁자는 신탁부동산에 대한 소유권을 상실한다.

명의신탁자가 가지는 이러한 청구권은 **물권적 청구권**으로서의 방해배제청구권(민 214조)의 성질을 가진다. 이와 같은 등기말소청구권 등의 물권적 청구권은 그 권리자인 소유자가 소유권을 상실하면 이제 그 발생의 기반이 없게 되어 더 이상 그 존재 자체가 인정되지 아니한다(대판(전) 2012. 5. 17. 2010다28604).

따라서 양자간 등기명의신탁에서 명의수탁자가 신탁부동산을 처분하여 제3취득자가 유효하게 소유권을 취득하고 이로써 명의신탁자가 신탁부동산에 대한 소유권을 상실하였다면, 명의신탁자의 소유권에 기한 물권적 청구권 즉 말소등기청구권이나 진정명의회복을 위한 소유권이전등기청구권도 더 이상 그 존재 자체가 인정되지 않는다(대판 2013. 2. 28. 2010다89814).

(2) 3자간 등기명의신탁(중간생략등기형 명의신탁)의 경우

1) 부동산을 매수한 명의신탁자가 자신의 명의로 소유권이전등기를 하지 아니하고 명의수탁자와 맺은 명의신탁약정에 따라 매도인에게서 바로 명의수탁자에게 중간생략의 소유권이전등기를 마친 경우 부동산실명법 4조 2항 본문에 의하여 명의수탁자 명의의 소유권이전등기는 무효이고, 신탁부동산의 소유권은 매도인이 그대로 보유하게 된다.

따라서 명의신탁자로서는 매도인에 대한 소유권이전등기청구권을 가질 뿐 신탁부동산의 소유권을 가지지 아니하고, 명의수탁자 역시 명의신탁자에 대하여 직접 신탁부동산의 소유권을 이전할 의무를 부담하지는 아니한다(명의신탁자와 명의수탁자 사이에 위탁신임관계를 인정할 수도 없다. 따라서 명의수탁자가 명의신탁자의 재물을 보관하는 자라고 할 수 없으므로, 명의수탁자가 신탁받은 부동산을 임의로 처분하여도 명의신탁자에 대한 관계에서 횡령죄가 성립하지 아니한다. 대판(전) 2016. 5. 19. 2014도6992).

2) 명의신탁자가 매도인을 대위하여 명의수탁자 명의의 말소등기청구를 할 수 있다. 그리고 매도인을 상대로 소유권이전등기청구를 하여야 한다.

(3) 3자간 등기명의신탁과 계약명의신탁의 구별기준

명의신탁약정이 3자간 등기명의신탁인지 아니면 계약명의신탁인지이 구

별은 계약당사자가 누구인지를 확정하는 문제로 귀결된다. 계약명의자가 명의수탁자로 되어 있다 하더라도 **계약당사자를 명의신탁자**로 볼 수 있다면 이는 3**자간 등기명의신탁**이 된다.

따라서 계약명의자인 명의수탁자가 아니라 명의신탁자에게 계약에 따른 법률효과를 직접 귀속시킬 의도로 계약을 체결한 사정이 인정된다면 명의신탁자가 계약당사자이므로, 이 경우의 명의신탁관계는 3자간 등기명의신탁으로 보아야 한다(대판 2010. 10. 28. 2010다52799).

3. 계약명의신탁의 경우 명의신탁약정 및 물권변동의 효력

(1) 매도인이 명의신탁약정을 안 경우(악의인 경우)

매도인이 매매계약 체결 당시 명의신탁약정이 있다는 사실을 안 경우(악의인 경우)에는 명의신탁약정이 무효일 뿐만 아니라, **물권변동도 무효**이다. 따라서 매도인에게 소유권이 그대로 있다.

(2) 매도인이 명의신탁약정을 알지 못한 경우(선의인 경우)

1) 매도인이 매매계약 체결 당시 명의신탁약정이 있다는 사실을 알지 못한 경우(선의인 경우)에는 명의신탁약정은 무효이나 **물권변동은 유효**하다. 따라서 매수인인 명의수탁자에게 소유권이 있다.

2) 명의신탁자와 명의수탁자가 계약명의신탁약정을 맺고 명의수탁자가 당사자가 되어 매도인과 부동산에 관한 매매계약을 체결하는 경우 그 계약과 등기의 효력은 매매계약을 체결할 당시 매도인의 인식을 기준으로 판단해야 하고, 매도인이 **매매계약 체결 이후**에 명의신탁약정이 있다는 사실을 알게 되었다고 하더라도 위 매매계약과 등기의 효력에는 영향이 없다(그 계약과 등기의 효력은 **매매계약을 체결할 당시 매도인의 인식을 기준**으로 판단해야 한다). 매도인이 매매계약 체결 이후 명의신탁약정이 있다는 사실을 알게 되었다는 우연한 사정으로 인해서 위와 같이 유효하게 성립한 매매계약이 소급적으로 무효로 된다고 볼 근거가 없으며, 만일 매도인이 매매계약 체결 이후 명의신탁약정이 있다는 사실을 알게 되었다는 사정을 들어 매매계약의 효력을 다툴 수 있도록 한다면 매도인의 선페에 따라서 매매계약의 효력이 좌우되는 부당한 결과를 가져오기 때문이다(대판 2018. 4. 10. 2017다257715).

4. 계약명의신탁의 경우 명의신탁자의 구제방법

(1) 명의수탁자가 제3자에게 처분을 한 경우

(a) 매도인이 악의인 경우

매도인 악의의 계약명의신탁의 경우 명의수탁자가 자신의 명의로 소유권이전등기를 마친 부동산을 제3자에게 처분하는 경우 이는 매도인의 소유권을 침해하는 불법행위에 해당한다. 그러나 이 경우 소유자인 매도인으로서는 특별한 사정이 없는 한 명의수탁자의 처분행위로 인하여 어떠한 손해도 입은 바 없다. 따라서 불법행위에 기한 손해배상청구를 할 수 없다(대판 2013. 9. 12. 2010다95185).

명의신탁자는 소유자와 매매계약관계가 없어 소유자에 대한 소유권이전등기청구가 허용되지 아니하므로, 매도인으로서는 달리 구제방법이 없다.

(b) 매도인이 선의인 경우

매도인 선의의 계약명의신탁의 경우 명의수탁자가 소유권을 취득하므로, 명의수탁자가 이를 제3자에게 처분하더라도 적법하다. 다만 명의수탁자는 명의신탁자가 제공한 매수자금을 부당이득하였으므로, 명의신탁자에게 매수자금을 부당이득으로 반환하여야 한다.

(2) 명의수탁자가 제3자에게 처분하지 아니한 경우

(a) 매도인이 악의인 경우

이 경우 매도인에게 소유권이 귀속한다. 명의신탁자는 소유자와 매매계약관계가 없어 소유자에 대한 소유권이전등기청구가 허용되지 아니한다.

다만 매도인이 명의신탁자를 매수인으로 하여 부동산을 양도할 의사표시를 한 경우에는 명의신탁자가 매도인과 별도의 매매약정을 통하여 매수인으로서 소유권이전등기청구를 할 수 있다(대판 2003. 9. 5. 2001다32120).

(b) 매도인이 선의인 경우

명의신탁자가 소유권 자체의 반환청구권(부당이득반환청구권)을 가지는 경우는 명의신탁약정이 부동산실명법이 시행하기 전에 이루어지고, 부동산실명법 11조에서 정한 유예기간이 경과하기까지 명의신탁자가 그 명의로 해당 부동산에 관하여 소유권이전등기를 하는 데 법률상 장애가 없었던 경우이다.

이 경우 소유권 자체를 부당이득으로 반환청구를 할 수 있나(등기원인은 무당이득이다). 명의신탁자가 부동산(소유권) 자체의 회복을 위하여 명의수탁자에 대하여 가지는 소유권이전등기청구권은 그 성질상 법률의 규정에 따른 부당이득반환청구권이므로 민법 162조 1항에 따라 10년의 기간이 경과함으로써 시효로 소멸한다(대판 2009. 7. 9. 2009다23313).

명의신탁자가 매수자금의 반환청구권(부당이득반환청구권)을 가지는 경우로는 명의신탁약정이 부동산실명법이 시행한 이후에 이루어진 경우 또는 부동산실명법 11조에서 정한 유예기간이 경과하기까지 명의신탁자가 그 명의로 당해 부동산에 관하여 소유권이전등기를 하는 데 법률상 장애가 있었던 경우 등이 있다. 이 경우에는 명의신탁자가 제공한 매수자금에 대한 부당이득반환을 구할 수 있다(대판 2008. 5. 15. 2007다74690 등).

5. 명의신탁약정과 함께 실권리자의 요구에 따라 명의신탁부동산의 소유명의를 이전하기로 하는 약정의 효력

1) 부동산실명법 시행 이후 부동산을 매수함에 있어 매수대금의 실질적 부담자와 명의인 사이에 명의신탁관계가 성립한 경우, 그들 사이에 매수대금의 실질적 부담자의 요구에 따라 부동산의 소유 명의를 이전하기로 하는 등의 약정을 하였다고 하더라도, 이는 부동산실명법에 의하여 무효인 명의신탁약정을 전제로 명의신탁부동산 자체 또는 그 처분대금의 반환을 구하는 범주에 속하는 것이어서 역시 무효라고 보아야 한다(대판 2006. 11. 9. 2006다35117, 2013. 3. 14. 2011다103472 등).

2) 나아가 명의신탁자와 명의수탁자가 위와 같이 무효인 명의신탁약정을 함과 아울러 그 약정을 전제로 하여 이에 기한 명의신탁자의 명의수탁자에 대한 소유권이전등기청구권을 확보하기 위하여 명의신탁부동산에 명의신탁자 명의의 가등기를 마치고 향후 명의신탁자가 요구하는 경우 본등기를 마쳐 주기로 약정하였더라도, 이러한 약정 또한 부동산실명법에 의하여 무효인 명의신탁약정을 전제로 한 것이어서 무효이다. 따라서 위 약정에 의하여 마쳐진 가등기는 원인무효이다(대판 2009. 4. 9. 2009다2576,2583 등). 한편 가사 명의신탁자가 명의신탁약정과는 별개의 적법한 원인에 기하여 명의수탁자에 대하여 소유권이전등기청구권을 가지게 되었다 하더라도, 이를 보전하기 위하여 자신의 명의가 아닌 제3자 명의로 가등기를 마친 경우 위 가등기는 명의신탁자와 그 제3

자 사이의 명의신탁약정에 기하여 마쳐진 것으로서 그 약정의 무효로 말미암아 효력이 없다고 보아야 한다(대판 2010. 12. 23. 2009다97024,97031, 2015. 2. 26. 2014다63315 등).

Ⅱ. 명의신탁의 소송법상 문제

1. 명의신탁해지로 인한 소유권이전등기청구와 소송물

유효한 명의신탁의 경우 명의신탁자는 명의수탁자에 대하여 명의신탁해지를 하고 신탁관계의 종료만을 이유로 하여 소유 명의의 이전등기절차의 이행을 청구할 수 있음은 물론, 신탁해지를 원인으로 하고 소유권에 기해서도 그와 같은 청구를 할 수 있다. 이 경우 두 청구는 청구원인을 달리 하는 별개의 소송이다(대판 2002. 5. 10. 2000다55171).

2. 명의신탁해지로 인한 소유권이전등기청구권의 행사와 기판력

제3자가 명의수탁자 등을 상대로 한 승소확정판결에 따라 소유권이전등기를 마친 경우 다른 소유권이전등기청구권자가 명의수탁자 등을 대위하여 제3자 명의의 소유권이전등기가 원인무효임을 내세워 그 등기와 이에 기초와 다른 등기의 말소를 구할 수 없다(대판 2006. 1. 27. 2005다26505, 2014. 3. 27. 2013다91146).

3. 명의신탁으로 인한 소유권이전등기청구권을 피보전권리로 한 대위소송과 청구의 변경

명의신탁해지를 원인으로 한 소유권이전등기청구권을 피보전권리로 하여 대위권을 행사하는 경우 **소송물**은 명의수탁자의 제3자에 대한 권리이다. 따라서 이러한 피보전권리를 변경하는 것은 **공격방법의 변경**으로 소송물의 변경이 아니어서 **청구의 변경**(민소 262조)에 해당하지 아니한다.

4. 진정한 명의신탁자임을 다투는 경우와 독립당사자참가

원고가 피고를 상대로 제기한 명의신탁해지를 원인으로 한 소유권이전등기청구소송의 계속 중(사실심 변론종결시까지) 제3자가 자신이 신성한 명의신탁자임을 주장하면서 독립당사자참가(**권리주장참가**, 민소 79조 1항 전단)의 소를 제기할 수 있다. 이 경우 원고에 대하여 자신이 명의신탁자로서 명의신탁해지에 따라 소유자임을 주장하면서 소유권확인의 청구를, 피고에 대해서는 명의신탁해지를 원인으로 한 소유권이전등기청구를 할 수 있고(쌍면참가), 또는 피고에 대해서만 이러한 소유권이전등기청구를 할 수 있다(편면참가). 진정한 명의신탁자가 원고인지 참가인인지 여부는 법률상 양립불가능한 관계에 있기 때문이다.

5. 명의신탁과 제3자이의의 소

(1) 의   의

명의수탁자에 대한 강제집행 또는 담보권실행을 위한 경매에서 명의신탁자가 **제3자이의의 소**(제3자가 강제집행의 목적물에 대하여 소유권이 있다고 주장하거나 목적물의 양도나 인도를 막을 수 있는 권리가 있다고 주장하는 때에는 채권자를 상대로 그 강제집행에 대하여 제3자이의의 소를 제기할 수 있다. 민집 48조·275조)를 제기할 수 있는지 여부가 문제가 되는 경우는 양자간 등기명의신탁 외에는 없다.

(2) 양자간 등기명의신탁과 제3자이의의 소

1) 이 경우 명의신탁자가 소유권을 주장하여 제3자이의의 소를 제기하는 것은 신의칙에 반하는 것은 아니다. 강행법규에 위반한 자가 스스로 그 약정의 무효를 주장하는 것이 신의칙에 위반되는 권리의 행사라는 이유로 그 주장이 배척된다면 이는 오히려 강행법규에 의하여 배제하려는 결과를 실현시키는 셈이 되어 입법취지를 완전히 몰각하게 되므로 달리 특별한 사정이 없는 한 위와 같은 주장은 신의칙에 반하는 것이라고 할 수 없다(대판 2011. 3. 10. 2007다17482, 2018. 4. 26. 2017다288757).

2) 다만 부동산실명법 4조 2항에 따라 명의신탁자가 신탁무효를 들어 **제3자인 집행채권자**에게 대항할 수 없으므로 제3자이의의 소는 허용되지 않는다. 명의신탁약정이 무효가 되고, 이에 따라 행하여진 등기에 의한 부동산의 물권변동이 무효가 되는 경우 그 무효는 제3자에 대항하지 못하는데, 여기의 '제3자'란 수탁자가 물권자임을 기초로 그와의 사이에 새로운 이해관계를 맺는 자를 말하고, 여기에는 소유권이나 저당권 등 물권을 취득한 자뿐만 아니라 **압류채권자**(경매신청채권자) 또는 **가압류채권자**도 포함된다. 제3자의 선의·악의는 묻지 않는다(대판 2009. 3. 12. 2008다36022, 2013. 3. 14. 2012다107068 등).

제3장　　　　　용익물권

제1절　지　상　권

I. 지상권의 실체법상 문제

1. 지상권의 의의

(1) 토지 위에 저당권과 별도로 지상권을 설정한 경우

1) 토지에 관하여 저당권을 취득함과 아울러 그 저당권의 **담보가치를 확보**하기 위하여 지상권(민 279조)을 취득하는 경우, 특별한 사정이 없는 한 그 지상권은 저당권이 실행될 때까지 제3자가 용익권을 취득하거나 목적 토지의 담보가치를 하락시키는 침해행위를 하는 것을 배제함으로써 저당부동산의 담보가치를 확보하는 데에 그 목적이 있다.

따라서 제3자가 저당권의 목적인 토지 위에 건물을 신축하는 경우에는, 그 제3자가 지상권자에게 대항할 수 있는 권원을 가지고 있다는 등의 특별한 사정이 없는 한 지상권자는 그 방해배제청구로서 신축 중인 건물의 철거와 대지의 인도 등을 구할 수 있다(대결 2004. 3. 29. 2003마1753, 대판 2008. 2. 15. 2005다47205 등).

2) 저당권 등 담보권 설정의 당사자들이 그 목적이 된 토지 위에 차후 용익권이 설정되거나 건물 또는 공작물이 축조·설치되는 등으로써 그 목적물의 담보가치가 저감하는 것을 막는 것을 주요한 목적으로 하여 담보권과 아울러 지상권을 설정한 경우에 담보권이 소멸하면 등기된 지상권의 목적이나 존속기간과 관계없이 지상권도 그 목적을 잃어 함께 소멸한다(대판 2011. 4. 14. 2011다

6342, 2014. 7. 24. 2012다97871 등).

3) 토지에 관하여 담보권이 설정될 당시 담보권자를 위하여 동시에 지상권이 설정되었다고 하더라도, 담보권설정 당시 이미 토지소유자가 그 토지상에 건물을 소유하고 있고 그 건물을 철거하기로 하는 등 특별한 사유가 없으며 담보권의 실행으로 그 지상권도 소멸하였다면 건물을 위한 법정지상권이 발생하지 않는다고 할 수 없다(대판 2013. 10. 17. 2013다51100, 2014. 7. 24. 2012다97871 등).

(2) 지상권이 설정된 부동산의 양도의 경우

지상권자는 지상권을 유보한 채 지상물 소유권만을 양도할 수도 있고 지상물 소유권을 유보한 채 지상권만을 양도할 수도 있다. 따라서 지상권자와 그 지상물의 소유권자가 반드시 일치하여야 하는 것은 아니다. 또한 지상권설정시에 그 지상권이 미치는 토지의 범위와 그 설정 당시 매매되는 지상물의 범위를 다르게 하는 것도 가능하다(대판 2006. 6. 15. 2006다6126).

2. 민법 366조의 법정지상권

(1) 의   의

저당권설정 당시 동일인의 소유에 속하던 토지와 건물이 경매로 인하여 양자의 소유자가 다르게 된 때에 건물의 소유자를 위하여 발생한다.

(2) 토지에 관하여 저당권설정시 그 지상에 건물을 신축 중인 경우와 법정지상권 성립 여부

1) 토지에 관하여 저당권이 설정될 당시 토지소유자에 의하여 그 지상에 건물을 신축 중이었던 경우 그것이 사회관념상 독립된 건물로 볼 수 있는 정도에 이르지 않았다 하더라도 법정지상권이 성립될 수 있다. 다만 그 경우에도 건물의 규모·종류가 외형상 예상할 수 있는 정도까지 건축이 진전되어 있었고, 그 후 경매절차에서 매수인이 매각대금을 다 낸 때까지(매수인은 매각대금을 다 낸 때에 소유권을 취득한다. 민집 135조) 최소한의 기둥과 지붕 그리고 주벽이 이루어지는 등 **독립된 부동산**으로서 건물의 요건을 갖추고 있어야만 법정지상권이 성립한다.

2) 한편 그 건물이 미등기라 하더라도 법정지상권의 성립에는 아무런 지장이 없다(대판 2004. 6. 11. 2004다13533).

3. 법정지상권을 취득한 건물소유자가 건물을 양도하는 경우 건물양수
   인이 법정지상권을 취득하는지 여부

(1) 건물소유자의 건물의 양도와 법정지상권 양도약정 여부

1) 건물소유자가 법정지상권이 있는 건물을 제3자에게 양도한 때에는 특별한 사정이 없는 한 **민법 100조 2항의 유추적용**에 의하여 건물과 함께 종된 권리인 법정지상권도 양도하기로 한 것으로 봄이 상당하다.

한편 민법 366조 소정의 법정지상권은 토지와 그 토지상 건물이 같은 사람의 소유에 속하였다가 그 가운데 하나가 경매 등으로 인하여 다른 사람의 소유에 속하게 된 경우에 그 건물의 유지·존립을 위하여 특별히 인정된 권리이다. 그러나 위 법정지상권이 건물의 소유에 부속되는 종속적인 권리가 되는 것이 아니며 하나의 독립된 법률상 물권으로서의 성격을 지니고 있다. 따라서 건물소유자가 건물과 법정지상권 가운데 어느 하나만을 처분하는 것도 가능하다(대판 2001. 12. 27. 2000다1876).

즉 저당물의 경매로 인하여 토지와 그 지상건물이 소유자를 달리하게 되어 토지상에 법정지상권을 취득한 건물소유자가 법정지상권설정등기를 경료함이 없이 **건물을 양도하는 경우**에 특별한 사정이 없는 한 **건물**과 함께 **지상권**도 양도하기로 하는 **채권적 계약**이 있었다고 본다(대판 1981. 9. 8. 80다2873).

2) 다만 건물에 대한 저당권의 효력은 그 건물에 종된 권리인 건물의 소유를 목적으로 하는 지상권에도 미치게 되는 것이므로(건물에 저당권이 설정된 경우에는 저당권의 효력은 저당부동산에 부합된 물건과 종물에 미친다는 민법 358조 본문을 유추하여 보면 그러하다), 건물에 대한 저당권이 실행되어 **매수인이 그 건물의 소유권을 취득하였다면** 매각 후 건물을 철거한다는 등의 매각조건에서 경매되었다는 등 특별한 사정이 없는 한 매수인은 건물소유를 위한 지상권도 민법 187조의 규정에 따라 등기 없이 당연히 취득하게 된다(대판 1996. 4. 26. 95다52864).

이러한 법리는 압류, 가압류나 체납처분압류 등 **처분제한의 등기**가 된 건물에 관하여 그에 저촉되는 소유권이전등기를 마친 사람이 건물소유자로서 **관습상 법정지상권을 취득한 후** 경매 또는 공매절차에서 건물이 매각되는 경우에도 마찬가지로 적용된다(대판 2014. 9. 4. 2011다13463).

예컨대 소외 2는 소외 1로부터 토지의 소유권과 그 지상 건물이 소유권을

차례로 이전받았다가, 이후 선행 처분금지가처분에 기한 본등기가 경료되어 위 토지에 관한 소외 2의 소유권이전등기가 말소됨으로써 소외 2는 토지에 관한 소유권취득을 가처분권자에게 대항할 수 없게 되었고, 이와 같은 경우 적어도 관습상 법정지상권 성립 여부와 관련해서는 위 토지와 그 지상 건물은 모두 소외 1 소유였다가 그중 그 지상 건물만 소외 2에게 소유권이 이전된 것과 마찬가지로 봄이 상당하다. 결국 소외 2는 그 지상 건물에 관하여 소유권을 취득함으로써 관습상 법정지상권을 취득하였고, 그 후 위 건물에 관하여 진행된 경매절차에서 그 지상 건물에 관한 소유권을 취득한 사람은 위 건물의 소유권과 함께 위 지상권도 취득한다(대판 2014. 9. 4. 2011다13463).

(2) 건물양수인의 건물양도인에 대한 법정지상권의 이전등기청구 및 설정등기청구 여부

1) 법정지상권자인 건물양도인은 건물양수인에게 지상권설정등기를 한 후에 이에 대한 양도등기절차를 이행하여 줄 의무가 있다.

따라서 건물양수인은 건물양도인을 대위하여 토지소유자에 대하여 건물소유자였던 법정지상권자에의 **법정지상권의 설정등기절차이행**을 청구할 수 있다. 물론 건물양수인은 이와 함께 건물양도인에 대하여 **법정지상권의 이전등기절차이행**을 청구할 수 있다(대판 1981. 9. 8. 80다2873).

2) 존속기간의 만료로 지상권이 소멸한 경우에 건물이 현존한 때에는 지상권자는 계약의 갱신을 청구할 수 있으며(민 283조 1항), 지상권설정자가 계약의 갱신을 원하지 아니하는 때에는 지상권자는 상당한 가액으로 건물의 매수를 청구할 수 있는데(민 283조 2항), 건물을 양도한 사람이라고 하더라도 지상권 갱신청구권이 있고, 건물양수인은 법정지상권자인 건물양도인의 **갱신청구권**을 **대위행사**할 수 있다(대판 1995. 4. 11. 94다39925).

4. 법정지상권을 가진 건물소유자로부터 건물을 양수하면서 지상권까지 양도받기로 한 건물양수인에 대하여 대지소유자의 건물철거청구의 당부

1) 법정지상권을 가진 건물소유자로부터 건물을 양수하면서 법정지상권까지 양도받기로 한 사람은 채권자대위의 법리에 따라 신신실노기이 및 대지소유시에 대하여 가례로 지상권의 설정등기 및 이전등기절차이행을 구할 수 있다.

2) 따라서 이러한 법정지상권을 취득할 지위에 있는 자에 대하여 대지소유자가 소유권에 기하여 건물철거를 구함은 지상권의 부담을 용인하고 그 설정등기절차를 이행할 의무 있는 자가 그 권리자를 상대로 한 청구로서 신의칙상 허용될 수 없다(대판(전) 1985. 4. 9. 84다카1131,1132).

5. 법정지상권을 가진 건물소유자로부터 건물을 양수하면서 지상권까지 양도받기로 한 건물양수인에 대하여 대지소유자의 부당이득반환청구 여부

⑴ 부당이득반환의무

1) 법정지상권이 있는 건물의 양수인으로서 장차 법정지상권을 취득할 지위에 있어 대지소유자의 건물철거나 대지인도청구를 거부할 수 있는 지위에 있는 자라고 할지라도 그 대지의 점거사용으로 얻은 실질적 이득은 이로 인하여 대지소유자에게 손해를 끼치는 한에서는 부당이득으로서 이를 대지소유자에게 반환할 의무가 있다(대판 1995. 9. 15. 94다61144 등).

다만 **판례** 가운데, 법정지상권이 붙은 건물의 양수인은 법정지상권에 대한 등기를 하지 않는다 하더라도 토지소유자에 대한 관계에서 적법하게 토지를 점유사용하고 있는 사람이라고 본 판결도 있다(대판 1995. 4. 11. 94다39925).

2) 타인 소유의 토지 위에 권한 없이 건물을 소유하고 있는 사람은 그 자체로써 특별한 사정이 없는 한 법률상 원인 없이 타인의 재산으로 인하여 토지의 차임에 상당하는 이익을 얻고 이로 인하여 타인에게 동액 상당의 손해를 주고 있다고 보아야 한다(대판 1995. 9. 15. 94다61144).

⑵ 대지소유자는 건물양수인에 대하여 법정지상권이전등기 등을 수취하여 이를 경료할 것을 청구할 수 있는지 여부

1) 건물양도인에게 대해서는 지상권설정등기를, 건물양수인에게는 건물양도인을 대위하여 지상권이전등기를 수취하도록 하는 청구를 할 수 있다.

2) 부동산등기법은 등기는 등기권리자와 등기의무자가 공동으로 신청하여야 함을 원칙으로 하면서도(23조 1항), 23조 4항에서 '판결에 의한 등기는 승소한 등기권리자 또는 등기의무자가 단독으로' 신청할 수 있도록 규정하고 있다.

위 법조에서 승소한 등기권리자 외에 **등기의무자**도 단독으로 등기를 신청할 수 있게 한 것은, 통상의 채권채무 관계에서는 채권자가 수령을 지체하는

경우 채무자는 공탁 등에 의한 방법으로 채무부담에서 벗어날 수 있으나 등기에 관한 채권채무관계에서는 이러한 방법을 사용할 수 없으므로, 등기의무자가 자기 명의로 있어서는 안 될 등기가 자기 명의로 있음으로 인하여 사회생활상 또는 법상 불이익을 입을 우려가 있는 경우에는 소를 제기하는 방법으로 등기권리자를 상대로 등기를 인수받아 갈 것을 구하고 그 판결을 받아 등기를 강제로 실현할 수 있도록 한 것이다(대판 2001. 2. 9. 2000다60708). 이러한 등기의무자가 가지는 권리를 **등기수취청구권** 또는 **등기인수청구권**이라 한다.

3) 따라서 **토지소유자**는 건물양수인에게 법정지상권등기를 수취(인수)할 것을 청구하여 건물양수인 명의로 법정지상권등기를 경료하도록 할 수 있다. 건물양수인 명의로 법정지상권등기가 경료되는 경우에는 건물양수인은 법정지상권자로서 대지소유자에게 **지료지급의무**가 있다.

6. 건물양수인이 법정지상권 설정등기를 경료한 법정지상권자인 경우 대지소유자의 지료청구 여부

(1) 지료에 관한 등기가 된 경우

1) **지료에 관한 등기**(지료 및 그 **지급시기**에 관한 등기)에 관한 약정이 등기된 경우에는 그 약정은 신지상권자에게는 물론 제3자에 대해서도 물권적 효력을 가진다.

2) 즉 건물양도인이 대지소유자와 지료에 관한 결정을 하고, 이를 **등기**해야만 제3자에게 대항할 수 있고 이 경우 신지상권자는 전지상권자가 연체한 지료의 지급의무가 있다. 따라서 지료에 관한 약정을 **등기**해야만 토지소유자가 구지상권자의 지료연체사실을 지상권양수인에게 대항할 수 있다(대판 1996. 4. 26. 95다52864).

(2) 지료에 관한 등기가 되지 아니한 경우

1) 지료에 관한 등기가 없으면 전지상권자가 지료를 체납한 경우에 그 지료체납의 효과(지상권소멸청구, 민 287조)를 신지상권자에게 대항할 수 없다.

2) 법정지상권에 관한 지료가 결정되어 있지 않은 경우 법정지상권자가 2년 이상 지료지급을 지체하였다는 이유로 토지소유자가 지상권소멸청구를 할 수 없다.

(3) 지상권자에 대한 지료지급청구와 확정판결 전후 2년

1) 지상권자가 2년 이상의 지료를 지급하지 아니한 때에는 지상권설정자는 지상권의 소멸을 청구할 수 있다(민 287조). 지상권자의 지상권소멸청구에 의하여 지상권은 소멸한다. 지상권소멸청구권의 성질에 관하여 채권적 청구권으로 보는 견해도 있으나, **판례**는 **지상권소멸청구권**은 **형성권**의 성질을 지니는 것으로 본다. 즉 **판례**는 법원에 의하여 결정된 2년 이상의 지료를 지급하지 않았음을 이유로 한 토지소유자의 지상권소멸청구의 의사표시에 의하여 법정지상권이 이미 소멸하였다고 판시하고 있다(대판 2003. 12. 26. 2002다61934).

2) 지상권설정자가 지상권의 소멸을 청구하지 않고 있는 동안 지상권자로부터 연체된 지료의 일부를 지급받고 이를 이의 없이 수령하여 연체된 지료가 2년 미만으로 된 경우에는 지상권설정자는 종전에 지상권자가 2년분의 지료를 연체하였다는 사유를 들어 지상권자에게 지상권의 소멸을 청구할 수 없으며, 이러한 법리는 토지소유자와 법정지상권자 사이에서도 마찬가지이다(대판 2014. 8. 28. 2012다102384).

3) 법정지상권이 발생하였을 경우에 토지소유자는 지료를 확정하는 재판이 있기 전이라고 하여 지료의 지급을 소구할 수 없는 것은 아니다. 법원에서 상당한 지료를 결정할 것을 **전제로** 하여 바로 그 급부를 구하는 청구를 할 수 있다. 법원도 이 경우에 **판결의 이유**에서 지료를 얼마로 정한다는 판단을 하면 족하다(대판 1964. 9. 30. 64다528). 토지소유자와 법정지상권자 사이의 지료급부이행소송의 판결의 이유에서 정해진 지료에 관한 결정은 그 **소송의 당사자**인 토지소유자와 법정지상권자 사이에서는 지료결정으로서의 효력이 있다.

4) 특정기간에 대한 지료가 법원에 의하여 결정된 경우에는 해당 당사자 사이에서는 그 후 민법 286조(지료증감청구권)의 규정에 의한 지료증감의 효과가 새로 발생하는 등의 특별한 사정이 없는 한, **그 후의 기간**에 대한 지료 역시 **종전 기간**에 대한 지료와 같은 액수로 결정된 것이라고 봄이 상당하다(대판 2003. 12. 26. 2002다61934).

7. 관습상 법정지상권의 경우

(1) 의   의

1) 동일한 소유자에 속하는 대지와 그 지상건물이 매매에 의하여 각기 그

소유자가 달라지게 된 경우에는 특히 그 건물을 철거한다는 조건이 없는 한 건물소유자는 그 대지 위에 그 건물을 위한 관습상 법정지상권을 취득한다.

2) 관습상 법정지상권에 관해서는 특별한 사정이 없는 한 민법의 지상권에 관한 규정이 준용된다. 따라서 당사자 사이에 관습상 법정지상권의 존속기간에 대하여 따로 정하지 않은 때에는 위 기간은 민법 281조 1항에 의하여 민법 280조 1항 각 호에 규정된 기간이 된다. 민법 280조 1항은 지상권의 최단 존속기간을 석조, 석회조, 연와조 또는 이와 유사한 견고한 건물의 소유를 목적으로 하는 때에는 30년(1호), 그 이외의 건물의 소유를 목적으로 하는 때에는 15년(2호)으로 규정하고 있다. 위 1호가 정하는 견고한 건물인지 여부는 그 건물이 갖고 있는 물리적·화학적 외력 또는 화재에 대한 저항력 및 건물해체의 난이도 등을 종합하여 판단하여야 한다(대판 1997. 1. 21. 96다40080, 2013. 9. 12. 2013다43345 등).

(2) 토지와 그 지상 건물이 동일인 소유인지 여부 판단의 기준시기

1) 강제경매의 목적이 된 토지 또는 그 지상 건물의 소유권이 강제경매로 인하여 그 절차상 매수인에게 이전된 경우, 건물 소유를 위한 관습상 법정지상권의 성립요건인 '토지와 그 지상 건물이 동일인 소유에 속하였는지'를 판단하는 기준시기는 **압류** 또는 **가압류의 효력발생시**이다(대판(전) 2012. 10. 18. 2010다52140).

2) 강제경매의 목적이 된 토지 또는 그 지상 건물에 관하여 강제경매를 위한 압류나 그 압류에 선행한 가압류가 있기 이전에 저당권이 설정되어 있다가 강제경매로 저당권이 소멸한 경우, 건물 소유를 위한 관습상 법정지상권의 성립 요건인 '토지와 그 지상 건물이 동일인 소유에 속하였는지'를 판단하는 기준시기는 **저당권 설정 당시**이다(대판 2013. 4. 11. 2009다62059).

(3) 토지와 지상 건물이 함께 양도되었다가 채권자취소권의 행사에 따라 그중 건물에 관해서만 양도가 취소되고 수익자와 전득자 명의의 소유권이전등기가 말소된 경우

동일인의 소유에 속하고 있던 토지와 지상 건물이 매매 등으로 인하여 소유자가 다르게 된 경우에 건물을 철거한다는 특약이 없는 한 건물소유자는 건물의 소유를 위한 관습상 법정지상권을 취득한다. 그런데 민법 406조의 채권자취소권의 행사로 인한 사해행위의 취소와 일탈재산의 원상회복은 채권자와 수

익자 또는 전득자에 대한 관계에서만 효력이 발생할 뿐이고 채무자가 직접 권리를 취득하는 것이 아니다.

따라서 토지와 지상 건물이 함께 양도되었다가 채권자취소권의 행사에 따라 그중 건물에 관해서만 양도가 취소되고 수익자와 전득자 명의의 소유권이전등기가 말소되었다고 하더라도, 이는 관습상 법정지상권의 성립요건인 '동일인의 소유에 속하고 있던 토지와 지상 건물이 매매 등으로 인하여 소유자가 다르게 된 경우'에 해당한다고 할 수 없다(대판 2014. 12. 24. 2012다73158).

Ⅱ. 지상권의 소송법상 문제

1. 토지소유자의 변동과 지료지급청구

1) 토지소유자의 변동이 있는 경우에도 확정판결의 효력이 미치기 위해서는 **형식적 형성의 소**에 해당하는 **지료결정청구의 소**를 제기하여야 한다.

2) **판례**도, 토지소유자가 변경된 사안에서 법원에 의한 지료의 결정은 당사자의 지료결정청구에 의하여 형식적 형성소송인 **지료결정판결**로 이루어져야 제3자인 새로운 토지소유자에게도 그 효력이 미친다고 보고 있다(대판 2001. 3. 13. 99다17142).

2. 지료결정청구와 지료지급청구의 병합 여부

원칙적으로 **형성의 소**로 병합될 법률관계에 기한 **이행의 소**는 **법률상 명문의 규정**이 있는 경우를 제외하고는 허용되지 아니한다. 그런데 지급결정청구는 지료를 결정하기 위한 형성청구로서, 지료지급의무는 형성판결의 확정으로 형성되는 것은 아니므로(형성판결로 확정되는 것은 지료액에 관한 것이다), **지료결정청구의 소**와 **지료지급청구의 소**를 병합할 수 있다.

3. 토지 위에 저당권과 별도로 지상권을 설정한 경우 지상권의 피담보채무의 범위 확인을 구하는 소를 제기할 수 있는지 여부

지상권은 용익물권으로서 담보물권이 아니므로 피담보채무라는 것이 존재할 수 없으며, 근저당권 등 담보권 설정의 당사자들이 담보로 제공된 토지에 추후 용익권이 설정되거나 건물 또는 공작물이 축조·설치되는 등으로 토지의

담보가치가 줄어드는 것을 막기 위하여 담보권과 아울러 설정하는 지상권(담보지상권)의 경우 당사자의 약정에 따라 담보권의 존속과 지상권의 존속이 서로 연계되어 있을 뿐이고, 이러한 경우에도 지상권의 피담보채무가 존재하는 것은 아니다. 따라서 지상권설정등기에 관한 피담보채무의 범위 확인을 구하는 청구는 원고의 권리 또는 법률상 지위에 관한 청구라고 보기 어려우므로, **확인의 이익**이 없어 부적법하다(대판 2017. 10. 31. 2015다65042).

4. 지상권과 경매절차

지상권등기가 최선순위로 경료된 경우 해당 부동산에 대한 경매절차에서 지상권은 소멸되지 아니하고 매수인이 이를 인수한다(민집 91조 3항).

제 2 절 전 세 권

Ⅰ. 전세권의 실체법상 문제

1. 전세권과 전세금반환채권

(1) 전세권의 존속기간 중 전세금반환채권의 분리 양도 여부

1) 전세권은 **전세금**을 지급하고 타인의 부동산을 그 용도에 따라 사용·수익하는 권리로서 전세금의 지급이 없으면 전세권은 성립하지 아니하는 등으로 전세금은 전세권과 분리될 수 없는 요소일 뿐 아니라, 전세권에서는 그 설정행위에서 금지하지 아니하는 한 전세권자는 전세권 자체를 처분하여 전세금으로 지출한 자본을 회수할 수 있도록 되어 있다. 따라서 전세권이 존속하는 동안은 전세권을 존속시키기로 하면서 전세금반환채권만을 전세권과 분리하여 확정적으로 양도하는 것은 허용되지 않는다.

2) 다만 전세권의 존속기간 중에는 장래에 그 전세권이 소멸하는 경우에 전세금반환채권이 발생하는 것을 조건으로 그 **장래의 조건부채권**을 양도할 수 있을 뿐이다.

(2) 전세금반환채권의 처분과 전세권의 분리 여부

1) 전세권이 담보물권적 성격도 가지는 이상 **부종성과 수반성**이 있는 것이

므로 전세권을 그 담보하는 전세금반환채권과 분리하여 양도하는 것은 허용되지 않는다.

  2) 다만 담보물권의 수반성이란 피담보채권의 처분이 있으면 언제나 담보물권도 함께 처분된다는 것이 아니라, 채권담보라고 하는 담보물권 제도의 존재 목적에 비추어 볼 때 특별한 사정이 없는 한 피담보채권의 처분에는 담보물권의 처분도 포함된다고 보는 것이 합리적이라는 것일 뿐이다. 따라서 전세계약의 합의해지 또는 당사자 간의 특약에 의하여 전세금반환채권의 처분에도 불구하고 전세권의 처분이 따르지 않는 경우 등의 **특별한 사정**이 있는 때에는 채권양수인은 담보물권이 없는 무담보의 채권을 양수한 것이 된다.

(3) 전세권의 존속기간 만료시 전세금반환채권의 양도

  1) 전세권설정등기를 마친 전세권은 그 성질상 용익물권적 성격과 담보물권적 성격을 겸비하고 있다. 전세권의 존속기간이 만료되면 전세권의 **용익물권적 권능**은 전세권설정등기의 말소 없이도 당연히 소멸하고 단지 전세금반환채권을 담보하는 **담보물권적 권능**의 범위 내에서 전세금의 반환시까지 그 전세권설정등기의 효력이 존속하고 있다.

  2) 이와 같이 존속기간의 경과로서 본래의 용익물권적 권능이 소멸하고 담보물권적 권능만 남은 전세권에 대해서도 그 피담보채권인 전세금반환채권과 함께 제3자에게 이를 양도할 수 있다. 이 경우에는 민법 450조 2항 소정의 **확정일자 있는 증서**에 의한 **채권양도절차**를 거치지 않는 한 위 전세금반환채권의 압류 · 전부채권자 등 제3자에게 위 전세금반환채권의 양도사실로써 대항할 수 없다(대판 2005. 3. 25. 2003다35659).

2. 부동산의 일부에 대한 전세권

(1) 전세금반환채권과 우선변제청구권

건물의 일부에 대하여 전세권이 설정되어 있는 경우 그 전세권자는 민법 303조 1항의 규정에 의하여 그 건물 전부에 대하여 후순위권리자 그 밖의 채권자보다 전세금의 우선변제를 받을 권리가 있고, 민법 318조의 규정에 의하여 전세권설정자가 전세금의 반환을 지체한 때에는 민사집행법의 정한 바에 의하여 전세권의 목적물의 경매를 청구할 수 있다.

(2) 건물 전부에 대한 경매청구 여부

1) 건물의 일부에 대하여 전세권이 설정되어 있는 경우 그 일부가 구분소 유권으로 구분될 수 있다든지 구조상 또는 이용상 독립성이 있어 독립한 소유 권의 객체로 분할할 수 있는 경우에는 앞서와 같이 **분할등기**를 한 후 그 부분 에 대하여 경매신청을 할 수 있다.

2) 전세권설정자가 분할등기를 하지 아니하는 경우 전세권자가 전세권설 정자를 **대위하여** 분할등기를 할 수 있다(부등 28조 1항).

3) 만약 전세권의 목적으로 된 건물의 일부가 구조상 또는 이용상 독립성 이 없어 독립한 소유권의 객체로 분할할 수 없고, 따라서 그 부분만의 경매신 청이 불가능한 경우라도 건물 전부에 대하여 경매신청을 할 수 없다.

4) **판례**도, 전세권의 목적물이 아닌 나머지 건물부분에 대해서는 우선변제 권은 별론으로 하고 경매신청권은 없다고 본다. 즉 위와 같은 경우 전세권자는 전세권의 목적이 된 부분을 초과하여 건물 전부의 경매를 청구할 수 없다고 할 것이고, 그 전세권의 목적이 된 부분이 구조상 또는 이용상 독립성이 없어 독 립한 소유권의 객체로 분할할 수 없고 따라서 그 부분만의 경매신청이 불가능 하다고 하여 달리 볼 것은 아님을 분명히 하고 있다(대결 1992. 3. 10. 91마256,257, 2001. 7. 2. 2001마212).

Ⅱ. 전세권의 소송법상 문제

(1) 전세권저당권에서 전세권의 존속기간 만료와 저당권의 효력

전세권을 목적으로 저당권을 설정한 경우(민 371조) 앞서 본 바와 같이 전 세권의 존속기간이 만료하면 전세권의 용익물권적 권능이 소멸하기 때문에 그 전세권에 대한 저당권자(**전세권저당권자**)는 더 이상 전세권 자체에 대하여 저당 권을 실행할 수 없게 된다.

(2) 전세권의 존속기간 만료에 따른 전세권저당권자의 구제방법

(a) 민법 370조·342조에 따른 물상대위권의 행사로서 전세금반환채권에 대하여 압류 및 추심명령 또는 전부명령을 받는 방법

1) 민법 370조·342조, 민사집행법 273조(채권 그 밖의 재산권에 대한 담보권 의 실행)에 의하여 저당권의 목적물인 전세권을 갈음하여 존속하는 것으로 볼

수 있는 전세금반환채권에 대하여 물상대위권을 행사할 수 있다.

2) 압류가 경합되어도 전세권저당권자는 목적채권에 대하여 물상대위권을 행사하여 일반채권자보다 우선변제를 받을 수 있다. 저당목적물의 변형물인 금전 기타 물건에 대하여 일반채권자가 물상대위권을 행사하려는 전세권저당채권자보다 단순히 먼저 압류나 가압류의 집행을 함에 지나지 않은 경우에는 전세권저당권자는 그 전은 물론 그 후에도 목적채권에 대하여 물상대위권을 행사하여 일반채권자보다 우선변제를 받을 수 있다(대판 2008. 12. 24. 2008다65396 등).

3) 전세권저당권자가 우선권이 있는 채권에 기하여 전부명령을 받은 경우에는 형식상 압류가 경합되었다 하더라도 그 전부명령은 유효하다(대판 2008. 12. 24. 2008다65396).

4) 설사 그 압류 전에 양도, 또는 전부명령에 의하여 목적채권이 타인에게 이전된 경우라도 그 목적채권이 지급되거나 목적채권에 관한 강제집행절차에서 배당요구에 이르기 전까지는 전세권저당권자는 여전히 그 목적채권에 대한 추급이 가능하다.

(b) 제3자가 전세금반환채권에 대하여 실시한 강제집행절차에서 배당요구를 하는 등의 방법

이 경우 배당요구의 종기는 공탁사유신고시이다(민집 247조 1항 1호). 그 이후에는 전세권저당권자는 물상대위권자로서의 우선변제권을 행사할 수 없다.

(c) 제3자가 전세권이 설정된 부동산에 대하여 실시한 강제집행절차에서 채권자대위권에 기한 방법 또는 전세금반환채권에 대하여 압류 및 추심명령을 받은 후 배당요구를 하는 방법

1) 전세권이 존속기간의 만료 등으로 종료한 경우라면 최선순위전세권자의 채권자는 전세권이 설정된 부동산에 대한 경매절차에서 채권자대위권에 기하거나 전세금반환채권에 대하여 압류 및 추심명령을 받은 다음 추심권한에 기하여 자기 이름으로 전세권에 대한 배당요구를 할 수 있다.

2) 다만 최선순위전세권자의 채권자가 채권자대위권이나 추심권한에 기하여 전세권에 대한 배당요구를 할 때에는 채권자대위권 행사의 요건을 갖추었다거나 전세금반환채권에 대하여 압류 및 추심명령을 받았다는 점과 아울러 전세권이 존속기간의 만료 등으로 종료되었다는 점에 관한 소명자료를 배당요

구의 종기까지 제출하여야 한다(경매의 매각절차에서 집행법원은 원래 전세권의 존속기간 만료 여부 등을 직접 조사하지는 아니하는 점, 건물에 대한 전세권이 법정갱신된 경우에는 등기된 존속기간의 경과 여부만 보고 실제 존속기간의 만료 여부를 판단할 수는 없는 점, 민사집행규칙 제48조 제2항은 "제1항의 배당요구서에는 집행력 있는 정본 또는 그 사본, 그 밖에 배당요구의 자격을 소명하는 서면을 붙여야 한다"라고 규정하고 있는 점 등에 비추어 보면 그러하다)(대판 2015. 11. 17. 2014다10694).

> (d) 전세권저당권자가 전세금반환채권에 대하여 물상대위권을 행사한 경우 전세권설정자가 전세권자에 대한 반대채권으로 전세권저당권자에게 상계로써 대항할 수 있는지 여부

1) 전세권저당권자가 앞서와 같은 방법으로 전세금반환채권에 대하여 물상대위권을 행사한 경우, 종전 저당권의 효력은 물상대위의 목적이 된 전세금반환채권에 존속하여 저당권자가 전세금반환채권으로부터 다른 일반채권자보다 우선변제를 받을 권리가 있다. 따라서 설령 전세금반환채권이 압류된 때에 전세권설정자가 전세권자에 대하여 반대채권을 가지고 있고 반대채권과 전세금반환채권이 상계적상에 있다고 하더라도 그러한 사정만으로 전세권설정자가 전세권저당권자에게 상계로써 대항할 수는 없다.

2) 그러나 전세금반환채권은 전세권이 성립하였을 때부터 이미 발생이 예정되어 있다고 볼 수 있으므로 ① 전세권저당권이 설정된 때에 이미 전세권설정자가 전세권자에 대하여 반대채권을 가지고 있고, ② 반대채권의 변제기가 장래 발생할 전세금반환채권의 변제기와 동시에 또는 그보다 먼저 도래하는 경우와 같이 전세권설정자에게 **합리적 기대이익**을 인정할 수 있는 경우에는 특별한 사정이 없는 한 전세권설정자는 반대채권을 자동채권으로 하여 전세금반환채권과 상계함으로써 전세권저당권자에게 대항할 수 있다(대판 2014. 10. 27. 2013다91672).

제 1 절　유 치 권

Ⅰ. 유치권의 실체법상 문제

1. 유치권과 점유

⑴ 점유와 유치권의 성립·존속요건

1) 유치권의 성립에서 채권과 점유 사이의 견련관계를 요하지 아니한다 하여 점유 없이도 유치권이 성립하는 것을 의미하는 것은 아니다.

2) 유치권에서의 점유는 직접점유이든 간접점유이든 관계가 없다(대판 2013. 10. 24. 2011다44788). 다만 유치권은 목적물을 유치함으로써 채무자의 변제를 간접적으로 강제하는 것을 본체적 효력으로 하는 권리인 점 등에 비추어, 그 **직접점유자**가 **채무자**인 경우에는 유치권의 요건으로서의 점유에 해당하지 않는다(대판 2008. 4. 11. 2007다27236).

3) 건물의 점유자가 건물의 원시취득자에게 그 건물에 관한 유치권이 있다고 하더라도 그 건물의 존재와 점유가 토지소유자에게 **불법행위**가 되고 있다면 그 유치권으로 토지소유자에게 대항할 수 없다(민 320조 2항, 대판 1989. 2. 14. 87다카3073).

4) 유치권자로부터 유치물을 유치하기 위한 방법으로 유치물의 점유나 보관을 위탁받은 사람은 특별한 사정이 없는 한 점유할 권리가 있음을 들어 소유자의 소유물반환청구를 거부할 수 있다(대판 2014. 12. 24. 2011다62618).

(2) 유치권의 불가분성

1) 민법 321조(유치권자는 채권 전부의 변제를 받을 때까지 유치물 전부에 대하여 그 권리를 행사할 수 있다)에 의하면, 유치물은 그 각 부분으로써 피담보채권의 전부를 담보한다.

2) 이와 같은 유치권의 **불가분성**은 그 목적물이 분할 가능하거나 수개의 물건인 경우에도 적용된다(대판 2007. 9. 7. 2005다16942). 구분건물의 공사의 경우 공사대금이 각 구분건물에 관한 공사부분별로 개별적으로 정해졌다거나 처음부터 각 구분건물이 각각 별개의 공사대금채권을 담보하였던 것으로 볼 수 없는 이상, 공사 목적물 전체에 관한 공사대금채권은 도급계약이라는 하나의 법률관계에 의하여 생긴 것으로 그 공사대금채권 전부와 공사 목적물 전체 사이에는 견련관계가 있다.

(3) 유치권 배제의 특약

유치권은 채권자의 이익을 보호하기 위한 법정담보물권으로서 당사자는 미리 **유치권의 발생을 막는 특약**을 할 수 있고 이러한 특약은 **유효**하다. 유치권 배제의 특약이 있는 경우 다른 법정요건이 모두 충족되더라도 유치권은 발생하지 않는다. 유치권 배제의 특약에 따른 효력은 특약의 **상대방**뿐만 아니라 그 **밖의 사람**도 주장할 수 있다(대결 2011. 5. 13. 2010마1544, 대판 2018. 1. 24. 2016다234043).

2. 공사대금채권을 피담보채권으로 하는 유치권

(1) 공사대금채권과 건물의 점유

1) 공사대금채권의 취득과 공사대금채권의 행사시기의 구분이 문제가 된다. 어떠한 입장을 취하든 공사의 완료로 공사대금채권을 행사할 수 있다. 이러한 채권 역시 **장래의 불확정채권**이다.

2) 건물의 신축공사를 도급받은 수급인이 사회통념상 독립한 건물이라고 볼 수 없는 정착물을 토지에 설치한 상태에서 공사가 중단된 경우 위 정착물은 토지의 부합물에 불과하므로, 이러한 정착물에 대해서는 유치권을 행사할 수 없다. 또한 뒤에서 보는 바와 같이 공사 중단시까지 발생한 공사대금채권은 토지에 관하여 생긴 것이 아니므로, 위 공사대금채권에 기하여 토지에 대하여 유치권을 행사할 수도 없다(대결 2008. 5. 30. 2007마98).

3) 건물의 옥탑과 외벽 등에 설치된 간판은 일반적으로 건물의 일부가 아니라 독립된 물건으로 남아 있으면서 과다한 비용을 들이지 않고 건물로부터 분리할 수 있으므로 특별한 사정이 없는 한 간판설치 공사대금채권을 그 건물 자체에 관해 생긴 채권이라고 할 수 없다(대판 2013. 12. 24. 2011다44788).

　(2) 민사유치권의 경우 건물에 관한 공사대금채권과 대지의 점유에 따른
　　　민사유치권의 성립 여부

　민사유치권의 경우 공사대금채권은 건물과 견련관계가 있을 따름이며, 대지와는 견련관계가 없으므로, 대지에 대하여 유치권을 취득할 수 없다. 대지에 대하여 점유하는지 여부와 상관이 없다.

　(3) 상사유치권의 경우 건물에 관한 공사대금채권과 대지의 점유에 따른
　　　상사유치권의 성립 여부

　1) 건물에 관한 공사수급인이 점유자라고 볼 수 있는지 여부에 관하여 이러한 경우 **점유보조자**에 지나지 않는다고 보는 견해가 있다. 즉 공사수급인의 토지 사용은 도급의 목적인 건축공사시공이라고 하는 채무이행을 위한 출입사용을 위한 것이고 도급인에 대해서만 주장할 수 있는 출입사용권한이며, 수급인은 건축부지에 대하여 독립된 점유권을 가지고 있다거나 건축부지에서 점유권자로서 과실을 수취할 것을 예정하고 있다고 볼 수 없으므로 대외적인 관계에서는 점유보조자라고 보는 입장이다.

　2) 공사완료 후에 계속적으로 점유하는 경우 이를 독립적 **점유권자에 의한 점유**라고 하더라도 **일시적 점유**에 불과하다고 보는 견해도 있다. 가사 수급인에게 부지에 대한 독립한 점유권을 인정할 경우라도 이 권원은 공사 시공이라는 목적 때문에 시작되어 도급인에게 건물의 완성 및 인도할 때까지 한정된 목적을 위하여 존속하는 일시적인 권한에 불과하다고 보는 입장이다.

　3) 만약 공사수급인의 대지에 관한 상사유치권이 성립한다고 하더라도 유치권이 성립하기 전에 이미 도급인 소유의 토지에 저당권이 설정되어 있는 경우 그 저당권자에게 대항할 수 있는지 여부에 관하여 별도로 아래에서 보기로 한다.

3. 민사유치권과 상사유치권

(1) 민사유치권

1) 민법 320조 1항(타인의 물건 또는 유가증권을 점유한 자는 그 물건이나 유가증권에 관하여 생긴 채권이 변제기에 있는 경우에는 변제를 받을 때까지 그 물건 또는 유가증권을 유치할 권리가 있다)에서의 '**그 물건에 관하여 생긴 채권**'이란 유치권 제도 본래의 취지인 **공평의 원칙**에 특별히 반하지 않는 한, 채권이 목적물 자체로부터 발생한 경우는 물론이고 채권이 목적물의 반환청구권과 동일한 법률관계나 사실관계로부터 발생한 경우도 포함한다(대판 2007. 9. 7. 2005다16942).

2) 예컨대 하수급인 갑이 건물신축공사 수급인(하도급인)인 을 주식회사와 체결한 약정에 따라 공사현장에 시멘트와 모래 등의 건축자재를 공급하였다면, 갑의 건축자재대금채권은 매매계약에 따른 매매대금채권에 불과할 뿐 건물 자체에 관하여 생긴 채권이라고 할 수는 없다(갑이 공급한 건축자재가 수급인 등에 의해 위 건물의 신축공사에 사용됨으로써 결과적으로 위 건물에 부합되었을 따름이다. 대판 2012. 1. 26. 2011다96208).

3) 부동산 매도인이 매매대금을 다 지급받지 아니한 상태에서 매수인에게 소유권이전등기를 마쳐주어 목적물의 소유권을 매수인에게 이전한 경우에는, 매도인의 목적물인도의무에 관하여 동시이행의 항변권 외에 물권적 권리인 유치권까지 인정할 것은 아니다. 따라서 매도인이 부동산을 점유하고 있고 소유권을 이전받은 매수인에게서 매매대금 일부를 지급받지 못하고 있다고 하여 매매대금채권을 피담보채권으로 매수인이나 그에게서 부동산 소유권을 취득한 제3자를 상대로 유치권을 주장할 수 없다(대결 2012. 1. 12. 2011마2380).

(2) 상사유치권

(a) 일반상사유치권

1) 상사유치권(상 58조)은 그 피담보채권에 관하여 민사유치권에서와 같은 채권과 목적물 사이의 **개별적 견련성**을 요구하지 않는다.

2) 상사유치권은 유치의 목적물을 '**채무자 소유의 물건 또는 유가증권**'으로 한정하고 있으므로, 유치물에서는 민사유치권보다 성립의 범위가 제한된다. 상사유치권은 민사유치권과 마찬가지로 유치물을 동산에 한정하지 않고 '물건 또는 유가증권'으로 규정하고 있는 점에 비추어 보면 상사유치권의 대상이 되

는 '물건'에 부동산도 포함된다고 보아야 한다(대판 2013. 5. 24. 2012다39769, 39776).

3) 상사유치권의 경우 당사자 사이에 다른 약정이 있으면 상사유치권을 배제할 수 있다(상 58조 단서). 이러한 상사유치권 배제의 특약은 묵시적 약정으로 가능하다. 다만 어음의 추심위임만으로는 상사유치권 배제의 묵시적 약정이 있었다고 쉽사리 단정할 수 없다(대판 2012. 9. 27. 2012다37176).

(b) 특별상사유치권

1) 대리상(상 91조), 위탁매매인(상 111조), 운송주선인(상 120조), 운송인(상 147조) 등에서 개별적으로 유치권에 관한 규정을 두고 있다.

2) 위 가운데 대리상의 경우 유치물과 피담보채권 사이에 개별적인 견련성이 요구되지 않는다는 점에서 민법상 유치권과 다르고 일반상사유치권과 같으나, 유치물은 채무자 소유가 아니어도 성립할 수 있다는 점에서 일반상사유치권과 다르고 민법상 유치권과 같다.

4. 경매절차상 압류 후 공사대금채권의 변제기가 도래(공사의 완료)하는 경우와 유치권의 성립 여부

1) 유치권은 그 목적물에 관하여 생긴 채권이 변제기에 있는 경우에 비로소 성립하고(민 320조), 한편 채무자 소유의 부동산에 경매개시결정의 기입등기(경매개시결정등기)가 경료되어 압류의 효력이 발생한 후에 유치권을 취득한 경우에는 그로써 그 부동산에 관한 경매절차의 매수인에게 대항할 수 없다(대판 2009. 1. 15. 2008다70763 등).

2) 따라서 채무자 소유의 건물에 관하여 증·개축 등 공사를 도급받은 수급인이 경매개시결정등기가 마쳐지기 전에 채무자로부터 그 건물의 점유를 이전받았다 하더라도 경매개시결정등기로 압류의 효력이 발생한 후에 공사를 완공하여 공사대금채권을 취득함으로써(그 공사대금채권의 변제기가 경매개시결정 전에 도래하였다고 볼 만한 특별한 사정이 인정되지 않는 이상 그와 같은 점유만으로는 유치권이 성립하지 않는다) 그때 비로소 유치권이 성립한 경우에는, 수급인은 그 유치권을 내세워 경매절차의 매수인에게 대항할 수 없다(대판 2011. 10. 13. 2011다55214).

5. 경매절차상 압류 후 점유를 이전하는 경우와 유치권의 성립 여부

1) **판례**는, 부동산에 경매개시결정등기가 경료되어 압류의 효력이 발생한 후에 채무자가 제3자에게 해당 부동산의 점유를 이전함으로써 그로 하여금 유치권을 취득하게 하는 경우 그와 같은 점유의 이전은 (원칙적으로는 **사실행위**이나) **처분행위**에 해당한다고 본다.

즉 그와 같은 점유의 이전은 목적물의 교환가치를 감소시킬 우려가 있는 처분행위에 해당하여 민사집행법 92조 1항, 83조 4항에 따른 **압류**의 **처분금지적 효력**에 저촉되므로 점유자로서는 위 유치권을 내세워 그 부동산에 관한 경매절차의 매수인에게 대항할 수 없다(대판 2005. 8. 19. 2005다22688 등).

이 경우 부동산에 경매개시결정등기가 경료되어 있음을 채권자가 알았는지 여부 또는 이를 알지 못한 것에 관하여 과실이 있는지 여부 등은 채권자가 그 유치권으로 매수인에게 대항할 수 없다는 결론에 아무런 영향을 미치지 못한다(대판 2006. 8. 25. 2006다22050).

2) 그러나 이는 어디까지나 경매개시결정등기가 경료되어 압류의 효력이 발생한 후에 채무자가 해당 부동산의 점유를 이전함으로써 제3자가 취득한 유치권으로 압류채권자에게 대항할 수 있다고 한다면 경매절차에서의 매수인이 매수가격결정의 기초로 삼은 현황조사보고서나 매각물건명세서 등에서 드러나지 않는 유치권의 부담을 그대로 인수하게 되어 경매절차의 공정성과 신뢰를 현저히 훼손하게 된다. 뿐만 아니라, 유치권신고 등을 통해 매수신청인이 위와 같은 유치권의 존재를 알게 되는 경우에는 매수가격의 즉각적인 하락이 초래되어 책임재산을 신속하고 적정하게 현금화하여 채권자의 만족을 얻게 하려는 민사집행제도의 운영에 심각한 지장을 줄 수 있다. 따라서 위와 같은 상황 하에서는 채무자의 제3자에 대한 점유이전을 압류의 처분금지적 효력에 저촉되는 처분행위로 봄이 상당하다는 취지이다(대판 2011. 11. 24. 2009다19246).

6. 가압류 후 점유의 이전의 경우

1) 부동산에 가압류등기가 경료되면 채무자가 해당 부동산에 관한 처분행위를 하더라도 이로써 가압류채권자에게 대항할 수 없게 된다(가압류의 처분금지적 효력). 여기서 처분행위란 해당 부동산을 양도하거나 이에 대해 용익물권이

나 담보물권 등을 설정하는 행위를 말하고 특별한 사정이 없는 한 점유의 이전
과 같은 **사실행위**는 이에 해당하지 않는다.

2) 가압류등기가 경료되어 있을 뿐 현실적인 매각절차가 이루어지지 않고
있는 상황하에서는(압류의 경우와 달리) 채무자의 점유이전으로 인하여 제3자가
유치권을 취득하게 된다고 하더라도 이를 처분행위로 볼 수는 없다.

7. 체납처분 후 유치권 취득의 경우

부동산에 관한 민사집행절차에서는 경매개시결정에 따른 압류가 행하여
짐과 동시에 매각절차인 경매절차가 개시되는 반면, 국세징수법에 의한 체납
처분절차에서는 그와 달리 체납처분에 의한 압류(**체납처분압류**)와 동시에 매각
절차인 공매절차가 개시되는 것이 아닐 뿐만 아니라, 체납처분압류가 반드시
공매절차로 이어지는 것도 아니다. 또한 체납처분절차와 민사집행절차는 서로
별개의 절차로서 공매절차와 경매절차가 별도로 진행되는 것이므로, 부동산에
관하여 체납처분압류가 되어 있다고 하여 경매절차에서 이를 그 부동산에 관
하여 경매개시결정에 따른 압류가 행하여진 경우와 마찬가지로 볼 수는 없기
때문이다. 따라서 체납처분압류가 되어 있는 부동산이라고 하더라도 그러한
사정만으로 경매절차가 개시되어 경매개시결정등기가 되기 전에 부동산에 관
하여 민사유치권을 취득한 유치권자가 경매절차의 매수인에게 유치권을 행사
할 수 없는 것은 아니다(대판(전) 2014. 3. 20. 2009다60336).

8. 유치권에 의한 사용과 부당이득 여부

1) 유치권자는 유치물의 **보존에 필요한 사용**을 한 경우에도 특별한 사정
이 없는 한 차임에 상당한 이익을 소유자에게 반환하여야 한다(대판 2009. 9.
24. 2009다40684). 즉 건물의 유치권자가 건물을 사용하였을 경우에는 특별한
사정이 없는 한 그 차임 상당액을 건물소유자에게 부당이득으로 반환할 의무
가 있다.

2) 유치권자가 채무자의 승낙 없이 유치물을 보존에 필요한 범위를 넘어
사용할 수 없다(민 324조 2항). 유치권자가 유치물을 **보존에 필요한 범위를 넘어
사용**한 경우에는 그로 인한 이익을 부당이득으로 소유자에게 반환해야 한다.
이 경우 반환의무의 구체적 내용은 의무자가 실제로 어떠한 구체적 이익을 얻

었는지에 좇아 정해진다. 예컨대 유치권자가 유치물에 대하여 전세계약을 체결한 경우 추상적으로 산정된 차임 상당액이 아니라, 전세금으로 수령한 금전의 이용가능성에 따라 구체적 이익의 범위가 정해진다. 이 경우 통상 구체적 이익은 전세금에 대한 법정이자이다(대판 2009. 12. 24. 2009다32324).

9. 유치권에 의한 사용과 유치권소멸청구 여부

1) 민법 324조는 유치권자가 선량한 관리자의 주의로 유치물을 점유하여야 하고(1항), 채무자의 승낙 없이 유치물을 보존에 필요한 범위를 넘어 사용하거나 대여 또는 담보제공을 할 수 없으며(2항), 채무자는 유치권자가 위 의무를 위반한 때에는 유치권의 소멸을 청구할 수 있다(3항)고 규정하고 있다.

2) 그러나 공사대금채권에 기하여 유치권을 행사하는 자가 스스로 **유치물인 주택**에 **거주하며 사용**하는 것은 특별한 사정이 없는 한 유치물인 주택의 보존에 도움이 되는 행위로서 유치물의 보존에 필요한 사용에 해당하므로, 그러한 경우에는 유치권의 소멸을 청구할 수 없다(대판 2009. 9. 24. 2009다40684, 2013. 4. 11. 2011다107009).

10. 유치권의 소극적 행사

(1) 인수주의

1) 채무자는 유치권을 소멸시키기 위하여 변제를 하여야 한다. 부동산에 관한 강제경매절차 또는 담보권실행을 위한 경매절차상 매수인은 유치권자에게 그 유치권으로 담보하는 채권을 변제할 책임이 있다(민집 91조 5항, 268조).

2) 유치권이 성립된 부동산의 매수인은 피담보채권의 소멸시효가 완성되면 시효로 인하여 채무가 소멸되는 결과 직접적인 이익을 받을 자에 해당하므로 소멸시효의 완성을 원용할 수 있는 지위에 있다.

유치권의 피담보채권의 소멸시효기간이 확정판결 등에 의하여 10년으로 연장된 경우(민 165조 1항·2항) 매수인은 그 채권의 소멸시효기간이 연장된 효과를 부정하고 종전의 단기소멸시효기간을 원용할 수 없다.

(2) 유치권자가 경매절차상 매수인에게 변제를 청구할 수는 있는지 여부

민사집행법 91조 5항(매수인은 유치권자에게 그 유치권으로 담보되는 채권을 변제할 책임이 있다)에서 '**변제할 책임이 있다**'는 의미는 매수인이 유치권자에 대하여 부동산상의 부담을 승계한다는 취지이다. 따라서 매수인은 인적 채무까지 인수하는 것은 아니다.

II. 유치권의 소송법상 문제

1. 유치권부존재확인의 소

(1) 확인의 소와 확인의 이익

1) 확인의 대상이 원·피고 당사자 사이의 권리관계가 아니라, 다른 사람 사이의 권리관계(소송당사자 한쪽과 제3자 사이, 또는 소송당사자가 아닌 제3자들 사이)라고 하더라도 자기의 권리관계에 불안이나 위험을 제거할 수 있는 유효적절한 수단인 경우에는 **확인의 이익**이 있다.

2) 확인의 이익은 소송물인 법률관계의 존부가 당사자 사이에 불명확하여 그 관계가 즉시 확정됨으로써 원고의 권리 또는 법률적 지위에 현존하는 위험이나 불안정이 제거될 수 있는 경우에 존재한다. 즉 권리 또는 법률상 지위에 현존하는 불안이나 위험이 있고, 그 불안이나 위험을 제거함에는 확인판결을 받는 것이 가장 유효적절한 수단일 때에 인정된다. 이를 '**즉시확정의 법률상 이익**'이라 한다.

3) 확인의 이익은 사실상·경제적 이익이 아니라 **법률상 이익**이어야 한다. 따라서 판결에 의하여 불안을 제거함으로써 원고의 법률상 지위에 영향을 줄 수 있는 경우에 확인의 이익이 있다.

(2) 유치권부존재확인의 소와 확인의 이익

1) 경매절차에서 유치권자가 매수인에 대하여 자신의 피담보채권의 변제를 청구할 수는 없으나, 유치권자는 여전히 자신의 피담보채권이 변제될 때까지 유치목적물인 부동산의 인도를 거절할 수 있어 부동산 경매절차의 입찰인들은 낙찰 후 유치권자로부터 경매목적물을 쉽게 인도받을 수 없다는 점을 고려하여 입찰을 하게 되고 그에 따라 경매목적 부동산이 그만큼 낮은 가격에 낙찰될 우려가 있다. 이와 같은 저가낙찰로 인해 배당받을 채권자인 저당권자의 배당액이 줄어들 위험은 경매절차에서 저당권자의 **법률상 지위**를 불안정하게 한다. 이러한 불안을 제거하는 배당받을 채권자의 이익을 단순한 사실상·경제상의 이익으로 볼 수 없다. 한편 만약 유치권자가 경매절차에서 민법 367조에

기한 우선상환청구를 한다면 유치권자는 매각대금에서 우선상환을 받을 수 있어 배당받을 채권자는 그만큼 배당받을 금액이 줄어들어 저당권자는 **유치권부존재의 확인**을 구할 **법률상 이익**이 있다(대판 2004. 9. 23. 2004다32848, 2011. 12. 22. 2011다84298).

2) 근저당권자는 유치권신고를 한 사람을 상대로 유치권 전부의 부존재뿐만 아니라 경매절차에서 유치권을 내세워 대항할 수 있는 범위를 초과하는 유치권의 부존재확인을 구할 법률상 이익이 있다. 심리 결과 유치권신고를 한 사람이 유치권의 **피담보채권**으로 주장하는 **금액의 일부**만이 경매절차에서 유치권으로 대항할 수 있는 것으로 인정되는 경우에는 법원은 특별한 사정이 없는 한 그 유치권부분에 대하여 **일부패소의 판결**을 하여야 한다.

소극적 확인소송에서는 **원고**가 먼저 청구를 특정하여 **채무발생원인 사실을 부정하는 주장**을 하면 채권자인 **피고**는 권리관계의 **요건사실에 관하여 주장·증명책임을 부담**하므로, 유치권부존재확인소송에서 유치권의 요건사실인 유치권의 목적물과 견련관계 있는 채권의 존재에 대해서는 피고가 주장·증명하여야 한다(대판 2016. 3. 10. 2013다99409).

⑶ 유치권부존재확인의 소가 소권의 남용에 해당하여 허용되지 아니하는 경우

경매절차에서 점유자가 유치권신고를 한 사실을 알고 부동산을 매수한 사람이 그 점유를 침탈하여 유치권을 소멸시키고 나아가 고의적인 점유이전으로 유치권자의 확정판결에 기한 점유회복조차 곤란하게 하였음에도 유치권자가 현재까지 점유회복을 하지 못한 사실을 내세워 유치권자를 상대로 적극적으로 유치권부존재확인을 구하는 경우가 있다. 그러나 이는 자신의 불법행위로 초래된 상황을 자기의 이익으로 원용하면서 피해자에 대해서는 불법행위로 인한 권리침해의 결과를 수용할 것을 요구하고, 나아가 법원으로부터는 위와 같은 불법적 권리침해의 결과를 승인받으려는 것으로서, 명백히 정의관념에 반하여 사회생활상 도저히 용인될 수 없는 것으로 **권리남용**에 해당하여 허용되지 않는다(대판 2010. 4. 15. 2009다96953).

2. 유치권의 항변과 권리저지적 항변

유치권의 항변은 권리저지사실에 관한 항변(권리저지적 항변, 연기적 항변)으

로 권리항변에 속한다. 권리저지적 항변이 인정되는 경우에는 통상 원고의 청구를 기각하여야 하지만, 유치권의 항변이 인정되는 경우에는 원고의 청구를 기각하는 것이 아니라 **원고일부승소판결**, 즉 **상환이행판결**을 하여야 한다. 예컨대 물건의 인도를 청구하는 소송에서 피고의 유치권의 항변이 인용되는 경우에는 그 물건에 관하여 생긴 채권의 변제와 상환하여 그 물건의 인도를 명하여야 한다.

3. 유치권의 항변과 실기한 공격방어방법

판례 가운데에는, 건물철거와 대지인도의 청구사건에서, 제1심에서 유치권의 항변을 주장할 수 있었을 뿐만 아니라, 제2심의 제1, 2, 3차 변론기일에까지도 그 항변을 주장할 수 있었을 것인데 만연히 주장을 하지 않고 제4차 변론기일에 비로소 그 주장을 하는 것은 시기(時機)에 늦어서 방어방법을 제출한 것이고, 만일 이러한 항변의 제출을 허용한다면 소송의 완결에 지장을 가져올 것이 분명하다고 하여 이를 각하한 사례가 있다(대판 1962. 4. 4. 4294민상1122).

4. 저당권이 설정된 후 유치권의 성립과 경매절차상 매수인에 대한 대항 여부

⑴ 민사유치권의 경우

1) 민사유치권을 취득한 경우 그 유치권 취득시기가 근저당권설정 이후라거나 유치권취득 전에 설정된 근저당권에 기하여 경매절차가 개시되었다고 하여 달리 볼 것은 아니다(대판(전) 2014. 3. 20. 2009다60336, 대판 2014. 4. 10. 2010다84932).

2) 다만 거래당사자가 유치권을 자신의 이익을 위하여 고의적으로 만들어 내어 유치권의 최우선순위담보권으로서의 지위를 부당하게 이용하고 전체 담보권질서에 관한 법의 구상을 왜곡할 위험이 내재하므로, 개별 사안의 구체적인 사정을 종합적으로 고려할 때 **신의칙**에 반한다고 평가되는 유치권 행사는 허용될 수 없다(대판 2011. 12. 22. 2011다84298, 2014. 12. 11. 2014다53462).

주의할 것은 목적물에 관하여 채권이 발생하였으나 채권자가 목적물에 관한 점유를 취득하기 전에 그에 관하여 저당권 등 담보물권이 설정되고 이후에 채권자가 목적물에 관한 점유를 취득한 경우 채권자는 다른 사정이 없는 한 그와 같이 취득한 민사유치권을 저당권자 등에게 주장할 수 있는 것이므로, 유치권의 행사가 신의칙에 반하여 유치권제도를 남용한 것이라고 속단해서는 아니된다는 점이다(대판 2014. 12. 11. 2014다53462).

(2) 상사유치권의 경우

1) **종전의 판례의 태도**는 신의칙에 의하여 매수인에게 대항하지 못한다고 보았다.

즉 판례는, 채무자가 채무초과의 상태에 이미 빠졌거나 그러한 상태가 임박함으로써 채권자가 원래라면 자기 채권의 충분한 만족을 얻을 가능성이 현저히 낮아진 상태에서 이미 채무자 소유의 목적물에 저당권 그 밖의 담보물권이 설정되어 있어서 유치권의 성립에 의하여 저당권자 등이 그 채권 만족상의 불이익을 입을 것을 잘 알면서 자기 채권의 우선적 만족을 위하여 위와 같이 취약한 재정적 지위에 있는 채무자와의 사이에 의도적으로 유치권의 성립요건을 충족하는 내용의 거래를 일으키고 그에 기하여 목적물을 점유하게 됨으로써 유치권이 성립하였다면, 유치권자가 그 유치권을 저당권자 등에 대하여 주장하는 것은 다른 특별한 사정이 없는 한 신의칙에 반하는 권리행사 또는 권리남용으로서 허용되지 아니한다고 보았다(대판 2011. 12. 22. 2011다84298).

2) **최근의 판례의 태도**는 상사유치권의 경우 대상이 되는 목적물을 '채무자의 소유의 물건'에 한정한 취지에서 매수인에 대항하지 못한다고 보고 있다. 즉 채무자 소유의 부동산에 관하여 이미 선행저당권이 설정되어 있는 상태에서 채권자의 상사유치권이 성립한 경우, 상사유치권자가 **선행저당권자** 또는 선행저당권에 기한 담보권실행을 위한 경매절차에서 부동산을 취득한 **매수인**에 대한 관계에서 상사유치권으로 대항할 수 없다고 보았다.

위 판례는 다음과 같은 논리를 전개하고 있다. 상사유치권은 민사유치권과 달리 피담보채권이 '**목적물에 관하여**' 생긴 것일 필요는 없지만 유치권의 대상이 되는 물건은 '**채무자 소유**'일 것으로 제한되어 있다(상 58조, 민 320조 1항 참조). 상사유치권이 채무자 소유의 물건에 대해서만 성립한다는 것은, 상사유치권은 성립 당시 채무자가 목적물에 대하여 보유하고 있는 **담보가치만을 대상으로** 하는 세인을 인하니는 의미를 당고 있다(상사유치권의 대상이 되는 목적물을 '채무자 소유의 물건'에 한정하는 취지는, 상사유치권의 경우에는 목적물과 피담보채권 사이의 견련관계가 완화됨으로써 피담보채권이 목적물에 대한 공익비나서 성실을 가지지 않아도 되므로 피담보채권이 유치권자와 채무자 사이에 발생하는 모든 상사채권으로 무한정 확장될 수 있고, 그로 인하여 이미 제3자가 목적물에 관하여 확보한 권리를 침해할 우려가 있어 상사유치권의 성립범위 또는 상사유치권으로 대항할 수 있는 범위를 제한한 것으로 볼 수 있다).

따라서 유치권 성립 당시에 이미 목적물에 대하여 제3자가 권리자인 제한물권이 설정되어 있다면, 상사유치권은 그와 같이 제한된 채무자의 소유권에 기초하여 성립할 뿐이고, 기존의 제한물권이 확보하고 있는 담보가치를 사후적으로 침탈하지는 못한다고 보아야 한다. 그러므로 채무자 소유의 부동산에 관하여 이미 선행저당권이 설정되어 있는 상태에서 채권자의 상사유치권이 성립한 경우, 상사유치권자는 채무자 및 그 이후 채무자로부터 부동산을 양수하거나 제한물권을 설정받은 자에 대해서는 대항할 수 있지만, **선행저당권자** 또는 선행저당권에 기한 담보권실행을 위한 경매절차에서 부동산을 취득한 **매수인**에 대한 관계에서는 상사유치권으로 대항할 수 없다(대판 2013. 2. 28. 2010다57350).

5. 유치권의 적극적 행사

(1) 유치권의 실행

유치권에 의한 경매는 민법 322조 1항에 따른 경매로, **형식적 경매**에 속한다(형식적 경매란 유치권에 의한 경매, 민·상법 그 밖의 법률이 규정하는 바에 따른 경매를 말한다. 이를 **유치권 등에 의한 경매**라고 한다. 형식적 경매는 **담보권실행을 위한 경매**의 예에 의한다. 민집 274조).

(2) 유치권에 의한 경매의 특징

1) 유치권에 의한 경매는 부동산 위의 부담을 소멸시키는 것을 **법정매각조건**(법정매각조건은 민사집행법이 정한 매각조건으로 모든 경매절차에 공통적으로 적용되는 매각조건이다)으로 하여 실시된다. 유치권자의 배당순위는 **일반채권자와 동일한 순위**이다(대결 2011. 6. 15. 2010마1059 등).

다만 집행법원이 부동산 위의 이해관계를 살펴 위와 같은 법정매각조건과는 달리 **매각조건변경결정**(민집 111조)를 통해(즉 **특별매각조건**으로) 목적부동산 위의 부담을 매수인이 인수하도록 정할 수 있다.

2) 유치권에 의한 경매절차는 목적물에 대하여 강제경매 또는 담보권실행

을 위한 경매절차가 개시된 경우에는 정지되도록 되어 있으므로(민집 274조 2 항), 유치권에 의한 경매절차가 정지된 상태에서 그 목적물에 대한 강제경매 또는 담보권실행을 위한 경매절차가 진행되어 매각이 이루어졌다면, 유치권에 의한 경매절차가 **소멸주의**를 원칙으로 하여 진행된 경우와는 달리 그 유치권은 소멸하지 않는다고 봄이 상당하다(대결 2011. 6. 15. 2010마1059, 대판 2011. 8. 18. 2011다35593).

제 2 절 저 당 권

Ⅰ. 저당권의 실체법상 문제

1. 저당권에 기한 방해배제청구 여부

저당권자는 저당권 설정 이후 현금화에 이르기까지 저당물의 교환가치에 대한 지배권능을 보유하고 있다. 따라서 저당목적물의 소유자 또는 제3자가 저당목적물을 물리적으로 멸실·훼손하는 경우는 물론 그 밖의 행위로 저당부동산의 교환가치가 하락할 우려가 있는 등(경매절차에서 매수희망자를 감소시키거나 매각가격을 저감시켜 결국 저당권자가 지배하는 교환가치의 실현을 방해하거나 방해할 염려가 있는 사정이 있는 등) 저당권자의 우선변제청구권의 행사가 방해되는 결과가 발생한다면 저당권자는 저당권에 기한 방해배제청구권을 행사하여 방해행위의 제거를 청구할 수 있다(대판 2006. 1. 27. 2003다58454).

2. 근저당권

(1) 근저당권의 의미

1) 근저당권(민 357조)은 불특정채권을 담보한다. 이에 반하여 보통저당권은 현재 또는 장래의 특정채권을 담보한다.

근저당권은 그 담보할 채권의 최고액만을 정하고 채무의 확정을 장래에 유보하여서 설정하는 저당권을 말한다. 이 경우 그 피담보채무가 확정될 때까지의 채무의 소멸 또는 이전은 근저당권에 영향을 미치지 아니한다.

2) 근저당권설정계약서상 존속기간의 정함이 있는 경우 또는 **기본계약서상**

결산기의 정함이 있는 경우가 있다. 존속기간의 정함이 있는 경우 존속기간은 등기원인에 그 약정이 있는 경우에만 등기한다(부등 75조 2항 4호).

존속기간의 정함이 있는 경우라도 거래가 실제 이루어지지 아니하고, 채권액이 확정된 상태에서 거래 종료의 의사를 표명함으로써 해지(명시적·묵시적으로)할 수 있다.

3) 존속기간이나 결산기의 정함이 없는 경우에는 근저당권설정계약을 해지할 수 있다.

⑵ 근저당권의 피담보채권의 확정

⒜ 의 의

근저당권자의 경매신청 등의 사유로 인하여 근저당권의 피담보채권이 확정되었을 경우에는 확정 이후에 새로운 거래관계에서 발생한 원본채권은 그 근저당권에 의하여 담보되지 아니한다. 확정 전에 발생한 원본채권에 관하여 확정 후에 발생하는 이자나 지연손해금채권은 채권최고액의 범위 내에서 근저당권에 의하여 여전히 담보된다.

⒝ 존속기간이나 결산기의 정함이 있는 경우

1) 근저당권의 존속기간이나 결산기를 정한 경우에는 원칙적으로 **결산기가 도래**하거나 **존속기간이 만료**된 때에 그 피담보채무가 확정된다. 여기에서 결산기의 지정은 일반적으로 근저당권 피담보채무의 확정시기의 방법을 정한 것으로 피담보채무의 이행기에 관한 약정과는 구별된다(대판 2017. 10. 31. 2015다65042).

2) 이 경우 근저당권설정계약 종료 전에 이를 일방적으로 폐기하고 그 당시까지의 채무액만을 변제하는 조건으로 근저당권설정등기의 말소를 소구할 수 없다.

존속기간이나 결산기의 정함이 있는 경우에도 근저당권에 의하여 담보되는 채권이 전부 소멸하고 채무자가 채권자로부터 새로이 금원을 차용하는 등 **거래를 계속할 의사가 없는 경우**에는 근저당권설정계약을 해지하고 근저당권설정등기의 말소를 구할 수 있다.

⒞ 존속기간이나 결산기의 정함이 없는 경우

근저당권의 존속기간이나 결산기를 정하지 않은 경우에는 **피담보채무의 확정방법에 관한 다른 약정이 있으면 그에 따르고, 이러한 약정이 없는 때에는 근**

저당권설정자가 근저당권자를 상대로 언제든지 계약 해지의 의사표시를 함으로써 피담보채무를 확정시킬 수 있다(대판 2002. 5. 24. 2002다7176 등).

(d) 근저당권자 스스로 경매신청을 한 경우

이 경우 **경매신청시**에 근저당채무액이 확정된다. 그 후부터 근저당권은 부종성을 가지게 되어 보통의 저당권과 같은 취급을 받게 된다. 경매개시결정이 있은 후에 경매신청이 취하되었다고 하더라도 채무확정의 효과가 번복되는 것은 아니다(대판 2002. 11. 26. 2001다73022).

(e) 후순위근저당권자의 경매신청시 선순위근저당권의 경우

후순위근저당권자가 경매를 신청한 경우 선순위근저당권의 피담보채권은 그 근저당권이 소멸하는 시기, 즉 매수인이 **매각대금을 완납한 때**(민집 91조·135조)에 확정된다(대판 1999. 9. 21. 99다26085).

(f) 제3자 경매신청시 공동근저당권의 경우

공동근저당권자가 담보부동산 중 일부 부동산에 대하여 제3자가 신청한 경매절차에 소극적으로 참가하여 우선배당을 받은 경우에, 해당 부동산에 관한 근저당권의 피담보채권은 앞서 본 바와 같이 그 근저당권이 소멸하는 시기, 즉 매수인이 매각대금을 완납한 때 확정되지만, **나머지 담보부동산**에 관한 근저당권의 피담보채권은 기본거래가 종료하거나 채무자나 물상보증인에 대하여 파산이 선고되는 등의 **다른 확정사유가 발생하지 아니하는 한** 확정되지 아니한다 (① 공동근저당권자가 제3자가 신청한 경매절차에 소극적으로 참가하여 우선배당을 받았다는 사정만으로는 당연히 채권자와 채무자 사이의 기본거래가 종료된다고 볼 수 없고, ② 기본거래가 계속되는 동안에는 공동근저당권자가 나머지 담보부동산에 관한 근저당권의 담보가치를 최대한 활용할 수 있도록 피담보채권의 증감·교체를 허용할 필요가 있으며, ③ 위와 같이 우선배당을 받은 금액은 나머지 담보부동산에 대한 경매절차에서 다시 공동근저당권자로서 우선변제권을 행사할 수 없어 이후에 피담보채권액이 증가하더라도 나머지 담보부동산에 관한 공동근저당권자의 우선변제권 범위는 위 우선배당액을 공제한 채권최고액으로 제한되므로 후순위근저당권자나 그 밖의 채권자들이 예측하지 못한 손해를 입게 된다고 볼 수 없기 때문이다. 대판 2017. 9. 21. 2015다50637).

3. 공동저당과 공동근저당

⑴ 공동저당관계의 등기(부등 78조)

1) 공동저당관계의 등기는 공동저당권의 성립요건이나 대항요건이 아니다. 등기관이 동일한 채권에 관하여 여러 개의 부동산에 관한 권리를 목적으로 하는 저당권설정의 등기를 할 때에는 각 부동산의 **등기기록**(1필의 토지 또는 1개의 건물에 관한 등기정보자료를 말한다. 이러한 전산정보처리조직에 의하여 입력·처리된 등기정보자료를 대법원규칙으로 정하는 바에 따라 편성한 것을 등기부라 한다)에 그 부동산에 관한 권리나 다른 부동산에 관한 권리와 함께 저당권의 목적으로 제공된 뜻을 기록하여야 한다(부등 78조 1항). 등기관은 1항의 경우에 부동산이 5개 이상일 때에는 **공동담보목록**을 작성하여야 한다. 이러한 경우 공동담보목록은 등기기록의 일부로 본다(부등 78조 2항·3항).

2) 근저당권설정자와 근저당권자 사이에서 동일한 기본계약에 기하여 발생한 채권을 중첩적으로 담보하기 위하여 수개의 근저당권을 설정하기로 합의하고 이에 따라 수개의 근저당권설정등기를 마친 때에는 부동산등기법에 따라 공동근저당관계의 등기를 마쳤는지 여부와 관계없이 그 수개의 근저당권 사이에는 각 채권최고액이 동일한 범위 내에서 공동근저당권관계가 성립한다(대판 2010. 12. 23. 2008다57746).

⑵ 공동저당(공동근저당권)과 민법 368조

⒜ 민법 368조 1항이 적용되는 경우

1) 민법 368조 1항은 원칙적으로 동시배당(同時配當)의 경우에 적용된다. 이는 공동저당권의 목적물 전체에 대하여 현금화한 대금을 동시에 배당하는 경우에 공동저당권자의 실행선택권과 우선변제권을 침해하지 않는 범위 내에서 각 부동산의 책임을 안분시킴으로써 각 부동산상의 소유자와 차순위저당권자 그 밖의 채권자의 이해관계를 조절하기 위한 것이다.

2) 민법 368조 1항에서 공동저당부동산이 동시에 배당되는 경우란 수개의 부동산에 대한 경매대가가 **하나의 배당절차**에서 동시에 배당되는 경우를 말한다. 배당 이전에 압류와 현금화가 동시에 이루어질 것을 요하지 않는다(같은 경매법원에서 별개의 경매절차가 진행되는 경우에는 민사집행법 98조에 따라 일괄매각결정에 의하여, 다른 경매법원들에서 별개의 경매절차가 진행되는 경우에는 민사집행법 99

조에 따라 그 가운데 한 법원에서 일괄매각결정을 한 경우 다른 법원이 경매사건을 이송하여 병합하여 하나의 경매절차에서 진행되어 동시에 배당이 이루어지는 경우를 말한다).

3) 여기서 **경매대가**란 매각대금에서 해당 부동산이 부담할 경매비용과 선순위채권액을 공제한 잔액을 말한다(대판 2003. 9. 5. 2001다66291).

4) 당사자는 최초 근저당권 설정시는 물론 그 후에도 공동근저당권임을 등기하여 공동근저당권의 저당물을 추가할 수 있다. 이와 같이 특정 공동근저당권에 있어 공동저당물이 추가되기 전에 기존의 저당물에 관하여 후순위 근저당권이 설정된 경우에도 민법 368조 1항이 마찬가지로 적용된다(대판 2014. 4. 10. 2013다36040).

5) 다만 공동저당권의 목적물인 채무자 소유 부동산과 물상보증인 소유 부동산이 함께 경매되어 그 경매대가를 동시에 배당하는 경우에는 적용되지 아니한다.

이러한 경우 경매법원으로서는 채무자 소유 부동산의 경매대가에서 공동저당권자에게 우선적으로 배당하고, 부족분이 있는 경우에 한하여 물상보증인 소유 부동산의 경매대가에서 추가로 배당하여야 한다(대판 2010. 4. 15. 2008다41475). 이러한 법리는 물상보증인이 채무자를 위한 연대보증인의 지위를 겸하고 있는 경우에도 마찬가지로 적용된다(대판 2016. 3. 10. 2014다231965).

(b) 민법 368조 2항이 적용되는 경우

1) 민법 368조 2항은 원칙적으로 이시배당(異時配當, 별개의 배당절차에 의한 배당)의 경우에 적용된다.

2) 다만 민법 368조 2항 후문은 공동저당권의 목적물이 채무자 소유인 부동산과 물상보증인 소유의 부동산인 경우 채무자 소유 부동산의 담보권이 먼저 실행된 경우에는 적용되지 아니한다.

즉 채권자가 물상보증인 소유 토지와 공동담보로 주채무자 소유 토지에 1번 근저당권을 취득한 후 이와 별도로 주채무자 소유 토지에 2번 근저당권을 취득한 사안에서, 먼저 주채무자의 토지에 대하여 피담보채무의 불이행을 이유로 근저당권이 실행되어 경매대금에서 1번 근저당권의 피담보채권액을 넘는 금액이 배당된 경우에는, 변제자대위의 법리에 비추어 볼 때 민법 368조 2항은 적용되지 않으므로 후순위(2번)저당권자인 채권자는 물상보증인 소유 토지에 대하여 자신의 1번 근저당권을 대위행사할 수 없다.

따라서 물상보증인의 근저당권설정등기는 그 피담보채무의 소멸로 인하여 말소되어야 한다(대판 1996. 3. 8. 95다36596).

(3) 공동저당권의 목적물이 채무자 소유 부동산과 물상보증인 소유 부동산으로 공동저당의 목적물인 물상보증인 소유 부동산에 대하여 먼저 경매가 이루어지는 경우의 법률관계

(a) 민법 적용규정

1) 이 경우 이시배당에 해당하므로 민법 368조 2항 전문이 적용된다.

2) 공동저당의 목적물인 물상보증인 소유 부동산에 대하여 먼저 경매가 이루어지는 경우이므로 민법 368조 2항 후문이 적용된다.

3) 이러한 법리는 채무자 소유 부동산에 후순위저당권이 설정된 후에 물상보증인 소유의 부동산이 추가로 공동저당의 목적으로 된 경우에도 마찬가지로 적용된다(대판 2014. 1. 23. 2013다207996).

(b) 물상보증인의 구상권의 취득 및 변제자대위

1) 물상보증인 소유 부동산에 대한 경매절차에서 1번 근저당권자가 (채권최고액 범위 내에서) 전부 변제받는다.

2) 물상보증인은 채무자를 위한 대위변제(물상보증인 소유의 부동산이 먼저 경매되어 1번 근저당권자에게 한 대위변제)로 인해 채무자에 대한 구상권을 취득한다(민 370조 · 341조).

3) 물상보증인은 이러한 구상권을 취득함과 동시에, 민법 481조 · 482조의 규정에 의하여 변제자대위에 의하여 채무자 소유 부동산에 대한 1번 근저당권을 취득한다(대위취득). 변제할 정당한 이익이 있는 자이므로 1번 근저당권자의 동의 없이 1번 근저당권에 대해 변제자대위를 할 수 있다. 따라서 채무자 소유의 부동산에 설정된 1번 근저당권은 물상보증인으로 이전한다.

이는 물상보증인이 다른 공동담보물인 채무자 소유 부동산의 담보력을 기대하고 자기의 부동산을 담보로 제공하였으므로, 그 후에 채무자 소유 부동산에 후순위저당권이 설정되었다는 사정에 의하여 그 기대이익을 박탈할 수 없기 때문이다(대판 1994. 5. 10. 93다25417).

4) 민법 368조 2항 후문에 의한 후순위저당권자의 대위권은 선순위공동저당권자가 공동저당의 목적물인 부동산 중 일부의 경매대가로부터 배낭받은 금

액이 그 부동산의 책임분담액을 초과하는 경우에 비로소 인정된다(대판 2011. 10. 13. 2010다99132).

민법 368조 2항 후문에 따른 후순위저당권자의 대위는 선순위저당권자가 가지고 있던 다른 부동산에 관한 저당권이 법률상 당연히 후순위저당권자에게 일정 한도에서 이전하는 것으로서, 민법 187조에서 말하는 법률의 규정에 의한 물권변동에 해당하여 등기 없이도 효력이 생긴다(대판 2015. 3. 20. 2012다99341).

5) 앞서의 법리는 물상보증인이 **실질적 물상보증인**인 경우에 적용되며, 물상보증인이 실질적으로 채무자인 경우에는 적용되지 아니한다(변제자대위에 관한 민법 481조·482조의 규정에 의하면 물상보증인은 자기의 권리에 의하여 구상할 수 있는 범위에서 채권 및 그 담보에 관한 권리를 행사할 수 있는 것이므로, 물상보증인이 채무를 변제하거나 저당권의 실행으로 인하여 저당물의 소유권을 잃었더라도 다른 사정에 의하여 채무자에 대하여 구상권이 없는 경우에는 채권자를 대위하여 채권자의 채권 및 그 담보에 관한 권리를 행사할 수 없다. 따라서 실질적인 채무자와 실질적인 물상보증인이 공동으로 담보를 제공하여 대출을 받으면서 실질적인 물상보증인이 저당권설정등기에 자신을 채무자로 등기하도록 한 경우, 실질적 물상보증인인 채무자는 채권자에 대하여 채무자로서의 책임을 지는지와 관계없이 내부관계에서는 실질적 채무자인 물상보증인이 변제를 하였더라도 그에 대하여 구상의무가 없다. 실질적 채무자인 물상보증인이 채권자를 대위하여 실질적 물상보증인인 채무자에 대한 담보권을 취득한다고 할 수 없다. 이러한 법리는 실질적 물상보증인인 채무자와 실질적 채무자인 물상보증인 소유 각 부동산에 공동저당이 설정된 후에 실질적 채무자인 물상보증인 소유 부동산에 후순위저당권이 설정되었다고 하더라도 다르지 아니하다. 이와 같이 물상보증인이 채무자에 대한 구상권이 없어 변제자대위에 의하여 채무자 소유의 부동산에 대한 선순위공동저당권자의 저당권을 대위취득할 수 없는 경우에는 물상보증인 소유 부동산에 대한 후순위저당권자는 물상대위할 대상이 없으므로 채무자 소유 부동산에 대한 선순위공동저당권자의 저당권에 대하여 물상대위를 할 수 없다고 보아야 한다. 대판 2015. 11. 27. 2013다41097).

(c) 물상보증인 소유 부동산상 후순위근저당권자의 법률관계

1) 물상보증인 소유 부동산상 후순위근저당권자는 물상보증인에게 이전된 위 1번 근저당권상에 민법 370조·342조의 규정에 의하여 물상대위를 하는 것과 같이 그 순위에 따라 물상보증인이 취득한 1번 근저당권으로부터 우선하여 변제를 받을 수 있다.

물상보증인 소유 부동산이 후순위저당권자가 물상보증인이 대위취득한 1

번 저당권에 대하여 물상대위할 수 있다(대판 2011. 8. 18. 2011다30666,30673).

물상보증인 소유 부동산에 대한 후순위저당권자는 공동저당의 목적물 중 채무자 소유 부동산의 담보가치뿐만 아니라, 물상보증인 소유 부동산의 담보가치도 고려하여 저당권을 설정받았으므로, 물상보증인은 자기 소유 부동산에 설정된 후순위저당권에 의한 부담을 위 후순위저당권의 설정 당초부터 감수하고 있었다고 할 수 있기 때문이다(대판 1994. 5. 10. 93다25417).

2) 물상보증인 소유 부동산에 대한 후순위근저당권자는 물상보증인을 대위하여 채무자 소유 부동산상 1번 근저당권에 대한 물상보증인 앞으로의 부기등기(부동 80조의 공동저당의 대위등기)를 청구하여 자신 앞으로 부기등기를 경료할 수 있다.

2011. 4. 12. 전부개정, 2011. 10. 13. 시행 부동산등기법은 **공동저당 대위등기 규정**을 신설하였다. 등기관이 민법 368조 2항 후단(이 경우에 그 경매한 부동산의 차순위저당권자는 선순위저당권자가 전항의 규정에 의하여 다른 부동산의 경매대가에서 변제를 받을 수 있는 금액의 한도에서 선순위자를 대위하여 저당권을 행사할 수 있다)의 대위등기를 할 때에 기록할 사항을 규정하고 있다(부등 80조 1항).

판례도, 후순위저당권자는 자신의 채권을 보전하기 위하여 물상보증인을 대위하여 선순위저당권자에게 그 부기등기를 할 것을 청구할 수 있다고 본다(대결 2009. 5. 28. 2008마109).

3) 따라서 아직 경매되지 아니한 공동저당물의 소유자로서는 1번 저당권자에 대한 피담보채무가 소멸하였다는 사정만으로는 그 말소등기를 청구할 수 없다.

4) 공동저당부동산의 후순위저당권자의 대위에 관한 법적 지위 및 기대는 공동저당 부동산의 일부가 제3자에게 양도되었다는 사정에 의해 영향을 받지 않는다. 공동저당부동산의 일부를 취득하는 제3자로서는 공동저당부동산에 관하여 후순위저당권자 등 이해관계인들이 갖고 있는 기존의 지위를 전제로 하여 공동저당권의 부담을 인수한 것으로 보아야 하기 때문이다(대판 2011. 10. 13. 2010다99132).

⒟ 물상보증인 명의로 부기등기를 하지 않고 있는 동안 공동근저당권자
가 채무자 소유 부동산에 설정되어 있는 공동근저당권을 말소한 경
우의 법률관계

1) 공동근저당의 목적인 채무자 갑 소유 부동산과 물상보증인 을 소유 부
동산 가운데 을 소유 부동산이 먼저 경매되어 공동근저당권자인 병이 변제를
받았는데, 을 소유 부동산에 대한 후순위저당권자 정이 을 명의로 **대위의 부기
등기를 하지 않고 있는 동안** 병이 임의로 갑 소유 부동산에 설정되어 있던 공동
근저당권을 말소하였고, 그 후 갑 소유 부동산에 무 명의의 근저당권이 설정되
었다가 경매로 그 부동산이 매각되었다면 민법 482조 2항 1호에 의하여 갑과
정은 무에게 대항할 수 없다(대판 2011. 8. 18. 2011다30666,30673)(후순위저당권자의
대위에 의하여 선순위저당권자가 가지고 있던 다른 부동산에 관한 저당권이 후순위저당
권자에게 이전된 후에 아직 저당권이 말소되지 아니하고 부동산등기부에 존속하는 경우
라면, 비록 공동저당의 대위등기를 하지 아니하더라도 제3취득자로서는 저당권이 유효하
게 존재함을 알거나 적어도 저당권이 공동저당권으로서 공시되어 있는 상태에서 이를 알
면서 해당 부동산을 취득할 것이므로 저당권의 이전과 관련하여 제3취득자를 보호할 필
요성은 적다. 따라서 먼저 경매된 부동산의 후순위저당권자가 다른 부동산에 공동저당의
대위등기를 하지 아니하고 있는 사이에 선순위저당권자 등에 의해 그 부동산에 관한 저
당권등기가 말소되고, 그와 같이 저당권등기가 말소되어 등기부상 저당권의 존재를 확인
할 수 없는 상태에서 그 부동산에 관하여 소유권이나 저당권 등 새로 이해관계를 취득한
사람에 대해서는, 후순위저당권자가 민법 368조 2항에 의한 대위를 주장할 수 없다. 대판
2015. 3. 20. 2012다99341).

2) 정은 매각대금 완납으로 더 이상 을의 권리를 대위하여 공동근저당권
설정등기의 회복등기절차 이행을 구하거나 경매절차에서 실제로 배당받은 자
에 대하여 부당이득반환청구로서 배당금 한도 내에서 공동근저당권설정등기가
말소되지 않았더라면 배상받았을 금액의 지급을 구할 여지가 없게 된다.

매각대금이 완납된 날 병의 공동근저당권 불법말소로 인한 정의 손해가
확정적으로 발생하였으며, 을 소유 부동산의 매각대금으로 병이 배당을 받은
날과 공동근저당권이 말소된 날 사이에 정이 대위의 부기등기를 마치지 않은
사정만으로 병의 불법행위와 정의 손해 사이에 존재하는 인과관계가 단절된다
고 할 수 있다. 따라서 병은 정에 대하여 불법행위로 인한 손해배상책임을 부

담한다(대판 2011. 8. 18. 2011다30666,30673).

   (4) 물상보증인 소유 부동산에 대한 경매절차상 선순위근저당권자가 채무자 소유 부동산에 대하여 가지는 자신의 근저당권을 포기하는 경우

   물상보증인 소유 부동산상 선순위근저당권자가 피담보채무를 변제받기 전에 채무자 소유 부동산에 대하여 가지는 근저당권을 포기하는 경우 물상보증인은 자신의 부동산상 근저당권자가 가지는 저당권을 변제자대위를 할 수 없게 된다. 따라서 선순위근저당권자가 채무자 소유 부동산에 대하여 가지는 근저당권을 포기하는 경우에는 물상보증인 소유 부동산에 대한 경매절차에서, 선순위근저당권자가 채무자 소유 부동산에 대하여 가지는 근저당권을 포기하지 아니하였더라면 후순위저당권자가 대위할 수 있었던 한도에서는 후순위저당권자에 우선하여 배당을 받을 수 없다(대판 2009. 12. 10. 2009다41250, 2011. 10. 13. 2010다99132).

   4. 저당부동산의 제3취득자의 변제와 변제자대위

   (1) 의   의

   1) 저당부동산에 대하여 소유권, 지상권 또는 전세권을 취득한 제3자는 저당권자에게 그 부동산으로 담보된 채권을 변제하고 저당권의 소멸을 청구할 수 있다(민 364조). 이는 제3취득자가 대가 전액을 저당권설정자에게 지급하여 다시 저당권설정자가 그 피담보채무를 변제하게 하지 않고, 저당권자에게 **직접** 담보된 채권을 변제하도록 하게 하여 제3취득자를 보호하게 할 필요가 있기 때문이다(저당권설정자가 제3취득자로부터 매매목적물의 대가 전액을 받고서도 저당권자에 대한 피담보채무를 변제하지 않는 경우에 저당권의 실행으로 말미암아 제3취득자의 권리가 상실될 위험이 있다. 대판 2002. 5. 24. 2002다7176).

   2) 제3취득자의 변제로 저당권은 당연히 소멸한다. 이는 민법 187조에 의하여 법률의 규정에 의한 물권변동이므로, 등기를 요하지 않는다. 따라서 민법 364조의 '저당권의 소멸을 청구할 수 있다'고 한 규정은 무의미하다.

   (2) 제3취득자의 범위

   여기서 제3취득자는 경매신청 전 또는 경매개시결정 전에 소유권, 지상권 또는 전세권을 취득한 자에 한하지 않는다(대결 1974. 10. 26. 74마440). 이러한 제3자는 채무자와의 관계에서 이해관계인이다. 따라서 채무자의 의사에 반하여

변제할 수 있다(민 469조 2항).

(3) 제3취득자가 변제할 피담보채무의 확정

(a) 존속기간이나 결산기의 정함이 있는 경우

1) 존속기간이나 결산기의 정함이 있는 경우에는 존속기간이나 결산기에 이르러 확정되는 그 부동산의 피담보채권을 변제하고 근저당권설정등기의 말소를 구할 수 있다. 그러나 제3취득자 스스로를 위하여 또는 근저당권설정자를 위하여 계속적 거래관계에 기인한 근저당권설정계약의 종료 전에 이를 일방적으로 폐기하고 그 당시까지의 채무액만을 조건으로 근저당권설정등기의 말소를 소구할 수는 없다.

2) 다만 근저당권에 의하여 담보되는 채권이 **전부 소멸**하고 채무자가 채권자로부터 새로이 금원을 차용하는 등 거래를 **계속할 의사**가 없는 경우에는 그 존속기간 또는 결산기가 경과하기 전이라 하더라도 제3취득자는 계약을 해제하고 근저당권설정등기의 말소를 구할 수 있다.

(b) 존속기간이나 결산기의 정함이 없는 경우

존속기간이나 결산기의 정함이 없는 경우에는 근저당권설정자가 근저당권자를 상대로 언제든지 해지의 의사표시를 함으로써 피담보채무를 확정시킬 수 있다(대판 2002. 2. 26. 2000다48265).

(c) 제3자의 원용 여부

1) 이러한 계약의 해제 또는 해지에 관한 권한은 근저당부동산의 소유권을 취득한 제3자도 원용할 수 있다(대판 2006. 4. 28. 2005다74108 등).

2) 제3취득자는 근저당권설정계약을 해지하는 명시적인 의사표시를 하지 않고 묵시적인 의사표시를 할 수 있다.

예컨대 제3취득자가 근저당권자에게 **저당부동산**을 취득하였음을 내세우면서 앞으로 대위변제를 통하여 채권최고액 범위 내에서 피담보채무를 소멸시키고 근저당권의 소멸을 요구할 것이라는 전제에서 채무자의 피담보채무에 대하여 채무를 일부 변제하기 시작하는 등 제3취득자가 기존 근저당권설정계약의 존속을 통한 피담보채무의 증감변동을 더 이상 용인하지 아니하겠다는 의사를 파악할 수 있는 어떤 외부적 · 객관적 행위를 하고, 채권자도 그러한 사정 때문에 그 계약이 종료됨으로써 피담보채무가 확정된다고 하는 점을 객관적으로 인식할 수 있었던 경우라면, 제3취득자는 근저당권설정계약을 해지하는 묵시적인 의사표시를 한 것으로 볼 수 있다. 따라서 근저당권의 피담보채무는 그 설정계약에서 정한 바에 따라 확정된다고 본다(대판 2002. 5. 24. 2002다7176).

(4) 변제할 금액

(a) 확정된 채무액

제3취득자는 피담보채무가 확정된 이후에 그 확정된 피담보채무를 채권최고액의 범위 내에서 변제하여야 한다. 이 경우 부동산으로 담보된 채권, 즉 민법 360조가 정하는 범위의 금액만 변제하면 된다.

이에 반하여, 민법 469조 2항에 의하는 경우 저당채무의 모든 채무를 변제하지 않으면 안 된다. 근저당권자와 **채무자** 겸 **근저당권설정자**의 관계에서는 채권 전액의 변제가 있어야 한다(대판 2010. 5. 13. 2010다3681). 근저당권의 효력은 채권최고액과는 관계없이 잔존채무에 여전히 미치기 때문이다.

(b) 채권최고액

민사집행법 148조에 따라 배당받을 채권자나 저당부동산의 제3취득자에 대한 우선변제권의 한도는 책임의 한도라고까지는 볼 수 없다. 매각대금 중 근저당권의 채권최고액 및 다른 배당요구채권에 배당하고 남은 잔여금은 근저당권자의 채권최고액을 초과하는 채무의 변제에 충당하여야 한다(대판 2009. 2. 26. 2008다4001).

(5) 제3취득자가 채무자의 피담보채무를 인수하기로 한 경우와 민법 364조 적용 여부

(a) 민법 364조의 적용범위

제3취득자인 양수인이 양도인과의 계약시 피담보채무를 인수하기로 한 경우에는 민법 364조가 적용되지 아니한다.

이 경우 양수인이 채무자의 지위에 있게 되므로, 모든 채무를 변제하여야 한다. 판례도, 저당부동산의 제3취득자가 피담보채무를 인수한 경우에는 그때부터는 제3취득자는 채권자에 대한 관계에서 채무자의 지위로 변경되므로 민법 364조의 규정은 적용될 여지가 없다고 한다(대판 2002. 5. 24. 2002다7176).

(b) 채무인수 해당 여부

어떤 경우가 채무의 인수(면책적 · 중첩적 채무인수)에 해당하는지가 문제가 된다. 채무의 인수가 아닌 경우로서 이행의 인수가 있다. 이행의 인수에 의해서는 채권자는 이행청구의 권리를 갖지 못한다.

채무의 인수인지, 이행의 인수인지를 구별하는 기준, 특히 채무의 인수 중 **중첩적 채무인수**(제3자를 위한 계약, 채권자는 수익의 의사표시로 이행청구를 할 수 있다)와 **이행의 인수**의 구별이 쉽지 않다. 그 부동산에 결부된 부담을 인수하고 그 채무액만큼 매매대금을 공제하기로 약정하는 경우에는 중첩적 채무인수인지, 이행인수인지가 문제가 된다.

이 경우 계약 당사자에게 제3자 또는 채권자가 계약당사자 일방 또는 채무인수인에 대하여 직접 채권을 취득하게 할 의사가 있는지 여부에 달려 있다. 구체적으로는 계약체결의 동기, 경위 및 목적, 계약에서의 당사자의 지위, 당사자 사이 및 당사자와 제3자 사이의 이해관계, 거래관행 등을 종합적으로 고려하여 그 의사를 해석하여야 한다. 인수의 대상으로 된 채무의 책임을 구성하는 법률관계도 함께 양도된 경우이거나 채무인수인이 그 채무부담에 상응하는 대가를 얻을 때에는 특별한 사정이 없는 한 원칙적으로 이행인수가 아닌 중첩적 채무인수로 보아야 한다.

저당부동산에 관한 매매계약을 체결하는 당사자 사이에 매매대금에서 피담보채무 또는 채권최고액을 공제한 잔액만을 현실로 수수하였다는 사정만을 가지고 언제나 매수인이 매도인의 저당채권자에 대한 피담보채무를 인수한 것으로 보아 제3취득자는 채권자에 대한 관계에서 제3취득자가 아니라 채무자와 동일한 지위에 놓이게 됨으로써 저당부동산의 제3취득자가 원래 행사할 수 있었던 저당권소멸청구권을 상실한다고 볼 수는 없다. 오히려 이러한 매매대금 지급방법상의 약정은 다른 특별한 사정이 없는 한 매매당사자 사이에서는 매수인이 피담보채무 또는 채권최고액에 해당하는 매매대금 부분을 매도인에게 지급하는 것이 아니라 채권자에게 직접 지급하기로 하여 그 매매목적 부동산에 관한 저당권의 말소를 보다 확실하게 보장하겠다고 하는 취지로 그런 약정을 하게 된 것이라고 본다(대판 2002. 5. 24. 2002다7176).

(6) 제3취득자의 변제와 제3취득자에의 저당권 이전

1) 제3취득자는 **변제할 정당한 이익**이 있으므로, 변제를 하면 당연히(채권자의 승낙 없이) 채권자를 대위한다(민 481조, **법정대위**).

2) 타는 사님의 세무를 담보하기 위하 저당권을 설정한 부동산의 소유자(물상보증인)로부터 그 소유권을 양수한 제3자(제3취득자)가 그 채무를 변제하거나 저당권의 실행으로 저낭물의 소유권을 잃은 때에는 물상보증인이 변제하는

경우에 적용되는 **민법 370조·341조**를 **유추적용**하여 채무자에 대하여 구상권을 취득한다(대판 1997. 7. 25. 97다8403, 2014. 12. 24. 2012다49285). 따라서 제3취득자가 변제를 하는 경우 변제자대위에 의하여 구상권의 범위 내에서 구상권을 확보하기 위하여 원채권 및 담보권은 대위자인 제3취득자에게 이전한다.

　3) 이에 반하여, 채무자로부터 저당권이 설정된 부동산을 취득한 제3자는 채무를 변제하거나 담보권실행으로 소유권을 잃더라도 물상보증인에 대하여 채권자를 대위할 수 없다(만일 물상보증인의 지위를 보증인과 다르게 보아서 물상보증인과 채무자로부터 담보부동산을 취득한 제3자 상호 간에는 각 부동산의 가액에 비례하여 채권자를 대위할 수 있다고 한다면, 본래 채무자에 대하여 출재한 전액에 관하여 대위할 수 있었던 물상보증인은 채무자가 담보부동산의 소유권을 제3자에게 이전하였다는 우연한 사정으로 이제는 각 부동산의 가액에 비례해서만 대위하게 되는 반면, 당초 채무 전액에 대한 담보권의 부담을 각오하고 채무자로부터 담보부동산을 취득한 제3자는 그 범위에서 뜻하지 않은 이득을 얻게 되어 부당하다. 대판(전) 2014. 12. 18. 2011다50233).

5. 저당부동산의 제3취득자의 우선상환청구권

저당물의 제3취득자가 그 부동산에 관한 필요비 또는 유익비를 지출한 때에는 저당물의 경매대가에서 우선상환을 받을 수 있다(민 367조). 이는 저당권설정자가 아닌 제3취득자가 저당물에 관한 필요비 또는 유익비를 지출하여 저당물의 가치가 유지·증가된 경우, 매각대금 중 그로 인한 부분은 일종의 공익비용과 같이 보아 제3취득자가 경매대가에서 우선상환을 받을 수 있도록 한 것이다. **저당물의 제3취득자**에는 저당물에 관한 지상권, 전세권을 취득한 자만이 아니고 소유권을 취득한 자도 이에 포함한다(대판 2004. 10. 15. 2004다36604).

II. 저당권의 소송법상 문제

1. 피담보채무의 소멸과 근저당권말소등기청구

1) 피담보채무가 소멸하면 근저당권은 당연히 소멸한다. 따라서 원칙적으로 채무자는 피담보채무의 소멸을 원인으로 한 근저당권설정등기의 말소등기청구를 할 수 있다.

2) 이러한 근저당권설정등기의 말소등기청구는 **소유권**이나 **물권적 청구권**

에 기하여, 또는 근저당권설정계약상 청구권인 **채권적 청구권**에 기하여 할 수 있다. 이들 청구권은 별개의 소송물로서 경합한다.

2. 근저당권설정자인 종전 소유자도 근저당권설정계약의 당사자로서 근저당권의 말소를 청구할 수 있는지 여부

근저당권이 설정된 후에 그 부동산의 소유권이 제3자에게 이전된 경우에는 현재의 소유자가 자신의 소유권에 기하여 피담보채무의 소멸을 원인으로 그 근저당권설정등기의 말소를 청구할 수 있음은 물론이지만, 근저당권설정자인 종전의 소유자도 근저당권설정계약의 당사자로서 근저당권소멸에 따른 원상회복으로 근저당권자에게 근저당권설정등기의 말소를 구할 수 있는 계약상 권리가 있다. 따라서 이러한 계약상 권리에 근거하여 근저당권자에게 피담보채무의 소멸을 이유로 하여 그 근저당권설정등기의 말소를 청구할 수 있다. 결국 목적물의 소유권을 상실하였다는 이유만으로 그러한 권리를 행사할 수 없다고 볼 것은 아니다.

3. 저당권의 양도와 부기등기와 관련한 문제

1) 저당권의 양도에 따라 저당권이전의 부기등기가 경료된 경우 저당권설정등기의 말소를 구하는 소에서 양도인을 상대로 한 소는 피고적격이 없는 자를 상대로 한 소로서, 주장 자체에 의해서도 **당사자적격**이 없음이 명백하므로(당사자적격이 본안판단에 흡수되지 아니한다) 소각하판결을 한다. 다만 이 경우 법원은 **피고의 경정**(민소 260조)의 기회를 주어야 한다(**법적관점지적의무**, 민소 136조 4항).

2) 저당권이전의 부기등기가 경료되어 있다고 하더라도 원칙적으로 주등기인 저당권설정등기의 말소등기청구의 소를 제기하여야 한다. 부기등기만의 말소를 따로 인정할 아무런 실익이 없으므로 부기등기의 말소청구는 **소의 이익**이 없어 소각하판결을 한다. 다만 이 경우 법원은 **청구취지의 변경**의 기회를 주어야 한다(**법적관점지적의무**, 민소 136조 4항).

4. 선이행청구와 미리 청구할 필요

1) 원고가 피고에 대하여 먼저 자기의 채무를 이행하여야 비로소 이행청

구권을 행사할 수 있는 경우 자기의 채무를 이행하는 것을 조건으로 하는 **선이행청구**는 원칙적으로 허용되지 아니한다. 피담보채무변제가 선이행되어야 한다.

2) 다만 담보의 목적을 다투는 경우이든지 피담보채무액에 관한 다툼이 있어 피담보채무를 변제하더라도 저당권의 말소에 대한 임의이행을 기대하기 어려운 경우에 피담보채무의 변제를 선이행으로 하는 판결을 구할 수 있다(**장래의 이행의 소**). 여기서 **미리 청구할 필요**가 있는 경우란 이행기가 도래하지 않았거나 조건미성취의 청구권에 있어서는 채무자가 미리부터 채무의 존재를 다투기 때문에 이행기가 도래되거나 조건이 성취되었을 때에 임의이행을 기대할 수 없는 경우를 말한다.

즉 저당채무자가 원고가 되어 저당권자인 피고를 상대로 피담보채무의 변제를 조건으로 한 저당권설정등기말소청구, 양도담보설정자가 원고가 되어 양도담보권자인 피고를 상대로 피담보채무의 변제를 조건으로 하는 소유권이전등기말소청구는 원칙적으로 허용되지 아니한다.

그러나 담보목적으로 소유권이전등기가 경료되거나(**양도담보**), 가등기가 경료되었음에도(**담보가등기**), 채권자가 그 등기가 담보목적으로 경료된 것이 아님을 다투는 경우, 즉 양도담보의 경우에는 매매 등에 기한 소유권이전등기라고 다투거나, 가등기의 경우는 담보가등기가 아니라 일반가등기(순위보전의 가등기)라고 다툰다든지, 그 등기가 담보목적으로 경료된 것은 다투지 않는다고 하더라도 피담보채무의 액수에 대하여 다투는 경우에는, 채무자가 피담보채무를 변제한다고 하여도 채권자의 태도에 비추어 채권자가 그 등기말소에 선뜻 협력할 것으로 기대할 수 없으면 피담보채무의 변제를 조건으로 그 등기말소를 미리 청구할 필요가 있다(대판 1987. 4. 14. 86다카981, 1992. 7. 10. 92다15376).

5. 저당권말소등기청구와 피담보채무부존재확인의 소를 병합할 수 있는지 여부

1) 원칙적으로는 저당권말소등기청구 외에 피담보채무의 부존재확인의 소를 제기할 수 없다. 이는 확인의 소의 보충성에 반하므로 확인의 이익이 없다(대판 2000. 4. 11. 2000다5640).

2) 다만 저당권자가 피담보채무액을 다투고 있고, 말소등기확정판결을 받더라도 피담보채무액에 대하여 다툼의 소지가 있는 경우 피담보채무가 존재하

지 않는다는 확정판결을 받을 필요가 있다. 즉 확인의 이익이 있다(**판례**도 원고가 자인하는 금액을 제외한 나머지 채무의 부존재확인을 구함과 동시에 그 피담보채무 중 잔존채무를 변제하는 조건으로 하여 그 담보로 경료된 근저당권설정등기의 말소를 구한 사안에서, 확인의 이익이 있음을 전제로 일부채무의 부존재확인판결을 한 사례가 있다. 대판 1982. 11. 23. 81다393).

6. 소유권등기말소청구의 소송계속 중 피고가 자기 소유 명의의 부동산에 대하여 저당권을 설정한 경우 소송물의 양도로 볼 것인지 여부

소송계속 중에 피고가 그 소유권을 다른 사람에게 이전하는 경우 외에 피고가 그 소유권에 기하여 다른 사람에게 저당권을 설정해준 경우에도 당사자적격의 승계가 있다고 볼 것인지 문제가 된다. 원고의 말소등기청구소송은 물권적 청구권에 의한 것이다. 이러한 경우 저당권의 설정은 소유권의 권능의 **일부승계**가 있다고 보아야 한다(소유권 일부지분의 이전과 같이 본다). 뒤에서 보는 바와 같이 확정판결이 있는 경우 사실심 변론종결 뒤에 저당권을 설정한 경우 저당권자를 **승계인**으로 보는 것과 마찬가지의 논리이다.

7. 소유권등기말소청구의 승소확정판결 후 피고가 자기 소유 명의의 부동산에 대하여 저당권을 설정한 경우 집행력의 주관적 범위

1) 말소등기청구권은 물권적 청구권이다. 원고가 승소확정판결을 받은 경우 사실심 변론종결 후 피고가 그 소유권에 기하여 저당권을 설정한 경우 저당권자에 대하여 집행력이 미친다고 본다. 집행채권자인 원고는 저당권자에 대하여 승계집행문을 발부받아 저당권을 말소할 수 있다.

2) 한편 원고는 피고에 대하여 집행문을 부여받을 필요 없이 확정판결에 기하여 말소등기를 할 수 있다. 이 경우 의사진술을 명하는 판결로서 그 판결이 확정됨으로써 의사진술을 한 것으로 간주하기 때문이다(민집 263조 1항).

제 3 절 가등기담보

Ⅰ. 가등기담보의 실체법상 문제

1. 일반가등기인지, 담보가등기인지 구별방법

(1) 일반적인 구별방법

가등기가 가등기담보 등에 관한 법률('가등기담보법')의 적용을 받는 담보가 등기인지 여부는 그 등기부상 표시나 등기시에 주고 받은 서류의 종류에 의하여 형식적으로 결정될 것이 아니다. 거래의 실질과 당사자의 의사해석에 따라 결정될 문제이다(대판 1992. 2. 11. 91다36932).

(2) 경매절차상 구별방법

1) **일반가등기**인지, **담보가등기**인지는 경매절차상 채권신고 여부로 알 수 있다.

2) 채권신고에 관해서는 민사집행법과 가등기담보법에서 규정하고 있다. 가등기담보법 16조 1항에서는, 소유권의 이전에 관한 가등기가 되어 있는 부동산에 대한 법원의 강제경매 등의 개시결정이 있는 경우에는 가등기권리자에게 해당 가등기가 **담보가등기인 경우**에는 그 내용과 채권(이자나 그 밖의 부수채권을 포함한다)의 존부·원인 및 금액을, 해당 가등기가 **담보가등기가 아닌 경우**에는 그 해당 내용을 법원에 신고하도록 **적당한 기간**을 정하여 최고하여야 한다고 규정하고 있다.

한편 민사집행법 84조 4항은 법원사무관 등은 같은 법 148조 제4호의 경우(저당권·전세권, 그 밖의 우선변제청구권으로서 첫 경매개시결정등기 전에 등기되었고 매각으로 소멸하는 것을 가진 채권자)의 채권자에 대하여 채권의 유무, 그 원인 및 액수(원금·이자·비용, 그 밖의 부대채권을 포함한다)를 **배당요구의 종기**까지 법원에 신고하도록 최고(**채권신고의 최고**)하여야 한다고 규정하고 있다.

3) 따라서 가등기담보법에는 적당한 기간을 정하여 신고하도록 최고하여야 한다고 규정하고 있으나, 민사집행법은 배당요구의 종기까지로 정하고 있으므로 민사집행법에 따라야 한다.

2. 가등기담보법이 적용되는 경우

(1) 차용금채무

차용물의 반환에 관하여 차주가 차용물을 갈음하여 다른 재산권을 이전할 것을 예약한 경우이어야 한다(가담 1조).

(2) 담보목적물의 가액과 차용액 관계

그 예약 당시 다른 재산의 가액이 차용액과 이에 붙인 이자를 합산한 액수를 초과하는 경우이어야 한다(가담 1조).

3. 가등기담보법이 적용되지 아니하는 경우

(1) 차용금채무가 아닌 경우

매매대금, 공사대금, 투자정산금 등의 경우에는 그 적용이 없다. 즉 가등기담보법은 차용물의 반환에 관하여 다른 재산권을 이전할 것을 예약한 경우에만 적용되고, 매매잔대금의 지급과 관련하여 다른 재산권을 이전하기로 약정한 경우에는 적용되지 아니한다.

(2) 담보목적물인 재산의 가액이 차용액 및 이자의 합산액을 초과하지 아니한 경우

1) 재산의 가액은 원칙적으로 '통상적인 시장에서 충분한 기간 거래된 후 그 대상재산의 내용에 정통한 거래당사자 사이에 성립한다고 인정되는 **적정가격**'을 말한다. 이와 같은 적정가격을 확인하기 어려울 때에는 객관적이고 합리적인 방법으로 평가한 가액이다. 따라서 대상재산이 토지로서 법정지상권의 성립가능성이 있는 등 토지이용상 제한을 받는지 여부가 불분명한 경우에는 법정지상권의 성립에 관한 사정을 객관적이고 합리적으로 평가하여 그 성립 여부를 판단한 다음 그에 따라 평가한 토지의 가격을 가액으로 봄이 상당하다 (대판 2007. 6. 15. 2006다5611).

2) 재산권 이전의 예약 당시 그 재산에 대하여 선순위근저당권이 설정되어 있는 경우에는 그 재산의 가액에서 그 피담보채무액을 공제한 나머지 가액이 차용액 및 이에 붙인 이자의 합산액을 초과하는 경우에만 그 적용이 있다고 봄이 상당하다(대판 2006. 8. 24. 2005다61140 등).

(3) 담보권등기가 경료되지 아니한 경우(가등기나 소유권이전등기가 경료되지 아니한 경우)

1) 가등기담보법을 적용하기 위해서는 채권자가 담보부동산에 관하여 가등기나 소유권이전등기 등을 마침으로써 '담보권'을 취득하였음을 요한다. 채권자와 채무자가 담보계약을 체결하였지만, 담보부동산에 관하여 가등기나 소유권이전등기를 마치지 아니한 경우에는 '담보권'을 취득하였다고 할 수 없으므로, 이러한 경우에는 가등기담보법이 원칙적으로 적용되지 아니한다.

2) 따라서 채권자와 채무자가 담보계약을 체결하였지만, 담보부동산에 관하여 가등기나 소유권이전등기를 마치지 아니한 상태에서 채권자로 하여금 귀속정산 절차에 의하지 않고 담보부동산을 다른 사람에게 처분하여 채권을 회수할 수 있도록 약정하였다 하더라도, 그러한 약정이 가등기담보법의 규제를 잠탈하기 위한 탈법행위에 해당한다는 등의 특별한 사정이 없는 한 가등기담보법을 위반한 것으로 보아 무효라고 할 수는 없다(대판 2013. 9. 26. 2011다108743, 2013. 9. 27. 2011다106778).

(4) 가등기담보법이 적용되지 아니하는 경우 대물변제의 약정으로 볼 것인지, 약한 의미의 양도담보로 볼 것인지 판단기준

(a) 일반적 판단기준

1) 채무와 관련하여 채무자 소유의 부동산의 소유권을 채권자에게 이전하기로 약정한 경우에, 그것이 종전 채무의 변제를 갈음하여 대물변제조로 이전하기로 한 것인지, 아니면 종전 채무의 담보를 위하여 추후 청산절차를 유보하고 이전하기로 한 것인지는 그 약정 당시 당사자의 의사해석에 관한 문제이다.

2) 이 점에 관하여 명확한 증명이 없는 경우에는, 약정 당시의 채무액과 그 당시의 부동산의 가액, 해당 채무를 지게 된 경위와 그 후의 과정, 약정 당시의 상황, 그 이후의 해당 부동산의 지배 및 처분관계 등 여러 사정을 종합하여 그것이 담보목적인지 여부를 가려야 한다(대판 2013. 1. 16. 2012다11648 등).

(b) 구체적 경우에서의 판단기준

1) 채권자가 채권담보의 목적으로 부동산에 가등기를 경료하였다가 그 후 변제기까지 변제를 받지 못하게 되어 위 가등기에 기한 소유권이전의 본등기를 경료한 경우에는, 당사자들 사이에 채무자가 변제기에 피담보채무를 변제하지 아니하면 채권채무관계는 소멸하고 부동산의 소유권이 확정적으로 채권

자에게 귀속된다는 명시의 특약이 없는 한, 그 본등기도 채권담보의 목적으로 경료된 것으로서 정산절차를 예정하고 있는 이른바 **약한 의미의 양도담보**가 된 것으로 보아야 한다.

이와 같이 약한 의미의 양도담보가 된 경우에는 채무의 변제기가 도과된 후라고 하더라도 채권자가 담보권을 실행하여 정산절차를 마치기 전에는 채무자는 언제든지 채무를 변제하고 채권자에게 위 가등기 및 그 가등기에 기한 본등기의 말소를 청구할 수 있다(대판 2006. 8. 24. 2005다61140 등).

2) 기존의 채무를 정리하는 방법으로 다른 재산권을 이전하기로 하면서 일정 기간 내에 채무 원리금을 변제할 때에는 그 재산을 반환받기로 하는 약정이 이루어졌다면, 다른 특별한 사정이 없는 한 당사자 사이에는 그 재산을 담보의 목적으로 이전하고 변제기 내에 변제가 이루어지지 않으면 담보권 행사에 의한 정산절차를 거쳐 원리금을 변제받기로 하는 양도담보약정이 이루어진 것으로 해석하여야 한다(대판 2012. 11. 29. 2012다64505 등).

4. 청산절차

(1) 통지를 받을 사람 및 통지시기

1) 채무자(또는 물상보증인 또는 제3취득자)의 경우 변제기 도래시 통지하여야 한다.

2) 후순위권리자의 경우 채무자에게 통지가 도달한 때에는 지체 없이 통지하여야 한다.

3) 담보가등기 후에 등기한 제3자(후순위 권리자를 제외하고, 대항력 있는 임차권자를 포함한다)의 경우 채무자에게 통지가 도달한 때에 지체 없이 통지하여야 한다.

(2) 청산절차상 통지할 내용

1) 채무자에게는 청산내용을 통지하여야 한다(가담 3조 1항).

이 경우 청산금의 평가액, 즉 통지 당시의 담보부동산의 평가액과 민법 360조(피담보채무의 범위)에 규정된 채권액을 밝혀야 한다. 부동산이 둘 이상인 경우에는 각 부동산의 소유권 이전에 의하여 소멸시키려는 채권과 그 비용을 밝혀야 한다(가담 3조 1항·2항).

그 재산에 관한 담보권이 귀속정산의 방법으로 실행되어 채권자에게 확정적으로 이전되기 위해서는 채권자가 이를 적정한 가격으로 평가한 후 그 가액으로 피담보채권의 원리금에 충당하고 그 잔액을 반환하거나, 평가액이 피담보채권액에 미달하는 경우에는 채무자에게 그와 같은 내용의 통지를 하는 등 정산절차를 마쳐야만 한다.

청산금의 평가액은 통지 당시의 담보부동산의 가액에서 그 당시의 피담보채권액(원본, 이자, 위약금, 지연배상금, 실행비용)을 뺀 금액을 의미한다. 가등기담보권자가 담보권실행을 통하여 우선변제받게 되는 이자나 지연배상금 등 피담보채권의 범위는 통지 당시를 기준으로 확정된다. 채권자는 주관적으로 평가한 청산금의 평가액을 통지하면 족하고, 채권자가 주관적으로 평가한 청산금의 액수가 정당하게 평가된 청산금의 액수에 미치지 못하더라도 담보권 실행의 통지로서의 효력에는 아무런 영향이 없다(대판 2016. 6. 23. 2015다13171).

귀속정산의 통지방법에는 아무런 제한이 없어 말로든 서면으로든 가능하고, 담보부동산의 평가액이 피담보채권액에 미달하는 경우에는 청산금이 있을 수 없으므로 귀속정산의 통지방법으로 부동산의 평가액 및 채권액을 구체적으로 언급할 필요 없이 그 미달을 이유로 채무자에 대하여 담보권실행으로 그 부동산을 확정적으로 채권자의 소유로 귀속시킨다는 뜻을 알리는 것으로 족하다(대판 2001. 8. 24. 2005다15661).

2) 후순위권리자에게는 채무자에게 통지한 사실과 내용 및 도달일을 통지하여야 한다(가담 6조 1항).

3) 담보가등기 후에 등기한 제3자에게는 후순위권리자에게 통지한 사실 및 그 채권액을 통지하여야 한다(가담 6조 2항).

(3) 청산절차와 본등기

(a) 청산절차를 거친 경우 본등기청구 시기

1) 담보가등기를 마친 부동산에 대하여 **강제경매 등의 개시결정**이 있는 경우에 그 경매의 신청이 청산금을 지급하기 전에 행해진 경우(청산금이 없는 경우에는 청산기간이 지나기 전)에는 담보가등기권자는 그 가등기에 따른 본등기를 청구할 수 없다(가담 14조).

2) **판례**도, 가등기담보법 13조·14조·15조에 의하면, 이러한 청산절차를 거치기 전에 강제경매 등의 신청이 행해진 경우 담보가등기권자는 그 가등기에 기한 본등기를 청구할 수 없고, 그 가등기가 부동산의 매각에 의하여 소멸

하되 다른 채권자보다 자기 채권을 우선변제받을 권리가 있을 뿐이라고 보고 있다(대결 2010. 11. 9. 2010마1322).

(b) 처분정산형 담보권실행이 허용되는지 여부

가등기담보법 3조·4조에 의하면 담보가등기의 경우 청산금의 평가액을 채무자 등에게 통지한 후 채무자에게 정당한 청산금을 지급하거나 지급할 청산금이 없는 경우에는 채무자가 그 청산의 통지를 받은 날부터 2월의 청산기간이 경과하여야 하는 청산절차를 거친 후에야 그 가등기에 기한 본등기를 청구할 수 있다. 즉 가등기담보법 3조·4조에서 담보계약에 의한 담보권의 사적 실행방법으로 귀속정산의 원칙을 규정함과 동시에 같은 법 12조와 13조에서 공적 실행방법으로 경매의 청구 및 우선변제청구권 등 처분정산을 별도로 규정하고 있을 뿐 사적 실행방법으로 이른바 **처분정산형**의 담보권실행은 구 가등기담보법상 허용되지 아니한다(대판 2010. 8. 26. 2010다27458).

(c) 가등기담보법 3조·4조에 위반하여 이루어진 담보가등기에 기한 본등기의 효력

1) 가등기담보법 3조·4조의 규정(이러한 규정들은 강행법규에 해당한다)을 위반하여 담보가등기에 기한 본등기가 이루어진 경우에는 그 본등기는 **무효**이다. 다만 가등기권리자가 이러한 청산절차를 거치면 위 무효인 본등기는 **실체적 법률관계**에 부합하는 **유효한** 등기가 될 수 있을 뿐이다(대판 2017. 5. 17. 2017다202296).

2) 가등기담보법 4조 4항에 의하면, 가등기담보법 4조 1항부터 3항까지의 규정에 어긋나는 특약으로서 채무자 등에게 불리한 것은 그 효력이 없다(다만 청산기간이 지난 후에 행하여진 특약으로서 제3자의 권리를 침해하지 아니하는 것은 그러하지 아니한다).

3) 따라서 가등기담보법 3조·4조의 규정을 위반하여 담보가등기에 기한 본등기가 이루어진 경우 설령 그와 같은 본등기가 채권자와 채무자 사이에 이루어진 특약에 의하여 이루어졌다고 할지라도 만일 그 특약이 채무자에게 불리한 것이라면 무효이다.

(d) 본등기가 무효인 경우 제3자 앞으로 경료된 소유권이전등기의 효력

1) 제3자가 **악의**인 경우 제3자 앞으로의 소유권이전등기는 **무효**이다(가담 11조 단서).

2) 제3자가 **선의**인 경우 제3자 앞으로의 소유권이전등기는 **유효**하다(가담 11조 단서).

(e) 제3자 앞으로 경료된 소유권이전등기가 유효한 경우(즉 제3자가 선의 인 경우) 채무자의 구제방법

1) 채무자는 채권자에게 손해배상청구를 할 수 있다. 채권자가 가등기담보 법에 정해진 청산절차를 밟지 아니하여 담보부동산의 소유권을 취득하지 못하 였음에도 그 담보부동산을 처분하여 선의의 제3자가 소유권을 취득하고 그로 인하여 가등기담보법 11조 단서에 의하여 채무자가 더는 채무액을 채권자에게 지급하고 그 채권담보의 목적으로 마친 소유권이전등기의 말소를 청구할 수 없게 되었다면, 채권자는 위법한 담보부동산의 처분으로 인하여 채무자가 입 은 손해를 배상할 책임이 있다.

2) 이때 채무자가 입은 손해는 다른 특별한 사정이 없는 한 채무자가 더는 그 소유권이전등기의 말소를 청구할 수 없게 된 때의 담보부동산의 가액에서 그때까지의 채무액을 공제한 금액이다(대판 2010. 8. 26. 2010다27458 등. 이 경우 채 무자가 약정이자의 지급을 연체하였다든지 채무자가 그 채무액을 채권자에게 지급하고 그 채권담보의 목적으로 마친 소유권이전등기의 말소를 청구할 수 있었다는 사정이나 채 권자가 담보부동산을 처분하여 얻은 이익의 크고 작음 등과 같은 사정은 위법한 담보부 동산의 처분으로 인한 손해배상책임을 제한할 수 있는 사유가 될 수 없다).

5. 가등기담보채권자가 가등기담보채무자의 제3자에 대한 선순위가등기 담보의 채무를 대위변제하여 가지는 구상금채권도 담보가등기의 피 담보채권에 포함되는지 여부

가등기담보채권자가 가등기담보권을 실행하기 이전에 그의 계약상 권리 를 보전하기 위하여 가등기담보채무자의 제3자에 대한 선순위근저당채무를 대 위변제하여 구상권이 발생하였다면 특별한 사정이 없는 한 이 구상권도 가등 기담보계약에 의하여 담보된다고 보는 것이 상당하다(대판 2007. 7. 13. 2006다 46421).

6. 채권자와 채무자가 가등기 이후에 발생될 채무도 피담보채무의 범위에 포함시키기로 한 약정의 효력

(1) 가등기담보권 설정시 약정

채권자와 채무자 또는 물상보증인이 가등기담보설정계약을 체결할 때에 가등기 이후에 발생될 채무도 가등기부동산의 피담보채무범위에 포함시키기로 한 약정은 가등기담보법 4조 1항 내지 3항의 어느 규정에도 반하는 것이라고 볼 수 없고 가등기담보권의 존재가 가등기에 의하여 공시되므로 후순위권리자로 하여금 예측할 수 없는 위험에 빠지게 하는 것도 아니다(대판 1993. 4. 13. 92다12070).

(2) 가등기담보권 설정 후 약정

가등기담보권을 설정한 후에 채권자와 채무자의 약정으로 새로 발생한 채권을 기존 가등기담보권의 피담보채권에 추가할 수도 있다.

가등기담보권을 설정한 후에 후순위권리자나 제3취득자 등 이해관계 있는 제3자가 생긴 상태에서 새로운 약정으로 기존 가등기담보권에 피담보채권을 **추가**하거나 피담보채권의 내용을 **변경·확장**하는 경우에는 이해관계 있는 제3자의 이익을 침해하게 된다. 따라서 이러한 경우에는 피담보채권으로 추가·확장한 부분은 이해관계 있는 제3자에 대한 관계에서는 우선변제권 있는 피담보채권에 포함되지 않는다고 보아야 한다(대판 2011. 7. 14. 2011다28090 등).

7. 담보가등기가 이루어진 부동산을 인도받아 점유한 경우와 피담보채권의 소멸시효의 중단 여부

1) 담보가등기를 경료한 토지를 인도받아 점유한 경우 담보가등기의 피담보채권의 소멸시효가 중단되는 것은 아니다. 따라서 담보가등기에 기한 소유권이전등기청구권의 소멸시효가 완성되기 전에 그 대상 토지를 인도받아 점유함으로써 소유권이전등기청구권의 소멸시효가 중단된다고 하더라도 담보가등기의 피담보채권이 시효로 소멸한 이상 위 담보가등기 및 그에 기한 소유권이전등기는 실효 말소되어야 할 운명의 것이다(대판 2007. 3. 15. 2006다12701).

2) 그러나 채무자가 채권자에게 담보가등기를 경료하고 그 부동산을 인도하여 준 다음 피담보채권에 대한 이자 또는 지연손해의 지급을 갈음하여 채권

자로 하여금 부동산을 사용·수익할 수 있도록 한 경우라면 채권자가 부동산을 사용·수익하는 동안에는 채무자가 계속하여 이자 또는 지연손해금을 채권자에게 변제하고 있는 것으로 볼 수 있으므로 피담보채권의 소멸시효가 중단된다고 보아야 한다(대판 2009. 11. 12. 2009다51028).

8. 가등기담보법 11조의 규정 취지 및 제척기간의 성질

1) 가등기담보법 11조 본문은 가등기담보법 2조 2호에서 정한 채무자 등은 청산금채권을 변제받을 때까지 그 피담보채무액(반환할 때까지의 이자와 손해금을 포함한다)을 채권자에게 지급하고 그 채권담보의 목적으로 마친 소유권이전등기의 말소를 청구할 수 있다고 하면서도, 같은 조 단서 전단에서 그 채무의 변제기가 지난 때부터 10년이 지난 경우에는 그러하지 아니하다고 규정하고 있다. 따라서 채무자 등이 가등기담보법 11조 본문에 따라 채권담보의 목적으로 마친 소유권이전등기의 말소를 구하기 위해서는 그때까지의 이자와 손해금을 포함한 피담보채무액을 전부 지급함으로써 그 요건을 갖추어야 한다(대판 2007. 6. 1. 2005다3304 등).

2) 그리고 제척기간은 권리자로 하여금 해당 권리를 신속하게 행사하도록 함으로써 법률관계를 조속히 확정시키려는 데 그 제도의 취지가 있으며, 그 기간의 경과 자체만으로 곧 권리 소멸의 효과를 가져오게 한다. 한편 채무자 등이 위 제척기간이 경과하기 전에 피담보채무를 변제하지 아니한 채 또는 그 변제를 조건으로 담보목적으로 마친 소유권이전등기의 말소를 청구하더라도 이를 제척기간 준수에 필요한 권리의 행사에 해당한다고 볼 수 없다. 따라서 채무자 등의 위 말소청구권은 위 제척기간의 경과로 확정적으로 소멸한다. 이러한 법리는 채무자 등이 피담보채무를 변제하지 아니한 채 또는 그 변제를 조건으로 위 소유권이전등기의 말소등기를 청구하는 소를 제기한 경우에도 마찬가지로 적용된다(대판 2014. 8. 20. 2012다47074).

Ⅱ. 가등기담보의 소송법상 문제

1. 경매절차상 일반가등기와 담보가등기의 취급방법

(1) 경매절차상 매각으로 인하여 소멸하는지 여부

일반가등기는 최선순위인 경우 매각으로 인하여 소멸하지 아니하나, 담보가등기는 어떠한 경우에도 소멸한다.

(2) 담보가등기권자가 채권신고를 하지 아니한 경우

1) 담보가등기권자가 채권신고를 하지 않는 경우 매각대금에서 **배당받을 권리를 상실**한다(가담 16조 2항).

2) 참고로 담보가등기권리자의 경우가 아닌 다른 담보권자의 경우에는 채권신고를 하지 아니하더라도 여전히 배당받을 권리를 가진다. 채권신고의 최고를 받고도 신고를 하지 아니한 경우 그 채권자의 채권액은 등기사항증명서 등 집행기록에 있는 서류와 증빙에 따라 계산한다. 다만 이 경우 **채권불신고에 따른 실권효**로서, 다시 채권액을 추가하지 못한다(민집 84조 5항).

2. 채무의 변제를 하지 않을 경우를 대비한 제소전 화해가 가능한지 여부

1) 민사소송법 385조 1항은 제소전 화해신청시 민사상 '**다툼**'에 관하여 당사자가 청구의 취지·원인과 '**다투는 사정**'을 밝힐 것을 요구하고 있으므로, 제소전 화해신청은 현실의 분쟁이 있을 때에 한하여 허용된다(**현실분쟁설**).

2) 이에 대하여, 민사상 다툼은 반드시 현재에 구체적으로 발생한 것이 아니더라도 제소전 화해신청 당시로 보아 장래에 분쟁이 발생할 가능성이 있는 경우도 포함한다는 견해(**장래분쟁설**)도 있다.

그러나 제소전 화해를 공정증서의 대용화(代用化)라는 수단으로 삼는 폐단을 시정하기 위해서도 민사상 다툼을 엄격히 해석할 필요가 있으므로, 단순히 권리관계의 불확실 또는 권리실현의 불완전이 존재한다고 하여 미리 집행권원을 가지할 필요가 있는 것만으로는 민사상 다툼이 있다고 볼 수 없다.

3. 강행법규 위반과 제소전 화해

(1) 가등기담보법 위반의 약정과 무효

가등기담보법의 적용이 있는 경우 청산절차 및 소유권 취득에 관한 규정에 어긋나는 특약으로서 채무자 등에게 불리한 것은 원칙적으로 그 효력이 없다(가담 4조 4항 본문). 따라서 가등기담보법 위반의 제소전 화해는 강행법규에 위반한 것이 된다.

(2) 강행법규 위반의 제소전 화해의 효력

1) **화해조항 자체**가 현행법상 인정되는 경우이어야 한다. 즉 화해조항 자체가 선량한 풍속 그 밖의 사회질서나 강행법규에 위반하는 것이 아니어야 한다.

2) 화해조항 자체가 아닌 **청구원인의 내용**, 즉 청구원인사실에 강행법규 위반이 있다고 하더라도 제소전 화해의 효력이 무효가 되는 것은 아니다(판례의 입장도 마찬가지이다). 예컨대 ① 사립학교법을 위반한 경우, ② 통정허위표시의 경우, ③ 민법 607조·608조에 위반한 경우, ④ 배임행위에 적극적으로 가담하여 이루어진 반사회적 행위의 경우 등 청구원인사실에 강행법규 위반이 있다고 하더라도(확정되더라도 당연무효가 되지 아니하는 소송요건에 흠이 있는 경우도 마찬가지이다) 판례가 재판상 화해의 법적 성질을 소송행위로 보는 입장에서 실체법상 무효사유가 있다고 하여 재판상 화해 자체가 무효로 되는 것은 아니라고 본다.

판례도, 재판상 화해가 성립되면 그 내용이 강행법규에 위배된다고 할지라도 재심절차에 의하여 취소되지 아니하는 한 그 **화해조서**를 무효라고 주장할 수 없으므로, 이러한 전제에서 화해에 대하여 민법 607조·608조에 반한다든지 통정한 허위표시로서 무효라는 취지의 주장을 배척한 원심판결은 정당하다고 한다(대판 1991. 4. 12. 90다9872)(**조정조서**의 경우에도 마찬가지이다. 즉 확정판결의 당연무효 등의 사유가 없는 한 설령 그 내용이 강행법규에 위배된다 할지라도 그것은 단지 조정에 흠이 있음에 지나지 아니한다. 따라서 준재심절차에 의하여 구제받는 것은 별 문제로 하고, 조정조서를 무효라고 할 수 없다. 대판 2014. 3. 27. 2009다104960, 104977).

3) 따라서 제소전 화해시 약정된 채무를 불이행하는 경우 바로 소유권을 이전해 주기로 한 것이라면 그 조건에 따라 소유권이전등기를 경료함으로써 바로 소유권을 취득한다. 그러나 제소전 화해시 화해소상의 내용이 약정된 재

무를 불이행한 경우 **채권담보의 목적**으로 소유권을 이전해 주기로 한 것이라면 가등기담보법이 적용되고, 그 범위 내에서 청산절차 없이 행하여진 이전등기는 무효가 된다.

제 4 절 동산양도담보

I. 동산양도담보의 실체법상 문제

1. 유동집합물의 담보에 의한 자금의 융통

(1) 동산담보등기

1) **동산·채권 등의 담보에 관한 법률**(2010. 6. 10. 제정, 2012. 6. 11. 시행)에 따라 동산담보등기를 하는 경우이다. 동산담보설정을 할 수 있는 자는 법인 또는 상호등기를 한 사람에 국한한다.

2) 동산담보등기를 한 경우에는 가등기담보법이 적용되지 아니한다. 등기 또는 등록을 할 수 있는 부동산소유권 외의 권리(질권·저당권 또는 전세권은 제외한다)의 취득을 목적으로 하는 담보계약에 관해서는 가등기담보법 3조부터 17조까지의 규정을 준용하나, 동산·채권 등의 담보에 관한 법률에 따라 담보등기를 마친 경우에는 그러하지 아니하다(가담 18조).

(2) 유동집합물에 대한 양도담보

1) 일단의 증감·변동하는 동산을 하나의 물건으로 양도담보를 설정하는 경우이다. 이러한 **집합물**은 통상 원자재, 제품의 원료, 재고상품이며, 돈사에서 사육되는 돼지 등 또는 양만장의 뱀장어 등 어류와 같이 성장을 계속하는 것들도 이에 포함한다.

2) 이러한 집합물에 대한 양도담보설정계약이 이루어지면 그 집합물을 구성하는 개개의 물건이 변동되거나 변형되더라도 한 개의 물건으로서의 동일성을 잃지 아니한 채 양도담보권의 효력은 항상 현재의 집합물 위에 미친다. 따라서 양도담보권자가 양도담보설정계약 당시 존재하는 집합물을 점유개정의 방법으로 그 점유를 취득하면 그 후 양도담보설정자가 그 집합물을 이루는 개개의 물건을 반입하였다 하더라도 그때마다 별도의 양도담보설정계약을

맺거나 점유개정의 표시를 하여야 하는 것은 아니다(대판 1990. 12. 26. 88다카 20224).

다만 양도담보설정자가 양도담보설정계약에서 정한 종류·수량에 포함되는 물건을 계약에서 정한 장소에 반입하였더라도 그 물건이 제3자의 소유라면 담보목적인 집합물의 구성부분이 될 수 없고 따라서 그 물건에는 양도담보권의 효력이 미치지 아니한다(대판 2016. 4. 2. 2012다19659).

3) 돼지의 경우 그 돼지로부터 출산시켜 얻은 새끼 돼지의 경우 양도담보권의 효력이 미치는지는 문제가 된다. **판례**는, 돈사에서 대량으로 사육되는 돼지를 집합물에 대한 양도담보의 목적물로 삼은 경우, 위 양도담보권의 효력은 양도담보설정자로부터 이를 양수한 양수인이 당초 양수한 돈사 내에 있던 돼지들 및 통상적인 양돈방식에 따라 그 돼지들을 사육·관리하면서 돼지를 출하하여 얻은 수익으로 새로 구입하거나 그 돼지와 교환한 돼지 또는 그 돼지로부터 출산시켜 얻은 새끼 돼지에 한하여 미치는 것이지, 양수인이 별도의 자금을 투입하여 반입한 돼지에까지는 미치지 않는다고 보고 있다(대판 2004. 11. 12. 2004다22858).

한편 일반적으로 물건을 양도담보의 목적으로 양도한 경우 특별한 사정이 없는 한 목적물에 대한 사용수익권은 양도담보설정자에게 있으므로(특히 양도담보부 금전소비대차계약의 집행증서상 채권자와 채무자 사이에 채무자가 양도담보목적물인 돼지를 점유하는 동안 이를 무상으로 사용·수익하기로 약정한 경우에는 더욱 그러하다), 양도담보목적물로서 원물인 돼지가 출산한 새끼 돼지는 천연과실에 해당하고 그 천연과실의 수취권은 원물인 돼지의 사용수익권을 가지는 양도담보설정자인 채무자에게 귀속되는 것이라는 이유로, 달리 특별한 약정이 없는 한 천연과실인 위 새끼 돼지에 대해서는 양도담보의 효력이 미치는 것이라고 할 수 없다고 본 **판례**도 있다(대판 1996. 9. 10. 96다25463).

2. 유동집합물에 대한 양도담보와 목적물의 특정

(1) 목적물의 특정 필요성

유동집합물에 대한 양도담보설정계약의 경우에, 양도담보의 효력이 미치는 범위를 명시하여 제3자에게 불측의 손해를 입지 않도록 하고 권리관계를 미리 명확히 하여 집행절차가 부당히 지연되지 않도록 히기 위하여 그 **목적물**

을 **특정**할 필요가 있다.

(2) 목적물의 특정방법

1) 유동집합물의 담보목적물은 담보설정자의 다른 물건과 구별될 수 있도록 그 종류, 소재하는 장소 또는 수량의 지정 등의 방법에 의하여 외부적·객관적으로 특정되어 있어야 한다.

2) 목적물의 특정 여부 및 목적물의 범위는 목적물의 종류, 장소, 수량 등에 관한 계약의 전체적 내용, 계약 당사자의 의사, 목적물 자체가 가지는 유기적 결합의 정도, 목적물의 성질, 담보물 관리와 이용방법 등 여러 사정을 종합하여 구체적으로 판단하여야 한다.

3) 유동집합물에 대한 양도담보설정계약의 목적물을 양수인이 선의취득하지 못한 상태에서 그 양도담보의 효력이 미치는 목적물에다 자기 소유인 동종의 물건을 섞어 관리함으로써 당초의 양도담보의 효력이 미치는 목적물의 범위를 불명확하게 한 경우에는 양수인으로 하여금 그 양도담보의 효력이 미치지 아니하는 물건의 존재와 범위를 증명하도록 하는 것이 공평의 원칙에 부합한다(대판 2004. 11. 12. 2004다22858)(양도담보계약서에 기재한 수량은 단순히 개략적으로 표시한 것에 불과하여 그 전부를 목적으로 하였다고 볼 수 있는 경우이다).

3. 동산양도담보와 사용·수익권

양도담보설정자가 채권을 담보하기 위하여 그 소유의 동산을 채권자에게 양도한 경우 담보목적물을 누가 사용·수익할 수 있는지는 **당사자의 합의로** 정할 수 있지만 **반대의 특약이 없는 한** 양도담보설정자가 그 동산에 대한 사용·수익권을 가진다. 따라서 그 동산이 일정한 토지 위에 설치되어 있어 그 토지의 점유·사용이 문제된 경우에는 특별한 사정이 없는 한 양도담보설정자가 그 토지를 점유·사용하고 있는 것으로 보아야 한다(대판 2005. 11. 10. 2005다36083, 2018. 5. 30. 2018다201429).

4. 동산양도담보와 선의취득 여부

(1) 양도담보와 대외적 소유권 이전

금전채무를 담보하기 위하여 채무자가 그 소유의 동산을 채권자에게 양도하되 점유개정에 의하여 채무자가 이를 계속 점유하기로 한 경우 특별한 사정이 없는 한 동산의 소유권은 신탁적으로 이전됨에 불과하여 채권자와 채무자 사이의 **대내적 관계**에서 채무자는 의연히 소유권을 보유하나 **대외적 관계**에서 채무자는 동산의 소유권을 이미 채권자에게 양도한 무권리자가 된다.

(2) 무권리자에 의한 동산의 양도와 양수인의 소유권 취득 여부

다시 다른 채권자와의 사이에 양도담보설정계약을 체결하고 점유개정의 방법으로 인도를 하더라도 **선의취득**이 인정되지 않는 한 나중에 양도담보설정 계약을 체결한 채권자는 양도담보권을 취득할 수 없다. 그런데 현실의 인도가 아닌 점유개정으로는 선의취득이 인정되지 아니하므로, 결국 뒤의 채권자는 양도담보권을 취득할 수 없다.

(3) 선의취득과 손해배상의 범위

(a) 통상손해

양도담보권자가 입은 통상의 손해는 동산양도담보가 유효하여 담보권을 취득할 수 있는 것으로 믿고 출연한 금액 즉 양도담보물의 가액 범위 내에서 채무자에게 대출한 금원 상당이다(대판 2010. 9. 30. 2010다41386).

(b) 판단기준시

이 경우 양도담보물의 가액은 동산양도담보가 유효하였더라면 그 실행이 예상되는 시기 또는 손해배상청구소송의 사실심 변론종결시를 기준으로 하여 야 한다(대판 2010. 9. 30. 2010다41386).

Ⅱ. 동산양도담보의 소송법상 문제

1. 집행증서

(1) 구 공증인법상 집행증서

1) 집행증서란 공증인이 작성한 공정증서로서, 법정요건을 갖추어 집행력 이 인정된 것을 말한다. 즉 집행증서는 공정증서에 집행승낙의 문구가 기재된 것이다(민집 56조 4호).

2) 구 공증인법상 집행증서는 일정한 금액의 지급이나 대체물 또는 유가 증권의 일정한 수량의 급여를 목적으로 하는 청구에 한하여 인정되었다. 따라 서 토지나 건물의 인도청구 등에 대해서는 집행증서가 허용되지 않았다.

(2) 현행 공증인법(2013. 5. 28. 개정, 2013. 11. 29. 시행)상 집행증서

1) **구 공증인법**상 집행증서는 금전 지급 또는 유가증권 등의 일정한 수량 급여를 목적으로 하는 경우에만 이용할 수 있어 건물이나 토지 등의 인도를 구하는 경우에는 공증 대신 **제소전 화해**가 널리 활용되었다. 제소전 화해는 지위가 열악한 채무자에게 불리한 내용이 강제되는 등 남용사례가 있었다. 따라서 공증의 기능을 살리고 사회적 약자를 보다 철저히 보호할 수 있도록 공증제도의 개선이 필요하였다.

2) **현행 공증인법**은 **건물, 토지, 특정동산의 인도**를 구하는 경우에도 집행증서를 작성할 수 있도록 대상을 확대하였다. 다만 사회적 약자인 임차인의 보호를 강화하기 위하여 임차건물 반환에 관한 집행증서는 임대차관계의 종료에 따라 건물을 반환하기 전 **6개월** 이내에만 작성할 수 있도록 제한하면서 임대인이 상환할 보증금 반환도 함께 이루어질 수 있도록 하였다(56조의3 1항). 건물, 토지, 특정동산의 인도에 관한 집행증서는 집행권원이 된다(56조의3 3항). 이러한 집행증서의 집행문은 지방법원 **단독판사**의 **허가**를 받아 부여한다(56조의3 4항).

2. 본인의 명의를 도용하거나 무권대리인의 촉탁에 의한 집행증서의 작성과 그 구제방법

1) 집행증서가 집행권원으로서 집행력을 가질 수 있도록 하는 집행승낙의 의사표시는 공증인에 대한 소송행위이므로 무권대리인의 촉탁에 의하여 집행증서가 작성된 때에는 집행권원으로서 효력이 없다.

2) 무권대리인의 추인의 방식과 관련하여, **집행증서의 흠의 추인**은 증서의 작성에 관한 규정에 의해야 하므로, 추인의 의사표시는 해당 집행증서를 작성한 **공증인**에 대하여 하여야 하고, 또 **공정증서로써** 하여야 한다. 이와 같은 방식에 의하지 아니한 추인행위는 그 추인행위에 의하여 채무자가 실체법상의 채무를 부담하게 되는 것은 별론으로 하고 무효의 집행권원을 유효하게 할 수는 없다(대판 1991. 4. 26. 90다20473, 2006. 3. 24. 2006다2803 등).

3. 동산양도담보의 권리실현

(1) 양도담보권에 기한 사적 실행방법

집행증서가 작성된 경우라도 양도담보계약 내용에 따라 사적으로 타에 처분하거나 스스로 취득한 후 정산하는 방법으로 현금화할 수 있다.

(2) 집행증서를 집행권원으로 하는 강제집행절차에 의한 방법(양도담보설정계약시 집행증서가 작성된 경우)

(a) 강제집행신청에 의한 경우

1) 집행증서에 기하여 담보목적물을 압류하고 강제경매를 실시하는 방법으로 현금화할 수 있다. 실질적으로 양도담보권자의 담보목적물에 대한 현금화를 위한 강제경매는 자기 소유물에 대한 강제집행이라고 볼 수 없다.

2) 형식상으로는 강제집행이지만, 그 실질은 동산양도담보권의 실행을 위한 현금화절차이다. 따라서 그 압류절차에 압류를 경합한 양도담보설정자의 다른 채권자(집행력 있는 정본을 가진 채권자)는 양도담보권자에 대한 관계에서 압류경합권자나 배당요구채권자로 인정될 수 없다(유체동산의 경우에 일반채권자는 배당요구를 못하므로(민집 217조), 여기서 일반채권자는 당연히 **압류채권자**를 말한다). 즉 집행증서에 의한 담보목적물에 대한 현금화로 인한 매각대금에서 현금화비용을 공제한 잔액은 양도담보권자의 채권변제에 우선적으로 충당되어야 한다. 양도담보권자와 압류경합자 사이에서 각 채권액에 따라 안분비례로 배당할 것이 아니다.

(b) 강제집행절차에 참가하는 방법(이중압류신청의 방법)

이미 압류되어 있는 경우 집행증서에 의한 이중압류의 방법으로 배당절차에 참가하여 선행한 동산압류에 의하여 압류가 경합된 양도담보설정자의 일반채권자에 우선하여 배당받을 수도 있다.

(c) 다른 사람에 의한 강제집행절차가 진행된 경우(제3자이의의 소)

양도담보권자는 양도담보설정자를 제외한 제3자에 대한 관계에서는 자신이 양도담보의 목적물건의 소유자임을 주장하여 권리를 행사할 수 있다.

집행증서를 소지한 동산양도담보권자는 특별한 사정이 없는 한 양도담보권자인 지위에 기초하여 **제3자이의의 소**(민집 48조)에 의하여 목적물건에 대한 양도담보설정자의 일반채권자가 한 강제집행이 배제를 구할 수 있다.

(3) 동산양도담보권자의 물상대위권 행사

1) 동산양도담보권자는 담보목적물이 소실되어 양도담보설정자가 보험회사에 대하여 화재보험계약에 따른 보험금청구권을 취득한 경우 담보물 가치의 변형물인 화재보험금청구권에 대하여 양도담보권에 기한 **물상대위권**을 행사할 수 있다.

2) 동산양도담보권자가 물상대위권 행사로 양도담보설정자의 화재보험금청구권에 대하여 압류 및 추심명령을 얻어 추심권을 행사하는 경우 특별한 사정이 없는 한 제3채무자인 보험회사는 양도담보설정 후 취득한 양도담보설정자에 대한 별개의 채권을 가지고 상계로써 양도담보권자에게 대항할 수 없다. 그리고 이는 보험금청구권과 본질이 동일한 공제금청구권에 대하여 물상대위권을 행사하는 경우에도 마찬가지이다(대판 2014. 9. 25. 2012다58609).

PART *03*

채권법 총론 관련 논점

제1장 　채권·채무관계 일반

제1절　채권의 성질

I. 채권의 성질의 실체법상 문제

1. 주는 채무와 하는 채무

1) 주는 채무는 작위채무 가운데 물건 그 밖의 객체의 인도를 목적으로 하는 채무를 말한다.

2) 하는 채무란 채무자가 주는 채무 외의 **작위, 부작위, 의사표시**를 할 채무를 말한다. **작위채무**에는 **대체적 작위채무**와 **부대체적 작위채무**가 있다. **의사표시를 할 채무**도 작위채무의 일종이나 채권자는 채무의 의사표시를 갈음하는 재판을 청구할 수 있다(민 389조 2항).

2. 분할채무와 불가분채무

1) **분할채무**는 하나의 가분적 급부에 관하여 특별한 의사표시가 없으면 수인의 채무자가 균등한 비율로 채무를 가지는 경우를 말한다(민 408조).

2) **불가분채무**는 하나의 불가분적 급부에 관하여 수인의 채무자가 각자 채무를 가지는 경우를 말한다(민 409조).

3) 민법상 다수당사자가 함께 채무자가 되는 경우 특별한 의사표시가 없으면 그 다수의 채무자는 **분할채무**를 부담하는 것이 원칙이다. 그러나 당사자들의 의사표시에 의해 채권관계가 발생할 경우 그 급부의 성질·거래의 관행·당사자들의 의사·당사자들의 관계·거래 경위 등에 비추어 복수의 채무자가

불가분적인 채무를 부담하기로 한 것으로 해석함이 상당한 경우도 있다.

따라서 법원으로서는 다수당사자가 계약에 의해 함께 채무자가 되는 구체적 사건의 해석시 위와 같은 사정을 잘 살펴서 그 다수의 채무자가 분할하여 채무를 부담하기로 한 것인지 혹은 불가분적인 채무로서 채무전액에 대하여 중첩적으로 책임을 지기로 한 것인지를 구별하여야 한다(대판 2014. 8. 20. 2014다26521).

Ⅱ. 채권의 성질의 소송법상 문제

1. 채권의 귀속을 둘러싼 분쟁에 관한 소

(1) 채무자가 채무의 존재를 다투지 아니하는 경우

1) 채무자가 채무의 존재는 인정하되, 진정한 채권자가 누구인지에 대하여 다툼이 있는 경우에는 진정한 채권자는 **참칭채권자**(진정한 채권자가 아님에도 채권자임을 참칭하는 사람)를 상대로 자신에게 채권이 귀속한다는 **적극적 확인의 소**로서 **채권존재확인의 소**를 제기하여야 한다(대판 1996. 10. 29. 95다56910, 2012. 6. 28. 2010다54535,54542 등).

2) 이 경우 진정한 채권자가 참칭채권자를 상대로 참칭채권자에게 채권이 귀속하지 아니한다는 소극적 확인의 소로서 채권부존재확인의 소를 제기해서는 아니 된다. 이러한 소를 제기하여 확정판결을 받는다고 하더라도 채무자로서는 진정한 채권자에게 채권이 귀속한다는데 여전히 다툼이 있을 수 있기 때문이다.

(2) 채무자가 채무의 존재 자체를 다투는 경우

1) 채무자가 채무의 존재 자체를 인정하지 아니하는 경우에는 진정한 채권자는 바로 **채무자**를 상대로 **채무이행의 소**를 제기하여 이행판결을 받아야 한다.

2) 참칭채권자를 상대로 앞서와 같이 채권존재확인의 소를 제기한다고 하더라도 확인판결에는 집행력이 없으므로 채무자가 채무의 존재를 다투는 경우에는 이를 집행할 수 없기 때문이다.

2. 채무의 존재와 범위를 다투는 소

(1) 채무부존재확인의 소와 확인의 이익

1) 원고가 피고를 상대로 채무부존재확인의 소를 제기한 데 대하여 피고가 **항소심**에서 이를 다투지 아니하는 경우에도 확인의 이익이 소멸되지 아니한다. **판례**도, 피고가 권리관계를 다투어 원고가 확인의 소를 제기하였고 해당 소송에서 피고가 권리관계를 다툰 바 있다면 특별한 사정이 없는 한 항소심에 이르러 피고가 권리관계를 다투지 않는다는 사유만으로 확인의 이익이 없다고 할 수 없다는 입장이다(대판 2009. 1. 15. 2008다74130).

2) 원고가 피고를 상대로 채무부존재확인의 소를 제기한데 대하여 피고가 **채권이행의 반소**를 제기한 경우에도 **확인의 이익**이 소멸되지 아니한다(대판 1999. 6. 8. 99다17401,17418). 원고가 반소 제기를 이유로 본소를 취하한 경우 피고가 일방적으로 반소를 취하함으로써 원고가 당초 추구한 기판력을 취득할 수 없는 사태가 발생할 수 있으므로(민소 271조는 본소가 취하된 때에는 피고는 원고의 동의 없이 반소를 취하할 수 있다고 규정하고 있다), 반소가 제기되었다는 사정만으로 본소청구에 대한 확인의 이익이 소멸한다고 볼 수 없기 때문이다(대판 2010. 7. 15. 2010다2428,2435).

(2) 채무부존재확인의 소와 처분권주의

1) 채무자인 원고가 일정한 금액의 채무를 초과하는 범위의 채무가 존재하지 아니한다는 채무부존재확인의 소를 제기할 때에 그 부존재의 범위의 상한을 정하지 아니한 경우 법원은 원고가 인정하는 금액의 채무를 초과하는 범위의 채무가 존재한다고 하여 원고의 청구를 기각해서는 아니 된다.

2) 이 경우 법원은 비록 원고가 채무의 상한을 정하지 아니한 경우에도 **채무의 범위**에 대하여 심리하여 이를 **확정**한 다음 채무가 존재하는 범위를 초과하는 금액에 대하여 부존재확인판결을 하여야 한다(이 경우 원고가 인정하는 채무 범위를 초과하여 인정되는 금액에 대해서는 원고 청구 가운데 **일부기각판결**을 하여야 한다. 대판 1983. 6. 14. 83다카37, 1994. 1. 25. 93다9422 등).

(3) 채무부존재확인의 소와 주장·증명책임

1) 채무부존재확인의 소에서는 채무자인 원고가 먼저 자신의 피고에 대한 **재부가 성립하지 아니함**을 주장하면(원고가 **주장책임**을 부담한다), 채권자인 피고

가 그 **채권의 발생원인사실(권리근거사실)**에 관하여 **증명책임**을 부담한다.

2) 이 경우 원고가 그 채권이 통정허위표시로서 무효라거나(권리장애사실), 변제에 의하여 소멸되었다는 사실(권리소멸사실)을 주장하는 경우 원고에게 그 사실을 증명할 책임이 있다.

⑷ 집행증서상 집행채권의 존재 및 범위를 다투는 경우와 채무부존재확
인의 소

1) 집행권원이 되는 **집행증서**는 집행력만 있고 기판력이 인정되지 아니한다. 집행증서에 기재된 청구가 **당초부터 불성립**하거나 **무효**인 경우에도 **청구이의의 소**를 제기할 수 있다(민집 59조 3항).

2) 한편 채권자는 집행증서에 있는 청구권에 관해서도 확인의 소나 이행의 소를 제기할 수 있다. 채권자가 집행증서에 대한 **청구이의의 소**를 제기하지 않고 집행증서의 작성원인이 된 채무에 관하여 **채무부존재확인의** 소를 제기한 경우, 그 목적이 오로지 집행증서의 집행력 배제에 있는 것이 아닌 이상 청구이의의 소를 제기할 수 있다는 사정만으로 채무부존재확인의 소가 확인의 이익이 없어 부적법하다고 볼 수 없다(대판 2013. 5. 9. 2012다4381).

3. 채권이행의 소와 채권존재확인의 소

1) 이행의 소를 제기할 수 있는데도 같은 권리관계에 관하여 확인의 소를 제기하는 것은 분쟁의 종국적 해결방법이 아니어서 원칙적으로 허용되지 않는다. 확인판결에는 집행력·형성력이 없어 분쟁의 근본적 해결이나 불안의 제거에 실효성이 없고, 소송경제에도 반하기 때문이다(이를 확인의 소의 보충성이라 한다).

따라서 원고가 주장하는 채권이 그 채권액수가 확정되어 있고 이행기도 도래한 경우에는 피고에게 직접 그 이행을 청구하는 것은 별론으로 하고, 다른 특별한 사정이 없는 한 피고를 상대로 그 채권존재의 확인을 청구하는 것은 확인의 이익이 없다.

2) 다만 원고가 이행의 소를 제기하기 어려운 상태에 있어 원고가 그의 권리 또는 법률상 지위의 불안을 해소시키기 위해서는 해당 채권의 존재에 대하여 확인판결을 받는 이외에 다른 유효·적절한 수단이 있다고 볼 수 없는 경우에는 **확인의 이익**이 인정된다. 예컨대 원고의 채권액이 확정되지 아니하여 불

분명한 상태이고, 그 채권의 존재 자체를 다투면서 그 이행을 거절하고 있는 경우에는 원고는 그 **채권존재확인의 소**를 청구할 수 있다(대판 2005. 7. 14. 2004다 36215).

4. 개별적 채무와 연대채무 또는 불가분채무 사이의 처분권주의

1) 원고가 피고들이 원고에게 지급하여야 할 동업정산금 총액이 10,000,000 원이라고 주장하면서 피고들에 대하여 연대하여 위 금원 및 그 지연손해금을 지급할 것을 구한 경우, 법원이 피고들이 원고에게 반환하여야 할 동업정산금 총액이 15,000,000원이라고 판단하면서 그 동업정산금 반환채무는 분할채무라는 이유로 피고들에 대하여 각 7,500,000원(15,000,000 × 1/2)의 동업정산금 및 그 지연손해금의 지급을 각 명하는 것은 법원이 피고들에 대하여 각 지급을 명한 동업정산금의 합계액 15,000,000원이 원고가 구하는 동업정산금 10,000,000 원을 초과함이 분명하므로, 처분권주의를 위배한 것이다(대판 2010. 1. 14. 2008다 69169).

2) **판례**는, 원고가 청구취지로 피고들의 각 채무가 **부진정연대채무**의 관계에 있음을 전제로 피고들이 연대하여 그 지급을 구하고 있음에도 불구하고, 피고들에게 중첩관계가 아닌 **개별적인 지급책임**을 인정한 것은 당사자가 청구한 범위를 넘는 것으로 처분권주의를 위배한 것으로 본다(대판 2014. 7. 10. 2012다 89832).

3) 나아가 **판례**는, 원고가 청구취지로 피고들에 대하여 **개별적**으로 그 지급을 구하고 있음에도 불구하고, 피고들에게 손해배상채무가 **부진정연대채무**의 관계에 있음을 전제로 **연대하여** 지급책임을 인정한 것은 처분권주의를 위배한 것으로 본다(대판 2013. 5. 9. 2011다61646).

5. 가분채무와 변론의 분리 및 일부판결

1) 가분적 청구 가운데 수액이 확정된 부분의 청구에 대해서는 **일부판결**을 할 수 있다. 소송의 일부의 심리를 마친 경우 일부판결을 할 것인지 여부는 법원의 재량이다(민소 200조 1항).

2) 일부판결을 하는 경우 그 부분의 **변론을 분리**하는 결정(민소 141조)을 먼저 하여야 한다. 일부판결의 경우에 판결하지 않고 남겨둔 나머지 부분은 그

심급에서 심리가 속행된다. 뒤에 이를 완결하는 판결을 **잔부판결** 또는 **결말판결**이라고 한다.

6. 가분채무의 일부와 예비적 병합 여부

주위적 청구의 일부에 대한 예비적 청구도 허용된다. 즉 주위적 청구와 예비적 청구가 분할가능한 것인 경우 주위적 청구의 일부를 특정하여 그 부분이 인용될 것을 해제조건으로 하여 그 부분에 대해서만 하는 예비적 청구는 특별히 소송절차의 안정을 해친다거나 예비적 청구의 성질에 반하는 것이 아닌 한 허용된다(대판 1996. 2. 9. 94다50274).

7. 가분채무와 부진정예비적 병합

1) **성질상 선택적 병합관계**에 있는 양 청구가 **분할가능**한 것인 경우 원고가 주위적·예비적 병합형태로 제소함에 의하여 심판의 순위와 범위(수액범위)를 한정하여 청구하는 이른바, **부진정예비적 병합**도 **합리적 필요성**이 인정되는 한 허용된다.

2) 즉 주위적 청구의 전부가 인용되지 않을 경우(즉 일부라도 인용되지 않은 부분이 있을 경우)에는 주위적 청구에서 인용되지 아니하는 **수액범위 내**에서 **예비적 청구**에 대해서도 판단하여 주기를 바라는 취지로 불가분적으로 결합시켜 제소할 수도 있다.

따라서 법원이 주위적 청구원인에 기한 청구를 일부기각하고 예비적 청구 취지보다 적은 금액만을 인용할 경우에는, 원고에게 주위적 청구가 전부인용되지 않을 경우 주위적 청구에서 인용되지 아니한 수액범위 내에서의 예비적 청구에 대해서도 판단하여 주기를 바라는 취지인지 여부를 **석명**하여 그 결과에 따라 예비적 청구에 대한 판단 여부를 정하여야 한다(대판 2002. 10. 25. 2002다23598).

8. 부진정연대채무 관계에 있는 채무자들을 공동피고로 하여 제기한 이행의 소가 예비적 선택적 공동소송인지 여부

1) 부진정연대채무의 관계에 있는 채무자들을 공동피고로 하여 이행의 소가 제기된 경우 그 공동피고에 대한 각 청구는 **법률상 양립할 수 없는 것이 아**

니므로 그 소송은 민사소송법 70조 1항에서 규정한 본래 의미의 예비적·선택적 공동소송이라고 할 수 없다.

2) 따라서 이러한 경우에는 필수적 공동소송에 관한 민사소송법 67조는 준용되지 않으므로 상소로 인한 확정차단의 효력도 상소인과 그 상대방에 대해서만 생기고 다른 공동소송인에 대한 관계에는 미치지 않는다(대판 2012. 9. 27. 2011다76747).

9. 주는 채무와 하는 채무의 집행방법

1) **주는 채무**의 집행은 **강제집행**의 방법에 의한다. 하는 채무인 **작위채무**의 집행에서 **대체적 작위채무**는 **대체집행**의 방법으로, **부대체적 작위채무**는 **간접강제**의 방법으로 한다. 하지 아니할 채무인 **부작위채무**에서 의무위반의 억제는 **간접강제**의 방법으로, 의무위반에 대한 물적 상태의 제거는 **대체집행**의 방법으로 한다(민 389조 3항, 대판 2012. 3. 29. 2009다92883).

2) 부작위채무는 부대체적 채무로서 부작위채무의 강제집행은 원칙적으로 간접강제만 가능하다. 간접강제결정은 판결절차에서 먼저 집행권원이 성립한 후에 채권자의 별도의 신청에 따라 채무자에 대한 **필수적 심문**을 거쳐 채무를 불이행하는 때에 일정한 배상을 하도록 명하는 것이 원칙이다. 따라서 부작위채무에 관한 집행권원의 성립을 위한 판결절차에서 장차 채무자가 그 채무를 불이행할 경우에 대비하여 간접강제를 하는 것은 ① 부작위채무에 관한 소송절차의 변론종결 당시에서 보아 부작위채무를 명하는 집행권원이 성립하더라도 채무자가 이를 단기간 내에 위반할 개연성이 있고, ② 또한 그 판결절차에서 민사집행법 261조에 의하여 명할 적정한 배상액을 산정할 수 있는 경우라야 한다(대판 1996. 4. 12. 93다40614,40621, 2014. 5. 29. 2011다31225).

3) **의사표시채무가 조건에 걸린 경우**, 즉 채무자의 의사표시가 채권자의 반대의무의 선이행, 불확정기한의 도래, 정지조건의 성취에 걸려 있는 경우에는 **조건성취집행문**(민집 30조 2항)을 부여받았을 때에 의사를 진술한 것으로 본다(민집 263조 2항). 채무자의 의사표시가 반대의무와 **동시이행관계**에 있는 경우에도 조건성취집행문을 부여받았을 때에 의사를 진술한 것으로 본다.

10. 의사표시를 할 채무의 집행방법

(1) 의사진술을 명하는 판결

의사진술을 명하는 판결이 확정되면 채무자는 일방적으로 이전등기를 신청할 수 있다. 의사의 진술을 명한 판결이 확정된 때에는 그 판결로 의사의 진술이 있는 것으로 본다(민집 263조 1항). 여기서 판결은 **확정판결**만을 말한다. 의사진술을 명하는 판결에는 **가집행선고**를 붙일 수 없다.

따라서 집행기관이 관여할 여지가 없으며, **집행정지규정**의 적용이 없다 (의사진술을 명한 집행권원은 채무자가 임의로 채무를 이행하면 그 효력을 상실한다). 따라서 현실의 집행의 문제가 없으며, 집행문을 부여받을 필요가 없다. 예컨대 등기신청의 의사진술을 명하는 판결이 확정되는 경우 단독으로 등기신청을 할 수 있다(**넓은 의미의 집행**, 부등 23조 4항).

(2) 의사표시채무에 조건 등이 걸려 있는 경우와 조건성취집행문

채무자의 의사표시가 채권자의 반대의무의 선이행, 불확정기한의 도래, 정지조건의 성취에 걸려 있는 경우, 동시이행관계에 있는 경우에는 **조건성취집행문**을 받아야 한다(민집 263조 2항).

이러한 조건성취집행문이 부여되었을 때에 의사를 진술한 것과 동일한 효력이 발생한다. 이는 **집행문부여요건**이지, 집행개시요건이 아니다. 현실적인 강제집행절차가 개시될 수 없고, 따라서 집행기관이 반대의무의 이행을 심사할 수 없으므로 집행개시요건이 아니다.

제2절 채권의 효력

I. 채권의 효력의 실체법상 문제

1. 채무불이행의 의의

(1) 이행지체

1) 이행지체란 채무의 이행기가 도래하였고, 그 이행이 가능한데도 채무자의 귀책사유로 이행을 하지 않는 것을 말한다(민 387조). 채무의 이행기의 정함

이 없는 경우에는 채무자가 그 이행의 청구를 받은 다음날부터 이행지체의 책임을 진다(민 387조 2항).

2) 지명채권이 양도된 경우 채무자에 대한 대항요건이 갖추어질 때까지 채권양수인은 채무자에게 대항할 수 없다. 따라서 이행기의 정함이 없는 채권을 양수한 채권양수인이 채무자를 상대로 그 이행을 구하는 소를 제기하고 그 소송계속 중 채무자에 대한 채권양도통지가 이루어진 경우에는 특별한 사정이 없는 한 채무자는 그 채권양도통지가 도달된 다음날부터 이행지체의 책임을 진다(대판 2014. 4. 10. 2012다29557).

(2) 이행불능

1) 이행불능이란 채권이 성립한 후 채무자의 귀책사유로 그 급부가 불가능하게 된 경우를 말한다(민 390조). 채권이 성립한 후 그 급부가 불가능하게 되었으나, 채무자의 귀책사유에 의하지 아니한 경우에는 위험부담이 문제가 된다(민 537조·538조).

2) 여기서 이행이 불능하게 되었다는 것은 단순히 절대적·물리적으로 불능인 경우만이 아니라 사회생활상 경험법칙이나 거래상의 관념에 비추어 볼 때 채권자가 채무자의 이행의 실현을 기대할 수 없는 경우도 포함한다(대판 2003. 1. 24. 2000다22850, 2013. 6. 27. 2011다5813 등).

(3) 불완전이행

1) 불완전이행이란 채무자가 채무를 적극적으로 이행하였으나 채무의 내용에 좇은 이행이 아닌 불완전한 경우를 말한다(민법은 이에 관한 별도의 규정을 두고 있지 아니하나, 채무불이행에 관한 일반조항인 민법 390조에 근거한다고 본다).

2) 불완전이행으로 손해가 발생한 경우 **채무불이행책임** 외에 **담보책임**(민 580조 등)이 **경합**할 수 있다(대판 2004. 7. 22. 2002다51586).

3) 불완전이행은 급부의무 외에 채권내용의 실현을 위한 부수의무를 위반한 경우도 포함한다. 이러한 부수의무에는 설명의무, 고지의무, 안전배려의무, 보관의무 등이 있다.

2. 채무불이행과 증명책임

민법상 이행지체나 이행불능, 나아가 불완전이행에 의한 채무불이행책임에서는 피고인 채무자가 자신에게 고의나 과실 등 귀책사유가 없음에 대하여 증명책임이 있다(민 390조 단서). 이는 불법행위에 의한 손해배상책임에서 원고인 피해자가 피고인 가해자에게 고의나 과실 등 귀책사유가 있음에 대하여 증명책임이 있는 것(민 750조)과 대비된다.

3. 이행보조자

1) 이행보조자의 고의·과실은 채무자의 고의·과실로 본다(민 391조). 이행보조자는 **채무자의 의사 관여** 아래 그 채무의 이행행위에 속하는 활동을 하는 사람이면 충분하고, 반드시 채무자의 지시 또는 감독을 받는 관계에 있어야 하는 것은 아니다. 따라서 그가 채무자에 대하여 종속적인 지위에 있는지, 독립적인 지위에 있는지는 상관없다.

2) 이행보조자가 채무자와 계약 그 밖의 법률관계가 있을 것을 요구하지 아니한다. 제3자가 단순히 호의로 행위를 한 경우에도 그것이 **채무자의 용인** 아래 이루어지는 것이면 그 제3자는 이행보조자에 해당한다. 이행보조자의 활동이 일시적인지 계속적인지도 문제되지 않는다(대판 2018. 2. 13. 2017다275447).

4. 채무불이행으로 인한 손해배상

(1) 손해의 성질

1) 민법 393조 1항은 "채무불이행으로 인한 손해배상은 통상의 손해를 그 한도로 한다"고 규정하고 있고, 같은 조 2항은 "특별한 사정으로 인한 손해는 채무자가 그 사정을 알았거나 알 수 있었을 때에 한하여 배상의 책임이 있다"고 규정하고 있다.

민법 393조 1항의 통상손해는 특별한 사정이 없는 한 그 종류의 채무불이행이 있으면 사회일반의 거래관념 또는 사회일반의 경험법칙에 비추어 통상 발생하는 것으로 생각되는 범위의 손해를 말한다. 같은 조 2항의 특별한 사정으로 인한 손해는 당사자들의 개별적·구체적 사정에 따른 손해를 말한다.

2) 채무불이행으로 인한 **손해배상채권**은 본래의 채권이 확장된 것이거나 본래의 채권의 내용이 변경된 것이므로 **본래의 채권과 동일성**을 가진다. 따라서 본래의 채권이 시효로 소멸한 때에는 손해배상채권도 함께 소멸한다(대판 2018. 2. 28. 2016다45779).

(2) 손해배상의 범위

(a) 이행이익

매수인이 매도인의 이행불능을 이유로 계약을 해제한 경우에 손해배상청구는 채무불이행으로 인한 손해배상과 다를 바 없다. 이 경우 전보배상으로서 그 계약의 이행으로 인하여 매수인이 얻을 이익, 즉 **이행이익**을 손해로서 청구할 수 있다. 이행이익은 **통상손해**이다.

(b) 신뢰이익

1) 매도인의 채무불이행으로 계약이 해제된 경우 매수인은 매도인에게 매매대금의 반환과 계약의 이행을 신뢰하여 지출한 비용 등 **신뢰이익**을 손해로 배상청구를 할 수 있다. 여기에는 매수인이 매매대금의 지급을 위한 차용금의 이자, 보다 유리한 계약의 청약을 거절함으로써 입은 손해 등이 있다.

2) 매수인이 **계약체결 이전**에 지출한 비용도 매도인의 합리적 예견가능성이 있으면 손해배상의 대상이 된다. 이는 **계약체결 이후**에 계약이행을 위하여 또는 계약의 이행을 믿고 지출한 비용과 차이가 없다. 여기에는 소개비나 측량비 등이 있다.

3) 신뢰이익은 **통상손해**의 경우와 **특별손해**의 경우가 있다. 계약의 체결과 이행을 위하여 통상적으로 지출되는 비용은 **통상손해**로서 상대방이 알았거나 알 수 있었는지 여부와는 관계없이 그 배상을 구할 수 있으나, 이를 초과하여 지출되는 비용은 특별한 사정으로 인한 **특별손해**로서 상대방이 이를 알았거나 알 수 있었던 경우에 한하여 그 배상을 구할 수 있다(대판 2002. 6. 11. 2002다2539, 2016. 4. 15. 2015다59115 등).

(c) 이행이익과 신뢰이익의 관계

1) 원칙적으로 이행이익을 구하여야 하나, 신뢰이익도 일정한 경우에 이를 구할 수 있다. 즉 채권자는 이행이익 대신에 계약이 이행되리라 믿고 지출한 비용의 배상을 채무불이행으로 인한 손해라고 볼 수 있는 한도에서 청구할 수도 있다. 이러한 지출비용의 배상은 이행이익의 증명이 곤란한 경우에 그 증명을 용이하게 하기 위해서 인정된다.

2) 다만 신뢰이익을 구할 경우 **이행이익의 범위 내**에서 이행이익을 갈음하여 구하여야 한다(이는 중복배상 및 과잉배상 금지의 원칙에 비추어 그러하다. 대판 1992. 4. 28. 91다29972, 2016. 4. 15. 2015다59115 등).

3) 채권자가 계약의 이행으로 얻을 수 있는 이익이 인정되지 않는 경우라면, 채권자에게 배상해야 할 손해가 발생하였다고 볼 수 없으므로, 당연히 지출비용의 배상을 청구할 수 없다(대판 2017. 2. 15. 2015다235766).

(d) 이행불능으로 인한 전보배상의 산정시기

1) 이행불능으로 인한 전보배상의 산정시기는 **이행불능 당시**이다. 부동산매매에서 매도인이 매매목적물을 이중으로 양도하여 제3자에게 소유권이전등기를 하여 줌으로써 매수인에 대한 소유권이전등기의무가 이행불능된 경우 그 손해배상의 액은 특별한 사정이 없는 한 제3자에게 소유권이전등기를 넘겨준 날 현재의 시가 상당액이다(이행불능 후 시가가 오르거나 내리거나 하는 사정은 이미 산정된 통상의 손해에 영향을 주지 아니한다. 대판 1994. 1. 11. 93다17638 등).

2) 매도인의 소유권이전등기의무가 이행불능 상태에 이른 경우, 매도인이 매수인에게 배상하여야 할 통상의 손해배상액은 그 매매목적물의 채무불이행 당시의 **교환가격**이다.

3) 다만 매도인이 매매 당시 매수인이 이를 매수하여 그 위에 건물을 신축할 것이라는 사정을 이미 알고 있었고 매도인의 채무불이행으로 인하여 매수인이 신축한 건물이 철거될 운명에 이르렀다면 그 손해는 적어도 **특별한 사정**으로 인한 것이고, 나아가 매도인은 이러한 사정을 알고 있었으므로 이러한 손해를 배상할 의무가 있다(대판 1992. 8. 14. 92다2028 등).

(e) 위약금의 약정이 있는 경우

1) 매매계약의 체결시 당사자 사이에 계약금을 수수하면서 매도인이 위 계약을 위반할 때에는 매수인에게 계약금의 배액을 지급하고 매수인이 이를 위반할 때에는 계약금의 반환청구권을 상실하기로 약정한 경우 이는 위 매매계약에 따른 채무불이행에 대한 위약금의 약정을 한 것으로 보아야 한다. 이러한 약정은 특별한 사정이 없는 한 손해배상액의 예정의 성질을 지닌다.

2) 부동산매매에서 매도인이 매매목적물을 이중양도한 경우 매매계약시에 미리 손해배상의 예정에 관한 특약을 하였다면 매수인은 매도인에 대하여 예정된 손해배상액만을 청구할 수 있다(대판 1994. 1. 11. 93다17638).

(3) 채권자의 과실을 들어 채무자가 과실상계 주장을 할 수 있는지 여부

1) 채권자에게 과실이 있는 때에는 법원은 손해배상의 책임 및 그 금액을 정함에 이를 참작하여야 한다(민 396조). 따라서 채무자가 채권자에 대하여 채

무불이행으로 인한 손해배상책임을 지는 경우 채권자에게도 채무불이행에 관한 과실이 있다면 특별한 사정이 없는 한 법원으로서는 채무자의 손해배상책임의 범위를 정할 때 이를 참작하여야 한다.

2) 그러나 **예외적**으로 고의에 의한 채무불이행으로서 채무자가 계약체결 당시 채권자가 계약 내용의 중요부분에 관하여 착오에 빠진 사실을 알면서도 이를 이용하거나 이에 적극 편승하여 계약을 체결하고 그 결과 채무자가 부당한 이익을 취득하게 되는 경우 등과 같이 채무자로 하여금 채무불이행으로 인한 이익을 최종적으로 보유하게 하는 것이 **공평의 이념**이나 **신의칙**에 반하는 결과를 초래하는 경우에는 채권자의 과실에 근거한 채무자의 과실상계 주장을 허용해서는 아니 된다(대판 2014. 7. 24. 2010다58315).

3) 당사자 사이의 계약에서 채무자의 채무불이행으로 인한 손해배상액이 예정되어 있는 경우 채무불이행으로 인한 손해의 발생 및 확대에 채권자에게도 과실이 있다고 하여도 뒤에서 보는 바와 같이 민법 398조 2항에 따라 채권자의 과실을 비롯하여 채무자가 계약을 위반한 경위 등 모든 사정을 참작하여 손해배상예정액을 감액할 수는 있을지언정 **채권자의 과실**을 들어 **과실상계**를 할 수는 없다(대판 2011. 10. 13. 2009다92142, 2016. 6. 10. 2014다200763).

5. 위약금의 약정과 손해배상액의 예정

(1) 계약금의 성질

1) 유상계약의 체결시 계약금이 수수된 경우 계약금은 **해약금**의 성질을 지닌다. 매수인이 계약의 이행에 착수하기 전에는 매도인이 계약금의 배액을 상환하고 계약을 해제할 수 있으나, 이 해제는 **통고로써 즉시** 효력이 발생한다(나중에 계약금 배액의 상환의무를 지는 것이 아니다). 매도인이 수령한 계약금의 배액을 매수인에게 **상환**하거나 적어도 그 **이행의 제공**을 하지 않으면 계약을 해제할 수 없다.

2) 이행기의 약정이 있는 경우라 하더라도 당사자가 채무의 이행기 전에는 착수하지 아니하기로 하는 특약을 하는 등 특별한 사정이 없는 한 **이행기 전에 이행을 착수**할 수 있다. 따라서 매도인이 매매계약의 체결 이후 시가 상승이 예상되자 **매수인이 중도금**을 **이행기 전**에 제공한 경우 매도인이 계약금의 배액을 공탁하고 해제권을 행사하는 것은 이행기 전에 이행의 착수가 허용되

어서는 안 된다고 볼 만한 불가피한 사정이 있는 경우가 아닌 한 허용되지 아니한다.

3) **계약금 일부만** 지급된 경우 수령자가 매매계약을 해제할 수 있다고 하더라도 해약금의 기준이 되는 금원은 **실제 교부받은 계약금**이 아니라 **약정 계약금**이라고 봄이 타당하다. 즉 매도인이 계약금 일부만 지급된 경우 지급받은 금원의 배액을 상환하고 매매계약을 해제할 수 없다. '실제 교부받은 계약금'의 배액만을 상환하여 매매계약을 해제할 수 있다면 이는 당사자가 일정한 금액을 계약금으로 정한 의사에 반하게 될 뿐 아니라, 교부받은 금원이 소액일 경우에는 사실상 계약을 자유로이 해제할 수 있어 계약의 구속력이 약화되는 결과가 되어 부당하기 때문이다(대판 2015. 4. 23. 2014다231378).

(2) 계약금을 위약금으로 볼 것인지 여부

1) 계약금을 위약금으로 하는 **특약**이 있는 경우 계약금은 위약금이 된다. 즉 계약금이 당연히 위약금의 성질을 가지는 것이 아니다.

따라서 계약금을 위약금으로 하기로 하는 특약이 없는 이상 계약이 당사자 일방의 귀책사유로 인하여 해제되었다 하더라도 상대방은 계약불이행으로 입은 실제 손해만을 배상받을 수 있을 뿐 계약금이 위약금으로서 상대방에게 당연히 귀속되는 것은 아니다(대판 2010. 4. 29. 2007다24930).

2) 계약금을 반환하지 않고, 이에 추가하여 다른 재산권의 이전에 관한 약정을 하는 위약금약정의 경우도 있다.

(3) 위약금약정과 손해배상액의 예정

1) 위약금은 손해배상액의 예정으로 **추정**된다(민 398조 4항). 손해배상액 예정계약은 채무불이행을 정지조건으로 하는 **조건부계약**이며, 본래의 채권계약에 종된 계약이다. 따라서 본래의 채권계약이 취소되면 **위약금약정**도 그 효력을 잃는다.

2) 계약의 일방 당사자인 피고의 귀책사유로 인하여 계약이 해제되는 경우에는 위약금약정을 두지 않고 그 상대방인 원고의 귀책사유로 인하여 계약이 해제된 경우에 대해서만 위약금약정을 두었다 하더라도, 그 위약금약정이 무효로 되는지 여부는 별론으로 하고 원고에 대한 위약금규정이 있다고 하여 공평의 원칙상 그 상대방인 피고의 귀책사유로 계약이 해제되는 경우에도 원고의 귀책사유로 인한 해제의 경우와 마찬가지로 피고에게 위약금지급의무가

인정되는 것은 아니다(대판 2007. 10. 25. 2007다40765, 2008. 2. 14. 2006다37892 등).

3) 물품의 제조·납품계약에서 **지체상금의 약정**을 한 경우에는 지체상금은 위약금으로서 손해배상액의 예정으로 추정된다.

⑷ 위약금약정과 위약벌 여부

1) 당사자 사이에 채무불이행이 있으면 위약금을 지급하기로 하는 약정이 있는 경우에 그 위약금이 위약벌로 되는 경우도 있다. 위약금이 위약벌로 되기 위해서는 **특별한 사정**에 관하여 주장·증명이 있어야 한다. 위약금은 민법 398조 4항에 의하여 손해배상액의 예정으로 추정되지만, 당사자 사이의 위약금 약정이 채무불이행으로 인한 손해의 배상이나 전보를 위한 것이라고 보기 어려운 특별한 사정이 있는 때에는 그 위약금은 **위약벌**로 보아야 한다(특히 하나의 계약에 채무불이행으로 인한 손해의 배상에 관하여 손해배상액의 예정에 관한 조항이 따로 있다거나 실손해의 배상을 전제로 하는 조항이 있고 그와 별도로 위약금 조항을 두고 있어서 그 위약금 조항을 손해배상액의 예정으로 해석하게 되면 이중배상이 이루어지는 등의 사정이 있을 때에는 그 위약금은 **위약벌**로 보아야 한다. 대판 2016. 7. 14. 2013다82944).

2) 위약금약정이 손해배상액의 예정인지 위약벌인지는 계약서 등 처분문서의 내용과 계약의 체결 경위 등을 종합하여 구체적 사건에서 개별적으로 판단할 의사해석의 문제이다.

위약금약정이 계약을 체결할 당시 위약금과 관련하여 사용하고 있는 명칭이나 문구뿐만 아니라 계약당사자의 경제적 지위, 계약체결의 경위와 내용, 위약금약정을 하게 된 경위와 그 교섭과정, 당사자가 위약금을 약정한 주된 목적, 위약금을 통해 그 이행을 담보하려는 의무의 성격, 채무불이행이 발생한 경우에 위약금 이외에 별도로 손해배상을 청구할 수 있는지 여부, 위약금액의 규모나 전체 채무액에 대한 위약금액의 비율, 채무불이행으로 인하여 발생할 것으로 예상되는 손해액의 크기, 그 당시의 거래관행 등 여러 사정을 종합적으로 고려하여 위약금의 법적 성질을 합리적으로 판단하여야 한다(대판 2016. 7. 14. 2012다65973).

3) 위약금이 위약벌로 되는 경우 이를 손해배상액의 예정으로 보지 아니한다. 위약벌로 되는 경우 채무자는 채무불이행시 채권자의 손해의 유무에 관계없이 위약금을 지급하여야 하며, **그 외에** 자신의 귀책사유에 의한 손해가 있

을 경우에는 그 **손해도 배상**하여야 한다(대판 2009. 12. 24. 2009다60169,60176).

4) 위약벌약정은 채무의 이행을 확보하기 위하여 정해지는 것으로서 손해배상액의 예정과는 그 내용이 다르므로 손해배상액의 예정에 관한 민법 398조 2항을 유추적용하여 그 액을 감액할 수는 없다. 다만 그 의무의 강제에 의하여 얻어지는 채권자의 이익에 비하여 약정된 벌이 과도하게 무거울 때에는 그 일부 또는 전부가 **공서양속**에 반하여 무효로 된다(대판 2005. 10. 13. 2005다26277, 2013. 12. 26. 2013다63257 등).

5) 당사자가 약정한 위약벌의 액수가 과다하다는 이유로 법원이 계약의 구체적 내용에 개입하여 약정의 전부 또는 일부를 무효로 하는 것은 사적자치의 원칙에 대한 중대한 제약이 될 수 있고, 스스로 한 약정을 이행하지 않겠다면 계약의 구속력에서 이탈하고자 하는 당사자를 보호하는 결과가 될 수 있으므로 가급적 자제하여야 한다. 따라서 위약벌 약정이 **공서양속**에 반하는지를 판단할 때에는, 당사자 일방이 독점적 지위나 우월한 지위를 이용하여 체결한 것인지 등 당사자의 지위, 계약체결의 경위와 내용, 위약벌 약정을 하게 된 동기와 경위, 계약위반의 과정 등을 고려하는 등 신중을 기해야 하고, 단순히 위약벌 액수가 많다는 이유만으로 섣불리 무효라고 판단해서는 아니 된다(대판 2016. 1. 28. 2015다239324).

(5) 위약금약정과 채무불이행사실만의 증명

1) 채무불이행으로 인한 손해배상액의 예정이 있는 경우에는 **채권자는 채무불이행사실만** 증명하면 손해의 발생 및 그 액수를 증명하지 아니하고 예정배상액을 청구할 수 있다.

2) 손해배상액의 예정이 있는 경우 다른 특약이 없는 한 채무불이행으로 발생할 수 있는 **모든 손해**가 예정액에 포함된다. 그 계약과 관련하여 손해배상액을 예정한 채무불이행과 **별도의 행위를 원인으로 손해**가 발생하여 불법행위 또는 부당이득이 성립한 경우 그 손해는 예정액에서 제외된다. 그러나 계약 당시 채무불이행으로 인한 손해로 예정한 것이라면 특별한 사정이 없는 한 **손해를 발생시킨 원인행위의 법적 성격과 상관없이 그 손해는 예정액에 포함되므로** 채권자과 별도로 배상 또는 반환을 청구할 수 없다(대판 2018. 12. 27. 2016다274270,274287 등).

3) 채무자는 채권자와 사이에 채무불이행시 채무자의 귀책사유를 묻지 아

니한다는 약정을 하지 아니한 이상 자신의 **귀책사유가 없음**을 주장·증명함으로써 예정배상액의 지급책임을 면할 수 있다(대판 2007. 12. 27. 2006다9408, 2010. 2. 25. 2009다83797).

채무자의 귀책사유를 묻지 아니한다는 약정의 존재는 엄격하게 제한하여 인정하여야 한다. 당사자의 통상의 의사는 채무자의 귀책사유로 인한 채무불이행에 대해서만 손해배상액을 예정한 것으로 봄이 상당하기 때문이다(대판 2007. 12. 27. 2006다9408).

(6) 손해배상액의 예정과 감액

(a) 민법 398조의 손해배상액의 예정

1) 민법 398조에서 정하고 있는 손해배상액의 예정은 손해의 발생사실과 손해액에 대한 증명의 곤란을 덜고 분쟁의 발생을 미리 방지하여 법률관계를 쉽게 해결하고자 하는 등의 목적으로 규정된 것이다.

2) 계약 당시 손해배상액을 예정한 경우에는 다른 특약이 없는 한 채무불이행으로 인하여 입은 **통상손해**는 물론 **특별손해**까지도 예정액에 포함되고 채권자의 손해가 예정액을 초과한다 하더라도 초과 부분을 따로 청구할 수 없다(대판 2010. 7. 15. 2010다10382, 2012. 12. 27. 2012다60954).

(b) 손해배상액이 부당히 과다한 경우와 법원의 직권에 의한 감액

1) 손해배상 예정액이 부당히 과다한 경우에는 법원은 당사자의 주장이 없더라도 직권으로 이를 감액할 수 있다. 법원이 손해배상의 예정액이 부당히 과다하다고 하여 감액을 한 경우에는 손해배상액의 예정에 관한 약정 중 감액 부분에 해당하는 부분은 처음부터 무효이다(대판 2004. 12. 10. 2002다73852 등).

2) 여기서 '**부당히 과다한 경우**'란 손해가 없다든가 손해액이 예정액보다 적다는 것만으로는 부족하다. 한편 예정액 자체가 크다든가 계약체결시부터 계약해제시까지의 시간적 간격이 짧다든가 하는 사유만으로도 부족하다(예컨대 임차인 갑이 임대인 을과의 임대차계약에서 채무불이행에 따른 손해배상액으로 예정한 계약금이 임대차계약의 잔금 지급기일부터 3일 만에 해제된 사정을 고려하면 부당히 과다하다고 주장하면서 을을 상대로 계약금반환 등을 구한 사안에서, 임대차계약 해제시까지의 시간적 간격이 짧다는 사정만을 근거로 손해배상예정액이 부당하게 과다하다고 본 원심판결에 법리오해의 잘못이 있다고 본 판결로는, 대판 2014. 7. 24. 2014다209227).

채권자와 채무자의 각 지위, 계약의 목적 및 내용, 손해배상액을 예정하

동기, 채무액에 대한 예정액의 비율, 예상 손해액의 크기, 그 당시의 거래관행과 경제상태 등 모든 사정을 참작하여 일반 **사회관념**에 비추어 그 예정액의 지급이 (경제적 약자의 지위에 있는) 채무자에게 **부당한 압박**을 가하여 **공정성**을 잃는 결과를 초래하는 경우인지를 판단하여야 한다(대판 2010. 5. 13. 2009다92487, 2012. 3. 29. 2011다83240).

   3) 이 경우 실제 발생할 것으로 예상되는 손해액의 크기를 참작하여 손해배상의 예정액이 부당하게 과다한지를 판단할 때에 **실제 손해액**을 구체적으로 심리·확정할 필요는 없으나, 심리를 통하여 실제 손해액 또는 예상 손해액을 알 수 있는 경우에는 그 예정액과 대비하여 볼 필요가 있다(대판 2011. 1. 27. 2010다60042, 2014. 1. 16. 2013다64090 등).

6. 이행지체로 인한 지연손해금 문제

(1) 법정이자율 및 약정이자율의 적용 관계

   민법 397조 1항은 본문에서 금전채무불이행의 손해배상액을 법정이율에 의하도록 하고, 그 단서에서 '그러나 법령의 제한에 위반하지 아니한 약정이율이 있으면 그 이율에 의한다'고 규정하고 있다. 민법 397조 1항 단서에서 약정이율이 있으면 이에 따르도록 한 것은 약정이율이 법정이율보다 높은 경우에 법정이율에 의한 지연손해금만으로 충분하다고 하면 채무자가 이행지체로 오히려 이익을 얻게 되는 불합리가 발생하므로, 이를 고려해서 약정이율에 의한 지연손해금을 인정한 것이다(대판 2009. 12. 24. 2009다85342, 2017. 9. 26. 2017다22407).

(2) 지연손해금에 대한 지체책임의 발생시기

   금전채무의 지연손해금채무는 금전채무의 이행지체로 인한 손해배상채무로서 이행기의 정함이 없는 채무에 해당하므로, 채무자는 확정된 지연손해금채무에 대하여 채권자로부터 이행청구를 받은 때부터 지체책임을 부담하게 된다(대판 2004. 7. 9. 2004다11582).

Ⅱ. 채권의 효력의 소송법상 문제

1. 위약금·손해배상 등 청구와 소송목적의 값의 산정

1) **소송목적의 값**이란 원고가 소로써 주장하는 이익(민소 26조 1항), 즉 원고가 소로써 달성하려는 목적이 갖는 경제적 이익을 금전으로 평가한 금액을 말한다. 소송목적의 값은 사물관할의 표준 및 인지액의 기준이 된다.

2) 손해배상금, 위약금 등의 청구는 각 별개의 소송물이나 이러한 청구가 **주된 청구의 부대목적**이 되는 경우(부대청구인 경우)에는 소송목적의 값에 산입되지 않는다(민소 27조 2항). 소송목적의 값에 산입하지 아니한 소송의 부대목적이 되는 손해배상은 주된 청구의 이행을 지연하였기 때문에 생기는 **지연배상**을 의미한다(대결 1992. 1. 7. 91마692).

원고가 제1청구의 청구금액에 대한 지연손해금의 지급을 구한 외에 그 지연손해금청구와 별도로, 제2청구에서 위약벌청구를 하고, 제2청구의 소송목적의 값 중 일정 금액에 대해서는 다시 상법과 소송촉진 등에 관한 특례법에 의한 지연손해금의 지급을 구하고 있어서 제1청구를 제2청구에 대한 주된 청구라고 보기 어려운 경우에는 제2청구를 민사소송법 27조 2항이 정한 제1청구의 부대목적이 되는 위약금청구라고 볼 수 없다(대판 2014. 4. 24. 2012다47494).

2. 지연손해금과 소송촉진 등에 관한 특례법상 지연손해금 이율

(1) 연 12%의 법정이율을 적용하는 경우

금전채권의 이행을 구하는 소를 제기하는 경우에는 소송촉진 등에 관한 특례법에 의하여 채무자는 소장부본을 송달받을 날의 다음날부터 다 갚을 때까지 **연 12%**의 지연손해금을 지급할 의무가 있다(소촉 3조 1항 본문, 2019. 5. 21. 개정, 2019. 6. 1. **시행** 대통령령인 '소송촉진 등에 관한 특례법 3조 1항 본문의 법정이율에 관한 규정', ① 위 영 시행 당시 법원에 계속 중인 사건으로서 **제1심의 변론이 종결**된 사건에 대해서는 종전의 규정에 따른 이율(**연 15%**)이 그대로 적용되며, ② 위 영 시행 당시 법원에 계속 중인 사건으로서 제1심의 **변론이 종결되지 아니한** 사건에 대한 법정이율은 2019. 5. 31.까지 발생한 분에 대해서는 종전의 규정에 따른 이율(**연 15%**)이, 2019. 6. 1. 이후 발생한 분에 대해서는 개정규정에 따른 이율(**연 12%**)이 가 적용된다).

(2) 연 12%의 법정이율을 적용하지 아니하는 경우

1) **장래의 이행의 소**의 경우에는 그 적용이 없다(소촉 3조 1항 단서). 장래의 이행의 소는 권리가 발생하지 아니하거나(장래의 채권의 경우), 권리가 발생한 경우에도 그 이행기가 도래하지 아니하였지만(변제기 미도래의 경우) 미리 청구할 필요 등이 있는 경우에 한하여 인정하는 소이기 때문이다.

2) **현재의 이행의 소**에서도 채무자에게 그 이행의무가 있음을 선언하는 사실심 판결이 선고되기 전까지 채무자가 그 이행의무의 존재 여부나 범위에 관하여 **다투는 것이 타당**하다고 인정되는 경우에는 그 타당한 범위에서 이를 적용하지 아니한다(소촉 3조 2항).

3) 금전채무의 이행에서 **동시이행관계**가 있는 경우에도 상대방의 의무의 이행과 상환하여 그 지급의무가 발생하므로 이를 적용하지 아니한다.

4) **판결이 확정되어야 효력**이 발생하는 경우. 예컨대 ① 사해행위취소의 소와 병합하여 제기한 원상회복청구의 소에서 가액배상판결은 사해행위취소판결이 확정되어야 가액배상의무가 발생하며, ② 이혼소송과 병합하여 제기한 재산분할청구는 이혼판결이 확정되어야 재산분할의무가 발생하므로 이를 적용하지 아니한다.

3. 이자청구 또는 지연손해금청구와 처분권주의

(1) 이자청구

이자청구에서 **원금, 이율, 기간**의 각 기준 가운데 어느 것에서나 원고 주장의 기준을 넘어서면 처분권주의에 위배된다(대판 1989. 6. 13. 88다카19231). 판결금액이 청구금액의 범위 내인지를 식별하기 위하여 원고가 특정하고 있는 이율, 기간이 반드시 그 기준이 될 수밖에 없기 때문이다.

(2) 지연손해금청구

금전채무불이행의 경우에 발생하는 **지연손해금채권**은 원본채권의 일부가 아니라 전혀 별개의 채권으로 **원본채권**과는 별개의 소송물이고, **처분권주의의** 적용에서도 각 소송물별로 원금과 지연손해금 부분을 각각 따로 비교하여 판단하여야 한다. 따라서 이 경우 별개의 소송물을 합산한 전체금액을 기준으로 판단해서는 아니 된다(대판 2009. 6. 11. 2009다12399, 2013. 10. 31. 2013다59050 등).

4. 약정이자청구와 처분권주의

대여금에 대한 약정이자의 지급청구에는 법정이자의 지급을 구하는 취지가 포함되어 있다고 보아야 하므로, 법원으로서는 이자지급약정이 인정되지 않는다 하더라도 곧바로 위 청구를 배척할 것이 아니라 법정이자의 청구에 대해서도 판단하여야 한다(대판 2007. 3. 15. 2006다73072).

5. 집행불능과 대상청구

1) **본래적 급부의무(목적물인도채무)**의 이행을 청구하고, 그 판결의 확정 후 그 목적물의 **인도집행이 불능**한 경우를 대비한 손해배상청구를 구하는 청구(이를 '대상청구(代償請求)'라 한다)를 병합하는 것이 허용된다.

대상청구는 목적물이 특정물인지 여부, 부대체물인지 여부를 불문한다. 대상청구는 실체법상 이행불능의 경우 이에 대비한 청구가 아니라, **집행법상 집행불능**의 경우 이에 대비한 청구이다. 이러한 점에서 사실심 변론종결시까지 특정물에 대한 이행불능을 대비하여 그 전보배상으로서 구하는 손해배상청구(이러한 병합은 예비적 병합이 된다)와 구별된다.

2) 대상청구는 확정 후 장래 집행불능될 것을 대비하여 미리 청구하는 것으로 **장래의 이행의 소**이다. 따라서 대상청구는 현재의 이행의 소로서 목적물인도청구에 병합하여 제기하는 장래의 이행의 소이다.

3) 대상청구의 병합은 **단순병합**의 형태를 지닌다. 예비적 병합과 같이 주위적 청구가 배척되는 경우를 대비하여 예비적 청구를 병합하는 경우가 아니라(예비적 청구의 경우에는 주위적 청구가 인용되면 예비적 청구에 대하여 판단하지 아니한다. 즉 예비적 청구는 주위적 청구의 인용을 해제조건으로 한다), 주위적 청구가 인용되는 경우 이와 병합하여 판단을 구하는 청구이기 때문이다. 이에 반하여 앞서 특정물에 대한 이행불능을 대비하여 그 전보배상으로서 구하는 손해배상청구는 예비적 청구의 성질을 지닌다.

6. 위약금약정과 손해배상액의 예정

(1) 손해배상액의 예정에서의 감액과 직권조사사항

손해배상의 예정액의 감액 여부는 직권조사사항이므로, 법원은 당사자의 주장이 없어도 직권으로 판단한다(조사의 개시). 법원이 감액 여부를 판단하기 위한 사실자료(판단자료)의 수집에는 변론주의에 의한다(변론주의형).

(2) 손해배상액의 감액을 위한 심리방법

(a) 판단기준시

손해배상의 예정액이 부당하게 과다한지 여부 및 그에 대한 적당한 감액의 범위를 판단할 경우 법원이 구체적으로 그 판단을 하는 때는 **사실심의 변론종결 당시**이다. 그 사이에 발생한 모든 사정을 종합적으로 고려하여야 한다(대판 2009. 11. 26. 2009다58692, 2017. 7. 11. 2016다261908 등). 한편 판례 중에는 채무불이행 후 시가의 변동을 직권으로 감액할 수 있는 참작사유에서 배제한 사례도 있다(대판 1993. 4. 23. 92다41719).

(b) 심리방법

손해배상의 예정액을 감액하기 위하여 실제의 손해액을 구체적으로 심리·확정할 필요는 없으나, 기록상 실제의 손해액 또는 예상 손해액을 알 수 있는 경우에는 이를 그 예정액과 대비하여 볼 필요는 있다(대판 2010. 7. 15. 2010다10382 등).

제 2 장　　책임재산의 보전

제 1 절　채권자대위권

Ⅰ. 채권자대위권의 실체법상 문제

1. 피보전권리에 관한 사항

(1) 의　　의

채권자대위권을 재판상 행사하는 경우 채권자인 원고는 피보전권리의 존재와 보전의 필요성, 기한의 도래 등을 증명하면 충분하다. 채권의 발생원인이나 그 채권이 제3채무자인 피고에게 대항할 수 있는 채권이라는 사실까지 증명할 필요가 없다(대판 2010. 11. 11. 2010다43597).

(2) 피보전권리의 존재

(a) 금전채권인 경우

채권자가 대위권을 행사하기 위해서는 채권자의 채권은 원칙적으로 금전채권이어야 한다.

(b) 비금전채권인 경우(특정채권인 경우)

1) 채권자의 권리가 특정채권인 경우에도 이러한 특정채권의 보전을 위한 대위권의 전용을 허용한다. 물권적 청구권도 채권자대위권의 피보전권리가 될 수 있다.

2) 특정물에 대한 채권자는 채권을 보전하기 위하여 채무자의 제3채무자에 대한 그 목적물에 대한 권리를 대위행사할 수 있다. 채권자대위권은 채무자의 채권을 대위행사함으로써 채권자의 채권이 보전되는 관계가 존재하는 경우

에 한하여 이를 행사할 수 있기 때문이다(대판 1993. 4. 23. 93다289).

(3) 이행기의 도래

1) 피보전권리의 이행기가 도래하여야 한다. 이행기가 도래하지 아니한 경우에는 법원의 허가를 받든지, 채무자의 보존행위에 해당하는 경우이어야 한다(민 404조 2항).

2) 채권자는 그 채권의 기한이 도래하기 전에는 법원의 허가 없이 채권자대위권을 행사할 수 없으나 보존행위는 할 수 있으므로, 채권자인 원고가 약정상의 권리를 피보전채권으로 하여 채무자를 대위하여 계약금반환채권의 소멸시효중단을 위한 보존행위로서 피고에게 계약금반환에 관한 최고 및 재판상 청구를 할 수 있다.

(4) 보전의 필요성

1) 피보전권리가 **금전채권**인 경우에는 원칙적으로 채무자는 무자력이어야 한다(법정재산관리권설). 피보전권리가 **비금전채권(특정물채권)**인 경우에는 채무자의 무자력을 요건으로 하지 않는다.

2) 피보전권리가 **금전채권**인 경우 채권자대위의 요건으로서의 무자력이란 채무자의 변제자력이 없음을 뜻한다. 변제자력이 없는지 여부와 관련하여, 특히 임의 변제를 기대할 수 없는 경우에는 강제집행을 통한 변제가 고려되어야 하므로, 소극재산이든 적극재산이든 위와 같은 목적에 부합할 수 있는 재산인지 여부가 변제자력 유무 판단의 중요한 고려요소가 된다.

따라서 채무자의 적극재산인 부동산에 이미 제3자 명의로 소유권이전청구권보전의 가등기(**순위보전의 가등기**)가 경료되어 있는 경우에는 강제집행을 통한 변제가 사실상 불가능하므로, 위 가등기가 가등기담보법에 정한 담보가등기로서 강제집행을 통한 매각이 가능하다는 등의 특별한 사정이 없는 한 위 부동산은 실질적으로 재산적 가치가 없어 적극재산의 산정시 이를 제외하여야 한다(대판 2009. 2. 26. 2008다76556).

3) 판례는 피보전권리가 금전채권인지 비금전채권인지를 불문하고, 채권자대위권의 행사요건인 채권보전의 필요성을 인정하기 위한 **판단기준**으로 다음의 것을 들고 있다. ① 채권자가 보전하려는 권리와 대위하여 행사하려는 채무자의 권리가 밀접하게 관련되어 있고, ② 채권자가 채무자의 권리를 대위하여 행사하지 않으면 자기 채권의 완전한 만족을 얻을 수 없게 될 위험이 있어

채무자의 권리를 대위하여 행사하는 것이 자기 채권의 현실적 이행을 유효·적절하게 확보하기 위하여 필요한 경우에는(채권자의 입장), ③ 채권자대위권의 행사가 채무자의 자유로운 재산관리행위에 대한 부당한 간섭이 된다는 등의 특별한 사정이 없는 한(채무자의 입장) 채권자는 채무자의 권리를 대위하여 행사할 수 있어야 한다(대판 2013. 5. 23. 2010다50014, 2014. 12. 11. 2013다71784 등).

4) 채권자가 채무자를 상대로 소유권이전등기절차이행의 소를 제기하여 **패소의 확정판결**을 받게 되면 채권자는 채무자의 제3자에 대한 권리를 행사하는 채권자대위소송에서 그 확정판결의 기판력으로 말미암아 더 이상 채무자에 대하여 동일한 청구원인으로 소유권이전등기청구를 할 수 없으므로, 그러한 권리를 보전하기 위한 채권자대위소송은 **보전의 필요성**이 인정되지 않는다(대판 2003. 5. 13. 2002다64148 등).

5) 채무자 소유의 부동산을 시효취득한 채권자의 공동상속인이 채무자에 대한 소유권이전등기청구권을 피보전채권으로 하여 제3채무자를 상대로 채무자의 제3채무자에 대한 소유권이전등기의 말소등기청구권을 대위행사하는 경우 공동상속인은 **자신의 지분 범위** 내에서만 채무자의 제3채무자에 대한 소유권이전등기의 말소등기청구권을 대위행사할 수 있다. 이 경우 **지분을 초과하는 부분**에 관해서는 채무자를 대위할 **보전의 필요성**이 없다(대판 2010. 11. 11. 2010다43597, 2014. 10. 27. 2013다25217 등).

2. 대위할 채권

1) 채권을 보전하기 위하여 대위행사가 필요한 경우는 **실체법상 권리**뿐만 아니라 **소송법상 권리**에 대해서도 대위가 허용된다.

2) 채무자와 제3채무자 사이의 소송이 계속된 이후의 소송수행과 관련한 **개개의 소송상 행위**는 그 권리의 행사를 소송당사자인 채무자의 의사에 맡기는 것이 타당하므로 채권자대위가 허용될 수 없다. 같은 취지로 상소의 제기와 마찬가지로 종전 재심대상판결에 대하여 불복하여 종전 소송절차의 재개, 속행 및 재심판을 구하는 재심의 소의 제기는 채권자대위권의 목적이 될 수 없다(대판 2012. 12. 27. 2012다75239).

3. 채권자대위권행사 통지 후에 제3채무자가 계약해제로써 대항할 수 있는지 여부

1) 민법 405조 2항은 '채무자가 전항의 통지를 받은 후에는 그 권리를 처분하여도 이로써 채권자에게 대항하지 못한다'고 규정하고 있다. 위 조항의 취지는 채권자가 채무자에게 대위권 행사사실을 통지하거나 채무자가 채권자의 대위권 행사사실을 안 후에 채무자에게 대위의 목적인 권리의 양도나 포기 등 처분행위를 허용할 경우 채권자에 의한 대위권행사를 방해하는 것이 되므로 이를 금지하는 데에 있다.

2) 그런데 ① 채무자의 채무불이행 사실 자체만으로는 권리변동의 효력이 발생하지 않아 이를 채무자가 제3채무자에 대하여 가지는 채권을 소멸시키는 적극적인 행위로 파악할 수 없는 점, ② 더구나 법정해제는 채무자의 객관적 채무불이행에 대한 제3채무자의 정당한 법적 대응인 점, ③ 채권이 압류·가압류된 경우에도 압류 또는 가압류된 채권의 발생원인이 된 기본계약의 해제가 인정되는 것과 균형을 이룰 필요가 있는 점 등을 고려할 때 채무자가 자신의 채무불이행을 이유로 매매계약이 해제되도록 한 것을 두고 민법 405조 2항에서 말하는 '**처분**'에 해당한다고 할 수 없다.

3) 따라서 채무자가 채권자대위권행사의 통지를 받은 후에 채무를 불이행함으로써 통지 전에 체결된 약정에 따라 매매계약이 **자동적**으로 **해제**되거나, 채권자대위권행사의 통지를 받은 후에 채무자의 채무불이행을 이유로 **제3채무자**가 매매계약을 **해제**한 경우 제3채무자는 계약해제로써 대위권을 행사하는 채권자에게 대항할 수 있다.

4) 다만 형식적으로는 채무자의 채무불이행을 이유로 한 계약해제인 것처럼 보이지만 실질적으로는 채무자와 제3채무자 사이의 **합의에 따라 계약을 해제**한 것으로 볼 수 있거나, 채무자와 제3채무자가 단지 대위채권자에게 대항할 수 있도록 채무자의 채무불이행을 이유로 하는 **계약해제인 것처럼 외관**을 갖춘 것이라는 등의 **특별한 사정**이 있는 경우에는 채무자가 피대위채권을 처분한 것으로 보아 제3채무자는 계약해제로써 대위권을 행사하는 채권자에게 대항할 수 없다(대판(전) 2012. 5. 17. 2011다87235).

4. 채권자대위권의 행사 외에 다른 구제방법이 있는 경우와 채권자대
   위소송의 허용 여부

채권자의 채권이 저당권 등에 의해 담보되거나 대위 이외의 다른 구제방
법이 있는 경우에도 대위권을 행사할 수 있다. **판례**도, 채권자가 직접 제3채무
자를 상대로 퇴거청구권을 행사할 수 있는 경우에도 채무자를 대위하여 임대
차계약의 해지 및 인도청구를 구할 수 있다고 본다(대판 2007. 5. 10. 2006다
82700,82717).

Ⅱ. 채권자대위권의 소송법상 문제

1. 채권자대위소송과 당사자적격

1) 대위소송을 법정소송담당으로 보는 이상 채권자의 채무자에 대한 피보
전권리에 관한 사항 및 채무자가 스스로 그 권리를 행사하지 아니할 것은 당사
자적격의 문제이다. **피보전권리에 관한 사항**이란 ① 피보전권리의 존재, ② 기
한의 도래, ③ 보전의 필요성을 말한다.

2) 대위에 의하여 보전될 채권자의 채무자에 대한 권리가 소멸함으로써
채권자가 스스로 원고가 되어 채무자의 제3채무자에 대한 권리를 행사할 소송
수행권능을 상실하게 된 경우 대위소송은 부적법하므로 각하하여야 한다.

2. 채권자대위소송의 소송물

채무자가 제3채무자에 대하여 가지는 권리(**대위할 권리**)가 소송물이다. 피
보전권리의 변경은 **소송물의 변경**이 아니라(따라서 **청구의 변경**이 아니다), **공격방
법의 변경**이다.

3. 채권자대위소송과 청구취지

1) 채권자대위권의 행사에서 채권자가 제3채무자에 대하여 자기에게 직접
급부를 구할 수 있다.

2) 채권자대위권을 행사하여 채권자가 제3채무자에게 그 명의의 소유권보
존등기나 소유권이전등기의 말소절차를 직접 자기에게 이행할 것을 청구하여

승소하였다고 하여도 그 효과는 원래의 소유자인 채무자에게 귀속된다. 따라서 채권자대위권을 행사하는 채권자인 원고에게 직접 말소등기절차를 이행할 것을 명하였다고 하여 위법이 있다고 할 수 없다(대판 1995. 4. 14. 94다58148, 1996. 2. 9. 95다27998).

3) 채권자가 자기의 금전채권을 보전하기 위하여 채무자의 금전채권을 대위행사하는 경우 제3채무자로 하여금 채무자에게 그 지급의무를 이행하도록 청구할 수도 있지만, 직접 **대위채권자** 자신에게 이행하도록 청구할 수도 있다(대판 2005. 4. 15. 2004다70024, 2016. 9. 28. 2016다205915 등).

4. 채권자대위소송과 직권조사사항

1) 채권자대위소송에서 앞서 본 피보전권리에 관한 사항이라든지 채무자가 스스로 그 권리를 행사하지 아니한 경우인지 등은 모두 **당사자적격**에 관한 문제로서, **직권조사사항**이다. 제3자 소송담당에서 당사자적격이 인정되지 아니하는 경우에는 원칙적으로 소각하판결을 한다.

2) 직권조사사항은 당사자의 주장이 없어도 법원이 조사의 개시(판단)를 하는 경우이다. 판단자료의 수집에서는 변론주의에 의한다(변론주의형). 따라서 피보전권리가 있는지 여부에 관한 판단을 위한 사실자료에 관해서는 재판상 자백이 가능하다.

3) 피보전권리에 대한 주장 · 증명책임은 채권자대위소송을 행사하려는 사람에게 있다. 사실심 법원은 원고가 피보전권리로 주장하지 아니한 권리에 대해서까지 피보전권리가 될 수 있는지 판단할 필요가 없다(대판 2000. 1. 28. 98다17183, 2014. 10. 27. 2013다25217 등).

5. 채권자대위소송의 제기와 시효중단

1) 채권자대위권 행사의 효과는 채무자에게 귀속되는 것이므로 채권자대위소송의 제기로 인한 소멸시효 중단의 효과 역시 채무자에게 생긴다(대판 2011. 10. 13. 2010다80930).

2) 채권자대위소송 계속 중 채권자가 채무자로부터 피대위채권을 양수하여 양수금청구로 변경(청구의 교환적 변경)한 경우 당초 채권자대위소송으로 인한 시효중단의 효력이 소멸하는지 여부에 관하여 논의가 있다.

　　판례는, ① 양 청구는 동일한 소송물에 관한 권리의무의 특정승계가 있을 뿐이며 그 소송물은 동일한 점, ② 계속 중인 소송에서 소송목적인 권리 또는 의무의 전부나 일부를 승계한 특정승계인이 소송참가하거나 소송인수한 경우에는 소송이 법원에 처음 계속된 때에 소급하여 시효중단의 효력이 생기는 점, ③ 원고는 위 채권을 채권자대위권에 기해 행사하다 다시 이를 양수받아 직접 행사한 것이어서 위 채권과 관련하여 원고를 '권리 위에 잠자는 자'로 볼 수 없는 점 등에 비추어 볼 때 그러하다고 한다(대판 2010. 6. 24. 2010다17284).

　　판례가 동일한 소송물로 본 것은 잘못이나(동일한 소송물인 경우, ① 청구의 교환적 변경에 해당하지 아니할 뿐만 아니라(즉 공격방법의 변경에 불과하다), ② 청구의 교환적 변경이라고 하더라도 구청구의 취하(이로써 시효중단효력이 없어진다. 민 170조 1항)와 동시에 신청구의 제기로 최초의 재판상 청구로 인하여 중단된 것으로 보아야 하기 때문이다. 민 170조 2항), 판례의 논리를 선해하여 소송물이 형식적으로 동일하지 않지만 **실질적으로 동일**하다는 취지로 이해하여야 한다(따라서 이 경우에도 청구의 변경이 허용된다고 본다. 청구의 변경은 원칙적으로 소송물의 변경이나 경우에 따라서는 소송물이 동일한 경우에도 청구의 변경을 허용하는 경우가 있다. 예컨대 원인무효를 이유로 하는 소유권이전등기의 말소등기청구소송과 진정명의회복을 위한 소유권이전등기청구소송은 **실질적으로 동일한 소송물**이지만 **청구의 변경**이 허용된다).

6. 채권자대위소송과 중복소송

　　1) 채무자가 채권자대위소송의 계속 중에 별소(소, 반소, 참가의 소 등)를 제기하는 경우에는 중복소송이 된다. 후소 제기의 채무자는 전소 제기의 채권자와 당사자는 다르다 할지라도 실질상으로는 동일한 것으로 본다.

　　2) 이 경우 채무자가 대위소송의 계속사실을 **알든 모르든** 중복소송이 된다. 채권자대위소송에서 기판력이나 재소금지의 효력이 채무자에게 미치기 위해서는 채무자의 절차보장(절차참여의 기회 보장)을 위해서 채무자가 대위소송의 계속사실을 알 것을 요구하나, 중복소송의 경우에는 이로 인하여 소가 각하되더라도 이러한 절차보장이 봉쇄되는 것이 아니므로(채권자를 위하여 원고 측에 **공동소송적 보조참가**를 하든지, 채권자의 피보전채권을 다투면서 **독립당사자참가(권리주장참가)**를 하는 것이 허용되므로, 채무자의 절차보장이 된다), 채무자가 알 것을 요구할 필요가 없다.

일부 견해에 의하면 채무자가 대위소송의 계속사실을 안 경우에만 중복소송이 된다고 보나, 별소에서 채무자가 대위소송의 계속사실을 모르는 경우를 예상하기 어렵다. 동일 피고가 별소에서 전소의 계속사실을 주장하지 아니한 다는 것은 예상하기 어렵기 때문이다.

3) 중복소송에서 전소의 계속 여부는 **법원에 현저한 사실**(민소 288조. 기록 등을 조사하여 곧바로 그 내용을 알 수 있는 사실이다. 대판(전) 1996. 7. 18. 94다20051)로서, **불요증사실**이다.

7. 채권자대위소송과 소송상 심리

(1) 채권자가 피보전권리에 대하여 이미 별소에서 승소확정판결을 받은 경우 제3채무자는 피보전권리에 대하여 다툴 수 있는지 여부

1) 판례는, 제3채무자는 채권자와 채무자 사이에서의 소송에서 확정된(확정판결에 의하여 확정된) 피보전권리의 존재를 다툴 수 없다고 보고 있다(대판 2007. 5. 10. 2006다82700,82717, 2014. 7. 10. 2013다74769 등).

2) 판례가 말하는 '**다툴 수 없다**'의 의미에 관하여 위 판결들에서는 구체적인 언급이 없어, 증명이 되었다는 취지인지, 기판력이 미친다는 취지인지가 분명하지 아니하다. 그러나 채권자와 채무자 사이의 이러한 확정판결은 **기판력의 상대성 원칙**에 의하여 제3채무자에게 기판력이 미치지 아니한다. 대판 1998. 3. 27. 96다10522에서는, "승소확정판결에 의하여 … 점은 입증되었다고 할 것이고, 피고로서는 위 등기청구권의 존재를 다툴 수 없다고 할 것이다"라고 판시함으로써, (전소 확정판결의 증명효에 따라) **증명이 된 것**임을 분명히 하고 있다.

3) **판례**는, 피보전채권의 취득이 소송행위를 하게 하는 것을 주된 목적으로 이루어진 것으로서 신탁법 6조가 유추적용되어 무효인 경우 등에는 제3채무자는 그 존재를 다툴 수 있다고 보고 있다(대판 2015. 9. 24. 2014다74919).

(2) 채권자대위소송에서 제3채무자는 채무자에 대하여 가지는 항변사유로써 채권자에 대항할 수 있는지 여부

채권자대위권은 채무자의 제3채무자에 대한 권리를 행사하는 것이므로, 제3채무자는 채무자에 대해 가지는 모든 항변사유로써 채권자에게 대항할 수 있다.

(3) 채권자대위소송에서 채권자는 채권자 자신이 제3채무자에게 대하여
    가지는 사유로써 대항할 수 있는지 여부

채권자는 채무자 자신이 제3채무자에 대하여 주장할 수 있는 사유의 범위
내에서 주장할 수 있을 뿐, 자기와 제3채무자 사이의 독자적인 사정에 기한 사
유를 주장할 수 없다(대판 2009. 5. 28. 2009다4787).

(4) 채권자대위소송에서 제3채무자는 채무자가 가지는 권리로써 채권자
    에게 항변을 할 수 있는지 여부

(a) 판례의 입장

판례는, 채권자가 채권자대위소송을 제기한 경우, 제3채무자는 채무자가
채권자에 대하여 가지는 항변권이나 형성권 등과 같이 그 **권리자에 의한 행사를**
필요로 하는 사유를 들어 채권자의 채무자에 대한 권리가 인정되는지 여부를
다툴 수 없지만, 채권자의 채무자에 대한 **권리의 발생원인이 된 법률행위가 무효**
라거나 위 **권리가 변제 등으로 소멸**하였다는 등의 사실을 주장하여 채권자의 채
무자에 대한 권리가 인정되는지 여부를 다투는 것은 가능하다고 본다(이 경우
법원은 제3채무자의 위와 같은 주장을 고려하여 채권자의 채무자에 대한 권리가 인정되
는지 여부에 관하여 직권으로 심리·판단하여야 한다. 대판 2015. 9. 10. 2013다55300).

(b) 제3채무자가 채무자의 채권자에 대한 소멸시효의 항변을 원용할 수
    있는지 여부

1) **판례**는, 채권자가 채권자대위권을 행사하여 제3자에 대하여 하는 청구
에서, 제3채무자는 채무자가 채권자에 대하여 가지는 항변으로 대항할 수 없으
며, 채권의 소멸시효가 완성된 경우 이를 원용할 수 있는 자는 원칙적으로는
시효이익을 직접 받는 자뿐이고, 채권자대위소송의 제3채무자는 이를 행사할
수 없다고 보고 있다(대판 2004. 2. 12. 2001다10151, 2009. 9. 10. 2009다34160. 다만 채
권자대위소송에서 채무자 역시 공동피고가 된 경우 채무자가 그 소송절차에서 소멸시효
를 원용하는 항변을 하였고, 그러한 사유가 현출된 채권자대위소송에서 심리를 한 결과
실제로 피보전채권의 소멸시효가 적법하게 완성된 것으로 판단되면, 더 이상 채무자를
대위할 권한이 없게 된다. 대판 2008. 1. 31. 2007다64471 등).

2) 앞서의 2015년 판례(대판 2015. 9. 10. 2013다55300)의 태도에 비추어 보면
소멸시효의 항변은 채무자가 가지는 항변권에 기한 것이라기보다는 단순한 항
변에 불과한 것으로 볼 수 있어 제3채무자가 소멸시효의 항변을 원용할 수 있

을 것으로도 이해될 수 있다. 그러나 앞서의 2015년 판례는 권리의 발생원인인 법률행위가 무효라거나 그 권리가 변제 등으로 소멸한 경우를 전제로 한 것으로 볼 수 있고, 소멸시효가 완성된 경우 원칙적으로는 시효이익을 직접 받는 사람만이 이를 원용할 수 있을 뿐이라는 점(그 권리자에 의한 행사를 필요로 하는 사유)에 비추어 보면, 제3채무자는 채무자가 갖는 소멸시효의 항변을 원용할 수 없다는 종전의 판례는 여전히 유효한 것으로 이해하여야 한다.

　(5) 채권자대위소송과 법적관점지적의무

　　채권자대위소송의 소송수행과정이나 심리과정에 비추어, 원고가 부주의 또는 오해로 **보전의 필요성 유무**에 관한 법률상의 관점을 간과하였다고 보이는 경우 보전의 필요성 등의 문제를 재판의 기초로 삼기 위해서는 원고로 하여금 이러한 법률적인 관점에 관하여 변론을 하도록 하고, 필요한 경우 청구취지 등을 변경할 기회를 주었어야 한다(예컨대 갑이 을의 병에 대한 점유취득시효를 원인으로 한 소유권이전등기청구권 중 일부 지분을 상속받았다고 주장하면서 정을 상대로 병의 정에 대한 소유권이전등기의 말소등기청구권을 대위하여 전부 말소를 구한 사안에서, 갑의 **상속지분을 넘는 부분**에 관해서는 **보전의 필요성**이 없다는 점을 지적하거나 갑이 주장한 상속지분이 증거에 의하여 인정되는 상속지분과 일치하지 아니함에도 아무런 석명을 하지 아니한 채 갑이 주장하는 지분을 초과하는 부분에 관하여 보전의 필요성이 없다는 이유로 소를 각하한 법원의 판결에는 석명의무를 다하지 아니하여 심리를 제대로 하지 않은 잘못이 있다고 본다. 대판 2014. 10. 27. 2013다25217).

8. 채권자대위소송에서 대위할 권리의 변경과 청구의 변경

　　채권자대위소송에서 피보전채권의 변경은 공격방법의 변경에 불과하나, 대위할 권리, 즉 피대위채권의 변경은 소송물의 변경으로 청구의 변경이다.

9. 채권자대위소송과 소송절차의 중단

　　파산채권자가 제기한 **채권자대위소송**이 채무자에 대한 파산선고 당시 법원에 계속되어 있는 때에는 다른 특별한 사정이 없는 한 민사소송법 239조, 채무자 회생 및 파산에 관한 법률 406조, 347조 1항 본문을 **유추적용**하여 그 소송절차는 중단된다. 이 경우 파산관재인이 이를 수계할 수 있다(채무자 회생 및 파산에 관한 법률 406조, 347조 1항의 규정에 의하면 **채권자취소소송**의 계속 중에 소송의 당사자가 아닌 채무자가 파산선고를 받은 때에는 소송절차가 중단되고, 파산관재인이 이를 수계할 수 있다).

10. 채권자대위소송과 소송참가

(1) 채무자의 소송참가

(a) 채무자의 참가와 공동소송적 보조참가

1) 채무자가 채권자대위소송의 원고 측에 참가하는 경우 대위소송의 계속사실을 알고 참가하는 것으로 채무자는 판결의 효력을 받을 지위에 있는 사람이다. 한편 채무자가 대위소송의 계속사실을 알고 참가하므로, **당사자적격을** 가지지 아니한다(대위소송의 계속사실을 아는 이상 그 권리를 처분할 수 없어 처분권을 상실하고, 따라서 소송수행권을 가지지 아니하므로, 당사자적격이 인정되지 아니한다). 따라서 채무자가 채권자대위소송에 참가하는 것은 **공동소송적 보조참가**(민소 78조)에 해당한다.

2) 이 경우에도 채무자가 당사자적격을 잃지 않으나 중복소송에 해당하므로 공동소송적 보조참가에 해당한다고 보는 견해도 있으나, 동일 소송절차에서의 참가가 중복소송에 해당한다는 것은 중복소송금지의 제도적 취지(소송판결의 모순·저촉을 방지하고, 소송경제를 도모한다)에 반하므로 중복소송을 근거로 공동소송적 보조참가에 해당한다는 견해는 타당하지 않다.

(b) 채무자의 참가와 독립당사자참가

채무자가 채권자의 피보전채권의 존재, 즉 대위권의 존재를 다투면서 채권자대위소송에 참가할 수 있다. 이러한 소송참가는 피고인 제3채무자에 대한 권리의 행사는 오로지 참가인인 채무자만이 행사할 수 있다고 주장하면서 참가하는 것으로, 독립당사자참가 가운데 권리주장참가(민소 79조 1항 전단)에 해당한다. 심리 결과 피보전채권이 존재하는 경우에는 채무자의 독립당사자참가신청을 각하하여야 한다.

권리주장참가에서 주장 자체로써 법률상 양립불가능인지의 여부를 판단하므로 심리 결과 피보전채권이 존재하지 아니한다고 하더라도 **참가요건을** 흠결한 것이 아니다. 따라서 참가요건의 흠으로 참가신청을 각하해서는 아니된다. 피보전채권이 존재하는 것으로 밝혀진 경우 참가인인 채무자의 당사자적격이 인정되지 아니하므로 **일반적인 소송요건**인 **당사자적격**이 흠으로 참가신청을 각하하여야 한다.

(2) 다른 채권자의 참가와 공동소송참가

1) 다른 채권자도 채권자대위소송의 판결의 효력을 받을 지위에 있으므로 (채권자대위소송의 확정판결의 효력(기판력)은 채무자가 대위소송의 계속사실을 아는 한 채무자에게 미치고 채무자에 기판력이 미치는 한 **채무자와 당사자는 다르나 실질적으로 동일**하다고 보는 **다른 채권자**에게 기판력이 미친다) 소송참가를 할 수 있다. 이러한 다른 채권자의 소송참가는 공동소송참가이다.

2) **판례**는, "채권자대위소송이 계속 중인 상황에서 다른 채권자가 동일한 채무자를 대위하여 채권자대위권을 행사하면서 공동소송참가신청을 할 경우, 양 청구의 소송물이 동일하다면 민사소송법 83조 1항이 요구하는 '소송목적이 한쪽 당사자와 제3자에게 합일적으로 확정되어야 할 경우'에 해당하므로 참가신청은 적법하다. 이때 양 청구의 소송물이 동일한지는 채권자들이 각기 대위 행사하는 피대위채권이 동일한지에 따라 결정되고, 채권자들이 각기 자신을 이행 상대방으로 하여 금전의 지급을 청구하였더라도 채권자들이 채무자를 대위하여 변제를 수령하게 될 뿐 자신의 채권에 대한 변제로서 수령하게 되는 것이 아니므로 이러한 채권자들의 청구가 서로 소송물이 다르다고 할 수 없다. 여기서 원고가 일부 청구임을 명시하여 피대위채권의 일부만을 청구한 것으로 볼 수 있는 경우에는 참가인의 청구금액이 원고의 청구금액을 초과하지 아니하는 한 참가인의 청구가 원고의 청구와 소송물이 동일하여 중복된다고 할 수 있으므로 소송목적이 원고와 참가인에게 합일적으로 확정되어야 할 필요성을 인정할 수 있어 참가인의 공동소송참가신청을 적법한 것으로 보아야 한다"고 판시하고 있다(대판 2015. 7. 23. 2013다30301).

그러나 판례가 피대위채권의 동일성 여부의 판단에서 명시적 일부청구이론을 적용하여 채권자가 명시적 일부청구를 한 경우에 있어서 다른 채권자가 그 범위를 초과하여 청구를 하는 것은 동일한 소송물이 아니므로 공동소송참가로 보지 아니하는 것으로 보는 것은 문제이다. 채권자대위소송에서 청구하고 있는 범위 내에서조차 다른 채권자의 소송참가를 공동소송참가로 보지 않을 이유가 없기 때문이다.

11. 채권자대위소송을 제1심 본안판결 선고 후에 취하한 경우와 재소
    금지의 효력

채무자에게 재소금지의 효력이 미치기 위해서는 채무자가 대위소송의 계
속사실을 알아야 한다. 기판력의 경우와 같이 본다(대판 1996. 9. 20. 93다20177,
20184).

12. 채권자대위소송과 확정판결의 기판력

(1) 채무자에게 기판력이 미치는지 여부

(a) 대위소송의 계속사실을 안 경우와 기판력 여부

민사소송법 218조 3항은 '다른 사람을 위하여 원고나 피고가 된 사람에 대
한 확정판결은 그 다른 사람에 대하여도 효력이 미친다'고 규정하고 있다. 판
례는, 채권자가 채권자대위권을 행사하는 방법으로 제3채무자를 상대로 소송
을 제기하고 판결을 받은 경우 ① 채권자가 채무자에 대하여 민법 405조 1항에
의한 보존행위 이외의 권리행사를 하는 경우에 이를 **통지**하는 방법, ② 법원이
채무자에 대하여 비송사건절차법 49조 1항에 의한 (피보전채권의 기한미도래시)
재판상 대위의 허가를 고지하는 방법, ③ 민사소송법 84조에 의한 **소송고지**의
방법 등 어떠한 사유로 인하였든 적어도 **대위소송의 계속사실을 안 경우**에는 그
판결의 효력이 채무자에게 미친다(대판(전) 1975. 5. 13. 74다1664 등).

(b) 채권자대위소송에서 피보전채권이 인정되지 않아 소각하판결이 있
    었던 경우 그 판결의 기판력이 채무자에게 미치는지 여부

1) 채권자대위소송의 확정판결이 채무자에게도 기판력이 미친다는 의미는
채권자대위소송의 소송물인 **피대위채권의 존부**에 관하여 채무자에게도 기판력
이 인정된다는 것이고, 채권자대위소송의 소송요건인 **피보전채권의 존부**에 관
하여 해당 소송의 당사자가 아닌 채무자에게 기판력이 인정된다는 것은 아니다.

2) 따라서 채권자가 채권자대위권을 행사하는 방법으로 제3채무자를 상대
로 소송을 제기하였다가 채무자를 대위할 피보전채권이 인정되지 않는다는 이
유로 소각하 판결을 받아 확정된 경우 그 판결의 기판력이 채권자가 채무자를
상대로 피보전채권의 이행을 구하는 소송에 미치는 것은 아니다(대판 2014. 1.
23. 2011다108095).

(2) 다른 채권자에게 기판력이 미치는지 여부

채권자대위소송에서 채무자가 대위소송의 계속사실을 안 경우에는 채무자에게 기판력이 미치고, 채무자에게 기판력이 미치는 경우 채무자와 당사자는 다르나 **실질적으로 동일한 사람**으로 보는 **다른 채권자**에게도 기판력이 미친다(대판 1994. 8. 12. 93다52808, 2008. 7. 24. 2008다25510 등).

이에 대하여, 다른 채권자에게 미치는 판결의 효력을 판결의 부수적 효력인 반사적 효력으로 보는 견해도 있으나, 판결의 본래적 효력 외에 판결의 부수적 효력으로서 반사적 효력을 인정하는 것은 부당하다. 앞서의 판례의 판시상으로도 다른 채권자에게 미치는 효력이 기판력임을 명백히 하고 있다.

13. 채권자대위소송과 대위채권자의 변제수령권한

(1) 대위채권자의 변제수령권한의 성질

1) 채권자대위소송에서 제3채무자로 하여금 직접 대위채권자에게 금전의 지급을 명하는 판결이 확정되더라도, 대위의 목적인 권리, 즉 채무자의 제3채무자에 대한 **피대위채권**이 그 판결의 **집행채권**으로서 존재한다.

2) 이 경우 대위채권자는 채무자를 대위하여 **피대위채권에 대한 변제**를 수령하게 될 뿐 자신의 채권에 대한 변제로서 수령하게 되는 것이 아니다(대판 2015. 7. 23. 2013다30301 등).

대위채권자로서는 이러한 변제수령에 의한 자신의 채권(피보전채권)에 사실상 충당하는 경우가 있다고 하더라도 이로써 자신의 채권의 변제효가 발생하는 것은 아니다(일부 견해는 이를 들어 마치 '사실상 우선변제권' 또는 '집행권원에 기하지 아니한 집행' 등으로 설명하고 있으나 적절한 것은 아니다).

3) 따라서 그 피대위채권이 변제 등으로 소멸하기 전이라면 **채무자의 다른 채권자**는 이에 대하여 압류 또는 가압류, 처분금지가처분을 할 수 있다(대판 2016. 9. 28. 선고 2016다205915).

(2) 대위채권자의 변제수령권한에 대한 압류명령 등의 효력

1) 앞서 본 바와 같이 자기의 금전채권을 보전하기 위하여 채무자의 금전채권을 대위행사하는 대위채권자는 제3채무자로 하여금 직접 대위채권자 자신에게 그 지급의무를 이행하도록 청구할 수 있고 제3채무자로부터 그 변제를 수령할 수도 있다. 그러나 그러한 경우에도 이로 인하여 채무자의 제3채무자에

대한 피대위채권이 대위채권자에게 이전되거나 귀속되는 것이 아니다.

2) 대위채권자의 제3채무자에 대한 위와 같은 추심권능이나 변제수령권능은 그 자체로서 독립적으로 처분하여 현금화할 수 있는 것이 아니어서 압류할 수 없는 성질의 것이다. 따라서 이러한 추심권능이나 변제수령권능에 대한 **압류명령** 등은 무효이다.

3) 채권자대위소송에서 제3채무자로 하여금 직접 대위채권자에게 금전의 지급을 명하는 판결이 확정되었더라도 그 판결에 기초하여 금전을 지급받는 것 역시 대위채권자의 제3채무자에 대한 추심권능이나 변제수령권능에 속하는 것이므로, 채권자대위소송에서 확정된 판결에 따라 대위채권자가 제3채무자로부터 지급받을 채권에 대한 **압류명령** 등도 무효이다(대판 1997. 3. 14. 96다54300, 2016. 8. 29. 2015다236547).

제 2 절   채권자취소권

I. 채권자취소권의 실체법상 문제

1. 피보전권리

(1) 의   의

1) 채권자취소권에 의하여 보호될 수 있는 채권은 원칙적으로 사해행위라고 볼 수 있는 행위가 행해지기 전에 발생된 것임을 요한다.

2) 채권자의 채권(피보전채권)이 사해행위 이전에 성립되어 있는 이상 그 **채권이 양도된 경우**에도 그 양수인이 채권자취소권을 행사할 수 있다. 이 경우 채권양도의 **대항요건**을 사해행위 이후에 갖추었더라도 채권양수인이 채권자취소권을 행사하는 데 아무런 장애사유가 될 수 없다(대판 2006. 6. 29. 2004다5822).

3) 피보전채권이 사해행위 이전에 성립되어 있는 이상 그 액수나 범위가 구체적으로 확정되지 않은 경우라고 하더라도 채권자취소권의 피보전채권이 된다(대판 2018. 6. 28. 2016다1045).

(2) 아직 성립하지 아니한 권리도 피보전권리가 될 수 있는지 여부

1) 채권자취소권에 의하여 보호될 수 있는 채권은 원칙적으로 사해행위라

고 볼 수 있는 행위가 행해지기 전에 발생된 것임을 요한다.

그러나 ① 그 사해행위 당시에 이미 **채권 성립의 기초가** 되는 **법률관계가** 발생되어 있고, ② 가까운 장래에 그 법률관계에 근거하여 채권이 성립되리라는 점에 대한 **고도의 개연성이** 있으며, ③ 실제로 가까운 장래에 **그 개연성이 현실화되어 채권이 성립**된 경우에는, 그 채권도 채권자취소권의 피보전채권이 될 수 있다. 위와 같은 경우에도 채권자를 위하여 책임재산을 보전할 필요가 있고, 채무자에게 채권자를 해한다는 점에 대한 인식이 있었다고 볼 수 있기 때문이다.

2) 계속적인 물품공급계약(또는 임가공계약)에서 대상이 되는 물품의 구체적인 수량, 거래단가, 거래시기 등에 관해서까지 구체적으로 미리 정하고 있다거나, 일정한 한도에서 공급자가 외상으로 물품을 공급할 의무를 규정하고 있지 않은 이상, 계속적 물품공급계약 그 자체에 기하여 거래당사자의 채권이 바로 성립하지는 아니하며, 주문자가 상대방에게 구체적으로 **물품의 공급을 의뢰하고** 그에 따라 상대방이 **물품을 공급**하는 별개의 법률관계가 성립해야만 **채권이 성립**한다. 따라서 특별한 사정이 없는 한 사해행위 당시 계속적인 물품거래관계가 존재하였다는 사정만으로 **채권성립의 기초가 되는 법률관계가** 발생하여 있었다고 할 수 없다(대판 2017. 11. 29. 2017다241819).

3) 채권자취소권에 의하여 보호될 수 있는 채권이 성립되리라는 점에 대한 **고도의 개연성이** 있는 경우란 단순히 향후 채권이나 채무가 성립할 가능성이 있는 경우에 그쳐서는 아니 되고, 적어도 채무자의 사해의사를 **추단**할 수 있는 정도이어야 한다. 즉 객관적 사정이 존재하여 일반적으로 누구라도 그 채권이나 채무의 성립을 예견할 수 있어야 한다(대판 2012. 2. 23. 2011다76426, 2013. 2. 14. 2012다83100 등).

이러한 고도의 개연성은 채권자와 채무자 사이의 기초적 법률관계의 내용, 채무자의 재산상태 및 그 변화내용, 일반적으로 그와 같은 상태에서 채권이 발생하는 빈도 및 이에 대한 일반인의 인식 정도 등 여러 가지 사정을 종합하여 객관적으로 판단하여야 한다(대판 2013. 12. 26. 2012다41915).

(3) 기한의 도래

이행기가 도래하기 이전의 채권이라도 사해행위로부터 보호할 필요성이 있을 때는 이를 긍정하여야 한다는 것이 통설이다.

2. 사해행위

(1) 사해행위의 의미

1) 사해행위란 **채권자를 해하는 법률행위**로서 채무자가 적극재산을 감소시키거나 소극재산을 증가시킴으로써 채무초과상태를 유발시키거나, 이미 채무초과상태에 있는 것을 심화시킴으로써 채권자를 해하는 행위를 가리킨다. 즉 그 행위에 의하여 채권의 공동담보에 부족이 생기거나 이미 부족상태에 있는 **공동담보**가 한층 더 부족하게 되어 채권을 완전하게 만족시킬 수 없는 행위이다(대판 2018. 9. 13. 2018다215756).

2) 처분행위 당시에는 채권자를 해하는 것이었다고 하더라도 그 후 채무자가 자력을 회복하여 사해행위취소권을 행사하는 사실심의 변론종결시에는 채권자를 해하지 않게 된 경우에는 책임재산 보전의 필요성이 없어지게 되어 채권자취소권이 소멸하는 것으로 보아야 한다(대판 2014. 7. 10. 2013다50763). 한편 그러한 사정변경이 있다는 사실은 채권자취소소송의 상대방이 증명하여야 한다.

3) 무자력상태의 채무자가 소송절차를 통해 수익자에게 자신의 책임재산을 이전하기로 하여, 수익자가 제기한 소송에서 자백하는 등의 방법으로 **패소판결** 또는 그와 같은 취지의 **화해권고결정** 등을 받아 **확정**시키고, 이에 따라 수익자 앞으로 그 책임재산에 대한 **소유권이전등기** 등이 마쳐졌다면, 이러한 **일련의 행위의 실질적 원인**이 되는 **채무자와 수익자 사이의 이전합의**는 다른 일반채권자의 이익을 해하는 사해행위가 될 수 있다.

4) 채무자가 소멸시효완성 후에 한 소멸시효이익의 포기행위는 소멸하였던 채무가 소멸하지 않았던 것으로 되어 결과적으로 채무자가 부담하지 않아도 되는 채무를 새롭게 부담하게 되는 것이므로 채권자취소권의 대상인 사해행위가 될 수 있다(대결 2013. 5. 31. 2012마712).

5) 채권양도의 경우 그 권리이전의 효과는 원칙적으로 당사자 사이의 양도계약의 체결과 동시에 발생하며 채무자에 대한 통지 등은 채무자를 보호하기 위한 대항요건일 뿐이므로, 채권양도행위가 사해행위에 해당하지 않는 경우에는 양도통지가 따로 채권자취소권 행사의 대상이 될 수 없다(대판 2012. 8. 30. 2011다32785,32792)

6) 이혼으로 인한 재산분할청구권은 협의 또는 심판에 의하여 구체화되지

아니하는 이상 채무자의 책임재산에 해당하지 아니하고, 이를 포기하는 행위 또한 채권자취소권의 대상이 되지 아니한다(이혼으로 인한 재산분할청구권은 이혼을 한 당사자의 한쪽이 상대방에 대하여 재산분할을 청구할 수 있는 권리로서 이혼이 성립한 때에 그 법적 효과로서 비로소 발생하는 것일 뿐만 아니라, 협의 또는 심판에 의하여 구체적 내용이 형성되기까지는 그 **범위 및 내용**이 **불명확·불확정**하기 때문에 구체적으로 권리가 발생하였다고 할 수 없다. 대판 2013. 10. 11. 2013다7936).

7) **건축 중인 건물** 외에 별다른 재산이 없는 채무자가 수익자에게 책임재산인 위 건물을 양도하기 위해 수익자 앞으로 건축주명의를 변경해주기로 약정하였다면 위 **양도약정**이 포함되어 있다고 볼 수 있는 **건축주명의변경약정**은 채무자의 재산감소를 가져오는 행위로서 다른 일반채권자의 이익을 해하는 사해행위가 될 수 있다(대판 2017. 4. 27. 2016다279206).

8) 사해행위는 법률행위이어야 하므로, 이미 이루어진 법률행위에 기한 **이행행위**는 사해행위가 아니다(대판 2017. 9. 21. 2015다53841).

(2) 사해행위의 성립 여부

(a) 판단기준

1) 채무초과의 상태에 빠져 있는 채무자가 ① 그 소유의 부동산을 다른 사람에게 적정가격보다 낮은 가격에 매각하거나, ② 그의 유일한 재산인 부동산을 매각하여 소비하기 쉬운 금전으로 바꾸는 행위는 특별한 사정이 없는 한 채권자에 대하여 사해행위가 된다.

2) 채무자가 **연속하여 수개의 재산처분행위**를 한 경우에는 원칙으로 각 행위별로 그로 인하여 무자력이 초래되었는지 여부에 따라 사해성 여부를 판단하여야 한다.

그러나 그 일련의 행위를 하나의 행위로 볼만한 특별한 사정이 있는 경우에는 이를 일괄하여 전체적으로 사해성이 있는지 여부를 판단하여야 한다. 여기서 그러한 **특별한 사정**이 있는지 여부는 처분의 상대방이 동일한지, 각 처분이 시간적으로 근접한지, 상대방과 채무자가 특별한 관계가 있는지, 각 처분의 동기 내지 기회가 동일한지 등을 종합적으로 고려하여 판단하여야 한다(대판 2002. 9. 24. 2002다23857, 2014. 3. 27. 2012다34740).

3) 채무자가 제3자로부터 자금을 차용하여 부동산을 매수하고 해당 부동산을 차용채무에 대한 담보로 제공하거나, 채무자가 제3자로부터 부동산을

매수하여 매매대금을 지급하기 전에 소유권이전등기를 마치고 해당 부동산을 매매대금채무에 대한 담보로 제공한 경우와 같이 기존 채권자들의 공동담보가 감소되었다고 볼 수 없는 경우에는 담보제공행위를 사해행위라고 할 수 없다. 한편 위와 같은 **부동산매수행위와 담보제공행위**가 한꺼번에 이루어지지 않고 단기간 내에 순차로 이루어졌다고 하더라도 다른 특별한 사정이 없는 한 일련의 행위 전후를 통하여 기존 채권자들의 공동담보에 증감이 있었다고 평가할 것도 아니므로, 담보제공행위만을 분리하여 사해행위에 해당한다고 할 수 없다(대판 2018. 12. 28. 2018다272261).

4) 채무자가 채권자를 해하는 처분행위를 하였더라도, 그 후에 채권자가 채무자 또는 제3자 소유의 부동산을 담보로 제공받아 우선변제권을 취득하였고 사해행위취소의 소의 사실심 변론종결시를 기준으로, ① 그 **부동산의 가액** 및 **채권최고액**이 해당 채무액을 초과하여 채무 전액에 대하여 채권자에게 우선변제권이 확보됨에 따라 그 처분행위로 인하여 채권자를 해하지 않게 된 경우에는 채권자취소권에 의하여 책임재산을 보전할 필요성이 없으므로 채권자취소권은 소멸하고, ② 그 **채무액**이 부동산의 가액 및 채권최고액을 초과하는 경우에는 그 담보물로부터 우선변제받을 금액을 공제한 나머지 채권액에 대해서만 채권자취소권이 인정된다(대판 2009. 3. 26. 2007다63102, 2014. 7. 10. 2013다50763 등).

5) 채무자가 채무초과상태에 있었는지 여부의 판단에서 사해행위 당시 존속하고 있는 임대차관계에서의 임차인의 보증금반환채권은 장차 임대차관계가 종료되는 등으로 그 권리가 실제로 성립하는 때에 선순위권리의 존재 또는 임차인의 차임지급의무 불이행 등으로 임차인이 이를 현실적으로 반환받을 가능성이 없거나 제한되는 것으로 합리적으로 예측되는 등의 특별한 사정이 없는 한 이를 애초의 보증금액 상당의 가치대로 적극재산에 포함된다고 평가하는 것이 그 권리의 성질이나 내용 등에 부합한다(대판 2013. 4. 26. 2012다118334).

(b) 저당권이 설정된 부동산의 경우 등

1) 사해행위취소의 소에서 채무자가 수익자에게 양도한 목적물에 저당권이 설정되어 있는 경우라면 그 목적물 중에서 일반채권자들의 공동담보에 제공되는 책임재산은 피담보채권액을 공제한 나머지 부분만이며, 그 피담보채권액이 목적물의 가액을 초과할 때는 해당 목적물의 양도는 사해행위에 해당한다고 할 수 없다.

2) 수개의 부동산에 공동저당권이 설정되어 있는 경우 위 책임재산의 산정시 각 부동산이 부담하는 피담보채권액은 특별한 사정이 없는 한 민법 368조의 규정 취지에 비추어 공동저당권의 목적으로 된 **각 부동산의 가액**에 **비례하여** 공동저당권의 피담보채권액을 안분한 금액이다.

수개의 부동산 중 일부는 채무자의 소유이고 **다른 일부**는 물상보증인의 소유인 경우에는, 물상보증인이 민법 481조·482조의 규정에 따른 변제자대위에 의하여 채무자 소유의 부동산에 대하여 저당권을 행사할 수 있는 지위에 있는 점 등을 고려할 때, 그 물상보증인이 채무자에 대하여 구상권을 행사할 수 없는 특별한 사정이 없는 한 채무자 소유의 부동산에 관한 피담보채권액은 공동저당권의 **피담보채권액 전액**으로 보아야 한다.

이러한 법리는 **하나의 공유부동산 중 일부 지분**이 채무자의 소유이고, **다른 일부 지분**이 물상보증인의 소유인 경우에도 마찬가지로 적용된다(대판(전) 2013. 7. 18. 2012다5643. 위 전원합의체 판결로써, 채무자와 물상보증인의 공유인 부동산에 관하여 저당권이 설정되어 있고, 채무자가 그 부동산 중 자신의 지분을 양도하여 그 양도가 사해행위에 해당하는지를 판단할 때 채무자 소유의 부동산 지분이 부담하는 피담보채권액은 원칙적으로 각 공유지분의 비율에 따라 분담된 금액이라는 취지의 대판 2002. 12. 6. 2002다39715와 대판 2005. 12. 9. 2005다39068을 위 전원합의체 판결의 견해와 저촉되는 한도에서 변경하였다).

3) 채무자가 제3자의 채무를 담보하기 위하여 자신의 부동산에 근저당권을 설정한 경우 물상담보로 제공된 부동산의 가액에서 다른 채권자가 가지는 피담보채권액을 채권최고액의 범위 내에서 공제한 잔액만을 채무자의 적극재산으로 평가하여야 한다(물상보증인이 되는 행위는 그 부동산의 담보가치만큼 채무자의 일반채권자들을 위한 책임재산에 감소를 가져오기 때문이다). 따라서 그로 인하여 채무자의 책임재산이 부족하게 되거나 그 상태가 심화되었다면 사해행위가 성립한다(대판 2015. 6. 11. 2014다237192).

(3) 사해행위의 성립시기

1) 사해행위의 성립시기는 실제로 그러한 사해행위가 이루어진 날을 표준으로 판정한다. 따라서 채무자의 재산처분행위가 사해행위가 되는지 여부는 처분행위 당시를 기준으로 판단하여야 한다. 이를 판정하기 곤란한 경우 등에서는 처분문서에 기초한 것으로 보이는 등기부상 등기원인일자를 중심으로 그

러한 사해행위가 실제로 이루어졌는지 여부를 판정할 수 있다(대판 2002. 11. 8. 2002다41589).

2) 가등기에 기하여 본등기가 경료된 경우 가등기의 원인인 법률행위와 본등기의 원인인 법률행위가 명백하게 다른 것이 아닌 한 사해행위 요건의 구비 여부는 가등기의 원인인 법률행위 당시를 기준으로 한다(대판 2001. 7. 27. 2000다73377, 2014. 3. 27. 2013다1518 등).

3) 채권자가 채권담보를 위하여 채무자로부터 백지로 된 근저당권설정계약서(담보부동산이나 피담보채권의 최고액 등이 확정되지 않은 상태의 근저당권설정계약서) 등을 교부받을 당시에는 채무초과 상태가 아니었으나 이를 보충할 당시에는 채무초과 상태에 있었던 경우, 백지로 된 근저당권설정계약서를 **보충한 날** 근저당권설정계약이 체결되었다고 보아야 한다(대판 2000. 4. 25. 99다55656, 2012. 11. 15. 2012다65058).

3. 채무자 및 수익자 · 전득자의 악의

(1) 채무자의 악의

채권자가 채무자의 악의에 대한 증명책임이 있다. 채무자가 자기의 유일한 재산인 부동산을 매각하는 행위는 앞서 본 바와 같이 특별한 사정이 없는 한 사해행위가 되므로, 채무자의 사해의사가 **추정**된다(대판 2017. 11. 29. 2017다241819 등).

(2) 수익자 또는 전득자의 악의

1) **수익자 또는 전득자의 악의**는 **추정**된다. 따라서 **수익자** 또는 **전득자가 자신의 선의**에 대한 증명책임이 있다. 사해행위 당시 수익자가 선의였음을 인정하기 위해서는 객관적이고도 납득할 만한 증거자료 등이 뒷받침되어야 한다. 채무자의 일방적인 진술이나 제3자의 추측에 불과한 진술 등에만 근거하여 그 사해행위 당시 수익자가 선의였다고 선뜻 단정해서는 아니 된다(대판 2015. 6. 11. 2014다237192).

2) **전득자의 악의**란 전득행위 당시 채무자와 수익자 사이의 법률행위가 채권자를 해한다는 사실, 즉 사해행위의 객관적 요건을 구비하였다는 인식을 의미한다. 전득자의 악의를 판단하는 데에는 단지 전득자가 전득행위 당시 **채무자와 수익자 사이의 법률행위의 사해성**을 인식하였는지 여부만이 문제가 될 뿐

이지, 수익자와 전득자 사이의 전득행위가 다시 채권자를 해하는 행위로서 사해행위의 요건을 갖추어야 하는 것은 아니다. 이 경우 수익자가 채무자와 수익자 사이 법률행위의 사해성을 인식하였는지는 원칙적으로 문제가 되지 않는다.

4. 사해행위취소의 내용

1) 사해행위취소의 범위는 다른 채권자가 배당요구할 것이 명백하거나 목적물이 불가분인 경우와 같이 특별한 사정이 있는 경우에는 취소채권액의 범위를 넘어서까지 취소할 수 있다(다른 채권자들이 채권자단을 구성한 점에서 배당요구를 할 것이 명백하다고 본 사례로서는 대판 2006. 6. 29. 2004다5822가 있다). 이 경우 다른 채권자의 채권액까지 포함하여 취소권을 행사할 수 있다.

2) 목적물이 불가분한지 여부는 반드시 물리적 또는 법률적인 것만이 아니라 사회경제적 단일성과 거래의 실정을 고려하여 결정된다(사해행위취소소송에서 소유자가 동일한 대지와 그 지상건물을 불가분한 관계에 있다고 본 사례로는 대판 1975. 2. 25. 74다2114).

5. 원상회복의 내용

(1) 의   의

1) 수익자 또는 전득자는 사해행위취소에 따른 **원상회복의무**를 부담한다. 채권자와 아무런 채권·채무관계가 없었던 수익자 또는 전득자가 채권자취소에 의하여 원상회복의무를 부담하는 것은 형평의 견지에서 법이 특별히 인정한 것이다.

2) 이러한 원상회복의무는 원칙적으로 원물반환의무이며, 예외적으로 가액배상의무이다. **원물반환의무**란 사해행위의 목적물 자체를 채무자에게 반환할 의무를 말하며, **가액배상의무**는 사해행위의 목적물의 가액 상당을 배상할 의무를 말한다.

(2) 원물반환청구의 내용

(a) 수익자를 상대로 하는 경우

채무자와 수익자 사이의 법률행위의 취소를 청구하고, 채무자에 대한 원물반환을 청구한다.

(b) 전득자를 상대로 하는 경우

1) **채무자와 수익자 사이**의 법률행위의 취소를 청구하고, 채무자에 대한 원물반환을 청구한다. 부동산소유권의 회복인 경우에는 채무자로의 진정명의회복을 위한 소유권이전등기청구를 한다(수익자와 전득자가 악의인 경우에는 각 소유권이전등기의 말소등기청구를 할 수 있으나, 전득자만이 악의인 경우에는 진정명의회복을 위한 소유권이전등기청구만이 가능하다).

2) 이 경우에도 수익자와 전득자 사이의 법률관계를 취소하는 것이 아니다. 수익자와 전득자 사이의 법률행위는 유효한 행위로서 취소할 수 있는 성질의 것이 아니기 때문이다(전득자가 알았다고 하더라도 수익자와 전득자의 행위가 취소할 수 있는 행위가 되는 것은 아니다). 전득자로서는 채무자의 행위가 채권자를 해함을 알고 수익자와 한 행위이므로 사해행위가 취소되는 경우 이를 채무자에게 반환하여야 한다는 취지이다(판례 가운데 "전득행위의 취소를 아울러 청구하고 있는 경우"라는 표현을 사용한 판결도 있으나(대판 2006. 7. 4. 2004다61280), 정확한 판시라고 볼 수 없다).

(c) 수익자와 전득자를 상대로 하는 경우

1) 채무자와 수익자 사이의 법률행위의 취소를 청구하고, 수익자와 전득자를 상대로 각 원상회복청구를 한다.

2) 채권자가 수익자 및 전득자를 공동피고로 삼아 사해행위취소의 소를 제기하면서 청구취지로 '채무자와 수익자 사이의 사해행위의 취소청구'를 구하는 취지임을 명시한 이상 전득자에 대한 관계에서 채무자와 수익자 사이의 사해행위를 취소한 청구도 이에 포함되어 있다고 본다(따라서 그 취소를 구하는 취지를 수익자에 대한 청구취지와 전득자에 대한 청구취지로 분리하여 각각 기재하지 아니하였다고 하더라도 그 취소를 구하는 취지가 수익자에 대한 청구에 한정되는 것으로 섣불리 단정해서는 아니 된다. 대판 2011. 10. 13. 2011다46647).

(3) 가액배상청구의 내용

(a) 의   의

1) 사해행위취소에 따른 원상회복으로 원물반환이 불가능하거나 현저히 곤란한 경우에는 예외적으로 **가액배상**이 허용된다. 그와 같이 불가능하거나 현저히 곤란하게 된 데에 수익자 등의 고의나 과실을 요하지 아니한다(대판 1998. 5. 15. 97다58316 등).

2) 여기서 **현저히 곤란한 경우**란 원물반환이 단순히 절대적·물리적으로 불능인 경우가 아니라, 사회생활상의 경험법칙 또는 거래상의 관념에 비추어 채권자가 수익자나 전득자로부터 **이행의 실현을 기대할 수 없는 경우**를 말한다.

(b) 가액배상을 할 경우

1) 사해행위를 **전부취소**하면서 **가액배상**할 경우로는, ① 목적물의 멸실, 일반재산에의 혼입(예컨대 사해행위가 채권자에 의하여 취소되기 전에 이미 수익자 또는 전득자가 배당금을 지급받은 경우에는, 채권자는 원상회복방법으로 수익자 또는 전득자를 상대로 배당으로 수령한 금전의 지급을 가액배상의 방법으로 청구할 수 있다) 등으로 사실상 원상회복이 불가능한 경우, ② **악의의 수익자**가 **선의의 전득자**에게 목적물을 양도한 경우 등으로 법률상 원상회복이 불가능한 경우 등이 있다.

2) 사해행위를 **일부취소**하면서 **가액배상**할 경우로는, 예컨대 근저당권이 설정된 부동산이 사해행위로 매매·증여된 후 그 근저당권이 소멸한 경우와 같이 **공평의 관점**에서 원상회복이 불가능한 경우가 있다.

이 경우 채권자는 그 부동산의 가액에서 근저당권의 피담보채무액을 공제한 잔액의 한도 내에서 매매계약이나 증여계약의 일부취소와 그 가액의 배상을 청구할 수밖에 없다(일부취소를 하여야 하는 이유는 취소할 매매목적물의 법적 상태가 변경되었기 때문이다. 즉 매매계약 등 당시는 저당권이 있는 상태이나, 취소 당시에는 저당권이 변제 등으로 말소된 상태이다).

3) **판례**는, **사해행위인 매매예약**에 기하여 **수익자** 앞으로 **가등기**를 마친 후 전득자 앞으로 그 **가등기 이전의 부기등기**를 마치고 나아가 그 가등기에 기한 본등기까지 마친 경우 부기등기는 사해행위인 매매예약에 기초한 수익자의 권리의 이전을 나타내는 것으로서 위 부기등기에 의하여 수익자로서의 지위가 소멸하지는 아니하므로 채권자는 수익자를 상대로 그 사해행위인 매매예약의 취소를 청구할 수 있고(가사 부기등기의 결과 가등기 및 본등기에 대한 말소청구소송에서 수익자의 피고적격이 부정되는 등의 사유로 인하여 수익자의 원물반환의무인 가등기말소의무의 이행이 불가능하게 된다 하더라도 달리 볼 수 없다), 특별한 사정이 없는 한 **수익자**는 가등기 및 본등기에 의하여 발생된 채권자들의 공동담보 부족에 관하여 원상회복의무로서 **가액을 배상할 의무**를 진다고 보고 있다(대판(전) 2015. 5. 21. 2012다952).

4) 가액배상의 방법으로 원상회복이 이루어져야 한다고 하더라도 채권자

와 수익자 모두 원물반환을 원하고 있고, 원물반환에 의하더라도 일반채권자들을 위한 책임재산의 보전이라는 채권자취소권의 목적 달성에 별다른 지장이 없는 경우에는 공평의 관념상 본래적 의미의 원상회복의 방법인 원물반환을 명할 수 있다(이러한 수익자의 의사는 사해행위취소의 효과로 수익자가 원상회복의무를 부담하는 때인 사해행위취소소송의 사실심 변론종결시를 기준으로 판단한다. 대판 2013. 4. 11. 2012다107198).

예컨대 사해행위로 부동산 **소유권이 이전된 후** 그 부동산에 관하여 제3자가 저당권이나 지상권 등의 권리를 취득한 경우(**전득자인 제3자가 선의**인 경우이다) 수익자가 부동산을 저당권 등의 제한이 없는 상태로 회복하여 채무자에게 이전하여 줄 수 있다는 등의 특별한 사정이 없는 한 채권자는 수익자를 상대로 **원물반환 대신 그 가액 상당의 배상**을 구할 수 있지만 그렇다고 하여 채권자가 스스로 위험이나 불이익을 감수하면서 **원물반환을 구하는 것까지** 허용되지 않는 것은 아니다. 채권자는 원상회복의 방법으로 가액배상 대신 **수익자 명의 등기의 말소**를 구하거나 수익자를 상대로 **채무자 앞으로 직접 소유권이전등기절차**를 이행할 것을 구할 수도 있다(대판 2018. 12. 28. 2017다265815).

(c) 가액배상의 범위

1) 가액배상은 일반 채권자들의 공동담보로 되어 있어 사해행위가 성립하는 범위 내에서 하여야 한다(대판 2013. 11. 28. 2012다31963 등). 가액배상액은 사실심 변론종결시를 기준으로 객관적으로 평가하여 산정하여야 한다(대판 2010. 4. 29. 2009다104564 등).

2) 가액배상의 범위는 다음 가운데 **가장 적은 금액**을 한도로 정하여진다. ① 채권자의 피보전채권액, ② 목적물의 공동담보가액, ③ 수익자·전득자가 취득한 가액이다.

3) 목적물의 공동담보가액을 정할 때에 사해행위 전 이미 근저당권이 설정되어 있는 경우에는 부동산의 가액에서 원칙적으로 **피담보채권액**을 공제하여야 한다. 만약 말소되지 아니한 다른 저당권이 있는 경우에는 그 저당권의 피담보채권액까지 모두 공제하여야 한다. 여기서 목적물의 가액 및 피담보채권액은 **사실심 변론종결시**를 기준으로 산정한다. 한편 피담보채권액이 밝혀져 있지 아니한 경우에는 **채권최고액**을 공제한다.

4) **저당권설정행위 등이 사해행위에 해당**하여 채권자가 저당권설정자를 상

대로 제기한 사해행위취소소송에서 채권자의 청구를 인용하는 판결이 선고되었다고 하더라도 이러한 사해행위취소판결의 효력은 해당 부동산의 소유권을 이전받은 사람에게 미치지 아니하므로, **저당권이 설정되어 있는 부동산이 사해행위로 양도된 경우** 부동산의 가액에서 저당권의 피담보채무액을 공제한 잔액의 한도에서 그 양도행위를 사해행위로 취소하고 가액의 배상을 구할 수 있다(대판 2018. 6. 28. 2018다214319).

5) 부동산에 저당권이 설정되어 있어 부동산의 가액에서 피담보채권액을 공제하여야 하는 경우에 그 부동산에 관하여 이러한 **저당권 외에 우선변제권이 있는 임차권**이 있다면 임대차계약의 체결시기 등에 따라 임대차보증금의 공제 여부가 달라질 수 있다.

만약 **사해행위 이전에 임대차계약이 체결**되었고 임차인에게 임대차보증금에 대해 우선변제권이 있다면, 부동산 가액 중 임대차보증금에 해당하는 부분이 일반채권자의 공동담보에 제공되었다고 볼 수 없으므로, 수익자가 반환할 부동산 가액에서 우선변제권 있는 임대차보증금 반환채권액을 공제하여야 한다. 그러나 **사해행위 이후에** 비로소 채무자가 부동산을 임대한 경우에는 그 임대차보증금 가액반환의 범위에서 공제할 이유가 없다. 이러한 경우에는 부동산 가액 중 임대차보증금에 해당하는 부분도 일반채권자의 공동담보에 제공되어 있음이 분명하기 때문이다(대판 2018. 9. 13. 2018다215756).

6) 수익자・전득자가 취득한 가액의 산정에서, 수익자・전득자가 목적물의 소유권을 양도받은 경우에는 목적물의 공동담보가액과 취득한 이익이 일치하나, 근저당권을 설정받은 경우에는 피담보채권액이 그 취득한 이익이 된다.

(d) 가액배상과 이행의 상대방

원상회복으로 가액배상을 명하는 경우에 그 이행의 상대방은 **채권자**이어야 한다(대판 1998. 5. 15. 97다58316, 2008. 12. 11. 2007다91398,91404). 채권자취소권은 채무자의 사해행위를 채권자와 수익자 또는 전득자 사이에서 상대적으로 취소하고 채무자의 책임재산에서 일탈한 재산을 회복하여 채권자의 강제집행이 가능하도록 하는 것을 본질로 하는 것이기 때문이다.

6. 원상회복 후 채무자 및 공동채무자와 수익자 또는 전득자 사이의 법률관계

1) 채무자의 법률행위가 사해행위에 해당하여 그 취소를 이유로 원상회복이 이루어지는 경우, 특별한 사정이 없는 한 채무자는 수익자 또는 전득자에게 **부당이득반환채무**를 부담한다.

2) 채무자의 책임재산이 원상회복되어 그로부터 채권자가 채권의 만족을 얻음으로써 채무자의 다른 공동채무자도 자신의 채무가 소멸하는 이익을 얻을 수 있다. 이러한 경우에 공동채무의 법적 성격이나 내용에 따라 채무자와 다른 공동채무자 사이에 **구상관계**가 성립할 수 있다 하더라도, 공동채무자가 수익자나 전득자에게 직접 부당이득반환채무를 부담하는 것은 아니다. 따라서 채무자의 **공동채무자**가 수익자나 전득자의 가액배상의무를 **대위변제**한 경우에도 특별한 사정이 없는 한 수익자나 전득자에게 **구상권**을 행사할 수 있다(대판 2017. 9. 26. 2015다38910).

7. 원상회복 후 회복된 재산에 관한 법률관계

1) 채무자와 수익자 사이의 부동산매매계약이 사해행위로 취소되고 그에 따른 원상회복으로 수익자 명의의 소유권이전등기가 말소되어 채무자의 등기명의가 회복되더라도, 그 부동산은 **취소채권자나 민법 407조**에 따라 사해행위 취소나 원상회복의 효력을 받는 **채권자**와 수익자 사이에서 **채무자의 책임재산으로 취급될 뿐**, 채무자가 직접 그 부동산을 취득하여 권리자로 되는 것은 아니다.

2) 채무자가 사해행위의 취소로 그 등기명의를 회복한 부동산을 제3자에게 처분하더라도 이는 **무권리자의 처분**에 불과하여 효력이 없다. 이 경우 채무자로부터 제3자에게 마쳐진 소유권이전등기나 이에 기초하여 순차로 마쳐진 소유권이전등기 등은 모두 **원인무효등기**로서 말소되어야 한다. 이 경우 **취소채권자나 민법 407조**에 따라 사해행위취소나 원상회복의 효력을 받은 **채권자**는 채무자의 책임재산으로 취급되는 그 부동산에 대한 **강제집행**을 위하여 위와 같은 원인무효등기의 **명의인을 상대로** 그 등기의 **말소를 청구**할 수 있다(대판 2017. 3. 9. 2015다217980).

3) **사해행위 이후**에 채권을 취득한 **채권자**는 채권 취득 당시에 사해행위취소에 의하여 회복되는 재산을 채권자의 공동담보로 파악하지 아니한 사람으로서 민법 408조가 정한 사해행위취소와 원상회복의 효력을 받는 채권자에 포함되지 아니한다(대판 2009. 6. 23. 2009다18502, 2017. 9. 21. 2016다8923).

II. 채권자취소권의 소송법상 문제

1. 채권자취소소송과 제소기간

(1) 의   의

1) 사해행위취소의 소에서의 제척기간은 제소기간이다. 민법 406조 2항의 제척기간의 기산점인 채권자가 '**취소원인을 안 날**'은 채권자가 채권자취소권의 요건을 안 날, 즉 채무자가 채권자를 해함을 알면서 채무자가 사해행위를 하였다는 사실을 알게 된 날을 의미한다.

2) 취소원인을 알았다고 보기 위해서는 단순히 채무자가 재산의 처분행위를 하였다는 사실을 아는 것만으로는 부족하고 구체적인 **사해행위의 존재**를 알고 나아가 **채무자에게 사해의 의사**가 있었다는 사실까지 알 것을 요한다. 다만 채권자가 수익자나 전득자의 악의까지 알아야 하는 것은 아니다(대판 2005. 6. 9. 2004다17535, 2018. 7. 20. 2018다222747).

3) 사해행위의 객관적 사실을 알았다고 하여 취소의 원인을 알았다고 추정할 수는 없다(대판 2014. 3. 27. 2013다79320, 2018. 4. 10. 2016다272311).

4) 사해행위가 있은 후 채권자가 취소원인을 알면서 피보전채권을 양도하고 양수인이 그 채권을 보전하기 위하여 채권자취소권을 행사하는 경우에는, 그 채권의 **양도인이 취소원인을 한 날**을 기준으로 제척기간 도과 여부를 판단해야 한다(대판 2018. 4. 10. 2016다272311).

5) 국가가 **조세채권**을 피보전채권으로 삼아 체납자의 법률행위를 대상으로 채권자취소권을 행사하는 경우, 국가가 취소원인을 알았는지 여부는 조세채권의 추심 및 보전 등에 관한 업무를 담당하는 **세무공무원의 인식을 기준으로** 판단해야 한다(대판 2017. 6. 15. 2015다247707).

⑵ 제소기간의 적용 여부가 문제가 되는 경우

⒜ 사해행위취소의 소가 제소기간 내 제기되고, 원상회복청구가 제소기
간 도과 후에 제기되는 경우

채권자취소권을 행사하는 경우 일반적으로 사해행위취소청구와 원상회복
청구를 동시에 한다. 이 경우 사해행위취소청구는 반드시 제소기간 내에 하여
야 한다. 사해행위취소청구와 원상회복청구를 별도로 하는 경우에도 **사해행위
취소의 소**는 반드시 제소기간 내에 제기하여야 한다. 원상회복청구의 소는 앞
서의 제소기간을 도과한 후에 제소하여도 된다.

⒝ 수익자와는 별도로 전득자에 대해서도 사해행위취소의 소를 제기하
는 경우

채권자가 수익자에 대한 소송과는 별도로 전득자에 대하여 채권자취소권
을 행사하여 원상회복을 구하는 경우 민법 406조 2항에서 정한 기간 안에 **전득
자에 대한 관계**에서 **채무자와 수익자** 사이의 사해행위를 취소하는 청구를 하여
야 한다. 비록 채권자가 수익자를 상대로 사해행위취소를 구하는 소를 이미 제
기하여 채무자와 수익자 사이의 법률행위를 취소하는 내용의 판결을 선고받아
확정되었더라도 그 판결의 효력은 그 소송의 피고가 아닌 전득자에게는 미칠
수 없기 때문이다(대판 2014. 2. 13. 2012다204013).

⒞ 소송계속 중 피보전채권의 추가·변경의 경우

채권자가 사해행위취소의 소의 소송계속 중에 **피보전채권**을 추가·변경하
는 것은 **공격방법의 변경**에 불과하므로 제소기간의 도과 여부는 어디까지나 **제
소 당시**를 기준으로 하여야 한다(대판 2003. 5. 27. 2001다13532).

⑶ 제소기간과 증명책임

일반적으로 제소기간은 소송요건으로 **원고**에게 제소기간 준수에 대한 증
명책임이 있다. 이에 반하여 사해행위취소의 소에서는 제소기간의 도과에 관
한 증명책임은 상대방인 **피고**에게 있다(대판 2009. 3. 26. 2007다63102, 2011. 1. 13.
2010다71684).

⑷ 제소기간과 직권조사사항

1) 제소기간의 도과 여부는 직권조사사항이다. 다만 판단자료의 수집에서
는 변론주의형을 취한다.

2) 법원은 제소기간의 도과 여부를 직권으로 조사하여, 그 기간이 도과됨

후에 제기된 사해행위취소의 소는 부적법한 것으로 각하하여야 한다. 그 기간 준수 여부에 대하여 의심이 있는 경우에는 법원이 필요한 정도에 따라 증거조사를 할 수 있다(**변론주의형**에서 **보충적 직권증거조사**). 법원에 현출된 모든 소송자료를 통하여 살펴보았을 때 그 기간이 도과되었다고 의심할 만한 사실이 발견되지 않는 경우(법원의 심증이 형성되지 아니한 경우, 민소 292조)까지 법원이 직권으로 추가적인 증거조사를 하여 기간준수 여부를 확인하여야 할 의무는 없다(대판 2005. 4. 28. 2004다71201, 2012. 4. 12. 2011다110579 등).

(5) 제소기간과 법적관점지적의무

사해행위를 안 날이 쟁점이 되지 않고, 당사자가 이를 간과한 경우 **법적관점지적의무**(민소 136조 4항)의 적용이 있는 경우가 있다. 따라서 당사자 사이에 제소기간 도과가 전혀 쟁점이 된 바 없으면 법원은 당사자에게 의견진술의 기회를 주거나, 석명권을 행사하여야 한다(당사자가 전혀 의식하지 못하거나 예상하지 못하였던 법률적 관점을 이유로 법원이 청구의 당부를 판단하려는 경우에는 그 법률적 관점에 대하여 당사자에게 의견진술의 기회를 주어야 하며(민소 136조 4항), 그와 같이 하지 않고 예상 외의 재판으로 당사자 한쪽에게 불의의 타격을 가하는 것은 석명의무를 다하지 아니하여 심리를 제대로 하지 아니한 위법을 범한 것이 되기 때문이다. 대판 2009. 7. 23. 2009다13200 등).

2. 채권자취소소송과 관할

(1) 토지관할

(a) 특별재판적

부동산에 관한 채권자취소의 소의 특별재판적은 일반적으로 의무이행지(민소 8조), 부동산이 있는 곳(민소 20조), 등기관서가 있는 곳(민소 21조) 등이 있다.

주의할 것은 원상회복으로서 **원물반환**을 구하는 경우에 **의무이행지**는 취소로 인하여 형성되는 법률관계의 의무이행지로서, 이는 **채권자**에 대한 의무이행지인데(채무자에 대한 의무이행지가 아니다. 수익자 또는 전득자의 원상회복의무는 채권자에 대한 관계에서만 생긴다), 이러한 의무이행지는 소유권이전등기의 말소등기절차를 이행을 구하는 경우 그 **등기관서가 있는 곳**이나(내칠 2002. 5. 10. 2002마1156).

(b) 관련재판적

채무자도 공동피고로 하는 경우에 **관련재판적은** 어떻게 되는지가 문제가 된다. 이러한 경우는 민사소송법 65조 전문에 해당하는 관계(권리·의무의 공통성, 권리·의무의 발생원인의 사실상·법률상 동일성)가 아니라, **같은 조 후문에** 해당하는 관계(권리·의무의 동종성, 권리·의무의 발생원인의 사실상·법률상 동종성)라고 보아야 한다.

(2) 사물관할

사해행위취소의 소에서의 소송목적의 값은 **취소되는 법률행위의 목적의 가액을** 한도로 한 **원고의 채권액**이다(다액에 흡수되는 관계이다. 민사소송 등 인지규칙 12조 9호).

3. 채권자취소소송과 소의 이익

(1) 채권자취소소송의 확정판결 후 채권자취소소송의 제기와 소의 이익

1) 어느 한 채권자가 동일한 사해행위에 관하여 사해행위취소청구와 원상회복청구를 하여 승소판결을 받아 그 판결이 확정되었다는 것만으로는 그 후에 제기된 **다른 채권자**의 동일한 청구가 소의 이익(권리보호의 이익)이 없게 되는 것은 아니다. 그러나 이러한 확정판결에 기하여 **재산이나 가액의 회복**을 마친 경우라면 비로소 다른 채권자의 사해행위취소청구 및 원상회복청구는 그와 중첩되는 범위 내에서 **소의 이익**이 없게 된다(대판 2008. 12. 11. 2007다91398, 91404, 2014. 8. 20. 2014다28114 등).

여기서 재산이나 가액이 회복되었다고 보기 위해서는 예컨대 부동산의 경우에는 실제로 말소등기나 진정명의회복을 위한 소유권이전등기가 이루어지는 등 채무자의 책임재산으로 **실제로 환원**되어야 한다. 사해행위취소를 명하는 판결은 형성판결로서 장래를 향하여 효력을 발생하지만, 원상회복을 명하는 판결은 이행판결로서 민법 186조에 따라 등기를 경료해야 물권변동의 효력이 발생하기 때문이다.

2) 취소채권자가 수익자를 상대로 원상회복의 방법으로 원물반환 대신 그 가액 상당의 배상을 구할 수 있지만, 채권자가 스스로 위험이나 불이익을 감수하면서 원물반환을 구하는 것이 허용됨은 앞서 본 바와 같다. 이 경우 원상회복청구권은 사실심 변론종결 당시 채권자의 선택에 따라 원물반환과 가액

배상 가운데 어느 하나로 확정된다. 채권자가 일단 사해행위취소 및 원상회복으로서 수익자 명의 등기의 말소를 청구하여 승소판결이 확정되었다면, 어떠한 사유로 수익자 명의 등기를 말소하는 것이 불가능하게 되었다고 하더라도 다시 수익자를 상대로 원상회복청구권을 행사하여 가액배상을 청구하거나 원물반환으로서 채무자 앞으로 직접 소유권이전등기절차를 이행할 것을 청구할 수 없으므로, 그러한 청구는 소의 이익이 없어 허용되지 아니한다(대판 2006. 12. 7. 2004다54978, 2018. 12. 28. 2017다265815).

　　(2) 사해행위취소의 소의 제기시 추후 원상회복청구의 소에서 패소할 것이 예상되는 경우와 소의 이익

　　사해행위취소의 소와 **원상회복청구의 소**는 서로 소송물과 쟁점을 달리하는 별개의 소이다. 채권자가 원상회복청구의 소에서 패소할 것이 예상된다는 이유로 그와 별개인 사해행위취소의 소에 대하여 소송요건을 갖추지 못한 것으로 보아 소의 이익(권리보호이익)을 부정할 수는 없다(양자의 소가 반드시 동시에 제기되어야 하는 것은 아니고 별개로 제기될 수 있으며, 전자의 소에서는 승소하더라도 후자의 소에서는 당사자가 제출한 공격방어방법 여하에 따라 패소할 수도 있고, 취소채권자가 사해행위취소의 소를 제기하여 승소한 경우에는 그 취소의 효력은 민법 407조에 의하여 모든 채권자의 이익을 위하여 미치고 이로써 그 소의 목적은 달성된다. 대판 2012. 12. 26. 2011다60421, 2013. 4. 26. 2011다37001 등).

　　(3) 소송계속 중 채무자의 책임재산으로 원상회복이 이루어진 경우와 소의 이익

　　채권자취소소송의 계속 중 **사해행위가 해제 또는 해지**되고 채권자가 그 사해행위의 취소에 의해 복귀를 구하는 재산이 벌써 채무자에게 **복귀**된 경우에는 특별한 사정이 없는 한 그 채권자취소소송은 이미 그 목적이 실현되어 더 이상 그 소에 의해 확보할 이익이 없어지게 되므로, 채권자취소소송은 이로써 소의 이익이 있다고 볼 수 없다(대판 2008. 3. 27. 2007다85157 등).

　　(4) 소송계속 중 원상회복으로 말소를 구하는 근저당권설정등기가 경매절차상 말소된 경우와 소의 이익

　　근저당권설정등기의 말소등기절차의 이행을 구하는 소송 도중에 그 근저당권설정등기가 매각을 원인으로 하여 말소된 경우 근저당권자로 하여금 근저당권자로서의 배당을 받도록 하는 것은 민법 406조 1항의 취지에 반한다. 따라

서 근저당권자에게 그와 같은 **부당한 이익**을 보유시키지 않게 하기 위하여 근저당권설정등기로 인하여 해를 입게 된 채권자는 근저당권설정계약의 취소를 구할 이익이 있다(대판 2012. 11. 15. 2012다65058 등).

4. 채권자취소소송과 소송물

1) 채권자취소소송의 소송물은 **사해행위취소권**과 **원상회복청구권**이다(원물반환청구권과 가액배상청구권은 별개의 소송물이다).

2) 채권자가 사해행위취소청구 및 원상회복청구를 하면서 **피보전채권**을 추가하거나 교환하는 것은 그 사해행위취소권과 원상회복청구권을 이유 있게 하는 **공격방법을 변경**하는 것일 뿐이지 소송물 또는 청구 자체를 변경하는 것이 아니다.

5. 채권자취소소송과 중복소송

(1) 같은 채권자에 의한 채권자취소소송과 중복소송

1) 동일한 채권자가 채권자취소소송의 계속 중 동일한 소송을 제기하는 경우에는 중복소송에 해당한다. 동일한 채권자가 제소기간 내에 사해행위취소의 소를 제기한 후 그 소송계속 중 원상회복청구의 소를 제기하는 경우에는 중복소송에 해당하지 아니한다. 사해행위취소의 소와 원상회복청구의 소는 별개의 소송이기 때문이다.

2) 채권자가 소송계속 중 피보전권리를 달리 하여 동일한 법률행위의 취소 및 원상회복을 구하는 채권자취소의 소를 이중으로 제기하는 경우 전소와 후소는 소송물이 동일하다고 보아야 한다. 이는 전소나 후소 중 어느 하나가 참가승계신청(민소 81조)에 의하여 이루어진 경우에도 마찬가지이다.

(2) 다른 채권자에 의한 채권자취소소송과 중복소송

1) 여러 채권자가 동일 채무자에 대한 각 피보전권리를 보전하기 위하여 채무자의 사해행위를 취소하는 소송을 제기하는 경우 다른 채권자의 채권자취소소송은 그 자신의 **고유한 권리**인 사해행위취소권에 의한 것이다.

2) 따라서 채권자취소권의 요건을 갖춘 각 채권자는 고유한 권리로서 채무자의 재산처분 행위를 취소하고 그 원상회복을 구할 수 있는 것이므로 여러 명의 채권자가 동시에 또는 시기를 달리하여 사해행위취소청구 및 원상회복청

구의 소를 제기한 경우 이들 소가 중복소송에 해당하지 아니한다.

3) 여러 명의 채권자가 사해행위취소청구 및 원상회복청구의 소를 제기하여 여러 개의 소송이 계속 중인 경우에는 각 소송에서 **채권자의 청구**에 따라 사해행위의 취소 및 원상회복을 명하는 판결을 선고하여야 한다. 수익자(전득자를 포함한다)가 가액배상을 하여야 할 경우에도 수익자가 반환하여야 할 가액을 채권자의 채권액에 비례하여 채권자별로 안분한 범위 내에서 반환을 명해서는 아니 되며, **수익자가 반환하여야 할 가액 범위 내에서 각 채권자의 피보전채권액 전액**의 반환을 명하여야 한다(이와 같이 여러 개의 소송에서 수익자가 배상하여야 할 가액 전액의 반환을 명하는 판결이 선고되어 확정될 경우 수익자는 이중으로 가액을 반환하게 될 위험에 처할 수 있다. 그러나 수익자가 어느 채권자에게 자신이 배상할 가액의 일부 또는 전부를 반환한 때에는 그 범위 내에서 다른 채권자에 대하여 청구이의의 소를 제기하는 등의 방법으로 이중지급을 거부할 수 있다. 대판 2008. 4. 4. 2007다84352).

6. 채권자취소소송과 처분권주의

1) 민사소송절차에서 심판의 대상은 원고의 의사에 의하여 특정되고 한정되므로, 법원은 당사자가 신청한 사항에 대하여 신청범위 내에서만 판단하여야 한다(민소 203조. 이를 **처분권주의**라고 한다).

2) **전부취소**와 **원물반환청구**를 하더라도 법원은 **일부취소와 가액배상의 판결**을 할 수 있다(즉 처분권주의에 반하지 아니한다).

사해행위인 계약의 전부취소와 부동산 자체의 반환을 구하는 **청구취지** 가운데에는 일부취소를 하여야 할 경우 그 일부취소와 가액배상을 구하는 취지도 포함되어 있다고 볼 수 있다. 청구취지의 변경이 없더라도 바로 가액배상을 명할 수 있다.

3) 사해행위의 일부취소와 가액배상청구를 한 경우라면 법원은 전부취소와 원물반환 판결을 할 수 없다. 따라서 사해행위 후 기존의 근저당권이 변제에 의하여 말소된 경우 채권자의 사해행위취소청구 및 원상회복으로서의 가액배상청구가 정당한 이상, 특별한 사정이 없는 한 채권자가 구하는 가액배상의 범위를 넘어 원물반환을 명하는 것은 허용되지 않는다(대판 2009. 5. 14. 2009다4847).

7. 채권자취소소송과 소송중단

채권자취소소송의 계속 중에 소송당사자가 아닌 채무자가 파산선고를 받은 경우에는 소송절차가 중단되며, 파산관재인 또는 상대방이 소송수계를 하여야 한다(채무회생 406조, 347조 1항 본문).

8. 채권자취소소송의 판결 등

(1) 민법 407조(전조의 규정에 의한 취소와 원상회복은 모든 채권자의 이익을 위하여 그 효력이 있다) 규정의 의미

이에 대하여, ① 이념적 해석론, ② 기판력확장설, ③ 실체적 형성력설, ④ 법률요건적 효력규정, ⑤ 공동담보선언설이 있으나, **공동담보선언설**이 타당하다. 사해행위취소판결 그 자체의 효력을 정한 것이 아니라, 취소판결의 집행으로 인하여 채무자에게 환원된 책임재산이 모든 채권자에 대한 공동담보로 활용된다는 의미이다. 책임재산에 대한 강제집행에서 적법하게 배당요구를 할 수 있는 채권자의 범위를 정한 것이다.

(2) 사해행위취소의 효력

1) 사해행위가 최소되었다고 하여 소급하여 채무자의 책임재산으로 회복되는 것이 아니다.

2) 채권자가 사해행위취소의 소와 함께 수익자 또는 전득자로부터 책임재산의 회복을 구하는 원상회복청구의 소를 제기한 경우 그 **취소의 효과**는 **채권자**와 **수익자** 또는 **전득자** 사이의 관계에서만 생긴다.

따라서 수익자 또는 전득자가 **채권자**에 대하여 사해행위취소로 인한 원상회복의무를 부담하게 될 뿐, 채권자와 채무자 사이에서 취소로 인한 법률관계가 형성되거나 취소의 효력이 소급하여 채무자의 책임재산으로 복구되는 것은 아니다(대판 2006. 8. 24. 2004다23110 등).

3) 앞서 사해행위에서 본 바와 같이 무자력상태의 채무자가 **소송절차**를 통해 수익자에게 자신의 책임재산을 **이전**하기로 하는 **합의**가 사해행위가 되는 경우 채무자와 수익자 사이의 소송절차에서 **확정판결 등**을 통해 마쳐진 소유권이전등기가 **사해행위취소**로 인한 원상회복으로써 말소된다고 하더라도 그것이 확정판결 등의 효력에 반하거나 무순디는 것은 아니나. 앞서 본 비외 같이 사해

행위취소의 확정판결 등에 의하여 채권자와 채무자 사이에서 그 취소로 인한 법률관계가 형성되는 것은 아니기 때문이다(대판 2017. 4. 7. 2016다204783).

(3) 취소채권자의 권리실현방법

(a) 의   의

취소채권자는 채무자로부터 임의변제를 받거나 강제집행에 의하여 채권내용을 실현하여야 한다. 이 때 다른 채권자들은 독자적으로 강제집행을 신청하거나, 취소채권자의 집행절차에 참가하여 배당요구를 하는 등의 방법으로 평등분배의 기회를 가지게 된다.

(b) 채권자가 자신의 채권을 채무자의 자신에 대한 반환채권과 상계하는 것이 허용되는지 여부

취소채권자는 직접 반환 또는 지급받은 금전을 자신의 채무자에 대한 채권과 상계할 수 있다는 견해가 있다.

그러나 채무자가 사해행위 목적물에 대한 권리를 취득하는 것은 아니므로, 채무자는 채권자에게 목적물에 대한 인도청구권을 가지지 아니한다. 나아가 채무자는 사해행위 목적물의 권리를 취득하는 것이 아니므로 취소채권자에 대하여 부당이득반환청구권을 가질 수 없다. 따라서 채권자는 채무자의 자신에 대한 채권(수동채권)이 존재하지 아니하므로 상계를 할 수 없다. 또한 이를 허용할 경우 민법 407조에 따라 취소채권자가 회수한 금전은 원래 모든 채권자를 위하여 분배되어야 하는 것임에도, 이와 같은 상계가 허용됨으로써 취소채권자가 다른 채권자들보다 **사실상 우선변제**받는 결과가 초래하게 된다.

(c) 채권자가 자신이 지급받은 금원을 자신의 채권에 충당할 수 있는지 여부

판례는 뒤에서 보는 바와 같이 가액배상금을 수령한 취소채권자가 다른 채권자에게 분배의무를 부담하지 아니하므로, 취소채권자가 **사실상 우선변제**를 받는 불공평한 결과가 생길 수 있음을 인정하고 있다(대판 2008. 6. 12. 2007다37837).

(d) 다른 채권자(일반채권자)가 취소채권자에 대하여 안분비율로 지급을 청구할 수 있는지 여부

1) 사해행위취소와 원상회복은 모든 채권자의 이익을 위하여 그 효력이 있으므로(민 407조), 채권자취소권의 행사로 채무자에게 회복된 재산에 대하여 취소채권자가 우선변제권을 가지는 것이 아니라 **다른 채권자**도 총채권액 중 자

기의 채권에 해당하는 안분액을 변제받을 수 있는 것이다.

그러나 이는 채권의 공동담보로 회복된 채무자의 책임재산으로부터 민사집행법 등의 법률상 절차를 거쳐 다른 채권자도 안분액을 지급받을 수 있다는 것을 의미하는 것이다. 따라서 다른 채권자가 이러한 법률상 절차를 거치지 아니하고 취소채권자를 상대로 하여 안분액의 지급을 직접 구할 수 있는 권리를 취득한다거나 취소채권자가 인도받은 재산 또는 가액배상금의 분배의무를 부담한다고 볼 수는 없다(대판 2008. 6. 12. 2007다37837).

2) 채권자취소권은 채권의 공동담보인 채무자의 책임재산을 보전하기 위하여 채무자와 수익자 사이의 사해행위를 취소하고 채무자의 일반재산으로부터 일탈된 재산을 모든 채권자를 위하여 수익자 또는 전득자로부터 환원시키는 제도이다. 수익자인 채권자로 하여금 안분액의 반환을 거절하도록 하는 것은 자신의 채권에 대하여 변제를 받은 수익자를 보호하고 다른 채권자의 이익을 무시하는 결과가 되어 위 제도의 취지에 반하게 된다.

따라서 수익자가 채무자의 채권자인 경우 수익자가 가액배상을 할 때에 **수익자 자신**도 사해행위취소의 효력을 받는 **채권자 중의** 1인이라는 이유로 취소채권자에 대하여 총채권액 중 자기의 채권에 대한 안분액의 분배를 청구하거나, 수익자가 취소채권자의 원상회복에 대하여 총채권액 중 자기의 채권에 해당하는 안분액의 배당요구권으로써 원상회복청구와의 상계를 주장하여 그 안분액의 지급을 거절할 수는 없다(대판 2001. 2. 27. 2000다44348).

3) 앞서 본 바와 같이 가액배상금을 수령한 취소채권자가 분배의무를 부담하지 아니함으로 인하여 사실상 우선변제를 받는 불공평한 결과를 초래하는 경우가 생기더라도, 이러한 불공평은 채무자에 대한 파산절차 등 도산절차를 통하여 시정하거나 가액배상금의 분배절차에 관한 별도의 법률 규정을 마련하여 개선하는 것은 별론으로 하고, 현행 채권자취소 관련 규정의 해석상으로는 불가피한 것이다(대판 2008. 6. 12. 2007다37837).

(e) 수익자가 채권자에게 가액배상을 할 경우 채권자에 대한 상계 주장 등 권리행사 여부

1) 사해행위취소의 소에서 수익자가 원상회복으로서 채권자취소권을 행사하는 채권자에게 가액배상을 할 경우, 수익자 자신이 사해행위취소소송의 채무자에 대한 채권자라는 이유로 **채무자에 대하여 가지는 자기의 채권과 상계**하

거나, 채무자에게 가액배상금 명목의 돈을 지급하였다는 점을 들어 채권자취소권을 행사하는 채권자에 대해 이를 가액배상에서 **공제**할 것을 주장할 수 없다(대판 2001. 2. 27. 2000다44348, 2001. 6. 1. 99다63183 등).

2) 그러나 수익자가 채권자취소권을 행사하는 채권자에 대해 가지는 **별개의 다른 채권**을 집행하기 위하여 그에 대한 집행권원을 가지고 위 **채권자의 수익자에 대한 가액배상채권**을 압류하고 전부명령을 받는 것은 허용된다. 이는 수익자의 채무자에 대한 채권을 기초로 한 상계나 임의적인 공제와는 그 내용과 성질이 다르다(대결 2017. 8. 21. 2017마499).

(f) 확정된 판결에 따라 재산이나 가액의 반환을 마친 수익자가 다른 채권자의 사해행위취소청구 및 원상회복청구에 대하여 소의 이익이 없다고 주장하는 것이 신의칙에 위배되는지 여부

수익자가 확정된 판결에 기하여 해당 채권자에게 재산이나 가액을 반환함으로써 그 채권자가 다른 채권자보다 사실상 우선변제를 받는 불공평한 결과가 초래된다고 하더라도, 그 재산이나 가액의 반환이 다른 채권자를 해할 목적으로 수익자와 해당 채권자가 통모한 행위라는 등의 특별한 사정이 없는 한 확정된 판결에 따른 **반환의무를 이행하는 것**이 다른 채권자의 신의에 반하는 행위라고 할 수는 없으므로, 확정된 판결에 따라 **재산이나 가액의 반환을 마친** 수익자가 다른 채권자의 사해행위취소청구 및 원상회복청구에 대하여 소의 이익(권리보호의 이익)이 없다고 주장하는 것이 **신의칙**에 위배된다고 할 수는 없다(대판 2014. 8. 20. 2014다28114).

9. 가액배상과 소송촉진 등에 관한 특례법의 적용 여부

가액배상의무는 사해행위취소를 명하는 판결이 확정된 때에 비로소 발생하므로 그 **판결이 확정된 다음날**부터 이행지체의 책임이 있다. 따라서 소송촉진 등에 관한 특례법이 정하는 법정이율(12%)이 적용되지 아니하며, 민법의 법정이율이 적용된다(대판 2009. 1. 15. 2007다61618).

10. 가액배상과 가집행선고 여부

사해행위취소를 구하는 청구는 형성소송으로 가집행선고가 허용되지 않으며, 원상회복 중 가액배상을 구하는 청구는 사해행위취소의 효과 발생을 전제

로 하는 것이어서, 그 이행기의 도래가 판결 확정 뒤임이 명백하여 확정 전에
는 집행할 수 없으므로, 가집행선고(민소 213조)는 허용되지 않는다.

11. 채권자취소소송과 독립당사자참가

원고의 피고에 대한 청구의 원인행위가 사해행위라는 이유로 원고에 대하
여 사해행위취소를 청구하면서 독립당사자참가신청(**사해방지참가신청**)을 하는
경우, 독립당사자참가인의 청구가 그대로 받아들여진다 하더라도 사해행위취
소의 **상대적 효력**에 의하여 원고와 피고 사이의 법률관계에는 아무런 영향이
없고, 따라서 그러한 참가신청은 사해방지참가의 목적을 달성할 수 없으므로
부적법하다(대판 2014. 6. 12. 2012다47548).

12. 반소에 의한 사해행위취소의 소와 본소청구의 심리방법

반소로 제기된 사해행위취소소송에서 사해행위의 취소를 명하는 판결을
선고하는 경우 **그 판결이 확정되기 전에** 사해행위인 법률행위가 **취소되었음을
전제로** 본소청구를 심리하여 판단할 수 있다. 예컨대 차량 소유자가 본소로 저
당권의 말소를 청구하자 저당권자가 차량 소유권 취득의 원인이 된 매매계약
이 사해행위라고 주장하면서 반소로 그 취소를 청구한 경우 법원은 **사해행위취
소**를 명하는 한편 이를 이유로 본소청구를 기각할 수 있다(대판 2019. 3. 14. 2018
다2777785).

13. 근저당권을 사해행위에 의하여 취득한 경우와 경매절차상 원상회
복방법

저당권이 설정되어 있는 부동산에 관하여 사해행위에 의하여 수익자가 새
로 저당권을 취득하였는데 선행 저당권의 실행으로 사해의 저당권이 말소되고
수익자에게 돌아갈 배당금이 **배당금지급금지가처분** 등으로 인하여 지급되지 못
한 경우(이와 같은 경우에는 지급할 배당금을 공탁한다)에는 사해행위인 저당권 취
득의 원인행위를 취소한 후 수익자가 취득한 배당금지급청구권(공탁금출급청구
권)을 채무자에게 양도하는 방법으로 원상회복이 이루어져야 한다. 이는 결국
(채무자에게) **배당금지급청구권의 양도**와 (국가(공탁관)에게) 그 **채권양도의 통지**를
명하는 형태가 된다(대판 2013. 9. 13. 2013다34945 등).

제 3 장 다수당사자의 채권관계

제 1 절   연대채무

I. 연대채무의 실체법상 문제

1. 연대채무자들 사이의 구상권 행사

1) **연대보증인들** 사이의 내부관계에서는 연대보증인 각자가 자신의 분담금액을 한도로 일부 보증을 한 것과 같이 볼 수 있어서 그 분담금액 범위 내의 출재에 관한 구상관계는 주채무자만을 상대로 해결할 것을 예정하고 있는 반면, **연대채무자들** 사이에서는 연대채무자 각자가 행한 모든 출재(出財)에 관하여 다른 연대채무자의 공동부담을 기대하는 것이 보통이다.

민법은 **연대보증인** 중의 한 사람이 공동면책을 이유로 다른 연대보증인에게 구상권을 행사하려면 '자기의 부담부분을 넘은' 변제를 하였을 것을 그 요건으로 규정하였으나(민 448조 2항), **연대채무자** 중의 한 사람이 공동면책을 이유로 다른 연대채무자에게 구상권을 행사하는 데에는 그러한 제한 없이 '부담부분'에 대하여 구상권을 행사할 수 있는 것으로 규정하고 있다(민 425조 1항).

2) 연대채무자 사이의 구상권행사에서 **부담부분**이란 연대채무자가 그 내부관계에서 출재를 분담하기로 한 비율을 말한다. 부담부분은 균등한 것으로 추정되나, 연대채무자 사이에 부담부분에 관한 특약이 있거나 특약이 없더라도 채무의 부담과 관련하여 각 채무자의 수익비율이 다른 경우에는 그 특약 또는 비율에 따라 부담부분이 결정된다(대판 2014. 8. 26. 2013다49404,49411).

3) 변제 그 밖의 자기의 출재로 **일부 공동면책**되게 한 연대채무자는 역시 변제 그 밖의 자기의 출재로 일부 공동면책되게 한 다른 연대채무자를 상대로 하여서도 자신의 공동면책액 중 다른 연대채무자의 분담비율에 해당하는 금액이 다른 연대채무자의 공동면책액 중 자신의 분담비율에 해당하는 금액을 초과한다면 그 범위에서 여전히 구상권을 행사할 수 있다(대판 2013. 11. 14. 2013다46023).

2. 부진정연대채무

1) 동일한 경제적 목적을 가진 채무로서 서로 중첩되는 부분에 관하여 한쪽의 채무가 변제 등으로 소멸하면 다른 쪽의 채무도 소멸하는 채무관계를 부진정연대채무관계라고 한다.

2) 부진정연대채무에서는 채무자 1인에 대한 **이행청구** 또는 채무자 1인이 행한 채무의 **승인** 등 소멸시효의 중단사유나 시효이익의 포기는 다른 채무자에게 효력을 미치지 아니한다.

3) 부진정연대채무자 중 1인이 자신의 채권자에 대한 반대채권으로 **상계**를 한 경우에도 채권은 변제, 대물변제, 또는 공탁이 행해진 경우와 동일하게 현실적으로 만족을 얻어 그 목적을 달성하는 것이므로, 그 상계로 인한 채무소멸의 효력은 소멸한 채무 전액에 관하여 다른 부진정연대채무자에 대해서도 미친다. 이는 부진정연대채무자 중 1인이 채권자와 **상계계약**을 체결한 경우에도 마찬가지이다(이러한 법리는 채권자가 상계 내지 상계계약이 이루어질 당시 다른 부진정연대채무자의 존재를 알았는지 여부에 의하여 좌우되지 아니한다. 대판(전) 2010. 9. 16. 2008다97218).

4) 금액이 서로 다른 채무가 서로 부진정연대관계에 있을 때 **다액채무자가 일부변제**를 하는 경우 그 변제로 먼저 소멸하는 부분은 **다액채무자가 단독으로 채무를 부담하는 부분**으로 보아야 한다. 이러한 결론이 부진정연대채무자들의 자력, 변제순서, 이들 사이의 구상관계와 무관하게 채권자에 대한 채무 전액의 지급을 확실히 보장하려는 부진정연대채무 제도의 취지에 부합한다(대판(전) 2018. 3. 22. 2012다74236, 대판 2018. 3. 29. 2015다70822, 2018. 4. 10. 2016다252898).

이러한 법리는 사용자의 손해배상액의 범위가 피해자의 과실을 참작하여 과실상계를 한 결과 타인에게 직접 손해를 가한 피용자 자신의 손해배상액과 달라졌는데 다액채무자인 피용자가 손해배상액의 일부를 변제한 경우에 적용되고, 공동불법행위자들의 피해자에 대한 **과실비율**이 달라 손해배상액의 범위가 달라졌는데 다액채무자인 공동불법행위자가 손해배상액의 일부를 변제한 경우에도 적용된다.

3. 2인 이상의 불가분채무자 또는 연대채무자가 있는 금전채권에 대한 채권압류 및 추심명령이 이루어진 경우의 법률관계

1) 2인 이상의 불가분채무자 또는 연대채무자가 있는 금전채권의 경우에, 그 불가분채무자 등 중 1인을 제3채무자로 한 채권압류 및 추심명령이 이루어지면 그 채권압류 및 추심명령을 송달받은 불가분채무자 등에 대한 피압류채권에 관한 이행의 소는 **추심채권자**만이 제기할 수 있고 **추심채무자**는 그 피압류채권에 대한 이행소송을 제기할 **당사자적격**을 상실한다.

2) 그러나 그 채권압류 및 추심명령의 제3채무자가 아닌 나머지 불가분채무자 등에 대해서는 추심채무자가 여전히 채권자로서 추심권한을 가지므로 나머지 불가분채무자 등을 상대로 이행을 청구할 수 있고, 이러한 법리는 금전채권 중 일부에 대해서만 채권압류 및 추심명령이 이루어진 경우에도 마찬가지이다(대판 2013. 10. 31. 2011다98426).

Ⅱ. 연대채무의 소송법상 문제

1. 연대채무자들을 상대로 한 소송의 형태

1) 연대채무자들을 상대로 하는 소송은 민사소송법 65조 전문의 권리·의무의 법률상 발생원인이 동일한 **통상공동소송**에 해당한다.

2) 부진정연대채무관계에 있다고 하더라도 **예비적·선택적 공동소송관계**에 있지 아니하다. 부진정연대채무자들은 법률상 양립불가능한 관계에 놓여 있지 않기 때문이다(대판 2009. 3. 26. 2006다47677, 2012. 9. 27. 2011다76747).

2. 소송목적의 값의 산정

연대채무자들을 상대로 하는 소송은 비록 통상공동소송이지만 소송목적의 값의 산정에서는 **흡수의 원칙**이 적용된다(흡수의 원칙이란 1개의 소로써 주장하는 여러 개의 청구의 경제적 이익이 동일하거나 중복되는 때에는 **중복되는 범위** 내에서 흡수되고, 그 중 가장 액수가 많은 청구의 가액을 소송목적의 값으로 하는 소송목적의 값의 산정방식을 말한다. 민사소송 등 인지규칙 20조).

제 2 절   보증채무

Ⅰ. 보증채무의 실체법상 문제

1. 보증 일반

(1) 보증의사 및 보증범위

보증의사가 있는지 여부는 엄격하게 제한하여 인정하여야 한다. **한정근보증**의 경우 피보증채무의 범위란에 특정한 종류의 거래계약을 한정적으로 열거하고 그 거래계약과 관련하여 발생하는 채무를 피보증채무로 하는 것이므로 피보증채무의 범위란에 일정한 약정에 기한 채무가 기재되어 있는 때에는 그 범위에 속하는 채무만을 피보증채무로 인정하여야 한다.

(2) 보증에 관한 민법 개정 내용

(a) 개정취지

개정 민법(2015. 2. 3. 개정, 2016. 2. 4. 시행)은 보증에 관한 현행 규정만으로는 보증인의 보호에 불충분하고, **보증인 보호를 위한 특별법**은 그 적용 범위가 아무런 대가 없이 호의로 이루어지는 보증으로 제한되어 있으므로 일반 보증인을 보호하기 위하여 **보증 방식** 및 **근보증**에 관한 규정 등을 마련하였다.

(b) 보증 및 근보증의 방식

1) 보증은 그 의사가 보증인의 기명날인 또는 서명이 있는 서면으로 표시되어야 효력이 발생하며, 보증의 의사가 전자적 형태로 표시된 경우에는 효력이 없다. 보증채무를 보증인에게 불리하게 변경하는 경우에도 마찬가지이다. 보증인이 보증채무를 이행한 경우에는 그 한도에서 앞서의 방식의 흠을 이유로 보증의 무효를 주장할 수 없다(민 428조의2).

2) 보증은 불확정한 다수의 채무에 대해서도 할 수 있으나, 보증하는 채무의 최고액을 서면으로 특정하여야 한다. 이 경우 채무의 최고액은 앞서의 서면

으로 특정하지 아니한 보증계약은 효력이 없다(민 428조의3).

　(c) 채권자의 정보제공의무·통지의무

　　1) 채권자는 보증계약을 체결할 때 보증계약의 체결 여부 또는 그 내용에 영향을 미칠 수 있는 주채무자의 채무 관련 신용정보를 보유하고 있거나 알고 있는 경우에는 보증인에게 그 정보를 알려야 한다(**정보제공의무**). 보증계약을 갱신할 때에도 또한 같다(민 436조의2 1항).

　　2) 채권자는 보증계약을 체결한 후에 다음 각 호의 어느 하나에 해당하는 사유가 있는 경우에는 지체 없이 보증인에게 그 사실을 알려야 한다(**통지의무**). ① 주채무자가 원본, 이자, 위약금, 손해배상 또는 그 밖에 주채무에 종속한 채무를 3개월 이상 이행하지 아니하는 경우, ② 주채무자가 이행기에 이행할 수 없음을 미리 안 경우, ③ 주채무자의 채무 관련 신용정보에 중대한 변화가 생겼음을 알게 된 경우(민 436조의2 2항).

　　3) 채권자는 보증인의 청구가 있으면 주채무의 내용 및 그 이행 여부를 알려야 한다(민 436조의2 3항). 채권자의 정보제공의무 및 통지의무를 위반하여 보증인에게 손해를 입힌 경우에는 법원은 그 내용과 정도 등을 고려하여 보증채무를 감경하거나 면제할 수 있다(민 436조의2 4항).

　(3) 보증계약 성립 후 보증인이 알지도 못하는 사이에 주채무의 목적이나 형태가 변경된 경우와 보증채무

　(a) 실질적 동일성이 상실된 경우

이는 경개(민 500조)에 해당한다. 따라서 보증채무는 당연 소멸한다.

　(b) 실질적 동일성이 상실되지 아니한 경우

　　1) 주채무의 부담 내용이 **축소·감경**된 경우에는 그 범위 내 보증책임을 진다.

　　2) 주채무의 부담 내용이 **확장·가중**된 경우에는 변경되기 전의 주채무의 내용에 따른 보증책임을 진다.

　(4) 보증채무의 부종성과 수반성(성립·존속·내용의 부종성, 이전에 관한 수반성)

　　1) 주채무의 존속시 보증인의 출연행위가 있었으나 그 후 주채무가 해제로 소멸하는 경우 보증인은 변제를 수령한 채권자를 상대로 이미 이행한 급부를 부당이득으로 반환청구할 수 있다.

　　2) **주채권의 양도**는 허용된다. 이 경우 보증채권에 대하여 별도의 대항요건을 갖출 필요가 없다. 다만 주채무에 관하여 면책적 채무인수가 행해진 경우

에는 보증인이 채무인수인에 대하여 계속 보증채무를 지겠다고 승낙하지 않는 한 보증채무는 소멸한다.

3) 보증채권만을 분리하여 양도하는 것은 허용되지 아니한다. 주채무자의 항변권으로 채권자에게 대항할 수 있는 보증인의 권리가 침해되어 보증채무의 부종성에 반할 뿐만 아니라, 주채권을 가지지 않는 사람에게 보증채권만을 인정할 실익도 없기 때문이다.

4) 주채무에 대한 관계에서 부종성을 지니는 통상의 보증이 아닌, 이른바 **독립적 은행보증**(first demand bank guarantee)이 있다. 이러한 독립적 은행보증의 경우 은행보증의 보증인으로서는 수익자의 청구가 있기만 하면 보증의뢰인이 수익자에 대한 관계에서 채무불이행책임을 부담하게 되는지 여부를 불문하고 그 보증서에 기재된 금액을 지급할 의무가 있다. 이러한 은행보증은 수익자와 보증의뢰인과의 원인관계와는 단절된 추상성과 무인성을 가진다(대판 1994. 12. 9. 93다43973 등).

(5) 주채무 및 보증채무의 소멸시효기간

1) 보증채무는 주채무와는 별개의 독립한 채무이므로 보증채무와 주채무의 소멸시효기간은 그 채무의 성질에 따라 각각 별개로 정해진다.

2) 주채무자에 대한 확정판결에 의하여 민법 163조 각호의 단기소멸시효에 해당하는 주채무의 소멸시효기간이 10년으로 연장된 상태에서 그 주채무를 보증한 경우 특별한 사정이 없는 한 그 보증채무에 대해서는 민법 163조 각호의 단기소멸시효가 적용될 여지가 없다. 따라서 보증채무는 그 성질에 따라 보증인에 대한 채권이 민사채권인 경우에는 10년, 상사채권인 경우에는 5년의 소멸시효기간이 적용된다(대판 2014. 6. 12. 2011다76105).

(6) 주채무의 시효중단 및 시효완성과 보증채무의 부종성 관계

(a) 의   의

1) **주채무자**에 대한 시효의 중단은 **보증인**에 대해서도 그 효력이 있다(민법 440조). 민법 440조는 채권자보호 및 채권담보의 목적을 위하여 주채무자에 대한 시효중단사유가 발생하였을 경우 그 보증인에 대한 별도의 중단조치가 이루어지지 아니하여도 동시에 시효중단의 효력이 생기도록 한 것으로, 시효의 중단은 당사자 및 그 승계인 사이에만 효력이 있다는 **민법 169조**의 **예외규정**이다.

2) 시효중단사유가 압류, 가압류 및 가처분이라고 하더라도 이를 보증인에게 통지하여야 비로소 시효중단의 효력이 발생하는 것은 아니다(대판 2005. 10. 27. 2005다35554).

(b) 판례의 태도

1) 주채무에 대한 소멸시효가 완성되어 보증채무가 소멸된 상태에서 보증인이 보증채무를 이행하거나 승인하였다고 하더라도, 주채무자가 아닌 보증인의 위 행위에 의하여 **주채무자**에 대한 소멸시효이익포기의 효과가 발생하지 않는다.

주채무의 시효소멸에도 불구하고 **보증채무를 이행하겠다는 의사를 표시한 경우** 등과 같이 부종성을 부정하여야 할 다른 **특별한 사정**이 없는 한 보증인은 여전히 주채무의 시효소멸을 이유로 보증채무의 소멸을 주장할 수 있다(대판 2012. 7. 12. 2010다51192). 특별한 사정을 인정하여 보증채무의 본질적인 속성에 해당하는 부종성을 부정하려면 주채무의 시효소멸에도 불구하고 보증채무를 이행하겠다는 **의사를 표시**하거나 채권자와 그러한 내용의 **약정**을 하였어야 하고, 단지 보증인이 주채무의 시효소멸에 원인을 제공하였다는 것만으로는 보증채무의 부종성을 부정할 수 없다(대판 2018. 5. 15. 2016다211620).

2) 보증채무에 대한 소멸시효가 중단되었다고 하더라도 이로써 주채무에 대한 소멸시효가 중단되는 것은 아니고, 주채무가 소멸시효완성으로 소멸된 경우에는 보증채무도 그 채무 자체의 시효중단에 불구하고 부종성에 따라 당연히 소멸된다(대판 2012. 7. 12. 2010다51192).

3) 시효중단은 시효중단행위에 관여한 당사자 및 그 승계인 사이에 효력이 있는 것이므로(민 169조) 채권자가 연대보증인 겸 물상보증인 소유의 담보부동산에 대하여 담보권실행을 위한 경매신청을 하여 경매개시결정에 따른 **압류의 효력**이 생겼다면 채권자가 그 압류의 사실을 연대보증인에게 통지하지 아니하더라도 연대보증인에 대하여 시효의 중단을 주장할 수 있다.

다만 연대보증인으로서는 그와 같은 경우에도 보증채무의 부종성에 따라 주채무가 시효로 소멸되었음을 주장할 수는 있다. 이 경우 주채무자에 대한 시효중단사유가 없는 이상 연대보증인에 대한 시효중단사유가 있다 하여 주채무까지 시효중단되었다고 할 수는 없으며, 경매개시결정에 따른 압류로 인한 시효중단의 효력이 주채무자에게까지 미치게 하려면 그에게 **압류의 사실**이 통지되어야 한다(대판 1994. 1. 11. 93다21477).

(7) 일반 보증에서 주채무의 이행기 연장과 보증인 책임

(a) 확정채무의 보증인이 피보증채무의 이행기가 연장된 경우에도 보증
채무를 부담하는지 여부

채무가 특정되어 있는 확정채무에 대하여 보증한 보증인으로서는 자신의
동의 없이 피보증채무의 이행기를 연장해 주었는지의 여부에 상관없이 그 보
증채무를 부담하는 것이 원칙이다.

(b) 확정채무의 이행기 연장시 보증채무의 존속을 위하여 보증인의 동의
가 필요하다는 특별한 약정이 있는 경우 동의의 시기 및 방법

1) 당사자 사이에 보증인의 동의를 얻어 피보증채무의 이행기가 연장된
경우에 한하여 피보증채무를 계속하여 보증하겠다는 취지의 특별한 약정이 있
다면 그 약정에 따라야 한다. 이 경우에 보증채무를 존속시키기 위하여 필요한
이행기 연장에 대한 보증인의 동의는 이행기가 연장된 주채무에 대하여 보증
채무를 변제하겠다는 의사를 의미한다.

2) 위와 같은 의사가 담겨져 있는 이상 그 동의는 이행기가 연장되기 전뿐
아니라 이행기가 연장된 후에도 가능하고 묵시적 의사표시의 방법으로도 할
수 있다.

(8) 주채무자의 채무 중 일정 범위에 대한 연대보증의 경우 주채무자의
일부변제와 보증책임의 범위

연대보증인이 주채무자의 채무 중 일정 범위에 대하여 보증을 한 경우에
주채무자가 일부변제를 하면, 특별한 사정이 없는 한 그 일부변제금은 주채무
자의 채무 전부를 대상으로 변제충당의 일반원칙에 따라 충당되며, 연대보증
인은 이러한 변제충당 후 남은 주채무자의 채무 가운데 보증한 범위 내의 것에
대하여 보증책임을 부담한다(대판 2002. 10. 25. 2002다34017, 2016. 8. 25. 2016다
2840).

(9) 주채무자와 보증인이 연대채무관계인 경우

보증이 상행위이거나 주채무가 상행위로 인한 것인 때에는 주채무자와 보
증인은 연대하여 변제할 책임이 있다(상 57조 2항).

2. 보증인의 권리

(1) 부종성에 기한 권리로서 주채무자의 항변권을 행사할 수 있는 권리

(a) 일반적 항변권

1) 보증인은 주채무의 부존재 및 소멸의 항변권을 가진다(민 433조 1항). 주채무가 시효로 소멸한 때에는 보증인도 그 시효소멸을 원용할 수 있으며, 주채무자가 시효의 이익을 포기하더라도 보증인에게는 그 효력이 없다.

2) 주채무자에 대한 시효중단사유가 없는 이상 연대보증인 겸 물상보증인에 대한 시효중단사유가 있다 하여 주채무까지 시효중단되었다고 할 수 없다.

(b) 보증인이 주채무자의 취소권, 해제권·해지권을 행사할 수 있는지 여부

주채무자의 **취소권, 해제권·해지권**은 주채무자만이 행사할 수 있다(민 140조 참조). 따라서 보증인은 이러한 권리들을 직접 행사할 수 없다.

다만 주채무자가 채권자에 대하여 이러한 권리들을 가지고 있는 동안은 보증인은 채권자에 대하여 채무의 **이행을 거절**할 수 있다(민 435조). 주채무자가 이러한 권리들을 가지고 있는 한 주채무의 존속은 유동적 또는 불확정한 것이기 때문에 확정될 때까지 보증인은 연기적 항변을 할 수 있다.

(c) 보증인이 주채무자의 상계권을 행사할 수 있는지 여부

앞서의 권리들의 경우와 달리 보증인은 주채무자의 채권에 의한 **상계**로 채권자에게 대항할 수 있다(민 434조). 민법 434조는 보증인을 보호하고 법률관계를 간편하게 처리하기 위한 특별규정이다.

채권자가 주채무자를 상대로 채권이행의 소를 제기한 경우 보증인이 주채무자를 위하여 보조참가하였다면 보증인이 보조참가인으로서 주채무자의 채권자에 대한 반대채권으로 상계할 수 있다(보조참가인의 사법상 형성권의 행사 여부에 관하여 법률상 명문의 규정으로 이를 허용하고 있는 경우이다).

(2) 보충성에 기한 권리로서 최고·검색의 항변권

(a) 의　　의

최고의 항변은 주채무자에게 먼저 **청구**하라는 항변이며, **검색의 항변**은 주채무자의 재산에 대하여 **집행**하라는 항변을 말한다(민 437조 본문).

(b) 최고·검색의 항변권의 행사 요건

1) 이들 항변권을 행사하기 위하여 보증인은 ① 주채무자에게 **변제자력이**

있다는 사실 및 ② 그 **집행이 용이**할 것을 증명하여야 한다.

2) 변제자력이 있다는 요건은 주채무자의 전부변제의 능력이 아니라 채무를 변제하는 데 **상당한 자력**이 있음을 증명함으로써 충분하다.

3) 보증인의 최고·검색의 항변권은 이러한 사실을 증명한 때에 성립될 수 있고, 단순히 주채무자에게 먼저 청구할 것을 항변할 수 없다.

(c) 최고·검색의 항변권을 행사할 수 없는 경우

최고·검색의 항변권을 행사할 수 없는 경우로서 ① 연대보증의 경우(민 437조 단서), ② 주채무자가 파산선고를 받은 때(변제자력이 없는 경우), ③ 주채무자가 행방불명인 때(집행이 용이하지 아니한 경우), ④ 보증인이 이러한 항변권을 포기한 경우 등이 있다.

(d) 최고·검색의 항변권 행사의 효과

채권자가 주채무자의 재산에 대하여 **집행하지 않으면** 보증인에게 다시 이행을 청구할 수 없다. 채권자가 주채무자에게 이행을 최고했다는 사실만으로는 보증인에 대하여 이행을 청구할 수 없다. 채권자가 주채무자의 재산으로 완제받지 못하는 경우에는 그 잔액에 대해서 보증인에게 이행을 청구할 수 있다.

보증인의 항변에도 불구하고 채권자가 주채무자에 대하여 이행청구 및 집행을 게을리하여 주채무자로부터 채무의 전부나 일부의 변제를 받지 못한 경우에는 채권자가 게을리하지 않았더라면 변제받았을 한도에서 보증인은 그 의무를 면한다(민 438조).

3. 계속적 보증

(1) 계속적 보증과 감액 주장

(a) 신의칙에 의한 보증인의 책임제한

불확정한 채무 보증에서는 신의칙에 의한 보증인의 책임을 제한할 수 있다. 다만 신중에 기하여 극히 예외적으로 인정하여야 한다. 신의칙과 같은 일반원칙에 의하여 제한하는 것은 자칫 잘못하면 사적자치의 원칙이나 법적 안정성에 대한 중대한 위협이 될 수 있기 때문이다(대판 2007. 1. 25. 2006다25257 등).

(b) 보증인의 책임 제한과 특별한 사정의 존재

일반적으로 계속적 보증계약에서 ① 보증인의 부담으로 돌아갈 채무자의 액수가 보증인이 보증 당시에 예상하였거나 예상할 수 있었던 범위를 훨씬 상회하고, ② 그와 같은 주채무 과다 발생의 원인이 채권자가 주채무자의 자산상태가 현저히 악화된 사실을 익히 알거나 중대한 과실로 알지 못한 상태에서, 주채무자의 자산상태가 현저히 악화된 사실을 알지 못하는 보증인에게 채권자가 아무런 통보나 의사타진도 없이 고의로 거래규모를 확대하여 비롯하는 등 **신의칙**에 반하는 특별한 사정이 인정되는 경우에 한하여 보증인의 책임을 **합리적 범위** 내로 제한할 수 있다(대판 2010. 6. 10. 2010다1791).

(2) 계속적 보증과 보증인의 해지

1) 계속적 보증계약에서 보증인의 주채무자에 대한 **신뢰**가 깨어지는 등 보증인으로서 보증계약을 해지할 만한 상당한 이유가 있는 경우에 보증인으로 하여금 그 보증계약을 그대로 유지·존속케 하는 것은 사회통념상 바람직하지 못하다. 계속적 계약은 당사자 사이의 신뢰관계를 기초로 하는 것으로서, 해당 계약의 존속 중에 당사자 일방의 부당한 행위 등으로 인하여 계약의 기초가 되는 신뢰관계가 파괴되어 계약의 존속을 기대할 수 없는 중대한 사유가 있는 때에는 상대방은 그 계약을 해지함으로써 장래에 향하여 그 효력을 소멸시킬 수 있다.

2) 따라서 그 계약해지로 인하여 상대방인 채권자에게 묵과할 수 없는 손해를 입게 하는 등 특별한 사정이 있는 경우를 제외하고 보증인은 일방적으로 이를 해지할 수 있다(대판 2003. 1. 24. 2000다37937).

3) 계속적 보증계약을 해지할 만한 상당한 이유가 있는지 여부는 보증을 하게 된 경위, 주채무자와 보증인의 관계, 보증계약의 내용, 채무증가의 구체적 경과와 채무의 규모, 주채무자의 신뢰상실 여부와 그 정도, 보증인의 지위 변화, 주채무자의 자력에 관한 채권자나 보증인의 인식 등 모든 사정을 종합적으로 고려하여 판단하여야 한다(대판 2003. 1. 24. 2000다37937).

4. 근 보 증

(1) 의   의

1) 근보증은 채권자와 주채무자 사이의 특정한 계속적 거래계약뿐 아니라 그 밖에 일정한 종류의 거래로부터 발생하는 채무 또는 특정한 원인에 기하여 계속적으로 발생하는 채무에 대해서도 할 수 있다. 또한 근보증의 대상인 주채무는 근보증계약을 체결할 당시에 이미 발생되어 있거나 구체적으로 내용이

특정되어 있을 필요는 없고, 장래의 채무, **조건부 채무**는 물론 장래 증감·변동이 예정된 불특정의 채무라도 이를 특정할 수 있는 기준이 정해져 있으면 된다.

2) 이와 같이 근보증은 그 보증대상인 주채무의 확정을 장래 근보증관계가 종료될 시점으로 유보하여 두는 것이므로, 그 종료 시점에 이르러 비로소 보증인이 부담할 피보증채무가 구체적으로 확정된다.

(2) 한정근보증계약

1) **한정근보증계약**이란 기본거래의 종류만을 정하고 그 종류에 속하는 현재 또는 장래의 기본거래계약에 기하여 근보증 결산기 이전에 발생하는 채무를 보증한도액 범위 내에서 보증하기로 하는 근보증계약을 말한다.

미리 정한 기본거래의 종류에 의하여 장래 체결될 기본거래계약 또는 그에 기하여 발생하는 보증대상인 채무를 특정할 수 있다면 비록 주채무 발생의 원인이 되는 기본거래계약이 한정근보증계약보다 먼저 체결되어 있지 아니하더라도 그 근보증계약의 성립이나 효력에는 아무런 영향이 없다.

2) 한정근보증계약은 거기에 정한 기본거래의 종류에 속하는 기본거래계약이 별도로 체결되는 것을 예정하고 있으므로, 채권자와 주채무자가 한정근보증계약 체결 이후 새로운 기본거래계약을 체결하거나 기존 기본거래계약의 기한을 갱신하고 그 거래 한도금액을 증액하는 약정을 하였다고 하더라도, 그것이 당초 정한 기본거래의 종류에 속하고 그로 인한 채무가 근보증 결산기 이전에 발생한 것으로서 근보증한도액을 넘지 않는다면, 이는 모두 한정근보증의 피보증채무 범위에 속한다고 보아야 한다.

따라서 별도의 약정이 있다는 등의 특별한 사정이 없는 한 새로운 기본거래계약의 체결 등에 관하여 보증인의 동의를 받거나 보증인에게 통지해야만 피보증채무의 범위에 속하게 되는 것은 아니다(대판 2013. 11. 14. 2011다29987).

5. 구 상 권

(1) 사전구상권

(a) 사전구상권의 의미

1) **수탁보증**인(주채무자의 부탁으로 보증인이 된 경우)이 가지는 권리로서, 일정한 사유의 발생시(민법 442조 1항 소정의 사유나 약정으로 정한 일정한 사실에 의하여) 발생한다.

이러한 수탁보증인의 사전구상권은 수탁보증인이 실제 변제하지 아니하고 취득하는 권리로서 미리 구상권을 행사하는 경우이다. 즉 장래의 변제를 위하여 자금의 제공을 청구하는 것이다.

2) 수탁보증인의 **사전구상권과 사후구상권**은 그 종국적 목적과 사회적 효용을 같이하는 공통성을 가지고 있으나, **사후구상권**은 보증인이 채무자를 갈음하여 변제 등 자신의 출연으로 채무를 소멸시켰다고 하는 사실에 의하여 발생하는 것이고, 이에 대하여 **사전구상권**은 그 밖의 민법 442조 1항 소정의 사유나 약정으로 정한 일정한 사실에 의하여 발생하는 등 그 **발생원인**을 달리하고 그 **법적 성질도 달리하는 별개의 독립된 권리**이다(대판 1992. 9. 25. 91다37553 등). 따라서 **사후구상권이 발생한 이후에도 사전구상권은 소멸하지 아니하고** 병존하며, 다만 목적달성으로 한쪽이 소멸하면 다른 쪽도 소멸하는 관계에 있을 뿐이다(대판 2019. 2. 14. 2017다274703).

한편 소멸시효도 각각 별도로 진행한다. 따라서 사후구상권의 소멸시효는 사전구상권이 발생되었는지 여부와는 관계없이 사후구상권 그 자체가 발생되어 이를 행사할 수 있는 때로부터 진행된다.

(b) 사전구상권의 범위

1) 수탁보증인이 사전구상권을 행사하는 경우 보증인은 자신이 부담할 것이 확정된 채무 전액에 대하여 구상권을 행사할 수 있지만, **면책비용**에 대한 법정이자나 채무의 원본에 대한 장래 도래할 이행기까지의 이자 등을 청구하는 것은 사전구상권의 성질상 허용될 수 없다(대판 2005. 11. 25. 2004다66834, 66841).

따라서 보증인이 보증채무를 이행함에 따라 주채무자가 보증인에게 부담하게 될 구상금채무를 근보증하면서, 면책원금 외에 면책일 이후의 법정이자나 피할 수 없는 비용 등까지 담보하기 위하여 근보증한도액을 면책원금에 해당하는 보증인의 보증한도액보다 높은 금액으로 정했다고 하더라도, 보증인이 사전구상권을 행사할 수 있는 금액은 근보증한도액이 아닌 보증인의 보증한도액으로 한정된다.

2) 주채무의 원금과 이에 대한 **사전구상에 응할 때까지** 이미 발생한 (변제기 전의) **이자**와 변제기 뒤의 **지연손해금**(수탁보증인이 지급할 금원), 피할 수 없는 비용 그 밖의 손해액이 포함될 뿐이다.

수탁보증인이 아직 지출하지 아니한 금원(수탁보증인이 추후 지급할 금원)에 대하여 (미리) 지연손해금을 청구할 수 없다

(2) 연대보증인 중 1인이 주채무자를 위하여 변제한 경우 연대보증인의 구상권 행사

(a) 주채무자에 대하여 구상권을 행사하는 경우

주채무자와 연대보증인 사이의 구상관계는 보통의 보증의 경우와 마찬가지이다.

(b) 다른 부진정연대채무자에 대하여 구상권을 행사하는 경우

1) 어느 부진정연대채무자를 위하여 보증인이 된 사람이 자기 채무를 이행한 경우에는 다른 부진정연대채무자에 대해서도 직접 구상권을 취득하게 되고, 그와 같은 구상권을 확보하기 위하여 채권자를 대위하여 채권자의 다른 부진정연대채무자에 대한 채권 및 그 담보에 관한 권리를 **구상권의 범위 내**에서 행사할 수 있다(대판 2010. 5. 27. 2009다85861).

2) 공동불법행위자 중 1인의 손해배상채무가 시효로 소멸한 후에 다른 공동불법행위자 1인이 피해자에게 자기의 부담부분을 넘는 손해를 배상하였을 경우에도 그 공동불법행위자는 다른 공동불법행위자에게 구상권을 행사할 수 있다(대판 2010. 12. 23. 2010다52225).

3) 피해자에게 손해배상을 한 어느 공동불법행위자의 보증인이 그 공동불법행위자 또는 다른 공동불법행위자에 대하여 가지는 구상권의 소멸시효기간은 일반채권과 같이 10년이다(대판 2008. 7. 24. 2007다37530).

(c) 다른 공동보증인에 대하여 구상권을 행사하는 경우

1) 연대보증인 상호간의 내부관계에서, 주채무에 대하여 출재를 분담하는 일정한 금액을 의미하는 부담부분이 있고, 그 부담부분의 비율, 즉 분담비율에 관해서는 그들 사이에 특약이 있으면 당연히 그에 따르되 그 특약이 없는 한 각자 평등한 비율로 부담을 지게 된다(대판 2009. 6. 25. 2007다70155).

2) 연대보증인 가운데 한 사람이 자신의 부담부분을 초과하여 변제한 경우에는 구상할 수 있다. 그러나 다른 연대보증인이 자신의 부담액을 변제한 경우에는 그 연대보증인에 대해서는 구상을 할 수 없다.

연대보증인들 사이의 내부관계에서는 연대보증인 각자가 자신의 분담금액을 한도로 일부보증을 한 것과 같이 볼 수 있어 그 분담금액 범위 내의 출자

에 관한 구상관계는 주채무자만을 상대로 해결할 것을 예정하고 있기 때문이다(대판 2013. 11. 14. 2013다46023).

    (3) 일부대위에 관한 법리가 보증인의 구상권 행사의 경우에 그대로 적용되는지 여부

    1) 변제할 정당한 이익이 있는 자가 채무자를 위하여 채권의 일부를 대위변제할 경우 대위자는 그 변제한 가액에 비례하여 채권자와 함께 그 권리를 행사하고, **변제한 가액의 범위 내**에서 종래 채권자가 가지고 있던 **채권 및 담보에 관한 권리**를 취득한다. 예컨대 채권자가 부동산에 대하여 저당권을 가지고 있는 경우에는 채권자는 대위변제자에게 일부 대위변제에 따른 저당권의 일부 이전의 **부기등기**를 해 주어야 할 의무가 있다.

    2) 이 경우에도 채권자는 일부 대위변제자에 대하여 우선변제권을 가지나, 보증인이 변제, 그 밖의 출재로 주채무를 소멸하게 하는 등의 사유로 주채무자에 대하여 가지게 되는 **구상권**은 변제자가 갖는 **고유의 권리**로서 대위의 객체가 된 권리와는 별개이다. 따라서 당사자 사이에 다른 약정이 있다는 등의 특정한 사정이 없는 한 일부대위에 관한 위와 같은 법리가 보증인이 행사하는 구상권의 경우에 당연히 그대로 적용되는 것은 아니다.

6. 대가 없이 호의로 하는 보증 등의 경우와 특별법상 규제

    1) 대가 없이 호의로 하는 보증에 관해서는 '**보증인 보호를 위한 특별법**'을 두고 있다. 그 내용으로, 보증의 방식, 보증채무의 최고액의 특정, 채권자의 통지의무 등, 근보증, 보증기간 등, 금융기관의 보증계약의 특칙, 편면적 강행규정 등이 있다.

    2) 보증인 보호를 위한 특별법의 목적 및 문언에 비추어 볼 때, 위 법률은 민법 429조 1항에 따른 보증채무를 부담하는 경우에 적용될 뿐 타인의 채무에 대하여 그 담보물의 한도 내에서 책임을 지는 물상보증의 경우에는 적용되지 아니한다(대판 2015. 3. 26. 2014다83142).

Ⅱ. 보증채무의 소송법상 문제

1. 최고 · 검색의 항변과 권리저지적 항변

1) **권리저지적 항변**은 원고의 이행청구를 일시적 · 잠정적으로 거절하는 **연기적 항변이다.** 권리저지적 항변은 권리근거규정에 기한 권리의 발생을 저지시키든지, 또는 권리근거규정에 기하여 이미 발생한 권리의 행사를 저지시키는 권리저지규정의 요건사실을 주장하는 항변이다.

2) 최고 · 검색의 항변은 후자에 해당하는 권리저지적 항변으로, 최고 · 검색의 항변이 인용되는 경우에는 원고의 청구를 기각하는 판결을 하여야 한다.

2. 채권자가 주채무자를 상대로 한 소송에서 패소한 경우 보증인이 이를 원용할 수 있는 근거

(1) 반사적 효력의 인정 여부

일부 견해는 확정판결의 효력으로서 본래적 효력 외에 부수적 효력으로 **반사적 효력**을 인정하고 그 전형적인 예로서 채권자가 주채무자를 상대로 한 소송에서 패소확정판결을 받은 경우 보증인에게 미치는 효력을 들고 있다.

그러나 반사적 효력의 개념 자체가 불분명하며 앞서의 경우는 민법 433조 1항(보증인은 주채무자의 항변으로 채권자에게 대항할 수 있다)에 의하여 인정되는 경우로서 이를 확정판결의 실체법적 효력의 하나로서 반사적 효력을 인정할 필요가 없다고 봄이 타당하다.

(2) 판례의 태도

판례도, 채권자와 주채무자 사이의 소송에서 주채무의 존부나 범위에 관하여 주채무자가 전부 또는 일부 승소하는 판결이 확정된 경우에도 그 판결의 기판력이 보증인에게는 미치지 아니하므로, 보증채무의 부종성 원칙에도 불구하고 보증인이 주채무자 승소판결을 원용하여 자신의 보증채무의 이행을 거절할 수는 없다고 하여(대판 2015. 7. 23. 2014다228099), 반사적 효력을 **부정**하고 있다.

3. 주채무자와 보증인을 공동피고로 하는 소송의 형태

1) **민사소송법 65조 전문**이 권리 의무의 발생상 발생원인이 동일한 경우에

해당하는 통상공동소송이다.

2) **민사소송법 65조** 후문의 경우와 달리 같은 조 **전문**에 해당하는 통상공동소송에 있어서는 **공동소송인독립의 원칙**의 수정의 필요성이 논의된다. 통설은 **증거공통의 원칙**은 인정된다고 본다. 한편 **주장공통의 원칙**에 대해서는 견해의 대립이 있으나, **민사소송법 66조**의 명문의 규정과 우리 민사소송법이 취하고 있는 **변론주의**의 소송구조 등에 비추어 볼 때 이를 부정함이 타당하다(통상공동소송에서는 공동소송인 사이의 공격방어방법의 차이에 따라 모순되는 결론이 발생할 수 있으나, 이는 변론주의를 원칙으로 하는 소송제도에서는 부득이하다). **판례**도 마찬가지의 입장이다(대판 1994. 5. 10. 93다47196, 2009. 4. 23. 2009다1313 등).

4. 주채무자와 (연대)보증인을 공동피고로 하는 소송과 사물관할

1) 주채무자와 (연대)보증인을 공동피고로 하는 경우 소송목적의 값을 합산하지 아니하고 소송목적의 값은 중복되는 범위 내에서 흡수되고, 그 중 가장 액수가 많은 청구의 가액을 소송목적의 값으로 한다(**흡수의 원칙**, 민사소송 등 인지규칙 20조). 따라서 원칙적으로 이에 따른 소송목적의 값에 따라 사물관할이 정하여진다(소송목적의 값을 기준으로 하는 사물관할에서 소송목적의 값이 2억 원을 초과하는 경우에는 합의부 관할사건이다. 법원조직법 32조 1항 2호, 민사 및 가사소송의 사물관할에 관한 규칙 2조 본문).

2) 다만 **금융기관** 등이 **원고**가 된 보증금청구사건의 경우에는 소송목적의 값이 2억 원을 초과하는 사건이라도 단독판사 관할사건이다. 즉 소송목적의 값을 기준으로 사물관할이 정해지는 경우가 아니다(민사 및 가사소송의 사물관할에 관한 규칙 2조 단서 2호).

5. 주채무자와 (연대)보증인을 공동피고로 하는 소송과 토지관할

보증인에 대하여 독립재판적이 인정되지 아니하는 경우에도 주채무자에 대한 토지관할이 인정되는 한 민사소송법 25조 2항에 의하여 **관련재판적**이 인정된다.

6. 주채무자와 보증인을 공동피고로 하는 소송과 변론의 분리 및 일부판결

주채무자와 보증인을 공동피고로 하는 소송도 통상공동소송이므로 법적으로는 **변론을 분리**(민소 141조)할 수 있고, **일부판결**(민소 200조 1항)도 할 수 있다. 그러나 주채무자와 보증인을 공동피고로 하는 소송은 관련적 청구의 병합(이를 '**관련적 병합**'이라고 부른다) 사건이므로, 비록 변론을 분리할 수 있고 일부판결을 할 수 있다고 하더라도 그렇게 하는 것이 바람직하다고 볼 수 없다.

제 4 장　채권관계 당사자의 교체

제 1 절　채권양도

Ⅰ. 채권양도의 실체법상 문제

1. 채권양도 일반

(1) 채권양도의 의의

1) 채권양도란 채권의 귀속주체가 법률행위에 의하여 변경되는 것으로서 이른바 준물권행위 및 처분행위의 성질을 지닌다(대판 2011. 3. 24. 2010다100711).

2) 채권양도에서 양도채권의 종류나 금액 등이 구체적으로 나타나 있어야 하는 것은 아니지만, 사회통념상 양도채권은 다른 채권과 구별하여 그 동일성을 인식할 수 있을 정도로 특정되어야 한다.

3) 저당권은 피담보채권과 분리하여 양도하지 못하는 것이어서 저당권부채권의 양도는 언제나 저당권의 양도와 채권양도가 결합되어 행하여진다. 따라서 저당권부채권의 양도는 민법 186조의 부동산물권변동에 관한 규정과 민법 449조 내지 452조의 채권양도의 규정에 의하여 규율된다.

(2) 양도금지특약

1) 채무자는 제3자가 채권자로부터 채권을 양수한 경우 양도금지특약의 존재를 알고 있는 (악의의) 양수인이나 그 특약의 존재를 알지 못함에 중대한 과실이 있는 양수인에게 그 특약으로써 대항할 수 있다(민 449조 2항).

여기서 말하는 **중과실**이란 통상인에게 요구되는 정도의 상당한 주의를 하지 않더라도 약간의 주의를 한다면 손쉽게 그 특약이 존재를 알 수 있음에도 불구하고 그러한 주의조차 기울이지 아니하여 특약의 존재를 알지 못한 것을 말한다.

2) 제3자의 악의나 중과실은 양도금지특약으로 양수인에게 대항하려는 사람이 이를 주장·증명하여야 한다(대판 2010. 5. 13. 2010다8310 등).

3) 양도금지특약으로써 대항할 수 없는 선의의 제3자에는 악의의 양수인으로부터 다시 선의로 양수한 전득자도 해당한다(대판 2015. 4. 9. 2012다118020).

4) 양도금지특약이 있는 채권에 대하여 한 **전부명령**은 유효하다. 집행채권자가 선의인지, 악의인지는 전부명령의 효력에 영향을 미치지 아니한다(대판 2002. 8. 27. 2001다71699).

2. 채권양도와 대항요건

(1) 의　　의

1) 지명채권의 양도는 이를 채무자에게 통지하거나 채무자의 승낙이 없으면 채무자 그 밖의 제3자에 대항하지 못하고, 이 통지와 승낙은 확정일자 있는 증서에 의하지 아니하면 채무자 이외의 제3자에게 대항할 수 없다(민 450조).

채권이 이중으로 양도된 경우 양수인들 사이의 우열은 확정일자 있는 양도통지가 채무자에게 도달한 일시 또는 확정일자 있는 승낙의 일시의 **선후**에 의하여 결정된다. 확정일자 있는 증서에 의하지 아니한 통지나 승낙이 있는 채권양도의 양수인은 확정일자 있는 증서에 의한 통지나 승낙이 있는 채권양도의 양수인에게 대항할 수 없다(대판 2013. 6. 28. 2011다83110).

2) 여기서 **확정일자**란 증서에 대하여 그 작성한 일자에 관한 완전한 증거가 될 수 있는 것으로 법률상 인정되는 일자를 말하며, 당사자가 나중에 변경하는 것이 불가능한 확정된 일자를 가리킨다. **확정일자 있는 증서**는 민법 부칙(1958. 2. 22.) 제3조에 정한 증서이므로, 지명채권의 양도통지가 확정일자 없는 증서에 의하여 이루어짐으로써 제3자에 대한 대항력을 갖추지 못하였으나 그 후 그 증서에 확정일자를 얻었다면 그 일자 이후에는 제3자에 대한 대항력을 취득한다(대판 2010. 5. 13. 2010다8310 등).

3) 채권양도의 대항요건을 갖추어야 하는 **제3자**란 양도된 채권 자체에 관하여 양수인의 지위와 양립할 수 없는 법률상 지위를 취득한 사람을 말한다. 따라서 선순위근저당권부 채권을 양수한 채권자보다 후순위근저당권자는 채권

양도의 대항요건을 갖추지 아니한 경우 대항할 수 없는 제3자에 포함되지 아니한다.

4) 채권양도에서 주채무자에 대하여 채권양도통지 등 대항요건을 갖추었으면 보증인에 대해서도 그 효력이 미친다.

5) 채권양도통지는 그 양도인이 채권이 양도되었다는 사실을 채무자에게 알리는 것에 그치는 행위이므로, 그것만으로 제척기간의 준수에 필요한 권리의 재판 외 행사에 해당한다고 할 수 없다(대판(전) 2012. 3. 22. 2010다28840. 반대의견은, 채권양도통지는 양도인이 채무자에 대하여 해당 채권을 양도하였다는 사실을 알리는 것으로서 이론적으로는 이른바 관념의 통지에 불과하지만, 이는 채무자에 대하여 권리의 존재와 권리를 행사하고자 하는 의사를 분명하게 표명하는 행위를 한 것으로 평가하기에 충분하다고 보고 있다. 반대의견에 의하면 비록 채권양도통지가 이행청구나 최고와 같이 시효중단의 효력이 인정될 정도의 사유는 아니라고 하더라도 제척기간 준수의 효과가 부여될 수 있는 권리행사의 객관적 행위 태양이라고 인정하는 데는 부족함이 없다고 보고 있다).

6) 채무에 이행기의 정함이 없는 경우에는 채무자가 그 이행의 청구를 받은 다음 날부터 이행지체의 책임을 진다(민법 387조 2항, 대판 1988. 11. 8. 88다3253 등). 그러나 지명채권이 양도된 경우 채무자에 대한 대항요건이 갖추어질 때까지 채권양수인은 채무자에게 대항할 수 없으므로, 이행기의 정함이 없는 채권을 양수한 채권양수인이 채무자를 상대로 그 이행을 구하는 소를 제기하고 그 소송계속 중 채무자에 대한 채권양도통지가 이루어진 경우에는 특별한 사정이 없는 한 채무자는 그 **채권양도통지가 도달된 다음 날**부터 이행지체의 책임을 진다(대판 2014. 4. 10. 2012다29557).

7) 어음법 20조 1항은 "만기 후의 배서는 만기 전의 배서와 같은 효력이 있다. 그러나 지급거절증서가 작성된 후에 한 배서 또는 지급거절증서 작성기간이 지난 후에 한 배서는 지명채권 양도의 효력만 있다"고 규정하고 있다. 여기서 그 후문의 **지명채권 양도의 효력**만 있다는 규정은 단지 그 효력이 지명채권 양도의 그것과 같다는 취지일 따름이다. 따라서 약속어음의 기한 후 배서에 민법상 지명채권이 양도·양수절차인 채권양도인의 통지 또는 채무자의 승낙을 필요로 하는 것은 아니다(대판 2012. 3. 29. 2010다106290,106306,106313 등).

(2) 채권양도의 통지

(a) 의   의

1) 채권양도통지는 양도인이 채무자에 대하여 해당 채권을 양수인에게 양도하였다는 사실을 통지하는 이른바 **관념의 통지**이다.

2) 채권양도통지는 채무자에게 도달됨으로써 효력이 발생한다. 이러한 통지는 **민사소송법상 송달**과 다르다. 도달은 보다 탄력적인 개념으로서 민사소송법상 송달에서 송달받을 사람이나 송달장소 등과 같은 엄격함은 요구되지 아니한다. 따라서 채권양도통지는 민사소송법상의 송달에 관한 규정에서 송달장소로 정하는 채무자의 주소 · 거소 · 영업소 또는 사무소 등에 해당하지 아니하는 장소에서라도 채무자가 사회통념상 그 통지의 내용을 알 수 있는 객관적 상태에 놓여졌다고 인정됨으로써 족하다(대판 2011. 1. 13. 2010다77477).

(b) 채권양도통지를 양수인이 하는 경우

채권양도통지는 양수인이 양도인의 사자(使者) 또는 대리인으로서 할 수 있다. 대리인으로서 하는 경우 채권양도통지에 관한 대리권의 묵시적 수여 및 현명주의 원칙의 예외(민 115조 단서)가 적용된다(대판 2011. 2. 24. 2010다96911).

(c) 채권양도 전 통지

1) 채권양도를 하기 전 미리 채권양도통지를 하는 것은 **원칙적**으로 할 수 없다. 채무자로 하여금 양도의 시기를 확정할 수 없는 불안한 상태에 있게 하는 결과가 되기 때문이다.

2) 다만 **예외적**으로 채권양도를 하기 전이라도 채권양도통지를 할 수 있다. 사전통지가 있더라도 채무자에게 **법적으로** 아무런 **불안한 상황**이 발생하지 않는 경우에 그 효력을 인정한다(대판 2010. 2. 11. 2009다90740).

(d) 양도계약의 해제와 통지

1) 지명채권의 양도통지를 한 후 그 양도계약이 해제 또는 합의해제된 경우에 채권양도인이 그 해제 등을 이유로 다시 원래의 채무자에 대하여 양도채권으로 대항하려면 **채권양도인**이 채권양수인의 동의를 받거나 **채권양수인**이 채무자에게 위와 같은 해제 등 사실을 통지하여야 한다(민법 452조 2항에 채권양도통지는 양수인의 동의가 없으면 철회하지 못한다고 규정되어 있으므로 채권양도인과 양수인과의 채권양도계약이 해제되었고 채권양도인이 채무자에게 양도철회통지를 하였다고 하더라도 채무자는 이것을 채권양수인에게 대항할 수는 없다. 대판 1978. 6. 13. 78다

468).

2) 이 경우 위와 같은 대항요건이 갖추어질 때까지 양도계약의 해제 등을 알지 못한 **선의의 채무자**는 해제 등의 통지가 있은 다음에도 채권양수인에 대한 반대채권에 의한 상계로써 채권양도인에게 대항할 수 있다(대판 2012. 11. 29. 2011다17953).

(e) 양도인의 채권양도통지의 철회에 양수인이 동의하여야 그 효력이 있는지 여부

채권양도인이 양수인에게 채권을 양도하고 채무자에게 양도사실을 통지한 후에 채무자에게 채권양도통지를 취소한다는 통지를 하였더라도 양수인이 양도인의 채권양도통지의 철회에 동의한 바 없다면 양도인의 채권양도통지의 철회는 효력이 없다(대판 1993. 7. 13. 92다4178).

(3) 채권양도에 대한 채무자의 승낙

1) 채무자가 이의를 보류하지 아니하고 채권양도를 승낙을 한 때에는 양도인에게 대항할 수 있는 사유로써 양수인에게 대항하지 못한다(민 451조 1항 전문). 이는 채무자의 승낙이라는 사실에 공신력을 주어 양수인을 보호하고 거래의 안전을 꾀하기 위함이다.

2) 여기서 **승낙**이란 채무자가 채권양도사실에 관한 인식을 표명하는 것으로서 이른바 관념의 통지에 해당하고, 대리인에 의해서도 위와 같은 승낙을 할 수 있다(대판 1997. 5. 30. 96다22648, 2013. 6. 28. 2011다83110).

(4) 채권양도의 대항요건과 동시이행항변권 및 상계권

1) 채권양도에 의하여 채권은 그 동일성을 유지하면서 양수인에게 이전되고, 채무자는 양도통지를 받은 때까지 양도인에 대하여 생긴 사유로써 양수인에게 대항할 수 있다(민법 451조 2항).

2) 채무자의 채권양도인에 대한 **자동채권**이 발생하는 **기초가 되는 원인**이 양도 전에 이미 성립하여 존재하고 그 자동채권이 수동채권인 양도채권과 **동시이행의 관계**에 있는 경우에는, 양도통지가 채무자에게 도달하여 채권양도의 대항요건이 갖추어진 후에 자동채권이 발생하였다고 하더라도 채무자는 동시이행의 항변권을 수장할 수 있고, 따라서 그 채권에 의한 상계로 양수인에게 대항할 수 있다(대판 2015. 4. 9. 2014다80945).

3. 채권양도가 사해행위에 의하여 이루어진 경우

(1) 양도채권이 변제 등으로 소멸된 경우

1) 사해행위에 해당하는 채권양도가 채권자에 의하여 취소되기 전에 이미 채권양수인인 수익자 등이 제3채무자로부터 그 채권을 변제받는 등으로 **양도채권이 소멸된 경우**에는, 채권자는 원상회복의 방법으로 수익자 등을 상대로 그 **채권양도의 취소**와 함께 **변제로 수령한 금전의 지급**을 가액배상의 방법으로 청구할 수 있다. 이 경우 취소채권자로서는 수익자나 전득자에 대하여 직접 자신에게 금전이나 동산을 지급할 것을 청구할 수 있다.

2) 고의의 불법행위로 인한 손해배상채권의 채무자(가해자)는 그 채권을 수동채권으로 한 상계로 채권자(피해자)에게 대항하지 못한다(민 496조). 그 결과 채권이 양도된 경우에 채무자는 양수인에게도 상계로 대항할 수 없게 된다(민 451조 2항). 그러나 채권양도가 사해행위에 해당하는 경우 불법행위로 인한 손해배상채권의 채무자(가해자)가 채권양도인(피해자)에 대한 **별도의 채권자** 지위에서 채권양수인에게 채권자취소권을 행사하여 채권양도의 취소를 구함과 아울러 취소에 따른 원상회복 방법으로 직접 자신 앞으로 가액배상의 지급을 구하는 것 자체는 민법 496조에 반하지 않으므로 허용된다.

(2) 양도채권이 변제 등으로 소멸되지 아니한 경우

1) 수익자가 채무자로부터 양수한 채권을 제3채무자로부터 추심하지 아니하여 양도채권이 소멸되지 아니한 경우 **수익자가 취득한 채권을 채무자에게 반환**하는 방법으로 **채권자취소**에 따른 원상회복이 이루어져야 한다. 이 경우 수익자를 상대로 그 **채권의 양도**와 그 **채권양도의 통지**를 제3채무자에게 하여 줄 것을 청구할 수 있다(대판 2015. 11. 17. 2012다2743).

2) 다만 채무자의 수익자에 대한 채권양도가 사해행위로 취소되고, 그에 따른 원상회복으로서 제3채무자에게 채권양도가 취소되었다는 취지의 통지가 이루어지더라도, 채권자와 수익자의 관계에서 그 채권이 채무자의 책임재산으로 취급될 뿐, 채무자가 직접 그 채권을 취득하여 권리자로 되는 것은 아니므로(사해행위취소는 채권자와 수익자의 관계에서 상대적으로 채무자와 수익자 사이의 법률행위를 무효로 하는 데에 그치고, 채무자와 수익자 사이의 법률관계에는 영향을 미치지 아니한다), 채권자는 채무자를 **대위하여** 제3채무자에게 그 채권에 관한 **지급**

을 청구할 수 없다(대판 2015. 11. 17. 2012다2743).

　　⑶ 압류된 채권의 양도행위가 사해행위인 경우 사해행위취소판결의 효
　　　력 범위

　　채권에 대한 압류의 처분금지적 효력은 절대적인 것이 아니고, 이에 저촉
되는 채무자의 처분행위가 있어도 그 압류의 효력이 미치는 범위에서 압류채
권자에게 대항할 수 없는 상대적 효력을 가지는 데 그치므로, 압류 후에 피압
류채권이 제3자에게 양도된 경우 그 채권양도는 압류채무자의 **다른 채권자** 등
에 대한 관계에서는 유효하다.

　　다만 채권양도행위가 사해행위로 인정되어 그 취소판결이 확정된 경우에
도 그 취소의 효과는 그 사해행위 이전에 이미 그 **채권을 압류한 다른 채권자**에
게는 미치지 아니한다(대판 2015. 5. 14. 2014다12072 등).

　　4. 채권양도, 가압류·압류명령 등에서의 상호간의 우열

　　⑴ 판단기준시기

　　1) 채권양도의 경우와의 우열은 확정일자의 선후가 아니라, 확정일자 있는
통지의 도달시기에 의하여 결정한다.

　　2) 여기서 **확정일자**란 증서에 의하여 그 작성한 일자에 관한 완전한 증거
가 될 수 있는 것으로 법률상 인정되고, 당사자가 나중에 변경하는 것이 불가
능한 확정된 일자를 가리킨다.

　　⑵ 도달시기의 선후 여하

　　⒜ 도달시기의 선후를 알 수 있는 경우

　　1) 채권양도통지가 먼저 도달한 경우에는 양수인의 채권이므로 가압류의
효력이 없다(가압류할 채권이 채무자에게 속하지 아니한다).

　　2) 가압류결정정본이 먼저 송달되어 도달한 경우 양수인은 **가압류가 있는
채권**을 양수한다. 뒤에서 보는 바와 같이 그 후 **집행권원**을 취득하는 경우에는
그 양도는 무효가 된다.

　　⒝ 도달시기의 선후를 알 수 없는 경우(동시도달 추정)

　　1) 이 경우 가압류채권자와 양수인은 모두 제3채무자에 대하여 완전한 대
항력을 갖추고 있으므로 각자 자신의 권리를 주장할 수 있다. 가압류채권자는
본압류로 이전하여 추심명령 또는 전부명령을 받아 추심금청구 또는 전부금청

구를 할 수 있다. 양수인은 양수금 청구를 할 수 있다.

2) 제3채무자는 누구에게나 변제하면 **면책**된다. 다른 채권자에 대한 관계에서도 유효하게 면책된다.

3) 제3채무자는 송달의 선후가 불명한 경우에 준하여 채권자를 알 수 없다는 이유로 민법 487조 후단에 의하여 **변제공탁**을 함으로써 법률관계의 불안으로부터 벗어날 수 있다(대판(전) 1994. 4. 26. 93다24223 등).

제3채무자는 또한 민사집행법 291조, 248조 1항에 의하여 가압류에 관련된 금전채권에 대한 **집행공탁**을 할 수도 있으며, 위와 같은 사유를 들어 채권자 불확지 변제공탁과 집행공탁을 합한 **혼합공탁**을 할 수도 있다.

따라서 공탁자는 자기의 책임과 판단하에 변제공탁이나 집행공탁 또는 혼합공탁을 선택하여 할 수 있으므로, 제3채무자가 그 가운데 어느 공탁을 한 것인지는 피공탁자의 지정 여부, 공탁의 근거조문, 공탁사유, 공탁사유신고 등을 종합적·합리적으로 고려하여 판단하여야 한다(대판 2005. 5. 26. 2003다12311, 2013. 4. 26. 2009다89436).

4) 이 경우 다른 채권자는 더 이상 압류나 가압류에 따른 집행절차에 참가할 수 없다.

압류의 처분금지적 효력은 절대적인 것이 아니고, 이에 저촉되는 채무자의 처분행위도 그 압류채권자와 처분 전에 집행절차에 참가한 압류채권자나 배당요구채권자에게 대항하지 못한다는 의미에서의 **상대적 효력**을 가지는데 그친다. 따라서 압류의 효력발생 전에 채무자가 처분한 경우에는 그보다 먼저 압류한 채권자가 있어 그 채권자에게는 대항할 수 없는 사정이 있더라도 그 처분 후에 집행에 참가하는 채권자에 대해서는 처분의 효력을 대항할 수 있다(대판 2003. 5. 30. 2001다10748).

이는 **가압류**의 경우에도 마찬가지이다. 따라서 동일한 채권에 관하여 가압류명령의 송달과 확정일자 있는 양도통지가 동시에 제3채무자에게 도달함으로써 채무자가 가압류의 대상인 채권을 양도하고 채권양수인이 채권양도의 대항요건을 갖추었다면 다른 채권자는 더 이상 그 가압류에 따른 집행절차에 참가할 수는 없다(대판 2004. 9. 3. 2003다22561).

(3) 전부명령의 경우 압류경합인지 여부(동시도달의 경우)

1) 전부명령은 피압류채권에 관해 압류가 경합된 상태에서는 무효가 된다

(민집 229조 5항). 여기서 **압류의 경합**이란 피압류채권의 액수(피압류채권액)보다 경합된 가압류·압류채권의 합계 액수(압류채권액)가 초과하는 경우를 말한다 (민집 235조).

2) 따라서 압류채권액에 **채권양도**의 대상이 된 금액을 합산하여 피압류채권액과 비교해서는 아니 된다. 뿐만 아니라, 피압류채권액에서 채권양도의 대상이 된 금액 부분을 공제하고 나머지 부분만을 압류채권액과의 합계와 비교해서도 아니 된다.

(4) 압류된 채권의 양도

1) 압류의 채무자에 대한 효력은 채무자에 대하여 처분과 영수를 금지시키는 것이다. 채무자는 변제를 영수할 권한이 없으며, 채권을 양도하거나 채무를 면제할 수 없다.

2) 따라서 채무자의 제3채무자에 대한 채권에 압류가 행해지면 그 효력으로 인하여 채무자가 압류한 채권을 처분하더라도 채권자에게 대항할 수 없다. 그러나 앞서 본 바와 같이 압류의 효력은 **상대적 효력**을 가지는 데 그치므로, 압류 후에 피압류채권이 제3자에게 양도된 경우 채권양도는 압류채무자의 **다른 채권자** 등에 대한 관계에서는 유효하다(대판 2015. 5. 14. 2014다12072).

(5) 가압류된 채권의 양도

1) 가압류된 채권도 이를 양도하는데 아무런 제한이 없다. 다만 가압류된 채권을 양수받은 양수인은 그러한 가압류에 의하여 권리가 제한된 상태의 채권을 양수받는다고 보아야 한다.

2) 채권가압류의 **처분금지적 효력**은 본안소송에서 가압류채권자가 승소하여 집행권원을 얻는 등으로 **피보전권리의 존재**가 **확정**되는 것을 조건으로 발생한다. 따라서 채권가압류결정의 채권자가 본안소송에서 승소하는 등으로 **집행권원을 취득**하는 경우에는 가압류에 의하여 권리가 제한된 상태에서 채권을 양수받은 양수인에 대한 채권양도는 무효가 된다(**상대적 무효**, 대판 1998. 11. 13. 96다25692, 2002. 4. 26. 2001다59033. 이에 대하여 집행권원을 취득하여 가압류에 기한 본압류로 이전를 하는 경우에 채권양도가 무효라고 보는 견해도 있다). 따라서 양수금청구소송에서 양수인이 청구를 기각하는 판결을 하여야 한다

(6) 판례의 태도의 정리

1) 채권이 이중으로 양도된 경우의 양수인 상호간의 우열은 통지 또는 승

낙에 붙여진 확정일자의 선후에 의하여 결정할 것이 아니라, 채권양도에 대한 채무자의 인식, 즉 확정일자 있는 양도통지가 채무자에게 **도달한 일시** 또는 확정일자 있는 **승낙의 일시**의 선후에 의하여 결정하여야 한다.

이러한 법리는 채권양수인과 동일 채권에 대하여 가압류명령을 집행한 사람 사이의 우열을 결정하는 경우에도 마찬가지이므로, 확정일자 있는 채권양도통지와 가압류결정정본이 제3채무자에게 도달한 선후에 의하여 그 우열을 결정하여야 한다.

채권양도통지와 채권가압류결정정본이 **같은 날** 도달되었는데 그 선후관계에 대하여 달리 증명이 없으면 **동시에 도달**된 것으로 **추정**한다.

2) 채권양도통지와 채권에 대한 가압류, 또는 압류명령(및 추심명령이나 전부명령) 등 송달이 제3채무자에 동시에 되어 그들 상호간에 우열이 없는 경우에도 그 채권양수인, 가압류채권자 또는 압류채권자 등은 모두 제3채무자에 대하여 완전한 대항력을 갖춘 것이다.

따라서 그 전액에 대하여 채권양수금, 전부금 또는 추심금의 이행청구를 하고 적법하게 이를 변제받을 수 있고, 제3채무자로서는 이들 중 누구에게라도 그 채무 전액을 변제하면 다른 채권자에 대한 관계에서도 유효하게 면책된다.

만약 양수채권액과 가압류 또는 압류된 채권액의 합계액이 제3채무자에 대한 채권액을 초과할 때에는 그들 상호간에는 법률상 지위가 대등하므로 공평의 원칙상 각 채권액에 안분하여 이를 **내부적**으로 다시 **정산할 의무**가 있다.

3) 채권양도통지와 가압류결정정본 또는 압류명령(및 추심명령이나 전부명령)이 제3채무자에게 동시에 도달되었다고 인정되어 채무자가 채권양수인, 또는 추심명령이나 전부명령을 얻은 가압류, 또는 압류채권자 중 한 사람이 제기한 급부소송에서 전액 패소한 이후에도 다른 채권자가 그 송달의 선후에 관하여 다시 문제를 제기하는 경우 기판력의 이론상 제3채무자는 이중지급의 위험이 있을 수 있다.

따라서 동시에 송달된 경우에도 제3채무자는 송달의 선후가 불명한 경우에 준하여 채권자를 알 수 없다는 이유로 **변제공탁** 등을 함으로써 법률관계의 불안으로부터 벗어날 수 있다.

4) 동일한 채권에 대하여 두 개 이상의 채권압류명령 및 전부명령이 발령되어 제3채무자에게 동시에 송달된 경우 해당 전부명령이 **채권압류가 경합**된

상태에서 발령된 것으로서 **무효**인지 여부는 그 **각 채권압류명령의 압류액**을 합한 금액이 **피압류채권액**을 초과하는지를 기준으로 판단한다.

따라서 전자가 후자를 초과하는 경우에는 해당 전부명령은 모두 채권의 압류가 경합된 상태에서 발령된 것으로서 무효로 되지만, 그렇지 않은 경우에는 채권의 압류가 경합된 경우에 해당하지 아니하여 해당 전부명령은 모두 유효하게 된다.

그때 동일한 채권에 관하여 **확정일자 있는 채권양도통지**가 그 각 채권압류명령 및 전부명령 정본과 함께 제3채무자에게 동시에 송달되어 채권양수인과 전부채권자들 상호간에 우열이 없게 되는 경우에도 마찬가지이다.

5) 동일한 채권에 관하여 확정일자 있는 채권양도의 통지와 두 개 이상의 채권압류명령 및 전부명령 정본이 동시에 송달된 경우 채권양도는 채권에 대한 압류명령과는 그 성질이 다르므로 해당 전부명령이 채권의 압류가 경합된 상태에서 발령된 것으로서 무효인지 여부를 판단할 때에는 압류액에 채권양도의 대상이 된 금액을 합산하여 피압류채권액과 비교하거나 피압류채권액에서 채권양도의 대상이 된 금액 부분을 공제하고 나머지 부분만을 압류액의 합계와 비교해서는 아니 된다.

5. 채권양도와 기존채무의 변제

(1) 채권양도가 채무변제를 갈음한 것으로 볼 것인지 여부

1) 채무자가 채권자에게 채무변제와 관련하여 다른 채권을 양도하는 것은 특별한 사정이 없는 한 채무변제를 위한 **담보 또는 변제의 방법**으로 양도되는 것으로 **추정**하며, 채무변제를 갈음한 것으로 보지 아니한다.

2) 그 경우 채권양도만 있으면 바로 원래의 채권이 소멸한다고 볼 수는 없고 채권자가 양도받은 채권을 **변제받은 때**에 비로소 그 범위 내에서 채무자가 면책된다.

(2) 채권양도가 채무변제를 갈음한 것으로 볼 경우와 채무소멸시기

1) 채권양도가 채무변제를 갈음하여 이루어진 것이라 하더라도 채권양도의 대항요건까지 갖추어야 비로소 대물변제로서 채무소멸의 효력이 생긴다(대판 2012. 10. 11. 2011다82995). 채무변제를 갈음하여 다른 채권을 양도하기로 한 경우에는 특별한 사정이 없는 한 채권양도의 요건을 갖추어 대제납부가 이루어

짐으로써 원래의 채무는 소멸하며, 그 양수한 채권의 변제까지 이루어져야만 원래의 채무가 소멸하는 것은 아니다.

2) 이 경우 대체급부로서 채권을 양도한 양도인은 양도 당시 양도대상인 **채권의 존재**에 대해서는 담보책임을 지지만 당사자 사이에 별도의 약정이 있다는 등 특별한 사정이 없는 한 그 채무자의 **변제자력**까지 담보하는 것은 아니다 (대판 2013. 5. 9. 2012다40998).

6. 이중채권양도의 경우와 제2양수인의 채권취득 여부

1) 채권양도가 유효하기 위해서는 양도인이 그 채권을 처분할 수 있는 권한을 가지고 있어야 한다. 처분권한 없는 자가 지명채권을 양도한 경우 특별한 사정이 없는 한 채권양도로서 효력을 가질 수 없으므로 양수인은 그 채권을 취득하지 못한다.

2) **양도인**이 지명채권을 **제1양수인**에게 1차로 양도한 다음 제1양수인이 그에 따라 확정일자 있는 증서에 의한 대항요건을 적법하게 갖추었다면 이로써 채권이 제1양수인에게 이전하고 양도인은 그 채권에 대한 처분권한을 상실하므로, 그 후 양도인이 동일한 채권을 **제2양수인**에게 양도하였더라도 제2양수인은 그 채권을 취득할 수 없다. 이 경우 양도인이 다른 채무를 **담보**하기 위하여 제1차 양도계약을 한 것이더라도 **대외적**으로 채권이 제1양수인에게 이전되어 제1양수인이 채권을 취득하게 되므로 그 후에 이루어진 제2차 양도계약에 의하여 제2양수인이 채권을 취득하지 못하게 됨은 마찬가지이다.

3) 또한 **제2차 양도계약** 후 양도인과 제1양수인이 **제1차 양도계약을 합의해지**한 다음 제1양수인이 그 사실을 채무자에게 통지함으로써 채권이 다시 양도인에게 귀속하게 되었더라도 특별한 사정이 없는 한 양도인이 처분권한 없이 한 제2차 양도계약이 채권양도로서 유효하게 될 수는 없으므로, 그로 인하여 제2양수인이 당연히 그 채권을 취득하게 된다고 볼 수는 없다(대판 2016. 7. 14. 2015다46119).

7. 채권의 매매에 의한 채권양도와 담보책임(자력담보의 특약이 있는 경우)

1) 채권도 통상적인 동산의 소유권과 마찬가지로 매매의 대상이 된다. 따라서 채권이 매도인에게 속하지 아니한 경우에는 민법 570조가 적용된다.

2) 다만 민법 579조는 채권매매에서 매도인이 매매의 목적인 채권과 관련해서 채무자의 자력을 담보하는 특약(채무자의 무자력으로 변제되지 않은 부분을 매도인이 대신해서 변제하는 자력담보의 특약)을 하였으나, 채무자의 자력이 없거나 부족한 경우(일반적으로 채권매매의 흠이 있는 경우) 담보책임을 부담하도록 하고 있다.

3) 민법 579조는 매도인이 부담하여야 할 **담보책임의 범위**와 관련하여, ① **변제기에 도달한** 채권의 매도인이 채무자의 자력을 담보한 때에는 매매계약 당시의 자력을 담보한 것으로 추정하며, ② **변제기에 도달하지 아니한** 채권의 매도인이 채무자의 자력을 담보한 때에는 변제기의 자력을 담보한 것으로 추정한다.

4) 채권매매의 매수인은 먼저 채무자에게 이행청구를 하되 채무자의 자력부족으로 변제를 받지 못한 때에는 채권의 매도인에게 민법 579조 1항·2항에서 규정한 기준시점에 따른 손해배상을 청구할 수 있다.

Ⅱ. 채권양도의 소송법상 문제

1. 채권양도의 대항요건과 청구원인사실

1) 채권양도에서의 **대항요건**(양도인의 통지 또는 채무자의 승낙)은 **청구원인사실**로서, **권리근거사실**이다. 따라서 이에 대해서는 원고에게 주장·증명책임이 있다(대판 1968. 3. 26. 68다164, 2009. 7. 9. 2009다23696).

2) 경매청구의 경우 피담보채권을 저당권과 함께 양수한 사람은 저당권이전의 부기등기를 마치고 저당권실행의 요건을 갖추고 있는 한 채권양도의 대항요건을 갖추고 있지 아니하더라도 경매신청을 할 수 있다. 이에 대하여 채무자는 경매절차의 이해관계인으로서 채권양도의 대항요건을 갖추지 못하였다는 사유를 들어 **경매개시결정에 대한 이의신청**(민집 86조) 등에서 다툴 수 있다. 이 경우 신청채권자(저당권부 채권의 양수인)가 대항요건을 갖추었다는 사실을 증명하여야 한다(대판 2005. 6. 23. 2004다29279, 대결 2014. 12. 2. 2014마1412 등).

2. 채권양도의 통지를 조건으로 한 양수금청구의 허용 여부

1) 장래의 채권에 기한 장래의 이행의 소를 제기하기 위한 청구적격으로

서, 기초적 법률관계가 존재하고(그러한 상태가 계속될 것이 예상되어야 한다), 가까운 장래 발생할 것이 확실하여야 한다(충분한 개연성이 있어야 한다).

2) **판례**는, 채권양도통지 전에는 양수인은 채무자와 사이에 **아무런 법률관계가 없어** 채무자에 대하여 어떠한 권리주장을 할 수 없으므로 채권양도통지를 조건으로 하는 장래의 이행의 소를 제기할 수 없다고 본다(대판 1992. 8. 18. 90다9452,9469).

3. 소송행위를 하게 하는 것을 주된 목적으로 한 채권양도

(1) 의   의

1) 소송행위를 하게 하는 것을 주된 목적으로 하는 채권양도는 **신탁법 6조**(소송신탁금지규정)를 **유추적용**하여(채권양도는 신탁이 아니므로 신탁법 6조가 적용되는 것이 아니라, 유추적용이 된다) 무효이다.

2) 소송행위를 하게 하는 것을 주된 목적으로 하는 **채권양도**는 형식상으로 채권양도이나 **실질상**으로는 임의적 소송담당의 경우이다.

임의적 소송담당이란 법률의 규정에 의하여 제3자가 소송담당을 하는 것이 아니라, 당사자가 임의로 제3자에게 당사자적격을 부여하여 소송담당하게 하는 경우를 말한다. 임의적 소송담당은 법률상 명문의 규정으로 이를 허용하는 경우가 아닌 경우 원칙적으로 허용하지 아니한다(변호사소송대리의 원칙과 소송신탁금지의 원칙을 잠탈하는 경우이기 때문이다).

다만 임의적 소송담당에 해당하지만 위에서 말한 변호사소송대리의 원칙과 소송신탁금지의 원칙을 잠탈하는 경우가 아닌 **합리적 필요성**이 있는 경우에는 허용한다. 합리적 필요성이 있는지 여부는 소송담당자의 ① 고유한 이익의 존재, ② 포괄적 관리처분권의 존재, ③ 해당 권리관계에 관한 지식 등을 종합하여 판단하여야 한다.

(2) 소송행위를 하게 하는 것을 주된 목적으로 하는 채권양도인지 여부의 판단기준

1) 소송행위를 하게 하는 것을 주된 목적으로 하는 채권양도인지는 채권양도의 경위와 방식, 양도계약이 이루어진 후 제소에 이르기까지의 시간적 간격, 양도인과 양수인 사이의 신분관계 등 모든 사정을 종합적으로 고려하여 판단한다(대판 2014. 3. 27. 2012다23412 등).

2) 집합건물이나 공동주택을 둘러싼 분쟁에서 관리단 또는 아파트입주자대표회의에 채권양도를 하는 경우도 있다.

(3) 법원의 조치

1) 소송행위를 하게 하는 것을 주된 목적으로 하는 채권양도는 그 실질이 **임의적 소송담당**으로 당사자적격의 문제에 속하나 당사자의 주장 자체로써 당사자적격이 없음이 명백한 경우가 아니다. 따라서 이에 해당하여 무효인지 여부는 본안의 판단에 흡수된다.

2) 양수인이 원고가 되어 제기한 양수금청구소송에서 심리결과 소제기를 주된 목적으로 한 채권양도임이 밝혀진 경우에는 이러한 채권양도는 무효이므로 법원은 (양수금청구가 이유 없다고 하여) **청구기각판결**을 하여야 한다.

4. 채권양도의 통지가 없는 상태에서 양수금청구의 소를 제기한 경우와 시효중단의 효력 유무

판례는 이 경우에도 양수금청구의 소의 제기로 시효중단의 효력이 발생한다고 본다(대판 2005. 11. 10. 2005다41818).

판례가 들고 있는 이유는 다음과 같다. ① 채권양도는 구채권자인 양도인과 신채권자인 양수인 사이에 채권을 그 동일성을 유지하면서 전자로부터 후자에게로 이전시킬 것을 목적으로 하는 계약을 말한다 할 것이고, 채권양도에 의하여 채권은 그 동일성을 잃지 않고 양도인으로부터 양수인에게 이전되며 이러한 법리는 채권양도의 대항요건을 갖추지 못하였다고 하더라도 마찬가지인 점, ② 민법 149조의 "조건의 성취가 미정(未定)한 권리의무는 일반규정에 의하여 처분, 상속, 보존 또는 담보로 할 수 있다"는 규정은 대항요건을 갖추지 못하여 채무자에게 대항하지 못한다고 하더라도 채권양도에 의하여 채권을 이전받은 양수인의 경우에도 그대로 준용될 수 있는 점, ③ 채무자를 상대로 재판상 청구를 한 채권의 양수인을 '권리 위에 잠자는 자'라고 할 수 없는 점 등에 비추어 보면, 비록 대항요건을 갖추지 못하여 채무자에게 대항하지 못한다고 하더라도 채권의 양수인이 채무자를 상대로 재판상 청구를 하였다면 이는 소멸시효 중단사유인 재판상 청구에 **해당한다**고 보아야 한다(그러나 이러한 판례의 논리는, ① 대항요건을 갖추지 못한 양수인에게 시효중단을 인정하기 위하여 조건부 권리에 관한 민법 149조를 원용하는 것은 적절하지 않고, ② '재판상 청구를 하였으므로' 양수인은 '권리 위에 잠자는 사람'이 아니라는 것은 채무자에게 채권을 행사하지 못하는 양수인에게 왜 시효중단을 위한 재판상 청구를 허용할 수 있는지에 대한 이유가 되지 못하므로 문제가 있다).

5. 채권양도의 대항요건을 갖추기 전에 양도인이 채무자를 상대로 제기한 재판상 청구와 시효중단의 효력 여부

1) 채권양도 후 대항요건이 구비되기 전의 양도인은 채무자에 대한 관계에서는 여전히 채권자의 지위에 있으므로 채무자를 상대로 시효중단의 효력이 있는 재판상 청구를 할 수 있고, 이 경우 양도인이 제기한 소송 중에 채무자가 채권양도의 효력을 인정하는 등의 사정으로 인하여 양도인의 청구가 기각됨으로써 민법 170조 1항에 의하여 시효중단의 효력이 소멸된다고 하더라도, 양도인의 청구가 당초부터 무권리자에 의한 청구로 되는 것은 아니다(대판 2009. 2. 12. 2008두20109).

2) 따라서 양수인이 그때부터 6월 내에 채무자를 상대로 재판상 청구 등을 하였다면, 민법 169조 및 170조 2항에 의하여 양도인의 **최초의** 재판상 청구로 인하여 시효가 중단된다.

6. 정지조건부 채권양도와 주장·증명책임

정지조건부 채권양도에서 **정지조건이 붙어 있다는 사실**(권리저지사실)은 채권양도의 효력을 저지하는 상대방에게 주장·증명책임이 있고, 이러한 **정지조건이 성취되었다는 사실**은 채권양도의 효력을 주장하는 사람에게 그 증명책임이 있다.

7. 양도인이 채권이행의 소를 제기한 경우와 양수인의 소송참가

(1) 채권양도와 참가승계

(a) 대항요건을 갖춘 경우

1) 양수인이 양도인으로부터 채권을 양수하여 채무자에게 대항할 수 있는 경우(즉 채권자가 양도통지를 하였다든지, 채무자가 채권양도를 승낙한 경우)에는 참가승계를 할 수 있다. 참가승계신청은 독립당사자참가방식으로 참가신청을 한다(민소 81조).

2) 만약 피참가인인 양도인이 이를 다투는 경우에는 삼면적(三面的) 소송구조인 독립당사자참가의 구조가 된다. 양도인이 이를 다투지 아니한 경우에는 상대방의 승낙을 받아 **소송탈퇴**할 수 있다(민소 81조·80조). 참가승계신청이 적법한 경우 소송탈퇴로써 피승계인의 소송관계는 종료한다.

(b) 대항요건을 갖추지 아니한 경우

1) 양도인과 양수인 사이의 양도계약으로 양도인과 양수인 사이에 권리이전의 효과가 발생한다. 그러나 양수인이 채무자에게 대항할 수 없는 경우, 즉 양도인과 양수인 사이에 양도계약만 체결된 상태에서는 승계인이 아니다.

2) 참가승계신청시 채권양도 및 양도통지의 사실을 적어야 한다. 양도통지 사실은 승계인이 증명할 사실(**청구원인사실**)이다. 양도통지를 하지 아니한 경우에는 승계인적격이 없으므로 참가신청을 각하하는 판결을 한다(물론 변론을 열어야 한다).

(2) 채권양도와 독립당사자참가

(a) 대항요건을 갖춘 경우

1) 채권양도에서 대항요건을 갖춘 경우 양수인이 채무자에게 대항할 수 있으므로 양도인의 본소청구와 양수인의 참가신청은 양립불가능한 관계에 있다. 이 경우 채권의 귀속을 다투는 소송, 즉 진정한 채권자가 누구인지(원고인지, 참가인인지)를 가리는 소송이 된다(독립당사자참가 가운데 **권리주장참가**. 민소 79조 1항 전단). 따라서 양수인이 참가신청을 하는 경우 양도인이 양도사실을 다투지 아니하면 양도인은 상대방인 채무자의 승낙을 받아 **소송탈퇴**를 할 수 있으나, 양도인이 양도사실을 다투는 경우에는 삼면적 소송구조를 지니게 된다.

2) **판례**는, 변제공탁금의 정당한 수령권자라고 다투는 사람이 원고와 참가인으로서 이들이 모두 당사자로 되어 있어 법원으로서는 그 가운데 누가 위 공탁금의 정당한 수령권자인지를 합일적으로 심리·확정하여야 하는 처지에 놓여 있는 경우 독립당사자참가를 허용하였다(대판 1975. 2. 25. 74다1531,1532).

(b) 대항요건을 갖추지 아니한 경우

1) 양수인은 채무자에게 대항할 수 없다. 즉 양수인은 채무자에 대하여 양수금채권을 행사할 수 없다. 따라서 양도인의 본소청구와 양수인의 참가신청은 법률상 양립불가능한 경우가 아니므로, 편면참가이든, 쌍면참가이든 할 수 없다(편면참가인 경우에도 본소청구와 양립불가능한 관계이어야 한다. 즉 삼면적(三面

的) 소송구조를 가져야 한다).

2) 만약 양수인이 양도인인 원고에 대해서는 채무자인 피고에게 양도통지를 하라는 양도통지이행청구를 하고, 채무자에 대하여 양도통지를 조건으로 한 이행청구를 하는 경우 ① 참가인의 원고에 대한 청구는 원고의 본소청구와 양립불가능한 관계에 있는 청구를 한 것이 아니기 때문에(양도인이 양도통지를 하지 아니하는 한 양도인이 채권자이다) 참가신청이 부적법하여 각하하여야 한다. ② 참가인의 피고에 대한 청구는 양도통지를 갖추기 전까지는 여전히 원고인 채권자가 채권자이므로, 양도통지를 조건으로 하는 청구와 양립불가능한 관계에 있다고 볼 수 없으므로 참가신청을 각하하여야 할 뿐만 아니라, 장래의 이행의 소로서의 청구적격을 갖추지 못하여(참가인과 피고 사이에 아무런 기초되는 법률관계가 없다) 각하하여야 한다.

(3) 채권양도와 보조참가

(a) 대항요건을 갖춘 경우

채무자에 대해서도 양수인이 권리자이다. 양수인은 피참가인의 승소를 위하여 보조참가를 할 수 없다.

(b) 대항요건을 갖추지 아니한 경우

1) 채무자가 채권의 존재와 범위를 다투는 경우 양수인은 양도인에 대해서는 권리이전의 효과를 주장할 수 있으나, 채무자에 대해서는 권리를 주장할 수 없다(양수금채권이 발생하지 아니하였다). 양수인은 채권자의 승소를 위하여 보조참가할 법률상 이해관계가 있다(민소 71조). 양수인은 양도인과의 양도계약의 당사자로서 채권자를 보조하여 채권의 존재와 범위를 확정할 필요가 있다.

만약 양도인이 승소확정판결을 받는 경우 그 판결의 변론종결 후 양도통지를 한 경우에는 변론종결 후 승계인으로 양수인에게도 판결의 효력이 미친다. 따라서 양수인은 승계집행문(민집 31조)을 발부받아 채권을 집행할 수 있다.

2) 채무자가 채권의 존재와 범위는 다투지 아니하는 경우 양수인은 채권자의 승소를 위하여 보조참가할 법률상 이해관계가 없다. 보조참가의 이유는 양수인이 양도인과 양도계약을 체결하여 양도채권을 양수한 당사자이기 때문인데, 이 경우 채무자가 채권양도를 승낙한 경우에 채권자인 원고의 청구를 기각하여야 한다. 즉 양수인의 보조참가로 인하여 오히려 양도인의 패소판결을 받을 수 있는 경우이다.

8. 집행권원상 채권양도와 승계집행문

집행권원상 채권양도를 받은 사람은 승계인으로서 **승계집행문**(민집 31조)의 부여를 구할 수 있다. 이 경우 채권양도사실 이외에 대항요건(민 450조 1항)인 양도인의 채무자에 대한 통지나 채무자의 승낙의 사실을 증명하여야 한다. 예컨대 채권자가 집행권원에 기하여 압류 및 추심명령을 받은 후 그 집행권원상의 채권을 양도하였다고 하더라도 그 채권의 양수인이 기존 집행권원에 대하여 승계집행문을 부여받지 않았다면, 집행채권자의 지위에서 압류채권을 추심할 수 있는 권능이 있다고 볼 수 없다(대판 2008. 8. 11. 2008다32310).

제 2 절 　 채무인수

Ⅰ. 채무인수의 실체법상 문제

1. 면책적 채무인수와 중첩적 채무인수의 구별

⑴ 면책적 채무인수

1) 채무인수의 효력이 생기기 위하여 채권자의 승낙을 요하는 것은 면책적 채무인수의 경우에 한한다(민 454조). 채권자가 직접 인수인에 대하여 인수 채무금의 지급을 청구한 경우에는 채권자는 이러한 지급청구로서 **묵시적**으로 인수인의 채무인수를 승낙한 것으로 본다(대판 1989. 11. 14. 88다카29962).

2) 제3자가 채무자와의 계약으로 채무를 인수하여 채무자의 채무를 면하게 하는 면책적 채무인수의 경우에 채권자의 승낙이 있어야 채권자에 대하여 그 효력이 생긴다고 규정하고 있다. 따라서 채권자의 승낙이 없는 경우에는 채무자와 인수인 사이에서 면책적 채무인수 약정을 하더라도 **이행인수** 등으로서의 효력밖에 갖지 못하며 채무자는 채무를 면하지 못한다(대판 2010. 5. 13. 2009다105222).

⑵ 중첩적 채무인수

1) 면책적 채무인수와 달리 중첩적 채무인수(병존적 채무인수)는 당사자의 채무는 그대로 존속하며 이와 별도로 채무를 부담하는 것에 불과하다.

2) 채무자와 인수인의 합의에 의한 중첩적 채무인수는 일종의 **제3자를 위한 계약**(민 539조)이다(대판 1996. 12. 23. 96다33846). 채권자는 인수인에 대하여 채무이행을 청구하거나 그 밖의 채권자로서의 권리를 행사하는 방법으로 **수익의 의사표시**를 함으로써 인수인에 대하여 직접 청구할 권리를 갖게 된다.

제3자를 위한 계약에서는 제3자인 수익자가 수익의 의사표시를 함으로써 수익자에게 권리가 확정적으로 귀속한다. 이 경우 계약의 당사자인 요약자와 낙약자는 제3자의 권리를 변경·소멸시키지 못한다. 요약자와 낙약자 사이의 변경·소멸의 합의는 수익자에 대하여 원칙적으로 효력이 없다. 다만 ① 요약자와 낙약자 사이의 합의에 의하여 제3자의 권리를 변경·소멸시킬 수 있음을 미리 유보한 경우, ② 제3자의 동의가 있는 경우 등에는 변경·소멸시킬 수 있다.

3) 중첩적 채무인수에서 인수인이 채무자의 부탁 없이 채권자와의 계약으로 채무를 인수하는 것은 매우 드문 일이다. 따라서 채무자와 인수인은 통상 주관적 공동관계가 있는 **연대채무관계**에 있고, 인수인이 채무자의 부탁을 받지 아니하여 주관적 공동관계가 없는 경우에는 **부진정연대채무관계**에 있는 것으로 보아야 한다(대판 2009. 8. 20. 2009다32409, 2014. 8. 26. 2013다49428 등).

(3) 구별기준

1) 채무인수가 면책적인지 중첩적인지 여부는 채무인수계약에 나타난 당사자 의사의 해석에 관한 문제이다. 면책적 채무인수의 경우 채권자의 승낙은 반드시 명시적 의사표시에 의해야 하는 것은 아니고 묵시적 의사표시에 의해서도 가능하다.

2) 계약당사자 사이에서 당사자 일방이 상대방 당사자가 제3자에게 부담하고 있는 채무와 동일한 내용의 채무를 중첩적으로 인수하여 직접 제3자에 대하여 이행하기로 약정하는 경우에는 **제3자를 위한 계약**으로 유효한 것이라고 보아야 한다(대판 1996. 12. 23. 96다33846).

3) 채무자에 대한 채권을 상실시키는 효과가 있는 **면책적 채무인수**의 경우 채권자의 승낙을 **계약의 효력발생요건**으로 보아야 하는 것과는 달리, 채무자와 인수인의 합의에 의한 **중첩적 채무인수**의 경우 채권자의 수익의 의사표시는 그 계약의 성립요건이나 효력발생요건이 아니라 채권자가 인수인에 대하여 **채권을 취득하기 위한 요건**이다.

4) 채무자와 인수인의 합의에 의한 중첩적 채무인수의 경우 채권자가 수

익을 받지 않겠다는 의사표시를 하였다면 채권자는 인수인에 대하여 채권을 취득하지 못하고, 특별한 사정이 없는 한 사후에 이를 번복하고 다시 수익의 의사표시를 할 수는 없다.

그러나 이와 달리 인수인이 채권자에게 중첩적 채무인수라는 취지를 알리지 아니한 채 채무인수에 대한 승낙 여부만을 최고하여 채권자가 인수인으로부터 최고받은 채무인수가 채무자에 대한 채권을 상실하게 하는 면책적 채무인 것으로 잘못 알고 면책적 채무인수를 승낙하지 아니한다는 취지의 의사표시를 한 경우 이는 중첩적 채무인수에 대하여 **수익거절의 의사표시**를 한 것이라고 볼 수 없으므로, 채권자는 그 후 중첩적 채무인수 계약이 유효하게 존속하고 있는 한 **수익의 의사표시**를 하여 인수인에 대한 채권을 취득할 수 있다(대판 2013. 9. 13. 2011다56033).

5) 사업이나 부동산을 매수하는 사람이 근저당채무 등 그 부동산에 결부된 부담을 인수하고 그 채무액만큼 매매대금을 공제하기로 약정하는 경우에, 매수인의 그러한 채무부담의 약정은 채권자의 승낙이 없는 한 매도인 측을 면책시키는 이른바 면책적 채무인수라고는 볼 수 없다(대판 2008. 3. 13. 2007다54627).

6) 금전소비대차계약으로 인한 채무에 관하여 제3자가 채무자를 위하여 **약속어음**을 발행하는 것은 특별한 사정이 없는 한 동일한 채무를 중첩적으로 인수한 것으로 봄이 타당하다(대판 1989. 9. 12. 88다카13806, 1998. 3. 13. 97다52493).

2. 이행인수 및 계약인수의 구별

(1) 이행인수

(a) 의   의

1) 이행인수는 인수인이 채무자에 대하여 그 채무를 이행할 것을 약정하는 채무자와 인수인 사이의 계약으로서, 인수인은 채무자와 사이에 채권자에게 채무를 이행할 의무를 부담하는 데 그치고 직접 채권자에 대하여 채무를 부담하는 것이 아니므로 채권자는 직접 인수인에 대하여 채무를 이행할 것을 청구할 수 없다.

2) 그러나 채무자는 인수인이 그 채무를 이행하지 아니하는 경우 인수인에 대하여 채권자에게 이행할 것을 청구할 수 있고, 그에 관한 **승소판결**을 받

은 때에는 금전채권의 집행에 관한 규정을 준용하여 강제집행을 할 수도 있다. 이러한 채무자의 인수인에 대한 청구권은 그 성질상 재산권의 일종으로서 일신전속적 권리라고 할 수는 없으므로, 채권자는 채권자대위권에 의하여 채무자의 인수인에 대한 청구권을 대위행사할 수 있다(대판 2009. 6. 11. 2008다75072).

3) 민법 481조에 의하여 법정대위를 할 수 있는 '변제할 정당한 이익이 있는 자'란 변제함으로써 당연히 **대위의 보호**를 받아야 할 **법률상 이익**을 가지는 자를 의미한다. 그런데 이행인수인이 채무자와의 이행인수약정에 따라 채권자에게 채무를 이행하기로 약정하였음에도 불구하고 이를 이행하지 아니하는 경우에는 채무자에 대하여 채무불이행의 책임을 지게 되어 특별한 법적 불이익을 입게 될 지위에 있다고 할 것이므로, 이행인수인은 그 **변제할 정당한 이익**이 있다(대결 2012. 7. 16. 2009마461,462).

(b) 면책적 채무인수와 이행인수의 구별

1) 부동산의 매수인이 매매목적물에 관한 채무를 인수하는 한편 그 채무액을 매매대금에서 공제하기로 약정한 경우, 그 인수는 특별한 사정이 없는 한 매도인을 면책시키는 채무인수가 아니라 **이행인수**로 보아야 하고, 매수인은 매매계약시 인수한 채무를 현실적으로 변제할 의무를 부담하는 것은 아니며, 특별한 사정이 없는 한 매수인이 매매대금에서 그 채무액을 공제한 나머지를 지급함으로써 잔금지급의 의무를 다하였다고 본다(대판 2004. 7. 9. 2004다13083 등).

2) 부동산의 매수인이 매매목적물에 관한 근저당권의 피담보채무를 인수하는 한편 그 채무액을 매매대금에서 공제하기로 약정한 경우, 다른 특별한 약정이 없는 이상 이는 매도인을 면책시키는 채무인수가 아니라 이행인수로 보아야 한다. 따라서 매수인이 위 채무를 현실적으로 변제할 의무를 부담한다고 해석할 수 없다. 이 경우 특별한 사정이 없는 한 매수인은 매매대금에서 그 채무액을 공제한 나머지를 지급함으로써 잔금지급의무를 다하였다고 본다.

설사 매수인이 위 채무를 현실적으로 변제하지 아니하였다 하더라도 그와 같은 사정만으로는 매도인은 매매계약을 해제할 수 없다. 그러나 매수인이 인수채무를 이행하지 아니함으로써 매매대금의 일부를 지급하지 아니한 것과 동일하다고 평가할 수 있는 **특별한 사유**가 있을 때에는 계약해제권이 발생한다. 위와 같은 특별한 사유가 있는지 여부는, 매매계약의 당사자들이 그러한 내용의 매매계약에 이르게 된 경위, 매수인의 인수채무 불이행으로 인하여 매도인이 입게 되는 구체적인 불이익의 내용과 그 정도 등 여러 사정을 종합적으로 고려하여 '매매대금의 일부를 지급하지 아니한 것과 동일하다고 평가할 수 있는 경우'에 해당하는지 여부를 판단하여야 한다(대판 2007. 9. 21. 2006다69479, 69486).

3) 부동산의 매수인이 매매목적물에 관한 임대차보증금반환채무 등을 인수하는 한편 그 채무액을 매매대금에서 공제하기로 약정한 경우 이러한 인수는 특별한 사정이 없는 이상 매도인을 면책시키는 면책적 채무인수가 아니라 이행인수로 보아야 하고, 면책적 채무인수로 보기 위해서는 이에 대한 채권자 즉 임차인의 승낙이 있어야 한다. 이 경우 임차인의 승낙은 반드시 명시적 의사표시에 의해야 하는 것은 아니고 묵시적 의사표시에 의해서도 가능하다(그러나 임차인이 채무자인 임대인을 면책시키는 것은 그의 채권을 처분하는 행위이므로, 만약 임대차보증금반환채권의 회수가능성 등이 의문시되는 상황이라면 임차인의 어떠한 행위를 임대차보증금반환채무의 면책적 인수에 대한 묵시적 승낙의 의사표시에 해당한다고 쉽게 단정해서는 아니 된다. 대판 2015. 5. 29. 2012다84370).

(c) 중첩적 채무인수와 이행인수의 구별

1) 어떠한 약정이 이행인수에 불과한지 아니면 중첩적 채무인수 즉 제3자를 위한 계약인지 구별을 위한 그 판단기준은 계약당사자에게 제3자 또는 채권자가 계약당사자 한쪽 또는 채무인수인에 대하여 직접 채권을 취득케 할 의사가 있는지 여부에 달려 있다. 구체적으로는 계약 체결의 동기, 경위 및 목적, 계약에서의 당사자의 지위, 당사자 사이 및 당사자와 제3자 사이의 이해관계, 거래 관행 등을 종합적으로 고려하여 그 의사를 해석하여야 한다.

2) 인수의 대상으로 된 채무의 책임을 구성하는 권리관계도 함께 양도된 경우이거나 채무인수인이 그 **채무부담에 상응하는 대가**를 얻을 때에는 특별한 사정이 없는 한 원칙적으로 이행인수가 아닌 중첩적 채무인수로 보아야 한다(대판 2010. 2. 11. 2009다73905, 2010. 5. 13. 2009다105222).

(2) 계약인수

(a) 의   의

1) 계약당사자로서의 지위 승계를 목적으로 하는 계약인수는 계약당사자 및 인수인의 3면 합의에 의하여 계약당사자 중 일방이 당사자로서의 지위를 포괄적으로 제3자에게 이전하여 계약관계에서 탈퇴하고 제3자가 그 지위를 승

계하는 것을 목적으로 하는 계약이다.

2) 3면 계약으로 이루어지는 것이 보통이나 관계 당사자 중 2인이 합의하고 나머지 당사자가 이를 동의 내지 승낙하는 방법으로도 가능하고, 나머지 당사자의 동의나 승낙이 반드시 명시적 의사표시에 의해야 하는 것은 아니며 묵시적 의사표시에 의해서도 가능하다.

3) 이러한 계약인수 여부가 다투어지는 경우 그것이 계약 주체의 변동을 초래하는 등 당사자 사이의 법률상 지위에 중대한 영향을 미치는 법률행위인 점을 고려하여, 계약의 성질, 거래의 동기와 경위, 거래 형식 및 내용, 당사자가 그 거래행위에 의하여 달성하려는 목적, 거래관행 등에 비추어 신중하게 판단하여야 한다(대판 2012. 6. 28. 2010다54535,54542).

(b) 효   과

1) 계약당사자로서의 지위의 승계를 목적으로 하는 계약인수는 계약으로부터 발생하는 채권·채무의 이전 외에 그 계약관계로부터 생기는 해제권 등 포괄적 권리의무의 양도를 포함한다.

2) 계약인수 후에는 양도인의 면책을 유보하였다는 등의 특별한 사정이 없는 한 잔류당사자와 양도인 사이에는 계약관계가 존재하지 않게 되며 그에 따른 채권채무관계도 소멸한다.

3) 토지거래허가가 필요한 지역의 부동산의 매매에서 제3자가 토지거래허가를 받기 전의 토지매매계약상 **매수인의 지위**를 **인수**하는 것은 무효이다(2016. 1. 19. 제정, 2017. 1. 20. 시행 **부동산 거래신고 등에 관한 법률** 11조 1항·6항에 의하면 토지거래허가구역 내 토지에 관한 매매계약에서 이러한 매매계약이 관할청의 허가를 전제로 한 계약이라고 할지라도 허가받기 전의 상태에서는 아무런 효력이 없다. 위 법률 제정 전에는 토지거래허가에 관하여 **국토의 계획 및 이용에 관한 법률**에서 규정하고 있었다). 이와 달리 **매도인의 지위**를 **인수**하는 경우에는 최초 매도인과 매수인 사이의 매매계약에 대해 관할청의 허가가 있어야만 매도인 지위의 인수에 관한 합의의 효력이 발생한다고 볼 것은 아니다(토지거래허가제도는 투기거래를 방지해 정상적 거래질서를 형성하려는 데 입법취지가 있다. 대판 2013. 12. 26. 2012다1863).

4) 양도인의 제3채무자에 대한 채권이 압류된 후 그 채권의 발생원인인 계약의 당사자 지위를 이전하는 계약인수가 이루어진 경우 양수인은 압류에 의하여 권리가 제한된 상태의 채권을 이전받게 된다(채권의 압류는 제3채무자에

대하여 채무자에게 지급금지를 명하는 것이므로 채무자는 채권을 소멸 또는 감소시키는 등의 행위를 할 수 없고 그와 같은 행위로 채권자에게 대항할 수 없는 것이지만, 채권의 발생원인인 법률관계에 대한 채무자의 처분까지도 구속하는 효력은 없다. 그런데 계약 당사자로서의 지위승계를 목적으로 하는 계약인수의 경우에는 양도인이 계약관계에서 탈퇴하는 까닭에 양도인과 상대방 당사자 사이의 계약관계가 소멸하지만, 양도인이 계약 관계에 기하여 가지던 권리의무가 동일성을 유지한 채 양수인에게 그대로 승계된다). 따라서 제3채무자는 계약인수에 의하여 그와 양도인 사이의 계약관계가 소멸하였음을 내세워 압류채권자에 대항할 수 없다(대판 2015. 5. 14. 2012다41359).

3. 물상보증인과 채무인수

(1) 물상보증인이 제3자의 채무인수에 동의한 경우

물상보증인이 제3자의 채무인수에 동의한 경우(민 459조 단서) 이러한 동의는 인수인을 위하여 새로운 담보를 설정하도록 하는 의사표시가 아니라, 기존의 담보를 인수인을 위하여 계속시키려는 것에 대한 의사표시이다. 따라서 물상보증인이 채무인수에 동의함으로써 소멸하지 아니하는 담보는 당연히 기존의 담보와 동일한 내용을 갖는 것이다.

(2) 물상보증인이 채무인수한 경우

물상보증인이 채무인수한 경우 근저당권의 변경의 부기등기를 하여야 한다. 이러한 변경등기는 특별한 사정이 없는 한 당초 채무자가 근저당권자에 대하여 부담하고 있던 것으로서 물상보증인이 인수한 채무만을 그 대상으로 하는 것이다. 따라서 그 후 채무를 인수한 물상보증인이 다른 원인으로 근저당권자에 대하여 부담하게 된 새로운 채무까지 담보하는 것으로 볼 수 없다.

(3) 물상보증인이 면책적 채무인수를 한 경우와 구상권 취득 여부

다른 사람의 채무를 담보하기 위하여 그 소유의 부동산에 저당권을 설정한 물상보증인이 다른 사람의 채무를 변제하거나 저당권의 실행으로 저당물의 소유권을 잃은 때에는 채무자에 대하여 구상권을 취득한다(민 370조 · 341조). 그런데 구상권 취득의 요건인 '채무의 변제'란 채무의 내용인 급부가 실현되고 이로써 채권이 그 목적을 달성하여 소멸하는 것을 의미하므로, 기존 채무가 동일성을 유지하면서 인수 당시의 상태로 종래의 채무자로부터 인수인에게 이전할 뿐 기존 채무를 소멸시키는 효력이 없는 **면책적 채무인수**는 실질 내지 민법이

기존 채무자가 채무를 면한다고 하더라도 이를 가리켜 채무가 변제된 경우에 해당한다고 할 수 없다. 따라서 채무인수의 대가로 기존 채무자가 물상보증인에게 어떤 급부를 하기로 약정하였다는 등의 사정이 없는 한 물상보증인이 기존 채무자의 채무를 면책적으로 인수하였다는 것만으로 물상보증인이 기존 채무자에 대하여 구상권 등의 권리를 가진다고 할 수 없다(대판 2019. 2. 14. 2017다 274703).

Ⅱ. 채무인수의 소송법상 문제

1. 소송물의 양도

소송물의 양도는 소송물에 관한 **당사자적격의 승계**로서, 이를 **계쟁물의 양도** 또는 **다툼의 대상의 양도**라고 한다. 소송물의 양도가 있는 경우 소송참가의 방법으로는 **참가승계**(민소 81조)와 **인수승계**(민소 82조)가 있다.

2. 소송물의 양도와 적격승계설

(1) 적격승계설과 분쟁주체지위승계설

소송물의 양도에는 소송물 자체의 승계만이 아닌 소송물에 관한 당사자적격의 승계도 포함한다(**적격승계설**). 다만 당사자적격의 승계를 넘어 분쟁주체지위의 승계는 허용되지 아니한다(**분쟁주체지위승계설**은 이를 인정한다).

(2) 이전적 승계나 교환적 승계

적격승계설의 입장에서는 원칙적으로 **이전적 승계**, 즉 **교환적 승계**만 인정하고 있다. 따라서 **설정적 승계**, 즉 **추가적 승계**는 허용하지 않고 있다.

3. 참가승계신청과 재판

(1) 참가승계신청

1) 참가승계는 소송계속 중 승계인이 소송에 자발적으로 참가하는 것으로서, 소송계속 중 소송목적인 권리·의무의 전부나 일부의 승계인이 독립당사자참가신청의 방식으로 스스로 참가하여 새로운 당사자가 되는 것이다(민소 81조). 법률심인 **상고심**에서는 참가승계신청이 허용되지 아니한다.

2) 권리승계의 경우뿐만 아니라 의무승계의 경우에도 참가승계신청을 할

수 있다.

(2) 참가승계신청에 대한 재판

1) **원고 측 참가승계신청**은 소제기에 해당한다. 원고 측 참가승계신청에 대하여 피신청인이 신청인의 승계주장사실을 다투는 경우에는 참가신청서에 소장에 준하는 인지를 붙여야 한다.

2) 참가요건은 소송요건에 해당하는 직권조사사항이다. 승계인에 해당하는지 여부는 본소청구와 참가인의 신청이유에 의하여 판단한다.

3) 참가요건에 흠이 있는 경우, 즉 승계인적격에 흠이 있는 경우에는 **변론**을 거쳐 참가승계신청을 각하하는 판결을 한다.

4) 승계인 또는 승계인에 대한 청구의 당부에 관하여 **심리결과** 승계사실이 인정되지 아니하면 승계인의 청구 또는 승계인에 대한 청구를 기각하는 판결을 한다.

4. 인수승계신청과 재판

(1) 인수승계신청

인수승계는 소송계속 중 소송목적인 권리·의무의 전부나 일부의 승계가 있는 때에 종전 당사자의 인수승계신청에 의하여 승계인인 제3자를 새로운 당사자로 소송에 강제로 끌어들이는 것을 말한다(민소 82조). 인수승계신청은 **교환적 인수**의 경우이어야 한다. **추가적 인수**는 원칙적으로 허용되지 아니한다. 신청권자는 피승계인의 상대방 또는 피승계인 자신이다.

(2) 인수승계신청에 대한 재판

1) 인수승계신청이 있으면 법원은 당사자(신청인과 그 상대방)와 제3자를 심문하여 결정으로 허가 여부의 재판을 한다(**필수적 심문**, 민소 82조 2항).

2) 승계인적격의 흠이 분명한 경우에는 **인수승계신청각하결정**을 한다. 이는 신청인의 신청을 배척하는 종국적 재판으로 이에 대해서는 통상항고를 할 수 있다(민소 439조).

3) 신청이유로서 주장하는 사실관계 자체에서 그 승계인적격에 흠이 있음이 분명하지 않는 한 승계신청을 인용하는 **인수승계결정**을 한다. 이는 중간적 재판으로 독립하여 불복신청을 할 수 없다. 본안판결에 대한 상소로서 상소심의 판단을 받는다(민소 392조 본문, 425조).

4) 승계인에 해당하는지 여부는 승계인의 또는 승계인에 대한 청구의 당부와 관련하여 판단할 사항이다. 심리한 결과 승계사실이 인정되지 않으면 승계인의 또는 승계인에 대한 **청구를 기각**하는 **본안판결**을 하면 된다. 인수승계신청 자체가 부적법하게 되는 것은 아니므로 인수승계신청을 각하해서는 아니 된다.

5. 피승계인의 소송탈퇴 여부

앞서와 같이 **예외적**으로 승계인에 대한 청구취지를 추가하여야 하는 **청구취지변경형 인수승계**의 경우에 피고는 상대방인 원고의 승낙을 얻어 소송탈퇴를 할 수 있지만, 원고가 승낙을 하지 아니하는 한 소송탈퇴를 할 수 없다(민소 82조 3항, 80조).

6. 집행권원상 채무인수와 승계집행문

집행권원상 채무인수를 한 사람은 승계인으로서 그 사람에 대하여 **승계집행문**(민집 31조)의 부여를 구할 수 있다. 여기서 채무인수는 채무자의 채무를 소멸시켜 당사자인 채무자의 지위를 승계하는 이른바 **면책적 채무인수**를 말한다. 중첩적 채무인수는 당사자의 채무는 그대로 존속하며 이와 별개의 채무를 부담하는 것에 불과하므로 여기서 말하는 채무인수에 해당하지 않는다(대결 2010. 1. 14. 2009그196).

제 5 장 　채권의 소멸

제 1 절　변　　제

Ⅰ. 변제의 실체법상 문제

1. 변제의 의의

(1) 채권의 준점유자

1) 민법 470조에서 정하는 **채권의 준점유자**는 진정한 채권자 등 변제수령의 권한이 있는 자 이외의 자로서 변제자의 입장에서 볼 때 일반의 거래관념상 채권을 행사할 정당한 권한을 가진 것으로 믿을 만한 외관을 가지는 사람을 말한다. 따라서 채무자가 채권의 준점유자에 대한 변제를 가리기 위해서는, 먼저 그 변제를 받은 자가 변제를 수령할 권한이 없는 자임이 전제가 되어야 하고, 만약 변제수령의 권한이 인정되면 채권의 준점유자에 대한 변제의 법리를 적용할 필요 없이 그에 대한 변제는 유효하다고 보아야 한다(대판 2012. 6. 14. 2010다29034).

2) 채권의 준점유자에 대한 변제가 **유효**한 경우(**변제자의 선의·무과실의 경우**) 채권·채무가 소멸된다. 따라서 채권자는 변제자에게 대하여 더 이상 채무의 이행을 청구할 수 없다. 변제자는 자신의 변제가 잘못되었다고 주장하면서 변제수령자에게 부당이득의 반환을 청구할 수도 없다. 이 경우 채권자만이 변제수령자에 대하여 부당이득의 반환을 청구할 수 있을 뿐이다.

3) 채권의 준점유자에 대한 변제가 **무효**인 경우 변제자는 준점유자에게 부당이득의 반환을 청구할 수 있다.

(2) 영업양수인에 대한 변제

양도인의 영업으로 인한 채권에 대하여 채무자가 선의이며 중대한 과실 없이 양수인에게 변제한 때에는 그 효력이 있다(상 43조).

(3) 변제받을 권한이 없는 사람에 대한 변제

1) 민법 472조는 불필요한 연쇄적 부당이득반환의 법률관계가 형성되는 것을 피하기 위하여 변제받을 권한 없는 자에 대한 변제의 경우에도 그로 인하여 채권자가 이익을 받은 한도에서 효력이 있다고 규정하고 있다. 여기에서 **'채권자가 이익을 받은'** 경우란 변제수령자가 채권자에게 변제로 받은 급부를 전달한 경우는 물론이고, 변제수령자가 변제로 받은 급부를 가지고 채권자의 자신에 대한 채무의 변제에 충당하거나 채권자의 제3자에 대한 채무를 대신 변제함으로써 채권자의 기존 채무를 소멸시키는 등 채권자에게 실질적인 이익이 생긴 경우를 포함한다.

2) 그러나 변제수령자가 변제로 받은 급부를 가지고 자신이나 제3자의 채권자에 대한 채무를 변제함으로써 채권자의 기존 채권을 소멸시킨 경우에는 채권자에게 실질적인 이익이 생겼다고 할 수 없으므로 민법 472조에 의한 변제의 효력을 인정할 수 없다(대판 2014. 10. 15. 2013다17117).

2. 변제충당

(1) 변제충당의 순서

(a) 약정변제충당

1) 변제자(채무자)와 변제수령자(채권자)는 약정에 의하여 민법 476조 내지 479조를 배제하고 제공된 급부를 어느 채무에 어떤 방법으로 충당할 것인가를 결정할 수 있다(**변제충당의 약정**). 한편 당사자 사이에 변제충당에 관한 묵시적 합의가 있다고 볼 수 있는 경우도 있다.

2) 보증인이 있는 채무와 그렇지 않은 채무에서 약정에 의한 변제충당이 보증인에게 현저히 부당하고 신의칙에 반하는 때에는 변제충당의 효력이 부정된다(대판 2010. 10. 28. 2010다55187).

(b) 지정변제충당

1) 채권자의 지정 또는 채무자의 지정에 의해 변제충당할 수 있다. 지정변제충당은 상대방에 대한 의사표시로써 한다.

2) 변제충당지정은 상대방에 대한 의사표시로써 하여야 하지만, 채권자와 채무자 사이에 미리 변제충당에 관한 약정이 있고, 그 약정내용이 변제가 채권자에 대한 모든 채무를 소멸시키기에 부족한 때에는 채권자가 적당하다고 인정하는 순서와 방법에 의하여 충당하기로 한 것이라면, 변제수령권자인 채권자가 위 약정에 근거하여 스스로 적당하다고 인정하는 순서와 방법에 좇아 변제충당을 한 이상 변제자에 한 의사표시와 관계없이 그 충당의 효력이 있는 것이라고 해석하는 것이 상당하다(대판 2012. 4. 13. 2010다1180).

3) 변제충당지정이 있더라도 민 479조 1항에서 정한 비용＞이자＞원본의 순서는 변경할 수 없다. 따라서 변제자가 A 채무, B 채무 가운데 A 채무에 충당할 것을 지정한 경우에도, A 채무의 비용＞이자＞원본에 충당한 다음 B 채무의 비용＞이자＞원본에 충당하는 것은 허용되지 아니한다.

다만 ① A 채무의 비용＞B 채무의 비용＞A 채무의 이자＞B 채무의 이자＞A 채무의 원본＞B 채무의 원본에 충당할 것인지, ② 그렇지 않으면 법정충당순서에 의한 비용＞법정충당순서에 의한 이자에 충당한 다음 변제자가 지정한 A 채무의 원본에 충당하고, 그 다음 B 채무의 원본에 충당할 것인지 여부에 관해서는 논의가 있다.

(c) 법정변제충당

1) **변제자**를 기준으로 변제이익을 판단한다. 이자 또는 지연손해금과 원본 사이에는 이자 또는 지연손해금과 원본의 순으로 이루어진다.

원본 상호간에는 그 이행기의 도래 여부, 도래 시기, 그리고 이율의 고저와 같은 변제이익의 다과에 따라 순차적으로 이루어진다. 다만 그 이행기나 변제이익의 다과(多寡)에서 아무런 차등이 없을 경우에는 각 원본 채무액에 비례하여 안분하게 된다.

2) 변제자가 주채무자인 경우 보증인이 있는 채무와 보증인이 없는 채무 사이에 전자가 후자에 비하여 변제이익이 더 많다고 볼 근거는 전혀 없으므로 양자는 변제이익의 점에서 차이가 없다고 보아야 한다(대판 2013. 7. 11. 2013다22454 등). 마찬가지로 변제자가 채무자인 경우 물상보증인이 제공한 물적 담보가 있는 채무와 그러한 담보가 없는 채무 사이에도 변제이익의 점에서 차이가 없다(대판 2014. 4. 30. 2013다8250).

그러나 보증인의 입장에서는 보증인으로서 부담하는 보증채무 내지 연내

채무가 자신의 채무보다 변제이익이 적다. 연대채무는 단순채무에 비하여 그 변제이익이 적다.

3) 주채무자 이외의 자가 변제자인 경우에는 변제자가 발행 또는 배서한 어음에 의하여 담보되는 채무가 다른 채무보다 변제이익이 많다. 담보로 **제3자**가 발행 또는 배서한 약속어음이 교부된 채무와 다른 채무 사이에 변제이익의 점에서는 차이가 없다(대판 1997. 7. 25. 96다52649 등). 그러나 담보로 **주채무자** 자신이 발행 또는 배서한 어음이 교부된 채무는 다른 채무보다 변제이익이 많다(대판 1999. 8. 24. 99다22281).

4) 여러 명의 연대채무자 또는 연대보증인에 대하여 따로따로 소송이 제기되는 등으로 그 판결에 의하여 확정된 채무원본이나 지연손해금의 금액과 이율 등이 서로 달라지게 되어 원금이나 지연손해금에 채무자들이 공동으로 부담하는 부분과 공동으로 부담하지 않는 부분이 생긴 경우에 어느 채무자가 채무 일부를 변제한 때에는 그 변제자가 부담하는 채무 중 공동으로 부담하지 않는 부분의 채무 변제에 우선 충당되고 그 다음 공동부담부분의 채무 변제에 충당된다(대판 2013. 3. 14. 2012다85281).

(2) 변제충당순서의 변경 약정의 효력

변제자(채무자)와 변제수령자(채권자)는 변제로 소멸한 채무에 관한 보증인 등 이해관계 있는 제3자의 이익을 해하지 않는 이상 이미 급부를 마친 후에도 기존의 충당방법을 배제하고 제공된 급부를 어느 채무에 어떤 방법으로 다시 충당할 것인가를 약정할 수 있다(대판 2013. 9. 12. 2012다118044,118052).

3. 변제자대위

(1) 의   의

민법 481조에 의하여 법정대위를 할 수 있는 **변제할 정당한 이익이 있는 자**란 변제함으로써 당연히 대위의 보호를 받아야 할 법률상 이익을 가지는 자를 의미한다. 예컨대 이행인수인이 채무자와의 이행인수약정에 따라 채권자에게 채무를 이행하기로 약정하였음에도 불구하고 이를 이행하지 아니하는 경우에는 채무자에 대하여 채무불이행의 책임을 지게 되어 특별한 법적 불이익을 입게 될 지위에 있다고 할 것이므로, 이행인수인은 그 변제할 정당한 이익이 있다(대결 2012. 7. 16. 2009마462).

(2) 효   과

(a) 구상권의 범위 내에서의 변제자대위

1) 대위변제의 경우 자기의 권리에 의하여 구상할 수 있는 (구상권) 범위에서 채권 및 그 담보에 관한 권리를 행사할 수 있다(변제자대위). 구상권과 변제자대위권은 그 원본, 변제기, 이자, 지연손해금의 유무 등에서 그 내용이 다른 별개의 권리이다(대판 1997. 5. 30. 97다1556, 2015. 11. 12. 2013다214970).

2) 다른 사람의 채무를 담보하기 위하여 근저당권을 설정한 물상보증인이 그 채무를 변제한 때에는 채무자에 대한 구상권이 있고, 그 물상보증인은 변제할 정당한 이익이 있으므로 변제로 당연히 채권자를 대위하여 채권자의 채권 및 그 담보에 관한 권리를 행사할 수 있다. 다만 물상보증인은 자기의 권리에 의하여 구상할 수 있는 범위에서 그와 같은 권리를 행사할 수 있으므로, 물상보증인이 채무를 변제한 때에도 다른 사정에 의하여 채무자에 대하여 구상권이 없는 경우에는 채권자를 대위하여 채권자의 채권 및 그 담보에 관한 권리를 행사할 수 없다(대판 2014. 4. 30. 2013다80429).

3) 물상보증인이 담보권실행으로 다른 사람의 채무를 담보하기 위하여 제공한 부동산의 소유권을 잃은 경우 물상보증인이 채무자에게 구상할 수 있는 범위는 특별한 사정이 없는 한 담보권실행으로 부동산의 소유권을 잃게 된 때, 즉 매수인이 매각대금을 다 낸 때의 부동산 시가를 기준으로 하여야 하고, 매각대금을 기준으로 할 것이 아니다. 경매절차에서 유찰(流札) 등의 사유로 소유권 상실 당시의 시가에 비하여 낮은 가격으로 매각되는 경우가 있는데, 이 경우 소유권 상실로 인한 부동산 시가와 매각대금의 차액에 해당하는 손해는 채무자가 채무를 변제하지 못한 데 따른 담보권실행으로 물상보증인에게 발생한 손해이므로, 이를 채무자에게 구상할 수 있어야 하기 때문이다(대판 2018. 4. 10. 2017다283028).

(b) 일부대위변제와 변제자대위

1) 채권의 일부에 대하여 대위변제가 있는 경우에 대위자는 민법 483조 1항에 따라 그 변제한 가액에 비례하여 종래 채권자가 가지고 있던 채권 및 담보에 관한 권리를 취득한다.

2) 수인이 시기를 달리하여 근저당권 피담보채무의 일부씩을 대위변제하여 피담보채무액을 모두 대위변제한 후 근저당권 일부이전의 부기등기를 각

경료한 경우에 대위변제자들은 그 변제한 가액에 비례하여 근저당권 전체를 **준공유**(민 278·262조)한다.

따라서 그들이 근저당권을 실행하여 배당받는 경우에는 구상채권액 범위 내에서 대위변제가 없었다면 종전의 근저당권자가 배당받을 수 있는 금액을 각 변제채권액에 비례하여 안분배당받아야 하고, 종전의 근저당권자와 채무자 사이에 지연손해금 약정이 있었다면 이러한 약정에 기한 지연손해금 또한 근저당권의 피담보채권에 포함되어 종전의 근저당권자가 배당받을 수 있는 금액으로서 대위변제자들이 안분배당받을 금액에 포함되어야 한다(대판 2011. 6. 10. 2011다9013, 2014. 5. 16. 2013다202755 등).

4. 대위자 상호간의 관계

(1) 보증인 상호간

1) 대위변제를 한 연대보증인은 자기의 부담부분에 관해서는 다른 연대보증인으로부터는 구상받을 수 없고, 오로지 주채무자로부터만 구상을 받아야 한다(대판 2010. 9. 30. 2009다46873).

2) 연대보증인 가운데 한 사람이 변제로써 주채무를 감소시켰다고 하더라도, 주채무의 남은 금액이 다른 연대보증인의 책임한도를 초과한다면 그 다른 연대보증인으로서는 그 한도금액 전부에 대한 보증책임이 그대로 남아 있어 위 채무변제로써 면책된 부분이 전혀 없다고 볼 수밖에 없다. 이러한 경우에는 채무를 변제한 연대보증인이 그 채무의 변제를 내세워 보증책임이 그대로 남아 있는 다른 연대보증인에게 구상권을 행사할 수 없다(대판 2002. 3. 15. 2001다59071).

(2) 보증인과 제3취득자 상호간(민 482조 2항 1호·2호)

(a) 민법 482조 2항 1호와 2호에서 보증인에게 대위권을 인정하면서도 제3취득자는 보증인에 대하여 채권자를 대위할 수 없다고 규정한 취지

민법 482조 2항 1호와 2호에서 보증인에게 대위권을 인정하면서도 제3취득자는 보증인에 대하여 채권자를 대위할 수 없다고 규정한 이유는, ① 제3취득자는 등기부상 담보권의 부담이 있음을 알고 권리를 취득한 자로서 그 담보권의 실행으로 인하여 예기치 못한 손해를 입을 염려가 없고, ② 저당부동산에 대하여 소유권, 지상권 또는 전세권을 취득한 제3자는 저당권자에게 그 부동산

으로 담보된 채권을 변제하고 저당권의 소멸을 청구할 수 있으며(민 364조), ③ 저당물의 제3취득자가 그 부동산의 보존·개량을 위하여 필요비 또는 유익비를 지출한 때에는 저당물의 경매대가에서 우선상환을 받을 수 있도록(민 367조) 하는 등 그 이익을 보호하는 규정도 마련되어 있으므로, 변제자대위와 관련해서는 제3취득자보다는 보증인을 보호할 필요가 있기 때문이다.

(b) 민법 482조 2항 1호의 '제3자'에 후순위근저당권자가 포함되는지 여부

보증인은 미리 저당권의 등기에 그 대위를 부기하지 않고서도 저당물에 후순위근저당권을 취득한 제3자(후순위근저당권자)에 대하여 채권자를 대위할 수 있다고 보아야 하므로, 민법 482조 2항 1호의 제3자에 후순위근저당권자는 포함되지 않는다.

그 이유는, ① 민법 482조 2항 2호의 제3취득자에 후순위근저당권자가 포함되지 않음에도 같은 항 제1호의 제3자에는 후순위근저당권자가 포함된다고 하면, 후순위근저당권자는 보증인에 대하여 항상 채권자를 대위할 수 있지만 보증인은 후순위근저당권자에 대하여 채권자를 대위하기 위해서는 미리 대위의 부기등기를 하여야만 하므로 보증인보다 후순위근저당권자를 더 보호하는 결과가 되며, ② 이러한 결과는 법정대위자인 보증인과 후순위근저당권자 간의 이해관계를 공평하고 합리적으로 조절하기 위한 민법 482조 2항 1호와 2호의 입법취지에 부합하지 않을뿐더러 후순위근저당권자는 통상 자신의 이익을 위하여 선순위근저당권의 담보가치를 초과하는 담보가치만을 파악하여 담보권을 취득한 자에 불과하므로 변제자대위와 관련해서 후순위근저당권자를 보증인보다 더 보호할 이유도 없으며(대판 2013. 2. 15. 2012다48855). ③ 민법 482조 2항 1호와 2호는 상호작용하에 법정대위자 중 보증인과 제3취득자의 이해관계를 조절하는 것으로 보아야 하기 때문이다.

(c) 민법 482조 2항 2호의 제3취득자에 후순위근저당권자가 포함되는지 여부

민법 482조 2항 2호의 제3취득자에 후순위근저당권자는 포함되지 아니한다. 따라서 후순위근저당권자는 보증인에 대하여 대위할 수 있다.

그 이유는, ① 저당부동산에 대하여 후순위근저당권을 취득한 제3자는 민법 364조에서 정한 저당권소멸청구권을 행사할 수 있는 제3취득자에 해당하지 아니하고, ② 달리 선순위근저당권의 실행으로부터 그의 이익을 보호하는 규

정이 없으므로 변제자대위와 관련해서 후순위근저당권자보다 보증인을 더 보호할 이유가 없으며, ③ 나아가 선순위근저당권의 피담보채무에 대하여 직접 보증책임을 지는 보증인과 달리 선순위근저당권의 피담보채무에 대한 직접 변제책임을 지지 않는 후순위근저당권자는 보증인에 대하여 채권자를 대위할 수 있기 때문이다.

　(d) 물상보증인이 채무를 변제한 경우 채무자로부터 담보부동산을 취득
　　한 제3자에 대하여 채권자를 대위할 수 있는 범위

　민법 481조·482조 등에는 물상보증인과 제3취득자 사이의 변제자대위에 관해서는 명확한 규정을 두고 있지 않다. 물상보증인이 채무를 변제하거나 담보권의 실행으로 소유권을 잃은 때에는 보증채무를 이행한 보증인과 마찬가지로 채무자로부터 담보부동산을 취득한 제3자에 대하여 구상권의 범위 내에서 출재한 전액에 관하여 채권자를 대위할 수 있는 반면, 채무자로부터 담보부동산을 취득한 제3자는 채무를 변제하거나 담보권의 실행으로 소유권을 잃더라도 물상보증인에 대하여 채권자를 대위할 수 없다.

　그 이유는, ① 만일 물상보증인의 지위를 보증인과 다르게 보아서 물상보증인과 채무자로부터 담보부동산을 취득한 제3자 상호간에는 각 부동산의 가액에 비례하여 채권자를 대위할 수 있다고 한다면, 본래 채무자에 대하여 출재한 전액에 관하여 대위할 수 있었던 물상보증인은 채무자가 담보부동산의 소유권을 제3자에게 이전하였다는 우연한 사정으로 이제는 각 부동산의 가액에 비례하여서만 대위하게 되는 반면, ② 당초 채무 전액에 대한 담보권의 부담을 각오하고 채무자로부터 담보부동산을 취득한 제3자는 그 범위에서 뜻하지 않은 이득을 얻게 되어 부당하기 때문이다(대판(전) 2014. 12. 18. 2011다50233. 위 전원합의체 판결로 담보부동산을 매수한 제3취득자는 물상보증인에 대하여 각 부동산의 가액에 비례하여 채권자를 대위할 수 있다고 한 대판 1974. 12. 10. 74다1419를 위 전원합의체 판결과 배치되는 범위 내에서 변경하였다).

　(3) 제3취득자 상호간(민 482조 2항 3호)

　이 경우 각 부동산의 가액에 비례한다.

　(4) 물상보증인 상호간(민 482조 2항 4호)

　이 경우 재산의 가액에 비례하여 부담 부분을 정한다.

(5) 보증인과 물상보증인 상호간(민 482조 2항 5호)

1) 이 경우 보증인의 총 재산의 가액이나 자력 여부, 물상보증인이 담보로 제공한 재산의 가액 등을 일체 고려하지 아니한다. 형식적으로 인원수에 비례하여 평등하게 대위비율을 정한다.

그 이유는, ① 인적 무한책임을 부담하는 보증인과 물적 유한책임을 부담하는 물상보증인 사이에는 보증인 상호간이나 물상보증인 상호간과 같이 상호 이해조정을 위한 합리적 기준을 정하는 것이 곤란하고, ② 당사자 간의 특약이 있다는 등의 특별한 사정이 없는 한 오히려 인원수에 따라 대위비율을 정하는 것이 공평하고, 법률관계를 간명하게 처리할 수 있어 합리적이며, 그것이 대위자의 통상의 의사나 기대에 부합하기 때문이다.

2) 보증인과 물상보증인의 지위를 겸하는 자가 포함된 경우 민법 482조 2항 4호, 5호 전문에 의한 대위비율은 보증인과 물상보증인의 지위를 겸하는 자로 1인으로 보아 산정함이 상당하다(대판 2010. 6. 10. 2007다61113,61120).

3) 보증인과 물상보증인이 여럿 있는 경우 어느 누구라도 민법 482조 2항 5호 소정의 대위비율을 곱하여 산정한 각자의 부담 부분을 넘는 대위변제 등을 하지 않으면 다른 보증인과 물상보증인을 상대로 채권자의 권리를 대위할 수 없다.

여러 보증인 또는 물상보증인 가운데 어느 한 사람이 위와 같은 방식으로 산정되는 자신의 부담 부분에 미달하는 대위변제 등을 한 경우 그 대위변제액 또는 경매에 의한 채무상환액에 위 규정 소정의 대위비율을 곱하여 산출한 금액만큼 곧바로 다른 자를 상대로 채권자의 권리를 행사할 수 있도록 한다면, 먼저 대위변제 등을 한 자가 부당하게 이익을 얻거나 대위자들 상호간에 대위가 계속 반복되게 되고 대위관계를 공평하게 처리할 수 없게 되므로, 민법 482조 2항 5호의 규정 취지에 반하게 되기 때문이다(대판 2010. 6. 10. 2007다61113,61120).

5. 변제자대위와 채권자의 담보상실·감소행위와 법정대위자의 면책

1) 민법 485조는 "제481조의 규정에 의하여 대위할 자가 있는 경우에 채권자의 고의나 과실로 담보가 상실되거나 감소된 때에는 대위할 자는 그 상실 또는 감소로 인하여 상환을 받을 수 없는 한도에서 그 책임을 면한다"라고 규정

하여 법정대위를 할 자가 있는 경우에 대위할 자의 구상권 및 대위에 대한 기대권을 보호하기 위하여 채권자에게 **담보보존의무**를 부담시키고자 함에 그 취지가 있다.

2) 변제로 공동면책시켜 구상권을 가지는 연대보증인이 주채무자에 대한 채권의 담보를 상실 또는 감소시킨 때에는 민법 485조의 "채권자의 고의나 과실로 담보가 상실되거나 감소된 때"에 해당하여, 다른 연대보증인은 구상의무를 이행하였을 경우에 그 담보의 소멸로 인하여 주채무자로부터 상환을 받을 수 없는 한도에서 그 책임을 면한다고 보아야 한다(대판 2012. 6. 14. 2010다11651).

그 이유는, ① 민법 485조는 보증인 그 밖의 법정대위권자를 보호하여 주채무자에 대한 구상권을 확보할 수 있도록 채권자에게 담보보존의무를 부담시키는 것으로서 그 채권자가 당초의 채권자인지 장래 대위로 인하여 채권자로 되는 자인지를 구별할 이유가 없으며, ② 연대보증인 중 1인이 변제 그 밖에 자기의 출재로 공동면책이 된 때에는 민법 448조 2항, 425조에 의하여 다른 연대보증인의 부담부분에 대하여 구상권을 행사할 수 있는 것과는 별개로 민법 481조에 의하여 당연히 채권자를 대위하여 주채무자에 대하여 구상권의 범위 내에서 채권자로 되고, 위 연대보증인에 대하여 자기의 부담부분에 대하여 상환을 하는 다른 연대보증인은 그의 상환액을 다시 주채무자에 대하여 구상할 수 있고 이 구상권의 범위 내에서는 그 자는 공동면책시킨 위 연대보증인이 당초 채권자를 대위하여 가지는 권리를 다시 대위취득할 수 있으므로, 변제로 당초의 채권을 대위 행사하는 연대보증인과 다른 연대보증인과의 관계는 바로 민법 485조에서 정한 "채권자"와 "481조의 규정에 의하여 대위할 자"의 관계가 되기 때문이다.

3) 민법 485조에서의 **담보**란 주된 채무를 담보하기 위한 인적 담보 또는 물적 담보를 말한다. 담보의 **상실 또는 감소**의 전형적인 예로서는, 채권자가 인적 담보인 보증인의 채무를 면제해주거나, 물적 담보인 담보물권을 포기하거나 순위를 불리하게 변경하거나 담보물을 훼손하거나 반환하는 행위를 말한다.

4) 민법 485조에 의하여 법정대위자가 면책되는지 여부 및 면책되는 범위는 담보가 상실 또는 감소한 시점을 표준시점으로 하여 판단된다. 법정대위의 전제가 되는 보증 등의 시점 이전에 이미 소멸한 채권자의 담보에 대해서는 민

법 485조가 적용되지 않는다고 보아야 하고, 위와 같은 담보 소멸에 채권자의 고의나 과실이 있다거나 법정대위의 전제가 되는 보증 등의 시점 당시 소멸된 담보의 존재를 신뢰하였다는 등의 사정이 있다고 하여 달리 볼 것은 아니다(대판 2014. 10. 15. 2013다91788).

6. 대물변제

(1) 의   의

1) 대물변제는 본래의 채무를 갈음하여 다른 급부를 현실적으로 하는 때에 성립하는 요물계약이다.

2) 다른 급부가 부동산의 소유권 이전인 때에는 그 소유권이전등기를 완료하여야만 대물변제가 성립되어 기존채무가 소멸한다. 따라서 당사자 사이에 대물변제의 약정이 있었다고 하더라도 그 소유권이전등기가 경료된 때에 부동산이 유상으로 양도되고 그 대가의 지급이 이루어진 것으로 보아야 한다.

3) 대물변제에서 본래의 채무가 존재하지 않았던 경우에는 당사자 사이에 특별한 의사표시를 하지 않은 한 대물변제로서 무효로서 부동산의 소유권이 이전되는 효과가 발생하지 아니한다.

(2) 대물변제인지 여부가 문제가 되는 경우(기존 채무에 대하여 어음·수표 등이 발행된 경우)

1) 기존 채무의 이행에 관하여 채무자가 채권자에게 어음을 교부할 때의 당사자의 의사는 ① 기존 원인채무의 '지급을 갈음하여', 즉 기존 원인채무를 소멸시키고 새로운 어음채무만을 존속시키려고 하는 경우, ② 기존 원인채무를 존속시키면서 그에 대한 지급방법으로서 이른바 '지급을 위하여'(이를 '지급방법으로', '지급수단으로'도 부른다) 교부하는 경우, ③ 단지 기존 채무의 지급담보의 목적으로 이루어지는 이른바 '담보를 위하여'(이를 '지급을 담보하기 위하여', '지급을 확보하기 위하여'로도 부른다) 교부하는 경우로 나누어 볼 수 있다.

2) 당사자 사이에 특별한 의사표시가 없으면 어음의 교부가 있다고 하더라도 이는 기존 원인채무는 여전히 존속하고 단지 그 '지급을 위하여' 또는 그 '담보를 위하여' 교부된 것으로 추정된다. 따라서 특별한 사정이 없는 한 기존의 원인채무는 소멸하지 아니하고 어음상의 채무와 병존한다고 보아야 한다. 이 경우 어음상의 주채무자가 원인관계상의 채무자와 동일하지 아니한 때에

는 제3자인 어음상의 주채무자에 의한 지급이 예정되고 있으므로 이는 '**지급을 위하여**' 교부된 것으로 추정하여야 한다.

채무자가 채권자에게 기존채무의 이행에 관하여 **수표**를 교부하는 경우 다른 특별한 사정이 없는 한 이는 '지급을 위하여' 교부된 것으로 추정하여야 하며, 따라서 기존의 원인채무는 소멸하지 아니하고 수표상의 채무와 병존한다고 보아야 한다. 다만 '지급을 갈음하여' 교부된 것으로 볼 만한 특별한 사정이 있는 경우에는 그러한 추정은 깨진다.

3) 어음이 '지급을 위하여' 교부된 경우에는 채권자는 어음채권과 원인채권 중 어음채권을 먼저 행사하여 만족을 얻을 것을 당사자가 예정하였다고 할 것이므로 채권자로서는 어음채권을 우선 행사하고, 그에 의해서는 만족을 얻을 수 없을 때 비로소 채무자에 대하여 기존의 원인채권을 행사할 수 있다.

나아가 이러한 목적으로 어음을 배서양도받은 채권자는 특별한 사정이 없는 한 채무자에 대하여 원인채권을 행사하기 위해서는 어음을 채무자에게 반환하여야 하므로, 채권자가 채무자에 대하여 자기의 원인채권을 행사하기 위한 전제로서 지급기일에 어음을 적법하게 제시하여 소구권(遡求權)보전절차를 취할 의무가 있다고 보는 것이 양자 사이의 형평에 맞는다.

II. 변제의 소송법상 문제

1. 변제와 소송상 주장

소송상 변제의 주장은 권리소멸의 항변에 속한다. 변제 사실에 대한 주장·증명책임은 이를 주장하는 사람에게 있다.

2. 변제충당의 순서와 재판상 자백

1) 법정변제충당의 순서를 정하는 데 기준이 되는 **이행기**나 **변제이익**에 관한 사실 등은 구체적 사실로서 **자백의 대상**이 될 수 있다.

2) 그러나 **법정변제충당의 순서 자체**는 법률 규정의 적용에 의하여 정하여지는 법률상 효과이어서 그에 관한 진술이 비록 그 진술자에게 불리하더라도 이를 자백이라고 볼 수는 없다(대판 1998. 7. 10. 98다6763).

3. 가집행선고가 붙은 판결에 기한 가지급과 변제의 효과 여부

1) 가집행선고(민소 213조)가 붙은 판결에 기하여 피고가 그 가집행선고 금액을 지급하였다고 하더라도 항소법원으로서는 이를 참작함이 없이 해당 청구의 당부를 판단하여야 한다(대판 1993. 10. 8. 93다26175,26182, 2009. 3. 26. 2008다95953,95960 등). 가집행선고가 붙은 판결에 기한 집행의 효력은 확정적인 것이 아니고 본안판결 또는 가집행선고가 취소·변경될 것을 **해제조건**으로 하는 것이므로 가집행선고에 기하여 채권자가 집행을 완료함으로써 만족을 얻은 경우에도 상소심에서 본안에 관하여 판단할 때에는 그 **집행의 이행상태**를 **고려하지 아니하고** 청구의 당부에 관하여 판단하여야 하기 때문이다.

2) 가집행선고에 의한 금원의 지급에 의하여 채권이 소멸되는 효과는 그 판결이 확정된 때에 비로소 발생한다. 따라서 채무자가 그와 같이 금원을 지급하였다는 사유는 본래의 소송의 확정판결의 집행력을 배제하는 적법한 청구이의사유(민집 44조 2항)가 된다.

3) 가집행선고로 인한 지급물(**가지급물**)은 원래 종국적인 변제의 효과가 있는 것이 아닌데도 원고가 스스로 그 공제를 주장하는 이상 그 공제방법은 법정변제충당의 법리에 따를 것이 아니라 원고의 주장에 따라야 한다(대판 1994. 7. 29. 92다30801).

제 2 절 상   계

Ⅰ. 상계의 실체법상 문제

1. 상계의 의의

1) 상계는 당사자 쌍방이 서로 같은 종류를 목적으로 한 채무를 부담한 경우에 서로 같은 종류의 급부를 현실로 이행하는 대신 어느 일방 당사자의 의사표시로 그 대등액에 관하여 채권과 채무를 동시에 소멸시키는 것이니(민 493조 1항).

2) **상계제도는** 서로 대립하는 채권·채무를 간이한 방법에 의하여 결제함

으로써 양자의 채권채무관계를 원활하고 공평하게 처리함을 목적으로 하고 있고, 상계권을 행사하려고 하는 자에 대해서는 수동채권의 존재가 사실상 자동채권에 대한 담보로서의 기능을 하므로 그 담보적 기능에 대한 당사자의 합리적 기대가 법적으로 보호받을 만한 가치가 있음에 근거한다(대판 2003. 4. 11. 2002다59481 등).

3) 상계는 상계적상에 있는 채권을 가진 채권자가 별도의 의사표시를 하여야 한다(민 493조 1항). 상계할 것인지 여부는 원칙적으로 채권자의 자유에 맡겨져 있다. 비록 상계의 의사표시가 묵시적으로도 가능하다 하더라도, 다른 의사와 구분되는 별도의 상계 의사를 확인하지 않은 채 이를 인정할 수 없다.

2. 상계의 효과

1) 상계의 의사표시에 의하여 각 채무는 상계할 수 있는 때에 대등액에 관하여 소멸한 것으로 보게 된다(**상계의 소급효**, 민 493조 2항).

2) 위와 같은 상계의 소급효는 양 채권 및 이에 관한 이자나 지연손해금 등을 정산하는 기준시기를 소급하는 것일 뿐이고 특별한 사정이 없는 한 상계의 의사표시 전에 이미 발생한 사실을 소멸시키지는 아니한다(대판 2015. 10. 29. 2015다32585).

3. 자동채권과 수동채권

⑴ 가압류 후 발생한 자동채권으로 피압류채권에 대하여 상계를 할 수 있는지 여부

민법 498조는 "지급을 금지하는 명령을 받은 제3채무자는 그 후에 취득한 채권에 의한 상계로 그 명령을 신청한 채권자에게 대항하지 못한다"고 규정하고 있다. 제3채무자의 압류채무자에 대한 자동채권이 수동채권인 피압류채권과 **동시이행관계**에 있는 경우에는 그 가압류명령이 제3채무자에게 송달되어 가압류의 효력이 생긴 후에 자동채권이 발생하였다고 하더라도 제3채무자는 동시이행의 항변권을 주장할 수 있다. 따라서 그 상계로써 압류채권자에게 대항할 수 있다.

이 경우에 자동채권 발생의 기초가 되는 원인은 수동채권이 가압류되기 전에 이미 성립하여 존재하고 있었으므로 민법 498조 소정의 '지급을 금지하

는 명령을 받은 제3채무자는 그 후에 취득한 채권'에 해당하지 아니한다(대판 2001. 3. 27. 2000다43819, 2010. 3. 25. 2007다35152).

(2) 수동채권은 상대방이 상계자에 대하여 가지는 채권이어야 하는지 여부

수동채권으로 될 수 있는 채권은 상대방이 상계자에 대하여 가지는 채권이어야 하고, 그 상대방이 제3자에 대하여 가지는 채권과는 상계할 수 없다고 보아야 한다.

그 이유는, 만약 상대방이 제3자에 대하여 가지는 채권을 수동채권으로 하여 상계할 수 있다고 한다면, 이는 상계의 당사자가 아닌 상대방과 제3자 사이의 채권채무관계에서 상대방이 제3자로부터 채무의 본지에 따른 현실급부를 받을 이익을 침해하게 될 뿐 아니라, 그 상대방의 채권자들 사이에서 상계자만 독점적인 만족을 얻게 되는 불합리한 결과를 초래하게 되기 때문이다(따라서 상계의 담보적 기능과 관련하여 법적으로 보호받을 수 있는 당사자의 합리적 기대가 이러한 경우에까지 미친다고 볼 수는 없다. 대판 2011. 4. 28. 2010다101394).

(3) 수동채권이 고의의 불법행위로 인한 손해배상채권인 경우

(a) 의   의

1) 민법 496조의 취지는 고의의 불법행위의 발생을 방지함과 아울러 고의의 불법행위로 인한 피해자에게 현실의 변제를 하려는 데 있다.

2) 고의에 의한 불법행위를 한 자는 피해자의 손해배상채권을 수동채권으로 하여 상계하지 못한다. 이때 '고의'에 대한 증명책임은 채권자, 즉 피해자에게 있다.

(b) 민법 496조의 적용 여부가 문제가 되는 경우

1) 고의에 의한 불법행위로 인한 손해배상채권이라도 피해자가 이를 자동채권으로 하여 상계하는 것은 허용된다. 다만 자동채권과 수동채권이 동시에 행하여진 싸움에서 서로 손해를 가한 경우와 같이 동일한 사안에서 고의의 불법행위로 생긴 경우에는 허용되지 않는다.

2) 민법 756조에 의한 사용자의 손해배상책임은 피용자의 배상책임에 대한 **대체적 책임**이며, 피용자의 고의의 불법행위로 인하여 사용자책임이 성립하는 경우에도 불법행위의 피해자에게 현실의 변제에 의하여 손해를 전보케 하려는 취지에서 규정된 민법 496조의 적용을 배제하여야 할 이유가 없으므로 사용자책임이 성립하는 경우 사용자는 자신의 고의의 불법행위가 아니라는 이

유로 민법 496조의 적용을 면할 수 없다.

(c) 민법 496조의 유추적용 여부가 문제가 되는 경우

1) 한편 **고의**의 불법행위로 인한 손해배상채권에 대한 상계금지를 **중과실**의 불법행위에 의한 손해배상채권에까지 유추 또는 확장적용하여야 할 필요성이 있다고 할 수 없다.

2) 부당이득의 원인이 고의의 불법행위에 기인함으로써 불법행위로 인한 손해배상채권과 부당이득반환채권이 모두 성립하여 양 채권이 경합하는 경우 피해자가 부당이득반환채권만을 청구하고 불법행위로 인한 손해배상채권을 청구하지 아니한 때에도, 그 청구의 실질적 이유, 즉 부당이득의 원인이 고의의 불법행위였다는 점은 불법행위로 인한 손해배상채권을 청구하는 경우와 다를 바 없다. 따라서 고의의 불법행위에 의한 손해배상채권은 현실적으로 만족을 받아야 한다는 상계금지의 취지는 이러한 경우에도 타당하다. 결국 이러한 경우에는 민법 496조를 유추적용함이 타당하다.

4. 피압류채권의 일부에 대한 전부명령과 제3채무자의 상계

가분적인 금전채권의 일부에 대한 전부명령이 확정되면 특별한 사정이 없는 한 전부명령이 제3채무자에게 송달된 때에 소급하여 전부된 채권 부분과 전부되지 않은 채권 부분에 대하여 각기 **독립한 분할채권**이 성립하게 된다.

그 채권에 대하여 압류채무자에 대한 반대채권으로 상계하고자 하는 제3채무자로서는 전부채권자나 압류채무자 가운데 어느 누구도 상계의 상대방으로 지정하여 상계하거나 상계로 대항할 수 있다. 그러한 제3채무자의 상계의 의사표시를 수령한 전부채권자는 압류채무자에 잔존한 채권 부분이 먼저 상계되어야 한다거나 각 분할채권액의 채권 총액에 대한 비율에 따라 상계되어야 한다는 이의를 할 수 없다.

5. 항변권, 또는 동시이행항변과 상계

(1) 자동채권에 항변권이 붙어 있는 경우

1) 항변권이 붙어 있는 채권을 자동채권으로 하여 다른 채무(수동채권)와의 상계를 허용한다면 상계자 일방의 의사표시에 의하여 상대방의 항변권 행사의 기회를 상실시키는 결과가 되므로 그러한 상계는 허용될 수 없다.

2) 특히 수탁보증인이 주채무자에 대하여 가지는 민법 442조의 **사전구상권**에는 민법 443조의 **담보제공청구권**이 항변권으로 부착되어 있는 만큼 이를 자동채권으로 하는 상계는 허용될 수 없다. 다만 민법 443조는 임의규정으로서 주채무자가 사전에 담보제공청구권의 항변권을 포기한 경우에는 보증인은 사전구상권을 자동채권으로 하여 주채무자에 대한 채무와 상계할 수 있다.

⑵ 자동채권과 수동채권이 동시이행관계에 있는 경우

상계의 대상이 될 수 있는 자동채권과 수동채권이 **동시이행관계**에 있다고 하더라도 서로 현실적으로 이행하여야 할 필요가 없는 경우라면 상계로 인한 불이익이 발생할 우려가 없고 오히려 상계를 허용하는 것이 동시이행관계에 있는 채권·채무관계를 간명하게 해소할 수 있으므로 특별한 사정이 없는 한 상계가 허용된다.

6. 가압류, 또는 압류와 상계

1) **채권압류**(가압류)와 상계에서, 제3채무자의 자동채권(반대채권)의 변제기와 압류채무자의 수동채권(피압류채권)의 변제기와의 관계가 문제가 된다.

2) **판례**는, ① 한 때 압류 당시에 피압류채권과 반대채권의 양 채권이 상계적상에 있었던 경우에도 압류 이전에 상계의 의사표시를 하지 않는 한, 압류 후의 상계의 의사표시로써 피압류채권자에게 대항할 수 없다는 태도를 취하였다.

② 그 후 위 판례는 변경이 되어, 압류명령이 송달되기 전에 양 채권이 이미 상계적상에 있었던 때에는 압류명령의 송달 후에 상계의 의사표시를 하는 경우에도 제3채무자는 상계로써 압류채권자에게 대항할 수 있다는 입장을 취하였다(**상계적상설**).

③ 그러다가 판례는 엄격한 상계적상설을 완화하여, 압류 당시 양 채권이 상계적상에 있었던 경우는 물론이고, 압류 당시 자동채권이 변제기에 이르렀으나 수동채권의 변제기가 아직 도래하지 아니한 경우에도 그 수동채권에 관한 기한의 이익을 포기할 수 있는 때에는 상계로써 압류채권자에게 대항할 수 있는 것으로 보았다(**완화된 상계적상설**).

④ 판례의 태도는 더 진화되어 압류의 효력 발생 당시 양 채권이 상계적상에 있었거나, **반대채권**(자동채권)이 압류 당시 변제기에 이르지 않은 경우(압류 당시 양 채권의 변제기가 모두 도래하지 아니한 경우)에도 피압류채권이 수동채권

의 **변제기와 동시에** 또는 **먼저 변제기에 도달**하는 경우이어야 한다는 입장을 취하였다(**변제기기준설**, 또는 제한설). 따라서 현재 **판례**는 **변제기기준설**의 입장이다. 대판(전) 2012. 2. 16. 2011다45521은 이러한 입장을 재확인한 바 있다.

7. 소멸시효가 완성된 채권 또는 제척기간이 도과된 채권에 의한 상계

1) 소멸시효가 완성된 채권이 그 완성 전에 상계할 수 있었던 것이면 그 채권자는 상계할 수 있다(민 495조). 이는 당사자 쌍방의 채권이 상계적상에 있었던 경우에 당사자들은 그 채권·채무관계가 이미 정산되어 소멸하였다고 생각하는 것이 일반적이라는 점을 고려하여 **당사자들의 신뢰를 보호**하기 위한 것이다(대판 2016. 11. 25. 2016다211309).

2) 매도인의 담보책임을 기초로 한 매수인의 손해배상채권 또는 수급인의 담보책임을 기초로 한 도급인의 손해배상채권에 대한 **제척기간이 도과**하였다 하더라도 **민법 495조를 유추적용**하여 매수인이나 도급인이 상대방 채권과 상계할 수 있다(대판 2019. 3. 14. 2018다255648).

8. 상계권의 행사와 권리남용

1) 당사자가 상계의 대상이 되는 채권이나 채무를 취득하게 된 목적과 경위, 상계권을 행사함에 이른 구체적·개별적 사정 등을 종합하여 상계권의 행사가 **상계제도의 목적**이나 **기능**을 일탈하고, **법적으로 보호받을 만한 가치가 없**는 경우에는 이러한 상계권의 행사는 신의칙에 반하거나 상계에 관한 권리를 남용하는 것으로서 허용되지 않는다.

2) 상계권 행사가 권리남용에 해당하기 위해서는 일반적인 권리남용의 경우에 요구되는 **주관적 요건**을 필요로 하지 아니한다(대판 2003. 4. 11. 2002다59481).

3) **판례**는, ① 약속어음의 가치가 현저하게 하락된 사정을 잘 알면서 오로지 자신이 부담하는 채무와 상계할 목적으로 약속어음을 액면가의 40%에도 미치지 못하는 가격으로 할인취득하여 그 약속어음채권을 자동채권으로 하여 상계권을 행사하는 경우(대판 2003. 4. 11. 2002다59481), ② 착오로 인한 자동이체에서 수취은행이 수취인에 대하여 가지는 대출금채권에 대하여 상계권을 행사하는 경우(대판 2010. 5. 27. 2007다66088) 등은 권리남용에 해당한다고 보고 있다.

9. 부진정연대채무와 상계의 절대적 효력 여부

1) 부진정연대채무자 중 1인이 자신의 채권자에 대한 반대채권으로 **상계**를 한 경우에도 채권은 변제, 대물변제, 또는 공탁이 행해진 경우와 동일하게 현실적으로 만족을 얻어 그 목적을 달성하는 것이므로, 그 상계로 인한 채무소멸의 효력은 소멸한 채무 전액에 관하여 다른 부진정연대채무자에 대해서도 미친다고 보아야 한다.

2) 이는 부진정연대채무자 중 1인이 채권자와 **상계계약**을 체결한 경우에도 마찬가지이다. 나아가 이러한 법리는 채권자가 상계나 상계계약이 이루어질 당시 다른 부진정연대채무자의 존재를 알았는지 여부에 의하여 좌우되지 아니한다(대판(전) 2010. 9. 16. 2008다97218).

3) 앞서의 법리는 채권압류명령을 받은 제3채무자이자 보증채무자인 사람이 압류 이후 보증채무를 변제함으로써 **담보제공청구의 항변권**을 **소멸**시킨 다음, 압류채무자에 대하여 **압류 이전**에 취득한 **사전구상권**으로 피압류채권과 상계하려는 경우에도 적용된다. 따라서 제3채무자가 압류채무자에 대한 사전구상권을 가지고 있는 경우에 상계로써 압류채권자에게 대항하기 위해서는, ① 압류의 효력 발생 당시 사전구상권에 부착된 담보제공청구의 항변권이 소멸하여 사전구상권과 피압류채권이 상계적상에 있거나, ② 압류 당시 여전히 사전구상권에 담보제공청구의 항변권이 부착되어 있는 경우에는 제3채무자의 면책행위 등으로 인해 위 항변권을 소멸시켜 사전구상권을 통한 상계가 가능하게 된 때가 피압류채권의 변제기보다 먼저 도래해야 한다(대판 2019. 2. 14. 2017다274703).

10. 상계계약의 법적 성질

1) 상계계약은 당사자 사이에 서로 대립하는 채권이 유효하게 존재하는 것을 전제로 서로 채무를 대등액 또는 대등의 평가액에 관하여 면제시키는 것을 내용으로 하는 계약이다.

2) 상계계약에 의한 두 채권의 소멸은 서로 인과관계가 있으므로 한쪽 당사자의 채권이 불성립 또는 무효이어서 그 면제가 무효가 되면 상대방의 채무면제노 당연히 무효가 된다. 이때 ① 상대방의 채권이 유효하게 존재하였던

경우라면, 그 채권은 여전히 존재하는 것이 되므로 채무자는 그 채무를 이행할 의무를 부담한다. 채무자가 이를 이행하지 않았다고 하더라도 그가 법률상 원인 없이 채무를 면하는 이익을 얻었다고 볼 수 없다. ② **상대방의 채권도 불성립 또는 무효**이어서 **존재하지 않았던 경우**라면, 그 채무자는 부존재하는 채무에 관하여 무효인 채무면제를 받은 것에 지나지 않으므로 채무를 이행할 의무도 없고 채무를 면하는 이익을 얻은 것도 아니다(대판 2017. 12. 5. 2017다225978, 225985).

Ⅱ. 상계의 소송법상 문제

1. 소송상 상계항변의 성질

1) **다른 소송상 형성권**(취소권, 해제권, 해지권, 백지보충권 등)의 행사의 경우에는 청구채권에 부착한 흠 또는 이와 관련한 사유에 기하여 발생한 형성권의 경우인데 반하여, **소송상 상계권**의 행사는 소구채권에 대하여 상대방이 가지는 반대채권을 자동채권으로 하여 상계권을 행사하는 경우이다.

2) 소송상 상계항변은 통상 다른 주된 항변이 받아들여지지 아니한 경우를 대비한 **가정적 항변**으로서 **예비적 항변**의 성질을 지닌다.

2. 소송상 상계항변과 실기한 공격방어방법

1) 상계권의 행사는 **최종적인 방어방법**이므로(**최후적 항변, 출혈적 항변**), 일반적인 항변의 경우와 달리 조기(早期)제출을 기대하기 어렵다.

2) 그러나 상계항변의 경우에도, **의도적**으로 늦게 내는 것이 분명하거나 반대(자동)채권의 존재가 의심스러워 상계항변이 **소송지연책**으로 보일 때에는 각하할 수 있다고 본다.

판례는, 환송 전 원심 소송절차에서 상계항변을 제출할 기회가 있었음에도 불구하고 환송 후 원심 소송절차에서 비로소 주장하는 상계항변은 실기한 공격방어방법에 해당한다고 보고 있다(대판 2005. 10. 7. 2003다44387,44394).

3. 어음채권을 자동채권으로 한 소송상 상계와 어음의 교부 여부

어음채권을 자동채권으로 하여 상계의 의사표시를 하는 경우, ① **재판 외**

상계에서는 어음채무자의 승낙이 없는 이상 **어음의 교부**가 필요불가결하고 어음의 교부가 없으면 상계의 효력이 생기지 아니하나(대판 1977. 3. 8. 76다2999 등. 이 때 어음의 교부는 상계의 효력발생요건이다. 따라서 상계의 의사표시를 하는 자가 이를 주장·증명하여야 한다. 대판 2008. 7. 10. 2005다24981), ② **재판상 상계**에서는 어음을 **서증**으로써 법정에 제출하여 상대방에 **제시**되게 함으로써 충분하다(대판 1991. 4. 9. 91다2892 등).

4. 일부청구와 상계항변

일부청구에서 **전부채권액**에서 자동채권액을 상계를 하고 그 잔액이 청구액을 초과하지 아니할 경우 그 잔액을 인용하고, 그 잔액이 청구액을 초과할 경우에는 그 청구액을 인용하여야 한다(**외측설**). 즉 일부청구액에서 자동채권액을 상계를 하는 것(**내측설**)은 허용되지 아니한다. 일부청구가 **명시적 일부청구**이든, **비명시적 일부청구**이든 마찬가지이다(**판례**의 태도). 판례는 이러한 외측설과 같이 해석하는 것이 일부청구를 하는 당사자의 **통상적인 의사**라고 보고 있다(대판 1984. 3. 27. 83다323, 83다카1037).

5. 소송상 상계권의 행사와 판결 외 소송이 종료되는 경우 등에서의 상계의 실체법상 효력 발생 여부

1) 다른 소송상 형성권의 행사의 경우는 소취하, 소각하, 실기한 공격방어방법의 각하의 경우에도 여전히 실체법상 효력이 발생한다고 보나, **소송상 상계권의 행사**의 경우는 달리 본다(**신병존설**의 입장).

2) 소송상 상계항변은 일종의 예비적 항변으로서 소송상 상계의 의사표시에 의해 확정적으로 그 효과가 발생하는 것이 아니라 해당 소송에서 수동채권의 존재 등 상계에 관한 **실질적 판단**이 이루어지는 경우에 **비로소 실체법상 상계의 효과**가 발생한다(대판 2014. 6. 12. 2013다95964, 2015. 3. 20. 2012다107662).

3) **판례**는 소송절차 진행 중 당사자 사이에 **조정**이 성립됨으로써 수동채권의 존재에 관한 법원의 실질적 판단이 이루어지지 아니한 경우에는 그 소송절차에서 행해진 소송상 상계항변의 사법상 효과도 발생하지 않는다고 보고 있다(대판 2013. 3. 28. 2011다3329).

판례의 태도에 비추어 보면, **소취하, 부적법 각하, 실기 각하** 등으로 수동채권의 존재 등 상계항변에 대하여 실질적 판단이 이루어지지 아니한 경우에도 **신병존설**(특히 **조건설**)의 입장을 취할 것으로 보인다.

6. 소송상 상계항변과 기판력

(1) 상계항변과 기판력의 시적 범위

사실심 변론종결 당시(기판력의 시적 범위에서의 표준시)까지 상계권을 행사하지 않았다 하더라도 이로써 그 주장이 차단되지 아니한다. 즉 실권효가 적용되지 아니한다(**상계권비실권설**). 상계항변은 소구채권과 전혀 별개의 채권을 자동채권으로 한다. 즉 소구채권 자체의 흠 또는 소구채권과 관련된 사유로 인하여 발생한 항변권이 아니다.

(2) 상계항변과 기판력의 객관적 범위

(a) 상계항변에 대한 판단에 기판력이 미치는 의의

1) 피고가 상계항변을 제출하였을 경우에 자동채권의 존부에 대하여 비록 판결이유에서 판단하게 되지만 상계하고자 대항한 액수에 한하여 기판력이 생긴다(민소 216조 2항).

2) 판결이유에서의 판단임에도 불구하고 상계 주장에 관한 법원의 판단에 **기판력을 인정한 취지**는 만일 이에 대하여 기판력을 인정하지 않는다면, ① 원고의 청구권의 존부에 대한 분쟁이 나중에 다른 소송으로 제기되는 반대채권의 존부에 대한 분쟁으로 변형됨으로써 상계 주장의 상대방은 상계를 주장한 자가 그 반대채권을 이중으로 행사하는 것에 의하여 불이익을 입을 수 있게 되며, ② 상계 주장에 대한 판단을 전제로 이루어진 원고의 청구권의 존부에 대한 전소의 판결이 결과적으로 무의미하게 될 우려가 있게 되어 이를 막기 위한 것이다.

(b) 상계항변에 대한 판단에 기판력이 인정되기 위한 요건

1) 상계항변에 대한 판단에 기판력이 인정되기 위해서는 **자동채권의 존부**에 대하여 **실질적인 판단**을 한 경우이어야 한다. 따라서 ① 실기한 공격방어방법으로 각하되거나(민소 149조), ② 성질상 상계가 허용되지 않거나(민 496조, 492조 1항 단서 등), ③ 상계부적상(민 492조 1항 본문)을 이유로 배척될 경우에는 포함되지 않는다.

2) 상계항변에 대한 판단에 기판력이 인정되기 위해서는, **수동채권**이 소구

채권이거나 이에 준하는 채권인 경우이어야 한다. 즉 상계항변의 대상이 된 수동채권이 소송물로 심판되는 **소구채권**이거나, 그와 실질적으로 동일하다고 보이는 경우(가령 원고가 상계의 주장을 하면서 청구이의의 소를 제기하는 경우 등)이다. 상계를 주장한 자동채권과 그 수동채권을 기판력의 관점에서 동일하게 취급하여야 할 필요성이 인정되는 경우를 말한다. 따라서 **동시이행항변으로 제공된 채권**을 수동채권으로 한 경우에는 이에 대한 판단에 기판력이 미치지 아니한다.

동시이행항변에 행사된 채권의 존부나 범위에 관한 판결이유 중의 판단에 기판력이 미치게 해서는 아니 된다. 즉 동시이행항변이 상대방의 상계재항변에 의하여 배척된 경우에도 그 동시이행항변에 행사된 채권을 나중에 소송상 행사할 수 있어야 한다. 따라서 상계항변의 대상이 된 수동채권이 동시이행항변에 행사된 채권인 경우에는 그러한 상계항변에 대한 판단에 기판력이 발생하지 않는다(대판 2005. 7. 22. 2004다17207).

(c) 상계항변이 배척된 경우와 상계항변이 인용된 경우의 기판력

1) 상계항변이 배척된 경우에는 자동채권(반대채권)의 부존재에 기판력이 생긴다. 자동채권이 부존재한다는 판결이유 중의 판단의 **기판력**은 특별한 사정이 없는 한 '법원이 자동채권의 존재를 인정하였더라면 상계에 관한 실질적 판단으로 나아가 **수동채권의 상계적상일까지의 원리금**과 대등액에서 소멸하는 것으로 판단할 수 있었던 **자동채권의 원리금 액수**'의 범위에서 발생한다. 이러한 법리는 피고가 상계항변으로 주장하는 **반대채권의 액수**가 소송물로서 심판되는 **소구채권의 액수**보다 더 큰 경우에도 마찬가지로 적용된다(대판 2018. 8. 30. 2016다46338).

2) 상계항변이 인용된 경우에는 상계항변으로 주장된 자동채권에 관해서는 상계로서 대항한 액수에 한하여 기판력이 미친다(대판 2014. 4. 10. 2013다54390).

(d) 상계항변과 판결이유상 특정 정도

1) 상계항변을 하면 그것이 받아들여지든 받아들여지지 아니하든 상계하고자 대항한 액수에 대하여 기판력이 생기므로, 상계항변이 이유 있고 일견하여 자동채권의 수액이 수동채권의 수액을 초과하는 것이 명백해 보이는 경우라도, 자동채권에 대하여 어느 범위에서 상계의 기판력이 미치는지 판결이유 자체로 당사자가 분명하게 알 수 있을 정도까지는 밝혀 주어야 한다(대판 2013. 11. 14. 2013다46023).

2) 여러 개의 자동채권으로 한 상계항변이 이유 있고 수동채권의 원리금이 자동채권의 원리금 합계에 미치지 못하는 경우에는 최소한 **상계충당**이 지정충당에 의하게 되는지 법정충당에 의하게 되는지 여부를 밝히고, 지정충당이 되는 경우라면 어느 자동채권이 우선 충당되는지를 특정하여야 한다(대판 2013. 3. 28. 2012다94155 등).

7. 소송상 보조참가인이 피참가인의 상계권을 행사하는 것이 허용되는 지 여부

1) 연대채무자는 상계할 채권이 있는 다른 연대채무자가 상계하지 아니하는 때에는 그 채무자의 부담부분에 한하여 상계할 수 있으며(민 418조 2항), 보증인은 주채무자의 채권에 의한 상계로 채권자에 대항할 수 있다(민 434조).

2) 그러나 그 외의 경우에는 소송상 다른 사람의 상계권을 행사할 수 없다. 따라서 **보조참가인**은 실체법상 허용하고 있는 경우가 아닌 한 피참가인의 상계권을 행사할 수 없다.

8. 소송상 상계항변에 대하여 소송상 상계재항변을 할 수 있는지 여부

1) 피고의 소송상 상계항변에 대하여 원고가 다시 피고의 자동채권을 소멸시키기 위하여 **소송상 상계재항변**을 하는 경우, ① 법원이 원고의 소송상 상계재항변과 무관한 사유로 피고의 소송상 상계항변을 배척하는 경우에는 소송상 상계재항변을 판단할 필요가 없고, ② 피고의 소송상 상계항변이 이유 있다고 판단하는 경우에는 원고의 청구채권인 수동채권과 피고의 자동채권이 상계적상 당시에 대등액에서 소멸한 것으로 보게 되므로, 원고가 소송상 상계재항변으로써 상계할 대상인 피고의 자동채권이 그 범위에서 존재하지 아니하는 것이 되어 이때에도 역시 원고의 소송상 상계재항변에 관하여 판단할 필요가 없게 된다. 또한, ③ 원고가 소송물인 청구채권 외에 피고에 대하여 다른 채권을 가지고 있다면 청구의 추가적 변경에 의하여 그 채권을 해당 소송에서 청구하거나 별소를 제기할 수 있다.

2) 결국 원고의 소송상 상계재항변은 일반적으로 이를 허용할 이익이 없으므로, 피고의 소송상 상계항변에 대하여 원고가 소송상 상계재항변을 하는 것은 다른 특별한 사정이 없는 한 허용되지 않는다(대판 2014. 6. 12. 2013다

95964).

이러한 법리는 상계재항변에 제공된 자동채권이 **원고의 소구채권**(청구채권) **가운데 하나**인 경우에도 마찬가지로 적용된다(대판 2015. 3. 20. 2012다107662).

3) 따라서 이러한 상계재항변은 **주장 자체**로 받아들일 수 없다는 이유로 배척하여야 한다(즉 원고가 상계재항변으로 주장한 채권의 존부에 대하여 나아가 판단해서는 아니 된다).

9. 소송상 상계항변과 상소의 이익 및 불이익변경금지의 원칙

1) 원칙적으로 전부승소한 사람은 **상소의 이익**이 없다(판결주문으로 판단한다. 형식설). 그러나 예외적으로 상계항변이 이유 있다고 하여 전부승소한 피고는 원고의 소구채권이 부존재한다는 이유로 승소한 것보다도 결과적으로 불이익이 되기 때문에 상소의 이익이 있다.

2) 제1심에서 원고의 소구채권을 부정하여 원고의 청구를 기각한 판결에 대하여 원고가 항소한 경우 항소법원이 소구채권은 인정하면서도 피고의 상계항변을 받아들인다면 제1심판결과 항소심판결은 민사소송법 216조에 따라 기판력의 범위를 서로 달리한다. 따라서 항소법원으로서는 그 결론이 같다고 하여 원고의 항소를 기각할 것이 아니라, 제1심판결을 취소하고 다시 원고의 청구를 기각하는 판결을 하여야 한다(대판 2013. 11. 14. 2013다46023).

제 3 절   공   탁

Ⅰ. 공탁의 실체법상 의미

1. 변제공탁

(1) 변제공탁의 의의

1) 변제공탁이 적법한 경우에는 채권자가 공탁물출급청구를 하였는지 여부와는 관계없이 그 공탁을 한 때에 변제의 효력이 발생한다. 변제공탁의 경우 공탁관의 수탁처분과 공탁물 보관자의 공탁의 수령으로 그 효력이 발생하여 채무소멸의 효과를 가져온다. 따라서 채권자에 대한 공탁통지나 채권자의 수

령의 의사표시가 있는 때에 공탁의 효력이 생기는 것이 아니다.

2) 변제공탁은 민법 487조 후단의 '변제자의 과실 없이 채권자를 알 수 없는 경우'에도 할 수 있다. 여기서 '변제자가 과실 없이 채권자를 알 수 없는 경우'란 객관적으로 채권자 또는 변제수령권자가 존재하고 있으나 채무자가 선량한 관리자의 주의를 다하여도 채권자가 누구인지를 알 수 없는 경우를 말한다(대판 2008. 10. 23. 2007다35596, 2014. 12. 24. 2014다207245).

3) 변제공탁이 민법 487조 전단의 '수령불능을 원인으로 한 변제공탁'인지, 같은 조 후단의 '상대적 불확지 변제공탁'(**상대적 불확지공탁**)인지 아니면 두 가지 성격을 모두 가지고 있는지 여부는 공탁서의 '법령조항'란의 기재와 '공탁원인사실'란의 기재 등에 비추어 객관적으로 판단하여야 한다.

4) 변제공탁의 경우에는 집행법원의 집행절차를 거치지 아니하고 피공탁자의 동일성에 관한 공탁관의 형식적 심사에 의하여 공탁금이 출급된다. 피공탁자가 반드시 지정되어야 한다.

(2) 상대적 불확지공탁

1) 채권양도에서 제3채무자가 종전의 채권자와 새로운 채권자 중 누구에게 변제하여야 하는지 과실 없이 알 수 없는 경우 **채권자 불확지**를 원인으로 하는 변제공탁사유로 공탁할 수 있다. 이 경우 변제공탁에 관련된 새로운 채권자에 대하여는 변제공탁으로서의 효력이 있다.

2) 동일한 금액 범위 내의 사해행위취소 및 가액배상을 구하는 소송을 제기한 수인의 취소채권자들 중 누구에게 가액배상금을 지급하여야 하는지 알 수 없다는 이유로 채권자들의 청구금액 중 판결 등에 의하여 가장 다액으로 확정된 금액 상당을 공탁금액으로 하고 그 취소채권자 전부를 피공탁자로 하여 상대적 불확지공탁을 한 경우 피공탁자 각자는 공탁서의 기재에 따라 각자의 소송에서 확정된 판결 등에서 인정된 가액배상금의 비율에 따라 공탁금을 출급청구할 수 있을 뿐이다(대판 2007. 5. 31. 2007다3391).

3) 위탁자와 수탁자 사이에 신탁계약이 해지 또는 종료되었을 때 수탁자가 최종 계산을 거쳐 수익자에게 신탁재산을 교부한 후 잔여재산이 있는 경우 이를 위탁자에게 반환하기로 약정하였다면, 수탁자는 그 절차에 따라 수익자에게 신탁재산을 교부하고 남은 재산이 있으면 이를 위탁자에게 반환하면 된다. 그러나 신탁재신을 수령할 권한이 있는 수익자인지 여부에 관한 다툼이 있

다면, 수탁자는 그 사람이 정당한 수익자인지 여부에 따라 수탁자가 신탁재산을 수익자 또는 위탁자 중 누구에게 지급하여야 하는지가 결정된다. 만일 수탁자가 선량한 관리자의 주의를 다하여도 수익자라고 주장하는 자와 위탁자 가운데 누구에게 신탁재산을 지급하여야 하는지 알 수 없다면 '**과실 없이 채권자를 알 수 없는 경우**'에 해당하므로, 수탁자는 민법 487조 후단의 채권자 불확지를 원인으로 하여 신탁재산을 변제공탁할 수 있다(대판 2014. 12. 24. 2014다207245).

2. 일부공탁

1) 채무자가 공탁원인이 있어서 공탁에 의하여 그 채무를 면하려면 **채무액 전부**를 공탁하여야 한다. **일부공탁**은 그 채무를 변제하는 데에 일부의 제공이 유효한 제공이라고 시인될 수 있는 특별한 사정이 있는 경우를 제외하고는 채권자가 이를 수락하지 아니하는 한 그에 상응하는 효력을 발생할 수 없다(대판 2008. 7. 10. 2008다10051 등).

2) 위와 같이 변제공탁이 유효하려면 채권 전부에 대한 변제의 제공 및 채무 전액에 대한 공탁이 있음을 요하고 채무 전액이 아닌 일부에 대한 공탁은 그 부분에 관해서도 효력이 생기지 않는다. 다만 이 경우 채권자가 공탁금을 채권의 일부에 충당한다는 **유보의 의사표시**를 하고 이를 **수령**한 때에는 그 공탁금은 채권의 **일부의 변제**에 충당된다. 그 유보의 의사표시는 반드시 명시적이어야 하는 것은 아니다(대판 1997. 11. 11. 97다37784, 2009. 10. 29. 2008다51359).

3. 변제공탁과 가압류

변제공탁이 적법한 경우에는 채권자가 공탁물출급청구를 하였는지 여부와는 관계없이 그 공탁을 한 때에 변제의 효력이 발생한다. 따라서 그 후 공탁물출급청구권에 대하여 가압류집행이 되더라도 그 변제의 효력에 영향을 미치지 아니한다(대판 2011. 12. 13. 2011다11580).

4. 변제공탁과 공탁물회수청구권의 행사에 의한 공탁물회수의 효과

변제공탁자가 공탁물회수권의 행사에 의하여 공탁물을 회수한 경우에는 공탁하지 아니한 것으로 보아 채권소멸의 효력은 소급하여 없어진다. 이와 같이 채권소멸의 효력을 소급적으로 소멸시키는 공탁물의 회수에는 공탁자에 의하여 이루어진 경우뿐만 아니라, 제3자가 공탁자에게 대하여 가지는 별도 채권의 집행권원으로써 공탁자의 공탁물회수청구권에 대하여 압류 및 추심명령을 받아 그 집행으로 공탁물을 회수한 경우도 포함된다(대판 2014. 5. 29. 2013다212295).

Ⅱ. 공탁의 소송법상 문제

1. 금전채권의 채권자가 공탁약정에 기하여 채무자에게 공탁할 것을 청구할 수 있는지 여부

공탁은 반드시 법령에 근거하여야 하고 당사자가 임의로 할 수 없다. 따라서 금전채권의 채무자가 공탁의 방법에 의한 채무의 지급을 약속하더라도 채권자가 채무자에게 이러한 약정에 기하여 공탁할 것을 청구하는 것은 허용되지 않는다(대판 2014. 11. 13. 2012다52526).

2. 공탁관이 공탁금을 지급하지 아니하는 경우의 구제방법

공탁법상 이의신청 및 **항고절차**를 거쳐 소를 제기할 수 있다. 공탁법 12조 내지 14조에 따라 항고 및 재항고절차를 통하여 다투어야 한다. 이러한 절차를 거침이 없이 국가를 상대로 직접 민사소송으로 공탁금지급청구를 함은 허용되지 않는다.

공탁금지급청구권자는 우선적으로 공탁관을 상대로 공탁물지급청구를 하고, 공탁관이 이를 불수리할 경우 공탁법상 항고절차를 취해야 하며, **이러한 절차를 이행한 이후**에는 민사소송으로 직접 국가를 상대로 하여 **공탁물지급청구의 소**를 제기할 수 있다(대판 1991. 7. 12. 91다15447, 2013. 7. 25. 2012다204815 등).

3. 공탁관계소송과 확인의 이익

(1) 피공탁자가 제3자를 상대로 한 공탁금출급청구권의 확인청구의 경우

공탁금출급청구권의 귀속과 관련하여 피공탁자 아닌 사람이 다투고 있다고 하더라도, 피공탁자로서는 직접 공탁관에 대하여 공탁금출급청구권을 행사하여 공탁금을 수령하면 되므로, 구태여 피공탁자가 될 수 없는 사람을 상대로

공탁금출급청구권의 확인을 구하는 것은 확인의 이익이 없다(대판 2001. 6. 26. 2001다19776, 2006. 8. 25. 2005다67476).

(2) 피공탁자 아닌 제3자가 피공탁자를 상대로 공탁금출급청구권의 확인청구의 경우

1) 변제공탁의 공탁금출급청구권자는 피공탁자 또는 그 승계인이고, 피공탁자는 공탁서의 기재에 의하여 형식적으로 결정되므로, 실체법상의 채권자라 하더라도 피공탁자로 지정되어 있지 않다면 공탁금출급청구권을 행사할 수 없다. 따라서 피공탁자 아닌 제3자가 피공탁자를 상대로 하여 공탁금출급청구권의 확인을 구하는 것은 확인의 이익이 없다(대판 2007. 5. 31. 2007다3391).

2) 다만 상대적 불확지공탁에서 피공탁자 가운데 한 사람을 채무자로 하여 그의 공탁금출급청구권에 대하여 채권압류 및 추심명령을 받은 추심채권자가 자기의 이름으로 다른 피공탁자를 상대로 하여 공탁금출급청구권이 추심채권자에게 있음의 확인을 구하는 것은 확인의 이익이 있다(대판 2011. 11. 10. 2011다55405).

(3) 절대적 불확지공탁에서 공탁금출급청구권의 확인청구의 경우

1) 채권자가 사망하고 과실 없이 그 상속인을 알 수 없다는 이유로 채무자가 민법 487조 후단에 따라 변제공탁(절대적 불확지공탁)을 하는 경우 피공탁자인 망인의 상속인이 공탁자를 상대로 하여 공탁금출급청구권의 확인을 구하는 것은 확인의 이익이 있다(대판 2014. 4. 24. 2012다40592).

2) 공익사업을 위한 토지 등의 취득 및 보상에 관한 법률 40조 1항 2호에 따라 사업시행자가 보상금수령권자의 절대적 불확지를 이유로 수용보상금을 공탁한 경우 자기가 진정한 보상금수령권자라고 주장하는 사람이 공탁자인 **사업시행자**를 상대로 한 공탁금출급청구권의 확인을 구하는 것은 확인의 이익이 있다(대판(전) 1997. 10. 16. 96다11747, 대판 2007. 2. 9. 2006다68650,68667).

4. 일부공탁과 청구이의의 소

확정판결의 변론종결 전에 이루어진 채무의 일부에 대한 공탁에서 채권자가 변론종결 뒤 그 공탁금을 수령함으로써 변제의 효력이 발생한 경우에는 그 한도 내에서 청구이의사유(민집 44조 2항)가 된다(대판 2009. 10. 29. 2008다51359).

PART 04

채권법 각론 관련 논점

제 1 장

계약총론

제 1 절   계약 일반

Ⅰ. 계약 일반의 실체법상 문제

1. 계약당사자의 확정

(1) 계약당사자의 확정의 성질

계약당사자가 누구인지는 그 계약에 관여한 당사자의 의사해석의 문제에 해당한다. **의사표시의 해석**은 당사자가 그 표시행위에 부여한 객관적인 의미를 명백하게 확정하는 것이다.

(2) 계약당사자의 확정방법

(a) 의사표시가 일치한 경우

일방 당사자가 대리인을 통하여 계약을 체결하는 경우에 계약의 상대방이 대리인을 통하여 본인과 사이에 계약을 체결하려는 데 의사가 일치하였다면, 대리인의 대리권 존부 문제와는 무관하게 상대방과 본인이 계약당사자이다(대판 2003. 12. 12. 2003다44059).

(b) 의사표시가 일치하지 아니한 경우

앞서와 같이 이에 관한 의사표시가 일치하지 아니한 경우 그 계약의 성질, 내용, 목적, 체결경위 등 그 계약체결 전후의 구체적 여러 사정을 토대로 상대방이 합리적 사람이라면 행위자와 명의자 중 누구를 계약당사자로 이해할 것인지에 대하여 당사자를 결정하여야 한다(이는 구체적인 사안에서 매도인이 공동명의된 경우, 그 가운데 한 사람이 매도인이냐 공동매도인이냐의 문제이다. 대판 2011. 2.

10. 2010다83199,83205).

2. 채무자위험부담주의

쌍무계약에서 계약체결 후에 당사자 쌍방의 귀책사유 없이 채무의 이행이 불가능하게 된 경우 채무자는 급부의무를 면함과 더불어 반대급부도 청구하지 못한다(**채무자위험부담주의**, 민 537조). 이 경우 쌍방급부가 없었던 경우에는 계약관계는 소멸하고, 이미 이행한 급부는 법률상 원인 없는 급부가 되어 부당이득의 법리에 따라 반환청구를 할 수 있다(대판 2017. 10. 12. 2016다9643 등).

3. 계약체결상의 과실

1) 계약 당시에 이미 채무의 이행이 불가능했다면 특별한 사정이 없는 한 채권자가 그 이행을 구하는 것은 허용되지 않고, 이미 이행한 급부는 법률상 원인 없는 급부가 되어 부당이득의 법리에 따라 반환청구를 할 수 없으며, 나아가 민법 535조에서 정한 **계약체결상의 과실책임**을 추궁하는 등으로 권리를 구제받을 수 있다(대판 2017. 8. 29. 2016다212524 등).

2) 계약이 **의사의 불합치**로 성립하지 아니한 경우 그로 인하여 손해를 입은 당사자가 상대방에게 부당이득반환청구 또는 불법행위로 인한 손해배상청구를 할 수는 있어도, 상대방이 계약이 성립되지 아니할 수 있다는 것을 알았거나 알 수 있었음을 이유로 **민법 535조를 유추적용**하여 계약체결상의 과실로 인한 손해배상청구를 할 수는 없다(대판 2017. 11. 14. 2015다10929).

4. 동시이행항변권

(1) 동시이행관계에 있다고 인정되는지 여부

1) 동시이행항변권은 당사자 쌍방이 부담하는 각 채무가 고유의 대가관계에 있는 쌍무계약상의 채무가 아니더라도 구체적 계약관계에서 당사자 쌍방이 부담하는 채무 사이에 **대가적인 의미**가 있어 **이행상 견련관계**를 인정하여야 할 사정이 있는 경우에 이를 인정할 수 있다(대판 1999. 10. 12. 98다6176, 2013. 12. 12. 2012다14876 등).

2) 기존의 원인채권과 어음채권이 병존하는 경우에 채권자가 원인채권을 행사할 때에 채무자는 원칙적으로 어음과 상환으로 지급하겠다고 하는 항변으

로 채권자에게 대항할 수 있다. 그러나 어음상 권리가 시효완성으로 소멸하여 채무자에게 이중지급의 위험이 없고 채무자가 다른 어음상 채무자에 대하여 권리를 행사할 수도 없는 경우에는 채권자의 원인채권 행사에 대하여 채무자에게 어음상환의 동시이행항변을 인정할 필요가 없으므로, 채무자의 동시이행항변권은 부인된다(대판 2010. 7. 29. 2009다69692 등).

3) 전세권이 소멸한 경우 전세권자의 목적물 인도의무 및 전세권설정등기말소의무와 전세권설정자의 전세금반환의무는 동시이행관계에 있다(민 317조).

4) 부동산 매수인의 매매잔대금지급의무와 매도인의 가압류기입등기말소의무는 원칙적으로 동시이행관계에 있다. 이 경우 가압류기입등기에 기한 압류에 의하여 (가압류를 본압류로 이전하여) 강제경매절차가 진행되자 매수인이 강제경매의 집행채권액과 집행비용을 변제공탁한 경우 매도인은 매수인에 대해 대위변제로 인한 구상채무를 부담하게 되고, 그 구상채무는 가압류기입등기말소의무의 변형으로서 매수인의 매매잔대금지급의무와 여전히 대가적인 의미가 있어 서로 동시이행관계에 있다(대판 2001. 3. 27. 2000다43819).

(2) 동시이행의 범위

1) 매수인이 매도인을 상대로 매매목적의 부동산 중 일부에 대해서만 소유권이전등기의무의 이행을 구하고 있는 경우에도 매도인은 특별한 사정이 없는 한 그 매매잔대금 전부에 대하여 동시이행항변을 행사할 수 있다(대판 2006. 2. 23. 2005다53187).

2) 당사자 일방의 **여러 의무**를 **포괄하여** 상대방의 **여러 의무** 사이에 대가관계가 있다고 인정되는 한 이러한 당사자 일방의 여러 의무와 상대방의 여러 의무는 동시이행관계에 있다고 볼 수 있다.

(3) 동시이행항변권의 행사와 권리남용 여부

1) 일반적으로 동시이행의 관계가 인정되는 경우라도 그러한 항변권을 행사하는 사람의 상대방이 그 동시이행의 의무를 이행하기 위하여 과다한 비용이 소요되거나 또는 그 의무의 이행이 실제적으로 어려운 반면 그 의무의 이행으로 인하여 항변권자가 얻는 이득은 별달리 크지 아니하여 동시이행항변권의 행사가 주로 자기 채무의 이행만을 회피하기 위한 수단이라고 보여지는 때에는 그 항변권의 행사는 **권리남용**으로 배척되어야 한다.

2) 동시이행항변권의 행사가 권리남용이 되지 아니하더라도 **신의칙**이나

공평의 관념에서 동시이행항변권의 행사의 범위가 제한되는 경우도 있다.

    (4) 동시이행항변의 효과

    (a) 이행거절권

    상대방이 동시이행관계에 있는 채무를 이행하지 아니하는 한 이행을 거절할 수 있다. 이를 위해서는 동시이행항변권을 행사하여야 한다.

    (b) 이행지체책임 여부

    상대방이 동시이행관계에 있는 채무를 이행하지 아니하는 한 이행지체책임을 지지 않는다(**존재효과설**). 따라서 동시이행관계에 있는 경우 상대방이 현실적인 이행의 제공을 하여 상대방의 채무를 지체에 빠지게 하지 못하였으면 상대방은 이행지체의 책임을 지지 않는다.

    5. 불안의 항변권

    민법 536조 2항은 쌍무계약의 당사자 일방이 상대방에게 먼저 이행을 하여야 하는 의무를 지고 있는 경우에도 '상대방의 이행이 곤란할 현저한 사유가 있는 때'에는 동시이행항변권을 가진다고 하여, 이른바 **불안의 항변권**을 규정하고 있다.

    여기서 **상대방의 이행이 곤란할 현저한 사유**란 선이행채무를 지게 된 채무자가 계약성립 후 채권자의 신용불안이나 재산상태의 악화 등의 사정으로 반대급부를 이행받을 수 없는 사정변경이 생기고 이로 인하여 당초의 계약내용에 따른 선이행의무를 이행하게 하는 것이 공평과 신의칙에 반하게 되는 경우를 말한다.

Ⅱ. 계약 일반의 소송법상 문제

1. 계약당사자의 확정과 처분문서의 증명력

    계약당사자 사이에 어떠한 계약 내용을 처분문서인 서면으로 작성한 경우에는 그 서면에 사용된 문구에 구애받는 것은 아니지만 어디까지나 당사자의 내심적 의사의 여하에 관계없이 그 서면의 기재 내용에 의하여 당사자가 그 표시행위에 부여한 객관적 의미를 합리적으로 해석하여야 한다. 이 경우 문언의 객관적인 의미가 명확하다면, 특별한 사정이 없는 한 문언대로의 의사표시의 존재와 내용을 인정하여야 한다.

2. 동시이행항변권

(1) 권리항변

동시이행항변은 항변권자가 그 권리를 행사하여야 하는 항변으로 권리항변이다. 권리항변의 경우에는 권리발생의 기초가 되는 객관적 사실만이 아니라 권리를 행사한다는 취지의 당사자의 의사표시가 요구된다. 법원은 그 의사표시가 없는 한 권리항변사실에 관한 상대방의 불리한 주장이 있어도 이를 판결의 기초로 할 수 없다. 이러한 점에서 **주장공통의 원칙**에 대한 **예외**로서의 의미를 갖는다.

(2) 권리저지적 항변(연기적 항변)

다른 일반적인 권리저지적 항변이 받아들여지는 경우에는 원고청구기각판결을 하여야 하나, 권리저지적 항변 가운데 동시이행항변 및 유치권항변이 받아들여지는 경우에는 원고일부승소판결, 즉 상환이행판결을 하여야 한다.

(3) 단순이행청구시 동시이행판결의 가능 여부(처분권주의)

1) 원고의 단순이행청구에 대하여 피고의 동시이행항변이 이유 있는 경우에는 **동시이행판결(상환이행판결, 원고일부승소판결)**을 하는 것은 처분권주의에 반하지 아니한다.

2) 부동산매매계약을 한 매수인이 원고가 되어 매도인을 피고로 하여 단순히 소유권이전등기청구만을 하고, 매도인인 피고가 이에 대하여 대금지급과의 동시이행항변을 제기한 경우에, 법원이 피고에게 대금을 지급받음과 상환으로 소유권이전등기절차를 이행할 것을 명하는 것은 원고의 청구 가운데에 대금지급과의 상환으로 소유권이전등기를 받겠다는 **취지가 포함**되었다고 보여지는 때에 한한다(대판 1980. 2. 26. 80다56). 따라서 원고의 청구가 자기의 반대급부의무가 없다는 취지임을 분명히 한 경우에는 법원은 원고청구를 기각하여야 한다.

3) 다만 원고가 원·피고 사이의 매매계약체결과 대금완납을 청구원인으로 하고, 청구취지로써 (무조건)소유권이전등기절차를 이행하라고 청구한 경우에는 이러한 청구취지 가운데는 심리결과 대금 중 미지급 잔금부분이 판명되었을 때는 그 미지급한 잔금을 지급받음과 상환으로 소유권이전등기절차를 이

행하는 취지도 포함된 것으로 본다(대판 1979. 10. 10. 79다1508 등).

(4) 주장에 동시이행항변이 포함되어 있는지 여부

매매계약이 해제 또는 무효로 되었다는 피고의 항변에 피고의 소유권이전등기의무와 원고의 잔대금지급의무가 동시이행관계에 있다는 항변이 포함되어 있다고 볼 수 없다(대판 1993. 12. 28. 93다777).

(5) 동시이행항변 및 동시이행판결과 기판력 발생 여부

1) 상계주장의 대상이 된 수동채권이 소구채권이 아니라 **동시이행항변에 행사된 채권**일 경우에는 그러한 상계 주장에 대한 판단에는 (상계항변에 대한 판단에 기판력이 미치는 경우와 달리) 기판력이 발생하지 않는다.

2) 동시이행판결의 경우 동시이행관계에 있는 반대채권의 존부 및 액수 등에 대해서는 기판력이 생길 여지가 없으나, **동시이행의 조건**이 붙어 있다는 점에 관해서는 기판력이 생긴다.

(6) 소송촉진 등에 관한 특례법 소정의 지연손해금 적용 여부

상대방이 동시이행관계에 있는 채무를 이행하지 아니하는 한 이행지체책임을 지지 않으므로 소송촉진 등에 관한 특례법에서 정한 연 12%의 이율이 적용되지 아니한다(예컨대 사실심 변론종결일까지 원고가 피고에게 건물의 인도를 위한 이행제공 또는 이행을 하였다고 볼 수 없는 경우 건물의 인도의무와 동시이행관계에 있는 공사대금의 지급의무에 관하여 피고에게 이행지체의 책임이 있다고 할 수 없으므로, 공사대금에 대한 건물의 인도일 이후의 지연손해금을 인정할 때에는 위 특례법에서 정한 연 15%의 이율이 적용되지 아니한다. 대판 2002. 10. 25. 2002다43370).

(7) 집행개시요건인지 여부

동시이행이 붙은 집행권원에서 동시이행은 일반적으로는 집행개시요건이다(민집 41조). 그러나 **의사진술을 명하는 판결**에서는 원칙적으로 집행의 문제가 생길 여지가 없으므로(조건성취나 승계의 경우가 아닌 한 판결의 확정시 의사진술한 것으로 간주된다) 동시이행은 **집행문부여요건**이다(동시이행사실이 증명되어야 **조건성취집행문**을 내어준다. 민집 30조 2항, 32조)

제 2 절 계약의 해제·해지

Ⅰ. 계약의 해제 · 해지의 실체법상 문제

1. 이행이나 이행의 제공을 하지 아니하고 해제할 수 있는 경우

(1) 미리 이행하지 아니할 의사를 표시한 경우

(a) 의   의

이른바 '이행거절'의 경우 계약해제를 할 수 있다. 동시이행관계에 있는 자라고 하더라도 채무의 이행제공을 요하지 아니한다. **판례**도, 상대 당사자가 일방 당사자의 채무 이행에 대한 수령을 거절하는 의사를 명백히 표시하고 그 의사를 뒤집을 가능성이 보이지 아니하는 경우에는 일방 당사자는 위 채무를 이행하거나 그 이행을 제공하지 아니하더라도 채무불이행의 책임을 면하며, 동시이행의 항변권은 상실되어 상대 당사자에 대한 자신의 채권을 행사할 수 있다고 해석함이 상당하다고 한다(대판 2012. 10. 25. 2010다89050).

(b) 이행거절의사의 표명방법

1) 명시적으로 이행거절의사를 표명하지 않더라도, 묵시적 이행거절의사도 인정된다. 계약 당시나 계약 후의 여러 사정을 종합하여 묵시적 이행거절의사를 인정할 때에는 이행거절의사가 정황상 명백하고 종국적으로 표시되어야 한다.

2) 이러한 이행거절이라는 채무불이행이 인정되기 위해서는 채무를 이행하지 아니할 채무자의 명백한 의사표시가 위법한 것으로 평가되어야 한다(대판 2015. 2. 12. 2014다227225).

3) 당사자 일방이 자기의 채무를 아직 다 이행하지 아니하였으면서도 이미 다 이행하였다고 주장하면서 상대방 채무의 이행을 구하는 제소까지 하였다면 그것이 계산상의 착오 때문이라는 등 특별한 사정이 없는 한 미리 자기의 채무를 이행하지 아니할 의사를 표명한 것으로 보아야 하며, 따라서 상대방은 계약을 해제할 수 있다. 그리고 당사자 일방이 위와 같은 의사를 표명한 것으로 볼 것인지 여부는 **계약해제시**를 기준으로 하여 판단하여야 한다(대판 2014. 10. 6. 2014다210531).

(2) 합의해제 또는 해제계약에 의한 경우

1) 합의해제 또는 해제계약이란 해제권의 유무를 불문하고 계약당사자 쌍방이 합의에 의하여 기존의 계약의 효력을 소멸시켜 당초부터 계약이 체결되지 않았던 것과 같은 상태로 복구시킬 것을 내용으로 하는 새로운 계약을 말한다. 계약의 청약과 승낙이라는 서로 대립하는 의사표시가 합치될 것(합의)을 요건으로 한다. 이와 같은 합의가 성립하기 위해서는 쌍방 당사자의 표시행위에 나타난 의사의 내용이 객관적으로 일치하여야 한다(대판 2012. 10. 25. 2010다89050).

2) 이러한 합의해제에는 명시적 합의해제와 묵시적 합의해제가 있다. **묵시적 합의해제**는 계약이 체결되어 그 일부가 이행된 상태에서 당사자 쌍방이 장기간에 걸쳐 나머지 의무를 이행하지 아니함으로써 이를 방치한 것만으로는 부족하고, 당사자 쌍방에게 계약을 실현할 의사가 없거나 계약을 포기할 의사가 있다고 볼 수 있을 정도에 이르러야 한다. 이 경우에 당사자 쌍방이 계약을 실현할 의사가 없거나 포기할 의사가 있었는지 여부는 계약이 체결된 후의 여러 사정을 종합적으로 고려하여 판단하여야 한다(대판 2011. 2. 10. 2010다77385 등).

2. 사정변경으로 인한 계약해제 허용 여부

1) 사정변경을 이유로 한 계약해제는 계약 성립 당시 당사자가 예견할 수 없었던 **현저한 사정의 변경**이 발생하였고 그러한 사정의 변경이 해제권을 취득하는 당사자에게 책임 없는 사유로 생긴 것으로서, 계약 내용대로의 구속력을 인정한다면 **신의칙에 현저히 반하는 결과**가 생기는 경우에 **계약준수 원칙의 예외**로서 인정된다.

2) 여기서 말하는 사정이란 계약의 기초가 되었던 **객관적인 사정**으로서, 일방 당사자의 주관적 또는 개인적인 사정을 의미하는 것은 아니다. 따라서 계약의 성립에 기초가 되지 아니한 사정이 그 후 변경되어 일방 당사자가 계약 당시 의도한 계약목적을 달성할 수 없게 됨으로써 손해를 입게 되었다 하더라도 특별한 사정이 없는 한 그 계약 내용의 효력을 그대로 유지하는 것이 신의칙에 반한다고 볼 수 없다(대판 2007. 3. 29. 2004다31302 등). 이러한 법리는 계속적 계약관계에서 사정변경을 이유로 계약의 해지를 주장하는 경우에도 마찬가지로 적용된다(대판(전) 2013. 9. 26. 2013다26746).

3. 계약해제의 방법

1) 해제의 의사표시가 상대방에게 도달한 때에 해제의 효과가 발생한다. 이러한 해제의 의사표시를 소장상 기재한 경우 상대방에게 **소장부본을 송달**함으로써 해제의 의사표시가 상대방에게 도달하여 해제의 효과가 발생한다.

2) 소정의 기간 내에 이행이 없으면 계약은 당연히 해제되는 것으로 한다는 뜻을 포함하고 있는 이행청구는 이행청구와 동시에 그 기간 내에 이행이 없는 것을 **정지조건**으로 하여 미리 해제의 의사를 표시한 것으로 볼 수 있다(대판 1992. 12. 22. 92다28549).

다만 그 경우에도 동시이행관계에 있는 의무자의 일방이 상대방의 이행지체를 이유로 한 해제권을 적법하게 취득하기 위해서는, ① 그 이행청구에 표시된 이행기가 '**일정한 기간 내**'로 정해진 경우라면 이행을 청구한 자가 원칙으로 그 기간 중 이행제공을 계속하여야 하며, ② '**일정한 일시**' 등과 같이 기일로 정해진 경우에는 그 기일에 이행제공이 있어야 한다(대판 1981. 4. 14. 80다2381, 1992. 12. 22. 92다28549).

3) 당사자의 일방 또는 쌍방이 수인인 경우에는 계약의 해지나 해제는 그 전원으로부터 또는 전원에 대하여 하여야 한다(민 547조 1항). 따라서 매매계약의 일방 당사자가 사망하였고 그에게 여러 명의 상속인이 있는 경우에 그 상속인들이 계약을 해제하려면, 상대방과 사이에 다른 내용의 특약이 있다는 등의 특별한 사정이 없는 한 상속인들 전원이 해제의 의사표시를 하여야 한다(대판 2013. 11. 28. 2013다22812).

4. 계약해제의 효과

(1) 원상회복의무

(a) 내   용

1) 계약이 해제된 경우 당사자는 민법 548조에 따라 상대방에 대하여 원상회복의무를 진다. 민법 548조는 부당이득에 관한 특별 규정의 성격을 가진 것이므로, 그 이익 반환의 범위는 이익의 현존 여부나 선의·악의에 불문하고 특별한 사정이 없는 한 받은 이익의 전부이다(대판 1998. 12. 23. 98다43175 등).

2) 매도인으로부터 매매 목적물의 소유권을 이전받은 매수인이 매도인의

계약해제 이전에 제3자에게 목적물을 처분하여 계약해제에 따른 원물반환이 불가능하게 된 경우에 매수인은 원상회복의무로서 가액을 반환하여야 한다. 이 때 반환할 금액은 특별한 사정이 없는 한 그 처분 당시의 목적물의 대가 또는 그 시가 상당액과 처분으로 얻은 이익에 대하여 이를 이득한 날부터의 법정이자를 가산한 금액이다(대판 2013. 12. 12. 2013다14675). 즉 원칙적으로 **처분 당시의 목적물의 대가**이나, 처분 당시의 목적물의 대금이 시가를 벗어나 정하였다는 등의 **특별한 사정**이 있는 경우에는 그 **시가 상당액**이다.

  3) 과실상계는 본래 채무불이행 또는 불법행위로 인한 손해배상책임에 대하여 인정되는 것이고, 매매계약이 해제되어 소급적으로 효력을 잃은 결과 매매당사자에게 해당 계약에 기한 급부가 없었던 것과 동일한 재산상태를 회복시키기 위한 원상회복의무의 이행으로서 이미 지급한 매매대금 그 밖의 급부의 반환을 구하는 경우에는 적용되지 아니한다. 이 경우 계약의 해제로 인한 원상회복청구권에 대하여 해제자가 해제의 원인이 된 채무불이행에 관하여 '원인'의 일부를 제공하였다는 등의 사유를 내세워 신의칙 또는 공평의 원칙에 기하여 일반적으로 손해배상에서의 과실상계에 준하여 권리의 내용이 제한될 수 없다(대판 2014. 3. 13. 2013다34143).

  (b) 원상회복에 가산할 이자 및 지연손해금의 구별 등

  1) 계약의 해제에 따른 원상회복의무에 의하여 반환할 금전에는 그 받은 날부터 이자를 가산하여 지급하여야 한다(민 548조 1항 단서). 여기서 가산되는 **이자**는 원상회복의 범위에 속하는 것으로서 일종의 **부당이득반환의 성질**을 가지며, 반환의무의 이행지체로 인한 지연손해금이 아니다.

  따라서 당사자 사이에 그 **이자**에 관하여 특별한 약정이 있으면 그 약정이율이 우선 적용되고 약정이율이 없으면 민사 또는 상사 법정이율이 적용된다.

  2) 한편 원상회복의무가 **이행지체**에 빠진 이후의 기간에 대해서는 부당이득반환의무로서의 이자가 아니라 반환채무에 대한 지연손해금이 발생하게 되므로 거기에는 **지연손해금률**이 적용되어야 한다. 그 지연손해금률에 관해서도 당사자 사이에 별도의 약정이 있으면 그에 따라야 할 것이고, 설사 그것이 법정이율보다 낮다 하더라도 마찬가지이다.

  3) 계약해제시 반환할 금전에 가산할 **이자**에 관하여 당사자 사이에 약정이 있는 경우에는 특별한 사정이 없는 한 이행지체로 인한 **지연손해금도** 그 약정

이율에 의하기로 하였다고 보는 것이 당사자의 의사에 부합한다. 다만 그 약정이율이 법정이율보다 낮은 경우에는 약정이율에 의하지 아니하고 법정이율에 의한 지연손해금을 청구할 수 있다(계약해제로 인한 원상회복시 반환할 금전에 그 받은 날부터 가산할 이자의 지급의무를 면제하는 약정이 있는 때에도 그 금전반환의무가 이행지체 상태에 빠진 경우에는 법정이율에 의한 지연손해금을 청구할 수 있는 점과 비교해 볼 때 그렇게 보는 것이 논리와 형평의 원리에 맞기 때문이다. 대판 2013. 4. 26. 2011다50509 등).

4) 소송촉진 등에 관한 특례법 3조 1항은 금전채무의 전부 또는 일부의 이행을 명하는 판결을 선고할 경우에 금전채무불이행으로 인한 손해배상액 산정의 기준이 되는 법정이율에 관한 특별규정이므로, 위 이자에는 소송촉진 등에 관한 특례법 3조 1항에 의한 이율을 적용할 수 없다(대판 2000. 6. 23. 2000다16275).

(2) 민법 548조 1항 단서에서 말하는 '제3자'의 의미

(a) 의　　의

민법 548조 1항 단서에서 말하는 **제3자는** 일반적으로 그 해제된 계약으로부터 생긴 법률효과를 기초로 하여 해제 전에 새로운 이해관계를 가졌을 뿐만 아니라 등기·인도 등으로 권리를 취득한 사람을 말한다.

(b) 이에 해당하는 경우

1) 매수인과 매매예약을 체결한 후 그에 기한 소유권이전청구권 보전을 위한 **가등기를 마친** 사람도 위 조항 단서에서 말하는 제3자에 포함된다(대판 2014. 12. 11. 2013다14569).

2) 해제된 매매계약에 의하여 채무자의 책임재산이 된 부동산을 가압류 집행한 **가압류채권자도** 원칙상 위 조항 단서에서 말하는 제3자에 포함된다(대판 2000. 1. 14. 99다40937 등. 다만 부동산에 대하여 가압류등기가 된 경우에, 그 가압류채무자(현소유자)의 전소유자가 위의 가압류집행에 앞서 같은 부동산에 대하여 소유권이전등기의 말소청구권을 보전하기 위한 처분금지가처분등기를 경료한 다음, 채무자를 상대로 매매계약의 해제를 주장하면서 소유권이전등기말소소송을 제기한 결과 승소판결을 받아 확정되기에 이른 경우 위와 같은 가압류는 결국 말소될 수밖에 없고, 따라서 이러한 경우 가압류채권자는 민법 548조 1항 단서에서 말하는 제3자로 볼 수 없다. 대판 2005. 1. 14. 2003다33004).

(c) 이에 해당하지 아니하는 경우

계약상 채권을 양수한 자는 여기서 말하는 제3자에 해당하지 않는다. 따라서 계약이 해제된 경우 계약해제 이전에 해제로 인하여 소멸되는 채권을 양수한 자는 계약해제의 효과에 반하여 자신의 권리를 주장할 수 없음은 물론이고, 나아가 특단의 사정이 없는 한 채무자로부터 이행받은 급부를 원상회복하여야 할 의무가 있다(대판 2003. 1. 24. 2000다22850). **계약상 채권 자체를 압류하거나 전부**(轉付)**받은 채권자** 역시 여기서 말하는 제3자에 해당하지 아니한다(대판 2000. 4. 11. 99다51685).

II. 계약의 해제 · 해지의 소송법상 문제

1. 소송상 해제 · 해지권의 행사와 실체법상 효력

1) 소송상 형성권을 행사하는 행위는 원칙적으로 **법원**에 대한 소송상 형성권 행사의 효과를 진술하는 소송행위의 성질과 아울러 **상대방**에 대한 실체법상 형성권의 행사라는 사법행위의 성질을 지닌다.

2) 소송상 해제 · 해지권을 행사한 후 소를 취하하거나 소가 각하되는 경우, 또는 이러한 소송상 형성권의 행사가 실기한 공격방어방법으로서 각하되는 경우 실체법상 효과는 여전히 남아 있게 된다. 즉 실체법상 효력이 소멸되지 아니한다.

2. 소송상 해제 · 해지권의 행사와 기판력의 시적 범위

사실심의 변론종결시까지 계약의 해제 · 해지사유(법정해제 · 해지사유 및 약정해제 · 해지사유)가 발생하였음에도 불구하고 소송상 해제권 · 해지권을 행사하지 아니한 경우 그 후에는 기판력의 시적 범위에 의하여 차단된다(**실권효 · 차단효**).

제 2 장　　　　　계약각론

제 1 절　매　　　매

Ⅰ. 매매 일반의 실체법상 문제

1. 이행의 제공

(1) 이행의 제공의 정도

　쌍무계약에서 일방 당사자가 하여야 할 **이행의 제공의 정도**는 그 시기와 구체적인 상황에 따라 신의칙에 어긋나지 않게 합리적으로 정해야 한다. 이 경우 당사자의 채무에 관하여 이행의 제공을 엄격하게 요구하면 불성실한 상대방당사자에게 구실을 주게 될 수도 있기 때문이다(대판 2001. 12. 11. 2001다36511, 2012. 11. 29. 2012다65867).

(2) 이행의 제공과 이행지체

(a) 이행의 제공 일반

　변제의 제공은 채무내용에 좇은 현실제공으로 이를 하여야 하고, 채무자는 변제의 제공이 있는 때로부터 채무불이행의 책임을 면하지만(민 460조 · 461조), 금전채무의 경우 현실제공은 특별한 사정이 없는 한 채권자가 급부를 즉시 수령할 수 있는 상태에 있어야만 인정될 수 있다. 따라서 채무자가 채무내용에 좇은 급부를 제공하면서도 채권자가 그 급부를 즉시 수령하기 어려운 장애요인을 형성 · 유지한 경우에는 현실제공이 있다고 할 수 없다.

(b) 부동산 매매계약에서 매도인이 하여야 할 이행의 제공의 정도

　1) 소유권이전등기에 필요한 서류 등을 현실적으로 제공하거나 그렇지 않

더라도 이행장소에 그 서류 등을 준비하여 두고 매수인에게 그 뜻을 통지하고 수령하여 갈 것을 최고하면 된다.

소유권이전등기에 필요한 서류들이란 소유권이전등기에 필요하고 또 내용상 유효한 모든 서류를 말한다. 여기에는 부동산매도용 인감증명서, 주민등록등본, 위임장 등이 있다(본인서명사실 확인 등에 관한 법률(2012. 2. 1. 제정, 2012. 12. 1. 시행)에 따라 인감증명법에 따른 인감증명을 갈음하여 사용할 수 있는 본인서명사실확인서 및 전자본인서명확인서도 이에 해당한다).

2) 특별한 사정이 없으면 이행장소로 정한 법무사 사무실에 그 서류 등을 계속 보관시키면서(잔금지급기일에 법무사에게 소유권이전등기절차의 이행을 위임하면서 위 서류들을 그 법무사에게 맡겨두어야 한다) 언제든지 잔금과 상환으로 그 서류들을 수령할 수 있음을 **통지**하고 신의칙상 요구되는 상당한 기간의 간격을 두고 거듭 수령을 **최고**하면 이행의 제공을 다한 것이 되고 그러한 상태가 계속된 기간 동안은 매수인이 이행지체로 된다.

3) 매수인이 계약의 이행에 비협조적인 태도를 취하면서 잔금의 지급을 미루는 등 소유권이전등기서류를 수령할 준비를 하지 않고 있는 경우(잔금지급기일에 잔금을 지급하지 않고 계약의 효력을 다투는 등 계약의 이행에 비협조적이고 매도인의 소유권이전등기서류를 수령할 준비를 하지 않고 있는 경우) 매도인으로서도 그에 상응한 이행의 준비를 하면 족하다. 소유권이전등기에 필요한 대부분의 서류를 작성하여 법무사에게 주었고, 미비된 일부 서류들을 잔금지급시에 교부하기로 하였으며, 이들 서류는 매도인이 언제라도 발급받아 교부할 수 있는 것인 경우 매도인으로서는 충분한 이행의 제공을 마쳤다고 본다.

4) 근저당권설정등기가 있는 부동산의 매매계약에서는 매도인의 소유권이전등기의무와 아울러 근저당권설정등기의 말소의무도 매수인의 대금지급의무와 **동시이행관계**에 있다. 여기서 근저당권설정등기의 말소의무에 관한 이행제공은 그 근저당채무가 변제되었다는 것만으로는 부족하고, 근저당권설정등기의 말소에 필요한 서류까지도 준비함이 필요하다.

2. 매매계약의 무효와 매도인이 악의의 수익자인 경우의 법률관계

매매계약이 무효로 되는 때에는 매도인이 악의의 수익자인 경우 특별한 사정이 없는 한 그 매도인은 반환할 매매대금에 대하여 민법이 정한 연 5%의 법정이율에 의한 **이자**를 붙여 반환하여야 한다(민 748조 2항). 위와 같은 법정이자의 지급은 **부당이득반환의 성질**을 가지는 것이지 반환의무의 이행지체로 인한 손해배상이 아니므로, 매도인의 매매대금 반환의무와 매수인의 소유권이전등기 말소등기절차이행의무가 동시이행의 관계에 있는지 여부와는 관계가 없다(대판 2017. 3. 9. 2016다47478).

3. 경매와 담보책임

(1) 의   의

1) 민법 570조부터 584조까지 매도인의 담보책임을 규정하면서 578조와 580조 2항에서 '경매'에 관한 특칙을 두고 있다. 민법이 **특칙을 둔 취지**는 경매의 사법상 효력이 매매와 유사하다고는 하나, 매매는 당사자 사이의 의사합치에 의하여 체결되는 것인 반면 경매는 매도인의 지위에 있는 채무자 의사와 무관하게 국가기관인 법원에 의하여 실행되어 재산권이 이전되는 특수성이 있고, 이러한 특수성으로 인해 경매절차에 관여하는 채권자와 채무자, 매수인 등의 이해를 합리적으로 조정하고 국가기관에 의하여 시행되는 경매절차의 안정도 도모할 필요가 있으므로, 일반 매매를 전제로 한 담보책임규정을 경매에 그대로 적용하는 것은 부당하다는 고려에 따른 것이다.

2) 따라서 민법 578조와 민법 580조 2항이 말하는 **경매**는 민사집행법상의 강제집행이나 담보권실행을 위한 경매 또는 국세징수법상의 공매 등과 같이 국가나 그를 대행하는 기관 등이 법률에 기하여 목적물 권리자의 의사와 무관하게 행하는 매도행위만을 의미하는 것으로 해석하여야 한다(대판 2016. 8. 24. 2014다80839).

(2) 경매목적물에 대항력 있는 임차권이 존재하는 경우와 담보책임

1) 이 경우 매수인은 ① 계약을 해제하고(민 578조 1항), 채무자 또는 채무자에게 자력이 없는 때에는 배당을 받은 채권자에게 그 대금의 전부나 일부의 반환을 구하거나(민 578조 2항), ② 위 계약의 해제와 함께 또는 이와 별도로 경매목적물에 위와 같은 흠결이 있음을 알고 고지하지 아니한 채무자나 이를 알고 경매를 신청한 채권자에게 손해배상을 청구할 수 있다(민 578조 3항)(주택임대차보호법 3조 3항, 민 575조 1항, 578조).

2) 그러나 매수인이 계약을 해제함이 없이 채무자나 매각대금을 배당받은

채권자들을 상대로 경매목적물상의 대항력 있는 임차인에 대한 임대차보증금에 상당하는 매각대금의 전부나 일부를 부당이득하였다고 하여 바로 그 반환을 구할 수 없다.

　　(3) 경매의 목적물이 채무자 소유 아닌 부동산인 경우와 담보책임

　　1) 매수인이 강제경매절차를 통하여 부동산을 매수하여 대금을 완납하고 그 앞으로 소유권이전등기까지 마쳤으나, 그 후 강제경매절차의 기초가 된 채무자 명의의 소유권이전등기가 원인무효의 등기여서 경매부동산에 대한 소유권을 취득하지 못하게 된 경우 이와 같은 강제경매는 **무효**이다.

　　2) 매수인은 경매채권자에게 경매대금 중 그가 배당받은 금액에 대하여 일반 부당이득의 법리에 따라 반환을 청구할 수 있고, 민법 578조 1항·2항에 따른 경매의 채무자나 채권자의 담보책임은 인정될 여지가 없다. 민법 578조 1항·2항에 의한 담보책임은 매매의 경우와 마찬가지로 **경매절차는 유효**하게 이루어졌으나 경매의 목적이 된 권리의 전부 또는 일부가 타인에게 속하는 등의 흠으로 매수인이 완전한 소유권을 취득할 수 없거나 이를 잃게 되는 경우에 인정되는 것이기 때문이다(대판 1993. 5. 25. 92다15574, 2004. 6. 24. 2003다59259 등).

4. 가등기의 목적이 된 부동산에 관한 매매계약과 담보책임

　　가등기의 목적이 된 부동산을 매수한 사람이 그 뒤 가등기에 기한 본등기가 경료됨으로써 그 부동산의 소유권을 잃게 된 경우에는 민법 576조 규정이 **유추적용**된다. 따라서 이 경우 매수인은 매매계약을 해제할 수 있고, 매수인의 출재로 그 소유권을 보존한 때에는 매도인에 대하여 그 상환을 청구할 수 있다(이 경우 매수인이 손해를 받을 때에는 그 배상을 청구할 수 있다. 대판 1992. 10. 27. 92다21784).

Ⅱ. 매매 일반의 소송법상 문제

1. 관할청의 허가를 조건으로 하는 소유권이전등기청구(장래의 이행의 소)의 허용 여부

　　(1) 관할청의 허가가 없는 법률행위의 효력

　　1) 관할청의 허가를 요하는 법률행위인데 관할청의 허가가 없는 경우 그

법률행위는 **실체법상 무효**이다. 그러나 확정적 무효가 아닌 **유동적 무효**이다.

2) 사립학교법상 **교육용 기본재산**이 아닌 **수익용 기본재산**의 처분시 관할청의 허가를 받아야 한다(사립학교법 28조 1항·2항, 사립학교법 시행령 12조 1항). 관할청의 허가를 받지 아니하는 경우에는 무효이다.

(2) 장래의 이행의 소와 청구적격

1) **장래의 이행의 소**란 사실심 변론종결시까지 청구권을 행사할 수 없는 경우에 제기하는 소를 말한다. 장래의 이행의 소는 사실심 변론종결 뒤에 이행기가 도래하거나 (정지) 조건이 성취되는 경우 등에서 채무자의 임의이행을 거부할 경우에 대비하기 위한 것이다.

2) 장래의 이행의 소의 대상이 되는 청구권이란 ① 청구권 자체가 발생·확정하지 아니한 경우(**장래의 채권**으로, 기한부·조건부채권, 그 밖에 장래에 발생할 채권을 말한다. 한편 청구권이 발생하였으나 그 범위가 확정되지 아니한 경우도 포함하여 **장래의 불확정채권, 또는 장래의 불확실채권**이라고 한다), ② 청구권이 발생하였다고 하더라도 그 변제기가 도래하지 아니한 경우(**변제기 미도래의 채권**)를 포함한다.

3) **장래의 불확정채권**(장래의 불확실채권)에 대해서는 청구적격으로서 기초적 법률관계의 존재와 장래 발생할 것에 대한 상당한 개연성 내지 충분한 개연성을 요구한다.

4) 관할청의 허가를 받을 **개연성**이 **상당**하거나 **확실**한 경우, 또는 관할청의 허가를 받을 것이 **충분히 예상**되는 경우에는 장래의 이행의 소의 **청구적격**을 인정할 수 있으므로, **미리 청구할 필요**가 있다면 장래의 이행의 소를 허용한다.

판례는, 매매계약이 관할청의 허가 없이 체결되어 아직은 그 효력이 없다고 하더라도 위 매매계약에 기한 소유권이전등기절차이행청구권의 기초가 되는 법률관계는 이미 존재한다고 볼 수 있고, 장차 관할청의 허가에 따라 그 청구권이 발생할 **개연성 또한 충분**하다고 보여지는 경우에는, 원고로서는 **미리 청구할 필요**가 있는 한, 관할청의 허가를 조건으로 소유권이전등기절차의 이행을 청구할 수 있다고 봄이 상당하다고 한다.

(3) 토지거래허가구역 내의 토지의 매매계약의 경우

이 경우 관할청의 허가를 조건으로 하는 이행의 소가 허용되지 않는다. 청구적격이 인정되지 않기 때문이다. 즉 기초된 법률관계는 존재하나, 이러한 법률관계에 기하여 가까운 장래에 권리가 발생할 상당한 개연성이나 충분한 개연성이 있다고 볼 수 없다. 따라서 **미리 청구할 필요**가 있는지 여부에 대한 판단에 앞서 **청구적격**이 인정되지 아니하므로 이러한 장래의 이행의 소를 제기할 수 없다.

(4) 사립학교법상 수익용 기본재산에 대한 매매계약의 경우

이 경우 관할청의 허가를 조건으로 하는 이행의 소가 허용된다. 청구적격이 인정되기 때문이다. 일반적으로 가까운 장래에 허가가 날 것이 예상된다. 가까운 장래에 권리가 발생할 상당한 개연성이나 충분한 개연성이 있다고 볼 수 있다. 따라서 미리 청구할 필요가 인정되는 한 관할청의 허가를 조건으로 하는 소유권이전등기청구를 할 수 있다.

(5) 농지매매와 농지취득자격증명

농지취득자격증명은 농지법상 소유권이전등기시에 첨부할 서류에 불과하다(농지법 8조 4항). 즉 농지취득자격증명은 농지를 취득하는 사람에게 자격이 있다는 것을 증명하는 것일 뿐 농지취득의 원인이 되는 법률행위(매매 등)의 효력을 발생시키는 요건이 아니다. 따라서 농지취득자격증명을 조건으로 하는 소유권이전등기청구는 할 필요조차 없다.

2. 매매예약완결권의 공동귀속과 필수적 공동소송

1) 형성권이 여러 사람에게 공동으로 귀속된 경우에는 그 주체인 여러 사람이 공동으로 원고 또는 피고가 되지 않으면 아니 된다.

2) 매매예약에서 예약자의 상대방이 매매예약완결의 의사표시를 하여 매매의 효력을 생기게 하는 권리, 즉 **매매예약완결권**은 일종의 형성권이다.

3) 수인의 채권자가 각기 그 채권을 담보하기 위하여 채무자와 채무자 소유의 부동산에 관하여 수인의 채권자를 공동매수인으로 하는 1개의 매매예약을 체결하고 그에 따라 수인의 채권자 공동명의로 그 부동산에 가등기(부등 88조)를 마친 경우(**담보가등기**의 경우), 수인의 채권자가 공동으로 매매예약완결권을 가지는 관계인지 아니면 채권자 각자의 지분별로 별개의 독립적인 매매예약완결권을 가지는 관계인지는 **매매예약의 내용**에 따라야 한다.

매매예약에서 그러한 내용을 명시적으로 정하지 않은 경우에는 수인의 채권자가 공동으로 매매예약을 체결하게 된 동기 및 경위, 그 매매예약에 의하여 달성하려는 담보의 목적, 담보관련 권리를 공동행사하려는 의사의 유무, 채권

자별 구체적인 지분권의 표시 여부 및 그 지분권 비율과 피담보채권 비율의 일치 여부, 가등기담보권 설정의 관행 등을 종합적으로 고려하여 판단하여야 한다(대판(전) 2012. 2. 16. 2010다82530).

따라서 공동명의로 담보가등기를 마친 수인의 채권자가 각자의 지분별로 별개의 독립적인 매매예약완결권을 가지는 경우, 채권자 중 1인은 단독으로 자신의 지분에 관하여 가등기담보 등에 관한 법률이 정한 **청산절차**를 이행한 후 소유권이전의 본등기절차이행청구를 할 수 있다.

Ⅲ. 이중매매의 실체법상 문제

1. 이중매매와 이행불능

(1) 이행불능

1) 이행불능은 단순히 절대적·물리적 불능에만 한정되지 않고 사회생활상의 경험법칙 또는 거래상의 관념에 비추어 채권자가 채무자의 이행을 더 이상 기대할 수 없는 경우에도 인정된다(대판 2010. 12. 9. 2009다75321 등). 이행불능의 판단은 원칙적으로 이행기를 기준으로 하나, 이행기 이전에도 급부의 불능이 확정적이면 이행불능의 문제가 발생한다.

2) 제3자에게 지상권설정등기 및 저당권설정등기를 한 경우 매도인의 소유권이전의무는 이행불능이 된다.

3) 단순히 제3자에게 가등기만을 해 준 것만으로는 이행불능이 된다고 할 수 없으나, 제3자 앞으로 채무담보를 위하여 소유권이전등기를 마쳐주었다 하더라도 그 채무자가 채무를 변제할 자력이 없는 경우에는 특별한 사정이 없는 한 그 소유권이전등기의무는 이행불능이 된다.

4) 매도인의 **소유권이전등기청구권**이 **가압류**되어 있거나 **처분금지가처분**이 있는 경우(판례의 사안은 매매계약 체결 전후에 걸쳐 매도인의 소유권이전등기청구권에 관하여 가압류 및 처분금지가처분 결정이 있었고 그 집행이 유지되고 있는 경우이다)에는 그 **가압류** 또는 **가처분의 해제를 조건으로** 하여서만 소유권이전등기절차의 이행을 명받을 수 있다. 따라서 매도인은 그 가압류 또는 가처분을 해제하지 아니하고서는 매도인 명의의 소유권이전등기를 마칠 수 없고, 따라서 매수인 명의의 소유권이전등기도 경료하여 줄 수 없다. 결국 매도인이 그 가압류 또는

가처분의 집행을 모두 해제할 수 없는 무자력의 상태에 있다고 인정되는 경우에는 매수인이 매도인의 소유권이전등기의무가 **이행불능**임을 이유로 매매계약을 해제할 수 있다(대판 2003. 1. 24. 2000다22850, 2006. 6. 16. 2005다39211).

5) 매도인이 제3자에게 신탁하고 이전등기를 한 경우 신탁의 성질상 매도인이 소유권에 관한 등기명의를 회복하여 매수인에게 이전등기해 주는 것이 불가능하게 되었다고 단정할 수 없다(대판 2010. 4. 29. 2009다99129).

(2) 부동산의 이중매매와 이행불능

1) 부동산인 매매목적물에 관하여 매도인이 제3자(제2매수인)와 이중으로 매매계약을 체결하였다는 사실만으로는 언제나 이행불능이 된다고 할 수 없다.

그러나 매매부동산을 제2매수인에게 이중매매하고 그 이전등기를 경료한 때에는 제2매수인으로부터 소유권을 회복하여 제1매수인에게 이전할 수 있는 **특별한 사정**이 없는 한, 매도인의 제1매수인에 대한 소유권이전등기의무는 이행불능의 상태에 놓이게 된다.

2) 매매목적물이 된 부동산에 관하여 제3자의 **처분금지가처분등기**가 기입되었다고 하더라도 그 가처분등기로 인하여 바로 매매계약이 이행불능되는 것은 아니다(처분금지가처분등기가 있는 경우 단지 그에 저촉되는 범위 내에서 가처분채권자에게 대항할 수 없는 효과가 있을 뿐이며, 곧바로 부동산 위에 어떤 지배관계가 생겨서 채무자가 그 부동산을 임의로 다른 사람에 처분하는 행위 자체를 금지하는 것이 아니다). 이 경우에도 제3자 앞으로 **소유권이전등기**가 경료되는 등 사회거래의 통념에 비추어 계약의 이행이 극히 곤란한 사정이 발생하는 때에 비로소 이행불능이 된다(대판 2002. 12. 27. 2000다47361).

3) 제1매매계약이 **제1매수인의 강박**에 의하여 이루어졌다고 하더라도 매도인이 취소권을 행사하지 않은 채 그 부동산에 대해 제3자와 제2매매계약을 체결하고 그 **취소권의 제척기간**마저 도과하여 버린 경우 제2매매계약에 기하여 제3자에게 부동산에 관한 소유권이전등기를 경료하여 줌으로써 제1매수인에 대한 제1매매계약상의 소유권이전등기의무는 이행불능이 된다. 이 경우 매도인이 비록 제1매수인의 강박에 의하여 제1매매계약을 체결하였다고 하여 위와 같은 이중매매행위가 사회상규에 위배되지 않는 정당행위 등에 해당하여 위법성이 조각된다고 볼 수 없다(대판 2002. 12. 27. 2000다47361).

2. 반사회질서 법률행위에 해당하는 이중매매와 구제방법

⑴ 제1매수인이 매도인을 대위하여 제2매수인에게 경료된 소유권이전 등기의 말소를 청구하는 방법

1) 이중매매의 반사회성을 인정하기 위해서는 제2매수인이 매도인의 배임행위를 아는 것만으로는 부족하고, 나아가 배임행위를 유인·교사하거나 이에 협력하는 등 적극 가담하는 것이 필요하다.

이 경우 제2매매계약의 상당성과 특수성 및 제2매매계약의 성립과정, 경위, 매도인과 제2매수인의 관계 등을 고려하여 판단하여야 한다(대판 2009. 9. 10. 2009다34481, 2013. 10. 11. 2013다52622).

2) 이중매매가 반사회질서 법률행위에 해당하는 경우에도 불법원인급여에 관한 규정(민 746조)은 적용되지 아니한다(불법원인급여로 보는 경우에는 소유권이 급여를 받은 상대방에게 귀속하기 때문에 소유권에 기한 말소등기청구권도 허용되지 아니한다).

3) 제1매수인의 청구가 대위하여 청구하는 것인지, 직접 청구하는 것인지에 대해서는 **석명**을 하여야 한다. 제1매수인은 대위해서만 청구할 수 있기 때문이다(대판 1983. 4. 26. 83다카57).

⑵ 제1매수인이 사해행위취소권을 행사할 수 있는지 여부

1) 무효인 법률행위도 사해행위취소를 구할 수 있다. **판례**도 채무자의 법률행위가 **통정허위표시**인 경우에도 채권자취소권의 대상이 되며, 채권자취소권의 대상으로 된 채무자의 법률행위라도 통정허위표시의 요건을 갖춘 경우에는 무효라고 본다(대판 1998. 2. 27. 97다50985).

2) 그러나 부동산을 매수하여 소유권이전등기청구권을 가지고 있는 제1매수인은 매도인이 제2매수인에게 이를 이중으로 매도하여 소유권이전등기를 경료하여 줌으로써 취득하는 부동산 가액 상당의 **손해배상채권**은 이중매매행위에 대한 사해행위취소권을 행사할 수 있는 피보전채권에 해당한다고 할 수 없으며, 채권자취소권을 특정물에 대한 **소유권이전등기청구권**을 보전하기 위하여 행사하는 것은 허용되지 않는다.

3) 따라서 제1매수인은 자신의 소유권이전등기청구권 보전을 위하여 매도인과 제2매수인 사이에서 이루어진 이중매매행위에 대하여 채권자취소권을 행

사할 수 없다(대판 1999. 4. 27. 98다56690 등). 즉 민법상 채권자취소권은 책임재산의 보전을 위한 것이므로 피보전채권은 금전채권이어야 하고, 특정물에 대한 소유권이전등기청구권을 보전하기 위하여 행사하는 것은 허용되지 않는다(대판 2001. 12. 27. 2001다32236).

3. 이행불능과 손해배상

(1) 제1매수인의 매도인에 대한 손해배상청구

(a) 의   의

1) 급부가 채무자의 귀책사유로 불능이 된 경우에 본래의 급부를 목적으로 하는 청구권은 소멸하며, 이를 갈음한 손해배상청구권이 발생한다(민 390조).

2) 본래의 급부에 대한 청구권이 전보배상청구권으로 변경된다 하더라도 채권관계의 동일성은 그대로 유지된다. 원래의 채권에 붙어 있던 보증채무, 질권 등의 담보권은 소멸되지 아니한다.

3) 이때의 손해배상청구는 채무불이행으로 인한 손해배상과 다를 바 없다. **판례**도, 해제권을 행사한 계약당사자의 한쪽에 의한 손해배상의 청구도 채무불이행으로 인한 손해배상과 다르지 않으므로 전보배상으로서 그 계약의 이행으로 인하여 채권자가 얻을 이익, 즉 이행이익을 손해로서 청구하여야 한다고 본다.

(b) 이행불능으로 인한 전보배상의 산정시기

이행불능으로 인한 전보배상의 산정시기는 이행불능 당시이다. 이행불능 후 시가가 오르거나 내리거나 하는 사정은 이미 산정된 통상의 손해에 영향을 주지 못한다. 이는 이행지체의 경우와 구별된다.

(c) 이행불능으로 인한 전보배상의 범위

1) 매도인의 소유권이전등기의무가 이행불능상태에 이른 경우, 매도인이 매수인에게 배상하여야 할 통상의 손해배상액은 그 매매목적물의 채무불이행 당시의 교환가격이다. 소유권이전등기 말소등기의무가 이행불능이 됨으로 말미암아 그 권리자가 입는 손해액은 원칙적으로 그 이행불능이 될 당시의 목적물의 시가 상당액이다(대판 2005. 9. 15. 2005다29474).

2) 다만 그 매도인이 매매 당시 매수인이 이를 매수하여 그 위에 건물을 신축할 것이라는 사정을 이미 알고 있었고 매도인의 채무불이행으로 인하여

매수인이 신축한 건물이 철거될 운명에 이르렀다면, 이러한 손해는 적어도 특별한 사정으로 인한 것이며, 매도인은 이러한 사정을 알고 있었으므로 그 손해를 배상할 의무가 있다(대판 1992. 8. 14. 92다2028).

(d) 손해배상액의 예정에 관한 특약을 한 경우

1) 매매계약을 체결할 때에 당사자 사이에 **계약금**을 수수하면서 매도인이 계약을 위반할 때에는 매수인에게 계약금의 배액을 지급하고 매수인이 이를 위반할 때에는 계약금의 반환청구권을 상실하기로 약정하였다면 이는 위 매매계약에 따른 채무불이행에 대한 **위약금**의 약정을 한 것으로 보아야 한다. 이러한 약정은 특별한 사정이 없는 한 **손해배상액의 예정**(민 398조)의 성질을 지닌다.

2) 부동산매매에서 매도인이 매매목적물을 이중으로 양도하여 제3자에게 소유권이전등기를 하여 줌으로써 매수인에 대한 소유권이전등기의무가 이행불능된 경우 그 손해배상의 액은 특별한 사정이 없는 한 제3자에게 소유권이전등기를 넘겨준 날 현재의 시가상당액이나, 매매계약시에 미리 손해배상의 예정에 관한 특약을 하였다면 매수인은 매도인에 대하여 예정된 손해배상액만을 청구할 수 있다(대판 1994. 1. 11. 93다17638).

(e) 신뢰이익을 손해로 배상청구를 할 수 있는 경우

1) 채무자의 채무불이행으로 계약이 해제된 경우 채권자는 채무자에게 이미 인도한 **목적물의 반환**(매매대금의 반환)과 계약의 이행을 신뢰하여 지출한 비용 등 **신뢰이익**을 손해로 배상청구를 할 수 있다.

이에 해당하는 손해로는 매수인이 상대방의 이행을 믿고 자기가 부담하는 채무의 이행을 위하여 지출한 비용, 예컨대 포장비, 운송비, 보험료 등과 같은 이행을 위한 준비비용, 대금지급을 위한 차용금의 이자, 보다 유리한 계약의 청약을 거절함으로써 입는 손해 등이 있다.

2) 채무불이행을 이유로 계약해제와 아울러 손해배상을 청구하는 경우에 그 계약이행으로 인하여 채권자가 얻을 이익 즉 **이행이익의 배상**을 구하는 것이 원칙이지만, 이를 갈음하여 그 계약이 이행되리라고 믿고 채권자가 지출한 비용 즉 **신뢰이익의 배상**을 구할 수도 있다.

그 신뢰이익 가운데 계약의 체결과 이행을 위하여 통상적으로 지출되는 비용은 통상손해로서 상대방이 알았거나 알 수 있었는지 여부와는 관계없이 그 배상을 구할 수 있고, 이를 초과하여 지출되는 비용은 특별한 사정으로 인한 손해(**특별손해**)로서 상대방이 이를 알았거나 알 수 있었던 경우에 한하여 그 배상을 구할 수 있다. 다만 그 신뢰이익은 **과잉배상금지의 원칙**에 비추어 이행이익의 범위를 초과할 수 없다(대판 2002. 6. 11. 2002다2539).

3) 민법 551조의 손해를 신뢰이익 손해의 배상으로 보는 경우 계약체결 이전에 지출한 비용에 대해서도 그 배상을 청구할 수 있는지 문제가 된다. 여기서 계약체결 이전이나 계약체결 과정에서 지출한 비용, 예컨대 소개비나 측량비 등은 채무의 이행에 의한 이행이익이 아니고 계약해제에 의하여 비로소 발생하는 손해이다. 그러나 이는 계약체결 이후에 계약이행을 위하여 또는 계약의 이행을 믿고 지출한 비용과 차이가 없다. 이러한 비용도 채무자의 합리적 예견가능성이 있으면 손해배상의 대상이 된다.

(2) 제1매수인의 제2매수인에 대한 손해배상청구

(a) 제3자에 의한 채권침해와 불법행위

1) 일반적으로 채권에 대해서는 배타적 효력이 부인되고 채권자 상호간 및 채권자와 제3자 사이에 자유경쟁이 허용되는 것이어서 제3자에 의하여 채권이 침해되었다는 사실만으로 바로 불법행위로 되지는 않는다.

그러나 거래에서의 자유경쟁의 원칙은 법질서가 허용하는 범위 내에서의 공정하고 건전한 경쟁을 전제로 하는 것이므로, 제3자가 채권자를 해한다는 사정을 알면서도 법규에 위반하거나 선량한 풍속 또는 사회질서에 위반하는 등 위법한 행위를 함으로써 채권자의 이익을 침해하였다면 이로써 불법행위가 성립한다고 하지 않을 수 없다.

다만 여기서 **채권침해의 위법성**은 침해되는 채권의 내용, 침해행위의 태양, 침해자의 고의 및 해의(害意)의 유무 등을 참작하여 구체적·개별적으로 판단하되, 거래의 자유 보장의 필요성, 경제·사회정책적 요인을 포함한 공공의 이익, 당사자 사이의 이익균형 등을 종합적으로 고려하여 신중히 판단하여야 한다(대판 2006. 9. 8. 2004다55230, 2011. 6. 9. 2009다52304,52311 등).

2) 제3자에 의한 채권침해행위가 채권자에 대하여 불법행위를 구성한다고 하기 위해서는 독립한 경제주체 간의 경쟁적 계약관계에서 단순히 제3자가 채무자와 채권자 사이의 계약 내용을 알면서 채무자와 채권자 사이에 체결된 계약에 위반되는 내용의 계약을 체결한 것만으로는 부족하다. 제3자가 채무에 대한 채권자의 존재 및 그 채권의 침해사실을 알면서 채무자와 **적극 공모**하였

다거나 채권행사를 **방해**할 의도로 사회상규에 반하는 부정한 수단을 사용하였다는 등 **채권침해의 고의·과실** 및 **위법성**이 인정되는 경우이어야만 한다(대판 2007. 9. 6. 2005다25021, 2009. 11. 26. 2008다24494 등).

(b) 불법행위에 대하여 손해배상으로 원상회복청구를 할 수 있는지 여부

민법 763조에 의하여 불법행위에 준용되는 민법 394조는 "다른 의사표시가 없으면 손해는 금전으로 배상한다"고 규정함으로써 이른바 **금전배상의 원칙**을 규정하고 있다. 따라서 법률에 다른 규정이 있거나 당사자가 다른 의사표시를 하는 등 특별한 사정이 없는 이상 원상회복청구는 할 수 없다(대판 1997. 3. 28. 96다10638 등).

Ⅳ. 이중매매의 소송법상 문제

1. 제2매수인이 확정판결에 기하여 소유권이전등기를 경료한 경우

(1) 제1매수인이 매도인을 대위하는 경우

1) 확정판결이 당연무효라거나 또는 그것이 재심의 소에 의하여 취소되기 전에는 제1매수인은 매도인에 대한 소유권이전등기청구권을 보전하기 위하여 **매도인을 대위**하여 전소 확정판결에 저촉되는 제3자(제2매수인) 명의의 **소유권이전등기의 말소청구**를 할 수 없다(대판 1980. 12. 9. 80다1836,1837, 1999. 2. 24. 97다46955). 이 경우 전·후소의 소송물이 **모순관계**에 있어 전소 확정판결의 기판력이 후소에 미치기 때문이다.

2) 매도인에 대한 전소 확정판결의 효력은 매도인을 대위한 제1매수인에게 미친다. 후소로써 채권자대위권을 행사하려는 제1매수인과 전소 확정판결의 당사자인 매도인은 '당사자는 다르나 **실질적으로 동일**하다'고 보기 때문이다.

따라서 제1매수인이 전소 확정판결에 의하여 제2매수인 앞으로 경료된 소유권이전등기를 말소하라는 후소의 청구는 소송물은 다르나 양 청구는 **모순관계(반대관계)**에 있으므로 기판력에 저촉된다. 이 경우 후소법원은 **청구를 기각하는 판결**을 하여야 한다(**판례**가 취하는 **모순금지설**의 입장이다. 반복금지설의 입장에서는 이 경우 소를 각하하는 판결을 하여야 한다고 본다).

(2) 제1매수인이 매도인을 대위하지 아니하는 경우

제1매수인은 전소 확정판결의 기판력이 미치는 매도인을 **대위하지 아니한**

경우에까지 확정판결에 저촉되는 주장을 할 수 없다는 것은 아니다. 제1매수인이 전소 확정판결의 기판력이 미치는 매도인의 권리를 대위행사하는 것이 아닌 제3자의 지위에서는 확정판결의 내용과 저촉되는 주장을 하더라도 기판력에 저촉되는 것은 아니기 때문이다. 따라서 그 확정판결의 기판력에 저촉되지 않는 범위 내에서 제1매수인은 제2매수인 앞으로 경료된 소유권이전등기의 **무효**를 주장할 수 있다.

(3) 확정판결에 따른 소유권이전등기의 추정력

확정판결에 따라 등기가 이루어진 경우(등기원인이 확정판결인 경우) 기판력이 미치지 아니하는 다른 사람이 등기원인의 부존재를 이유로 확정판결에 기한 등기의 추정력을 번복하기 위해서는 일반적으로 등기의 추정력을 번복함에 요구되는 증명의 정도를 넘는 **명백한 증거**나 자료를 제출하여야 하고, 법원도 그러한 정도의 증명이 없는 한 확정판결에 기한 등기가 원인무효라고 단정해서는 아니 된다(대판 2002. 9. 24. 2002다26252).

2. 제1매수인이 제2매수인이 매도인을 상대로 제기한 소유권이전등기 청구소송에 독립당사자참가를 할 수 있는지 여부

(1) 권리주장참가와 사해방지참가

1) **독립당사자참가**는 소송목적의 전부나 일부가 자기의 권리라고 주장하거나, 소송결과에 따라 권리가 침해된다고 주장하는 제3자가 당사자로서 소송에 참가하여 3당사자 사이에 서로 대립하는 권리 또는 법률관계를 하나의 판결로써 서로 모순 없이 일시에 해결하려는 데 있다.

2) 독립당사자참가 가운데 **권리주장참가**(민소 79조 1항 전단)는 원고의 본소청구와 독립당사자참가인의 청구가 그 주장 자체에서 양립할 수 없는 관계라고 볼 수 있는 경우에 허용될 수 있다. **사해방지참가**(민소 79조 1항 후단)는 본소의 원고와 피고가 해당 소송을 통하여 참가인을 해할 의사를 가지고 있다고 객관적으로 인정되고, 소송결과 참가인의 권리 또는 법률상 지위가 침해될 우려가 있다고 인정되는 경우에 허용될 수 있다.

(2) 이중매매의 성부

제1매수인의 매도인에 대한 제1매매계약에 기한 소유권이전등기청구권과 제2매수인의 매도인에 대한 제2매매계약에 기한 소유권이전등기청구권은 법률상 양립가능하므로 제1매수인의 권리주장참가는 허용되지 아니한다.

다만 본소청구의 당사자인 제2매수인과 매도인이 본소를 통하여 제1매수인을 해할 의사가 있다고 객관적으로 인정되고, 그 소송결과 제1매수인의 권리 또는 법률상 지위가 침해될 우려가 있다고 인정되는 경우 제1매수인의 사해방지참가가 허용된다.

3. 제2매수인이 가장채권에 기하여 집행권원을 만들고 경매절차를 이용하여 소유권을 취득할 수 있는지 여부

이중매매에서 제2매수인이 매도인과 직접 매매계약을 체결하는 대신에 매도인이 채무를 부담하고 있는 것처럼 거짓으로 꾸며 **가장채권**에 기한 **집행권원**을 만들고 그에 따른 강제경매절차에서 제2매수인이 매수취득하는 방법을 취하는 경우와 같이 **강제경매**가 **반사회적 법률행위**의 수단으로 이용된 경우에는 그러한 강제경매의 결과는 용인할 수 없으므로 매수인의 소유권취득의 효력은 부정된다(대판 1990. 12. 11. 90다카19098,19104,19111, 1991. 2. 8. 90다16177 등).

제 2 절   임 대 차

Ⅰ. 임대차의 실체법상 문제

1. 보 증 금

(1) 보증금의 성질

1) 부동산 임대차에서 수수된 보증금은 임대차관계가 종료되어 목적물을 반환하는 때까지 차임채무, 목적물의 멸실·훼손 등으로 인한 손해배상채무 등 임대차관계에서 발생하는 임차인의 모든 채무를 담보한다.

2) 그러나 임대차관계와 사실상 관련되어 있는 채무라고 하더라도, 그 임대차관계에서 당연히 발생하는 임차인의 채무가 아니라 그 임대차계약과 별도로 이루어진 약정 등에 기하여 비로소 발생하는 채무의 경우(임대인과 임차인 사이에서 장래 임대목적물 반환시 원상복구비용의 보증금 명목으로 지급하기로 약정한 금액 등과 같은 경우)에는, 반환할 임대차보증금에서 당연히 공제할 수 있는 것은

아니다(대판 2013. 6. 27. 2012다65881, 2015. 10. 29. 2015다32585 등).

3) 건물의 공유자가 공동으로 건물을 임대하고 보증금을 수령한 경우, 특별한 사정이 없는 한 그 임대는 각 공유지분을 임대한 것이 아니고 임대목적물을 다수의 당사자로서 공동으로 임대한 것이고 그 보증금반환채무는 성질상 불가분채무에 해당된다(대판 1998. 12. 8. 98다43137).

(2) 연체차임 등이 보증금에서 당연히 공제되는지 여부

(a) 임대차관계의 종료 후

1) 보증금의 피담보채무 상당액은 임대차관계의 종료 후 목적물이 반환될 때에 특별한 사정이 없는 한 별도의 의사표시 없이 보증금에서 **당연히 공제**된다(대판 1999. 12. 7. 99다50729, 2016. 7. 27. 2015다230020 등).

2) 보증금이 수수된 임대차계약에서 차임채권에 관하여 압류 및 추심명령이 있었다 하더라도, 해당 임대차계약이 종료되어 목적물이 반환될 때에는 그때까지 추심되지 아니한 채 잔존하는 차임채권 상당액도 임대보증금에서 당연히 공제된다(대판 2004. 12. 23. 2004다56554).

한편 보증금이 수수된 임대차계약에서 차임채권이 양도되었다고 하더라도, 임차인은 임대차계약이 종료되어 목적물을 반환할 때까지 연체한 차임 상당액을 보증금에서 공제할 것을 주장할 수 있다(대판 2015. 3. 26. 2013다77225).

3) 보증금이 수수된 저당부동산에 관한 임대차계약이 저당부동산에 대한 경매로 종료되었는데, 저당권자가 **차임채권 등**에 대해서는 민사집행법 273조에 따른 채권집행의 방법으로 **별개로 저당권을 실행하지 아니한 경우**(민법 359조 전문은 "저당권의 효력은 저당부동산에 대한 압류가 있은 후에 저당권설정자가 그 부동산으로부터 수취한 과실 또는 수취할 수 있는 과실에 미친다"라고 규정하고 있는데, 위 규정상의 '과실'에는 천연과실뿐만 아니라 법정과실도 포함된다. 따라서 저당부동산에 대한 압류가 있으면 그 압류 이후의 저당권설정자의 저당부동산에 관한 차임채권 등에도 저당권의 효력이 미친다. 다만 저당부동산에 대한 경매절차에서 저당부동산에 관한 차임채권 등을 관리하면서 이를 추심하거나 저당부동산과 함께 매각할 수 있는 제도가 마련되어 있지 아니하므로, 저당권의 효력이 미치는 차임채권 등에 대한 저당권의 실행이 저당부동산에 대한 경매절차에 의하여 이루어질 수는 없고, 그 저당권의 실행은 저당권의 효력이 존속하는 동안에 채권에 대한 담보권의 실행에 관하여 규정하고 있는 민사집행법 273조에 따른 채권집행의 방법으로 저당부동산에 대한 경매절차와 별개로 이루어질 수 있을

뿐이다)에 저당부동산에 대한 압류의 전후와 관계없이 임차인이 연체한 차임 등의 상당액이 임차인이 배당받을 보증금에서 당연히 공제됨은 물론, 저당권자가 차임채권 등에 대하여 위와 같은 방법으로 **별개로 저당권을 실행한 경우에 도** 그 채권집행절차에서 임차인이 실제로 그 차임 등을 지급하거나 공탁하지 아니하였다면 잔존하는 차임채권 등의 상당액은 임차인이 배당받을 보증금에서 당연히 공제된다(대판 2015. 3. 26. 2013다77225, 2016. 7. 27. 2015다230020 등).

(b) 임대차관계의 종료 전

1) 임대차계약 종료 전에는 연체차임이 공제 등의 별도의 의사표시 없이 임대차보증금에서 당연히 공제되는 것은 아니다(대판 2013. 2. 28. 2011다49608, 49615).

2) 임대차보증금이 임대인에게 교부되어 있더라도 임대인은 **임대차관계가 계속되고 있는** 동안에는 그 임대차보증금에서 연체차임을 충당할 것인지 여부를 자유로이 **선택**할 수 있다. 임차인도 임대차보증금의 존재를 이유로 차임의 지급을 거절할 수 없다(대판 2016. 11. 25. 2016다211309).

3) 임대인이 차임채권을 양도하는 등의 사정으로 인하여 차임채권을 가지고 있지 아니한 경우에는 특별한 사정이 없는 한 임대차계약의 종료 전에 임대차보증금에서 공제한다는 의사표시를 할 수 있는 권한이 있다고 할 수 없다.

(3) 차임채권을 자동채권으로 하는 상계의 허용 여부

1) 임대인으로서는 임대차보증금 없이도 부동산 임대차계약을 유지할 수 있으므로, 임대차계약이 존속 중이라도 임대차보증금반환채무에 관한 **기한의 이익을 포기**하고 임차인의 임대차보증금반환채권을 수동채권으로 하여 상계할 수 있다. 임대차 존속 중에 그와 같은 상계의 의사표시를 한 경우에는 임대차보증금반환채무에 관한 기한의 이익을 포기한 것으로 볼 수 있다(대판 2017. 3. 15. 2015다252501).

2) 임대인의 임대차보증금반환채무는 임대차계약이 종료된 때에 비로소 이행기에 도달하므로, 임대차 존속 중 **차임채권의 소멸시효가 완성**된 경우에는 그 소멸시효완성 전에 임대인이 **임대차보증금반환채무**에 관한 **기한의 이익을 실 제로 포기**하였다는 등의 특별한 사정이 없는 한 양 채권이 상계할 수 있는 상태에 있었다고 할 수 없다.

민법 495조는 "소멸시효가 완성된 채권이 그 완성 전에 상계할 수 있었던 것이면 그 채권자는 상계할 수 있다"라고 규정하고 있으나, 이는 '자동채권의 소멸시효완성 전에 양 채권이 상계적상에 이르렀을 것'을 요건으로 하므로, 임대인이 이미 소멸시효가 완성된 차임채권을 자동채권으로 삼아 임대차보증금 반환채무와 상계하는 것은 민법 495조에 의하더라도 인정되지 아니한다. 다만 임대차 존속 중 차임이 연체되고 있음에도 임대차보증금에서 연체차임을 충당하지 않고 있었던 **임대인의 신뢰**와 차임연체 상태에서 임대차관계를 지속해 온 **임차인의 묵시적 의사**를 감안하면 그 연체차임은 **민법 495조의 유추적용**에 의하여 임대차보증금에서 공제할 수는 있다고 봄이 타당하다(대판 2016. 11. 25. 2016 다211309).

2. 전대차의 경우와 임대인, 임차인(전대인), 전차인의 법률관계

1) 임차인이 임대인의 동의를 얻어 임차물을 전대한 경우, 임대인과 임차인 사이의 종전 임대차계약은 계속 유지되므로, 여전히 **임대인은 임차인에게 차임을 청구**할 수 있다(민 630조 2항). 한편 임차인과 전차인 사이에는 별개의 새로운 전대차계약이 성립하므로, **임차인은 전차인에 대하여 차임을 청구**할 수 있다.

2) 임대인과 전차인 사이에는 직접적인 법률관계가 형성되지 않지만, 임대인의 보호를 위하여 **전차인이 임대인에 대하여 직접 의무를 부담**한다(민 630조 1항). 이 경우 전차인은 전대차계약으로 전대인에 대하여 부담하는 의무 이상으로 임대인에게 의무를 지지 않고 동시에 임대차계약으로 임차인이 임대인에 대하여 부담하는 의무 이상으로 임대인에게 의무를 지지 않는다.

3) 전대인과 전차인은 계약자유의 원칙에 따라 **전대차계약의 내용을 변경**할 수 있다. 그로 인하여 민법 630조 1항에 따라 전차인이 임대인에 대하여 직접 부담하는 의무의 범위가 변경되더라도, 전대차계약의 내용 변경이 전대차에 동의한 임대인 보호를 목적으로 한 민법 630조 1항의 취지에 반하여 이루어진 것이라고 볼 특별한 사정이 없는 한 전차인은 **변경된 전대차계약의 내용**을 임대인에게 주장할 수 있다. 전대인과 전차인이 전대차계약상의 **차임을 감액**한 경우도 마찬가지이다.

그 경우 임대차종료 후 전차인이 임대인에게 반환해야 할 차임 상당 부당이득을 산정할 때에 부당이득 당시의 실제 차임액수를 심리하여 이를 기준으로 삼지 아니하고 약정 차임을 기준으로 삼는 경우라면, 전차인이 임대인에 대하여 직접 의무를 부담하는 차임인 **변경된 차임**을 기준으로 할 것이지, 변경 전 전대차계약상의 차임을 기준으로 할 것은 아니다.

4) 전차인은 **전대차계약상의 차임지급시기 전**에 전대인에게 차임을 지급한 사정을 들어 임대인에게 대항하지 못하지만, 그 **차임지급시기 이후**에 지급한 차임으로는 임대인에게 대항할 수 있다. 전대차계약상의 차임지급시기 전에 전대인에게 지급한 차임이라도, **임대인의 차임청구 전에 그 차임지급시기가 도 래한 경우**에는 그 지급으로 임대인에게 대항할 수 있다(대판 2018. 7. 11. 2018다 200518).

3. 전대차의 경우와 임대차계약의 해지

1) **민법 638조 1항·2항 및 635조 2항**에 의하면 임대차계약이 해지통고로 인하여 종료된 경우에 그 임대물이 적법하게 **전대**되었을 때에는 임대인은 전 차인에 대하여 그 사유를 **통지하지 아니하면** 해지로써 전차인에게 대항하지 못 하고, 전차인이 그 통지를 받은 때에는 토지, 건물 그 밖의 공작물에 대해서는 임대인이 해지를 통고한 경우에는 6월, 임차인이 해지를 통고한 경우에는 1월, 동산에 대해서는 5일이 경과하면 해지의 효력이 생긴다.

2) **민법 640조**에 근거하여 임차인의 차임연체액이 2기의 차임액에 달함에 따라 임대인이 임대차계약을 해지하는 경우에는 전차인에 대하여 그 사유를 **통지하지 않더라도** 해지로써 전차인에게 대항할 수 있고, 그 해지의 의사표시가 임차인에게 도달하는 즉시 임대차관계는 해지로 종료된다(대판 2012. 10. 11. 2012다55860).

4. 임대차계약 종료 후 임차인의 임차건물의 점유관계

1) 임대차계약의 종료에 의하여 발생된 임차인의 목적물반환의무와 임대 인의 연체차임 등을 공제한 나머지 보증금의 반환의무는 **동시이행관계**에 있다.

2) 임대차계약의 종료 후에도 임차인이 동시이행항변권을 행사하여 임차 건물을 계속 점유한 경우 임대인이 임차인에게 보증금반환의무를 이행하였다 거나 현실적인 이행의 제공을 하여 임차인의 건물인도의무가 이행지체에 빠지 는 등의 사유로 동시이행항변권을 상실하지 않는 이상, 임차인의 건물에 대한 점유는 불법점유라고 할 수 없다. 따라서 임차인으로서는 이에 대한 손해배상

의무도 없다(대판 2017. 10. 12. 2017다224630,224647 등).

5. 건물의 소유를 목적으로 하는 토지임대차와 건물매수청구권

(1) 건물매수청구권의 성질

1) 건물 소유를 목적으로 하는 토지임대차에서 임차인이 가지는 **건물매수청구권**(민 643조·283조)은 건물의 소유를 목적으로 하는 토지임대차계약이 종료되었음에도 그 지상 건물이 현존하는 경우에 임대차계약을 성실하게 지켜온 임차인이 임대인에게 상당한 가액으로 그 지상 건물의 매수를 청구할 수 있는 권리이다. 이는 국민경제적 관점에서 지상 건물의 잔존 가치를 보존하고, 토지 소유자의 배타적 소유권 행사로 인하여 희생당하기 쉬운 임차인을 보호하기 위한 제도이다.

2) 건물의 소유를 목적으로 하는 토지임대차에서 임차인의 채무불이행을 이유로 계약이 해지된 경우에는 임차인은 임대인에 대하여 민법 643조·283조에 의한 건물매수청구권을 가지지 아니한다(대판 2003. 4. 22. 2003다7685 등).

3) 임차인이 건물매수청구권을 행사하면 임대인은 그 매수를 거절하지 못한다. 건물매수청구권이 행사되면 임대인과 임차인 사이에서는 임차지상의 건물에 대하여 매수청구권 행사 당시의 건물시가를 대금으로 하는 매매계약이 체결된 것과 같은 효과가 발생한다. 그러나 임대인이 기존 건물의 철거비용을 포함하여 임차인이 임차지상의 건물을 신축하기 위하여 지출한 모든 비용을 보상할 의무를 부담하게 되는 것은 아니다.

(2) 건물매수청구권과 강행규정

1) 임차인의 건물매수청구권에 관한 민법 643조의 규정은 강행규정이므로 이 규정에 위반하는 약정으로서 임차인에게 불리한 것은 그 효력이 없다(민 652조). 임차인에게 불리한 약정인지 여부는 우선 해당 계약의 조건 자체에 의하여 가려져야 하지만 계약체결의 경위와 여러 사정 등을 종합적으로 고려하여 실질적으로 임차인에게 불리하다고 볼 수 없는 특별한 사정을 인정할 수 있을 때에는 위 강행규정에 저촉되지 않는 것으로 보아야 한다.

예컨대 토지를 점유할 권원이 없이 건물을 철거하여야 할 처지에 있는 건물소유자에게 토지소유자가 은혜적으로 명목상 차임만을 받고 토지의 사용을 일시적으로 허용하는 취지에서 토지임대차계약이 체결된 경우라면, 임대인의 요구시 언제든지 건물을 철거하고 토지를 인도한다는 특약이 임차인에게 불리한 약정에 해당하지 않는다(대판 2011. 5. 26. 2011다1231, 2015. 7. 9. 2013다43772, 43789 등).

2) 임차인 소유의 건물이 구분소유의 객체가 되지 아니하고 또한 임대인 소유의 토지 외에 임차인 또는 제3자 소유의 토지 위에 걸쳐서 건립되어 있다면 임차인의 건물매수청구는 허용되지 아니한다(대판 1997. 4. 8. 96다45443).

(3) 건물매수청구권의 대상건물

1) 임차인의 건물매수청구권의 대상이 되는 건물에는 임차인이 임차토지 상에 그 건물을 소유하면서 그 필요에 따라 설치한 것으로서 건물로부터 용이하게 분리될 수 없고 그 건물을 사용하는 데 **객관적인 편익**을 주는 부속물이나 부속시설 등이 포함된다. 그러나 이와 달리 임차인이 자신의 특수한 용도나 사업을 위하여 설치한 물건이나 시설은 이에 해당하지 않는다.

2) 임대차계약 종료시에 경제적 가치가 잔존하고 있는 건물은 그것이 토지의 임대 목적에 반하여 축조되고 임대인이 예상할 수 없을 정도의 고가의 것이라는 등의 특별한 사정이 없는 한, 비록 행정관청의 허가를 받은 적법한 건물이 아니더라도(무허가건물인 경우라도) 임차인의 건물매수청구권의 대상이 될 수 있다(대판 1997. 12. 23. 97다37753).

(4) 건물매수청구권의 행사와 건물매수가격

1) 임차인이 건물매수청구권을 행사한 경우 그 건물의 매수가격은 건물 자체의 가격 외에 건물의 위치, 주변토지의 여러 사정 등을 종합적으로 고려하여 매수청구권 행사 당시 건물이 현재하는 대로의 상태에서 평가된 시가이다.

2) 임차인의 건물매수청구권은 매수청구의 대상이 되는 건물에 **근저당권**이 설정되어 있는 경우에도 인정되는데, 이러한 경우에도 그 건물의 매수가격은 건물 자체의 가격 외에 건물의 위치, 주변 토지의 여러 사정 등을 종합적으로 고려하여 매수청구권 행사 당시 건물이 현재하는 대로의 상태에서 평가된 **시가 상당액**을 의미한다.

주의할 것은 근저당권의 채권최고액이나 피담보채무액을 공제한 금액을 매수가격으로 정하는 것이 아니라는 점이다. 다만 건물매수청구권을 행사한 임차인(지상건물 소유자)이 위와 같은 근저당권을 말소하지 않는 경우 임대인(토지소유자)은 민법 588조에 의하여 위 **근저당권의 말소등기가 될 때까지** 그 채권최고액에 상당한 대금의 **지급을 거절**할 수 있다(대판 1988. 9. 27. 87다카1029, 2008. 5. 29. 2007다4356).

(5) 건물매수청구권 행사 후 토지의 점유와 부당이득반환

1) 건물의 소유를 목적으로 한 토지임대차에서 임대차계약이 종료된 이후 임차인이 반환하여야 할 부당이득금의 액수는 **차임 상당액**이고, 위 차임 상당액이란 부당이득 당시의 **실제 차임**을 말한다. 임차인이 건물매수청구권을 행사한 후에 그 임대인인 대지소유자로부터 매수대금을 지급받을 때까지 그 지상 건물 등의 인도를 거부할 수 있다고 하여도, 지상건물 등의 점유·사용을 통하여 그 부지를 계속하여 점유·사용하는 한 그로 인한 부당이득으로서 부지의 차임 상당액은 이를 반환할 의무가 있다. 위와 같이 부당이득반환의무를 지는 경우 반환할 부당이득금의 액수는 특별한 사정이 없는 한 차임 상당액이다.

2) 건물의 소유를 목적으로 한 대지임대차에서 약정 차임이 실제 차임과 현격한 차이가 있는 경우 임대차계약이 종료된 이후 반환할 부당이득금의 액수를 더 이상 당초의 약정 차임 상당액이라고 보기는 어렵고 달라진 사정에 따라 다시 산정된 부당이득 당시의 실제 차임 상당액이라고 볼 수밖에 없다(대판 2001. 6. 1. 99다60535).

6. 건물임대차에서의 부속물매수청구권

(1) 의   의

1) 민법 646조가 규정하는 건물임차인의 매수청구권의 대상이 되는 **부속물**(건물 그 밖의 공작물의 임차인이 임대인의 동의를 얻어 부속하거나(민 646조 1항), 임대인으로부터 매수한 것(민 646조 2항)을 말한다)이란 건물에 부속된 물건으로 임차인의 소유에 속하고, 건물의 구성부분이 되지 아니한 것이어야 한다(즉 독립된 물건으로 존재하여야 한다).

2) 이러한 부속물은 건물의 사용에 객관적인 편익을 가져오게 하는 물건이어야 한다. 따라서 부속된 물건이 오로지 임차인의 특수목적에 사용하기 위하여 부속된 것일 때는 이를 부속물매수청구권의 대상이 되는 물건이라 할 수 없다. 이 경우 해당 건물의 객관적인 사용 목적은 건물 자체의 구조와 임대차계약 당시 당사자 사이에 합의된 사용목적, 그 밖에 건물의 위치, 주변의 환경 등 모든 사정을 참작하여 정해진다. 한편 **판례** 가운데 5층 건물 중 공부상 용도가

음식점인 1, 2층을 임차하여 대중음식점을 경영하면서 음식점영업의 편익을 위하여 설치한 시설물이 건물의 사용에 객관적인 편익을 가져오게 하는 것이라고 본 사례가 있다(대판 1993. 2. 26. 92다41627).

　　3) 임차인이 임대인의 동의를 얻어 전대한 경우에 전차인은 임대인에 대하여 그 사용의 편익을 위하여 임대인의 동의를 얻어 시설한 부속물의 매수청구권을 행사할 수 있고, 임대인을 대위하여 인도청구를 하는 원고에 대해서도 부속물 매수대금 지급시까지의 연기적 항변권을 주장할 수 있다.

　⑵ 임대차계약이 임차인의 채무불이행으로 해지된 경우와 매수청구권의 허용 여부

임대차계약이 임차인의 채무불이행으로 해지된 경우에는 임차인은 민법 646조에 의한 부속물매수청구권이 없다.

　⑶ 건물임차인이 자신의 비용을 들여 증축한 부분을 임대인 소유로 귀속시키기로 하는 약정의 유효 여부

건물임차인이 자신의 비용을 들여 증축한 부분을 임대인 소유로 귀속시키기로 하는 약정은 임차인이 원상회복의무를 면하는 대신 투입비용의 변상이나 권리주장을 포기하는 내용이 포함된 것으로서 특별한 사정이 없는 한 유효하다. 따라서 그 약정이 부속물매수청구권을 포기하는 약정으로서 강행규정에 반하여 무효라고 할 수 없고 또한 그 증축 부분의 원상회복이 불가능하다고 해서 유익비의 상환을 청구할 수도 없다.

　7. 임차물의 전대, 또는 임차권의 양도의 경우와 임차인의 대항력 및 우선변제권

　⑴ 임차물의 전대에서 임차인이 전차인의 점유와 주민등록으로 대항력을 취득하는지 여부

주택임대차보호법 3조 1항에 정한 대항요건은 임차인이 해당 주택에 거주하면서 이를 **직접점유**하는 경우뿐만 아니라 타인의 점유를 매개로 하여 이를 **간접점유**하는 경우에도 인정될 수 있다.

　주택임차인이 임차주택을 직접점유하여 거주하지 않고 그곳에 주민등록을 하지 아니한 경우라 하더라도, 임대인의 승낙을 얻어 적법하게 임차주택을 전대하고 그 **전차인**이 주택을 인도받아 자신의 주민등록을 마친 때에는, 이로

써 해당 주택이 임대차의 목적이 되어 있다는 사실이 충분히 공시될 수 있으므로, 임차인은 위 법에 정한 대항요건을 적법하게 갖추었다고 본다. 즉 주택의 임대차가 그 당사자 사이뿐만 아니라 임대인에 대해서도 주장할 수 있는 적법·유효한 것이라고 평가되는 경우에서의 **임차인의 대항요건**은 전차인의 직접 점유 및 주민등록으로 적법·유효하게 유지·존속한다고 보아야 한다(대판 1994. 6. 24. 94다3155, 2007. 11. 29. 2005다64255 등).

(2) 임차물의 전대, 또는 임차권의 양도에서 임차인이 가지는 대항력 및 우선변제권을 양수인·전차인이 행사하는 방법

주택임대차보호법 3조 1항에 의한 대항력을 갖춘 주택임차인이 임대인의 동의를 얻어 적법하게 임차권을 양도하거나 임차물을 전대한 경우에 양수인이나 전차인에게 점유가 승계되고 주민등록이 단절된 것으로 볼 수 없을 정도의 기간 내에 전입신고가 이루어졌다면 비록 임차권의 양도나 임차물의 전대에 의하여 임차권의 공시방법인 점유와 주민등록이 변경되었다 하더라도 **원래의 임차인**이 갖는 **임차권의 대항력**은 소멸되지 아니하고 동일성을 유지한 채로 존속한다고 보아야 한다.

이러한 경우 **임차권의 양수인**은 원래의 임차인이 가지는 우선변제권(주택임대차보호법 3조의2 2항, 8조 1항)을 행사할 수 있고(임차권의 양도에 의하여 임차권은 동일성을 유지하면서 양수인에게 이전되고, 원래의 임차인은 임대차관계에서 탈퇴하게 된다), **임차물의 전차인**은 원래의 임차인의 이러한 우선변제권을 대위행사할 수 있다.

8. 임차목적물의 양도의 경우

1) 주택임대차보호법 3조 4항은 임차주택의 양수인은 임대인의 지위를 승계한 것으로 본다고 규정하고 있는데 이는 **법률상 당연승계 규정**으로 보아야 한다. 따라서 임차주택이 양도된 경우에 그 양수인은 **주택의 소유권과 결합하여** 임대인의 임대차계약상의 권리·의무 일체를 그대로 승계한다. 그 결과 양수인이 임대차보증금반환채무를 **면책적으로 인수**하고, 양도인은 **임대차관계에서 탈퇴**하여 임차인에 대한 임대차보증금반환채무를 면하게 된다(대판(전) 2013. 1. 17. 2011다49523). 이는 임차인이 임대차보증금반환채권에 **질권**을 설정하고 임대인이 그 질권 설정을 승낙한 후에 임차주택이 양도된 경우에도 마찬가지라고 보

아야 한다. 따라서 이 경우에도 임대인은 임대차관계에서 탈퇴하고 임차인에
대한 임대차보증금반환채무를 면한다(대판 2018. 6. 19. 2018다201610).

2) 다만 임차인의 보호를 위한 임대차보호법의 입법취지에 비추어 임차인
이 임대인의 **지위승계를 원하지 않는 경우**에는 임차인이 임차주택의 양도사실을
안 때로부터 **상당한 기간** 내에 **이의를 제기**함으로써 승계되는 임대차관계의 구
속으로부터 벗어날 수 있다고 봄이 상당하다. 그와 같은 경우에는 양도인의 임
차인에 대한 임대차보증금반환채무는 소멸하지 않는다(대판 2002. 9. 4. 2001다
64615).

물론 임차인은 임대차기간의 만료 전에 **임대인과 합의**에 의하여 임대차계
약을 해지하고 임대인으로부터 임대차보증금을 반환받을 수 있으며, 이러한
경우 임차주택의 양수인은 임대인의 지위를 승계하지 아니한다(대판 2018. 12.
27. 2016다265689).

3) 임차건물의 양수인이 임대인의 지위를 승계하면, 양수인은 임차인에게
임대보증금반환의무를 부담하고 임차인은 양수인에게 차임지급의무를 부담한
다. 그러나 임차건물의 소유권이 이전되기 전에 **이미 발생한 연체차임이나 관리
비** 등은 별도의 채권양도절차가 없는 한 원칙적으로 양수인에게 이전되지 않
고 **임대인만**이 임차인에게 청구할 수 있다. 차임이나 관리비 등은 임차건물을
사용한 대가로서 임차인에게 임차건물을 사용하도록 할 당시의 소유자 등 처
분권한 있는 사람에게 귀속된다고 볼 수 있기 때문이다.

다만 임차건물의 양수인이 건물소유권을 취득한 후 임대차관계가 종료되
어 임차인에게 임대차보증금을 반환해야 하는 경우에 **임대인의 지위를 승계하
기 전까지** 발생한 연체차임이나 관리비 등이 있으면 이는 특별한 사정이 없는
한 **임대차보증금에서 당연히 공제**된다고 보아야 한다. 일반적으로 임차건물의
양도시에 연체차임이나 관리비 등이 남아있더라도 나중에 임대차관계가 종료
되는 경우 임대차보증금에서 이를 공제하겠다는 것이 당사자들의 의사나 거래
관념에 부합하기 때문이다(대판 2017. 3. 22. 2016다218874). 이는 임대차보증금이
수수된 임대차계약에서 **차임채권이 양도**되었다거나 차임채권에 관하여 **압류 및
추심명령**이 있었다고 하더라도 마찬가지이다(대판 2017. 10. 12. 2016다277880).

9. 임대차보증금반환채권의 가압류 또는 압류의 경우

(1) 임대차보증금반환채권이 가압류 또는 압류된 후 임차권이 양도된 경우

1) 임대인이 위 임차권의 양도를 승낙하였다면 임대인과 구임차인과의 임대차관계는 종료되어 구임차인은 임대차관계로부터 이탈하게 된다.

2) 구임차인의 임대차보증금반환채권은 구임차인과 임대인과의 임대차관계의 종료로 인하여 임대인의 임차권양도 승낙시에 이행기에 도달하게 된다고 보아야 한다.

이와 같은 경우에 임대차보증금에 관한 구임차인의 권리의무관계는 구임차인이 임대인과 사이에 임대차보증금을 신임차인의 채무불이행의 담보로 하기로 약정하거나 신임차인에 대하여 임대차보증금반환채권을 양도하기로 하는 등의 특별한 사정이 없는 한, 신임차인에게 승계되지 않는다.

3) 구임차인이 임대인과 사이에 임대차보증금을 신임차인의 채무의 담보로 하기로 약정하거나 신임차인에 대하여 임대차보증금반환채권을 양도하기로 한 때에도 그 이전에 임대차보증금반환채권이 제3자에 의하여 가압류 또는 압류되어 있는 경우에는 위와 같은 합의나 양도의 효력은 압류권자 등에게 대항할 수 없다.

따라서 임대인으로서는 임차권양도 승낙시에 구임차인에게 임대차보증금을 반환할 의무를 부담하게 된다. 그 후에 신임차인이 차임지급을 연체하는 등 새로운 채무를 부담하게 되었다고 하여 그 연체차임 등을 구임차인에게 반환할 임대차보증금에서 공제할 수는 없다.

이와 같이 임대인이 임차권의 양도를 승낙하여 신임차인이 구임차인으로부터 임차목적물을 인도받았다면 구임차인이 임대인에게 인도하여 임대인이 다시 신임차인에게 인도하는 대신 구임차인이 임대인의 승낙하에 직접 신임차인에게 인도하는 것으로써 인도의무의 이행을 다한 것으로 보아야 한다(대판 1998. 7. 14. 96다17202).

(2) 임대차보증금반환채권이 가압류 또는 압류된 후 임차주택을 양도한 경우

임차인의 **임대차보증금반환채권**이 **가압류**된 상태에서 **임차주택**이 양도되면 양수인이 채권가압류의 제3채무자의 지위도 승계하고, 가압류권자 또한 임차

주택의 양도인이 아니라 양수인에 대해서만 위 가압류의 효력을 주장할 수 있다(따라서 임차주택의 양도로 임대인의 지위가 일체로 양수인에게 이전된다면 임대차보증금반환채무의 지급금지를 명령받은 제3채무자의 지위는 임대인의 지위와 분리될 수 있는 것이 아니므로, 채권가압류의 제3채무자의 지위도 임대인의 지위와 함께 이전된다고 볼 수밖에 없다. 대판(전) 2013. 1. 17. 2011다49523).

(3) 임대차보증금반환채권에 대한 압류 및 전부명령이 확정되어 임차인의 임대차보증금반환채권이 집행채권자에게 이전된 경우와 임차주택이 양도된 경우

1) 제3채무자인 임대인으로서는 임차인에 대하여 부담하고 있던 채무를 집행채권자에 대하여 부담하게 될 뿐 그가 임대차목적물인 주택의 소유자로서 이를 제3자에게 매도할 권능은 그대로 보유한다.

2) 위와 같이 소유자인 임대인이 해당 주택을 매도한 경우 주택임대차보호법 3조 4항(임차주택의 양수인(그 밖에 임대한 권리를 승계한 자를 포함한다)은 임대인의 지위를 승계한 것으로 본다)에 따라 (임대차보증금반환채권에 대하여 전부명령을 받은 채권자인) **전부채권자**에 대한 보증금지급의무를 면하게 되므로, 결국 임대인은 전부금지급의무를 부담하지 않는다고 보아야 한다(대판 2005. 9. 9. 2005다23773).

10. 임대차계약 당사자의 차임증액청구권

1) 임대차목적물에 대한 공과(公課)부담의 증감 그 밖의 경제사정의 변동으로 약정한 차임이 상당하지 아니한 때에는 당사자는 장래에 대한 차임의 증감을 청구할 수 있다(민 628조). 법원이 차임을 결정할 때까지는 종전의 차임액을 지급하여도 임대차계약의 해지사유인 **차임연체**에 해당하지 않는다(대판 2003. 2. 14. 2002다60931).

2) 임대인이 민법 628조에 의하여 장래에 대한 차임의 증액을 청구하였을 때에 당사자 사이에 협의가 성립되지 아니하여 법원이 결정해 주는 차임은 그 **증액청구의 의사표시**를 한 때에 **소급**하여 그 효력이 생긴다.

3) 임대차계약을 할 때에 임대인이 임대 후 일정 기간이 경과할 때마다 물가상승 등 경제사정의 변경을 이유로 임차인과의 **협의**에 의하여 그 차임을 조정할 수 있도록 약정하였다면, 그 취지는 임대인에게 일정 기간이 지날 때

마다 물가상승 등을 고려하여 상호 합의에 의하여 차임을 증액할 수 있는 권리를 부여하되 **차임인상요인**이 생겼는데도 임차인이 그 인상을 거부하여 협의가 성립하지 않는 경우에는 **법원**이 물가상승 등 여러 요인을 고려하여 정한 **적정한 액수의 차임**에 따르기로 한 것으로 보아야 한다. 이 경우 특별한 사정이 없는 한 증액된 차임에 대해서는 법원의 결정시가 아니라 **증액청구의 의사표시**가 상대방에게 도달한 때를 그 이행기로 보아야 한다(대판 2018. 3. 15. 2015다239508,239515).

4) 당사자 사이에 **차임부증액**(不增額)**의 특약**이 있더라도 그 약정 후 그 특약을 그대로 유지시키는 것이 **신의칙**에 반한다고 인정될 정도의 사정변경이 있다고 보여지는 경우에는 **형평의 원칙**상 임대인에게 차임증액청구를 인정하여 주어야 한다(대판 1996. 11. 12. 96다34061).

11. 임대차와 권리금

(1) 의   의

권리금이란 임대차목적물인 상가건물에서 영업을 하는 자 또는 영업을 하려는 자가 영업시설·비품, 거래처, 신용, 영업상의 노하우, 상가건물의 위치에 따른 영업상의 이점 등 유형·무형의 **재산적 가치의 양도** 또는 **이용대가**로서 임대인, 임차인에게 보증금과 차임 이외에 지급하는 금전 등의 대가를 말한다. 신규임차인이 되려는 자가 임차인에게 권리금을 지급하기로 하는 계약을 **권리금계약**이라 한다(상가건물 임대차보호법(2015. 5. 13. 개정·시행) 10조의3).

2) 임대인은 정당한 사유가 없는 한 임대차기간이 끝나기 3개월 전부터 임대차 종료시까지 임차인이 주선한 신규임차인이 되려는 자에게 권리금을 요구하는 등의 행위를 함으로써 임차인이 신규임차인이 되려는 자로부터 권리금을 지급받는 것을 방해해서는 아니 된다(같은 법 10조의4 1항·2항). 임대인이 이를 위반하여 임차인에게 손해를 발생하게 한 때에는 그 손해를 배상할 책임이 있다(이 경우 그 손해배상액은 신규임차인이 임차인에게 지급하기로 한 권리금과 임대차 주료 당시의 권리금 중 낮은 금액을 넘지 못한다. 같은 법 10조의4 3항).

3) **권리금**이 그 수수 후 일정한 기간 이상으로 그 임대차를 존속시키기로 하는 임차권 보장이 약정하에 임차인으로부터 임대인에게 지급된 경우에는 **보장기간** 동안의 이용이 유효하게 이루어진 이상 임대인은 그 권리금의 반환의무

를 지지 아니한다.

다만 임차인은 당초의 임대차에서 반대되는 약정이 없는 한 임차권의 양도 또는 임차물의 전대의 기회에 부수하여 자신도 일정 기간 이용할 수 있는 권리를 다른 사람에게 양도하거나 또는 다른 사람으로 하여금 일정 기간 이용하게 함으로써 **권리금 상당액을 회수**할 수 있지만, 반면 **임대인의 사정**으로 **임대차계약이 중도해지**됨으로써 당초 보장된 기간 동안의 이용이 불가능하였다는 등의 **특별한 사정**이 있을 때에는 임대인은 임차인에 대하여 그 **권리금의 반환의무**를 진다. 그 경우 임대인이 반환의무를 부담하는 **권리금의 범위**는, 지급된 권리금을 경과기간과 잔존기간에 대응하는 것으로 나누어, 임대인은 임차인으로부터 수령한 권리금 중 임대차계약이 종료될 때까지의 기간에 대응하는 부분을 공제한 잔존기간에 대응하는 부분만을 반환할 의무를 부담한다고 봄이 **공평의 원칙**에 합치된다(대판 2008. 4. 10. 2007다76986,76993, 2011. 1. 27. 2010다85164 등).

(2) 임차권양도계약과 권리금계약의 관계

임차권양도계약에 수반되어 체결되는 권리금계약은 임차권양도계약과는 별개의 계약이지만 위 두 계약의 체결 경위와 계약 내용 등에 비추어 볼 때, 권리금계약이 임차권양도계약과 결합하여 전체가 **경제적·사실적으로 일체**로 행해진 것으로서, 어느 하나의 존재 없이는 당사자가 다른 하나를 의욕하지 않았을 것으로 보이는 경우에는 그 계약 전부가 하나의 계약인 것과 같은 **불가분의 관계**에 있다고 보아야 한다(대판 2013. 5. 9. 2012다115120, 2017. 7. 11. 2016다261175).

Ⅱ. 임대차의 소송법상 문제

1. 보 증 금

(1) 보증금의 당연공제와 변론주의

임대차보증금에서 그 피담보채무 등을 공제하려면 임대인으로서는 그 피담보채무인 연체차임, 연체관리비 등을 임대차보증금에서 공제하여야 한다는 주장을 하여야 한다(**변론주의**).

(2) 보증금과 주장·증명책임

임대차보증금에서 공제될 차임채권, 관리비채권 등의 발생원인에 관해서는 **임대인**에게 주장·증명책임이 있다. 이에 대하여 그 발생한 채권이 변제 등의 이유로 소멸하였는지에 관해서는 **임차인**에게 주장·증명책임이 있다(대판 2005. 9. 28. 2005다8323,8330).

(3) 임대차보증금반환청구소송과 소액사건심판법의 적용

주택임대차보호법 또는 상가건물 임대차보호법상 임차인이 임대인에 대하여 제기하는 **보증금반환청구소송**에 관해서는 **소액사건심판법** 가운데 **일부 규정**(6조, 7조, 10조, 11조의2)이 준용된다(주택임대차보호법 13조, 상가건물 임대차보호법 18조).

2. 건물의 소유를 목적으로 하는 토지임대차에 관한 소송

(1) 처분권주의

1) 건물의 소유를 목적으로 하는 토지임대차에서 임대차기간의 만료로 임대차계약이 종료한 경우 임대인이 임차인을 상대로 구하는 **건물철거**와 그 **부지인도청구**에는 건물매수대금 지급과 동시에 건물인도를 구하는 청구가 포함되어 있다고 볼 수는 없다.

2) 토지임대인이 그 임차인에 대하여 지상물철거 및 그 부지의 인도를 청구한 데 대하여 임차인이 적법한 건물매수청구권을 행사하게 되면 임대인과 임차인 사이에는 그 지상물에 관한 매매가 성립하게 되므로 임대인의 청구는 이를 그대로 받아들일 수 없게 된다.

(2) 적극적 석명

이 경우에 법원으로서는 임대인이 종전의 청구를 계속 유지할 것인지, 아니면 대금지급과 상환으로 지상물의 인도를 청구할 의사가 있는 것인지에 대하여 (예비적으로라도) 석명하고(이를 **적극적 석명**이라 한다) 임대인이 그 석명에 응하여 청구를 변경한 때에는 지상물인도의 판결을 함으로써 분쟁의 1회적 해결을 꾀하여야 한다(대판(전) 1995. 7. 11. 94다34265).

제 3 절   도   급

I. 도급의 실체법상 문제

1. 공사의 미완성의 경우와 공사가 완성되었으나 공사목적물에 하자가 있는 경우의 구별

공사가 도중에 중단되어 예정된 최후의 공정을 종료하지 못한 경우에는 공사가 **미완성**된 것으로 본다. 그러나 공사가 당초 예정된 최후의 공정까지 일단 종료되고 그 주요 구조부분이 약정된 대로 시공되어 **사회통념상** 일이 완성되었고 다만 그것이 불완전하여 보수를 하여야 할 경우에는 공사가 **완성**되었으나 목적물에 **하자**가 있는 것에 지나지 아니한다.

이 경우 예정된 최후의 공정을 종료하였는지 여부는 수급인의 주장이나 도급인이 실시하는 준공검사 여부에 구애됨이 없이 해당 공사도급계약의 구체적 내용과 신의칙에 비추어 객관적으로 판단할 수밖에 없다(대판 2010. 1. 14. 2009다7212,7229, 2012. 4. 13. 2011다104482 등).

2. 수급인의 청구권

(1) 공사대금청구권

(a) 의   의

수급인은 공사의 완료에 따라 도급인에게 공사대금청구권을 행사할 수 있다. 다만 **공사완료시**가 **공사대금청구권**의 **발생시기**(취득시기)인지, 도급계약시 이미 발생한 공사대금청구권의 **행사시기**인지 논의가 있다. 공사대금청구권과 하자보수청구권은 **동시이행의 관계**에 있다(민법 667조 3항은 민법 536조를 준용하고 있다).

(b) 공사대금의 지급을 기성고 방식에 의한 경우 도급인이 지급하여야 할 공사대금

1) 공장 등의 신축에서 도급인이 수급인(또는 하수급인)에게 약정된 공사도급금액 중 **기성고 비율**에 따라 공사대금을 지급하기로 한 경우 도급인이 지급하여야 할 공사대금은 약정된 **도급금액**을 기준으로 하여 여기에 **기성고 비율**을

곱하는 방식으로 산정하여야 한다.

기성고 비율을 산정하기 위해서는 우선 약정된 공사의 내역과 그 중 이미 완성된 부분의 공사내용 및 아직 완성되지 아니한 공사 내용을 확정하여야 한다. 그 다음 **공사대금 지급의무가 발생한 시점**을 기준으로 이미 완성된 부분에 관한 공사비와 미완성된 부분을 완성하는 데 소요될 공사비를 평가하여 그 **전체 공사비** 가운데 **이미 완성된 부분에 소요된 비용**이 차지하는 비율을 산정하여 확정하여야 한다(대판 1996. 1. 23. 94다31631,31648 등).

2) 수급인이 공사를 완성하지 못한 채 공사도급계약이 해제되어 기성고에 따른 공사비를 정산하여야 할 경우에 그 공사비는 다른 특별한 사정이 없는 한 당사자 사이에 약정된 총공사비를 기준으로 하여 그 금액 중 수급인이 공사를 중단할 당시의 기성고 비율에 의한 금액이 된다. 다만 당사자 사이에 기성 부분의 보수에 관한 약정의 존재 등 특별한 사정이 인정되는 경우라면 그와 달리 산정할 수 있다(대판 2013. 5. 24. 2012다39769 등).

(c) 공사대금의 지급을 기성고 방식에 의한 경우 선급금의 충당방법

1) 공사도급계약에서 지급되는 **선급금**은 자금 사정이 좋지 않은 수급인으로 하여금 자재 확보, 노임 지급 등에 어려움이 없이 공사를 원활하게 진행할 수 있도록 하기 위하여, 도급인이 장차 지급할 공사대금을 수급인에게 미리 지급하여 주는 **선급공사대금**이다(대판 1997. 12. 12. 97다5060 등). 이러한 선급금은 구체적인 기성고와 관련하여 지급된 공사대금이 아니라 **전체 공사**와 관련하여 지급된 공사대금이다.

2) 선급금이 지급된 경우에는 특별한 사정이 없는 한 기성부분 대가지급 시마다 계약금액에 대한 기성부분 대가 상당액의 비율에 따라 **안분정산**하여 그 금액 상당을 선급금 중 일부로 충당하고 나머지 공사대금을 지급받아야 한다. 만약 선급금을 수급인이 지급받을 기성고 해당 중도금 중 최초분부터 전액 우선 충당하게 되면 위와 같은 선급금 지급의 목적을 달성할 수 없기 때문이다(대판 2002. 9. 4. 2001다1386).

3) 선급금을 지급한 후 계약이 해제 또는 해지되는 등의 사유로 수급인이 도중에 선급금을 반환하여야 한 사유가 발생하였다면, 특별한 사정이 없는 한 별도의 상계 의사표시 없이도 그때까지의 기성고에 해당하는 공사대금 중 미지급액은 선급금으로 충당되고 도급인은 나머지 공사대금이 있는 경우 그 금액

에 한하여 지급할 의무를 부담하게 된다. 이때 선급금의 충당 대상이 되는 기성공사대금의 내역을 어떻게 정할 것인지는 도급계약 당사자의 약정에 따라야 한다(대판 2010. 5. 13. 2007다31211, 2013. 8. 22. 2012다94278 등).

⒟ 공사대금청구권의 소멸시효

도급받은 사람의 공사에 관한 채권(민 163조 3호, 공사대금채권뿐만 아니라 그 공사에 부수되는 채권도 포함한다)은 **3년의 소멸시효**에 걸린다. **주된 채무**인 공사대금채무가 시효로 소멸되었다는 피고의 주장에는 **종된 채무**인 공사협력의무의 소멸시효 주장도 들어 있는 것으로 볼 수 있다(대판 2010. 11. 25. 2010다56685).

⑵ 저당권설정청구권

1) 민법 666조는 '부동산공사의 수급인은 전조의 보수에 관한 채권을 담보하기 위하여 그 부동산을 목적으로 한 저당권의 설정을 청구할 수 있다'고 규정하고 있다. 이는 부동산공사에서 그 목적물이 보통 수급인의 자재와 노력으로 완성되는 점을 감안하여 그 목적물의 소유권이 원시적으로 도급인에게 귀속되는 경우 수급인에게 목적물에 대한 저당권설정청구권을 부여함으로써 수급인이 사실상 목적물로부터 공사대금을 우선적으로 변제받을 수 있도록 하는 데 그 취지가 있다.

2) 건물신축공사에 관한 도급계약에서 수급인이 **자기의 노력과 출재**로 건물을 완성하여 그 소유권이 수급인에게 귀속된 경우에는 수급인으로부터 건물신축공사 중 일부를 도급받은 **하수급인**도 수급인에 대하여 민법 666조에 따른 저당권설정청구권을 가진다(대판 2016. 10. 27. 2014다211978).

3) 도급받은 공사의 **공사대금채권**은 민법 163조 3호에 따라 3년의 단기소멸시효가 적용되고, 그 공사에 부수되는 채권도 마찬가지이므로, 저당권설정청구권은 공사대금채권을 담보하기 위하여 저당권설정등기절차의 이행을 구하는 채권적 청구권으로서 공사에 부수되는 채권에 해당하므로 그 소멸시효기간 역시 3년이다.

건물신축공사에서 하수급인의 수급인에 대한 저당권설정청구권은 수급인이 건물의 소유권을 취득하면 성립하고 특별한 사정이 없는 한 그때부터 그 권리를 행사할 수 있지만, 하수급인이 수급인을 상대로 저당권설정청구권을 행사할 수 있는지 여부를 객관적으로 알기 어려운 상황에 있어 과실 없이 이를 알지 못한 경우에는 객관적으로 하수급인이 저당권설정청구권을 행사할 수 있음을 알 수 있게 된 때부터 소멸시효가 진행한다(대판 2003. 2. 11. 99다66427, 2016. 10. 27. 2014다211978 등).

4) 당사자 사이에 공사대금채권만을 양도하고 저당권설정청구권은 이와 함께 양도하지 않기로 약정하였다는 등의 특별한 사정이 없는 한 **공사대금채권**이 양도되는 경우 저당권설정청구권도 이에 수반하여 함께 이전된다(대판 2018. 11. 29. 2015다19827).

5) 신축건물의 도급인이 민법 666조가 정한 수급인의 저당권설정청구권의 행사에 따라 공사대금채무의 담보로 그 건물에 저당권을 설정하는 행위는 특별한 사정이 없는 한 **사해행위**에 해당하지 아니한다(대판 2008. 3. 27. 2007다78616). 수급인의 지위가 목적물에 대하여 유치권을 행사하는 지위보다 더 강화되는 것은 아니어서 도급인의 일반채권자들에게 부당하게 불리해지는 것도 아니기 때문이다.

3. 도급인의 청구권

(1) 하자보수청구권

(a) 의   의

하자가 중요하지 않고, 그 하자보수에 과도한 비용을 요할 때가 아닌 경우 도급인은 하자보수청구권을 행사할 수 있다(민 667조 1항). 이 경우 도급인은 하자보수와 함께 손해배상청구권을 가진다(민 667조 2항 후단). 도급계약에 따른 일이 전부 완성되지 아니하였으나 하자가 발생한 부분의 작업이 완료된 상태(즉 완성 전의 성취된 부분)에 관해서도 하자보수책임이 발생한다.

(b) 판단방법

1) 신축건물에 하자가 발생하였는지 여부는 공사시공자가 건축법 및 위법에 따른 명령이나 처분, 그 밖의 관계 법령에 맞지 아니하거나 공사의 여건상 불합리하다고 인정되는 사항이 아님에도 건축주나 공사감리자의 동의도 받지 않은 채 임의로 설계도서를 변경한 것이라는 등의 특별한 사정이 없는 한 공사시공자와 건축주 사이의 명시적 또는 묵시적 합의에 의한 설계변경을 거쳐 **최종적으로 확정된 도면**을 기준으로 판단하여야 한다(대판 2014. 12. 11. 2013다92066).

2) 하자의 종류에서 하자에 대한 **보수가 가능한 경우**와 하자에 대한 보수가

가능하지 아니한 경우를 구별하여야 한다.

하자에 대한 보수가 가능한 경우에도 **하자가 중요한 경우와 하자가 중요하지 아니한 경우**를 구별하고, 더 나아가 하자가 중요하지 아니한 경우에도 그 **보수에 과다한 비용이 드는 경우**와 그 **보수에 과다한 비용이 들지 않는 경우**로 구별하여야 한다.

하자가 중요한지 여부가 다투어질 경우 하자의 정도를 특정함과 아울러 그 하자를 보수하는 적당한 방법과 그 보수에 요할 비용 등에 관하여 심리하여 봄으로써, 그 하자가 중요한 것인지 또는 그 하자가 중요한 것은 아니더라도 그 보수에 과다한 비용을 요하지 않는 것인지를 가려보아 손해액을 산정하여야 한다.

(2) 하자보수를 갈음하는 손해배상청구권

도급인은 하자보수를 갈음하여 손해배상청구권을 가진다(민 667조 2항 전단). 하자보수를 갈음한 손해배상청구권은 보수청구권과 병존하여 처음부터 도급인에게 존재하는 권리이고, 일반적으로 손해배상청구권은 사회통념에 비추어 객관적이고 합리적으로 판단하여 현실적으로 손해가 발생한 때에 성립한다. 하자보수를 갈음한 손해배상청구권은 하자가 발생하여 보수가 필요하게 된 시점에서 성립된다.

(3) 하자로 입은 손해배상청구권

1) 하자가 중요하지 아니하면서 동시에 그 보수에 과다한 비용을 요하는 경우에는 도급인은 하자보수나 하자보수를 갈음하는 손해배상을 청구할 수 없고 그 하자로 인하여 입은 손해의 배상만을 청구할 수 있다(민 667조 1항).

2) 이러한 경우 그 하자로 인하여 입은 통상의 손해는 특별한 사정이 없는 한 도급인이 하자 없이 시공하였을 경우의 목적물의 교환가치와 하자가 있는 현재의 상태대로의 교환가치와의 차액이 되고, 그 하자 있는 목적물을 사용함으로 인하여 발생하는 **정신적 고통으로 인한 손해**는 수급인이 그러한 사정을 알았거나 알 수 있었을 경우에 한하여 **특별손해**로서 배상받을 수 있다(대판 1997. 2. 25. 96다45436).

3) 일반적으로 건물신축도급계약에서 수급인이 신축한 건물에 하자가 있는 경우에, 이로 인하여 도급인이 받은 정신적 고통은 하자가 보수되거나 하자보수를 갈음한 손해배상이 이루어짐으로써 회복된다고 봄이 상당하고, 도급인

이 하자의 보수나 손해배상만으로는 회복될 수 없는 정신적 고통을 입었다면 이는 특별한 사정으로 인한 손해로서 수급인이 이와 같은 사정을 알았거나 알 수 있었을 경우에 한하여 정신적 고통에 대한 **위자료**를 인정할 수 있다(대판 1996. 6. 11. 95다12798).

(4) 지체상금청구권

1) 수급인이 완공기한 내에 공사를 완성하지 못한 채 완공기한을 넘겨 도급계약이 해제된 경우에 그 **지체상금의 발생시기**는 완공기한 다음날이다(대판 2001. 1. 30. 2000다56112 등).

2) **지체상금에 관한 약정**은 수급인이 그와 같은 일의 완성을 지체한 데 대한 **손해배상액의 예정**이다. 따라서 수급인이 약정된 기간 내에 그 일을 완성하여 도급인에게 인도하지 아니하여 지체상금을 지급할 의무가 있는 경우 법원은 민법 398조 2항의 규정에 따라 계약 당사자의 지위, 계약의 목적과 내용, 지체상금을 예정한 동기, 실제의 손해와 그 지체상금액의 대비, 그 당시의 거래관행 및 경제상태 등 모든 사정을 참작하여 약정에 따라 산정한 지체상금액이 일반 사회인이 납득할 수 있는 범위를 넘어 부당하게 과다하다고 인정하는 경우에 이를 적당히 **감액**할 수 있다(대판 1999. 10. 12. 99다14846, 2002. 9. 4. 2001다1386 등).

(5) 도급계약해제권

(a) 목적물의 하자로 인한 도급계약해제

1) 완성된 목적물의 하자로 인하여 계약의 목적을 달성할 수 없는 때에는 도급계약을 해제할 수 있다(민 668조 본문). 이 경우 그 하자가 **계약의 목적**을 달성할 수 없을 정도로 중대한 것(**중대한 하자**)이어야 한다. 그렇지 아니하다면 비록 수급인이 하자보수의무를 게을리 하더라도 계약을 해제할 수 없다. 그러나 **건물 그 밖의 공작물**에 대해서는 **중대한 하자**가 있더라도 해제할 수 없다(민 668조 단서).

2) 건물 등 공작물이 완성되기 전에 도급계약을 해제하더라도 미완성 부분에 대해서만 도급계약의 효력이 상실되고 도급인은 완성 부분의 비율대로 보수를 지급할 의무가 있으나 수급인의 귀책사유로 인하여 생긴 손해에 대해서는 그 배상을 청구할 수 있다.

판례도, 건축물공사가 상당한 정도로 진척되어 그 **원상회복**이 **중대한 사회**

적·경제적 손실을 초래하게 되고, 완성 부분이 **도급인**에게 **이익**이 된다면, 도급인이 도급계약을 해제하는 경우에도 계약은 **미완성 부분**에 대해서만 **실효**되고, **수급인**은 해제한 때의 상태 그대로 건물을 도급인에게 인도하고, **도급인**은 특별한 사정이 없는 한 인도받은 공사물의 완성도나 기성고 등을 참작하여 이에 상응하는 보수를 지급하여야 하는 권리의무관계가 성립한다고 본다. 그러나 건물의 완성 부분이 도급인에게 이익이 되지 아니하고, 원상회복의 중대한 사회적·경제적 손실을 초래하지 않을 때에는 **계약해제의 소급효**를 인정할 수 있다(대판 1992. 12. 22. 92다30160, 2017. 12. 28. 2014다83890).

⒝ 완성 전 일방적 도급계약해제

1) 도급인은 수급인이 일을 완성하기 전에는 언제든지 손해를 배상하고 도급계약을 해제할 수 있다(민 673조). 도급인으로 하여금 자유로운 해제권을 행사할 수 있도록 하는 대신 수급인이 입은 손해를 배상하도록 하는 것은 도급인의 일방적인 의사에 기한 도급계약의 해제를 인정하는 대신, 도급인의 일방적인 계약해제로 인하여 수급인이 입게 될 손해, 즉 수급인이 이미 지출한 비용과 일을 완성하였더라면 얻었을 이익을 합한 금액을 배상하게 하는 것이다(대판 2002. 5. 10. 2000다37296,37302, 2013. 5. 24. 2012다39769).

2) 도급계약의 해제사유에는 제한이 없으며 수급인의 채무불이행을 반드시 전제로 하는 것은 아니다. 일에 착수하기 전에는 계약관계의 소멸에 달리 문제가 되지 않으나, 일의 전부 완성이 아닌 일부 완성이 있는 상태에서 도급계약을 해제한다고 하더라도 해제의 소급효가 인정된다고 볼 수 없으며, 앞서 본 바와 같이 **미완성 부분**에 대해서만 **실효**된다.

⑹ 수급인의 담보책임과 제척기간

1) 도급인의 하자보수를 갈음하는 손해배상청구권에 대해서는 민법 670조 또는 671조의 제척기간이 적용된다(이는 법률관계의 조속한 안정을 도모하고자 하는 데에 그 취지가 있다).

2) 그런데 도급인의 이러한 손해배상청구권에 대해서는 그 권리의 내용·성질 및 취지에 비추어 민법 162조 1항의 채권소멸시효의 규정, 또는 그 도급계약이 상행위에 해당하는 경우에는 상법 64조의 상사소멸시효의 규정이 적용된다. 따라서 민법 670조 또는 671조의 제척기간의 규정으로 인하여 위 각 소멸시효규정의 적용이 배제된다고 볼 수 없다(대판 2011. 10. 13. 2011다10266, 2011.

12. 8. 2009다25111, 2012. 11. 15. 2011다56491 등).

4. 동시이행관계

(1) 의   의

1) 도급계약에서 완성된 목적물 또는 완성 전의 성취된 부분에 하자가 있는 때에는 도급인은 수급인에 대하여 하자의 보수를 청구하거나 그 하자의 보수를 갈음하여 또는 보수와 함께 손해배상을 청구할 수 있다. 이들 청구권은 특별한 사정이 없는 한 수급인의 보수지급청구권과 **동시이행의 관계**에 있다(민 667조).

2) **기성고**에 따라 공사대금을 분할하여 지급하기로 약정한 경우라도, 특별한 사정이 없는 한 하자보수의무와 동시이행관계에 있는 공사대금지급채무는 해당 하자가 발생한 부분의 기성공사대금에 한정되는 것은 아니다. 즉 **전체 공사대금**에 대하여 **동시이행관계**가 있다. 이와 달리 본다면 도급인이 하자발생사실을 모른 채 하자가 발생한 부분에 해당하는 기성공사의 대금을 지급하고 난 후 뒤늦게 하자를 발견한 경우에는 동시이행의 항변권을 행사하지 못하게 되어 공평에 반하기 때문이다.

따라서 전체 공사대금에 대한 동시이행항변이 권리남용이라고 볼 수 없다. 다만 **신의칙**이나 **공평의 관념**에서 하자보수에 상응하는 공사대금 부분으로 **제한**하여 동시이행항변이 허용되는 경우가 있다(대판 2001. 9. 18. 2001다9304).

3) **하자확대손해**로 인한 수급인의 **손해배상채무**(수급인이 도급계약에 따른 의무를 제대로 이행하지 못함으로 말미암아 도급인의 신체 또는 재산에 손해가 발생한 경우 수급인에게 귀책사유가 없었다는 점을 스스로 증명하지 못하는 한 도급인에게 그 손해를 배상할 의무가 있다)와 도급인의 **공사대금채무**도 동시이행관계에 있는 것으로 보아야 한다.

(2) 효   과

1) 완성된 목적물에 하자가 있어 도급인이 하자의 보수를 갈음하여 손해배상을 청구한 경우에, 도급인은 수급인이 그 손해배상청구에 관하여 채무이행을 제공할 때까지 그 손해배상액에 상응하는 보수액에 관해서만 자기의 채무이행을 거절할 수 있을 뿐이고, 그 나머지 보수액은 그 지급을 거절할 수 없다. 도급인의 손해배상채권과 동시이행관계에 있는 수급인의 공사대금채권은

공사잔대금채권 중 위 손해배상채권액과 동액의 채권에 한하고, 그 나머지 공사잔대금채권은 위 손해배상채권과 동시이행관계에 있다고 할 수 없다.

　2) 민법 536조 2항 및 신의성실의 원칙에 비추어 볼 때 공급자(수급인)는 이미 이행기가 지난 전기(前期)의 대금을 지급받을 때 또는 전기(前期)에 대한 상대방의 이행기 미도래 채무의 **이행불안사유**가 해소될 때까지 선이행의무가 있는 다음 기간의 자기 채무의 이행을 거절할 수 있다(**불안의 항변권**).

　3) 건물신축도급계약에서 수급인이 공사를 완성하였다고 하더라도, 신축된 건물에 하자가 있고 그 하자 및 손해에 상응하는 금액이 공사잔대금액 이상이어서, 도급인이 수급인에 대한 하자보수청구권이나 하자보수를 갈음한 손해배상채권 등에 기하여 수급인의 공사잔대금 채권 전부에 대하여 동시이행의 항변을 한 때에는, 공사잔대금 채권의 변제기가 도래하지 아니한 경우와 마찬가지로 수급인은 도급인에 대하여 하자보수의무나 하자보수를 갈음한 손해배상의무 등에 관한 이행의 제공을 하지 아니한 이상 공사잔대금 채권에 기한 유치권을 행사할 수 없다고 보아야 한다(대판 2014. 1. 16. 2013다30653).

Ⅱ. 도급의 소송법상 문제

1. 저당권설정청구권의 행사와 공사대금청구권의 소멸시효중단

저당권설정청구권(민 666조)은 공사대금청구권으로부터 **파생된 권리**이다. 따라서 저당권설정청구의 소제기로 공사대금청구권의 소멸시효는 중단된다(저당권설정청구의 소에는 그 피담보채권이 될 채권의 존재에 관한 주장이 당연히 포함되어 있으며, 피고로서도 피담보채권이 될 금전채권의 소멸을 항변으로 주장하여 그 채권의 존부에 관한 실질적 심리가 이루어져 그 존부가 확인된 경우이다. 대판 2003. 2. 13. 2002다7213).

2. 공사대금청구권에 대한 전부명령 가부

1) 공사대금청구권은 공사가 완료되어야 행사할 수 있는 권리이다. 공사대금청구권은 도급계약시 발생하되 변제기를 공사완료로 볼 것인지, 공사완료로 비로소 발생하는지 논의가 있다. **판례**는, 공사대금채권을 장래의 채권액의 구

체적 확정에 불확실한 요소가 내포되어 있는 것으로 보기도 하고(대판 1995. 9. 26. 95다4681), 다른 한편 공사대금채권은 공사를 완공하여야 취득하는 것으로 보기도 한다(대판 2011. 10. 13. 2011다55214).

2) 조건부·기한부채권, 그 밖에 장래 발생할 채권(이를 합쳐 **장래의 채권**이라고 부르기도 한다)에 대해서도 그 기초된 법률관계가 성립되어 있고 장래 발생할 것이 예상되는 경우에는 전부명령(민집 229조 3항)의 대상이 된다고 보고 있다. 나아가 이미 권리가 발생하였으나 그 범위가 장래에 특정될 채권(이를 **장래의 불확실채권**이라고 부르기도 한다. 앞서의 **장래의 채권**과 합쳐 **장래의 불확정채권**이라고도 한다)도 마찬가지로 전부명령의 대상이 된다. 따라서 공사대금청구권은 공사완료 전이라도 전부명령의 대상이 된다.

3) 장래의 불확정채권이 전부명령의 대상이 된다고 하더라도 그 뒤 조건의 미성취, 기한의 미도래, 장래의 미발생 등으로 장래에 전부가 부존재 또는 일부가 존재하는 것으로 확정된 경우 민사집행법 231조 단서에 따라 전부명령의 효력은 그 한도에서 소급하여 실효된다(**전부명령무효설**). **판례**도 마찬가지로 본다(대판 2002. 7. 12. 99다68652, 2004. 8. 20. 2004다24168 등). 집행채권자는 집행권원에 기하여 다시 집행문을 부여받아 집행채무자의 재산에 대하여 집행을 할 수 있다.

제 4 절   조   합

I. 조합의 실체법상 문제

1. 민법상 조합계약

(1) 의   의

민법상 조합계약은 2인 이상이 상호 출자하여 공동으로 사업을 경영할 것을 약정하는 계약이다(민 703조 1항).

(2) 조합인지 판단기준

1) 특정한 사업을 **공동경영**하는 약정에 한하여 이를 조합계약이라고 할 수 있고, 공동의 목적 달성이라는 성소민으로는 조합의 성립요건을 갖춘 것이 아

니다(대판 2004. 4. 9. 2003다60778).

따라서 ① 부동산의 공동매수인들이 전매차익을 얻으려고 상호협력한 것에 불과한 경우에는 민법상 조합이라고 볼 수 없으며(대판 2007. 6. 14. 2005다5140), ② 공유재산인 대지 및 점포를 임대·관리하는 공동의 목적 달성을 위한 모임에 불과한 경우도 민법상 조합이라고 할 수 없으며(대판 2008. 7. 10. 2007다44965), ③ 8층 상가 점포 소유자들이 8층 상가의 내부구조 변경 및 임대분양 사업추진을 위하여 구성한 활성화위원회의 경우도 민법상 조합으로 보지 않는다(대판 2009. 7. 9. 2007다42617).

2) 공동이행방식의 공동수급체는 원칙적으로 민법상 조합의 성질을 가진다. 다만 공동수급체와 도급이 개별 구성원으로 하여금 공사도급계약에서 발생한 채권을 그 지분비율에 따라 직접 도급인에 대하여 권리를 귀속시키는 **약정**도 가능하며, 이러한 약정은 명시적으로 또는 묵시적으로도 이루어질 수 있다(대판(전) 2012. 5. 17. 2009다105406).

(3) 조합원이 조합지분을 양도할 수 있는지 여부

1) 2인 이상이 상호 출자하여 공동사업을 경영할 것을 약정함에 따라 성립한 민법상 조합에서 그 조합원 지분의 양도는 원칙적으로 **다른 조합원 전원의 동의**가 있어야 하지만, 다른 조합원의 동의 없이 각자 지분을 자유로이 양도할 수 있도록 조합원 상호간에 **약정**하거나 사후적으로 그 지분 양도를 인정하는 **합의**를 하는 것은 유효하다(대판 2016. 8. 30. 2014다19790).

2) 조합원이 조합지분을 처분할 수 있는 경우에도 조합의 목적과 단체성에 비추어 조합원으로서의 자격과 분리하여 그 지분권만을 처분할 수는 없으므로, 조합원이 지분을 양도하면 그로써 조합원의 지위를 상실하게 된다. 그리고 이와 같은 조합원 지위의 변동은 조합지분의 **양도·양수에 관한 약정**으로써 바로 효력이 생긴다(대판 2009. 3. 12. 2006다28454, 2013. 10. 24. 2012다47524).

2. 업무집행조합원

1) 민법 706조에서는 조합원 3분의 2 이상의 찬성으로 조합의 **업무집행자**를 선임하고 조합원 과반수의 찬성으로 조합의 업무집행방법을 결정하도록 규정하고 있다. 여기서 말하는 조합원은 조합원의 출자가액이나 지분이 아닌 **조합원의 인원수**를 뜻한다.

2) 다만 위와 같은 민법의 규정은 임의규정이므로, 당사자 사이의 약정으로 업무집행자의 선임이나 업무집행방법의 결정을 조합원의 인원수가 아닌 그 출자가액이나 지분의 비율에 의하도록 하는 등 그 내용을 달리 정할 수 있고, 그와 같은 약정이 있는 경우에는 그 정한 바에 따라 업무집행자를 선임하거나 업무집행방법을 결정하여야만 유효하다.

3) 조합계약으로 조합원 가운데 일부 또는 제3자를 업무집행자로 정하지 않은 경우에는 모든 조합원이 원칙적으로 업무집행권을 가진다. 업무를 집행하는 조합원은 조합계약의 내용에 따라 선량한 관리자의 주의로써 조합사무를 처리하여야 한다(민 707조 · 681조).

4) 조합의 업무를 집행하는 조합원은 그 업무집행의 **대리권**이 있는 것으로 **추정**한다(민 709조). 따라서 업무집행자가 조합계약으로 정해진 경우는 그 **업무집행자**가, 조합계약으로 정해지지 않은 경우에는 **각 조합원**에게 대리권이 있는 것으로 **추정**된다.

3. 조합재산

(1) 조합재산의 처분 · 변경 등

1) **민법 272조 본문**의 규정에 따르면 합유물을 처분 또는 변경함에는 합유자 전원의 동의가 있어야 한다. 그러나 합유물 가운데서도 조합재산의 경우 그 처분 · 변경에 관한 행위는 **민법 706조 2항**에서 규정하고 있는 조합의 특별사무에 해당하는 업무집행으로서, 이에 대해서는 특별한 사정이 없는 한 민법 706조 2항이 민법 272조 본문에 우선하여 적용된다.

따라서 조합재산의 처분 · 변경은 ① 업무집행자가 **없는 경우**에는 조합원의 과반수로 결정하고, ② 업무집행자가 **여러 명인 경우**에는 그 업무집행자의 과반수로써 결정하며, ③ 업무집행자가 **1인만 있는 경우**에는 그 업무집행자가 단독으로 결정한다(대판 2000. 10. 10. 2000다28506,28513, 2010. 4. 29. 2007다18911 등).

2) 조합원은 전원의 동의가 없는 한 조합재산에 대한 지분을 처분하지 못한다(민 273조 1항). 물론 조합원은 조합재산의 분할을 청구하지도 못한다(민 273조 2항).

공유자들 사이에 조합관계가 성립하여 각자가 부동산을 조합재산으로 출연하였음에도 그 조합체 재산에 관한 소유권등기시 이름 합유로 하지 아니하

고 공유로 한 경우 조합원들 상호간 및 조합원과 조합체 상호간의 내부관계에
서는 **조합계약**에 따른 효력으로 인하여 그 재산은 조합계약상의 공동사업을 위
해 출자된 **합유물**인 특별재산으로 취급되므로(제3자에 대한 관계에서는 공유관계
임을 전제로 한 법률관계만이 적용될 뿐이므로 조합원들이 공유자로서 소유권행사를 할
수 있다), 조합원들로서는 그 지분의 회수방법으로서 조합을 탈퇴하여 조합지분
정산금을 청구하거나 일정한 경우 조합체의 해산청구를 할 수 있는 등의 특별
한 사정이 없는 한 그 합유물에 대하여 곧바로 분할청구를 할 수는 없다(대판
2003. 11. 13. 2003다14379,14386, 2009. 12. 24. 2009다57064).

3) 조합원은 조합재산의 보존행위를 각자가 할 수 있다(민 272조 단서). 조
합재산의 **보존행위**는 조합재산의 멸실·훼손을 방지하고 그 현상을 유지하기
위하여 하는 사실적·법률적 행위로서 이러한 조합재산의 보존행위를 각 조합
원이 단독으로 할 수 있는 것은 그 보존행위가 긴급을 요하는 경우가 많고 다
른 조합원에게도 이익이 되는 것이 보통이기 때문이다.

예컨대 ① 민법상 조합인 공동수급체가 경쟁입찰에 참가하였다가 다른 경
쟁업체가 낙찰자로 선정된 경우 그 공동수급체의 구성원 중 1인이 보존행위로
서 그 낙찰자선정이 무효임을 주장하며 무효확인의 소를 제기할 수 있으며(대
판 2013. 11. 28. 2011다80449), ② 조합원 중 1인의 채권자가 그 조합원 개인을 집
행채무자로 하여 조합의 채권(조합재산)에 대하여 강제집행을 하는 경우 다른
조합원이 보존행위로서 제3자이의의 소(민집 48조)를 제기하여 그 강제집행의
불허를 구할 수 있다(대판 1997. 8. 26. 97다4401).

4) 조합이 해산된 경우에도 청산절차를 거쳐 조합재산을 조합원에게 분배
하지 아니하는 한 조합재산은 계속하여 조합원의 합유이고, 청산이 종료할 때
까지 조합은 존속한다(대판 1992. 10. 9. 92다28075 등).

5) **2인으로 구성된 조합**의 조합원 중 1인이 불법행위 등으로 인하여 조합에
대하여 손해배상책임을 지게 되고 또한 그로 인하여 조합관계마저 그 목적 달
성이 불가능하게 되어 종료됨으로써 조합재산의 분배라는 청산절차만이 남게
된 경우에 다른 조합원은 불법행위를 저지른 조합원을 상대로 그 불법행위에
따른 손해배상을 청구하는 형식으로 조합관계의 종료로 인한 **잔여재산의 분배를
청구**할 수 있다(대판 2012. 6. 14. 2011다109937, 2018. 8. 30. 2016다46338,46345 등).

6) 조합원의 지분은 압류할 수 있으나(조합원의 지분에 대한 압류는 그 조합원

의 장래의 이익배당 및 지분의 반환을 받을 권리에 대하여 효력이 있다. 민 714), 여기서 조합원의 지분이란 **전체로서의 조합재산**에 대한 조합원 지분을 의미한다. 따라서 조합재산을 구성하는 개개의 재산에 대한 합유지분에 대해서는 압류 그 밖의 강제집행의 대상으로 삼을 수 없다(대결 2007. 11. 30. 2005마1130).

   (2) 조합원의 사망 또는 탈퇴의 경우

   1) 조합에서 조합원 중 1인이 **사망**한 때에는 민법 717조에 의하여 그 조합관계로부터 당연히 탈퇴되고, 특히 조합원들 사이에 사망한 조합원의 지위를 그 상속인이 승계하기로 하는 특별한 약정이 없는 한 사망한 조합원의 지위는 상속인에게 승계되지 아니한다.

   이 경우 ① 조합재산은 **잔존 조합원이 2인 이상**이라면 잔존 조합원의 합유로 귀속되고, ② **잔존 조합원이 1인**이라면 잔존 조합원의 단독소유로 귀속된다 (대판 1996. 12. 10. 96다23238).

   2) 2인 조합에서 조합원 1인이 **탈퇴**하면 조합관계는 종료되지만 특별한 사정이 없는 한 조합이 해산되지 아니하고, 조합원의 합유에 속하였던 재산은 남은 조합원의 단독소유에 속한다(따라서 기존의 공동사업은 청산절차를 거치지 않고 잔존자가 계속 유지할 수 있다. 대판 2013. 5. 23. 2010다102816,102823 등).

   그러나 그 조합재산이 부동산인 경우에는 그 물권변동의 원인은 조합관계에서의 탈퇴라고 하는 법률행위에 의한 것이므로 잔존 조합원의 단독소유로 하는 내용의 **등기**를 하여야 비로소 소유권변동의 효력이 발생한다(대판 2011. 1. 27. 2008다2807).

   4. 조합채무가 연대채무관계인지 여부

   1) 조합을 구성하는 다수의 사람들이 그들의 공동사업을 위하여 거래상대방과 계약을 체결할 경우에도 그 조합원들은 원칙적으로는 민법 712조에 따라 그 지분의 비율에 따라 상대방에게 그 계약에 따른 책임을 부담한다.

   그러나 구체적인 사건에서 그 거래관계에서 부담하게 되는 급부의 성질이나 기래경위 등에 비추어 조합원들이 상대방에 대해 불가분적으로 채무전액에 대하여 책임을 부담하기로 한 것으로 해석함이 상당한 경우도 있다(대판 2006. 8. 10. 2005나22016 등).

   2) 조합의 채무(조합을 구성하는 다수의 사람들이 그들의 공동사업을 위하여 거래

상대방과 계약을 체결하여 부담하는 채무)는 **조합원의 채무**로서 특별한 사정이 없는한 조합채권자는 각 조합원에 대하여 **지분의 비율**에 따라 또는 **균일적**으로 변제의 청구를 할 수 있을 뿐이다(민 712조). 그러나 조합채무가 특히 **조합원 전원**을 위하여 **상행위가 되는 행위**로 인하여 부담하게 된 것이라면 상법 57조 1항을 적용하여 조합원들의 **연대책임**이 인정된다(대판 1998. 3. 13. 97다6919, 2014. 8. 20. 2014다26521 등).

같은 논리로, 공동수급체의 구성원들이 **상인**인 경우 탈퇴 조합원에 대하여 잔존 조합원들이 탈퇴 당시의 조합재산 상태에 따라 탈퇴 조합원의 지분을 환급할 의무는 그 구성원 전원의 상행위에 의하여 부담한 채무로서 공동수급체의 구성원들인 잔존 조합원들은 연대하여 탈퇴 조합원에게 지분환급의무를 이행할 책임이 있다(대판 2016. 7. 14. 2015다233098).

5. 조합의 채무자의 상계의 금지

조합의 채무자(조합에 대하여 채무를 부담하는 자)는 그 채무를 조합원에 대한 채권으로 상계하지 못한다(민 715조). 예컨대 조합으로부터 부동산을 매수하여 조합에 대하여 잔금채무를 지고 있는 사람이 조합원 중 1인에 대하여 채권을 가지고 있다고 하더라도 그 채권과 조합과의 매매계약으로 인한 잔금채무를 서로 대등액에서 상계할 수 없다.

Ⅱ. 조합의 소송법상 문제

1. 민법상 조합과 당사자능력 여부

민법상 조합에 당사자능력을 인정할 것인지 논의가 있으나(상법상 **합자조합**의 경우에도 민법상 조합을 준용하고 있다. 상법 86조의8 4항), 민법상 조합은 2인 이상이 상호 출자하여 공동으로 사업을 경영할 것을 약정하는 민법상 조합계약(민 703조 1항)에 의한 것으로 단체성이 약하므로 법인 아닌 사단으로 인정되지 않는다고 보아야 한다.

2. 조합재산에 관한 소송과 필수적 공동소송

1) 민법상 조합의 당사자능력이 인정되지 않으므로 민법상 조합 측의 또

는 민법상 조합 측에 대한 소송에서 소송형태는 원칙적으로 (고유)**필수적 공동소송**이 된다(소송목적이 공동소송인 모두에게 합일적으로 확정되어야 할 소송이다. 민소 67조). 따라서 민법상 조합이 가지는 채권(**조합채권**)에 관한 소송(민법상 조합이 원고 측인 경우)이나, 민법상 조합이 부담하는 채무(**조합채무**)로서 **조합재산에 의한 소송**(민법상 조합이 피고 측인 소송으로, 조합재산을 집행재산으로 하는 경우이다)의 경우에는 반드시 조합원 전원이 원고가 되든지, 또는 조합원 전원이 피고가 되어야 한다.

2) 조합의 채권자가 조합원에 대하여 조합재산에 의한 공동책임을 묻는 것이 아니라, 각 조합원에 **개인재산에 의한 개별책임**(조합원이 부담하는 조합채무에 관한 **분할채무**)에 기하여 해당 채권을 행사하는 경우(민 712조)에는 조합원 각자를 상대로 하여 그 이행의 소를 구할 수 있다(대판 1991. 11. 22. 91다30705 등).

3) 조합재산에 대한 강제집행의 보전을 위한 **가압류**의 경우에도 마찬가지로 조합원 전원에 대한 가압류명령이 있어야 하므로, 조합원 중 1인만을 가압류채무자로 한 가압류명령으로써 조합재산에 가압류집행을 할 수 없다(대판 2015. 10. 2. 2012다21560).

4) 여러 조합원이 조합체로서 매수한 부동산에 대한 소유권이전등기절차의 이행을 구하는 소송은 필수적 공동소송이다. 여러 사람의 합유로 된 소유권이전등기가 된 부동산에 관하여 명의신탁해지를 원인으로 한 소유권이전등기절차의 이행을 구하는 소송은 **합유물에 관한 소송**으로서 필수적 공동소송이므로 합유자 모두를 피고로 하여야 한다(이 경우 명의신탁해지를 구하는 당사자가 합유자 가운데 한 사람이라는 사유만으로 달리 볼 것은 아니다. 대판 2015. 9. 10. 2014다73794).

그러나 합유물에 관하여 경료된 원인무효의 소유권이전등기의 말소를 구하는 소송은 합유물에 관한 보존행위로서 합유자 각자가 할 수 있다(민 272조 단서).

5) 조합이 해산된 경우 조합원이 가지는 조합의 잔여재산에 대한 **분배청구권**(민 724조 2항)은 조합원 사이의 내부관계에서 발생하는 것으로서 각 조합원이 분배비율을 초과하여 잔여재산을 보유하고 있는 조합원을 상대로 개별적으로 행사하면 족하고 반드시 조합원들이 공동으로 행사하거나 조합원 모두를 상대로 행사하여야 하는 것은 아니다(대판 1998. 12. 8. 97다31472, 2000. 4. 21. 99다

35713 등).

6) 공동광업권자는 조합계약을 한 것으로 간주하므로(광업법 17조 5항, 30조 1항) 그 합유인 공동광업권을 소송목적물로 하는 소송에서는 공동광업권자 전원을 필수적 공동소송인으로 하여야 한다(대판 1966. 10. 4. 66다1079 등).

3. 선정당사자제도

1) 조합원 전원이 당사자가 되어야 하는 필수적 공동소송에서 당사자가 된 조합원들은 조합원들 가운데 일부를 선정당사자(민소 53조)로 선정하여 선정당사자로 하여금 소송을 수행하게 할 수 있다. 선정당사자는 임의적 소송담당 가운데 법률이 허용하는 경우이다. 이러한 선정행위는 소제기 전후에 가능하다.

2) 선정행위가 소제기 이후에 이루어진 경우 선정자는 당연히 **소송탈퇴**하게 된다(민소 53조 2항). 소송탈퇴하게 되는 선정자는 당사자적격을 가지지 아니한다(**적격상실설**). 선정자가 별소를 제기하는 경우에는 **중복소송**에 해당한다(당사자적격의 흠 이전에 중복소송 해당 여부에 따라 판단한다. 중복소송 해당 여부가 당사자적격의 유무보다 일반적 소송요건이기 때문이다).

3) 선정당사자에 대한 확정판결의 효력은 선정자에게 미친다(민소 218조 3항). **선정당사자가 원고로서 승소한 경우**(집행권원에서 선정당사자가 채권자로 표시된 경우)에는 선정당사자는 집행문을 부여받아 선정자를 위하여 집행할 수 있다. 선정자는 **승계집행문**(민집 25조 2항, 31조)을 부여받아 스스로 집행할 수 있다. **선정당사자가 피고로서 패소한 경우**(집행권원에서 선정당사자가 채무자로 표시된 경우)에는 선정자에 대한 승계집행문을 부여받아야 선정자에 대한 강제집행을 할 수 있다. 집행권원에서 선정당사자가 채무자로 표시된 경우 선정당사자의 재산에 대하여 채무 전액을 강제집행을 할 수 있는지에 관하여 논의가 있으나, **부정**함이 타당하다.

4. 조합의 업무집행조합원에 대한 임의적 소송신탁 허용 여부

조합원 전원이 당사자가 되어야 하는 필수적 공동소송에서 **조합규약**이나 **조합결의**에 의하여 자기의 이름으로 조합재산을 관리하고 대외적 업무를 집행할 권한을 수여받은 업무집행조합원은 조합재산에 관하여 조합원으로부터 **임**

의적 소송신탁을 받아 자기 이름으로 소송을 수행하는 것이 허용된다(대판 1994. 2. 14. 83다카1815, 1997. 11. 28. 95다35302).

5. 업무집행조합원과 법률상 소송대리인

1) 업무집행조합원이 **법률상 소송대리인**으로 소송수행을 할 수 있는지 여부가 문제가 된다. 업무집행조합원이 변호사인 경우에는 그 업무집행조합원에게 소송위임을 하여 소송수행을 할 수 있으므로 달리 문제가 되지 아니하나, 업무집행조합원이 변호사가 아닌 한 **변호사소송대리의 원칙상 단독사건**이 아닌 **합의사건**에서는 업무집행조합원에게 소송위임을 할 수 없으므로 업무집행조합원을 법률상 소송대리인으로 볼 수 있는 경우에만 소송대리를 할 수 있게 된다.

2) 민법 709조는 업무집행조합원에게 대리권이 있는 것으로 추정하고 있을 뿐이고 다른 법률상 소송대리인의 경우와 같이 재판상 대리에 관하여 법률상 명문의 규정을 두고 있지 아니하며, 업무집행조합원을 법률상 소송대리인으로 보는 경우 대리권의 범위가 지나치게 불명확하여 법원이나 상대방에게 예측할 수 없는 불이익을 줄 수 있으므로 업무집행조합원을 법률상 소송대리인으로 보기 어렵다.

제3장   부당이득·불법행위

제 1 절   부당이득

Ⅰ. 부당이득의 실체법상 문제

1. 부당이득의 일반

(1) 부당이득의 의의

1) 법률상 원인 없이 타인의 재산 또는 노무로 인하여 이익을 얻고 이로 인하여 타인에게 손해를 가한 경우 그 이익은 부당이득이 되어, 이득자는 그 이익을 손실자에게 반환하여야 한다(민 741조).

2) 부당이득제도는 이득자의 재산상 이득이 법률상 원인을 갖추지 못한 경우에 공평·정의의 이념에 근거하여 이득자에게 그 반환의무를 부담시키는 것이므로, 이득자에게 **실질적으로 이득이 귀속**된 바 없다면 그 반환의무를 부담시킬 수 없다(대판 2016. 12. 29. 2016다242273, 2017. 6. 29. 2017다213838).

3) 부당이득반환청구권은 그 성립과 동시에 권리를 행사할 수 있으므로 청구권이 성립한 때부터 **소멸시효**가 진행한다(대판 2017. 7. 18. 2017다9039, 9046).

(2) 부당이득의 형태

부당이득반환의 형태로는, 손실자의 재산권 등의 권리가 객관적으로 침해당했을 때 상대방이 이로 인하여 이익을 얻었음을 이유로 그 반환을 구하는 **침해부당이득**의 경우와 손실자가 스스로 자신의 의사에 따라 일정한 급부를 한 다음 그 급부가 법률상 원인 없음을 이유로 그 반환을 청구하는 **급부부당이득**

의 경우가 있다.

(3) 부당이득과 증명책임

침해부당이득의 경우에는 부당이득반환청구의 상대방이 그 이익을 보유할 정당한 권원이 있다는 점을 증명할 책임이 있다.

급부부당이득의 경우에는 법률상 원인이 없다는 점에 대한 증명책임은 부당이득반환을 주장하는 사람에게 있다. 이 경우 부당이득의 반환을 구하는 사람은 급부행위의 원인이 된 사실의 존재와 함께 그 사유가 무효, 취소, 해제 등으로 소멸되어 법률상 원인이 없게 되었음을 주장·증명하여야 한다(대판 2018. 1. 24. 2017다37324).

2. 계약당사자 아닌 제3자를 상대로 한 부당이득반환청구의 허용 여부

1) 계약상 급부를 한 계약 당사자는 이익의 귀속 주체인 제3자에 대하여 직접 부당이득반환을 청구할 수는 없다. **판례**는 **전용물소권**(轉用物訴權)을 인정하지 않는다. 그 이유는, ① 자기책임하에 체결된 계약에 따른 위험부담을 제3자에게 전가시키는 것이 되어 계약법의 기본원리에 반하는 결과를 초래하며, ② 채권자인 계약당사자가 채무자인 계약상대방의 일반채권자에 비하여 우대받는 결과가 되어 일반채권자의 이익을 해치게 되며, ③ 수익자인 제3자가 계약상대방에 대하여 가지는 항변권 등을 침해하게 되어 부당하기 때문이다(대판 2010. 6. 24. 2010다9269, 2011. 11. 10. 2011다48568, 2017. 7. 11. 2013다55447 등).

2) 계약의 일방 당사자가 상대방의 지시 등으로 **급부과정을 단축**하여 상대방과 또 다른 계약관계를 맺고 있는 제3자에게 직접 급부를 한 경우(이른바 **삼각관계**에서의 급부가 이루어진 경우) 그 급부로써 계약당사자의 상대방에 대한 급부가 이루어질 뿐 아니라 그 상대방의 제3자에 대한 급부도 이루어지는 것이므로 계약의 일방 당사자는 제3자를 상대로 법률상 원인 없이 급부를 수령하였다는 이유로 부당이득반환청구를 할 수 없다(대판 2008. 9. 11. 2006다46278, 2013. 6. 28. 2013다13733, 2018. 7. 12. 2018다204992 등).

삼각관계에서의 급부가 이루어진 경우에 제3자가 급부를 수령할 때에 계약의 일방 당사자가 계약상대방에 대하여 급부를 한 원인관계인 법률관계에 무효 등의 흠이 있었다는 사실을 알고 있었다 하더라도 계약의 일방 당사자는 제3자를 상대로 법률상 원인 없이 급부를 수령하였다는 이유로 부당이득반환

을 청구할 수 없다.

3) 제3자를 위한 계약관계에서 낙약자와 요약자 사이의 법률관계(이른바 기**본관계**)를 이루는 계약이 해제된 경우 그 계약관계의 청산은 계약의 당사자인 낙약자와 요약자 사이에 이루어져야 하므로, 특별한 사정이 없는 한 낙약자가 이미 제3자에게 급부한 것이 있더라도 낙약자는 계약해제에 기한 원상회복 또는 부당이득을 원인으로 제3자를 상대로 그 반환을 구할 수 없다(대판 2005. 7. 22. 2005다7566).

4) **입질채권**의 채무자가 민법 353조 1항 · 2항에 기하여 질권자에게 급부를 하였으나 추후 입질채권이 부존재함이 밝혀진 경우 채무자가 질권자를 상대로 직접 부당이득반환을 구할 수 없다(대판 2015. 5. 29. 2012다92258).

3. 채무자위험부담주의와 부당이득반환청구의 허용 여부

민법 537조는 '쌍무계약의 당사자 일방의 채무가 당사자 쌍방의 책임없는 사유로 이행할 수 없게 된 때에는 채무자는 상대방의 이행을 청구하지 못한다'라고 규정하여 **채무자위험부담주의**를 채택하고 있는데, 쌍무계약에서 당사자 쌍방의 귀책사유 없이 채무가 이행불능된 경우 채무자는 급부의무를 면함과 더불어 반대급부도 청구하지 못한다. 따라서 쌍방 급부가 없었던 경우에는 계약관계는 소멸하고, 이미 이행한 급부는 법률상 원인 없는 급부가 되어 부당이득의 법리에 따라 반환청구할 수 있다(대판 2009. 5. 28. 2008다98655, 2017. 10. 12. 2016다9643 등).

4. 채무불이행과 부당이득반환청구의 허용 여부

어떠한 계약상 채무를 채무자가 이행하지 않았다고 하더라도 채권자는 여전히 해당 계약에서 정한 채권을 보유하고 있으므로, 특별한 사정이 없는 한 채무자가 그 채무를 이행하지 않고 있다고 하여 채무자가 법률상 원인 없이 이득을 얻었다고 할 수는 없다. 이 경우 그 채권이 시효로 소멸하게 되었다 하더라도 마찬가지이다(대판 2018. 2. 28. 2016다45779 등).

5. 비채변제의 문제

1) 민법 742조의 비채변제에 관한 규정은 변제자가 채무 없음을 알면서도

변제를 한 경우에 적용된다. 따라서 변제자가 채무 없음을 알지 못한 경우에는 그 과실 유무를 불문하고 적용되지 아니한다. 변제자가 채무 없음을 알았다는 점에 대한 **증명책임**은 반환청구권을 부인하는 측에 있다(대판 2008. 11. 13. 2008다41857, 2012. 11. 15. 2010다68237 등).

2) 변제자가 채무 없음을 알고 있었다 하더라도 변제를 강제당한 경우나 변제거절로 인한 사실상의 손해를 피하기 위하여 부득이 변제하게 된 경우 등 그 변제가 자기의 자유로운 의사에 반하여 이루어진 것으로 볼 수 있는 사정이 있는 때에는 변제자가 그 반환청구권을 상실하지 않는다(대판 1996. 12. 20. 95다52222,52239, 1997. 7. 25. 97다5541 등).

6. 불법원인급여

(1) 일반적 경우

1) 민법 746조가 규정하는 **불법원인**이란 그 원인되는 행위가 선량한 풍속 그 밖의 사회질서에 위반하는 경우를 말한다. 따라서 법률의 금지에 위반하는 경우라 할지라도 그것이 선량한 풍속 그 밖의 사회질서에 위반하지 않는 경우에는 이에 해당하지 않는다(대판 2003. 11. 27. 2003다41722, 2011. 1. 13. 2010다77477 등).

다만 급여가 강행법규에 위반하여 이루어졌지만 이를 반환하게 하는 것이 오히려 **규범 목적에 부합하지 아니한 경우**는 이에 해당한다(대판 2017. 4. 26. 2016도18035, 2017. 10. 26. 2017도9254).

2) 불법의 원인으로 재산을 급여한 사람은 상대방 수령자가 그 '불법의 원인'에 가공하였다고 하더라도 상대방에게만 불법의 원인이 있거나 그의 불법성이 급여자의 불법성보다 현저히 크다고 평가되는 등으로 모든 사정에 비추어 급여자의 손해배상청구를 인정하지 아니하는 것이 오히려 사회상규에 명백히 반한다고 평가될 수 있는 특별한 사정이 없는 한 상대방의 **불법행위**를 이유로 그 재산의 급여로 말미암아 발생한 자신의 손해를 배상할 것을 주장할 수 없다(대판 2013. 8. 22. 2013다35412).

3) 불법원인급여 후 급부를 이행받은 자가 급부의 원인행위와 별도의 약정으로 급부 그 자체 또는 이를 갈음한 대가물의 반환을 특약하는 것은 불법원인급여를 한 사자 그 부당이득의 반환을 정하며는 경우하는 말이 그 반환약정 자체가 사회질서에 반하여 무효가 되지 않는 한 유효하다. 이 경우 반환약정이

사회질서에 반하여 무효라는 점은 수익자가 이를 증명하여야 한다(대판 2010. 5. 27. 2009다12580).

4) '부동산 실권리자명의 등기에 관한 법률'이 규정하는 명의신탁약정은 부동산에 관한 물권의 실권리자가 타인과의 사이에서 대내적으로는 실권리자가 부동산에 관한 물권을 보유하기로 하고 그에 관한 등기는 그 타인의 명의로 하기로 하는 약정을 말하는 것일 뿐이므로, 그 자체로 선량한 풍속 그 밖의 사회질서에 위반하는 경우에 해당한다고 단정할 수 없다. 따라서 무효인 명의신탁약정에 기하여 타인 명의의 등기가 마쳐졌다는 이유만으로 그것이 당연히 불법원인급여에 해당한다고 볼 수 없다(대판 2003. 11. 27. 2003다41722).

5) 민법 746조에서 불법의 원인으로 인하여 급여함으로써 그 반환을 청구하지 못하는 이익은 **종국적인 것**을 말하고, 도박자금으로 금원을 대여함으로 인하여 발생한 채권을 담보하기 위한 근저당권설정등기가 경료되었을 뿐인 경우와 같이 수령자가 그 이익을 향수하려면 경매신청을 하는 등 별도의 조치를 취하여야 하는 것은 이에 해당하지 않는다. 따라서 무효인 근저당권설정등기의 말소를 구할 수 있다(대판 1994. 12. 22. 93다55234, 1995. 8. 11. 94다54108).

(2) 물상대위권의 불행사와 부당이득 여부

저당권자가 물상대위권(민 370조 · 342조)을 행사할 수 있음에도 물상대위권의 행사에 나아가지 아니하여 우선변제권을 상실한 이상 다른 채권자가 보상금 또는 이에 관한 변제공탁금으로부터 수용 대상 토지에 대한 이득을 얻었다고 하더라도 저당권자는 이를 부당이득으로서 반환청구를 할 수 없다(대판 2002. 10. 11. 2002다33137 등).

(3) 부당이득반환의 범위

1) 부당이득반환의 경우 수익자가 반환해야 할 이득의 범위는 손실자가 입은 손해의 범위에 한정된다. 여기서 **손실자의 손해**는 사회통념상 손실자가 해당 재산으로부터 통상 수익할 수 있을 것으로 예상되는 이익 상당이다.

부당이득한 재산에 수익자의 행위가 개입되어 얻어진 이른바 운용이익의 경우, 그것이 사회통념상 수익자의 행위가 개입되지 아니하였더라도 부당이득된 재산으로부터 손실자가 통상 취득하였으리라고 생각되는 범위 내에서는 반환해야 할 이득의 범위에 포함된다(대판 2008. 1. 18. 2005다34711).

2) **선의의 수익자**는 그 받은 이익이 **현존하는 한도**에서 반환책임이 있다(민

748조 1항). **현존이익**은 실제로 **반환할 때**를 기준으로 정한다. 현존이익의 존재는 수익자가 그 **이익이 현존하지 않는다**는 점을 **증명**하여야 한다. 수익자가 취득한 것이 **금전상의 이득**인 때에는 그 금전은 이를 취득한 사람이 소비하였는지 여부를 불문하고 현존하는 것으로 추정되고, 그 취득한 것이 **성질상 계속적으로 반복하여 거래되는 물품**으로서 곧바로 판매되어 현금화될 수 있는 **금전과 유사한 대체물**인 경우에도 마찬가지이다(대판 2009. 5. 28. 2007다20440,20457).

3) **악의의 수익자**는 그 받은 이익에 이자를 붙여 반환하고 손해가 있으면 이를 배상하여야 한다(민 748조 2항).

여기서 **악의**란 자신의 이익 보유가 법률상 원인 없는 것을 인식하는 것을 말하며, 그 이익의 보유를 법률상 원인이 없는 것이 되도록 하는 사정, 즉 부당이득반환의무의 발생요건에 해당하는 사실이 있음을 인식하는 것만으로는 부족하다(대판 2012. 11. 15. 2010다68237, 2018. 10. 25. 2016다42800 등).

수익자가 이익을 받은 후 법률상 원인 없음을 안 때에는 그때부터 악의의 수익자로서 이익반환의 책임이 있다(민 749조 1항).

4) **선의의 점유자**는 점유물의 **과실**을 취득하고(민 201조 1항), 점유자는 선의로 점유한 것으로 추정되지만(민 197조 1항), 선의의 점유자라도 본권에 관한 소에서 패소한 때에는 그 **소가 제기된 때**부터 악의의 점유자로 본다(민 197조 2항). 선의의 수익자가 패소한 때에는 그 **소를 제기한 때**부터 악의의 수익자로 간주되고(민 749조 2항), **악의의 수익자**는 그 받은 이익에 **법정이자**를 붙여 반환하고 손해가 있으면 이를 배상하여야 한다(민 748조 2항).

여기에서 '**패소한 때**'란 점유자 또는 수익자가 종국판결에 의하여 패소 확정되는 것을 뜻하지만, 이는 악의의 점유자 또는 수익자로 보는 효과가 그때 발생한다는 것뿐이고 점유자 등의 패소판결이 확정되기 전에는 이를 전제로 하는 청구를 하지 못한다는 의미가 아니다. 따라서 소유자가 점유자 등을 상대로 물건의 반환과 아울러 그 권원 없는 사용으로 얻은 이익의 반환을 청구하면서 물건의 반환청구가 인용될 것을 전제로 하여 그에 관한 소송이 계속된 때 이후의 기간에 대한 사용이익의 반환을 청구하는 것은 허용된다(대판 2016. 7. 29. 2016다220044).

여기에서 '**소가 제기된 때**'란 소제기일(소장이 법원에 접수된 날)인지, **소송계속일**(소장부본이 피고에게 송달된 날)인지 문제가 된다. **판례** 가운데 '**소제기일**' 또는

'소가 제기된 (일자)'이라고 판시한 판결들(대판 2008. 6. 26. 2008다19966, 2016. 12. 27. 2014다225793 등)도 있으나, '**소가 제기된 된 때란 소송이 계속된 때, 즉 소장부본이 피고에게 송달된 때**'를 말한다고 명확히 한 판결(대판 2016. 12. 29. 2016다242273)도 있다.

　5) 부당이득반환의무자가 악의의 수익자라는 점에 대해서는 이를 주장하는 사람에게 **증명책임**이 있다.

Ⅱ. 부당이득의 소송법상 문제

1. 부당이득반환청구권과 불법행위로 인한 손해배상청구권의 소송물 관계

　1) 부당이득반환청구권과 불법행위로 인한 손해배상청구권은 서로 실체법상 별개의 청구권으로 존재하고 그 각 청구권에 기초하여 이행을 구하는 소는 소송법적으로도 **소송물**을 달리한다. 따라서 채권자로서는 어느 하나의 청구권에 관한 소를 제기하여 승소확정판결을 받았다고 하더라도 아직 채권의 만족을 얻지 못한 경우에는 다른 나머지 청구권에 관한 이행판결을 얻기 위하여 그에 관한 이행의 소를 제기할 수 있다(대판 2012. 12. 13. 2011다50080,50097 등).

　채권자가 먼저 부당이득반환청구의 소를 제기하였을 경우 특별한 사정이 없는 한 손해 전부에 대하여 승소판결을 얻을 수 있었을 것임에도 우연히 손해배상청구의 소를 먼저 제기하는 바람에 과실상계 또는 공평의 원칙에 기한 책임제한 등의 법리에 따라 그 승소액이 제한되었다고 하여 그로써 제한된 금액에 대한 부당이득반환청구권의 행사가 허용되지 않는 것도 아니다(대판 2013. 9. 13. 2013다45457).

　2) 채권자가 동일한 목적을 달성하기 위하여 복수의 채권을 갖고 있는 경우, 채권자로서는 그 선택에 따라 권리를 행사할 수 있되, 그 중 어느 하나의 청구를 한 것만으로는 다른 채권 그 자체를 행사한 것으로 볼 수는 없으므로, 특별한 사정이 없는 한 그 다른 채권에 대한 소멸시효중단의 효력은 없다(대판 2002. 6. 14. 2002다11441, 2011. 2. 10. 2010다81285 등). 따라서 갑이 을을 상대로 부당이득반환청구의 소를 제기함으로써 갑의 을에 대한 채무불이행으로 인한 손해배상청구권의 소멸시효가 중단되는 것이 아니다.

2. 부당이득반환청구의 소송물

부당이득반환청구에서 법률상 원인 없음에 해당하는 사유를 달리 하더라도 이는 소송물의 변경(청구의 변경)이 아니라, 단순히 **공격방법의 변경**에 불과하다. 부당이득반환청구에서의 소송물은 부당이득반환청구권 자체이기 때문이다.

제 2 절   불법행위

Ⅰ. 불법행위의 실체법상 문제

1. 불법행위 일반

(1) 불법행위로 인한 손해액 산정의 기준시점

불법행위로 인한 손해액 산정의 기준시점은 **불법행위시**이다. 그러나 **불법행위시**와 **결과발생시** 사이에 시간적 간격이 있는 경우에는 결과가 발생한 때에 불법행위가 완성된다고 보아 불법행위가 완성된 시점, 즉 **손해발생시**가 손해액 산정의 기준시점이 된다.

(2) 불법행위로 인한 손해배상청구권의 소멸시효

1) 불법행위로 인한 손해배상청구권의 단기소멸시효의 기산점이 되는 민법 766조 1항에 정한 '손해 및 가해자를 안 날'이란 손해의 발생, 위법한 가해행위의 존재, 가해행위와 손해의 발생과의 사이에 상당인과관계가 있다는 사실 등 불법행위의 요건사실에 대하여 현실적이고도 구체적으로 인식하였을 때를 의미한다. '**손해를 안다**'는 것은 피해자나 그 법정대리인이 손해를 현실적이고도 구체적으로 인식하는 것을 뜻한다(대판 2010. 4. 29. 2009다99105, 2014. 2. 13. 2013다59081 등). 이는 단순히 손해발생의 사실을 아는 것만으로는 부족하고 가해행위가 불법행위로서 이를 원인으로 하여 손해배상을 소구할 수 있다는 것까지 아는 것을 의미한다.

2) 피해자 등이 언제 불법행위의 요건사실을 현실적이고도 구체적으로 인식한 것으로 볼 것인지는 개별 사건에서의 여러 객관적 사정을 참작하고 손해배상청구가 사실상 가능하게 된 상황을 고려하여 합리적으로 인정하여야 한다.

따라서 손해발생의 추정이나 의문만으로는 충분하지 않으며, 통상의 경우 상해의 피해자는 상해를 입었을 때 그 손해를 알았다고 볼 수 있지만, 그 후 후유증 등으로 인하여 불법행위 당시에는 **전혀 예견할 수 없었던 새로운 손해가 발생**하거나 **예상 외로 손해가 확대된** 경우에는 그러한 사유가 판명된 때에 새로이 발생 또는 확대된 손해를 알았다고 보아야 하므로 그때부터 시효소멸기간이 진행된다(대판 2010. 4. 29. 2009다99105, 2014. 2. 13. 2013다59081 등).

2. 공동불법행위

(1) 공동불법행위의 성립요건

공동불법행위(민 760조)가 성립하려면 행위자 사이에 의사의 공통이나 행위공동의 인식이 필요한 것은 아니지만, 객관적으로 보아 행위자 **각자의 고의** 또는 **과실**에 기한 행위가 공동으로 행해져 피해자에 대한 권리침해 및 손해발생에 공통의 원인이 되었다고 인정되는 경우이어야 한다. 따라서 공동불법행위를 이유로 손해배상책임을 인정하기 위해서는 먼저 행위자 각자의 고의 또는 과실에 기한 행위가 공동으로 행해졌다는 점이 밝혀져야 한다.

(2) 공동불법행위와 부진정연대채무관계

민법 760조 1항의 '**연대하여**'라는 문언은 단순히 각자가 채무의 전부에 관한 배상의무를 부담한다는 것을 의미하는 데 불과하다. 공동불법행위자의 연대채무는 그 성질상 부진정연대채무이다.

(3) 공동불법행위자 부담부분 존재 여부

1) 부진정연대채무자 사이에는 고유한 의미의 부담부분이 존재하지 아니한다. 부진정연대채무관계에서 변제로 인한 **공동면책**이 있는 경우에는 채무자 상호간에 어떤 대내적인 특별관계에서 또는 형평의 관점에서 손해를 분담하는 관계에 있게 된다.

2) 공동불법행위자는 채권자에 대한 관계에서는 연대책임(부진정연대책임)을 지되, 공동불법행위자들 내부관계에서는 일정한 부담부분이 있고, 이 부담부분은 공동불법행위자의 과실의 정도에 따라 정해진다.

(4) 공동불법행위와 상계

1) 일반적으로 부진정연대채무에서 부진정연대채무자 1인이 한 상계는 다른 부진정연대채무자에 대한 관계에서도 공동면책의 효력 및 절대적 효력이

있다.

2) 고유한 의미의 부담부분의 존재를 전제로 하는 민법 418조 2항은 부진 정연대채무에는 적용되지 아니한다. 따라서 부진정연대채무에서 한 부진정연 대채무자가 채권자에 대하여 상계할 채권을 가지고 있음에도 상계를 하지 않 고 있다 하더라도 다른 부진정연대채무자가 그 채권을 가지고 상계를 할 수는 없는 것으로 보아야 한다.

(5) 공동불법행위와 권리포기 또는 채무면제

피해자가 부진정연대채무자 중 1인에 대하여 손해배상에 관한 권리를 포 기하거나 채무를 면제하는 의사표시를 하였다 하더라도 다른 채무자에 대하여 그 효력이 미친다고 볼 수는 없다.

(6) 공동불법행위와 구상권

(a) 구상권을 행사할 수 있는 경우

1) 공동불법행위자 중 1인이 자기의 부담부분 이상을 변제하여 **공동면책**을 얻게 하였을 때에는 다른 공동불법행위자에게 그 부담부분의 비율에 따라 구 상권을 행사할 수 있다.

2) 공동불법행위자 중 1인이 다른 공동불법행위자에 대하여 구상권을 행 사하기 위해서는 자기의 부담부분 이상을 변제하여 **공동면책**을 얻었음을 주 장·증명하여야 한다. 이와 같은 법리는 피해자의 다른 공동불법행위자에 대 한 손해배상청구권이 시효소멸한 후에 구상권을 행사하는 경우도 마찬가지 이다.

3) 공동불법행위자 사이의 **구상권 발생시점**은 구상권자가 현실로 피해자에 게 손해배상금을 지급하여 **공동면책이 된 때**이다.

4) 이러한 공동불법행위자 사이의 구상관계에도 준용되는 것으로 해석되 는 민법 425조 2항이 구상권의 범위에 면책된 날 이후의 법정이자를 포함한다 고 규정하고 있으므로, 공동불법행위자의 구상권에는 면책된 날 이후의 법정 이자가 당연히 포함된다.

(b) 구상권자에 대한 채무가 분할채무인지 부진정연대채무인지 여부

1) 공동불법행위자 중 1인에 대하여 구상의무를 부담하는 다른 공동불법 행위자가 수인인 경우에는 특별한 사정이 없는 이상 그들의 구상권자에 대한 채무는 각자의 부담부분에 따른 분할채무로 보는 것이 타당하다.

2) 그러나 구상권자인 공동불법행위자 측에 과실이 없는 경우, 즉 내부적인 부담부분이 전혀 없는 경우에는 이와 달리 그에 대한 수인의 구상의무를 부진정연대관계로 보는 것이 타당하다(대판 2012. 3. 15. 2011다52727).

(c) 구상요건으로서의 통지에 관한 민법규정의 유추적용 여부

부진정연대채무에 해당하는 공동불법행위로 인한 손해배상채무에서도 채무자 상호간에 구상요건으로서의 통지에 관한 민법 426조(연대채무에서의 변제에 관하여 채무자 상호간에 통지의 의무를 인정하고 있는 규정)를 유추적용할 수는 없다.

3. 고의의 불법행위자가 과실상계의 주장을 할 수 있는지 여부

1) 피해자의 부주의를 이용하여 고의로 불법행위를 저지른 자가 바로 그 피해자의 부주의를 이유로 자신의 책임을 감하여 달라고 주장하는 것은 허용되지 아니한다. 그와 같은 고의적 불법행위가 영득행위에 해당하는 경우 과실상계와 같은 책임의 제한을 인정하게 되면 가해자로 하여금 불법행위로 인한 이익을 최종적으로 보유하게 하여 공평의 이념이나 신의칙에 반하는 결과를 가져오기 때문이다(대판 2008. 6. 12. 2007다36445).

다만 고의에 의한 불법행위의 경우에도 위와 같은 결과가 초래되지 않는 경우에는 과실상계와 공평의 원칙에 기한 책임의 제한은 얼마든지 가능하다고 보아야 한다(대판 2007. 10. 25. 2006다16758,16765, 2016. 4. 12. 2013다31137).

2) 불법행위자 중의 일부가 그러한 사유가 있다고 하여 그러한 사유가 없는 다른 불법행위자까지도 과실상계의 주장을 할 수 없는 것은 아니다(대판 2010. 10. 14. 2010다48561, 2016. 4. 12. 2013다31137).

3) 다만 고의에 의한 불법행위에서 공평의 이념이나 신의칙에 반하는 결과가 초래되지 않는 경우에는 과실상계나 공평의 원칙에 기한 책임의 제한은 얼마든지 가능하다(대판 2007. 10. 25. 2006다16758,16765).

4. 사용자책임

(1) 사용자책임의 성립요건

1) 사용자책임이 성립하기 위하여, ① 피용자의 가해행위가 민법 750조의 불법행위 요건을 갖출 것, ② 사용관계에 있을 것, ③ 사무집행 관련성이 있을 것, ④ 사용자의 면책사유가 없을 것이 요구된다.

2) 민법 756조의 '사무집행에 관하여'에 해당하는지는 피용자의 불법행위가 **외형상·객관적**으로 사용자의 사업활동이나 사무집행행위 또는 그와 관련된 것이라고 보이면 주관적 사정을 고려함이 없이 이를 사무집행에 관한 행위로 본다.

여기서 외형상·객관적으로 사용자의 사무집행에 관련된 것인지는 피용자의 본래의 직무와 불법행위의 관련 정도 및 사용자에게 손해발생에 대한 위험창출과 방지조치결여의 책임이 어느 정도 있는지를 고려하여 판단하여야 한다.

3) 사용자와 피용자의 관계(**사용관계**)는 반드시 유효한 고용관계가 있는 경우에 한하는 것이 아니고, 사실상 어떤 사람이 다른 사람을 위하여 그 지휘·감독 아래 그 의사에 따라 사업을 집행하는 관계에 있을 때에도 그 두 사람 사이에 사용자와 피용자의 관계가 있다(대판 2017. 9. 26. 2014다27425 등).

(2) 사용자의 면책사유

1) 사용자는 다음의 사유가 있는 경우에는 면책된다. ① 사용자가 피용자의 선임 및 그 사무감독에 상당한 주의를 한 때 또는 상당한 주의를 하여도 손해가 있는 경우(민 756조 1항 단서), ② 피용자의 행위가 사용자나 사용자를 갈음하여 그 사무를 감독하는 자의 사무집행행위에 해당하지 않음을 피해자 자신이 **알았거나 중대한 과실로 알지 못한 경우** 등이다.

2) 여기서 중대한 과실이란 거래의 상대방이 조금만 주의를 기울였더라면 피용자의 행위가 그 직무권한 내에서 적법하게 행하여진 것이 아니라는 사정을 알 수 있었음에도 만연히 이를 직무권한 내의 행위라고 믿음으로써 일반인에게 요구되는 주의의무에 현저히 위반한 것으로서, **거의 고의에 가까운 정도의** 주의를 결여하고, 공평의 관점에서 상대방을 구태여 보호할 필요가 없다고 봄이 상당하다고 인정되는 상태를 말한다(대판 2014. 4. 10. 2012다61377, 2015. 12. 10. 2013다33584 등).

(3) 사용자와 피용자의 책임관계

사용자와 피용자 사이의 책임관계는 **부진정연대채무관계**이다.

(4) 피용자와 제3자의 공동불법행위의 경우

피용자와 제3자의 공동불법행위의 경우 피용자와 제3자는 부진정연대채무관계에 있으며 사용자는 피용자의 부담부분에 대하여 사용자책임을 부담한다. 사용자가 이를 초과하여 손해를 배상한 때에는 제3자에 대해서도 구상할 수 있다(대판(전) 1992. 6. 23. 91다33070).

  (5) 사용자책임과 과실상계 주장 가부

  (a) 사용자책임의 범위를 정하는 경우 피해자의 과실을 고려하여 그 책
      임을 제한할 수 있는지 여부

  1) 공동의 불법행위로 타인에게 가한 손해를 연대하여 배상할 책임이 있
는 통상의 공동불법행위자의 경우와는 달리, 고의 또는 과실로 인한 위법행위
로 타인에게 직접 손해를 가한 **피용자 자신의 손해배상의무**와 그 **사용자의 손해
배상의무**는 별개의 채무이다.

  2) 피용자의 고의에 의한 불법행위로 인하여 사용자책임을 부담하는 경우
에도 피해자에게 그 손해의 발생과 확대에 기여한 과실이 있다면 사용자책임
의 범위를 정함에서 이러한 피해자의 과실을 고려하여 그 책임을 제한할 수 있
다(대판 2002. 12. 26. 2000다56952).

  3) 따라서 불법행위로 인한 손해의 발생에 관한 피해자의 과실을 참작하
여 과실상계를 한 결과 피용자와 사용자가 피해자에게 배상하여야 할 **손해액의
범위**가 각기 달라질 수 있다.

  (b) 피용자 본인이 손해액의 일부를 변제한 경우 사용자의 손해배상책임
      이 그 범위 내에서 소멸되는지 여부

  피용자 본인이 손해액의 일부를 변제한 경우에는 그 변제금 중 **사용자의
과실비율**(피해자와의 관계에서 과실비율)에 상응하는 만큼은 사용자가 배상하여야
할 손해액의 일부로 변제된 것으로 봄이 상당하다(대판 2004. 3. 26. 2003다34045).
따라서 사용자의 손해배상책임이 그 범위 내에서는 소멸되는 것으로 보아야
한다.

  (6) 사용자의 구상권 범위

  (a) 사용자책임의 성질에 관한 견해와 구상권 범위

  1) **대위책임설**에 의하면 사용자가 배상한 전액을 피용자에게 청구할 수 있
다고 본다(대위책임설의 입장에서는 피용자의 불법행위책임이 성립하여야 사용자책임
이 발생한다고 본다). 이에 반하여 **고유책임설**에 의하면 피용자에 대한 구상이 언
제나 허용되는 것은 아니며 제한될 수 있다고 본다(고유책임설의 입장에서는 피용
자의 과실 또는 책임능력이 없더라도 사용자책임이 발생한다고 본다).

  2) **판례**는 사용자책임을 피용자의 **내체적 책임**이라고 하여(대판 2006. 10. 26.

2004다63019), **대위책임설**의 입장을 취하고 있다.

(b) 신의칙에 의한 사용자의 구상권 제한

1) 사용자는 그 사업의 성격과 규모, 시설의 현황, 피용자의 업무내용과 근로조건 및 근무태도, 가해행위의 발생원인과 성격, 가해행위의 예방이나 손실의 분산에 관한 사용자의 배려의 정도 등 모든 사정을 참작하여 손해의 공평한 분담이라는 견지에서 **신의칙상** 상당하다고 인정되는 한도 내에서만 피용자에 대하여 손해배상을 청구하거나 그 구상권을 행사할 수 있다(대판 2009. 11. 26. 2009다59350, 2014. 5. 29. 2014다202691 등).

판례는, 피용자가 업무수행과 관련한 불법행위로 사용자가 입은 손해 전부를 변제하기로 하는 각서를 작성하여 사용자에게 제출한 사실이 있다고 하더라도, 그와 같은 각서 때문에 사용자가 공평의 견지에서 신의칙상 상당하다고 인정되는 한도를 넘는 부분에 대한 손해의 배상까지 구할 수 있게 되는 것은 아니라고 본다(대판 1994. 12. 13. 94다17246, 1996. 4. 9. 95다52611).

2) 다만 피용자의 고의에 의한 불법행위의 경우(사용자의 감독이 소홀한 틈을 이용하여 고의로 불법행위를 저지른 경우)에는 피용자가 사용자의 부주의를 이유로 감액 주장하는 것이 신의칙상 허용되지 아니한다.

5. 불법행위와 손해배상의 범위

1) 불법행위로 인하여 물건이 훼손되었을 때 통상의 손해액은 ① **수리가 가능한 경우**에는 그 수리비, ② **수리가 불가능한 경우**에는 교환가치의 감소액이 되고, ③ 수리를 한 후에도 **일부 수리가 불가능한 부분**이 남아있는 경우에는 수리비 외에 수리불능으로 인한 **교환가치의 감소액도** 통상손해에 해당한다.

2) **자동차**의 주요 골격부위가 파손되는 등의 사유로 **중대한 손상**이 있는 사고가 발생한 경우에는, 기술적으로 가능한 수리를 마치더라도 특별한 사정이 없는 한 원상회복이 안 되는 **수리 불가능한 부분**(잠재적 장애)이 남는다고 보는 것이 경험법칙에 부합하고, 그로 인한 **자동차가격 하락의 손해는 통상손해**에 해당한다. 잠재적 장애가 남는 정도의 중대한 손상이라는 점은 이를 주장하는 당사자가 증명하여야 한다(대판 2017. 5. 17. 2016다248806).

Ⅱ. 불법행위의 소송법상 문제

1. 불법행위에 관한 소와 토지관할

1) 불법행위에 관한 소에서는 행위지가 특별재판적이다(민소 18조 1항). 여기서 **불법행위**란 공동행위, 방조행위, 사용자책임 등을 포함한다. **원격지 불법행위**로서 가해행위지와 손해발생지가 다른 경우에는 가해행위지와 손해발생지가 모두 재판적이 된다. 따라서 **관할의 경합**이 있다.

2) 불법행위로 인한 손해배상과 관련한 (손해배상책임의) 채무부존재확인소송의 경우에는 위에서 말한 불법행위지에 근거한 토지관할이 인정된다(대결 2011. 7. 14. 2011그65).

2. 인신사고로 인한 손해배상청구에서의 소송물

(1) 손해3분설

1) 인신사고로 인한 손해배상청구소송에서의 소송물은 재산적 손해로서 **적극적 손해**(치료비 등)에 관한 손해배상청구권, 재산적 손해로서 **소극적 손해**(일실수입)에 관한 손해배상청구권, 정신적 손해(**위자료**)에 관한 손해배상청구권이다. 이를 **손해3분설**이라고 하며, **판례도 손해3분설**을 취하고 있다.

2) 이들 손해에 관한 청구는 **별개의 소송물**로서 동일한 소송절차에서 같이 청구하는 경우에는 **청구의 병합**(민소 253조)이 된다. 따라서 각 청구별로 청구취지가 특정되고, **처분권주의**(민소 203조)가 적용된다.

당사자는 각 소송물에 따른 청구금액을 특정하여 청구하여야 한다. 법원은 각 청구별로 그 청구금액을 초과하여 지급을 명할 수 없다. **항소심**에서는 **각 청구별로 불이익변경금지원칙**(민소 415조 본문, 425조)이 적용된다.

다만 소송물을 이루는 각 손해가 그 내용상 여러 개의 손해항목으로 나누어져 있는 경우에는 각 손해항목은 청구를 이유 있게 하는 **공격방법**에 불과하므로, 처분권주의나 불이익변경금지원칙의 적용에서는 이러한 손해 가운데 개별 손해항목을 단순 비교하여 결정할 것이 아니라 동일한 소송물인 손해의 금액을 기준으로 판단하여야 한다(대판 1996. 8. 23. 94다20730).

3) 한편 엄격하게 손해3분설을 취하는 경우에 당사자 구제에 심각한 문제

가 발생하는 경우에는 **예외적**으로 이를 완화하여, 해당 청구에 대하여 전부승소판결을 받아 항소의 이익이 없는 경우에도 **항소의 이익**을 인정하든지, **청구취지의 확장**을 인정하는 경우가 있다(원고가 소극적 손해에 대한 청구액의 산정에서 한시장애나 중복손해 등을 잘못 판단하여 청구한 경우 등이 그러하다. 대판 1994. 6. 28. 94다3063).

(2) 후유증으로 인한 손해와 소송물

후유증으로 인한 손해는 그 손해가 예견할 수 없었던 **새로운 손해**로서 이에 관한 청구를 포기하였다고 볼 수 없는 한 **별개의 소송물**로 본다(별개의 소송물설, 대판 2007. 4. 13. 2006다78640 등).

3. 위자료 산정과 사실심법원의 재량과 그 한계

1) 불법행위로 입은 비재산적 손해에 대한 위자료 액수에 관해서는 사실심법원이 여러 사정을 참작하여 그 직권에 속하는 재량에 의하여 이를 확정할 수 있으나, 손해의 공평한 분담이라는 이념과 형평의 원칙에 현저히 반하는 위자료를 산정하는 것은 사실심법원이 갖는 재량의 한계를 일탈한 것이 된다(대판(전) 2013. 5. 16. 2012다202819 등).

2) 위자료는 불법행위에 따른 피해자의 정신적 고통을 위자하는 금액에 한정되어야 하므로 발생한 재산상 손해의 확정이 가능한 경우에 위자료의 명목 아래 재산상 손해의 전보(塡補)를 꾀하는 일은 허용될 수 없다(대판 1984. 11. 13. 84다카722 등). 재산상 손해의 발생에 대한 증명이 부족한 경우에는 더욱 그러하다(대판 2014. 1. 16. 2011다108057).

4. 손해배상청구시 일부청구 명시 여부

1) 손해에 대하여 전부청구를 하지 아니하고 일부청구를 하는 경우 이를 허용할 것인지 문제가 되나, **일부청구**를 허용한다. 다만 일부청구임을 명시하지 아니하는 경우에는 소송물은 전부채권으로 보고, 기판력도 전부채권에 미친다(**명시적 일부청구설**). 따라서 소송계속 중 나머지 잔부청구로 청구취지를 확장하지 아니한 채 확정판결을 받은 경우 나머지 청구에 대하여 청구기각기판력을 받게 된다.

2) **일부청구**임을 **명시하는 방법**으로는 반드시 전체 금액을 특정하여 그 가

운데 일부만을 청구하고 나머지 금액에 대한 청구를 유보하는 취지임을 밝혀
야 할 필요는 없다. 따라서 일부청구하는 금액의 범위를 나머지 부분의 청구와
구별하여 그 **심리의 범위**를 **특정**할 수 있는 정도의 표시를 하여 **전체 금액의 일
부**로서 **우선 청구**하고 있는 것임을 밝히는 것으로 충분하다(대판 1986. 12. 23. 86
다카536, 2016. 6. 10. 2016다203025 등). 그리고 일부청구임을 명시하였는지 판단할
때에는 소장, 준비서면 등의 기재뿐만 아니라 소송의 경과 등도 함께 살펴보아
야 한다(대판 2016. 7. 27. 2013다96165).

5. 일부청구와 시효중단의 범위

1) **명시적 일부청구**인 경우 그 명시한 일부채권의 범위에서 시효중단의 효
력이 미친다. 다만 비록 일부만을 청구한 경우에도 **그 취지로 보아** 채권 전부에
관하여 판결을 구하는 것으로 해석된다면 그 청구금액을 소송물인 채권 전부로
보아야 하고, 그 채권의 동일성의 범위 내에서 그 전부에 관하여 시효중단의 효
력이 발생한다(대판 2001. 9. 28. 99다72521, 2006. 1. 26. 2005다60017,60024 등).

2) **판례**는, 원고가 손해배상청구소송을 제기하면서 일부청구를 하였다가
민법 766조 1항 소정의 소멸시효기간이 경과한 후에야 제1심법원에 청구금액
을 확장하여 청구취지확장서를 제출한 경우, 원고가 소멸시효기간이 경과하기
전에 해당 사고로 인한 손해배상을 구하는 소장을 제출하면서 앞으로 시행될
법원의 신체감정결과에 따라 청구금액을 확장할 뜻을 명백히 표시한 사실이
소장 기재 자체로 보아 분명하다면(예컨대 상해로 인한 손배배상을 청구하는 사건에
서는 그 손해액을 확정하기 위하여 통상 법원의 신체감정을 필요로 하기 때문에, 앞으로
그러한 절차를 거친 후 그 결과에 따라 청구금액을 확장하겠다는 뜻을 소장에 객관적으
로 명백히 표시한 경우), 그 소제기에 따른 **시효중단의 효력**은 소장에 기재된 일부
청구 금액뿐만 아니라 그 **손해배상청구권 전부**에 대하여 미친다고 보고 있다(대
판 1992. 12. 8. 92다29924, 2001. 9. 28. 99다72521 등).

6. 일부청구와 잔부청구가 중복소송이 되는지 여부

(1) 의   의

민사소송법 259조의 중복소송금지규정을 적용하기 위해서는 **동일 사건**인
지 여부, 즉 **동일 소송물**인지 여부가 문제가 된다. 다만 동일 소송물이 아닌 경

우 제한적으로 **동일 사건에 준하여** 보아 중복소송금지규정이 **유추적용**되는 경우가 있다.

(2) 비명시적(묵시적) 일부청구와 중복소송 여부

비명시적(묵시적) 일부청구의 경우 일부청구와 잔부청구의 소송물은 동일하므로 일부청구의 소송계속 중 잔부청구를 하는 것은 중복소송에 해당한다.

(3) 명시적 일부청구와 중복소송 유추적용 여부

(a) 전소가 사실심 계속 중인 경우와 법률심 계속 중인 경우

명시적 일부청구의 경우 잔부청구를 전소 소송절차에서 청구취지의 확장을 통하여 하지 아니하고 별소를 제기하는 것은 동일 사건에 준하여 중복소송 금지규정이 유추적용된다고 본다.

(b) 소권의 남용 적용 여부

판례는, 이 경우 중복소송금지규정의 유추적용을 인정하지 아니하고, **소권의 남용**으로 처리하고 있다. 즉 명시적 일부청구에서 전소가 **사실심**에 계속 중인 경우에는 그 소송절차에서 청구취지를 확장할 수 있음에도 불구하고 별소를 제기하는 것은 소권의 남용에 해당한다고 본다(대판 1996. 3. 8. 95다46319). 전소가 **법률심**인 상고심에 계속 중인 경우에는 그러하지 아니하다(대판 1985. 4. 9. 84다552).

7. 손해배상청구와 과실상계

(1) 직권조사사항

손해배상청구에서 **과실상계**는 당사자의 주장이 없어도 법원이 이를 조사하여 판단한다(**직권조사사항**). 이러한 판단을 위한 사실자료(판단자료)의 수집은 변론주의에 의한다(**변론주의형**).

(2) 일부청구와 과실상계의 방법

1) 일부청구를 하였다고 하더라도 **전부**에 대하여 과실상계를 한 금액을 전제로 청구금액과 비교하여 그 청구금액의 범위 내에서 인용하여야 한다(**외측설**). 이는 그 일부청구가 명시적 일부청구이든 비명시적(묵시적) 일부청구이든 불문하고 마찬가지이다.

2) **판례**도, 하나의 손해배상채권 가운데 일부가 소송상 청구되어 있는 경우에 **과실상계**를 할 때에는 **손해 전액**에서 과실비율에 의한 심액을 치고 그 진

액이 청구금액을 초과하지 않을 경우에는 그 잔액을 인용할 것이고 잔액이 청구금액을 초과할 경우에는 청구금액 전액을 인용하여야 하며, 이와 같이 해석하는 것이 일부청구를 하는 **당사자의 통상적 의사**이므로 이러한 방식에 따라 원고의 청구를 인용한다고 하여도 처분권주의를 위반하는 것이라고 할 수는 없다고 보고 있다(대판 1976. 6. 22. 75다819, 2008. 12. 24. 2008다51649 등).

(3) 사실심의 전권사항

과실상계사유에 관한 사실인정이나 그 비율을 정하는 것은 형평의 원칙에 비추어 현저히 불합리하다고 인정되지 않는 한 사실심의 전권(專權)사항에 속한다.

8. 일부청구와 기판력

1) **명시적 일부청구**를 한 경우에만 명시된 일부청구에 한하여 기판력이 미친다. 즉 가분채권의 일부에 대한 이행청구의 소를 제기하면서 나머지를 유보하고 일부만을 청구한다는 취지를 명시하지 아니한 이상 그 확정판결의 기판력은 청구하고 남은 잔부청구에까지 미치므로, 그 나머지 부분을 별도로 다시 청구할 수는 없다.

2) **판례**는, 갑 등이 을 학교법인을 상대로 의료사고에 따른 손해배상을 구하는 **조정신청**을 하면서 적극적 손해 중 기왕치료비 금액을 특정하여 청구하고, 비뇨기과 향후치료비 등의 금액을 특정하여 청구하면서 '향후치료비는 **향후 소송시** 신체감정결과에 따라 확정하여 청구한다'는 취지를 밝히고, 위자료 금액을 특정하여 청구하였는데, 조정이 성립되지 않아 소송으로 이행되어 갑에 대한 신체감정 등이 이루어지지 않은 상태에서 **자백간주**에 의한 갑 등 전부 승소판결이 선고되어 확정되었고, 그 후 갑 등이 선행소송과 마찬가지로 을 법인을 상대로 의료사고에 따른 손해배상을 구한 사안에서, ① **위자료 청구부분**에 대해서는 갑 등이 선행소송에서 일부청구임을 명시하였다고 볼 수 없으므로 선행소송 확정판결의 기판력이 위자료 채권 전부에 미치지만, ② 갑이 선행소송에서 적극적 손해의 개별 항목과 금액을 특정하면서 **적극적 손해 중 다른 손해**에 대해서는 신체감정결과에 따라 청구할 것임을 밝힌 점 등을 종합하면, 선행소송 중 적극적 손해에 대한 배상청구부분은 일부청구하는 채권의 범위를 긴부청구와 구별하여 심리의 범위를 특정할 수 있는 정도로 표시하고 전체 채

권의 일부로서 우선 청구하고 있는 것임을 밝힌 경우로서 **명시적 일부청구**에 해당하므로 선행소송 확정판결의 기판력이 이 부분 청구에는 미치지 않는다고 보았다(대판 2016. 7. 27. 2013다96165).

9. 일부청구와 항소의 이익

명시적 일부청구에서 전부승소판결을 받은 경우에는 항소의 이익이 없다. 그러나 **비명시적 일부청구**(묵시적 일부청구)에서 전부승소판결을 받은 경우에는 항소를 하여 청구취지를 확장하는 것이 허용되지 아니하면 그 판결이 확정되게 되어 전부채권에 기판력이 미치게 된다. 따라서 비명시적 일부청구의 경우에는 비록 일부청구에 대하여 전부승소판결을 받았다고 하더라도 항소의 이익을 허용하고 있다.

10. 불법행위로 인한 손해배상청구권과 부당이득반환청구권과의 관계

(1) 별개의 소송물

부당이득반환청구권과 불법행위로 인한 손해배상청구권은 서로 실체법상 별개의 청구권으로 존재하고 그 각 청구권에 기초하여 이행을 구하는 소는 각 그 소송물을 달리한다. 따라서 채권자로서는 어느 하나의 청구권에 관한 소를 제기하여 승소확정판결을 받았다고 하더라도 아직 채권의 만족을 얻지 못한 경우에는 다른 나머지 청구권에 관한 이행판결을 얻기 위하여 그에 관한 이행의 소를 제기할 수 있다.

(2) 손해배상청구의 소를 먼저 제기하여 과실상계 등으로 승소액이 제한된 경우 제한된 금액에 대한 부당이득반환청구권 행사의 허용 여부

채권자가 먼저 부당이득반환청구의 소를 제기하였을 경우 특별한 사정이 없는 한 손해 전부에 대하여 승소판결을 얻을 수 있었을 것임에도 우연히 손해배상청구의 소를 먼저 제기하는 바람에 과실상계 또는 공평의 원칙에 기한 책임제한 등의 법리에 따라 그 승소액이 제한되었다고 하여 그로써 제한된 금액에 대한 부당이득반환청구권의 행사가 허용되지 않는 것도 아니다(대판 2013. 9. 13. 2013다45457).

11. 증명촉구

1) 불법행위로 인하여 손해가 발생한 사실이 인정되는 경우에는 법원은 손해액에 관한 당사자의 주장과 증명이 미흡한 경우 적극적으로 석명권을 행사하여 증명을 촉구하여야 한다. 소송정도에 비추어 당사자의 무지, 부주의 또는 오해로 인하여 증명을 하지 아니하는 경우 증명촉구를 하여야 한다(**증명촉구 의무**가 있다. 민소 136조 1항, 4항). 증명촉구는 증명책임을 진 당사자에게 주의를 환기시키는 것이다. 다만 구체적으로 증명방법까지 지시하면서 증거신청을 종용할 필요가 없다. 다툼이 있는 사실에 관하여 증명이 없는 모든 경우에 법원이 심증을 얻을 때까지 증명을 촉구하여야 하는 것은 아니다.

2) 법원의 증명촉구에도 불구하고 원고가 이에 응하지 아니하면서 손해액에 관하여 나름대로의 주장을 하고 그에 관해서만 증명을 다하고 있는 상황이라면, 법원이 굳이 스스로 적정하다고 생각하는 손해액 산정의 기준이나 방법을 적극적으로 원고에게 제시할 필요까지는 없다.

12. 손해액의 증명

(1) 구체적 손해의 액수 산정이 매우 어려운 경우

1) 채무불이행이나 불법행위로 인한 손해배상청구소송에서 재산적 손해의 발생사실은 인정되나 구체적인 **손해의 액수**를 증명하는 것이 사안의 성질상 곤란한 경우, 법원은 증거조사의 결과와 변론 전체의 취지에 의하여 밝혀진 당사자들 사이의 관계, 채무불이행이나 불법행위와 그로 인한 재산적 손해가 발생하게 된 경위, 손해의 성격, 손해가 발생한 이후의 여러 정황 등 관련된 모든 간접사실들을 종합하여 **상당하다고 인정되는 금액**을 손해의 액수로 정할 수 있다(2016. 3. 29. 개정, 2016. 9. 30. 시행 **민사소송법**은 이에 관하여 명문의 규정을 두고 있다. 민소 202조의2. 특허법 128조 5항, 독점규제 및 공정거래에 관한 법률 57조, 하도급거래 공정화에 관한 법률 35조 3항에서도 같은 취지의 규정을 두고 있다).

증권관련집단소송에서는 정확한 손해액의 산정곤란을 대비하여 모든 사정을 참작하여 **표본적 · 평균적 · 통계적 방법**, 또는 그 밖의 **합리적인 방법**으로 손해액을 정할 수 있다(증권관련 집단소송법 34조 2항).

2) 법원이 위와 같은 방법으로 구체적 손해액을 판단할 때에는, 손해액 산

정의 근거가 되는 **간접사실**들의 탐색에 최선의 노력을 다해야 하고, 그와 같이 탐색해 낸 간접사실들을 합리적으로 평가하여 객관적으로 수긍할 수 있는 손해액을 산정해야 한다(대판 2011. 5. 13. 2010다58728 등).

(2) 상당한 개연성에 의한 증명

채무불이행이나 불법행위로 인한 손해배상청구소송에서 장래 얻을 수 있는 이익(일실이익)은 과거사실에 대한 증명보다 경감되어 피해자나 채권자가 현실적으로 얻을 수 있을 구체적이고 확실한 이익의 증명이 아니라, 합리성과 객관성을 잃지 않는 범위 내에서 상당한 개연성 있는 증명이면 된다(대판 1992. 4. 28. 91다29972, 2008. 2. 14. 2006다37892 등).

13. 불법행위와 정기금판결

(1) 정기금판결과 처분권주의

1) 원고가 인신사고로 인한 손해배상청구를 하는 경우 **정기금** 또는 **일시금 지급방식** 중 어느 방식에 의하여 청구할 것인지는 원칙적으로 손해배상청구권자인 원고가 **임의로 선택**할 수 있다. 다만 **예외적**으로 특별한 사정이 있는 경우(일시금방식에 의한 손해배상이 사회정의와 형평의 이념에 비추어 현저하게 불합리한 결과를 초래할 우려가 있는 때)에는 원고가 일시금방식의 지급을 청구한 데 대하여 법원은 정기금방식으로 지급하라는 판결을 할 수 있다(대판 1994. 1. 25. 93다51874, 2000. 7. 28. 2000다11317 등).

2) 피해자의 기대여명(잔여평균수명) 예측이 불확실한 경우에는 법원으로서는 일실수익 손해와 향후치료비 손해 등을 산정할 때에 피해자가 확실히 생존하고 있으리라고 인정되는 기간 동안의 손해는 일시금방식의 지급을 명하고 그 이후의 기간은 피해자의 생존을 조건으로 정기금방식의 지급을 명할 수밖에 없다. 따라서 그와 같은 산정방식이 처분권주의에 위배된다고 볼 수 없다.

(2) 정기금판결과 정기금판결에 대한 변경의 소

1) 정기금의 지급을 명한 판결이 확정된 뒤(변론종결 뒤)에 그 액수 산정의 기초가 된 사정이 현저하게 바뀐 경우에는 장차 지급할 정기금의 액수를 바꾸어(증액 또는 감액하여) 달라는 **정기금판결에 대한 변경의 소**(민소 252조)를 제기할 수 있다. 정기금방식의 **배상판결**뿐만 아니라 정기금방식의 **연금, 임금, 이자 등 지급판결** 등도 포함한다.

2) 정기금판결에 대한 변경의 소는 확정판결의 변경을 목적으로 하는 소로서, **소송법상 형성의 소이다.** 기판력의 변경을 목적으로 하는 소로서, 단순한 집행력을 변경하는 소가 아니다. 이 점에서 청구이의 소(민집 44조)가 판결 후 권리소멸사실이나 권리저지사실의 발생 등 사정변경을 이유로 판결의 효력(집행력)을 배제시키는 것과 대비된다.

3) 정기금판결에 대한 변경의 소를 제기하였다고 하여 강제집행이 정지되는 것은 아니므로, 별도로 집행정지신청을 하여 **집행정지결정**을 받아야 한다(민소 501조·500조).

14. 피해자의 공동불법행위자에 대한 손해배상청구의 소에서 다른 공동불법행위자가 원고를 위하여 보조참가를 할 수 있는지 여부

불법행위로 인한 손해배상책임을 지는 사람은 피해자가 다른 공동불법행위자들을 상대로 제기한 손해배상청구소송의 결과에 대하여 법률상 이해관계를 갖는다. 따라서 위 소송에 원고를 위하여 **보조참가**를 할 수가 있고, 피해자인 원고가 패소판결에 대하여 상소를 하지 않더라도 원고의 상소기간 이내라면 보조참가와 동시에 상소를 제기할 수도 있다(대판 1999. 7. 9. 99다12796).

Ⅲ. 불법행위와 현대형소송의 문제

1. 현대형소송의 의의

현대형소송이란 일반 손해배상청구소송에 대비하여 손해가 가해자 측의 과학적·기술적인 전문성에 기하여 발생하는 소송형태를 말한다. 여기에는 **공해소송(환경소송)**, **의료과오소송**, **제조물책임소송** 등이 있다.

2. 현대형소송과 증거의 구조적 편재

1) 현대형소송의 경우에는 증거가 가해자에 편재되어 있다(**증거의 구조적 편재**). 따라서 가해자 측 수중에 있는 증거를 피해자 측에서 어떻게 확보하느냐가 중요하다. 피해의 발생 초기에 **증거보전**을 통하여 증거를 확보할 수 있으나, 증거보전은 증거보전의 필요성(증거보전의 사유)이 요구되므로(민소 375조) 증거를 파기·훼손하는 경우 등이 아니면 증거보전으로 증거를 확보하는 데도 한

계가 있다.

2) 이러한 소송에서 피해자 측에서 문서제출신청을 하더라도 가해자 측에서 영업의 비밀, 자기이용문서 등 **문서제출거부사유**를 이유로 문서제출을 거부하는 경우가 있다. 따라서 영업의 비밀(민소 344조 2항 1호, 1항 3호 다목)에 해당하는지, 자기이용문서(민소 344조 2항 2호)에 해당하는지의 심문을 통하여(이러한 심문은 문서소지자인 가해자 측의 참석 없이 이루어진다. 이를 **비공개심리제도**, 즉 in camera proceeding이라 한다. 법원은 문서소지자 측에게 그 주장의 문서제출거부사유 기재의 문서를 제시하도록 명령한다. 이를 **문서제시명령**이라 한다. 민소 347조 3항·4항), 문서제출명령을 할 것인지 여부가 결정된다.

만약 문서의 일부에 이러한 문서제출거부사유에 해당하는 기재가 있다고 판단되는 경우에는 그 일부를 제외한 나머지 부분의 제출을 명하여야 한다(**문서일부제출명령**, 민소 347조 2항).

3. 현대형소송과 간접반증

(1) 법률상 추정과 사실상 추정

(a) 법률상 추정

1) 법률상 추정은 먼저 법률에 추정의 규정을 두고 있는 경우이어야 한다. 법률에 추정의 규정을 두고 있다고 하여 언제나 법률상 추정으로 보는 것은 아니다. 법률상 추정의 규정이 있다고 하더라도 아무런 전제 없이 추정이 이루어지는 **잠정적 진실**, 그리고 의사를 직접적으로 추정하는 **의사추정**, 그리고 문서의 진정성립에 관하여 **증거법칙적 추정** 등 법률상 추정이 아닌 **유사적 추정**이 있기 때문이다.

따라서 법률상 추정은 법률상 명문의 규정을 두고 있는 추정 가운데 전제사실이 인정되는 경우(이러한 전제사실은 간접사실이다) 주요사실을 추정하거나 (**법률상 사실추정**) 권리를 추정하는 경우(**법률상 권리추정**)이다.

2) 법률상 추정은 추정이 깨뜨려지지 아니하는 한 법원은 추정된 사실을 인정하여야 한다. 이러한 법률상 추정을 깨뜨리는 방법으로는 **추정된 사실** 자체에 대하여 **반대사실을 증명**하든지(즉 본증이다. 따라서 증명책임이 반대사실을 증명하려는 상대방에게 있다), **추정의 전제사실**에 대하여 반증으로 이를 깨뜨릴 수 있다(반증이므로, 전제사실에 대한 증명책임은 여전히 추정을 주장하는 당사자에게 있

다. 법관으로 하여금 의심을 품게 할 정도의 개연성으로도 족하다).

(b) 사실상 추정

1) 사실상 추정은 원칙적으로는 법률에 추정의 규정이 없는 경우에 **경험법칙의 적용**에 따라 추정이 이루어지는 경우이다. 일반적으로 간접사실은 주요사실을 추인케 하는 사실을 말한다. 사실상 추정의 의미는 뒤에서 보는 바와 같이 고도의 개연성 있는 경험법칙이 적용되는 일응의 추정에서 주로 다루어진다.

2) 사실상 추정의 과정에서 경험법칙이 적용되는데, 경험법칙 가운데 **일상적 경험법칙**이 적용되는 경우와 **고도의 개연성 있는 경험법칙**이 적용되는 경우가 있다. 후자의 경우를 **일응의 추정**(일단의 추정, prima facie)이라고 한다. 즉 일응의 추정은 고도의 개연성 있는 경험법칙이 적용됨으로써 전형적 사상경과(事象經過)에 따라 일응 증명된 것으로 보는 경우이다(이를 **표현증명**이라고 하기도 한다).

(2) 간접반증

통상 사실상 추정, 특히 일응의 추정의 경우 상대방은 이러한 추정을 깨뜨리기 위하여 추정된 사실에 대하여 법관으로 하여금 의심을 품게 하든지(즉 반증으로써 한다. 이를 **직접반증**이라 한다), 상대방은 고도의 개연성 있는 경험법칙이 적용되는 경우에 해당 주요사실의 인정에서는 이러한 고도의 개연성 있는 경험법칙의 적용의 예외라는 사실, 즉 **예외사실**을 증명함으로써 한다(이를 **간접반증**이라고 한다. 주요사실과의 관계에서는 여전히 반증이나 그 전제사실에 대하여는 반대사실의 증명으로 하여야 한다).

4. 현대형소송과 증명의 완화 등

(1) 공해소송의 경우

1) 공해소송(환경소송)의 경우 **환경정책기본법**에 특별규정(44조 1항)을 두어 **무과실책임주의**를 채택하였다(토질오염으로 인한 손해배상청구소송의 경우도 마찬가지이다. 토지환경보전법 10조의3). 따라서 공해소송에서의 주된 문제점은 인과관계, 피해의 증명이다. **인과관계에 관한 증명**에서는 간접반증 등에 의하여 증명의 곤란을 덜어주고 있으며(신개연성설의 입장), **피해의 증명**에서는 간접사실을 적극적으로 탐색할 법원의 의무를 부과한다. 한편 **합리적 필요성**이 있는 경우에는 손해배상책임의 인정에서 공평의 원칙상 **통계적 증명**을 허용하고, **증명의 정도**에서 **상당한 개연성**을 요구함으로써 증명의 곤란을 덜어주고 있다.

2) 2014. 12. 30. 제정(2015. 12. 31. 시행)된 '**환경오염피해 배상책임 및 구제에 관한 법률**'에서는 환경오염(대기오염, 수질오염, 토양오염, 해양오염, 소음·진동 등을 포함한다) 관련 시설의 설치·운영과 관련하여 환경오염피해가 발생한 때에는 원칙적으로 해당 시설의 사업자가 그 피해를 배상하여야 한다는 **무과실책임규정**(6조 1항)과 함께, 이러한 시설이 환경오염피해 발생의 원인을 제공한 것으로 볼 만한 **상당한 개연성**이 있는 때에는 그 시설로 인하여 환경오염피해가 발생한 것으로 원칙적으로 추정하는 **인과관계의 추정규정**(9조 1항) 및 **상당한 개연성의 판단기준에 관한 규정**(9조 2항)을 두고 있다(다만 일정한 경우에는 이러한 추정이 배제된다. 9조 3항).

  (2) 의료과오소송의 경우

  의료과오소송의 경우 의사의 **과실의 증명**은 여전히 요구된다. 다만 일반인의 상식에 바탕을 둔 과실의 존재를 증명하는 것으로 족하다. 이러한 의사의 과실과 피해의 결과에 대해서도 수술 전 상태에서 수술 후 결과 사이에 다른 특별한 사정의 개재가 없었다면 **사실상 추정**에 의하여 **인과관계가 증명**된 것으로 봄으로써 역시 그 증명을 상대적으로 완화하고 있다.

  (3) 제조물책임소송의 경우

  1) 2001. 1. 12. 제조물 책임법이 제정(2002. 7. 1. 시행)되어 과실의 존재의 증명에서 결함의 존재의 증명으로 전환이 이루어졌다. 결함을 ① 제조상의 결함, ② 설계상의 결함, ③ 표시상의 결함으로 나누어, **제조상의 결함**의 경우에는 **무과실책임**으로 하였으며, **설계상의 결함**이나 **표시상의 결함**의 경우에는 **증명책임의 전환**이 이루어지게 하였다(가해자 측에서 **무과실에 대한 증명책임**을 지게 된다. 다만 결함의 존재의 증명책임은 여전히 피해자 측에 있으므로 완전한 증명책임의 전환이 아니라 증명책임의 완화라고 볼 수 있다).

  2) 제조물책임에 관한 판례의 태도를 반영하여, 2017. 4. 18. **제조물 책임법이 개정**(2018. 4. 19. 시행)되었다.

  개정된 제조물 책임법은 ① 해당 제조물이 정상적으로 사용되는 상태에서 피해자의 손해가 발생하였다는 사실, ② 이러한 손해가 제조업자의 실질적인 지배영역에 속한 원인으로부터 초래되었다는 사실, ③ 이러한 손해가 해당 제조물의 결함 없이는 통상적으로 발생하지 아니한다는 사실을 증명한 경우에는 제조물을 공급할 당시 해당 제조물에 결함이 있었음을 추정(결함의 존재의 추정)

하고, 나아가 그 제조물의 결함으로 인하여 손해가 발생한 것으로 추정(**인과관**
계의 추정)하고 있다(3조의2 본문). 다만 제조업자가 제조물의 결함이 아닌 다른
원인으로 인하여 그 손해가 발생한 사실을 증명할 경우에는 그러하지 아니하
다(3조의2 단서).

판례색인

사항색인

저자약력

서울대학교 법과대학 법학과 졸업
미국 컬럼비아 로스쿨(Columbia School of Law) 졸업(L.L.M.)
사법시험 20회 합격(사법연수원 10기 수료)
서울지방법원 등 판사, 서울고등법원 판사
헌법재판소 헌법연구관, 대법원 재판연구관
서울지방법원 등 부장판사
언론중재위원회 중재부장
사법연수원 교수
법무법인 산경 대표변호사
대한변호사협회 인권과 정의 편집위원, 대한변협신문 편집위원회 부위원장
대한변호사협회 전문분야등록변호사심사위원회 부위원장
대법원 송무제도개선위원회 위원
법무부 민사특별법제정자문위원회 위원
대법원 사법제도비교연구회 부회장
한국도산법학회 부회장
헌법재판소 헌법재판소법개정위원회 위원, 헌법소송규칙제정위원회 위원
법률신문 논설위원·편집위원
대법원 법관임용제도 자문교수
법무부 민법·민사집행법개정 자문교수
법무부 변호사제도개선위원회 분과위원장
법무부 민사집행법개정위원회 위원장
명지대학교 법과대학 교수
연세대학교 법과대학 교수
성균관대학교 법학전문대학원 교수
전국법학전문대학원 실무가교수협의회 회장
한국민사소송법학회 부회장
한국민사집행법학회 회장
법무부 집단소송제개선위원회 위원장
법무법인 법교 대표변호사
대법원 국민과 함께하는 사법발전위원회 위원
성균관대학교 법학전문대학원 초빙교수
서울북부지방법원 조정센터 상임조정위원장

제2판
통합민사법

초판발행	2017년 2월 25일
제2판발행	2019년 6월 25일

지은이	김홍엽
펴낸이	안종만·안상준

편 집	김선민
기획/마케팅	조성호
표지디자인	조아라
제 작	우인도·고철민

펴낸곳	(주) **박영사**
	서울특별시 종로구 새문안로3길 36, 1601
	등록 1959. 3. 11. 제300-1959-1호(倫)
전 화	02)733-6771
f a x	02)736-4818
e-mail	pys@pybook.co.kr
homepage	www.pybook.co.kr
ISBN	979-11-303-3437-0 93360

copyright©김홍엽, 2019, Printed in Korea

정 가   36,000원